Eisenbahn-Fahrzeug-Archiv
Band 2.2

Rüdiger Block
Diesellokomotiven deutscher Eisenbahnen
Dokumentation der Betriebsdaten

D1729527

Eisenbahn-Fahrzeug-Archiv

Rüdiger Block

Diesellokomotiven
deutscher Eisenbahnen

Dokumentation der Betriebsdaten

CIP-Kurztitelaufnahme der Deutschen Bibliothek

Diesellokomotiven deutscher Eisenbahnen. - Düsseldorf : alba.
(Eisenbahn-Fahrzeug-Archiv ; Bd. 2)
NE: GT
2. Dokumentation der Betriebsdaten. - 1997
ISBN 3-87094-156-1

Erschienen: April 1997
Druck: Moeker Merkur Druck GmbH, Köln
ISBN: 3-87094-156-1

Vorwort

Spielte die Diesellokomotive bei der DRG aufgrund der weitgehend ungelösten Frage der Kraftübertragung noch eine nur untergeordnete Rolle, so setzte Anfang der fünfziger Jahre eine umfassende Verdieselung der Zugförderung ein. Die zunächst gebauten Prototypen bewährten sich gut, so daß die deutschen Bahnen Mitte der fünfziger Jahre erste Typenprogramme aufstellten, die im Lauf der Zeit – mit den fortschreitenden technischen Errungenschaften – erweitert wurden. Die Entwicklung ist im Band 3 „Diesellokomotiven deutscher Eisenbahnen" der Reihe Eisenbahn-Fahrzeug-Archiv detailliert dargestellt. Auf eine umfassende statistische Dokumentation wurde dabei verzichtet. Der vorliegende Band schließt diese Lücke.

Für jede Lokomotive sind neben den unterschiedlichen Bezeichnungen, die sie entsprechend den Nummernplänen der DB bis Ende 1967 beziehungsweise mit der EDV-gerechten Umzeichnung ab dem 1. Januar 1968 und bei der DR bis zum Sommer 1970 beziehungsweise ab dem 1. Juli 1970 sowie bei der DB AG ab dem 1. Januar 1992 trugen und noch heute tragen, der Hersteller mit Fabriknummer, das Abnahmedatum und die erste Heimatdienststelle sowie das Ausmusterungsdatum und das letzte Bahnbetriebswerk, wo sie bis zur Ausmusterung stationiert waren, aufgeführt. Sofern die Lokomotiven anschließend an eine andere Bahn verkauft wurden, ist diese ebenfalls genannt. Verkäufe zur Verschrottung wurden dagegen nicht berücksichtigt. Bei den Kleinlokomotiven der Leistungsgruppen I und II wurden die unterschiedlichen Bezeichnungen aus Platzgründen zusammengefaßt. Umbauten (Baureihen 321 und 322) sind in dieser Spalte mit dem jeweiligen Umbaudatum berücksichtigt. Anstelle des Abnahmedatums ist das Lieferjahr ohne Angabe der ersten Heimatdienststelle aufgeführt. Die Reihenfolge der Baureihen entspricht dem derzeit gültigen Nummernplan. Nicht mehr im heutigen Triebfahrzeugbestand geführte Baureihen wurden entsprechend den fiktiven heutigen Bezeichnungen eingeordnet.

Das vorliegende Einzelnummernverzeichnis spiegelt damit eindrucksvoll den Strukturwandel wider, der seinerzeit zur Ablösung der Dampflokomotive führte, während heute die fortgeschrittene Elektrifizierung und die veränderte Angebotsnachfrage die Diesellokomotive vielerorts entbehrlich macht.

Die Daten hätten ohne die Mithilfe zahlreicher Dienststellen der deutschen Bahnen nicht in dem vorliegenden Umfang zusammengestellt werden können. Besonderer Dank gebührt Herrn Peter Große, der die Daten kritisch durchgesehen hat und bei der Klärung unvermeidlicher Ungereimtheiten half, sowie Herrn Andreas Stange, der Datenmaterial beitrug, um Lücken bei der Statistik der ehemaligen Reichsbahn-Diesellokomotiven zu schließen. Die Daten berücksichtigen die Entwicklung bis Ende 1996. Aufgrund der Datenfülle sind Fehler sicherlich unvermeidbar. Dazu trägt auch die unterschiedliche Buchführung bei den Bahnbetriebswerken/Betriebshöfen, beim Werkstättendienst und bei den Direktionen bei. So nehmen Autor und Verlag Hinweise und Ergänzungen gern entgegen.

Bollschweil
im Februar 1997

Rüdiger Block

Inhalt

Baureihe ME 1500/201 (DB)

Betriebsnummer			Hersteller	Fab.-Nr.	Abnahme	1. Bw	Aus-musterung	letztes Bw	Anmerkung
bis 1967	ab 1968	ab 1992							
ME 1500	201 001-5		Krupp/AEG	4400/8440	08.04.64	Hamm P	04.69	Hamm P	→ WLE 0901
									→ TWE 151
									→ SOB 846 461-2

Baureihe V 100/110/201 (DR/DB AG)

Betriebsnummer			Hersteller	Fab.-Nr.	Abnahme	1. Bw	Aus-musterung	letztes Bw	Anmerkung
bis 1969	ab 1970	ab 1992							
V 100 001			LKM	653007					nicht übernommen
V 100 001	110 001-5	201 001-5	LEW	12403	10.03.70	Neustrelitz	20.02.95	Stralsund	UZ aus V 100 172
									→ M. Prora
V 100 002			LKM	654007					nicht übernommen
V 100 002	110 002-3	201 002-3	LEW	12404	19.11.69	Erfurt	20.12.95	Eisenach	UZ aus V 100 173
V 100 003	110 003-1	201 003-1	LEW	9861	23.01.68	Halle P	09.08.94	Lu. Wittenberg	→ BSW
V 100 004	110 004-9	201 004-9	LEW	11212	07.02.67	Halle P	09.08.94	Lu. Wittenberg	→ DWU Espenhain
V 100 005	110 005-6	201 005-6	LEW	11213	13.03.67	Halle P	22.12.94	Wustermark	
V 100 006	110 006-4	201 006-4	LEW	11215	16.02.67	Halle P	09.08.94	Lu. Wittenberg	
V 100 007	110 007-2	201 007-2	LEW	11216	17.02.67	Halle P	31.05.95	Chemnitz	
V 100 008	110 008-0	201 008-0	LEW	11217	07.02.67	Halle P	09.08.94	Lu. Wittenberg	
V 100 009	110 009-8	201 009-8	LEW	11218	08.02.67	Halle P	22.12.94	Hoyerswerda	
V 100 010	110 010-6	201 010-6	LEW	11219	14.02.67	Halle P	04.01.94	Lu. Wittenberg	
V 100 011	110 011-4	201 011-4	LEW	11220	08.03.67	Halle P	10.11.94	Angermünde	
V 100 012	110 012-2	201 012-2	LEW	11221	08.03.67	Halle G	15.02.94	Glauchau	
V 100 013	110 013-0	201 013-0	LEW	11222	24.02.67	Halle P	22.12.94	Wustermark	
V 100 014	110 014-8	201 014-8	LEW	11223	24.02.67	Halle G	09.08.94	Halle G	
V 100 015	110 015-5	201 015-5	LEW	11224	24.02.67	Halle P	31.05.95	Lu. Wittenberg	
V 100 016	110 016-3	201 016-3	LEW	11225	24.02.67	Rostock	29.11.94	Neustrelitz	
V 100 017	110 017-1	201 017-1	LEW	11226	15.03.67	Karl-Marx-Stadt	14.11.94	Schwerin	
V 100 018	110 018-9	201 018-9	LEW	11227	10.03.67	Reichenbach	15.02.94	Riesa	
V 100 019	110 019-7	201 019-7	LEW	11228	06.03.67	Reichenbach	29.11.94	Neustrelitz	→ Hei Na Ganzlin
V 100 020	110 020-5	201 020-5	LEW	11229	02.04.67	Karl-Marx-Stadt	22.12.94	Wustermark	
V 100 021	110 021-3	201 021-3	LEW	11230	02.04.67	Karl-Marx-Stadt	15.02.94	Dresden	
V 100 022	110 022-1	201 022-1	LEW	11231	15.03.67	Reichenbach	15.02.94	Dresden	
V 100 023	110 023-9	201 023-9	LEW	11232	10.03.67	Reichenbach	22.12.94	Wustermark	
V 100 024	110 024-7	201 024-7	LEW	11233	28.03.67	Halle G	30.11.95	Chemnitz	
V 100 025	110 025-4	201 025-4	LEW	11234	02.04.67	Karl-Marx-Stadt	30.11.95	Chemnitz	
V 100 026	110 026-2	201 026-2	LEW	11455	23.03.67	Karl-Marx-Stadt	14.11.94	Stralsund	
V 100 027	110 027-0		LEW	11456	27.04.67	Schwerin	02.08.72	Rostock	
V 100 028	110 028-8	201 028-8	LEW	11457	30.03.67	Rostock	14.11.94	Wittenberge	
V 100 029	110 029-6	201 029-6	LEW	11458	05.04.67	Karl-Marx-Stadt	27.10.94	Eisenach	
V 100 030	110 030-4	201 030-4	LEW	11459	13.04.67	Karl-Marx-Stadt	14.11.94	Schwerin	
V 100 031	110 031-2	201 031-2	LEW	11460	01.04.67	Halle P	04.01.94	Halle G	
V 100 032	110 032-0	201 032-0	LEW	11461	11.04.67	Halle P	09.08.94	Lu. Wittenberg	
V 100 033	110 033-8	201 033-8	LEW	11462	02.04.67	Rostock	29.11.94	Wittenberge	
V 100 034	110 034-6		LEW	11771	13.04.67	Karl-Marx-Stadt	20.10.75	Glauchau	
V 100 035	110 035-3	201 035-3	LEW	11772	05.04.67	Rostock	14.12.94	Stralsund	
V 100 036	110 036-1	201 036-1	LEW	11773	18.04.67	Halle G	31.10.95	Halle G	
V 100 037	110 037-9	201 037-9	LEW	11774	18.04.67	Halle G	31.10.95	Lu. Wittenberg	

V 100 038	110 038-7	201 038-7	LEW	11775	20.04.67	Rostock	30.11.95	Neustrelitz		
V 100 039	110 039-5	201 039-5	LEW	11776	15.01.68	Halle P	15.02.94	Chemnitz		
V 100 040	110 040-3	201 040-3	LEW	11777	17.04.67	Rostock	30.06.95	Neustrelitz		
V 100 041	110 041-1	201 041-1	LEW	11778	25.04.67	Halle G	20.02.95	Halle G		
V 100 042	110 042-9	201 042-9	LEW	11779	26.04.67	Karl-Marx-Stadt	15.02.94	Glauchau		
V 100 043	110 043-7	201 043-7	LEW	11780	25.04.67	Leipzig Süd	14.12.94	Neustrelitz		
V 100 044	110 044-5	201 044-5	LEW	11882	04.04.68	Karl-Marx-Stadt			UB in 298 044-9	
V 100 045	110 045-2	201 045-2	LEW	11883	04.04.68	Karl-Marx-Stadt			UB in 298 045-6	
V 100 046	110 046-0	201 046-0	LEW	11884	05.04.68	Halle P			UB in 298 046-4	
V 100 047	110 047-8	201 047-8	LEW	11885	04.04.68	Dresden			UB in 298 047-2	
V 100 048	110 048-6	201 048-6	LEW	11886	04.04.68	Karl-Marx-Stadt			UB in 298 048-0	
V 100 049	110 049-4	201 049-4	LEW	11887	26.04.68	Weißenfels	29.03.94	Weißenfels	→ M. Basdorf	
V 100 050	110 050-2	201 050-2	LEW	11888	20.08.68	Dresden			UB in 298 050-6	
V 100 051	110 051-0	201 051-0	LEW	11889	25.04.68	Weißenfels			UB in 298 051-4	
V 100 052	110 052-8		LEW	11890	26.04.68	Weißenfels			UB in 298 052-2	
V 100 053	110 053-6	201 053-6	LEW	11891	26.04.68	Weißenfels	20.12.95	Eisenach		
V 100 054	110 054-4	201 054-4	LEW	11892	30.04.68	Karl-Marx-Stadt			UB in 298 054-8	
V 100 055	110 055-1	201 055-1	LEW	11893	03.05.68	Karl-Marx-Stadt			UB in 298 055-5	
V 100 056	110 056-9		LEW	11894	30.04.68	Karl-Marx-Stadt	17.11.87	Karl-Marx-Stadt	→ Hkw KMS	
V 100 057	110 057-7		LEW	11895	03.05.68	Karl-Marx-Stadt			UB in 112 057-5	
V 100 058	110 058-5	201 058-5	LEW	11896	03.05.68	Karl-Marx-Stadt			UB in 298 058-9	
V 100 059	110 059-3	201 059-3	LEW	11897	29.04.68	Weißenfels	20.12.95	Weißenfels		
V 100 060	110 060-1	201 060-1	LEW	11898	02.05.68	Weißenfels			UB in 298 060-5	
V 100 061	110 061-9		LEW	11899	30.04.68	Weißenfels	30.04.71	Weißenfels		
V 100 062	110 062-7	201 062-7	LEW	11900	02.05.68	Weißenfels			UB in 298 062-1	
V 100 063	110 063-5		LEW	11901	24.05.68	Weißenfels			UB in 112 063-3	
V 100 064	110 064-3	201 064-3	LEW	11902	01.06.68	Dresden	30.11.95	Chemnitz		
V 100 065	110 065-0	201 065-0	LEW	11903	24.05.68	Weißenfels			UB in 298 065-4	
V 100 066	110 066-8		LEW	11904	27.05.68	Karl-Marx-Stadt			UB in 112 066-6	
V 100 067	110 067-6		LEW	11905	27.05.68	Karl-Marx-Stadt	17.11.87	Karl-Marx-Stadt	→ Hkw KMS	
V 100 068	110 068-4	201 068-4	LEW	11906	26.05.68	Karl-Marx-Stadt	09.08.94	Stendal		
V 100 069	110 069-2	201 069-2	LEW	11907	26.05.68	Dresden			UB in 298 069-6	
V 100 070	110 070-0	201 070-0	LEW	11908	06.06.68	Weißenfels	20.12.95	Weißenfels		
V 100 071	110 071-8	201 071-8	LEW	11909	01.06.68	Karl-Marx-Stadt			UB in 298 071-2	
V 100 072	110 072-6	201 072-6	LEW	11910	01.06.68	Karl-Marx-Stadt			UB in 298 072-0	
V 100 073	110 073-4	201 073-4	LEW	11911	01.06.68	Dresden	30.11.95	Dresden		
V 100 074	110 074-2	201 074-2	LEW	11912	01.06.68	Dresden			UB in 298 074-6	
V 100 075	110 075-9	201 075-9	LEW	11913	04.06.68	Seddin	20.03.95	Neustrelitz		
V 100 076	110 076-7	201 076-7	LEW	11914	06.06.68	Weißenfels	20.12.95	Weißenfels		
V 100 077	110 077-5	201 077-5	LEW	11915	04.06.68	Seddin	31.05.95	Chemnitz		
V 100 078	110 078-3		LEW	11916	08.06.68	Karl-Marx-Stadt			UB in 112 078-1	
V 100 079	110 079-1	201 079-1	LEW	11917	07.06.68	Karl-Marx-Stadt			UB in 298 079-5	
V 100 080	110 080-9	201 080-9	LEW	11918	11.06.68	Rostock			UB in 298 080-3	
V 100 081	110 081-7	201 081-7	LEW	11919	29.06.68	Karl-Marx-Stadt			UB in 298 081-1	
V 100 082	110 082-5	201 082-5	LEW	11920	25.06.68	Weißenfels	20.12.95	Weißenfels		
V 100 083	110 083-3	201 083-3	LEW	11921	27.06.68	Halle P	22.12.94	Seddin		
V 100 084	110 084-1	201 084-1	LEW	11922	05.07.68	Neustrelitz			UB in 298 084-5	
V 100 085	110 085-8	201 085-8	LEW	11923	30.06.68	Neustrelitz			UB in 298 085-2	
V 100 086	110 086-6	201 086-6	LEW	11924	29.06.68	Neustrelitz			UB in 298 086-0	
V 100 087	110 087-4	201 087-4	LEW	11925	05.08.68	Neustrelitz	31.05.95	Chemnitz		
V 100 088	110 088-2	201 088-2	LEW	11926	02.07.68	Karl-Marx-Stadt			UB in 298 088-6	
V 100 089	110 089-0	201 089-0	LEW	11927	29.06.68	Karl-Marx-Stadt	15.02.94	Glauchau		
V 100 090	110 090-8	201 090-8	LEW	11928	30.06.68	Weißenfels	30.11.95	Weißenfels		

V 100 091	110 091-6	201 091-6	LEW	11929	03.07.68	Karl-Marx-Stadt			UB in 298 091-0
V 100 092	110 092-4	201 092-4	LEW	11930	19.07.68	Seddin	22.12.94	Bln.-Pankow	
V 100 093	110 093-2	201 093-2	LEW	11931	03.07.68	Karl-Marx-Stadt	31.05.95	Chemnitz	
V 100 094	110 094-0	201 094-0	LEW	11932	09.07.68	Seddin			UB in 298 094-4
V 100 095	110 095-7	201 095-7	LEW	11933	24.07.68	Karl-Marx-Stadt	30.10.95	Chemnitz	
V 100 096	110 096-5	201 096-5	LEW	11934	31.07.68	Karl-Marx-Stadt	14.12.94	Neustrelitz	
V 100 097	110 097-3	201 097-3	LEW	11935	05.08.68	Neustrelitz	27.10.94	Chemnitz	
V 100 098	110 098-1		LEW	11936	06.08.68	Neustrelitz			UB in 112 098-9
V 100 099	110 099-9	201 099-9	LEW	11937	05.08.68	Neustrelitz			UB in 298 099-3
V 100 100	110 100-5	201 100-5	LEW	11938	06.08.68	Neustrelitz			UB in 298 100-9
V 100 101	110 101-3	201 101-3	LEW	11939	02.08.68	Dresden	30.11.95	Chemnitz	
V 100 102	110 102-1	201 102-1	LEW	11940	02.08.68	Dresden			UB in 298 102-5
V 100 103	110 103-9		LEW	11941	02.08.68	Karl-Marx-Stadt	21.06.83	Glauchau	
V 100 104	110 104-7	201 104-7	LEW	12405	30.04.69	Dresden			UB in 298 104-1
V 100 105	110 105-4		LEW	12406	15.04.69	Güsten			UB in 112 105-2
V 100 106	110 106-2	201 106-2	LEW	12407	20.05.69	Güsten	09.08.94	Güsten	
V 100 107	110 107-0		LEW	12408	15.04.69	Güsten	06.04.90	Nordhausen	→ BKK Cottbus
V 100 108	110 108-8		LEW	12409	15.04.69	Magdeburg	05.06.90	Jerichow	→ BKW Cottbus
V 100 109	110 109-6		LEW	12410	03.04.69	Halle G			UB in 112 109-4
V 100 110	110 110-4	201 110-4	LEW	12411	03.04.69	Halle P			UB in 298 110-8
V 100 111	110 111-2	201 111-2	LEW	12412	11.04.69	Halle P	09.08.94	Lu. Wittenberg	
V 100 112	110 112-0	201 112-0	LEW	12413	25.04.69	Stralsund	29.11.94	Neuruppin	
V 100 113	110 113-9	201 113-9	LEW	12414	21.04.69	Rostock	14.11.94	Neustrelitz	
V 100 114	110 114-6		LEW	12415	22.04.69	Dresden			UB in 112 114-4
V 100 115	110 115-3		LEW	12416	25.04.69	Karl-Marx-Stadt			UB in 112 115-1
V 100 116	110 116-1		LEW	12417	24.04.69	Stralsund	27.06.89	Stralsund	
V 100 117	110 117-9		LEW	12418	12.05.69	Dresden	12.07.90	Reichenbach	→ BKW Cottbus
V 100 118	110 118-7	201 118-7	LEW	12419	29.04.69	Nordhausen	30.08.96	Reichenbach	
V 100 119	110 119-5		LEW	12420	29.04.69	Nordhausen	18.08.81	Saalfeld	
V 100 120	110 120-3	201 120-3	LEW	12421	12.05.69	Dresden	31.05.95	Bln.-Pankow	
V 100 121	110 121-1		LEW	12422	09.05.69	Seddin	07.90	Seddin	→ BKK Cottbus
V 100 122	110 122-9	201 122-9	LEW	12423	15.05.69	Seddin			UB in 298 122-3
V 100 123	110 123-7	201 123-7	LEW	12424	20.05.69	Stralsund	31.11.95	Neustrelitz	
V 100 124	110 124-5	201 124-5	LEW	12425	22.05.69	Neustrelitz			UB in 298 124-9
V 100 125	110 125-2	201 125-2	LEW	12426	23.05.69	Seddin	30.11.95	Neustrelitz	
V 100 126	110 126-0	201 126-0	LEW	12427	30.05.69	Leipzig Süd	29.11.94	Stralsund	
V 100 127	110 127-8		LEW	12428	02.06.69	Stralsund			UB in 112 127-6
V 100 128	110 128-6		LEW	12429	31.05.69	Jüterbog	26.03.90	Güsten	→ BKK Cottbus
V 100 129	110 129-4	201 129-4	LEW	12430	20.06.69	Stralsund			UB in 298 129-8
V 100 130	110 130-2	201 130-2	LEW	12431	25.06.69	Dresden			UB in 298 130-6
V 100 131	110 131-0		LEW	12432	18.06.69	Neustrelitz	12.04.90	Neustrelitz	→ BKK Cottbus
V 100 132	110 132-8	201 132-8	LEW	12433	24.06.69	Rostock			
V 100 133	110 133-6	201 133-6	LEW	12434	25.06.69	Neustrelitz	31.10.95	Lu. Wittenberg	
V 100 134	110 134-4	201 134-4	LEW	12435	25.06.69	Neustrelitz	29.03.94	Neustrelitz	
V 100 135	110 135-1	201 135-1	LEW	12436	28.06.69	Dresden			UB in 298 135-5
V 100 136	110 136-9		LEW	12437	01.07.69	Rostock			UB in 112 136-7
V 100 137	110 137-7		LEW	12438	01.07.69	Rostock			UB in 112 137-5
V 100 138	110 138-5		LEW	12439	04.07.69	Leipzig Süd	28.02.90	Neustrelitz	→ BKK Cottbus
V 100 139	110 139-3	201 139-3	LEW	12440	04.07.69	Leipzig Süd			UB in 298 139-7
V 100 140	110 140-1	201 140-1	LEW	12441	11.07.69	Leipzig Süd	09.08.94	Lu. Wittenberg	
V 100 141	110 141-9	201 141-9	LEW	12442	24.07.69	Leipzig Süd	09.08.94	Lu. Wittenberg	
V 100 142	110 142-7	201 142-7	LEW	12443	24.07.69	Dresden			UB in 298 142-1
V 100 143	110 143-5	201 143-5	LEW	12444	24.07.69	Dresden	30.11.95	Rostock	

V 100	110	201		Fabriknr.	Datum	Ort	Datum	Ort	Bemerkung
V 100 144	110 144-3		LEW	12445	04.08.69	Erfurt			UB in 112 144-1
V 100 145	110 145-0	201 145-0	LEW	12446	04.08.69	Nordhausen	31.05.95	Chemnitz	
V 100 146	110 146-8		LEW	12447	02.08.69	Jüterbog	03.89	Bautzen	→• BKK Cottbus
V 100 147	110 147-6	201 147-6	LEW	12448	06.08.69	Reichenbach	31.05.95	Chemnitz	
V 100 148	110 148-4		LEW	12449	06.08.69	Rostock	05.06.90	Neuruppin	→• BKW Cottbus
V 100 149	110 149-2	201 149-2	LEW	12450	07.08.69	Seddin	28.02.95	Hoyerswerda	
V 100 150	110 150-0	201 150-0	LEW	12451	31.03.70	Güsten			UB in 298 150-4
V 100 151	110 151-8	201 151-8	LEW	12472	15.01.70	Dresden			UB in 298 151-2
V 100 152	110 152-6		LEW	12453	24.12.69	Reichenbach			UB in 112 152-4
V 100 153	110 153-4	201 153-4	LEW	12454	19.11.69	Erfurt	27.10.94	Eisenach	
V 100 154	110 154-2	201 154-2	LEW	12455	21.11.69	Jüterbog	30.10.95	Wustermark	
V 100 155	110 155-9	201 155-9	LEW	12456	31.03.70	Güsten			UB in 298 155-3
V 100 156	110 156-7		LEW	12457	21.11.69	Halle P			UB in 108 156-7
V 100 157	110 157-5	201 157-5	LEW	12458	20.11.69	Schwerin	14.11.94	Neuruppin	
V 100 158	110 158-3	201 158-3	LEW	12459	03.12.69	Leipzig Süd	30.11.95	Neustrelitz	
V 100 159	110 159-1		LEW	12460	03.12.69	Leipzig Süd	01.90	Falkenberg	→• BKK Cottbus
V 100 160	110 160-9		LEW	12461	12.69	Güsten			UB in 112 160-7
V 100 161	110 161-7		LEW	12462	04.12.69	Halle P			UB in 108 161-1
V 100 162	110 162-5		LEW	12463	10.12.69	Reichenbach			UB in 112 162-3
V 100 163	110 163-3	201 163-3	LEW	12464	17.12.69	Leipzig Süd			UB in 298 163-7
V 100 164	110 164-1		LEW	12465	17.12.69	Leipzig Süd			UB in 112 164-9
V 100 165	110 165-8	201 165-8	LEW	12466	16.12.69	Dresden			
V 100 166	110 166-6		LEW	12467	19.12.69	Dresden			UB in 112 166-4
V 100 167	110 167-4		LEW	12468	23.12.69	Dresden			UB in 112 167-2
V 100 168	110 168-2	201 168-2	LEW	12469	12.01.70	Leipzig Süd	20.02.95	Lu. Wittenberg	
V 100 169	110 169-0		LEW	12470	23.12.69	Dresden			UB in 112 169-8
V 100 170	110 170-8	201 170-8	LEW	12471	15.01.69	Dresden	15.02.94	Riesa	
V 100 171	110 171-6	201 171-6	LEW	12452	15.01.70	Erfurt	20.12.95	Weißenfels	
V 100 172			LEW	12403	10.03.70	Neustrelitz			UZ in V 100 001
V 100 173			LEW	12404	19.11.69	Erfurt			UZ in V 100 002
	110 201-1		LEW	12483	08.11.69	Jüterbog			UB in 112 201-9
	110 202-9	201 202-9	LEW	12484	19.01.70	Reichenbach	15.02.94	Zittau	
	110 203-7		LEW	12485	20.01.70	Leipzig Süd			UB in 114 203-3
	110 204-5	201 204-5	LEW	12486	04.02.70	Zittau	15.02.94	Zittau	
	110 205-2		LEW	12487	23.01.70	Nordhausen			UB in 112 205-0
	110 206-0	201 206-0	LEW	12488	26.01.70	Neustrelitz	29.11.94	Neustrelitz	
	110 207-8		LEW	12489	04.02.70	Zittau			UB in 112 207-6
	110 208-6	201 208-6	LEW	12490	30.01.70	Eisenach	20.06.95	Nordhausen	
	110 209-4		LEW	12491	02.03.70	Stralsund			UB in 112 209-2
	110 210-2	201 210-2	LEW	12492	30.01.70	Schwerin	14.11.94	Neustrelitz	
	110 211-0	201 211-0	LEW	12493	04.02.70	Reichenbach	31.05.95	Zwickau	
	110 212-8	201 212-8	LEW	12494	02.02.70	Schwerin	14.11.94	Schwerin	
	110 213-6	201 213-6	LEW	12495	03.02.70	Jüterbog	30.10.95	Bln.-Pankow	
	110 214-4		LEW	12496	06.02.70	Zittau			UB in 112 214-2
	110 215-1	201 215-1	LEW	12497	06.02.70	Zittau	30.11.95	Neustrelitz	
	110 216-9	201 216-9	LEW	12498	17.02.70	Leipzig Süd	31.05.95	Chemnitz	
	110 217-7	201 217-7	LEW	12499	26.05.70	Görlitz	09.08.94	Magdeburg	
	110 218-5		LEW	12500	23.02.70	Leipzig Süd			UB in 112 218-3
	110 219-3		LEW	12501	23.02.70	Leipzig Süd			UB in 112 219-1
	110 220-1		LEW	12502	26.02.70	Leipzig Süd			UB in 112 220-9
	110 221-9	201 221-9	LEW	12503	24.02.70	Stralsund	30.06.95	Stralsund	
	110 222-7	201 222-7	LEW	12504	27.02.70	Erfurt	20.12.95	Weißenfels	
	110 223-5		LEW	12505	02.03.70	Neustrelitz			UB in 204 223-1

110 224-3	201 224-3	LEW	12506	04.03.70	Jüterbog	09.08.94	Lu. Wittenberg	
110 225-0	201 225-0	LEW	12507	31.03.70	Güsten	31.10.95	Lu. Wittenberg	
110 226-8	201 226-8	LEW	12508	06.03.70	Reichenbach	15.02.94	Zittau	
110 227-6	201 227-6	LEW	12509	06.03.70	Reichenbach	15.02.94	Zittau	
110 228-4	201 228-4	LEW	12510	28.02.70	Seddin	10.03.95	Seddin	→ M. Belzig
110 229-2	201 229-2	LEW	12511	16.04.70	Halberstadt	09.08.94	Stendal	
110 230-0	201 230-0	LEW	12512	20.03.70	Jüterbog	10.03.95	Seddin	
110 231-8		LEW	12513	26.03.70	Dresden			UB in 112 231-6
110 232-6		LEW	12514	24.03.70	Eisenach			UB in 112 232-4
110 233-4	201 233-4	LEW	12515	25.03.70	Jüterbog	30.10.95	Bln.-Pankow	
110 234-2		LEW	12516	16.04.70	Güsten			UB in 112 234-0
110 235-9		LEW	12517	08.04.70	Dresden			UB in 112 235-7
110 236-7		LEW	12518	03.04.70	Bln.-Karlshorst			UB in 112 236-5
110 237-5		LEW	12519	30.04.70	Görlitz			UB in 112 237-3
110 238-3		LEW	12520	27.04.70	Magdeburg			UB in 112 238-1
110 239-1	201 239-1	LEW	12521	28.04.70	Bln.-Karlshorst	30.11.95	Bln.-Pankow	
110 240-9		LEW	12522	06.05.70	Görlitz			UB in 112 240-7
110 241-7		LEW	12523	05.08.70	Leipzig Süd			UB in 112 241-5
110 242-5		LEW	12524	06.07.70	Cottbus			UB in 112 242-3
110 243-3	201 243-3	LEW	12525	02.10.70	Dresden	31.10.95	Lu. Wittenberg	
110 244-1		LEW	12526	24.09.70	Gera	30.08.74	Glauchau	
110 245-8		LEW	12527	22.09.70	Eisenach			UB in 112 245-6
110 246-6		LEW	12528	09.10.70	Leipzig Süd			UB in 112 246-2
110 247-4	201 247-4	LEW	12529	02.10.70	Stendal	09.08.94	Güsten	
110 248-2		LEW	12530	15.10.70	Magdeburg			UB in 112 248-0
110 249-0		LEW	12531	05.10.70	Eisenach			UB in 112 249-8
110 250-8		LEW	12532	05.10.70	Reichenbach			UB in 112 250-6
110 251-6		LEW	12533	03.10.70	Eisenach			UB in 112 251-4
110 252-4		LEW	12534	03.10.70	Eisenach			UB in 114 252-0
110 253-2		LEW	12535	05.10.70	Reichenbach			UB in 112 253-0
110 254-0		LEW	12536	28.09.70	Bln.-Ostbahnhof			UB in 112 254-8
110 255-7		LEW	12537	29.09.70	Bln.-Pankow			UB in 112 255-5
110 256-5		LEW	12538	25.09.70	Schwerin			UB in 112 256-3
110 257-3		LEW	12539	22.09.70	Wustermark			UB in 114 257-9
110 258-1		LEW	12540	08.09.70	Erfurt P	11.06.74	Erfurt	
110 259-9	201 259-9	LEW	12541	07.07.70	Weißenfels	30.11.95	Chemnitz	
110 260-7		LEW	12542	29.06.70	Eisenach			UB in 112 260-5
110 261-5		LEW	12543	29.06.70	Eisenach			UB in 114 261-1
110 262-3		LEW	12544	14.07.70	Magdeburg			UB in 112 262-1
110 263-1		LEW	12545	04.07.70	Jüterbog			UB in 112 263-9
110 264-9		LEW	12546	13.07.70	Cottbus			UB in 112 264-7
110 265-6		LEW	12547	17.07.70	Güsten			UB in 112 265-4
110 266-4		LEW	12548	17.07.70	Magdeburg			UB in 112 266-2
110 267-2		LEW	12549	17.07.70	Magdeburg			UB in 112 267-0
110 268-0		LEW	12550	08.09.70	Erfurt			UB in 112 268-8
110 269-8		LEW	12551	05.09.70	Dresden			UB in 112 269-6
110 270-6		LEW	12552	03.10.70	Güsten			UB in 112 270-4
110 271-4		LEW	12553	04.09.70	Reichenbach			UB in 112 271-2
110 272-2		LEW	12554	04.09.70	Stralsund			UB in 112 272-0
110 273-0	201 273-0	LEW	12555	30.07.70	Wustermark	30.09.95	Reichenbach	
110 274-8		LEW	12556	29.07.70	Weißenfels			UB in 114 274-4
110 275-5		LEW	12557	28.10.70	Pasewalk			UB in 112 275-3
110 276-3		LEW	12558	21.08.70	Magdeburg			UB in 112 276-1

110 277-1		LEW	12559	25.07.70	Güsten			UB in 112 277-9
110 278-9		LEW	12560	29.07.70	Seddin			UB in 112 278-7
110 279-7		LEW	12561	21.08.70	Güsten			UB in 112 279-5
110 280-5		LEW	12562	01.08.70	Dresden			UB in 112 280-3
110 281-3	201 281-3	LEW	12745	05.08.70	Leipzig Süd	04.01.94	Lu. Wittenberg	
110 282-1		LEW	12746	03.08.70	Eisenach			UB in 114 282-7
110 283-9	201 283-9	LEW	12747	21.08.70	Magdeburg	09.08.94	Güsten	
110 284-7	201 284-7	LEW	12748	07.09.70	Bln.-Pankow	30.11.95	Bln.-Pankow	
110 285-4	201 285-4	LEW	12749	07.09.70	Bln.-Ostbahnhof	31.10.95	Chemnitz	
110 286-2		LEW	12750	07.09.70	Wustermark			UB in 112 286-0
110 287-0		LEW	12751	09.09.70	Bln.-Ostbahnhof			UB in 112 287-8
110 288-8		LEW	12752	08.09.70	Reichenbach			UB in 112 288-6
110 289-6		LEW	12753	04.09.70	Stralsund			UB in 112 289-4
110 290-4		LEW	12754	08.09.70	Leipzig Süd			UB in 112 290-2
110 291-2		LEW	12755	02.09.70	Weißenfels			UB in 112 291-0
110 292-0		LEW	12756	08.09.70	Eisenach			UB in 112 292-8
110 293-8		LEW	12757	04.11.70	Leipzig Süd			UB in 112 293-6
110 294-6		LEW	12758	02.11.70	Erfurt			UB in 112 294-4
110 295-3		LEW	12759	08.11.70	Bln.-Pankow			UB in 112 295-1
110 296-1		LEW	12760	23.11.70	Cottbus			UB in 112 296-9
110 297-9		LEW	12761	25.11.70	Eisenach			UB in 112 297-7
110 298-7		LEW	12762	27.11.70	Aue			UB in 114 298-3
110 299-5		LEW	12763	26.11.70	Nordhausen			UB in 112 299-3
110 300-1		LEW	12764	05.12.70	Dresden			UB in 112 300-9
110 301-9		LEW	12765	02.12.70	Leipzig Süd			UB in 112 301-7
110 302-7		LEW	12766	08.12.70	Bln.-Pankow			UB in 112 302-5
110 303-5		LEW	12767	08.12.70	Leipzig Süd			UB in 112 303-3
110 304-3	201 304-3	LEW	12768	02.12.70	Reichenbach	30.06.94	Eisenach	
110 305-0		LEW	12769	02.12.70	Frankfurt (O)			UB in 112 305-8
110 306-8		LEW	12770	05.12.70	Dresden	09.12.81	Dresden	
110 307-6		LEW	12771	08.12.70	Leipzig Süd			UB in 112 307-4
110 308-4	201 308-4	LEW	12772	10.12.70	Halberstadt	09.08.94	Güsten	→ EF Weferlingen
110 309-2		LEW	12773	09.12.70	Leipzig Süd			UB in 112 309-0
110 310-0		LEW	12774	19.12.70	Leipzig Süd			UB in 112 310-8
110 311-8		LEW	12795	20.12.70	Leipzig Süd			UB in 112 311-6
110 312-6		LEW	12796	20.12.70	Leipzig Süd			UB in 112 312-4
110 313-4		LEW	12822	06.01.71	Saalfeld			UB in 112 313-2
110 314-2		LEW	12823	06.01.71	Saalfeld			UB in 114 314-8
110 315-9		LEW	12824	06.01.71	Saalfeld			UB in 112 315-7
110 316-7		LEW	12825	06.01.71	Saalfeld			UB in 112 316-5
110 317-5		LEW	12826	06.01.71	Nordhausen			UB in 112 317-3
110 318-3		LEW	12827	06.01.71	Nordhausen			UB in 112 318-1
110 319-1		LEW	12828	06.01.71	Nordhausen			UB in 112 319-9
110 320-9		LEW	12829	08.01.71	Karl-Marx-Stadt			UB in 112 320-7
110 321-7		LEW	12830	08.01.71	Karl-Marx-Stadt			UB in 112 321-5
110 322-5		LEW	12831	22.01.71	Sangerhausen			UB in 112 322-3
110 323-3		LEW	12832	04.02.71	Karl-Marx-Stadt			UB in 112 323-1
110 324-1		LEW	12833	03.02.71	Görlitz			UB in 112 324-9
110 325-8		LEW	12834	04.02.71	Eberswalde			UB in 112 325-6
110 326-6		LEW	12835	04.02.71	Schwerin			UB in 112 326-4
110 327-4		LEW	12836	03.02.71	Magdeburg			UB in 112 327-2
110 328-2		LEW	12837	03.03.71	Sangerhausen			UB in 112 328-0
110 329-0		LEW	12838	04.03.71	Schwerin			UB in 112 329-8

110 330-8		LEW	12839	10.03.71	Bln.-Pankow			UB in 112 330-6
110 331-6		LEW	12840	23.02.71	Bautzen			UB in 112 331-4
110 332-4		LEW	12841	14.05.71	Seddin			UB in 112 332-2
110 333-2		LEW	12842	04.03.71	Schwerin			UB in 112 333-0
110 334-0		LEW	12843	01.03.71	Bautzen			UB in 112 334-8
110 335-7		LEW	12844	09.03.71	Schwerin			UB in 112 335-5
110 336-5		LEW	12845	02.03.71	Schwerin			UB in 112 336-3
110 337-3		LEW	12846	01.03.71	Haldensleben			UB in 112 337-1
110 338-1		LEW	12847	02.03.71	Schwerin			UB in 112 338-9
110 339-9	201 339-9	LEW	12848	02.03.71	Neustrelitz	30.06.95	Neustrelitz	
110 340-7		LEW	12849	05.03.71	Bln.-Pankow			UB in 112 340-5
110 341-5		LEW	12850	29.03.71	Magdeburg			UB in 112 341-3
110 342-3		LEW	12851	25.03.71	Karl-Marx-Stadt			UB in 112 342-1
110 343-1	201 343-1	LEW	12852	22.03.71	Magdeburg	30.06.95	Neustrelitz	
110 344-9		LEW	12853	22.03.71	Nordhausen			UB in 112 344-7
110 345-6		LEW	12854	23.03.71	Nordhausen			UB in 112 345-4
110 346-4		LEW	12855	28.04.71	Stralsund			UB in 112 346-2
110 347-2		LEW	12856	01.04.71	Eisenach			UB in 112 347-0
110 348-0		LEW	12857	01.04.71	Schwerin			UB in 112 348-8
110 349-8		LEW	12858	01.04.71	Bautzen			UB in 112 349-6
110 350-6		LEW	12859	31.03.71	Magdeburg			UB in 112 350-4
110 351-4		LEW	12860	01.04.71	Cottbus			UB in 112 351-2
110 352-2		LEW	12861	29.03.71	Hoyerswerda			UB in 112 352-0
110 353-0		LEW	12862	06.04.71	Leipzig Süd			UB in 112 353-8
110 354-8		LEW	12863	14.04.71	Magdeburg			UB in 112 354-6
110 355-5		LEW	12864	21.04.71	Wittenberge			UB in 112 355-3
110 356-3		LEW	12865	21.04.71	Wittenberge	03.08.81	Wittenberge	
110 357-1		LEW	12866	05.05.71	Eberswalde			UB in 112 357-9
110 358-9		LEW	12867	08.06.71	Bln.-Ostbahnhof			UB in 114 358-5
110 359-7		LEW	12868	01.05.71	Eisenach			UB in 114 359-3
110 360-5		LEW	12869	28.04.71	Stralsund			UB in 112 360-3
110 361-3		LEW	12870	05.05.71	Bln.-Ostbahnhof			UB in 112 361-1
110 362-1		LEW	12871	04.05.71	Eberswalde			UB in 112 362-9
110 363-9		LEW	12872	01.05.71	Güsten			UB in 112 363-7
110 364-7		LEW	12873	05.05.71	Güsten			UB in 112 364-5
110 365-4		LEW	12874	11.06.71	Güsten			UB in 112 365-2
110 366-2		LEW	12875	05.05.71	Güsten			UB in 114 366-8
110 367-0	201 367-0	LEW	12876	28.05.71	Senftenberg	20.05.95	Bln.-Pankow	
110 368-8		LEW	12877	28.05.71	Senftenberg			UB in 112 368-6
110 369-6		LEW	12878	28.05.71	Senftenberg			UB in 112 369-4
110 370-4		LEW	12879	28.05.71	Pasewalk			UB in 112 370-2
110 371-2		LEW	12880	01.06.71	Eisenach			UB in 112 371-0
110 372-0		LEW	12881	01.06.71	Eisenach			UB in 112 372-8
110 373-8		LEW	12882	03.06.71	Eberswalde			UB in 112 373-6
110 374-6		LEW	12883	03.06.71	Nordhausen			UB in 112 374-4
110 375-3		LEW	12884	04.06.71	Halberstadt			UB in 112 375-1
110 376-1		LEW	12885	01.06.71	Güsten			UB in 112 376-9
110 377-9		LEW	12886	03.07.71	Güsten			UB in 112 377-7
110 378-7		LEW	12887	27.07.71	Güsten			UB in 112 378-5
110 379-5		LEW	12888	01.07.71	Saalfeld			UB in 112 379-3
110 380-3	201 380-3	LEW	12889	03.07.71	Leipzig Süd	20.06.95	Stralsund	→ UBB
110 381-1		LEW	12890	30.06.71	Kamenz			UB in 112 381-9
110 382-9		LEW	12891	12.07.71	Wustermark			UB in 112 382-7

110 383-7		LEW	12892	01.07.71	Kamenz				UB in 112 383-5
110 384-5		LEW	12893	01.07.71	Erfurt				UB in 112 384-3
110 385-2		LEW	12894	06.07.71	Stralsund				UB in 112 385-0
110 386-0		LEW	12895	30.06.71	Magdeburg				UB in 112 386-8
110 387-8		LEW	12896	05.07.71	Erfurt				UB in 112 387-6
110 388-6		LEW	12897	01.07.71	Kamenz				UB in 112 388-4
110 389-4		LEW	12898	24.07.71	Kamenz				UB in 112 389-2
110 390-2		LEW	12899	28.07.71	Kamenz				UB in 112 390-0
110 391-0	201 391-0	LEW	12900	29.07.71	Stralsund	30.06.95	Neustrelitz		
110 392-8		LEW	12901	31.07.71	Eberswalde				UB in 112 392-6
110 393-6	201 393-6	LEW	12902	07.12.71	Karl-Marx-Stadt	31.07.95	Weißenfels	→ Stahlw. Thüringen
110 394-4		LEW	12903	07.12.71	Bln.-Pankow				UB in 112 394-2
110 395-1		LEW	12904	04.12.71	Magdeburg				UB in 112 395-9
110 396-9		LEW	12905	14.12.71	Brandenburg				UB in 112 396-7
110 397-7		LEW	12906	30.11.71	Kamenz				UB in 112 397-5
110 398-5		LEW	12907	30.11.71	Magdeburg				UB in 112 398-3
110 399-3		LEW	12908	06.12.71	Güsten				UB in 114 399-9
110 400-9		LEW	12909	07.12.71	Eisenach				UB in 112 400-7
110 401-7		LEW	12910	07.12.71	Eisenach				UB in 114 401-3
110 402-5		LEW	12911	11.12.71	Schwerin				UB in 112 402-4
110 403-3		LEW	12912	10.12.71	Hagenow Land				UB in 112 403-2
110 404-1		LEW	12913	09.12.71	Eberswalde				UB in 112 404-0
110 405-8		LEW	12914	21.12.71	Eisenach				UB in 112 405-6
110 406-6		LEW	12915	23.12.71	Brandenburg				UB in 112 406-4
110 407-4		LEW	12916	01.03.72	Jüterbog				UB in 112 407-2
110 408-2		LEW	12917	21.12.71	Leipzig Süd				UB in 112 408-0
110 409-0		LEW	12918	28.12.71	Eisenach				UB in 112 409-8
110 410-8	201 410-8	LEW	12919	28.12.71	Jüterbog	31.05.95	Bln.-Pankow		
110 411-6		LEW	12920	22.12.71	Magdeburg				UB in 112 411-4
110 412-4		LEW	12921	22.12.71	Magdeburg				UB in 112 412-2
110 413-2		LEW	12922	23.12.71	Magdeburg				UB in 112 413-0
110 414-0		LEW	12923	31.12.71	Rostock				UB in 112 414-8
110 415-7		LEW	12924	10.01.72	Hagenow Land				UB in 112 415-5
110 416-5		LEW	12925	20.08.71	Neustrelitz				UB in 112 416-3
110 417-3		LEW	12926	03.01.72	Saalfeld				UB in 112 417-1
110 418-1		LEW	12927	03.01.72	Stralsund				UB in 112 418-9
110 419-9	201 419-9	LEW	12928	03.01.72	Schwerin	31.10.95	Lu. Wittenberg		
110 420-7		LEW	12929	06.01.72	Brandenburg				UB in 112 420-5
110 421-5		LEW	12930	14.01.72	Brandenburg				UB in 112 421-3
110 422-3		LEW	12931	06.01.72	Wittenberge				UB in 112 422-1
110 423-1		LEW	12932	27.01.72	Karl-Marx-Stadt				UB in 112 423-9
110 424-9	201 424-9	LEW	12933	26.01.72	Haldensleben	20.02.95	Lu. Wittenberg		
110 425-6		LEW	12934	03.02.72	Magdeburg				UB in 112 425-4
110 426-4		LEW	12935	31.01.72	Halberstadt				UB in 112 426-2
110 427-2		LEW	12936	31.01.72	Haldensleben				UB in 112 427-0
110 428-0		LEW	12937	02.02.72	Nordhausen				UB in 112 428-8
110 429-8		LEW	12938	07.02.72	Angermünde				UB in 112 429-6
110 430-6		LEW	12939	17.02.72	Magdeburg				UB in 112 430-4
110 431-4		LEW	12940	26.02.72	Güstrow				UB in 112 431-2
110 432-2		LEW	12941	28.02.72	Nordhausen				UB in 112 432-0
110 433-0		LEW	13472	17.02.72	Zittau				UB in 112 433-8
110 434-8		LEW	13473	01.03.72	Halberstadt				UB in 112 434-6
110 435-5		LEW	13474	02.03.72	Leipzig Süd				UB in 112 435-3

110 436-3		LEW	13475	10.03.72	Karl-Marx-Stadt		UB in 112 436-1
110 437-1		LEW	13476	07.03.72	Güstrow		UB in 112 437-9
110 438-9		LEW	13477	03.03.72	Schwerin		UB in 112 438-7
110 439-7		LEW	13478	06.03.72	Stendal		UB in 112 439-5
110 440-5	201 440-5	LEW	13479	06.03.72	Stendal	29.03.94 Neustrelitz	
110 441-3		LEW	13480	28.03.72	Bln.-Ostbahnhof		UB in 112 441-1
110 442-1		LEW	13481	28.03.72	Haldensleben		UB in 112 442-9
110 443-9		LEW	13482	28.03.72	Bln.-Ostbahnhof		UB in 112 443-7
110 444-7		LEW	13483	06.04.72	Magdeburg		UB in 112 444-5
110 445-4		LEW	13484	29.03.72	Angermünde		UB in 114 445-0
110 446-2		LEW	13485	28.03.72	Pasewalk		UB in 112 446-0
110 447-0		LEW	13486	29.03.72	Magdeburg		UB in 112 447-8
110 448-8		LEW	13487	29.03.72	Magdeburg		UB in 114 448-4
110 449-6		LEW	13488	06.04.72	Rostock		UB in 112 449-4
110 450-4		LEW	13489	07.07.72	Halberstadt		UB in 112 450-2
110 451-2		LEW	13490	07.04.72	Gera		UB in 112 451-0
110 452-0		LEW	13491	08.04.72	Gera		UB in 112 452-8
110 453-8		LEW	13492	07.04.72	Güstrow		UB in 112 453-6
110 454-6		LEW	13493	05.04.72	Nordhausen		UB in 112 454-4
110 455-3		LEW	13494	01.04.72	Haldensleben		UB in 112 455-1
110 456-1		LEW	13495	07.04.72	Nordhausen		UB in 112 456-9
110 457-9		LEW	13496	15.03.70	Leipzig Süd		UB in 112 457-7
110 458-7		LEW	13497	31.03.72	Güsten		UB in 112 458-5
110 459-5		LEW	13498	02.05.72	Zittau		UB in 112 459-3
110 460-3		LEW	13499	04.05.72	Eisenach		UB in 112 460-1
110 461-1		LEW	13500	28.04.72	Halle P		UB in 112 461-9
110 462-9		LEW	13501	29.04.72	Eberswalde		UB in 112 462-7
110 463-7		LEW	13502	09.05.72	Bln.-Pankow		UB in 112 463-5
110 464-5		LEW	13503	05.05.72	Neubrandenburg		UB in 114 464-1
110 465-2		LEW	13504	04.05.72	Leipzig Süd		UB in 112 465-0
110 466-0		LEW	13505	04.05.72	Halle G		UB in 112 466-8
110 467-8		LEW	13506	09.05.72	Neubrandenburg		UB in 112 467-6
110 468-6		LEW	13507	09.05.72	Rbd Berlin		UB in 112 468-4
110 469-4		LEW	13508	09.05.72	Neubrandenburg		UB in 114 469-0
110 470-2		LEW	13509	03.05.72	Neubrandenburg		UB in 112 470-0
110 471-0		LEW	13510	21.05.72	Haldensleben		UB in 112 471-8
110 472-8		LEW	13511	16.05.72	Wismar		UB in 112 472-6
110 473-6		LEW	13512	10.05.72	Leipzig Süd		UB in 112 473-4
110 474-4		LEW	13513	24.05.72	Jüterbog		UB in 112 474-2
110 475-1		LEW	13514	26.05.72	Pasewalk		UB in 112 475-9
110 476-9		LEW	13515	17.05.72	Schwerin		UB in 112 476-7
110 477-7		LEW	13516	23.05.72	Nordhausen		UB in 112 477-5
110 478-5		LEW	13517	23.05.72	Neubrandenburg		UB in 112 478-3
110 479-3		LEW	13518	31.05.72	Brandenburg		UB in 112 479-1
110 480-1		LEW	13519	03.06.72	Rostock		UB in 112 480-9
110 481-9		LEW	13520	06.06.72	Nordhausen		UB in 112 481-7
110 482-7		LEW	13521	31.05.72	Stendal		UB in 114 482-3
110 483-5		LEW	13522	31.05.72	Leipzig Süd		UB in 112 483-3
110 484-3		LEW	13523	05.06.72	Eisenach		UB in 112 484-1
110 485-0		LEW	13524	06.06.72	Erfurt		UB in 114 485-6
110 486-8		LEW	13525	07.07.72	Nordhausen		UB in 112 486-6
110 487-6		LEW	13526	14.06.72	Saalfeld		UB in 112 487-4
110 488-4		LEW	13527	10.05.72	Rostock		UB in 112 488-2

110 489-2		LEW	13528	30.06.72	Rostock			UB in 112 489-0
110 490-0		LEW	13529	29.06.72	Neubrandenburg			UB in 112 490-8
110 491-8		LEW	13530	14.06.72	Rostock	17.07.79	Wismar	
110 492-6		LEW	13531	14.06.72	Neubrandenburg			UB in 204 492-3
110 493-4	201 493-4	LEW	13532	28.11.72	Bautzen	30.06.95	Schwerin	
110 494-2		LEW	13533	24.11.72	Frankfurt (O)			UB in 112 494-0
110 495-9		LEW	13534	24.11.72	Bln.-Ostbahnhof			UB in 112 495-7
110 496-7		LEW	13535	30.11.72	Bln.-Pankow			UB in 112 496-5
110 497-5		LEW	13536	30.11.72	Cottbus			UB in 112 497-3
110 498-3		LEW	13537	21.12.72	Karl-Marx-Stadt			UB in 112 498-1
110 499-1		LEW	13538	29.11.72	Cottbus			UB in 112 499-9
110 500-6		LEW	13552	01.04.73	Elsterwerda			UB in 112 500-4
110 501-4		LEW	13540	30.11.72	Wittenberge			UB in 112 501-2
110 502-2		LEW	13541	01.12.72	Dresden			UB in 112 502-0
110 503-0		LEW	13542	30.11.72	Karl-Marx-Stadt			UB in 112 503-8
110 504-8		LEW	13543	20.12.72	Reichenbach			UB in 112 504-6
110 505-5		LEW	13544	01.12.72	Güsten			UB in 112 505-3
110 506-3		LEW	13545	01.12.72	Salzwedel			UB in 112 506-1
110 507-1		LEW	13546	05.12.72	Seddin			UB in 112 507-9
110 508-9	201 508-9	LEW	13547	22.12.72	Karl-Marx-Stadt	31.05.95	Zwickau	
110 509-7		LEW	13548	05.12.72	Kamenz			UB in 112 509-5
110 510-5	201 510-5	LEW	13549	19.12.72	Rostock	30.10.95	Lu. Wittenberg	
110 511-3		LEW	13550	23.12.72	Rostock			UB in 112 511-1
110 512-1		LEW	13551	23.12.72	Rostock			UB in 112 512-9
110 513-9		LEW	13539	29.11.72	Brandenburg			UB in 114 513-5
110 514-7	201 514-7	LEW	13553	21.03.73	Reichenbach	21.03.94	Zwickau	
110 515-4		LEW	13554	19.03.73	Saalfeld			UB in 112 515-2
110 516-2		LEW	13555	22.03.73	Karl-Marx-Stadt			UB in 112 516-0
110 517-0		LEW	13556	18.04.73	Bln.-Ostbahnhof			UB in 112 517-8
110 518-8		LEW	13557	02.04.73	Jüterbog			UB in 112 518-6
110 519-6		LEW	13558	18.04.73	Bln.-Ostbahnhof			UB in 112 519-4
110 520-4		LEW	13559	18.04.73	Bln.-Ostbahnhof			UB in 112 520-2
110 521-2		LEW	13560	01.04.73	Elsterwerda			UB in 112 521-0
110 522-0		LEW	13561	02.04.73	Leipzig Süd			UB in 112 522-8
110 523-8		LEW	13562	11.04.73	Wittenberge			UB in 112 523-6
110 524-6		LEW	13563	25.04.73	Bln.-Ostbahnhof			UB in 112 524-4
110 525-3		LEW	13564	11.05.73	Neustrelitz			UB in 112 525-1
110 526-1		LEW	13565	12.04.73	Saalfeld			UB in 112 526-9
110 527-9		LEW	13566	13.04.73	Saalfeld			UB in 112 527-7
110 528-7		LEW	13567	13.04.73	Saalfeld			UB in 112 528-5
110 529-5		LEW	13568	18.04.73	Salzwedel			UB in 112 529-3
110 530-3		LEW	13569	19.04.73	Zittau			UB in 112 530-1
110 531-1		LEW	13570	15.05.73	Saalfeld			UB in 112 531-9
110 532-9		LEW	13571	20.04.73	Hoyerswerda			UB in 112 532-7
110 533-7		LEW	13572	28.04.73	Karl-Marx-Stadt			UB in 112 533-5
110 534-5		LEW	13573	27.04.73	Wittenberge			UB in 112 534-3
110 535-2		LEW	13574	09.05.73	Neustrelitz			UB in 112 535-0
110 536-0		LEW	13575	09.05.73	Neustrelitz			UB in 112 536-8
110 537-8		LEW	13576	11.05.73	Neustrelitz			UB in 112 537-6
110 538-6		LEW	13577	16.05.73	Saalfeld			UB in 112 538-4
110 539-4		LEW	13578	16.05.73	Saalfeld			UB in 112 539-2
110 540-2		LEW	13579	17.05.73	Saalfeld	20.05.81	Weißenfels	
110 541-0		LEW	13580	28.05.73	Saalfeld	20.05.81	Weißenfels	

110 542-8		LEW	13581	31.05.73	Neustrelitz			UB in 112 542-6
110 543-6		LEW	13582	28.05.73	Saalfeld			UB in 112 543-4
110 544-4		LEW	13583	19.06.73	Meiningen			UB in 112 544-2
110 545-1		LEW	13584	01.06.73	Neustrelitz			UB in 112 545-9
110 546-9		LEW	13585	08.06.73	Roßlau			UB in 112 546-7
110 547-7		LEW	13586	05.03.73	Schwerin			UB in 112 547-5
110 548-5		LEW	13587	13.06.73	Cottbus			UB in 112 548-3
110 549-3		LEW	13588	14.06.73	Rostock			UB in 112 549-1
110 550-1		LEW	13589	20.06.73	Dresden			UB in 112 550-9
110 551-9	201 551-9	LEW	13590	26.06.73	Dresden	21.03.94	Zwickau	
110 552-7	201 552-7	LEW	13591	20.06.73	Dresden	15.02.94	Zittau	
110 553-5		LEW	13871	30.06.73	Schwerin			UB in 112 553-3
110 554-3		LEW	13872	03.07.73	Cottbus			UB in 112 554-1
110 555-0		LEW	13889	01.09.73	Reichenbach			UB in 112 555-8
110 556-8		LEW	13874	04.07.73	Reichenbach			UB in 112 556-6
110 557-6	201 557-6	LEW	13875	30.06.73	Reichenbach	30.06.95	Neustrelitz	
110 558-4		LEW	13876	03.07.73	Zittau			UB in 112 558-2
110 559-2		LEW	13877	11.07.73	Neuruppin			UB in 112 559-0
110 560-0		LEW	13878	13.07.73	Reichenbach			UB in 112 560-8
110 561-8		LEW	13879	17.07.73	Reichenbach			UB in 112 561-6
110 562-6		LEW	13880	16.07.73	Reichenbach			UB in 112 562-4
110 563-4		LEW	13881	21.07.73	Reichenbach			UB in 112 563-2
110 564-2		LEW	13882	20.07.73	Aue			UB in 112 564-0
110 565-9		LEW	13883	23.07.73	Meiningen			UB in 112 565-7
110 566-7	201 566-7	LEW	13884	24.07.73	Elsterwerda	30.11.95	Wustermark	
110 567-5		LEW	13885	08.09.73	Leipzig Süd			UB in 112 567-3
110 568-3		LEW	13886	27.07.73	Bautzen			UB in 112 568-1
110 569-1		LEW	13887	09.08.73	Lu. Wittenberg			UB in 112 569-9
110 570-9	201 570-9	LEW	13888	27.07.73	Lu. Wittenberg	31.10.95	Halle G	
110 571-7		LEW	13889	10.11.73	Güstrow			UB in 112 571-5
110 572-5		LEW	13890	16.08.73	Leipzig Süd			UB in 112 572-3
110 573-3		LEW	13891	16.08.73	Leipzig Süd			UB in 112 573-1
110 574-1		LEW	13892	01.09.73	Reichenbach			UB in 112 574-9
110 575-8		LEW	13893	28.08.73	Reichenbach			UB in 112 575-6
110 576-6		LEW	13894	28.08.73	Reichenbach			UB in 112 576-4
110 577-4	201 577-4	LEW	13895	01.09.73	Reichenbach	20.12.95	Meiningen	
110 578-2		LEW	13896	01.09.73	Reichenbach			UB in 112 578-0
110 579-0		LEW	13897	01.09.73	Reichenbach			UB in 112 579-8
110 580-8		LEW	13873	24.07.73	Saalfeld			UB in 112 580-6
110 581-6		LEW	13899	11.09.73	Reichenbach			UB in 112 581-4
110 582-4		LEW	13900	03.09.73	Magdeburg			UB in 112 582-2
110 583-2	201 583-2	LEW	13901	21.09.73	Karl-Marx-Stadt	15.02.94	Zittau	
110 584-0		LEW	13902	21.09.73	Karl-Marx-Stadt			UB in 114 584-6
110 585-7		LEW	13903	22.09.73	Dresden			UB in 112 585-5
110 586-5		LEW	13904	22.09.73	Dresden			UB in 112 586-3
110 587-3		LEW	13905	23.09.73	Dresden			UB in 112 587-1
110 588-1	201 588-1	LEW	13906	02.10.73	Karl-Marx-Stadt	15.02.94	Zittau	
110 589-9		LEW	13907	02.10.73	Karl-Marx-Stadt			UB in 112 589-7
110 590-7		LEW	13908	28.09.73	Bautzen			UB in 112 590-5
110 591-5		LEW	13909	02.10.73	Karl-Marx-Stadt			UB in 112 591-3
110 592-3		LEW	13910	02.10.73	Neuruppin			UB in 114 592-9
110 593-1		LEW	13911	01.11.73	Bautzen			UB in 112 593-9
110 594-9		LEW	13912	25.10.73	Frankfurt (O)			UB in 112 594-7

110 595-6		LEW	13913	25.10.73	Frankfurt (O)			UB in 112 595-4
110 596-4		LEW	13914	02.11.73	Roßlau			UB in 112 596-2
110 597-2		LEW	13915	29.10.73	Bln.-Pankow			UB in 112 597-0
110 598-0		LEW	13916	24.10.73	Jüterbog			UB in 112 598-8
110 599-8		LEW	13917	29.10.73	Jüterbog			UB in 112 599-6
110 600-4		LEW	13918	25.10.73	Jüterbog			UB in 112 600-2
110 601-2		LEW	13919	28.10.73	Meiningen			UB in 112 601-0
110 602-0		LEW	13920	01.11.73	Meiningen			UB in 112 602-8
110 603-8		LEW	13921	31.10.73	Güsten			UB in 112 603-6
110 604-6	201 604-6	LEW	13922	02.11.73	Hagenow Land	20.06.95	Weißenfels	
110 605-3		LEW	13923	02.11.73	Meiningen			UB in 114 605-9
110 606-1		LEW	13924	19.11.73	Roßlau			UB in 112 606-9
110 607-9		LEW	13925	19.11.73	Magdeburg			UB in 114 607-5
110 608-7	201 608-7	LEW	13926	20.11.73	Magdeburg	30.06.95	Neustrelitz	
110 609-5	201 609-5	LEW	13927	21.11.73	Görlitz	30.06.95	Wittenberge	
110 610-3		LEW	13928	20.11.73	Güsten			UB in 112 610-1
110 611-1		LEW	13929	26.11.73	Aue			UB in 112 611-9
110 612-9		LEW	13930	28.11.73	Görlitz			UB in 114 612-5
110 613-7		LEW	13931	26.11.73	Gera			UB in 112 613-5
110 614-5		LEW	13932	23.11.73	Gera			UB in 112 614-3
110 615-2		LEW	13933	01.12.73	Zittau			UB in 112 615-0
110 616-0		LEW	13934	09.12.73	Kamenz			UB in 112 616-6
110 617-8		LEW	13935	30.11.73	Güsten			UB in 112 617-6
110 618-6	201 618-6	LEW	13936	05.12.73	Aue	30.11.95	Zwickau	▸ ABB Henschel
110 619-4	201 619-4	LEW	13937	06.12.73	Güsten	30.11.96	Halle G	
110 620-2		LEW	13938	05.12.73	Aue			UB in 112 620-0
110 621-0		LEW	13939	09.12.73	Karl-Marx-Stadt			UB in 112 621-8
110 622-8		LEW	13940	09.12.73	Karl-Marx-Stadt			UB in 114 622-4
110 623-6		LEW	13941	12.12.73	Karl-Marx-Stadt			UB in 112 623-4
110 624-4		LEW	13942	12.12.73	Karl-Marx-Stadt			UB in 112 624-2
110 625-1		LEW	13943	13.12.73	Karl-Marx-Stadt			UB in 112 625-9
110 626-9		LEW	13944	21.12.73	Dresden			UB in 114 626-5
110 627-7		LEW	13945	14.12.73	Brandenburg			UB in 112 627-5
110 628-5	201 628-5	LEW	13946	15.12.73	Brandenburg	20.02.95	Halberstadt	
110 629-3		LEW	13947	31.12.73	Aue			UB in 112 629-1
110 630-1		LEW	13948	22.12.73	Hagenow Land			UB in 112 630-9
110 631-9	201 631-9	LEW	13949	27.12.73	Görlitz	30.11.95	Wustermark	
110 632-7		LEW	13950	15.01.74	Zittau			UB in 112 632-5
110 633-5		LEW	13951	04.01.74	Karl-Marx-Stadt			UB in 112 633-3
110 634-3	201 634-3	LEW	13952	04.01.74	Karl-Marx-Stadt	15.02.94	Zittau	
110 635-0		LEW	13953	28.01.74	Karl-Marx-Stadt			UB in 112 635-8
110 636-8	201 636-8	LEW	13954	18.01.74	Karl-Marx-Stadt	30.06.95	Neustrelitz	
110 637-6		LEW	13955	17.01.74	Güsten			UB in 112 637-4
110 638-4		LEW	13956	23.01.74	Saalfeld			UB in 114 638-0
110 639-2		LEW	13957	23.01.74	Saalfeld			UB in 204 639-9
110 640-0		LEW	13958	05.02.74	Gera			UB in 112 640-8
110 641-8		LEW	13959	25.01.74	Saalfeld			UB in 114 641-4
110 642-6		LEW	13960	05.02.74	Saalfeld			UB in 112 642-4
110 643-4		LEW	14070	08.02.74	Güsten			UB in 112 643-2
110 644-2	201 644-2	LEW	14071	07.02.74	Falkenberg	30.11.95	Neustrelitz	
110 645-9		LEW	14072	08.02.74	Leipzig Süd			UB in 112 645-7
110 646-7		LEW	14073	22.02.74	Leipzig Süd			UB in 112 646-5
110 647-5		LEW	14074	21.02.74	Güsten			UB in 112 647-3

110 648-3		LEW	14075	22.02.74	Neubrandenburg		UB in 112 648-1
110 649-1		LEW	14076	02.74	Pasewalk		UB in 112 649-7
110 650-9		LEW	14077	27.02.74	Erfurt		UB in 114 650-5
110 651-7		LEW	14078	01.03.74	Stralsund		UB in 112 651-5
110 652-5		LEW	14079	01.03.74	Stralsund		UB in 112 652-3
110 653-3	201 653-3	LEW	14080	01.03.74	Elsterwerda	30.11.95	Hoyerswerda
110 654-1		LEW	14081	28.02.74	Pasewalk		UB in 112 654-9
110 655-8		LEW	14082	13.03.74	Gera		UB in 112 655-6
110 656-6		LEW	14357	06.05.74	Elsterwerda		UB in 112 656-4
110 657-4		LEW	14358	30.04.74	Aue		UB in 112 657-2
110 658-2		LEW	14359	05.05.74	Hoyerswerda		UB in 112 658-0
110 659-0		LEW	14360	05.74	Aue		UB in 112 659-8
110 660-8		LEW	14361	28.05.74	Magdeburg		UB in 114 660-4
110 661-6		LEW	14362	26.11.73	Aue		UB in 112 661-4
110 662-4		LEW	14363	29.05.74	Meiningen		UB in 112 662-2
110 663-2		LEW	14364	25.05.74	Halberstadt		UB in 112 663-0
110 664-0		LEW	14365	31.05.74	Güstrow		UB in 114 664-6
110 665-7	201 665-7	LEW	14366	25.05.74	Cottbus	30.11.95	Bln.-Pankow
110 666-5		LEW	14367	31.05.74	Wustermark		UB in 112 666-3
110 667-3		LEW	14368	23.05.74	Magdeburg		UB in 112 667-1
110 668-1	201 668-1	LEW	14369	29.05.74	Saalfeld	28.02.96	Eisenach
110 669-9	201 669-9	LEW	14370	31.05.74	Cottbus	30.11.95	Neustrelitz
110 670-7		LEW	14371	20.06.74	Elsterwerda		UB in 112 670-5
110 671-5		LEW	14372	31.05.74	Meiningen		UB in 114 671-1
110 672-3		LEW	14373	05.06.74	Karl-Marx-Stadt		UB in 112 672-1
110 673-1		LEW	14374	06.06.74	Leipzig Süd		UB in 114 673-7
110 674-9		LEW	14375	14.06.74	Wismar		UB in 112 674-7
110 675-6		LEW	14376	13.06.74	Leipzig Süd		UB in 112 675-4
110 676-4		LEW	14377	29.06.74	Meiningen		UB in 112 676-2
110 677-2		LEW	14378	22.06.74	Aue		UB in 112 677-0
110 678-0		LEW	14379	25.06.74	Stendal		UB in 112 678-8
110 679-8		LEW	14380	25.06.74	Falkenberg		UB in 112 679-6
110 680-6		LEW	14381	04.07.74	Meiningen		UB in 114 680-2
110 681-4		LEW	14382	02.07.74	Aue		UB in 112 681-2
110 682-2		LEW	14383	01.07.74	Halberstadt		UB in 112 682-0
110 683-0		LEW	14384	29.06.74	Güsten		UB in 112 683-8
110 684-8		LEW	14385	05.07.74	Wittenberge		UB in 112 684-6
110 685-5		LEW	14386	04.07.74	Meiningen		UB in 112 685-3
110 686-3		LEW	14387	08.07.74	Meiningen		UB in 114 686-9
110 687-1		LEW	14388	18.07.74	Reichenbach		UB in 112 687-9
110 688-9	201 688-9	LEW	14389	02.08.74	Bautzen	20.02.95	Halberstadt
110 689-7		LEW	14390	20.07.74	Haldensleben		UB in 112 689-5
110 690-5		LEW	14391	23.07.74	Aue		UB in 112 690-3
110 691-3		LEW	14392	01.08.74	Wismar		UB in 112 691-1
110 692-1	201 692-1	LEW	14393	02.08.74	Güstrow	10.03.95	Frankfurt (O)
110 693-9		LEW	14394	25.07.74	Dresden		UB in 112 693-7
110 694-7	201 694-7	LEW	14395	29.07.74	Zittau	31.05.95	Bln.-Pankow
110 695-4		LEW	14396	04.08.74	Aue		UB in 112 695-2
110 696-2		LEW	14397	04.08.74	Aue		UB in 112 696-0
110 697-0		LEW	14398	13.08.74	Schwerin		UB in 112 697-8
110 698-8		LEW	14399	12.08.74	Falkenberg		UB in 114 698-4
110 699-6	201 699-6	LEW	14400	15.08.74	Salzwedel	09.08.94	Magdeburg
110 700-2		LEW	14401	21.08.74	Bautzen		UB in 112 700-0

110 701-0		LEW	14402	12.08.74	Güsten			UB in 112 701-8
110 702-8		LEW	14403	26.08.74	Aue			UB in 112 702-6
110 703-6		LEW	14404	26.01.89	Kamenz			UB in 112 703-4
110 704-4	201 704-4	LEW	14405	26.08.74	Aue	30.11.95	Neustrelitz	
110 705-1		LEW	14406	06.09.74	Stendal			UB in 112 705-9
110 706-9		LEW	14407	16.09.74	Schwerin			UB in 112 706-7
110 707-7		LEW	14408	16.09.74	Hoyerswerda			UB in 112 707-5
110 708-5		LEW	14409	17.09.74	Senftenberg			UB in 112 708-3
110 709-3	201 709-3	LEW	14410	18.09.74	Magdeburg	31.05.95	Halberstadt	
110 710-1		LEW	14411	21.09.74	Frankfurt (O)			UB in 114 710-7
110 711-9	201 711-9	LEW	14412	25.09.74	Frankfurt (O)	30.11.95	Wustermark	
110 712-7		LEW	14413	13.09.74	Stendal			UB in 114 712-3
110 713-5		LEW	14414	20.09.74	Wustermark			UB in 112 713-3
110 714-3		LEW	14415	25.09.74	Halberstadt			UB in 112 714-1
110 715-0		LEW	14416	19.09.74	Falkenberg			UB in 112 715-8
110 716-8		LEW	14417	27.09.74	Aue			UB in 112 716-6
110 717-6		LEW	14418	01.10.74	Wismar	21.02.75	Wismar	
110 718-4		LEW	14419	10.10.74	Aue			UB in 112 718-2
110 719-2		LEW	14420	04.10.74	Aue			UB in 112 719-0
110 720-0		LEW	14421	02.10.74	Dresden			UB in 112 720-8
110 721-8		LEW	14423	03.10.74	Saalfeld			UB in 112 721-6
110 722-6		LEW	14423	09.10.74	Saalfeld			UB in 112 722-4
110 723-4		LEW	14424	09.10.74	Saalfeld			UB in 114 723-0
110 724-2		LEW	14425	14.10.74	Hoyerswerda			UB in 112 724-0
110 725-9		LEW	14426	22.10.74	Hoyerswerda			UB in 112 725-7
110 726-7		LEW	14427	21.10.74	Wismar			UB in 112 726-5
110 727-5		LEW	14428	25.10.74	Gera			UB in 112 727-3
110 728-3		LEW	14429	25.10.74	Gera			UB in 112 728-1
110 729-1		LEW	14430	01.11.74	Neuruppin			UB in 112 729-9
110 730-9		LEW	14431	29.10.74	Hoyerswerda			UB in 112 730-7
110 731-7		LEW	14432	28.10.74	Hoyerswerda			UB in 112 731-5
110 732-5		LEW	14433	30.10.74	Brandenburg			UB in 112 732-3
110 733-3		LEW	14434	06.11.74	Dresden			UB in 112 733-1
110 734-1	201 734-1	LEW	14435	05.11.74	Görlitz	30.11.96	Halle G	
110 735-8		LEW	14436	06.11.74	Dresden			UB in 112 735-6
110 736-6		LEW	14437	18.11.74	Neuruppin			UB in 112 736-4
110 737-4		LEW	14438	15.11.74	Stralsund			UB in 112 737-2
110 738-2		LEW	14439	13.11.74	Saalfeld			UB in 112 738-0
110 739-0	201 739-0	LEW	14440	21.11.74	Bautzen	28.02.95	Hoyerswerda	
110 740-8	201 740-8	LEW	14441	22.11.74	Görlitz	30.11.95	Halle G	
110 741-6		LEW	14442	23.11.74	Güsten			UB in 112 741-4
110 742-4	201 742-4	LEW	14443	04.12.74	Salzwedel	27.09.94	Lu. Wittenberg	→ DWU Espenhain
110 743-2		LEW	14444	01.12.74	Karl-Marx-Stadt			UB in 112 743-0
110 744-0		LEW	14445	01.12.74	Karl-Marx-Stadt			UB in 112 744-8
110 745-7	201 745-7	LEW	14446	05.12.74	Wittenberge	30.11.95	Chemnitz	
110 746-5		LEW	14447	09.12.74	Kamenz			UB in 112 746-3
110 747-3		LEW	14448	03.12.74	Halberstadt			UB in 112 747-1
110 748-1		LEW	14449	06.12.74	Bln.-Ostbahnhof			UB in 112 748-9
110 749-9		LEW	14450	30.11.74	Magdeburg			UB in 112 749-7
110 750-7		LEW	14451	10.12.74	Neustrelitz			UB in 112 750-5
110 751-5		LEW	14452	18.12.74	Wismar			UB in 112 751-3
110 752-3		LEW	14453	17.12.74	Brandenburg			UB in 112 752-1
110 753-1		LEW	14454	18.12.74	Güsten			UB in 112 753-9

110 754-9		LEW	14455	18.12.74	Halberstadt			UB in 112 754-7
110 755-6	201 755-6	LEW	14456	22.12.74	Wismar	30.06.95	Neustrelitz	
110 756-4	201 756-4	LEW	14457	20.12.74	Aue	30.11.95	Chemnitz	
110 757-2	201 757-2	LEW	14458	21.12.74	Aue	15.02.94	Zittau	
110 758-0		LEW	14459	22.12.74	Aue			UB in 114 758-6
110 759-8	201 759-8	LEW	14460	06.01.75	Halle P	10.03.95	Neustrelitz	
110 760-6		LEW	14461	02.01.75	Halle P			UB in 114 760-2
110 761-4		LEW	14462	14.01.75	Aue			UB in 114 761-0
110 762-2		LEW	14463	01.75	Elsterwerda	20.05.81	Elsterwerda	
110 763-0	201 763-0	LEW	14464	20.01.75	Brandenburg	31.07.95	Lu. Wittenberg	
110 764-8		LEW	14465	20.01.75	Pasewalk			UB in 112 764-6
110 765-5		LEW	14466	17.01.75	Bautzen			UB in 112 765-3
110 766-3		LEW	14467	22.01.75	Neubrandenburg			UB in 112 766-1
110 767-1	201 767-1	LEW	14468	07.02.75	Cottbus	30.06.95	Eisenach	
110 768-9		LEW	14469	24.01.75	Wismar			UB in 112 768-7
110 769-7		LEW	14470	04.02.75	Gera			UB in 114 769-3
110 770-5	201 770-5	LEW	14471	05.02.75	Aue	30.11.95	Chemnitz	
110 771-3		LEW	14472	06.02.75	Aue			UB in 112 771-1
110 772-1		LEW	14473	07.02.75	Eberswalde			UB in 112 772-9
110 773-9	201 773-9	LEW	14474	08.03.75	Aue	21.03.94	Zwickau	
110 774-7		LEW	14475	21.02.75	Neuruppin			UB in 114 774-3
110 775-4		LEW	14476	24.02.75	Cottbus			UB in 112 775-2
110 776-2		LEW	14657	23.04.75	Aue			UB in 112 776-0
110 777-0		LEW	14658	16.04.75	Cottbus			UB in 112 777-8
110 778-8		LEW	14659	05.05.75	Dresden			UB in 112 778-6
110 779-6	201 779-6	LEW	14660	16.04.75	Cottbus	10.03.95	Wittenberge	
110 780-4		LEW	14661	18.04.75	Cottbus			UB in 112 780-2
110 781-2		LEW	14838	23.04.75	Aue			UB in 112 781-0
110 782-0		LEW	14839	04.75	Cottbus	06.11.81	Cottbus	
110 783-8		LEW	14840	07.05.75	Dresden			UB in 112 783-6
110 784-6		LEW	14841	02.05.75	Cottbus			UB in 112 784-4
110 785-3		LEW	14842	29.04.75	Dresden			UB in 112 785-1
110 786-1		LEW	14843	05.05.75	Dresden			UB in 112 786-9
110 787-9		LEW	14844	07.05.75	Dresden			UB in 112 787-7
110 788-7		LEW	14845	05.05.75	Dresden			UB in 112 788-5
110 789-5		LEW	14846	15.05.75	Cottbus			UB in 114 789-1
110 790-3		LEW	14847	20.05.75	Wittenberge			UB in 114 790-9
110 791-1		LEW	14848	23.05.75	Aue			UB in 112 791-9
110 792-9	201 792-9	LEW	14849	27.05.75	Pasewalk	10.03.95	Stralsund	→ UBB
110 793-7		LEW	14850	27.05.75	Brandenburg			UB in 112 793-5
110 794-5		LEW	14851	03.06.75	Falkenberg			UB in 112 794-3
110 795-2		LEW	14852	03.06.75	Meiningen			UB in 112 795-0
110 796-0		LEW	14853	05.06.75	Aue			UB in 112 796-8
110 797-8		LEW	14854	05.06.75	Hagenow Land			UB in 112 797-6
110 798-6	201 798-6	LEW	14855	04.06.75	Neubrandenburg	10.03.95	Neustrelitz	
110 799-4		LEW	14856	12.06.75	Falkenberg			UB in 112 799-2
110 800-0		LEW	14857	21.06.75	Güstrow			UB in 112 800-8
110 801-8		LEW	14858	06.75	Wittenberge	17.07.79	Wittenberge	
110 802-6	201 802-6	LEW	15074	18.06.75	Stendal	20.06.95	Halle G	
110 803-4		LEW	15075	26.06.75	Güsten			UB in 114 803-0
110 804-2		LEW	15076	01.07.75	Neustrelitz			UB in 112 804-0
110 805-9		LEW	15077	26.06.75	Güsten			UB in 114 805-5
110 806-7		LEW	15078	26.06.75	Neubrandenburg			UB in 112 806-5

110 807-5	201 807-5	LEW	15079	01.07.75	Wittenberge	30.11.95	Neustrelitz	
110 808-3		LEW	15080	02.07.75	Wittenberge			UB in 112 808-1
110 809-1		LEW	15081	02.07.75	Wittenberge			UB in 112 809-9
110 810-9		LEW	15082	01.07.75	Güsten			UB in 112 810-7
110 811-7		LEW	15083	04.07.75	Güsten			UB in 112 811-5
110 812-5	201 812-5	LEW	15084	06.08.75	Brandenburg	31.07.95	Halberstadt	→ ABB Henschel
110 813-3	201 813-3	LEW	15085	14.07.75	Eberswalde	30.11.95	Chemnitz	
110 814-1		LEW	15086	12.07.75	Stendal			UB in 112 814-9
110 815-8	201 815-8	LEW	15087	22.05.75	Wittenberge	30.11.95	Neustrelitz	
110 816-6		LEW	15088	22.07.75	Meiningen			UB in 112 816-4
110 817-4		LEW	15089	22.07.75	Schwerin			UB in 112 817-2
110 818-2		LEW	15090	11.07.75	Güsten			UB in 112 818-0
110 819-0		LEW	15091	22.07.75	Falkenberg			UB in 112 819-8
110 820-8		LEW	15092	30.07.75	Schwerin			UB in 114 820-4
110 821-6		LEW	15093	04.08.75	Aue	09.12.81	Aue	
110 822-4		LEW	15094	04.08.75	Aue			UB in 112 822-2
110 823-2	201 823-2	LEW	15095	05.08.75	Wittenberge	10.03.95	Wittenberge	
110 824-0		LEW	15096	01.08.75	Cottbus			UB in 112 824-8
110 825-7		LEW	15097	02.09.75	Leipzig West			UB in 112 825-5
110 826-5	201 826-5	LEW	14890	21.08.75	Hoyerswerda	30.11.96	Halle G	
110 827-3		LEW	14891	22.08.75	Aue			UB in 112 827-1
110 828-1	201 828-1	LEW	14892	27.08.75	Aue	31.05.95	Zwickau	→ ABB Henschel
110 829-9	201 829-9	LEW	14893	28.08.75	Aue	30.11.95	Chemnitz	
110 830-7	201 830-7	LEW	14894	29.08.75	Falkenberg	30.11.95	Halle G	
110 831-5		LEW	14895	26.08.75	Hoyerswerda			UB in 112 831-3
110 832-3		LEW	14896	03.09.75	Salzwedel			UB in 112 832-1
110 833-1	201 833-1	LEW	14897	11.09.75	Reichenbach	09.08.94	Zwickau	→ ABB Henschel
110 834-9		LEW	14898	13.09.75	Reichenbach			UB in 114 834-5
110 835-6		LEW	14899	13.09.75	Rostock			UB in 112 835-4
110 836-4		LEW	15221	07.07.75	Stralsund			UB in 112 836-2
110 837-2	201 837-2	LEW	15222	09.07.76	Pasewalk	10.03.95	Schwerin	
110 838-0		LEW	15223	14.07.76	Neustrelitz			UB in 114 838-6
110 839-8	201 839-8	LEW	15224	16.07.76	Nordhausen	20.12.95	Gera	
110 840-6	201 840-6	LEW	15225	06.07.76	Neustrelitz	10.03.95	Neustrelitz	
110 841-4		LEW	15226	09.07.76	Saalfeld			UB in 112 841-2
110 842-2		LEW	15227	17.07.76	Nordhausen			UB in 112 842-0
110 843-0		LEW	15228	29.07.76	Stralsund			UB in 112 843-8
110 844-8		LEW	15229	27.07.76	Aue			UB in 112 844-6
110 845-5		LEW	15230	29.07.76	Aue			UB in 114 845-1
110 846-3		LEW	15231	03.08.76	Stralsund			UB in 112 846-1
110 847-1		LEW	15232	05.08.76	Halle P			UB in 112 847-9
110 848-9		LEW	15233	14.08.76	Güstrow			UB in 114 848-5
110 849-7		LEW	15234	24.08.76	Aue			UB in 112 849-5
110 850-5		LEW	15235	24.08.76	Aue			UB in 112 850-3
110 851-3	201 851-3	LEW	15236	27.08.76	Aue	30.08.96	Reichenbach	
110 852-1		LEW	15237	23.08.76	Bln.-Ostbahnhof			UB in 112 852-9
110 853-9		LEW	15238	23.08.76	Frankfurt (O)			UB in 112 853-7
110 854-7		LEW	15239	26.08.76	Salzwedel			UB in 112 854-5
110 855-4		LEW	15240	31.08.76	Stendal			UB in 112 855-2
110 856-2	201 856-2	LEW	15241	01.09.76	Bautzen	20.05.95	Wustermark	
110 857-0		LEW	15242	06.09.76	Bautzen			UB in 114 857-6
110 858-8		LEW	15243	07.09.76	Bautzen			UB in 204 858-5
110 859-6		LEW	15377	09.09.76	Leipzig West			UB in 112 859-4

110 860-4		LEW	15378	15.09.76	Aue			UB in 114 860-0
110 861-2		LEW	15379	15.09.76	Aue			UB in 199 861-6
110 862-0		LEW	15380	17.09.76	Halle P			UB in 114 862-6
110 863-8		LEW	15381	17.09.76	Stendal			UB in 199 863-2
110 864-6	201 864-6	LEW	15382	05.10.76	Pasewalk	10.03.95	Stralsund	→ ABB Henschel
110 865-3	201 865-3	LEW	15383	04.10.76	Bln.-Ostbahnhof	09.08.94	Güsten	
110 866-1		LEW	15384	15.10.76	Karl-Marx-Stadt			UB in 112 866-9
110 867-9	201 867-9	LEW	15385	20.10.76	Halle P	30.11.95	Halle G	
110 868-7	201 868-7	LEW	15386	13.10.76	Reichenbach			
110 869-5		LEW	15387	13.10.76	Riesa			UB in 204 869-2
110 870-3		LEW	15388	02.10.76	Neuruppin			UB in 199 870-7
110 871-1		LEW	15389	27.10.76	Stendal			UB in 199 871-5
110 872-9		LEW	15390	29.10.76	Neustrelitz			UB in 199 872-3
110 873-7	201 873-7	LEW	15391	01.11.76	Aue	30.11.95	Chemnitz	
110 874-5		LEW	15392	08.11.76	Reichenbach			UB in 199 874-9
110 875-2	201 875-2	LEW	15393	17.11.76	Zittau			
110 876-0	201 876-0	LEW	15394	18.11.76	Seddin	30.11.95	Lu. Wittenberg	
110 877-8		LEW	16391	09.03.78	Brandenburg			UB in 199 877-2
110 878-6	201 878-6	LEW	16372	19.12.77	Karl-Marx-Stadt	31.05.95	Chemnitz	→ ABB Henschel
110 879-4		LEW	16373	15.12.77	Aue			UB in 199 879-8
110 880-2		LEW	16374	19.12.77	Aue			UB in 112 880-0
110 881-0	201 881-0	LEW	16375	19.12.77	Aue	31.10.95	Zwickau	→ ABB Henschel
110 882-8		LEW	16376	21.12.77	Leipzig Süd			UB in 112 882-6
110 883-6	201 883-6	LEW	16377	12.01.78	Falkenberg	27.09.94	Lu. Wittenberg	→ DWU Espenhain
110 884-4	201 884-4	LEW	16378	13.01.78	Jüterbog	31.07.95	Wustermark	→ ABB Henschel
110 885-1		LEW	16379	07.03.78	Neuruppin			UB in 112 885-9
110 886-9	201 886-9	LEW	16380	26.01.78	Falkenberg	30.10.95	Bln.-Pankow	
110 887-7	201 887-7	LEW	16381	10.03.78	Leipzig Süd	30.11.95	Chemnitz	
110 888-5	201 888-5	LEW	16382	16.02.78	Seddin	30.11.95	Chemnitz	
110 889-3	201 889-3	LEW	16383	01.03.78	Halle G	30.06.95	Halle G	→ ABB Henschel
110 890-1	201 890-1	LEW	16384	14.02.78	Leipzig Süd	09.08.94	Lu. Wittenberg	→ ABB Henschel
110 891-9		LEW	16385	01.04.78	Karl-Marx-Stadt			UB in 199 891-3
110 892-7		LEW	16386	21.02.78	Hoyerswerda			UB in 199 892-1
110 893-5		LEW	16387	01.03.78	Güsten			UB in 112 893-3
110 894-3		LEW	16388	01.03.78	Güsten			UB in 112 894-1
110 895-0	201 895-0	LEW	16389	13.03.78	Dresden	30.08.96	Reichenbach	
110 896-8	201 896-8	LEW	16390	15.02.78	Wittenberge	01.04.93	Frankfurt (O)	
	201 999-2	LEW	16375	22.10.96	Leipzig Süd			UB aus 201 881-0

Baureihe DE 2000/202 (DB)

Betriebsnummer			Hersteller	Fab.-Nr.	Abnahme	1. Bw	Aus-musterung	letztes Bw	Anmerkung
bis 1967	ab 1968	ab 1992							
DE 2000		202 001-4	Henschel	29862	23.10.62	Köln-Nippes	18.12.69	Lübeck	→ WLE 0902
			SSW	6226					

Baureihe DE 2500/202 (DB)

Betriebsnummer			Hersteller	Fab.-Nr.	Abnahme	1. Bw	Aus-musterung	letztes Bw	Anmerkung
bis 1967	ab 1968	ab 1992							
		202 002-2	Henschel	31403	31.01.72	Mannheim	18.02.75	Mannheim 1	→ D. Henschel
		202 003-0	Henschel	31404	06.07.73	Mannheim	30.06.85	Mannheim 1	→ MVT
		202 004-8	Henschel	31405	19.09.73	Mannheim	10.11.83	Mannheim 1	→ LTA Mannheim

Baureihe 112/202 (DR/DB AG)

Betriebsnummer			Hersteller	Fab.-Nr.	Abnahme	1. Bw	Aus-musterung	letztes Bw	Anmerkung
bis 1969	ab 1970	ab 1992							
	112 057-5	202 057-6	LEW	11895	30.06.89	Cottbus	31.10.95	Stendal	UB aus 110 057-7
	112 063-3	202 063-4	LEW	11901	30.01.89	Dresden			UB aus 110 063-5
	112 066-6	202 066-7	LEW	11904	11.04.90	Seddin			UB aus 110 066-8
	112 078-1	202 078-2	LEW	11916	01.04.89	Karl-Marx-Stadt			UB aus 110 078-3
	112 098-9	202 098-0	LEW	11936	28.03.89	Nossen			UB aus 110 098-1
	112 105-2	202 105-3	LEW	12406	12.03.90	Jerichow	30.11.95	Halle G	UB aus 110 105-4
	112 109-4	202 109-5	LEW	12410	30.09.88	Halle G			UB aus 110 109-6
	112 114-4	202 114-5	LEW	12415	28.02.89	Salzwedel			UB aus 110 114-6
	112 115-1	202 115-2	LEW	12416	31.03.88	Roßlau			UB aus 110 115-3
	112 127-6	202 127-7	LEW	12428	01.05.89	Röblingen			UB aus 110 127-8
	112 136-7	202 136-8	LEW	12437	17.07.85	Neuruppin			UB aus 110 136-9
	112 137-5	202 137-6	LEW	12438	23.04.84	Rostock			UB aus 110 137-7
	112 144-1	202 144-2	LEW	12445	20.02.90	Dresden			UB aus 110 144-3
	112 152-4	202 152-5	LEW	12453	01.03.88	Dresden			UB aus 110 152-6
	112 160-7	202 160-8	LEW	12461	25.01.88	Brandenburg			UB aus 110 160-9
	112 162-3	202 162-4	LEW	12463	28.02.89	Nossen			UB aus 110 162-5
	112 164-9	202 164-0	LEW	12465	23.01.89	Leipzig Süd	30.11.96	Halle G	UB aus 110 164-1
	112 166-4	202 166-5	LEW	12467	29.01.90	Nossen			UB aus 110 166-6
	112 167-2	202 167-3	LEW	12468	08.05.89	Nossen			UB aus 110 167-4
	112 169-8	202 169-9	LEW	12470	15.02.88	Eisenach			UB aus 110 169-0
	112 201-9	202 201-0	LEW	12483	30.12.85	Jüterbog			UB aus 110 201-1
	112 205-0	202 205-1	LEW	12487	30.09.89	Aue			UB aus 110 205-2
	112 207-6	202 207-7	LEW	12489	08.09.83	Zittau			UB aus 110 207-8
	112 209-2	202 209-3	LEW	12491	31.10.85	Stralsund			UB aus 110 209-4
	112 214-2	202 214-3	LEW	12496	10.10.89	Cottbus			UB aus 110 214-4
	112 218-3	202 218-4	LEW	12500	10.01.84	Erfurt	20.12.95	Erfurt	UB aus 110 218-5
	112 219-1	202 219-2	LEW	12501	11.10.83	Pasewalk			UB aus 110 219-3
	112 220-9	202 220-0	LEW	12502	07.08.89	Güsten			UB aus 110 220-1
	112 231-6	202 231-7	LEW	12513	16.05.89	Reichenbach			UB aus 110 231-8
	112 232-4	202 232-5	LEW	12514	02.09.83	Erfurt	20.12.95	Erfurt	UB aus 110 232-6
	112 234-0	202 234-1	LEW	12516	28.05.86	Güsten			UB aus 110 234-2
	112 235-7	202 235-8	LEW	12517	23.10.86	Leipzig West			UB aus 110 235-9
	112 236-5	202 236-6	LEW	12518	15.12.82	Frankfurt (O)			UB aus 110 236-7
	112 237-3	202 237-4	LEW	12519	31.01.83	Nordhausen			UB aus 110 237-5
	112 238-1	202 238-2	LEW	12520	14.09.81	Leipzig Süd	30.11.96	Halberstadt	UB aus 110 238-3
	112 240-7	202 240-8	LEW	12522	16.02.84	Zittau			UB aus 110 240-9
	112 241-5	202 241-6	LEW	12523	20.07.81	Leipzig Süd			UB aus 110 241-7
	112 242-3	202 242-4	LEW	12524	16.02.81	Bautzen			UB aus 110 242-5
	112 245-6	202 245-7	LEW	12527	28.06.86	Sangerhausen			UB aus 110 245-8

112 246-2		LEW	12528	27.12.84	Wittenberge			UB aus 110 246-2
								UB in 114 246-2
112 248-0	202 248-1	LEW	12530	31.07.84	Magdeburg	30.08.96	Dresden	UB aus 110 248-2
112 249-8	202 249-9	LEW	12531	22.04.85	Eisenach	30.11.96	Lu. Wittenberg	UB aus 110 249-0
112 250-6	202 250-7	LEW	12532	27.04.83	Karl-Marx-Stadt			UB aus 110 250-8
112 251-4	202 251-5	LEW	12533	06.01.81	Sangerhausen	20.12.95	Erfurt	UB aus 110 251-6
112 253-0	202 253-1	LEW	12535	15.11.82	Erfurt			UB aus 110 253-2
112 254-8	202 254-9	LEW	12536	27.04.81	Frankfurt (O)			UB aus 110 254-0
112 255-5	202 255-6	LEW	12537	30.08.83	Jüterbog			UB aus 110 255-7
112 256-3	202 256-4	LEW	12538	31.08.84	Wittenberge			UB aus 110 256-5
112 260-5	202 260-6	LEW	12542	31.08.83	Nordhausen			UB aus 110 260-7
112 262-1	202 262-2	LEW	12544	13.12.82	Blankenburg			UB aus 110 262-3
112 263-9	202 263-0	LEW	12545	13.05.85	Frankfurt (O)			UB aus 110 263-1
112 264-7	202 264-8	LEW	12546	13.09.84	Kamenz			UB aus 110 264-9
112 265-4	202 265-5	LEW	12547	13.01.81	Haldensleben			UB aus 110 265-6
112 266-2	202 266-3	LEW	12548	26.11.86	Görlitz			UB aus 110 266-4
112 267-0	202 267-1	LEW	12549	28.03.83	Brandenburg			UB aus 110 267-2
112 268-8	202 268-9	LEW	12550	17.09.90	Sangerhausen			UB aus 110 268-0
112 269-6	202 269-7	LEW	12551	30.09.82	Hagenow Land			UB aus 110 269-8
112 270-4	202 270-5	LEW	12552	29.05.81	Halberstadt			UB aus 110 270-6
112 271-2	202 271-3	LEW	12553	29.11.86	Karl-Marx-Stadt			UB aus 110 271-4
112 272-0	202 272-1	LEW	12554	04.12.82	Neubrandenburg			UB aus 110 272-2
112 275-3	202 275-4	LEW	12557	07.01.83	Neubrandenburg			UB aus 110 275-5
112 276-1	202 276-2	LEW	12558	31.03.82	Blankenburg	31.03.96	Pasewalk	UB aus 110 276-3
112 277-9	202 277-0	LEW	12559	27.04.83	Karl-Marx-Stadt			UB aus 110 277-1
112 278-7	202 278-8	LEW	12560	14.12.82	Röblingen			UB aus 110 278-9
112 279-5	202 279-6	LEW	12561	23.01.84	Magdeburg			UB aus 110 279-7
112 280-3	202 280-4	LEW	12562	27.04.82	Rostock			UB aus 110 280-5
112 286-0	202 286-1	LEW	12750	11.04.85	Bln.-Ostbahnhof			UB aus 110 286-2
112 287-8	202 287-9	LEW	12751	19.07.84	Frankfurt (O)			UB aus 110 287-0
112 288-6	202 288-7	LEW	12752	12.06.84	Sangerhausen	15.09.96	Chemnitz	UB aus 110 288-8
112 289-4	202 289-5	LEW	12753	16.10.84	Stralsund	20.09.96	Rostock	UB aus 110 289-6
112 290-2	202 290-3	LEW	12754	29.08.88	Röblingen			UB aus 110 290-4
112 291-0	202 291-1	LEW	12755	28.12.82	Erfurt			UB aus 110 291-2
112 292-8	202 292-9	LEW	12756	18.08.82	Erfurt	20.12.95	Meiningen	UB aus 110 292-0
112 293-6	202 293-7	LEW	12757	21.07.81	Leipzig Süd			UB aus 110 293-8
112 294-4	202 294-5	LEW	12758	14.06.82	Erfurt			UB aus 110 294-6
112 295-1	202 295-2	LEW	12759	31.07.89	Jüterbog			UB aus 110 295-3
112 296-9	202 296-0	LEW	12760	15.04.82	Rostock			UB aus 110 296-1
112 297-7	202 297-8	LEW	12761	26.09.85	Haldensleben			UB aus 110 297-9
112 299-3	202 299-4	LEW	12763	18.05.82	Erfurt			UB aus 110 299-5
112 300-9	202 300-0	LEW	12764	19.09.83	Leipzig Süd	30.08.96	Chemnitz	UB aus 110 300-1
112 301-7	202 301-8	LEW	12765	09.06.81	Leipzig Süd			UB aus 110 301-9
112 302-5	202 302-6	LEW	12766	04.05.84	Halberstadt			UB aus 110 302-7
112 303-3	202 303-4	LEW	12767	27.11.85	Leipzig Süd			UB aus 110 303-5
112 305-8	202 305-9	LEW	12769	12.07.85	Frankfurt (O)			UB aus 110 305-0
112 307-4	202 307-5	LEW	12771	21.10.83	Leipzig Süd			UB aus 110 307-6
112 309-0	202 309-1	LEW	12773	22.07.82	Röblingen			UB aus 110 309-2
112 310-8	202 310-9	LEW	12774	21.09.84	Leipzig Süd			UB aus 110 310-0
112 311-6	202 311-7	LEW	12795	14.10.83	Glauchau			UB aus 110 311-8
112 312-4	202 312-5	LEW	12796	29.03.85	Magdeburg			UB aus 110 312-6
112 313-2	202 313-3	LEW	12822	03.12.84	Nordhausen			UB aus 110 313-4
112 315-7	202 315-8	LEW	12824	13.12.82	Karl-Marx-Stadt	30.08.96	Reichenbach	UB aus 110 315-9

112 316-5	202 316-6	LEW	12825	31.08.80	Sangerhausen	10.09.96	Neustrelitz	UB aus 110 316-7
112 317-3	202 317-4	LEW	12826	31.10.80	Eisenach			UB aus 110 317-5
112 318-1	202 318-2	LEW	12827	03.06.81	Sangerhausen			UB aus 110 318-3
112 319-9	202 319-0	LEW	12828	31.03.81	Sangerhausen			UB aus 110 319-1
112 320-7	202 320-8	LEW	12829	28.05.85	Bln.-Pankow			UB aus 110 320-9
112 321-5	202 321-6	LEW	12830	31.07.80	Sangerhausen			UB aus 110 321-7
112 322-3	202 322-4	LEW	12831	04.12.85	Gera			UB aus 110 322-5
112 323-1	202 323-2	LEW	12832	30.05.85	Nossen			UB aus 110 323-3
112 324-9	202 324-0	LEW	12833	29.07.89	Bautzen			UB aus 110 324-1
112 325-6	202 325-7	LEW	12834	31.10.82	Stralsund			UB aus 110 325-8
112 326-4	202 326-5	LEW	12835	23.11.78	Wismar			UB aus 110 326-6
112 327-2	202 327-3	LEW	12836	19.03.90	Haldensleben			UB aus 110 327-4
112 329-8	202 329-9	LEW	12838	28.04.90	Wismar			UB aus 110 329-0
112 330-6	202 330-7	LEW	12839	04.12.90	Seddin			UB aus 110 330-8
112 331-4	202 331-5	LEW	12840	29.11.80	Bautzen			UB aus 110 331-6
112 332-2	202 332-3	LEW	12841	23.07.81	Frankfurt (O)			UB aus 110 332-4
112 333-0	202 333-1	LEW	12842	22.11.84	Stralsund			UB aus 110 333-2
112 334-8	202 334-9	LEW	12843	24.04.80	Bautzen			UB aus 110 334-0
112 335-5	202 335-6	LEW	12844	30.07.79	Schwerin			UB aus 110 335-7
112 336-3	202 336-4	LEW	12845	14.05.85	Schwerin			UB aus 110 336-5
112 337-1	202 337-2	LEW	12846	20.04.81	Haldensleben	30.11.96	Halberstadt	UB aus 110 337-3
112 338-9	202 338-0	LEW	12847	27.05.81	Schwerin			UB aus 110 338-1
112 340-5	202 340-6	LEW	12849	21.08.80	Bln.-Pankow			UB aus 110 340-7
112 341-3	202 341-4	LEW	12850	24.05.85	Haldensleben			UB aus 110 341-5
112 342-1	202 342-2	LEW	12851	28.02.82	Karl-Marx-Stadt			UB aus 110 342-3
112 344-7	202 344-8	LEW	12853	14.03.79	Eisenach	10.09.96	Erfurt	UB aus 110 344-9
112 345-4	202 345-5	LEW	12854	29.04.82	Rostock	30.04.96	Rostock	UB aus 110 345-6
112 346-2	202 346-3	LEW	12855	27.07.83	Karl-Marx-Stadt	30.08.96	Chemnitz	UB aus 110 346-4
112 347-0	202 347-1	LEW	12856	10.10.83	Pasewalk			UB aus 110 347-2
112 348-8	202 348-9	LEW	12857	27.12.85	Meiningen	05.09.96	Görlitz	UB aus 110 348-0
112 349-6	202 349-7	LEW	12858	22.09.80	Bautzen			UB aus 110 349-8
112 350-4	202 350-5	LEW	12859	28.03.83	Blankenburg			UB aus 110 350-6
112 351-2	202 351-3	LEW	12860	08.06.79	Elsterwerda			UB aus 110 351-4
112 352-0	202 352-1	LEW	12861	14.02.89	Hoyerswerda			UB aus 110 352-2
112 353-8	202 353-9	LEW	12862	04.05.84	Hagenow Land			UB aus 110 353-0
112 354-6	202 354-7	LEW	12863	18.05.82	Güstrow			UB aus 110 354-8
112 355-3	202 355-4	LEW	12864	31.07.89	Röblingen	31.10.95	Halle G	UB aus 110 355-5
112 357-9	202 357-0	LEW	12866	31.10.87	Güsten			UB aus 110 357-1
112 360-3	202 360-4	LEW	12869	29.02.84	Stralsund			UB aus 110 360-5
112 361-1	202 361-2	LEW	12870	12.12.83	Halberstadt			UB aus 110 361-3
112 362-9	202 362-0	LEW	12871	30.08.88	Pasewalk			UB aus 110 362-1
112 363-7	202 363-8	LEW	12872	23.09.85	Stendal			UB aus 110 363-9
112 364-5	202 364-6	LEW	12873	31.08.84	Güsten			UB aus 110 364-7
112 365-2	202 365-3	LEW	12874	10.10.83	Pasewalk			UB aus 110 365-4
112 368-6	202 368-7	LEW	12877	07.03.86	Bautzen			UB aus 110 368-8
112 369-4	202 369-5	LEW	12878	20.01.82	Bautzen			UB aus 110 369-6
112 370-2	202 370-3	LEW	12879	20.10.82	Neubrandenburg			UB aus 110 370-4
112 371-0	202 371-1	LEW	12880	06.05.80	Sangerhausen			UB aus 110 371-2
112 372-8	202 372-9	LEW	12881	26.01.84	Erfurt	25.09.96	Erfurt	UB aus 110 372-0
112 373-6	202 373-7	LEW	12882	20.01.89	Pasewalk			UB aus 110 373-8
112 374-4	202 374-5	LEW	12883	09.02.81	Erfurt			UB aus 110 374-6
112 375-1	202 375-2	LEW	12884	30.09.85	Halberstadt			UB aus 110 375-3
112 376-9	202 376-0	LEW	12885	01.12.83	Güsten			UB aus 110 376-1

112 377-7	202 377-8	LEW	12886	12.07.80	Schwerin			UB aus 110 377-9
112 378-5	202 378-6	LEW	12887	24.06.81	Güsten			UB aus 110 378-7
112 379-3	202 379-4	LEW	12888	08.06.84	Erfurt			UB aus 110 379-5
112 381-9	202 381-0	LEW	12890	17.02.81	Bautzen	31.03.96	Wittenberge	UB aus 110 381-1
112 382-7	202 382-8	LEW	12891	10.06.80	Bln.-Pankow			UB aus 110 382-9
112 383-5	202 383-6	LEW	12892	15.01.80	Bautzen			UB aus 110 383-7
112 384-3	202 384-4	LEW	12893	07.09.79	Eisenach			UB aus 110 384-5
112 385-0	202 385-1	LEW	12894	27.09.85	Stralsund			UB aus 110 385-2
112 386-8	202 386-9	LEW	12895	17.09.85	Frankfurt (O)			UB aus 110 386-0
112 387-6	202 387-7	LEW	12896	19.01.81	Erfurt			UB aus 110 387-8
112 388-4	202 388-5	LEW	12897	25.05.89	Pasewalk			UB aus 110 388-6
112 389-2	202 389-3	LEW	12898	11.02.80	Elsterwerda	05.09.96	Görlitz	UB aus 110 389-4
112 390-0	202 390-1	LEW	12899	16.06.82	Zittau			UB aus 110 390-2
112 392-6	202 392-7	LEW	12901	31.10.86	Stralsund	31.03.96	Pasewalk	UB aus 110 392-8
112 394-2	202 394-3	LEW	12903	26.05.89	Frankfurt (O)			UB aus 110 394-4
112 395-9	202 395-0	LEW	12904	31.10.86	Güsten	30.11.95	Stendal	UB aus 110 395-1
112 396-7	202 396-8	LEW	12905	12.07.85	Blankenburg			UB aus 110 396-9
112 397-5	202 397-6	LEW	12906	02.01.81	Bautzen			UB aus 110 397-7
112 398-3	202 398-4	LEW	12907	17.05.79	Elsterwerda			UB aus 110 398-5
112 400-7	202 400-8	LEW	12909	16.01.80	Eisenach			UB aus 110 400-9
112 402-3		LEW	12911	21.12.83	Schwerin	08.12.87	Schwerin	UB aus 110 402-5
112 403-1	202 403-2	LEW	12912	22.11.78	Hagenow Land			UB aus 110 403-3
112 404-9		LEW	12913	05.07.84	Neubrandenburg	08.07.86	Magdeburg	UB aus 110 404-1
112 405-6	202 405-7	LEW	12914	29.11.89	Eisenach			UB aus 110 405-8
112 406-4	202 406-5	LEW	12915	20.05.85	Güsten			UB aus 110 406-6
112 407-2	202 407-3	LEW	12916	07.08.83	Bln.-Pankow			UB aus 110 407-4
112 408-0	202 408-1	LEW	12917	14.05.84	Hagenow Land	20.09.96	Neustrelitz	UB aus 110 408-2
112 409-8	202 409-9	LEW	12918	14.05.76	Pasewalk			UB aus 110 409-0
112 411-4	202 411-5	LEW	12920	08.09.86	Magdeburg			UB aus 110 411-6
112 412-2	202 412-3	LEW	12921	31.05.87	Haldensleben			UB aus 110 412-4
112 413-0	202 413-1	LEW	12922	27.04.85	Haldensleben			UB aus 110 413-2
112 414-8	202 414-9	LEW	12923	27.07.88	Güstrow			UB aus 110 414-0
112 415-5	202 415-6	LEW	12924	26.10.89	Hagenow Land			UB aus 110 415-7
112 416-3	202 416-4	LEW	12925	30.03.83	Karl-Marx-Stadt			UB aus 110 416-5
112 417-1	202 417-2	LEW	12926	03.01.80	Eisenach			UB aus 110 417-3
112 418-9		LEW	12927	24.03.83	Bautzen	26.02.89	Hoyerswerda	UB aus 110 418-1
112 420-5	202 420-6	LEW	12929	20.06.79	Wismar	30.04.96	Rostock	UB aus 110 420-7
112 421-3	202 421-4	LEW	12930	29.02.84	Brandenburg			UB aus 110 421-5
112 422-1	202 422-2	LEW	12931	19.06.86	Gera			UB aus 110 422-3
112 423-9	202 423-0	LEW	12932	26.10.82	Karl-Marx-Stadt			UB aus 110 423-1
112 425-4	202 425-5	LEW	12934	18.02.81	Haldensleben			UB aus 110 425-6
112 426-2	202 426-3	LEW	12935	22.01.83	Halberstadt			UB aus 110 426-4
112 427-0	202 427-1	LEW	12936	28.02.87	Cottbus			UB aus 110 427-2
112 428-8	202 428-9	LEW	12937	21.05.76	Eisenach	30.11.95	Erfurt	UB aus 110 428-0
112 429-6	202 429-7	LEW	12938	28.09.83	Glauchau	05.09.96	Chemnitz	UB aus 110 429-8
112 430-4	202 430-5	LEW	12939	12.03.82	Karl-Marx-Stadt			UB aus 110 430-6
112 431-2	202 431-3	LEW	12940	17.10.79	Güstrow			UB aus 110 431-4
112 432-0	202 432-1	LEW	12941	13.02.80	Sangerhausen			UB aus 110 432-2
112 433-8	202 433-9	LEW	13472	10.11.88	Bautzen			UB aus 110 433-0
112 434-6	202 434-7	LEW	13473	27.04.82	Halberstadt			UB aus 110 434-8
112 435-3	202 435-4	LEW	13474	30.03.79	Sangerhausen	20.12.95	Erfurt	UB aus 110 435-5
112 436-1	202 436-2	LEW	13475	29.04.82	Wismar			UB aus 110 436-3
112 437-9	202 437-0	LEW	13476	29.12.78	Wismar			UB aus 110 437-1

112 438-7	202 438-8	LEW	13477	15.07.85	Güsten			UB aus 110 438-9
112 439-5	202 439-6	LEW	13478	30.07.85	Salzwedel			UB aus 110 439-7
112 441-1	202 441-2	LEW	13480	21.06.82	Erfurt	20.12.95	Meiningen	UB aus 110 441-3
112 442-9	202 442-0	LEW	13481	13.07.79	Elsterwerda			UB aus 110 442-1
112 443-7	202 443-8	LEW	13482	08.11.84	Schwerin			UB aus 110 443-9
112 444-5	202 444-6	LEW	13483	17.09.80	Haldensleben			UB aus 110 444-7
112 446-0	202 446-1	LEW	13485	14.11.90	Haldensleben			UB aus 110 446-2
112 447-8	202 447-9	LEW	13486	11.04.90	Haldensleben			UB aus 110 447-0
112 449-4	202 449-5	LEW	13488	27.06.90	Schwerin			UB aus 110 449-6
112 450-2	202 450-3	LEW	13489	20.06.84	Güsten			UB aus 110 450-4
112 451-0	202 451-1	LEW	13490	25.04.89	Reichenbach			UB aus 110 451-2
112 452-8	202 452-9	LEW	13491	17.06.82	Glauchau			UB aus 110 452-0
112 453-6	202 453-7	LEW	13492	31.01.90	Güstrow			UB aus 110 453-8
112 454-4	202 454-5	LEW	13493	27.07.79	Eisenach			UB aus 110 454-6
112 455-1	202 455-2	LEW	13494	14.08.80	Bautzen			UB aus 110 455-3
112 456-9	202 456-0	LEW	13495	08.03.82	Erfurt	31.10.95	Halle G	UB aus 110 456-1
112 457-7	202 457-8	LEW	13496	06.10.72	Leipzig Süd			UB aus 110 457-9
112 458-5	202 458-6	LEW	13497	21.11.84	Güsten	30.11.95	Halberstadt	UB aus 110 458-7
112 459-3	202 459-4	LEW	13498	26.03.82	Bautzen			UB aus 110 459-5
112 460-1	202 460-2	LEW	13499	04.07.80	Sangerhausen	20.09.96	Wittenberge	UB aus 110 460-3
112 461-9	202 461-0	LEW	13500	19.07.82	Pasewalk			UB aus 110 461-1
112 462-7	202 462-8	LEW	13501	20.01.84	Neubrandenburg			UB aus 110 462-9
112 463-5		LEW	13502	26.01.83	Neubrandenburg	15.08.86	Neubrandenburg	UB aus 110 463-7
112 465-0	202 465-1	LEW	13504	19.12.90	Bln.-Pankow			UB aus 110 465-2
112 466-8	202 466-9	LEW	13505	31.10.79	Nordhausen			UB aus 110 466-0
112 467-6	202 467-7	LEW	13506	29.08.84	Haldensleben	30.11.96	Halberstadt	UB aus 110 467-8
112 468-4		LEW	13507	15.08.83	Neubrandenburg	25.11.86	Neubrandenburg	UB aus 110 468-6
112 470-0	202 470-1	LEW	13509	26.04.84	Magdeburg	30.11.96	Lu. Wittenberg	UB aus 110 470-2
112 471-8	202 471-9	LEW	13510	31.08.84	Güsten	31.10.95	Halberstadt	UB aus 110 471-0
112 472-6	202 472-7	LEW	13511	22.06.88	Wismar			UB aus 110 472-8
112 473-4	202 473-5	LEW	13512	15.09.82	Halberstadt			UB aus 110 473-6
112 474-2	202 474-3	LEW	13513	28.04.88	Frankfurt (O)			UB aus 110 474-4
112 475-9	202 475-0	LEW	13514	30.07.87	Stralsund	30.08.96	Stralsund	UB aus 110 475-1
112 476-7	202 476-8	LEW	13515	28.01.82	Schwerin			UB aus 110 476-9
112 477-5	202 477-6	LEW	13516	25.08.79	Eisenach	20.12.95	Erfurt	UB aus 110 477-7
112 478-3	202 478-4	LEW	13517	20.10.88	Haldensleben			UB aus 110 478-5
112 479-1	202 479-2	LEW	13518	11.02.81	Haldensleben			UB aus 110 479-3
112 480-9	202 480-0	LEW	13519	10.06.87	Wismar	30.11.95	Schwerin	UB aus 110 480-1
112 481-7	202 481-8	LEW	13520	31.05.82	Hagenow Land			UB aus 110 481-9
112 483-3	202 483-4	LEW	13522	18.01.83	Blankenburg			UB aus 110 483-5
112 484-1	202 484-2	LEW	13523	30.10.79	Eisenach			UB aus 110 484-3
112 486-6	202 486-7	LEW	13525	30.11.85	Röblingen			UB aus 110 486-8
112 487-4	202 487-5	LEW	13526	30.11.79	Eisenach			UB aus 110 487-6
112 488-2	202 488-3	LEW	13527	21.03.89	Wismar			UB aus 110 488-4
112 489-0	202 489-1	LEW	13528	28.07.89	Wismar			UB aus 110 489-2
112 490-8	202 490-9	LEW	13529	22.07.82	Neubrandenburg			UB aus 110 490-0
112 494-0	202 494-1	LEW	13533	31.03.87	Seddin			UB aus 110 494-2
112 495-7	202 495-8	LEW	13534	01.03.88	Bln.-Pankow			UB aus 110 495-9
112 496-5	202 496-6	LEW	13535	30.11.84	Aue			UB aus 110 496-7
112 497-3	202 497-4	LEW	13536	19.03.87	Cottbus			UB aus 110 497-5
112 498-1	202 498-2	LEW	13537	31.01.84	Dresden			UB aus 110 498-3
112 499-9	202 499-0	LEW	13538	25.07.83	Dresden	30.11.96	Magdeburg Hbf	UB aus 110 499-1
112 500-4	202 500-5	LEW	13552	28.01.84	Zittau			UB aus 110 500-6

112 501-2	202 501-3	LEW	13540	13.08.86	Wittenberge			UB aus 110 501-4
112 502-0	202 502-1	LEW	13541	27.03.84	Karl-Marx-Stadt			UB aus 110 502-2
112 503-8	202 503-9	LEW	13542	25.09.84	Dresden			UB aus 110 503-0
112 504-6	202 504-7	LEW	13543	24.09.87	Karl-Marx-Stadt	30.08.96	Reichenbach	UB aus 110 504-8
112 505-3	202 505-4	LEW	13544	31.07.85	Güsten			UB aus 110 505-5
112 506-1	202 506-2	LEW	13545	07.12.85	Güsten			UB aus 110 506-3
112 507-9	202 507-0	LEW	13546	17.02.82	Sangerhausen			UB aus 110 507-1
112 509-5	202 509-6	LEW	13548	13.11.79	Elsterwerda			UB aus 110 509-7
112 511-1	202 511-2	LEW	13550	30.04.87	Rostock			UB aus 110 511-3
112 512-9		LEW	13551	15.07.83	Neuruppin	29.06.90	Rostock	UB aus 110 512-1
112 515-2	202 515-3	LEW	13554	22.02.82	Erfurt			UB aus 110 515-4
112 516-0	202 516-1	LEW	13555	23.09.82	Karl-Marx-Stadt			UB aus 110 516-2
112 517-8	202 517-9	LEW	13556	01.04.89	Frankfurt (O)			UB aus 110 517-0
112 518-6	202 518-7	LEW	13557	01.08.89	Frankfurt (O)			UB aus 110 518-8
112 519-4	202 519-5	LEW	13558	20.11.89	Frankfurt (O)			UB aus 110 519-6
112 520-2	202 520-3	LEW	13559	27.06.88	Bln.-Pankow			UB aus 110 520-4
112 521-0	202 521-1	LEW	13560	27.08.85	Frankfurt (O)			UB aus 110 521-2
112 522-8	202 522-9	LEW	13561	12.03.80	Leipzig Süd	30.11.96	Halle G	UB aus 110 522-0
112 523-6	202 523-7	LEW	13562	08.09.89	Güstrow			UB aus 110 523-8
112 524-4	202 524-5	LEW	13563	30.06.85	Schwerin			UB aus 110 524-6
112 525-1	202 525-2	LEW	13564	24.10.85	Stralsund			UB aus 110 525-3
112 526-9	202 526-0	LEW	13565	11.01.83	Nordhausen			UB aus 110 526-1
112 527-7	202 527-8	LEW	13566	15.12.85	Nordhausen			UB aus 110 527-9
112 528-5	202 528-6	LEW	13567	26.01.82	Sangerhausen			UB aus 110 528-7
112 529-3	202 529-4	LEW	13568	28.08.85	Blankenburg			UB aus 110 529-5
112 530-1	202 530-2	LEW	13569	04.01.80	Elsterwerda			UB aus 110 530-3
112 531-9	202 531-0	LEW	13570	12.06.80	Pasewalk			UB aus 110 531-1
112 532-7	202 532-8	LEW	13571	18.09.79	Elsterwerda	20.09.96	Neustrelitz	UB aus 110 532-9
112 533-5	202 533-6	LEW	13572	26.06.84	Blankenburg			UB aus 110 533-7
112 534-3	202 534-4	LEW	13573	16.10.86	Halberstadt			UB aus 110 534-5
112 535-0	202 535-1	LEW	13574	30.04.85	Brandenburg			UB aus 110 535-2
112 536-8	202 536-9	LEW	13575	21.03.88	Stendal			UB aus 110 536-0
112 537-6	202 537-7	LEW	13576	28.02.82	Neubrandenburg	30.08.96	Reichenbach	UB aus 110 537-8
112 538-4	202 538-5	LEW	13577	01.11.83	Erfurt	20.12.95	Erfurt	UB aus 110 538-6
112 539-2	202 539-3	LEW	13578	14.04.80	Sangerhausen			UB aus 110 539-4
112 542-6	202 542-7	LEW	13581	16.08.84	Neustrelitz			UB aus 110 542-8
112 543-4	202 543-5	LEW	13582	28.01.80	Sangerhausen			UB aus 110 543-6
112 544-2	202 544-3	LEW	13583	27.07.79	Eisenach			UB aus 110 544-4
112 545-9	202 545-0	LEW	13584	24.08.83	Pasewalk	20.09.96	Pasewalk	UB aus 110 545-1
112 546-7	202 546-8	LEW	13585	19.06.84	Leipzig West			UB aus 110 546-9
112 547-5	202 547-6	LEW	13586	26.01.89	Güstrow			UB aus 110 547-7
112 548-3	202 548-4	LEW	13587	08.11.82	Zittau			UB aus 110 548-5
112 549-1	202 549-2	LEW	13588	26.11.82	Röblingen			UB aus 110 549-3
112 550-9	202 550-0	LEW	13589	30.06.89	Aue			UB aus 110 550-1
112 553-3	202 553-4	LEW	13871	25.10.83	Schwerin			UB aus 110 553-5
112 554-1	202 554-2	LEW	13872	22.11.85	Röblingen	30.11.96	Halle G	UB aus 110 554-3
112 555-8	202 555-9	LEW	13889	24.04.85	Gera			UB aus 110 555-0
112 556-6	202 556-7	LEW	13874	06.08.86	Reichenbach	30.11.95	Chemnitz	UB aus 110 556-8
112 558-2	202 558-3	LEW	13876	31.03.82	Zittau			UB aus 110 558-4
112 559-0	202 559-1	LEW	13877	29.03.84	Nordhausen			UB aus 110 559-2
112 560-8	202 560-9	LEW	13878	11.06.86	Meiningen			UB aus 110 560-0
112 561-6	202 561-7	LEW	13879	20.12.85	Dresden	15.09.96	Dresden	UB aus 110 561-8
112 562-4	202 562-5	LEW	13880	11.06.86	Dresden			UB aus 110 562-6

112 563-2	202 563-3	LEW	13881	30.06.86	Haldensleben			UB aus 110 563-4
112 564-0	202 564-1	LEW	13882	07.05.90	Güstrow	30.08.96	Chemnitz	UB aus 110 564-2
112 565-7	202 565-8	LEW	13883	30.09.82	Erfurt			UB aus 110 565-9
112 567-3	202 567-4	LEW	13885	18.11.83	Leipzig Süd			UB aus 110 567-5
112 568-1	202 568-2	LEW	13886	27.09.82	Zittau	05.09.96	Görlitz	UB aus 110 568-3
112 569-9	202 569-0	LEW	13887	30.05.83	Röblingen			UB aus 110 569-1
112 571-5	202 571-6	LEW	13889	28.06.82	Wismar			UB aus 110 571-7
112 572-3	202 572-4	LEW	13890	19.08.83	Leipzig Süd			UB aus 110 572-5
112 573-1	202 573-2	LEW	13891	30.09.83	Leipzig Süd			UB aus 110 573-3
112 574-9	202 574-0	LEW	13892	25.07.86	Nossen			UB aus 110 574-1
112 575-6	202 575-7	LEW	13893	17.03.83	Meiningen			UB aus 110 575-8
112 576-4	202 576-5	LEW	13894	17.10.83	Glauchau			UB aus 110 576-6
112 578-0	202 578-1	LEW	13896	17.03.86	Karl-Marx-Stadt			UB aus 110 578-2
112 579-8	202 579-9	LEW	13897	16.09.86	Reichenbach	30.08.96	Chemnitz	UB aus 110 579-0
112 580-6	202 580-7	LEW	13873	10.01.83	Nordhausen			UB aus 110 580-8
112 581-4	202 581-5	LEW	13899	30.04.86	Karl-Marx-Stadt			UB aus 110 581-6
112 582-2	202 582-3	LEW	13900	29.07.86	Halberstadt			UB aus 110 582-4
112 585-5	202 585-6	LEW	13903	09.03.83	Karl-Marx-Stadt			UB aus 110 585-7
112 586-3	202 586-4	LEW	13904	03.08.83	Karl-Marx-Stadt			UB aus 110 586-5
112 587-1	202 587-2	LEW	13905	30.04.87	Karl-Marx-Stadt			UB aus 110 587-3
112 589-7	202 589-8	LEW	13907	20.04.88	Dresden			UB aus 110 589-9
112 590-5	202 590-6	LEW	13908	11.11.82	Schwerin			UB aus 110 590-7
112 591-3	202 591-4	LEW	13909	28.05.84	Karl-Marx-Stadt			UB aus 110 591-5
112 593-9	202 593-0	LEW	13911	23.04.85	Dresden			UB aus 110 593-1
112 594-7	202 594-8	LEW	13912	12.10.84	Leipzig Süd			UB aus 110 594-9
112 595-4	202 595-5	LEW	13913	30.07.86	Frankfurt (O)			UB aus 110 595-6
112 596-2	202 596-3	LEW	13914	06.01.84	Leipzig Süd			UB aus 110 596-4
112 597-0	202 597-1	LEW	13915	25.07.90	Seddin			UB aus 110 597-2
112 598-8	202 598-9	LEW	13916	15.08.85	Seddin			UB aus 110 598-0
112 599-6	202 599-7	LEW	13917	30.06.85	Jüterbog			UB aus 110 599-8
112 600-2	202 600-3	LEW	13918	19.01.83	Frankfurt (O)			UB aus 110 600-4
112 601-0	202 601-1	LEW	13919	15.11.82	Meiningen	30.08.96	Reichenbach	UB aus 110 601-2
112 602-8	202 602-9	LEW	13920	07.02.84	Meiningen			UB aus 110 602-0
112 603-6	202 603-7	LEW	13921	11.10.84	Güsten	20.12.95	Erfurt	UB aus 110 603-8
112 606-9	202 606-0	LEW	13924	17.05.83	Wismar			UB aus 110 606-1
112 610-1	202 610-2	LEW	13928	28.11.86	Güsten			UB aus 110 610-3
112 611-9	202 611-0	LEW	13929	06.07.90	Aue	05.09.96	Chemnitz	UB aus 110 611-1
112 613-5	202 613-6	LEW	13931	13.06.85	Gera			UB aus 110 613-7
112 614-3	202 614-4	LEW	13932	05.08.85	Gera	30.11.95	Seddin	UB aus 110 614-5
112 615-0	202 615-1	LEW	13933	30.08.85	Görlitz			UB aus 110 615-2
112 617-6	202 617-7	LEW	13935	31.08.88	Aue			UB aus 110 617-8
112 620-0	202 620-1	LEW	13938	25.11.83	Glauchau	30.08.96	Chemnitz	UB aus 110 620-2
112 621-8	202 621-9	LEW	13939	10.12.84	Dresden			UB aus 110 621-0
112 623-4	202 623-5	LEW	13941	24.11.86	Reichenbach	05.09.96	Chemnitz	UB aus 110 623-6
112 624-2	202 624-3	LEW	13942	28.07.83	Karl-Marx-Stadt			UB aus 110 624-4
112 625-9	202 625-0	LEW	13943	15.11.83	Glauchau			UB aus 110 625-1
112 627-5	202 627-6	LEW	13945	22.08.88	Wittenberge			UB aus 110 627-7
112 629-1	202 629-2	LEW	13947	13.12.85	Dresden	30.08.96	Wittenberge	UB aus 110 629-3
112 630-9	202 630-0	LEW	13948	15.09.88	Neuruppin			UB aus 110 630-1
112 632-5	202 632-6	LEW	13950	20.04.83	Zittau			UB aus 110 632-7
112 633-3	202 633-4	LEW	13951	29.06.84	Dresden			UB aus 110 633-5
112 635-8	202 635-9	LEW	13953	30.08.88	Dresden	30.08.96	Görlitz	UB aus 110 635-0
112 637-4	202 637-5	LEW	13955	23.01.83	Brandenburg			UB aus 110 637-6

112 640-8	202 640-9	LEW	13958	01.08.84	Nordhausen			UB aus 110 640-0
112 642-4	202 642-5	LEW	13960	03.11.82	Meiningen	30.11.96	Halberstadt	UB aus 110 642-6
112 643-2	202 643-3	LEW	14070	09.03.83	Güsten			UB aus 110 643-4
112 645-7	202 645-8	LEW	14072	22.06.84	Leipzig Süd			UB aus 110 645-9
112 646-5	202 646-6	LEW	14073	17.09.81	Leipzig Süd			UB aus 110 646-7
112 647-3	202 647-4	LEW	14074	15.12.87	Bautzen			UB aus 110 647-5
112 648-1	202 648-2	LEW	14075	16.12.85	Stralsund			UB aus 110 648-3
112 649-9		LEW	14076	24.02.83	Schwerin	08.12.87	Schwerin	UB aus 110 649-1
112 651-5	202 651-6	LEW	14078	23.05.85	Stralsund			UB aus 110 651-7
112 652-3	202 652-4	LEW	14079	27.03.84	Haldensleben			UB aus 110 652-5
112 654-9	202 654-0	LEW	14081	28.07.83	Pasewalk			UB aus 110 654-1
112 655-6	202 655-7	LEW	14082	15.03.84	Meiningen			UB aus 110 655-8
112 656-4	202 656-5	LEW	14357	07.12.88	Nossen			UB aus 110 656-6
112 657-2	202 657-3	LEW	14358	19.04.88	Bautzen			UB aus 110 657-4
112 658-0	202 658-1	LEW	14359	30.11.88	Cottbus			UB aus 110 658-2
112 659-8		LEW	14360	29.08.86	Wittenberge	14.05.87	Wittenberge	UB aus 110 659-0
112 661-4	202 661-5	LEW	14362	28.10.82	Karl-Marx-Stadt			UB aus 110 661-6
112 662-2	202 662-3	LEW	14363	23.05.84	Meiningen	20.12.95	Erfurt	UB aus 110 662-4
112 663-0	202 663-1	LEW	14364	31.03.86	Kamenz			UB aus 110 663-2
112 666-3	202 666-4	LEW	14367	29.10.86	Wittenberge			UB aus 110 666-5
112 667-1	202 667-2	LEW	14368	27.01.88	Brandenburg			UB aus 110 667-3
112 670-5	202 670-6	LEW	14371	17.06.85	Görlitz			UB aus 110 670-2
112 672-1	202 672-2	LEW	14373	18.07.84	Dresden			UB aus 110 672-3
112 674-7	202 674-8	LEW	14375	18.08.83	Schwerin			UB aus 110 674-9
112 675-4	202 675-5	LEW	14376	25.04.83	Röblingen			UB aus 110 675-6
112 676-2	202 676-3	LEW	14377	21.12.82	Meiningen	20.12.95	Erfurt	UB aus 110 676-4
112 677-0	202 677-1	LEW	14378	20.09.86	Glauchau			UB aus 110 677-2
112 678-8	202 678-9	LEW	14379	30.09.85	Halberstadt			UB aus 110 678-0
112 679-6	202 679-7	LEW	14380	31.01.87	Leipzig Süd			UB aus 110 679-8
112 681-2	202 681-3	LEW	14382	25.10.83	Glauchau	30.08.96	Chemnitz	UB aus 110 681-4
112 682-0	202 682-1	LEW	14383	10.05.88	Halberstadt			UB aus 110 682-2
112 683-8	202 683-9	LEW	14384	27.06.85	Güsten			UB aus 110 683-0
112 684-6	202 684-7	LEW	14385	23.05.84	Magdeburg			UB aus 110 684-8
112 685-3	202 685-4	LEW	14386	18.07.84	Meiningen			UB aus 110 685-5
112 687-9	202 687-0	LEW	14388	05.08.83	Glauchau			UB aus 110 687-1
112 689-5	202 689-6	LEW	14390	30.11.87	Bautzen			UB aus 110 689-7
112 690-3	202 690-4	LEW	14391	24.10.85	Aue			UB aus 110 690-5
112 691-1	202 691-2	LEW	14392	31.05.86	Frankfurt (O)			UB aus 110 691-3
112 693-7	202 693-8	LEW	14394	17.12.87	Karl-Marx-Stadt			UB aus 110 693-9
112 695-2	202 695-3	LEW	14396	29.10.85	Karl-Marx-Stadt	30.11.95	Magdeburg Hbf	UB aus 110 695-4
112 696-0	202 696-1	LEW	14397	13.08.85	Aue			UB aus 110 696-2
112 697-8	202 697-9	LEW	14398	30.09.83	Schwerin			UB aus 110 697-0
112 700-0	202 700-1	LEW	14401	21.03.84	Görlitz			UB aus 110 700-2
112 701-8	202 701-9	LEW	14402	26.08.85	Halberstadt			UB aus 110 701-0
112 702-6	202 702-7	LEW	14403	12.02.86	Dresden	30.08.96	Reichenbach	UB aus 110 702-8
112 703-4	202 703-5	LEW	14404	24.02.83	Zittau			UB aus 110 703-6
112 705-9	202 705-0	LEW	14406	03.06.85	Frankfurt (O)			UB aus 110 705-1
112 706-7	202 706-8	LEW	14407	27.09.84	Haldensleben	31.10.95	Halle G	UB aus 110 706-9
112 707-5	202 707-6	LEW	14408	28.12.87	Bautzen	05.09.96	Görlitz	UB aus 110 707-7
112 708-3	202 708-4	LEW	14409	31.05.84	Görlitz			UB aus 110 708-5
112 713-3	202 713-4	LEW	14414	21.11.86	Eisenach			UB aus 110 713-5
112 714-1	202 714-2	LEW	14415	26.06.89	Kamenz			UB aus 110 714-3
112 715-8	202 715-9	LEW	14416	30.09.85	Leipzig Süd			UB aus 110 715-0

112 716-6	202 716-7	LEW	14417	31.08.85	Leipzig Süd			UB aus 110 716-8
112 718-2	202 718-3	LEW	14419	17.04.86	Dresden			UB aus 110 718-4
112 719-0	202 719-1	LEW	14420	30.03.84	Dresden			UB aus 110 719-2
112 720-8	202 720-9	LEW	14421	26.05.86	Dresden	30.11.96	Magdeburg Hbf	UB aus 110 720-0
112 721-6	202 721-7	LEW	14422	19.01.84	Erfurt	20.12.95	Erfurt	UB aus 110 721-8
112 722-4	202 722-5	LEW	14423	15.08.85	Halle G			UB aus 110 722-6
112 724-0	202 724-1	LEW	14425	27.03.84	Hoyerswerda			UB aus 110 724-2
112 725-7	202 725-8	LEW	14426	02.06.88	Falkenberg			UB aus 110 725-9
112 726-5	202 726-6	LEW	14427	30.08.89	Neuruppin			UB aus 110 726-7
112 727-3	202 727-4	LEW	14428	23.05.84	Meiningen			UB aus 110 727-5
112 728-1	202 728-2	LEW	14429	24.02.86	Gera			UB aus 110 728-3
112 729-9	202 729-0	LEW	14430	01.06.88	Neuruppin			UB aus 110 729-1
112 730-7	202 730-8	LEW	14431	28.07.89	Cottbus			UB aus 110 730-9
112 731-5	202 731-6	LEW	14432	14.11.86	Kamenz			UB aus 110 731-7
112 732-3	202 732-4	LEW	14433	26.07.85	Brandenburg			UB aus 110 732-5
112 733-1	202 733-2	LEW	14434	24.04.86	Dresden			UB aus 110 733-3
112 735-6	202 735-7	LEW	14436	30.08.86	Dresden			UB aus 110 735-8
112 736-4	202 736-5	LEW	14437	06.03.86	Magdeburg			UB aus 110 736-6
112 737-2	202 737-3	LEW	14438	24.04.86	Stralsund			UB aus 110 737-4
112 738-0	202 738-1	LEW	14439	02.05.88	Eisenach			UB aus 110 738-2
112 741-4	202 741-5	LEW	14442	31.05.89	Salzwedel			UB aus 110 741-6
112 743-0	202 743-1	LEW	14444	25.02.88	Karl-Marx-Stadt			UB aus 110 743-2
112 744-8	202 744-9	LEW	14445	26.03.86	Dresden			UB aus 110 744-0
112 746-3	202 746-4	LEW	14447	21.05.86	Cottbus			UB aus 110 746-5
112 747-1	202 747-2	LEW	14448	23.02.87	Halberstadt			UB aus 110 747-3
112 748-9	202 748-0	LEW	14449	11.10.83	Frankfurt (O)			UB aus 110 748-1
112 749-7	202 749-8	LEW	14450	29.12.89	Magdeburg			UB aus 110 749-9
112 750-5	202 750-6	LEW	14451	21.10.85	Stralsund			UB aus 110 750-7
112 751-3	202 751-4	LEW	14452	21.08.86	Dresden			UB aus 110 751-5
112 752-1	202 752-2	LEW	14453	30.04.87	Magdeburg			UB aus 110 752-3
112 753-9	202 753-0	LEW	14454	16.03.88	Güsten			UB aus 110 753-1
112 754-7	202 754-8	LEW	14455	27.04.83	Halberstadt			UB aus 110 754-9
112 764-6	202 764-7	LEW	14465	03.08.83	Karl-Marx-Stadt			UB aus 110 764-8
112 765-3	202 765-4	LEW	14466	25.05.87	Hoyerswerda			UB aus 110 765-5
112 766-1	202 766-2	LEW	14467	30.11.87	Bautzen	15.09.96	Dresden	UB aus 110 766-3
112 768-7	202 768-8	LEW	14469	19.06.85	Schwerin			UB aus 110 768-9
112 771-1	202 771-2	LEW	14472	26.02.87	Reichenbach			UB aus 110 771-3
112 772-9	202 772-0	LEW	14473	15.12.88	Bautzen			UB aus 110 772-1
112 775-2	202 775-3	LEW	14476	27.10.89	Görlitz			UB aus 110 775-4
112 776-0	202 776-1	LEW	14657	29.03.85	Aue			UB aus 110 776-2
112 777-8	202 777-9	LEW	14658	17.08.83	Zittau			UB aus 110 777-0
112 778-6	202 778-7	LEW	14659	27.03.87	Karl-Marx-Stadt			UB aus 110 778-8
112 780-2	202 780-3	LEW	14661	09.01.89	Cottbus			UB aus 110 780-4
112 781-0	202 781-1	LEW	14838	30.11.85	Aue			UB aus 110 781-2
112 783-6	202 783-7	LEW	14840	29.04.85	Cottbus			UB aus 110 783-8
112 784-4	202 784-5	LEW	14841	31.08.84	Kamenz			UB aus 110 784-6
112 785-1	202 785-2	LEW	14842	30.03.85	Görlitz			UB aus 110 785-3
112 786-9	202 786-0	LEW	14843	29.04.85	Nossen			UB aus 110 786-1
112 787-7	202 787-8	LEW	14844	23.12.82	Karl-Marx-Stadt			UB aus 110 787-9
112 788-5	202 788-6	LEW	14845	11.12.84	Nossen			UB aus 110 788-7
112 791-9	202 791-0	LEW	14848	23.10.86	Aue			UB aus 110 791-1
112 793-5	202 793-6	LEW	14850	23.09.86	Stendal	30.11.95	Stendal	UB aus 110 793-7
112 794-3	202 794-4	LEW	14851	20.03.89	Brandenburg			UB aus 110 794-5

112 795-0	202 795-1	LEW	14852	30.12.87	Bautzen			UB aus 110 795-2
112 796-8	202 796-9	LEW	14853	30.03.84	Dresden			UB aus 110 796-0
112 797-6	202 797-7	LEW	14854	19.10.84	Hagenow Land	31.03.96	Neustrelitz	UB aus 110 797-8
112 799-2	202 799-3	LEW	14856	18.03.87	Leipzig Süd			UB aus 110 799-4
112 800-8	202 800-8	LEW	14857	28.06.78	Güstrow			UB aus 110 800-0
112 804-0	202 804-1	LEW	15076	30.09.85	Zittau			UB aus 110 804-2
112 806-5	202 806-6	LEW	15078	13.10.88	Dresden			UB aus 110 806-7
112 808-1	202 808-2	LEW	15080	29.01.87	Wittenberge			UB aus 110 808-3
112 809-9	202 809-0	LEW	15081	29.06.89	Wittenberge			UB aus 110 809-1
112 810-7	202 810-8	LEW	15082	23.06.86	Güsten			UB aus 110 810-9
112 811-5	202 811-6	LEW	15083	14.11.85	Dresden			UB aus 110 811-7
112 814-9	202 814-0	LEW	15086	04.01.87	Stendal			UB aus 110 814-1
112 816-4	202 816-5	LEW	15088	27.10.88	Gera			UB aus 110 816-6
112 817-2	202 817-3	LEW	15089	22.07.86	Wittenberge			UB aus 110 817-4
112 818-0	202 818-1	LEW	15090	07.06.85	Güsten			UB aus 110 818-2
112 819-8	202 819-9	LEW	15091	01.08.89	Haldensleben			UB aus 110 819-0
112 822-2	202 822-3	LEW	15094	31.05.84	Stendal			UB aus 110 822-4
112 824-8	202 824-9	LEW	15096	31.10.88	Cottbus			UB aus 110 824-0
112 825-5	202 825-6	LEW	15097	31.01.84	Leipzig West			UB aus 110 825-7
112 827-1	202 827-2	LEW	14891	25.08.86	Aue			UB aus 110 827-3
112 831-3	202 831-4	LEW	14895	21.06.88	Cottbus			UB aus 110 831-5
112 832-1	202 832-2	LEW	14896	14.06.88	Haldensleben			UB aus 110 832-3
112 835-4	202 835-5	LEW	14899	24.06.88	Reichenbach	30.11.96	Magdeburg Hbf	UB aus 110 835-6
112 836-2	202 836-3	LEW	15221	31.10.89	Dresden	30.04.96	Reichenbach	UB aus 110 836-4
112 841-2	202 841-3	LEW	15226	31.05.84	Stendal			UB aus 110 841-4
112 842-0	202 842-1	LEW	15227	04.11.83	Nordhausen	30.11.95	Halberstadt	UB aus 110 842-2
112 843-8	202 843-9	LEW	15228	25.03.88	Görlitz			UB aus 110 843-0
112 844-6	202 844-7	LEW	15229	21.01.88	Dresden			UB aus 110 844-8
112 846-1	202 846-2	LEW	15231	12.04.88	Görlitz			UB aus 110 846-3
112 847-9	202 847-0	LEW	15232	15.07.88	Güsten			UB aus 110 847-1
112 849-5	202 849-6	LEW	15234	18.05.88	Aue			UB aus 110 849-7
112 850-3	202 850-4	LEW	15235	14.01.88	Dresden			UB aus 110 850-5
112 852-9	202 852-0	LEW	15237	14.03.88	Berlin Hbf			UB aus 110 852-1
112 853-7	202 853-8	LEW	15238	26.01.84	Frankfurt (O)	30.11.95	Frankfurt (O)	UB aus 110 853-9
112 854-5	202 854-6	LEW	15239	17.02.88	Magdeburg	30.11.96	Stendal	UB aus 110 854-7
112 855-2	202 855-3	LEW	15240	13.09.88	Stendal			UB aus 110 855-4
112 859-4	202 859-5	LEW	15377	31.07.84	Leipzig West			UB aus 110 859-6
112 866-9	202 866-0	LEW	15384	08.06.83	Karl-Marx-Stadt			UB aus 110 866-1
112 880-0	202 880-1	LEW	16374	25.11.83	Glauchau			UB aus 110 880-2
112 882-6	202 882-7	LEW	16376	28.08.90	Leipzig Süd			UB aus 110 882-8
112 885-9	202 885-0	LEW	16379	22.08.90	Neuruppin			UB aus 110 885-1
112 893-3	202 893-4	LEW	16387	31.05.84	Dresden			UB aus 110 893-5
112 894-1	202 894-2	LEW	16388	30.03.84	Güsten			UB aus 110 894-3

Baureihe M 700 G/203 (DB)

Betriebsnummer			Hersteller	Fab.-Nr.	Abnahme	1. Bw	Aus-musterung	letztes Bw	Anmerkung
bis 1967	ab 1968	ab 1992							
	203 002-1		Krauss-Maffei	19454	19.01.69	München Ost	22.05.69	München Ost	→ Hoesch AG

Baureihe M 1500/204 (DB)

Betriebsnummer			Hersteller	Fab.-Nr.	Abnahme	1. Bw	Aus-musterung	letztes Bw	Anmerkung
bis 1967	ab 1968	ab 1992							
		204 001-2	Krupp	4996	16.02.69	Hamm P	03.04.69	Hamm P	→ Thailand

Baureihe 114/204 (DR/DB AG)

Betriebsnummer			Hersteller	Fab.-Nr.	Abnahme	1. Bw	Aus-musterung	letztes Bw	Anmerkung
bis 1969	ab 1970	ab 1992							
	114 203-3	204 203-4	LEW	12485	10.03.78	Leipzig Süd			UB aus 110 203-7
		204 223-2	LEW	12505	12.91	Neustrelitz			UB aus 110 223-5
	114 246-2	204 246-3	LEW	12528	18.07.89	Halberstadt			UB aus 112 246-2
	114 252-0	204 252-1	LEW	12534	29.07.83	Saalfeld			UB aus 110 252-4
	114 257-9	204 257-0	LEW	12539	30.11.90	Nordhausen			UB aus 110 257-3
	114 261-1	204 261-2	LEW	12543	31.05.83	Saalfeld			UB aus 110 261-5
	114 274-4	204 274-5	LEW	12556	03.09.84	Saalfeld			UB aus 110 274-8
	114 282-7	204 282-8	LEW	12746	25.01.85	Leipzig Süd			UB aus 110 282-1
	114 298-3	204 298-4	LEW	12762	13.01.85	Saalfeld			UB aus 110 298-7
	114 314-8	204 314-9	LEW	12823	21.02.83	Saalfeld			UB aus 110 314-2
	114 328-8	204 328-9	LEW	12837	20.04.83	Saalfeld			UB aus 110 328-2
	114 358-5	204 358-6	LEW	12867	16.10.84	Leipzig Süd			UB aus 110 358-9
	114 359-3	204 359-4	LEW	12868	24.07.85	Saalfeld			UB aus 110 359-7
	114 366-8	204 366-7	LEW	12875	27.01.88	Halberstadt			UB aus 110 366-2
	114 399-9	204 399-0	LEW	12908	21.02.85	Kamenz			UB aus 110 399-3
	114 401-3	204 401-4	LEW	12910	27.09.84	Saalfeld			UB aus 110 401-7
	114 445-0	204 445-1	LEW	13484	22.03.83	Saalfeld			UB aus 110 445-4
	114 448-4	204 448-5	LEW	13487	27.06.83	Saalfeld			UB aus 110 448-8
	114 464-1	204 464-2	LEW	13503	27.12.84	Angermünde			UB aus 110 464-5
	114 469-0	204 469-1	LEW	13508	26.02.85	Kamenz			UB aus 110 469-4
	114 482-3	204 482-4	LEW	13521	31.05.83	Saalfeld			UB aus 110 482-7
	114 485-6	204 485-7	LEW	13524	31.01.85	Saalfeld			UB aus 110 485-0
		204 492-3	LEW	13531	30.10.91	Chemnitz			UB aus 110 492-6
	114 513-5	204 513-6	LEW	13539	21.02.83	Saalfeld			UB aus 110 513-9
	114 584-6	204 584-7	LEW	13902	29.12.89	Saalfeld			UB aus 110 584-0
	114 592-9	204 592-0	LEW	13910	18.12.84	Saalfeld			UB aus 110 592-3
	114 605-9	204 605-0	LEW	13923	01.03.85	Gera			UB aus 110 605-3
	114 607-5	204 607-6	LEW	13925	22.06.89	Saalfeld			UB aus 110 607-9
	114 612-5	204 612-6	LEW	13930	24.05.89	Saalfeld			UB aus 110 612-9
	114 616-6	204 616-7	LEW	13934	29.01.85	Kamenz			UB aus 110 616-0
	114 622-4	204 622-5	LEW	13940	22.05.86	Saalfeld			UB aus 110 622-8
	114 626-5	204 626-6	LEW	13944	29.01.85	Saalfeld			UB aus 110 626-9
	114 638-0	204 638-1	LEW	13956	27.05.83	Saalfeld			UB aus 110 638-4
		204 639-9	LEW	13957	30.10.91	Nordhausen			UB aus 110 639-2
	114 641-4	204 641-5	LEW	13959	26.10.84	Saalfeld			UB aus 110 641-8
	114 650-5	204 650-6	LEW	14077	14.03.83	Saalfeld			UB aus 110 650-9
	114 660-4	204 660-5	LEW	14361	22.01.85	Saalfeld			UB aus 110 660-8
	114 664-6	204 664-7	LEW	14365	28.06.83	Wittenberge			UB aus 110 664-0
	114 671-1	204 671-2	LEW	14372	22.09.83	Saalfeld			UB aus 110 671-5
	114 673-7	204 673-8	LEW	14374	10.02.82	Leipzig Süd			UB aus 110 673-1
	114 680-2	204 680-3	LEW	14381	21.09.84	Saalfeld			UB aus 110 680-6
	114 686-9	204 686-0	LEW	14387	26.02.85	Kamenz			UB aus 110 686-3

114 698-4	204 698-5	LEW	14399	29.01.85	Kamenz	UB aus 110 698-8
114 710-7	204 710-8	LEW	14411	12.02.85	Kamenz	UB aus 110 710-1
114 712-3	204 712-4	LEW	14413	09.02.89	Saalfeld	UB aus 110 712-7
114 723-0	204 723-1	LEW	14424	12.02.85	Kamenz	UB aus 110 723-4
114 758-6	204 758-7	LEW	14459	13.09.83	Saalfeld	UB aus 110 758-0
114 760-2	204 760-3	LEW	14461	16.06.83	Saalfeld	UB aus 110 760-6
114 761-0	204 761-1	LEW	14462	30.04.89	Saalfeld	UB aus 110 761-4
114 769-3	204 769-4	LEW	14470	13.11.84	Saalfeld	UB aus 110 769-7
114 774-3	204 774-4	LEW	14475	14.01.85	Rostock	UB aus 110 774-7
114 789-1	204 789-2	LEW	14846	26.10.90	Lu. Wittenberg	UB aus 110 789-5
114 790-9	204 790-0	LEW	14847	16.09.83	Saalfeld	UB aus 110 790-3
114 803-0	204 803-1	LEW	15075	21.03.89	Saalfeld	UB aus 110 803-4
114 805-5	204 805-6	LEW	15077	31.03.89	Saalfeld	UB aus 110 805-9
114 820-4	204 820-5	LEW	15092	07.12.90	Nordhausen	UB aus 110 820-8
114 834-5	204 834-6	LEW	14898	22.09.89	Saalfeld	UB aus 110 834-9
114 838-6	204 838-7	LEW	15223	29.10.90	Lu. Wittenberg	UB aus 110 838-0
114 845-1	204 845-2	LEW	15230	13.02.90	Saalfeld	UB aus 110 845-5
114 848-5	204 848-6	LEW	15233	27.02.89	Saalfeld	UB aus 110 848-9
114 857-6	204 857-7	LEW	15242	28.02.90	Saalfeld	UB aus 110 857-0
	204 858-5	LEW	15243	18.11.91	Roßlau	UB aus 110 858-8
114 860-0	204 860-1	LEW	15378	17.04.89	Saalfeld	UB aus 110 860-4
114 862-6	204 862-7	LEW	15380	25.06.83	Saalfeld	UB aus 110 862-0
	204 869-2	LEW	15387	18.12.91	Nordhausen	UB aus 110 869-5

Baureihe 210 (DB/DB AG)

Betriebsnummer			Hersteller	Fab.-Nr.	Abnahme	1. Bw	Aus-musterung	letztes Bw	Anmerkung
bis 1967	ab 1968	ab 1996							
	210 001-4		Krupp	5075	08.10.70	Kempten			UB in 218 901-7
	210 002-2		Krupp	5076	29.10.70	Kempten			UB in 218 902-5
	210 003-0		Krupp	5077	26.11.70	Kempten			UB in 218 903-3
	210 004-8		Krupp	5078	03.12.70	Kempten			UB in 218 904-1
	210 005-5		Krupp	5079	17.12.70	Kempten			UB in 218 905-8
	210 006-3		Krupp	5080	21.12.70	Kempten			UB in 218 906-6
	210 007-1		Krupp	5081	14.01.71	Kempten			UB in 218 907-4
	210 008-9		Krupp	5082	26.01.71	Kempten			UB in 218 908-2
		210 430-5	Krupp	5396	18.09.96	Lübeck			UB aus 218 430-7
		210 431-3	Krupp	5397	24.09.96	Lübeck			UB aus 218 431-5
		210 432-1	Krupp	5398	26.09.96	Lübeck			UB aus 218 432-3
		210 433-9	Krupp	5399	13.09.96	Lübeck			UB aus 218 433-1
		210 434-7	Krupp	5400	27.09.96	Lübeck			UB aus 218 434-9
		210 456-0	Henschel	32050	24.09.96	Lübeck			UB aus 218 456-2
		210 457-8	Henschel	32051	19.09.96	Lübeck			UB aus 218 457-0
		210 458-6	Henschel	32052	17.09.96	Lübeck			UB aus 218 458-8
		210 459-4	Henschel	32053	19.09.96	Lübeck			UB aus 218 459-6
		210 460-2	Henschel	32054	25.09.96	Lübeck			UB aus 218 460-4
		210 461-0	Henschel	32055	20.09.96	Lübeck			UB aus 218 461-2
		210 462-8	Henschel	32056	17.09.96	Lübeck			UB aus 218 462-0

Baureihe V 100.10/211 (DB/DB AG)

Betriebsnummer			Hersteller	Fab.-Nr.	Abnahme	1. Bw	Aus-	letztes Bw	Anmerkung
bis 1967	ab 1968	ab 1992					musterung		
V 100 1001	211 001-3		MaK	1000020	09.10.58	Münster	01.01.84	Osnabrück 1	→ Italien
V 100 1002	211 002-1		MaK	1000021	12.01.59	Münster	28.06.85	Osnabrück 1	→ Italien
V 100 1003	211 003-9		MaK	1000022	19.02.59	Münster	28.06.85	Osnabrück 1	→ Italien
V 100 1004	211 004-7		MaK	1000023	21.04.59	Münster	28.06.85	Osnabrück 1	→ Italien
V 100 1005	211 005-4		MaK	1000024	04.06.59	Münster	28.06.85	Osnabrück 1	→ Italien
V 100 1006			MaK	1000025					UZ in V 100 2001
V 100 1007	211 007-0		MaK	1000019	09.10.59	Bielefeld	21.03.81	Osnabrück 1	→ Italien
V 100 1008	211 008-8		MaK	1000026	17.05.61	Bielefeld	31.12.86	Osnabrück 1	
V 100 1009	211 009-6	211 009-6	MaK	1000027	18.07.61	Bielefeld	30.06.95	Osnabrück	
V 100 1010	211 010-4		MaK	1000028	04.08.61	Bielefeld	31.12.86	Osnabrück 1	→ Italien
V 100 1011	211 011-2	211 011-2	MaK	1000029	04.08.61	Bielefeld	30.09.95	Osnabrück	→ EEB
V 100 1012	211 012-0	211 012-0	MaK	1000030	10.08.61	Bielefeld	30.06.95	Osnabrück	→ EEB
V 100 1013	211 013-8	211 013-8	MaK	1000031	23.08.61	Bielefeld	30.11.93	Osnabrück 1	
V 100 1014	211 014-6	211 014-6	MaK	1000032	15.09.61	Köln-Nippes	30.11.93	Osnabrück 1	
V 100 1015	211 015-3	211 015-3	MaK	1000033	25.09.61	Marburg			
V 100 1016	211 016-1	211 016-1	MaK	1000034	28.09.61	Köln-Nippes	31.12.92	Osnabrück 1	
V 100 1017	211 017-9		MaK	1000035	17.10.61	Köln-Nippes	30.11.83	Osnabrück 1	→ Italien
V 100 1018	211 018-7	211 018-7	MaK	1000036	24.10.61	Köln-Nippes	30.11.93	Hof	
V 100 1019	211 019-5	211 019-5	MaK	1000037	02.11.61	Köln-Nippes			
V 100 1020	211 020-3	211 020-3	MaK	1000038	23.11.61	Köln-Nippes			
V 100 1021	211 021-1	211 021-1	MaK	1000039	21.11.61	Rosenheim	30.11.93	Würzburg 1	
V 100 1022	211 022-9	211 022-9	MaK	1000040	29.11.61	Rosenheim	30.11.93	Hof	
V 100 1023	211 023-7	211 023-7	MaK	1000041	29.11.61	Bamberg			
V 100 1024	211 024-5	211 024-5	MaK	1000042	06.12.61	Rosenheim			
V 100 1025	211 025-2	211 025-2	MaK	1000043	03.01.62	Rosenheim	30.11.93	Würzburg 1	
V 100 1026	211 026-0	211 026-0	MaK	1000044	12.01.62	Rosenheim	30.11.93	Hof	
V 100 1027	211 027-8	211 027-8	Jung	13301	11.10.61	Passau	30.11.93	Hof	
V 100 1028	211 028-6	211 028-6	Jung	13302	01.11.61	Passau	31.07.95	Hof	
V 100 1029	211 029-4	211 029-4	Jung	13303	14.11.61	Passau	20.12.95	Hof	
V 100 1030	211 030-2	211 030-2	Jung	13304	27.11.61	Schwandorf			
V 100 1031	211 031-0	211 031-0	Jung	13305	05.12.61	Schwandorf			
V 100 1032	211 032-8	211 032-8	Jung	13306	20.12.61	Schwandorf			
V 100 1033	211 033-6	211 033-6	Jung	13307	28.12.61	Rosenheim			
V 100 1034	211 034-4	211 034-4	Jung	13308	12.01.62	Rosenheim			
V 100 1035	211 035-1	211 035-1	Jung	13309	22.01.62	Rosenheim			
V 100 1036	211 036-9	211 036-9	Jung	13310	29.01.62	Rosenheim			
V 100 1037	211 037-7	211 037-7	Jung	13311	05.02.62	Rosenheim			
V 100 1038	211 038-5	211 038-5	Jung	13312	14.02.62	Rosenheim			
V 100 1039	211 039-3	211 039-3	Jung	13313	23.02.62	Rosenheim			
V 100 1040	211 040-1	211 040-1	Jung	13314	02.03.62	Jünkerath			
V 100 1041	211 041-9	211 041-9	Jung	13315	12.03.62	Jünkerath			
V 100 1042	211 042-7	211 042-7	Jung	13316	02.04.62	Jünkerath			
V 100 1043	211 043-5	211 043-5	Jung	13317	03.04.62	Jünkerath			
V 100 1044	211 044-3	211 044-3	MaK	1000062	13.04.62	Hmb.-Harburg			
V 100 1045	211 045-0	211 045-0	MaK	1000063	13.04.62	Hmb.-Harburg			
V 100 1046	211 046-8	211 046-8	MaK	1000064	26.04.62	Hmb.-Harburg	30.11.93	Hof	
V 100 1047	211 047-6		MaK	1000065	27.04.62	Hmb.-Harburg	31.12.86	Hof	→ Schweiz
V 100 1048	211 048-4	211 048-4	MaK	1000066	16.05.62	Düren	30.11.94	Hof	
V 100 1049	211 049-2	211 049-2	MaK	1000067	28.05.62	Düren			

V 100 1050	211 050-0	211 050-0	MaK	1000068	24.05.62	Düren	31.07.95	Hof	
V 100 1051	211 051-8	211 051-8	MaK	1000069	30.05.62	Düren			
V 100 1052	211 052-6	211 052-6	MaK	1000070	07.06.62	Düren	31.07.95	Hof	
V 100 1053	211 053-4	211 053-4	MaK	1000071	13.06.62	Hagen-Eckesey	30.11.93	Hof	
V 100 1054	211 054-2	211 054-2	MaK	1000072	14.06.62	Hmb.-Harburg			
V 100 1055	211 055-9	211 055-9	MaK	1000073	21.06.62	Hmb.-Harburg			
V 100 1056	211 056-7	211 056-7	MaK	1000074	26.06.62	Hmb.-Harburg			
V 100 1057	211 057-5	211 057-5	MaK	1000075	28.06.62	Hmb.-Harburg			
V 100 1058	211 058-3	211 058-3	MaK	1000076	05.07.62	Hmb.-Harburg			
V 100 1059	211 059-1	211 059-1	MaK	1000077	05.07.62	Hmb.-Harburg			
V 100 1060	211 060-9	211 060-9	MaK	1000078	20.07.62	Hagen-Eckesey			
V 100 1061	211 061-7	211 061-7	MaK	1000079	12.07.62	Hagen-Eckesey			
V 100 1062	211 062-5	211 062-5	MaK	1000080	20.07.62	Hagen-Eckesey	31.07.95	Hof	
V 100 1063	211 063-3	211 063-3	MaK	1000081	26.07.62	Hagen-Eckesey			
V 100 1064	211 064-1	211 064-1	MaK	1000082	03.08.62	Dieringhausen	30.11.93	Osnabrück 1	
V 100 1065	211 065-8	211 065-8	MaK	1000083	30.07.62	Münster	30.11.93	Osnabrück 1	
V 100 1066	211 066-6	211 066-6	MaK	1000084	14.08.62	Düren	31.07.92	Gießen	
V 100 1067	211 067-4		MaK	1000085	17.08.62	Braunschweig	01.08.85	Kaiserslautern	→ TCDD DH11 501
V 100 1068	211 068-2	211 068-2	MaK	1000086	20.08.62	Hmb.-Harburg	30.11.94	Ulm	
V 100 1069	211 069-0		MaK	1000087	24.08.62	Hmb.-Harburg	30.06.88	Augsburg 1	→ Frankreich
V 100 1070	211 070-8	211 070-8	MaK	1000088	30.08.62	Hmb.-Harburg	30.11.93	Hagen 1	
V 100 1071	211 071-6		MaK	1000089	31.08.62	Braunschweig	01.08.85	Mühldorf	→ TCDD DH11 502
V 100 1072	211 072-4	211 072-4	MaK	1000090	06.09.62	Düren	20.05.95	Osnabrück	
V 100 1073	211 073-2	211 073-2	MaK	1000091	06.09.62	Düren	30.11.93	Würzburg 1	
V 100 1074	211 074-0		MaK	1000092	17.09.62	Münster	31.12.88	Tübingen	→ BE D 20
V 100 1075	211 075-7		MaK	1000093	17.09.62	Münster	31.12.88	Augsburg 1	→ ÖBB (E-spender)
V 100 1076	211 076-5	211 076-5	MaK	1000094	24.09.62	Hmb.-Harburg	31.05.92	Osnabrück 1	
V 100 1077	211 077-3	211 077-3	MaK	1000095	24.09.62	Hmb.-Harburg	30.11.93	Osnabrück 1	
V 100 1078	211 078-1		MaK	1000096	27.09.62	Braunschweig	01.08.85	Kaiserslautern	→ TCDD DH11 503
V 100 1079	211 079-9	211 079-9	MaK	1000097	28.09.62	Braunschweig	20.05.95	Hagen	
V 100 1080	211 080-7		MaK	1000098	05.10.62	Hmb.-Harburg	30.06.88	Tübingen	→ Italien
V 100 1081	211 081-5		MaK	1000099	05.10.62	Hmb.-Harburg	15.04.91	Ulm 1	→ Frankreich
V 100 1082	211 082-3		MaK	1000100	12.10.62	Hmb.-Harburg	30.06.88	Kaiserslautern	→ ÖBB (E-spender)
V 100 1083	211 083-1	211 083-1	MaK	1000101	12.10.62	Hmb.-Harburg	20.05.95	Osnabrück	
V 100 1084	211 084-9		MaK	1000102	29.10.62	Hmb.-Harburg	31.10.89	Osnabrück 1	→ ÖBB 2048 002-6
V 100 1085	211 085-6		MaK	1000103	19.10.62	Flensburg	31.08.87	Kaiserslautern	
V 100 1086	211 086-4		MaK	1000104	29.10.62	Hmb.-Harburg	01.08.85	Kaiserslautern	→ TCDD DH11 504
V 100 1087	211 087-2		MaK	1000105	02.11.62	Hmb.-Harburg	30.06.88	Würzburg 1	→ TSO (F)
V 100 1088	211 088-0	211 088-0	MaK	1001106	02.11.62	Krefeld	30.11.94	Osnabrück	
V 100 1089	211 089-8		MaK	1000107	08.11.62	Braunschweig	30.06.88	Tübingen	
V 100 1090	211 090-6		MaK	1000108	08.11.62	Braunschweig	31.12.88	Tübingen	→ TSO (F)
V 100 1091	211 091-4	211 091-4	MaK	1000109	16.11.62	Bielefeld	30.11.93	Ulm 1	
V 100 1092	211 092-2	211 092-2	MaK	1000110	16.11.62	Braunschweig	30.11.93	Ulm 1	
V 100 1093	211 093-0	211 093-0	MaK	1000111	27.11.62	Braunschweig	23.12.93	Darmstadt	
V 100 1094	211 094-8		MaK	1000112	27.11.62	Braunschweig	31.12.88	Osnabrück 1	→ Italien
V 100 1095	211 095-5		MaK	1000113	03.12.62	Braunschweig	01.08.85	Kaiserslautern	→ TCDD DH11 505
V 100 1096	211 096-3		MaK	1000114	30.11.62	Münster	31.12.88	Osnabrück 1	→ ÖBB 2048 005-9
V 100 1097	211 097-1	211 097-1	MaK	1000115	07.12.62	Münster	30.11.93	Braunschweig 1	
V 100 1098	211 098-9	211 098-9	MaK	1000116	14.12.62	Passau	31.12.94	Osnabrück	
V 100 1099	211 099-7		MaK	1000117	17.12.62	Münster	31.12.88	Osnabrück 1	→ ÖBB 2048 003-4
V 100 1100	211 100-3		MaK	1000118	21.12.62	Münster	30.06.88	Osnabrück 1	→ ÖBB 2048 004-2
V 100 1101	211 101-1	211 101-1	MaK	1000119	21.12.62	Flensburg	31.07.95	Hof	
V 100 1102	211 102-9		MaK	1000120	10.01.63	Flensburg	30.07.87	Krefeld	

V 100 1103	211 103-7	211 103-7	MaK	1000121	06.02.63	Flensburg	30.11.94	Gießen	
V 100 1104	211 104-5		MaK	1000122	23.01.63	Krefeld	30.06.88	Osnabrück 1	→ OnRail
V 100 1105	211 105-2		MaK	1000123	21.01.63	Krefeld	17.12.87	Osnabrück 1	→ Frankreich
V 100 1106	211 106-0		MaK	1000124	23.01.63	Krefeld	30.06.88	Osnabrück 1	→ ÖBB 2048 015-8
V 100 1107	211 107-8		MaK	1000125	30.01.63	Krefeld	30.06.88	Osnabrück 1	→ Frankreich
V 100 1108	211 108-6		MaK	1000126	07.02.63	Krefeld	30.06.88	Augsburg 1	→ ÖBB 2048 029-9
V 100 1109	211 109-4		MaK	1000127	12.02.63	Krefeld	26.09.87	Augsburg 1	→ ÖBB 2048 023-2
V 100 1110	211 110-2		MaK	1000128	15.02.63	Krefeld	26.09.87	Augsburg 1	→ Frankreich
V 100 1111	211 111-0		MaK	1000129	22.02.63	Krefeld	17.12.87	Augsburg 1	→ Frankreich
V 100 1112	211 112-8		MaK	1000130	28.03.63	Krefeld	30.06.88	Augsburg 1	
V 100 1113	211 113-6		MaK	1000131	22.05.63	Krefeld	26.09.87	Kempten	→ Frankreich
V 100 1114	211 114-4		Deutz	57351	24.11.61	Kempten	17.12.87	Augsburg 1	→ Frankreich
V 100 1115	211 115-1		Deutz	57352	05.12.61	Kempten	26.09.87	Augsburg 1	→ Frankreich
V 100 1116	211 116-9		Deutz	57353	07.12.61	Kempten	30.06.88	Mühldorf	Teile für 211 106-0
V 100 1117	211 117-7		Deutz	57354	20.12.61	Kempten	30.06.88	Augsburg	→ ÖBB 2048 017-4
V 100 1118	211 118-5		Deutz	57355	20.12.61	Kempten	30.09.88	Würzburg 1	→ ET → Sersa (CH)
V 100 1119	211 119-3		Deutz	57356	10.01.62	Kempten	30.06.88	Augsburg 1	→ ÖBB 2048 018-2
V 100 1120	211 120-1		Deutz	57357	10.01.62	Kempten	30.06.88	Augsburg 1	→ ÖBB 2048 026-5
V 100 1121	211 121-9		Deutz	57358	22.01.62	Rosenheim	30.06.88	Osnabrück 1	→ ÖBB 2048 032-3
V 100 1122	211 122-7		Deutz	57359	19.01.62	Nürnberg Hbf	30.07.87	Fulda	→ ÖBB 2048 007-5
V 100 1123	211 123-5	211 123-5	Deutz	57360	09.02.62	Nürnberg Hbf	31.07.95	Hof	
V 100 1124	211 124-3		Deutz	57361	10.02.62	Nürnberg Hbf	26.09.87	Gießen	→ Schweiz
V 100 1125	211 125-0		Deutz	57362	14.02.62	Hanau	26.09.87	Gießen	→ BE D 21
V 100 1126	211 126-8		Deutz	57363	23.02.62	Hanau	31.12.86	Gießen	→ Italien
V 100 1127	211 127-6		Deutz	57364	02.03.62	Hanau	26.09.87	Gießen	→ Frankreich
V 100 1128	211 128-4		Deutz	57365	06.03.62	Hanau	26.09.87	Gießen	→ Frankreich
V 100 1129	211 129-2		Deutz	57366	03.04.62	Hanau	30.10.87	Gießen	
V 100 1130	211 130-0		Deutz	57367	11.04.62	Hanau	26.09.87	Gießen	→ VLTJ ML 25
V 100 1131	211 131-8		Deutz	57368	27.04.62	Hanau	31.12.86	Gießen	→ Frankreich
V 100 1132	211 132-6		Deutz	57369	18.04.62	Hanau	30.10.87	Gießen	→ ÖBB 2048 033-1
V 100 1133	211 133-3	211 133-3	Deutz	57370	04.05.62	Hanau	30.11.93	Ulm 1	
V 100 1134	211 134-2		Deutz	57371	04.05.62	Bamberg	30.06.88	Würzburg 1	→ CTTG Nr. 22
V 100 1135	211 135-9		Deutz	57372	10.05.62	Bamberg	30.06.88	Osnabrück 1	
V 100 1136	211 136-7		Deutz	57373	15.05.62	Nürnberg Hbf	26.09.87	Würzburg 1	→ Frankreich
V 100 1137	211 137-5		Deutz	57374	25.05.62	Nürnberg Hbf	31.12.86	Würzburg 1	→ Frankreich
V 100 1138	211 138-3		Deutz	57375	18.05.62	Nürnberg Hbf	31.12.86	Würzburg 1	→ Italien
V 100 1139	211 139-1		Deutz	57376	24.05.62	Nürnberg Hbf	30.04.88	Würzburg 1	→ Frankreich
V 100 1140	211 140-9		Deutz	57377	04.06.62	Bamberg	31.12.88	Tübingen	
	211 140-9	211 140-9			07.12.89	Osnabrück 1	31.12.92	Würzburg 1	
V 100 1141	211 141-7	211 141-7	Deutz	57378	14.06.62	Nürnberg Hbf	30.11.95	Osnabrück	
V 100 1142	211 142-5		Deutz	57379	13.06.62	Bamberg	31.12.89	Hof	
V 100 1143	211 143-3		Deutz	57380	22.06.62	Ansbach	30.06.88	Würzburg 1	
V 100 1144	211 144-1		Deutz	57381	23.06.62	Nürnberg Hbf	26.07.87	Gießen	→ Frankreich
V 100 1145	211 145-8		Deutz	57382	29.06.62	Bamberg	30.04.87	Fulda	→ Italien
V 100 1146	211 146-6		Deutz	57383	06.07.62	Kempten	26.09.87	Kempten	→ ÖBB 2048 024-0
V 100 1147	211 147-4		Deutz	57384	12.07.62	Kempten	26.09.87	Kempten	→ Frankreich
V 100 1148	211 148-2		Deutz	57385	22.07.62	Kempten	30.06.88	Augsburg 1	→ Italien
V 100 1149	211 149-0		Deutz	57386	30.07.62	Kempten	26.09.87	Kempten	→ Frankreich
V 100 1150	211 150-8		Deutz	57387	08.08.62	Marburg	26.09.87	Kempten	→ Italien
V 100 1151	211 151-6		Deutz	57388	14.08.62	Kempten	26.09.87	Kempten	→ Frankreich
V 100 1152	211 152-4		Deutz	57389	14.08.62	Kempten	26.09.87	Kempten	→ Frankreich
V 100 1153	211 153-2		Deutz	57390	20.08.62	Kempten	30.07.87	Kempten	→ Italien
V 100 1154	211 154-0		Deutz	57391	24.08.62	Kempten	26.09.87	Kempten	→ Frankreich

V 100 1155	211 155-7		Deutz	57392	04.09.62	Kempten	26.09.87	Kempten	→ Frankreich
V 100 1156	211 156-5		Deutz	57393	10.09.62	Kempten	26.09.87	Kempten	→ Frankreich
V 100 1157	211 157-3		Deutz	57394	13.09.62	Kempten	26.09.87	Augsburg 1	→ Frankreich
V 100 1158	211 158-1		Deutz	57395	19.09.62	Kempten	26.09.87	Augsburg 1	
V 100 1159	211 159-9	211 159-9	Deutz	57396	05.10.62	Bayreuth	31.12.92	Hof	
V 100 1160	211 160-7		Deutz	57397	04.10.62	Bayreuth	31.12.88	Würzburg 1	→ CTTG Nr. 25
V 100 1161	211 161-5	211 161-5	Deutz	57398	10.10.62	Bayreuth	30.11.95	Hof	
V 100 1162	211 162-3		Deutz	57399	16.10.62	Bamberg	30.09.88	Würzburg 1	→ CTTG Nr. 27
V 100 1163	211 163-1	211 163-1	Deutz	57400	23.10.62	Bamberg			
V 100 1164	211 164-9		Deutz	57401	30.10.62	Bayreuth	30.06.88	Würzburg 1	→ Frankreich
V 100 1165	211 165-6		Deutz	57402	06.11.62	Bayreuth	31.12.86	Würzburg 1	
V 100 1166	211 166-4		Deutz	57403	16.11.62	Ansbach	30.06.88	Würzburg 1	Teile für 211 229-0
V 100 1167	211 167-2		Deutz	57404	28.11.62	Ansbach	30.06.88	Würzburg 1	→ Frankreich
V 100 1168	211 168-0		Deutz	57405	28.12.62	Ansbach	31.12.88	Würzburg 1	→ ÖBB 2048 030-7
V 100 1169	211 169-8		Henschel	30518	24.10.61	Marburg	26.09.87	Gießen	→ Frankreich
V 100 1170	211 170-6		Henschel	30519	02.11.61	Marburg	17.12.87	Gießen	→ GKB 1100.1
V 100 1171	211 171-4		Henschel	30520	16.11.61	Marburg	30.09.85	Gießen	
V 100 1172	211 172-2		Henschel	30521	24.11.61	Marburg	17.12.87	Gießen	
V 100 1173	211 173-0		Henschel	30522	05.12.61	Marburg	26.09.87	Gießen	→ Frankreich
V 100 1174	211 174-8		Henschel	30523	13.12.61	Marburg	30.10.87	Gießen	→ ÖBB 2048 021-6
V 100 1175	211 175-5		Henschel	30524	20.12.61	Marburg	26.09.87	Gießen	
V 100 1176	211 176-3		Henschel	30525	05.01.62	Marburg	26.09.87	Gießen	→ Italien
V 100 1177	211 177-1		Henschel	30526	22.01.62	Marburg	26.09.87	Gießen	
V 100 1178	211 178-9	211 178-9	Henschel	30527	29.01.62	Marburg	30.11.93	Ulm 1	
V 100 1179	211 179-7		Henschel	30528	12.02.62	Marburg	17.12.87	Würzburg 1	→ Frankreich
V 100 1180	211 180-5		Henschel	30529	12.02.62	Marburg	30.10.87	Gießen	→ Frankreich
V 100 1181	211 181-3		Henschel	30530	15.02.62	Marburg	17.12.87	Würzburg 1	→ CTTG Nr. 21
V 100 1182	211 182-1		Henschel	30531	21.02.62	Marburg	17.12.87	Gießen	→ GKB 1100.2
V 100 1183	211 183-9		Henschel	30532	27.02.62	Marburg	30.07.87	Fulda	
V 100 1184	211 184-7		Henschel	30533	07.03.62	Marburg	30.06.88	Osnabrück 1	
V 100 1185	211 185-4		Henschel	30534	24.04.62	Bamberg	26.09.87	Gießen	→ Frankreich
V 100 1186	211 186-2		Henschel	30535	20.03.62	Nürnberg Hbf	30.06.88	Osnabrück 1	→ VPS 1111
									→ Frankreich
V 100 1187	211 187-0		Henschel	30536	29.03.62	Bayreuth	30.10.87	Würzburg 1	→ Frankreich
V 100 1188	211 188-8		Henschel	30537	09.04.62	Bayreuth	30.10.87	Würzburg 1	→ ÖBB 2048 028-1
V 100 1189	211 189-6		Henschel	30538	09.04.62	Bamberg	30.10.87	Würzburg 1	→ CTTG Nr. 26
V 100 1190	211 190-4		Henschel	30539	25.04.62	Bayreuth	30.10.87	Gießen	
V 100 1191	211 191-2		Henschel	30540	07.05.62	Bayreuth	30.10.87	Gießen	→ ÖBB 2048 034-9
V 100 1192	211 192-0		Henschel	30541	03.05.62	Fulda	30.06.88	Osnabrück 1	→ VPS 1112
									→ Sersa (CH)
V 100 1193	211 193-8		Henschel	30542	01.05.62	Fulda	17.12.87	Gießen	
V 100 1194	211 194-6	211 194-6	Henschel	30543	21.05.62	Fulda	30.11.94	Gießen	
V 100 1195	211 195-3	211 195-3	Henschel	30544	24.05.62	Fulda	31.07.95	Hof	
V 100 1196	211 196-1	211 196-1	Henschel	30545	14.06.62	Fulda	30.11.94	Ulm	
V 100 1197	211 197-9		Henschel	30546	14.06.62	Fulda	30.06.88	Mühldorf	→ Frankreich
V 100 1198	211 198-7	211 198-7	Henschel	30547	22.06.62	Fulda	31.12.92	Würzburg 1	
V 100 1199	211 199-5	211 199-5	Henschel	30548	22.06.62	Bamberg	30.11.94	Darmstadt	
V 100 1200	211 200-1		Henschel	30549	28.06.62	Bamberg	31.12.88	Osnabrück 1	
	211 200-1	211 200-1			14.12.89	Osnabrück 1	30.09.95	Osnabrück	
V 100 1201	211 201-9	211 201-9	Henschel	30550	13.07.62	Bayreuth	30.11.94	Gießen	
V 100 1202	211 202-7	211 202-7	Henschel	30551	13.07.62	Bayreuth	30.11.94	Gießen	
V 100 1203	211 203-5	211 203-5	Henschel	30552	20.07.62	Bayreuth	30.11.93	Osnabrück 1	
V 100 1204	211 204-3	211 204-3	Henschel	30553	26.07.62	Kornwestheim			

V 100 1205	211 205-0	211 205-0	Henschel	30554	02.08.62	Kornwestheim	31.07.95	Hof	
V 100 1206	211 206-8	211 206-8	Henschel	30555	09.08.62	Kornwestheim	31.07.95	Hof	
V 100 1207	211 207-6	211 207-6	Henschel	30556	15.08.62	Kornwestheim	30.11.94	Osnabrück	
V 100 1208	211 208-4	211 208-4	Henschel	30557	24.08.62	Kornwestheim	31.07.95	Hof	
V 100 1209	211 209-2	211 209-2	Henschel	30558	30.08.62	Kornwestheim	30.11.94	Ulm	
V 100 1210	211 210-0	211 210-0	Henschel	30559	04.09.62	Kornwestheim	31.07.95	Hof	
V 100 1211	211 211-8		Henschel	30560	14.09.62	Kornwestheim	31.12.86	Tübingen	→ ÖBB 2048 012-5
V 100 1212	211 212-6		Henschel	30561	20.09.62	Kornwestheim	31.12.86	Tübingen	→ TCDI
V 100 1213	211 213-4		Henschel	30562	27.09.62	Kornwestheim	31.12.86	Tübingen	
V 100 1214	211 214-2		Henschel	30563	04.10.62	Kornwestheim	31.12.86	Tübingen	
V 100 1215	211 215-9		Henschel	30564	22.10.62	Kornwestheim	31.12.86	Tübingen	→ OnRail
V 100 1216	211 216-7		Henschel	30565	01.11.62	Kornwestheim	31.12.86	Tübingen	→ TCDI
V 100 1217	211 217-5		Henschel	30566	08.11.62	Kornwestheim	26.09.87	Tübingen	→ Italien
V 100 1218	211 218-3	211 218-3	Henschel	30567	08.11.62	Kornwestheim	30.11.95	Göttingen	
V 100 1219	211 219-1	211 219-1	Henschel	30568	15.11.62	Landau	30.11.94	Ulm	
V 100 1220	211 220-9	211 220-9	Henschel	30569	04.12.62	Landau	30.11.94	Darmstadt	
V 100 1221	211 221-7		Henschel	30570	06.12.62	Landau	31.12.89	Hof	
V 100 1222	211 222-5	211 222-5	Henschel	30571	04.01.63	Landau	30.11.94	Darmstadt	
V 100 1223	211 223-3		Henschel	30572	30.01.63	Landau	30.06.88	Würzburg 1	→ Italien
V 100 1224	211 224-1		Krupp	4334	09.10.61	Siegen	31.05.86	Osnabrück 1	→ Italien
V 100 1225	211 225-8		Krupp	4335	13.10.61	Siegen	30.07.87	Osnabrück 1	
V 100 1226	211 226-6		Krupp	4336	13.10.61	Siegen	30.07.87	Osnabrück 1	→ ÖBB 2048 006-7
V 100 1227	211 227-4		Krupp	4337	19.10.61	Siegen	17.12.87	Osnabrück 1	
V 100 1228	211 228-2		Krupp	4338	26.10.61	Siegen	30.07.87	Osnabrück 1	
V 100 1229	211 229-0		Krupp	4339	26.10.61	Siegen	30.06.88	Osnabrück 1	→ ÖBB 2048 031-5
V 100 1230	211 230-8		Krupp	4340	09.11.61	Siegen	30.07.87	Osnabrück 1	→ ÖBB 2048 019-0
V 100 1231	211 231-6		Krupp	4341	09.11.61	Siegen	29.04.82	Dieringhausen	
V 100 1232	211 232-4		Krupp	4342	16.11.61	Siegen	30.06.88	Osnabrück 1	
V 100 1233	211 233-2		Krupp	4343	24.11.61	Siegen	17.12.87	Osnabrück 1	→ NVAG DL 2
V 100 1234	211 234-0		Krupp	4344	24.11.61	Siegen	17.12.87	Augsburg 1	→ Frankreich
V 100 1235	211 235-7		Krupp	4345	30.11.61	Siegen	30.07.87	Krefeld	→ OnRail
V 100 1236	211 236-5		Krupp	4346	11.12.61	Siegen	30.10.87	Würzburg 1	
V 100 1237	211 237-3		Krupp	4347	18.12.61	Siegen	17.12.87	Würzburg 1	→ Wb (A)
V 100 1238	211 238-1		Krupp	4348	21.12.61	Siegen	30.10.87	Kempten	→ Frankreich
V 100 1239	211 239-9		Krupp	4349	21.12.61	Trier	30.06.88	Osnabrück 1	→ Frankreich
V 100 1240	211 240-7		Krupp	4350	27.12.61	Trier	30.06.88	Osnabrück 1	
V 100 1241	211 241-5		Krupp	4351	12.01.62	Trier	30.06.88	Osnabrück 1	
V 100 1242	211 242-3	211 242-3	Krupp	4352	12.01.62	Trier	30.11.93	Ulm 1	
V 100 1243	211 243-1	211 243-1	Krupp	4353	22.01.62	Trier	30.11.94	Osnabrück	
V 100 1244	211 244-9	211 244-9	Krupp	4354	22.01.62	Jünkerath			
V 100 1245	211 245-6		Krupp	4355	29.01.62	Jünkerath	30.06.88	Augsburg 1	→ Frankreich
V 100 1246	211 246-4		Krupp	4356	29.01.62	Jünkerath	30.06.88	Osnabrück 1	
V 100 1247	211 247-2	211 247-2	Krupp	4357	05.02.62	Simmern	30.11.93	Osnabrück 1	
V 100 1248	211 248-0		Krupp	4358	09.02.62	Simmern	30.06.88	Würzburg 1	→ Frankreich
V 100 1249	211 249-8		Krupp	4359	09.02.62	Simmern	30.06.88	Würzburg 1	→ CTTG Nr. 28
									→ Sersa (CH)
V 100 1250	211 250-6		Krupp	4360	19.02.62	Simmern	30.06.88	Osnabrück 1	
V 100 1251	211 251-4		Krupp	4361	19.02.62	Simmern	17.12.87	Osnabrück 1	→ Frankreich
V 100 1252	211 252-2		Krupp	4362	23.02.62	Ffm.-Griesheim	17.12.87	Osnabrück 1	→ EVB V 284
V 100 1253	211 253-0	211 253-0	Krupp	4363	06.03.62	Ffm.-Griesheim	30.11.93	Osnabrück 1	
V 100 1254	211 254-8		Krupp	4364	02.03.62	Hanau	17.12.87	Gießen	
V 100 1255	211 255-5		Krupp	4365	14.03.62	Hanau	30.10.87	Gießen	
V 100 1256	211 256-3	211 256-3	Krupp	4366	14.03.62	Hanau	30.11.93	Osnabrück 1	

V 100 1257	211 257-1	211 257-1	Krupp	4367	19.03.62	Hanau	30.11.93	Osnabrück 1		
V 100 1258	211 258-9	211 258-9	Krupp	4368	19.03.62	Ffm.-Griesheim	30.11.94	Gießen		
V 100 1259	211 259-7		Krupp	4369	02.04.62	Ffm.-Griesheim	30.06.88	Würzburg 1	→ Wb (A)	
V 100 1260	211 260-5		Krupp	4370	30.03.62	Schwandorf	30.06.88	Würzburg 1	→ STFA (TR)	
V 100 1261	211 261-3		Krupp	4371	24.04.62	Schwandorf	30.06.88	Würzburg 1	→ OnRail	
V 100 1262	211 262-1	211 262-1	Krupp	4372	30.03.62	Schwandorf				
V 100 1263	211 263-9		Krupp	4373	05.04.62	Ansbach	31.12.86	Würzburg 1	→ Wb (A)	
V 100 1264	211 264-7		Krupp	4374	13.04.62	Ansbach	30.06.88	Würzburg 1	→ ÖBB 2048 025-7	
V 100 1265	211 265-4		Krupp	4375	19.04.62	Ansbach	17.12.87	Würzburg 1	→ ÖBB 2048 027-3	
V 100 1266	211 266-2	211 266-2	Krupp	4376	24.04.62	Ansbach	31.12.92	Würzburg 1		
V 100 1267	211 267-0		Krupp	4377	03.05.62	Ansbach	30.06.88	Würzburg 1	→ CTTG Nr. 23	
V 100 1268	211 268-8	211 268-8	Krupp	4378	07.05.62	Bielefeld	30.11.94	Ulm		
V 100 1269	211 269-6		Krupp	4379	11.05.62	Düren	17.12.87	Augsburg 1	→ Frankreich	
V 100 1270	211 270-4		Krupp	4380	25.05.62	Dieringhausen	30.07.87	Osnabrück 1	→ ÖBB 2048 020-8	
V 100 1271	211 271-2		Krupp	4381	25.05.62	Dieringhausen	30.07.87	Osnabrück 1		
V 100 1272	211 272-0		Krupp	4382	08.06.62	Dieringhausen	29.05.87	Würzburg 1	→ ÖBB 2048 016-6	
V 100 1273	211 273-8		Krupp	4383	14.06.62	Dieringhausen	28.02.86	Köln 1	→ RStE V 125 → WEG	
V 100 1274	211 274-6		Krauss-Maffei	18870	08.03.62	Passau	30.06.88	Mühldorf	→ ÖBB 2048 008-3	
V 100 1275	211 275-3		Krauss-Maffei	18871	08.03.62	Passau	30.10.87	Kempten	→ Frankreich	
V 100 1276	211 276-1		Krauss-Maffei	18872	20.03.62	Passau	30.06.88	Mühldorf	→ OnRail	
V 100 1277	211 277-9	211 277-9	Krauss-Maffei	18873	06.04.62	Plattling	31.07.95	Hof		
V 100 1278	211 278-7	211 278-7	Krauss-Maffei	18874	06.04.62	Plattling	20.05.95	Hagen		
V 100 1279	211 279-5	211 279-5	Krauss-Maffei	18875	16.04.62	Plattling	31.07.95	Hof		
V 100 1280	211 280-3		Krauss-Maffei	18876	25.04.62	Passau	31.12.88	Mühldorf	→ Frankreich	
V 100 1281	211 281-1	211 281-1	Krauss-Maffei	18877	11.05.62	Passau	30.11.93	Hagen 1		
V 100 1282	211 282-9	211 282-9	Krauss-Maffei	18878	08.05.62	Passau	30.11.93	Würzburg 1		
V 100 1283	211 283-7	211 283-7	Krauss-Maffei	18879	10.05.62	Passau	25.09.96	Hof		
V 100 1284	211 284-5	211 284-5	Krauss-Maffei	18880	17.05.62	Ingolstadt	30.11.94	Ulm		
V 100 1285	211 285-2		Krauss-Maffei	18881	28.05.62	Ingolstadt	17.12.87	Kempten	→ Frankreich	
V 100 1286	211 286-0	211 286-0	Krauss-Maffei	18882	04.06.62	Ingolstadt	30.11.94	Ulm		
V 100 1287	211 287-8	211 287-8	Krauss-Maffei	18883	05.06.62	Ingolstadt	30.11.94	Ulm		
V 100 1288	211 288-6	211 288-6	Krauss-Maffei	18884	05.06.62	Ingolstadt	20.10.94	Ulm		
V 100 1289	211 289-4		Krauss-Maffei	18885	13.06.62	Ingolstadt	30.04.88	Augsburg 1	→ Frankreich	
V 100 1290	211 290-2	211 290-2	Krauss-Maffei	18886	10.06.62	Ingolstadt	30.09.95	Ulm		
V 100 1291	211 291-0		Krauss-Maffei	18887	26.06.62	Ingolstadt	31.12.86	Karlsruhe 1	→ Frankreich	
V 100 1292	211 292-8		Krauss-Maffei	18888	04.07.62	Ingolstadt	31.07.84	Osnabrück 1	→ Italien	
V 100 1293	211 293-6		Krauss-Maffei	18889	04.07.62	Ingolstadt	31.12.86	Hof		
V 100 1294	211 294-4	211 294-4	Krauss-Maffei	18890	12.07.62	Regensburg	30.11.93	Osnabrück 1		
V 100 1295	211 295-1	211 295-1	Krauss-Maffei	18891	10.07.62	Regensburg	30.11.93	Gießen		
V 100 1296	211 296-9	211 296-9	Krauss-Maffei	18892	23.07.62	Regensburg	31.12.92	Würzburg 1		
V 100 1297	211 297-7		Krauss-Maffei	18893	24.07.62	Regensburg	30.04.89	Würzburg 1	→ ÖBB 2048 001-8	
V 100 1298	211 298-5		Krauss-Maffei	18894	30.07.62	Plattling	31.12.88	Hof		
V 100 1299	211 299-3	211 299-3	Krauss-Maffei	18895	02.08.62	Plattling	30.11.93	Ulm 1		
V 100 1300	211 300-9	211 300-9	Krauss-Maffei	18896	08.08.62	Plattling	30.11.93	Würzburg 1		
V 100 1301	211 301-7	211 301-7	Krauss-Maffei	18897	15.08.62	Schwandorf	30.11.95	Osnabrück		
V 100 1302	211 302-5	211 302-5	Krauss-Maffei	18898	23.08.62	Schwandorf				
V 100 1303	211 303-3		Krauss-Maffei	18899	23.08.62	Schwandorf	31.12.88	Hof	→ Italien	
V 100 1304	211 304-1	211 304-1	Krauss-Maffei	18900	05.09.62	Schwandorf	30.11.94	Gießen		
V 100 1305	211 305-8		Krauss-Maffei	18901	05.09.62	Schwandorf	31.12.86	Gießen	→ Frankreich	
V 100 1306	211 306-6	211 306-6	Krauss-Maffei	18902	10.09.62	Hof	30.11.94	Gießen		
V 100 1307	211 307-4	211 307-4	Krauss-Maffei	18903	16.09.62	Hof				
V 100 1308	211 308-2		Krauss-Maffei	18904	19.09.62	Hof	31.12.86	Hof	→ EEB	

V 100 1309	211 309-0	211 309-0	Krauss-Maffei	18905	25.09.62	Hof	30.11.93	Osnabrück 1	
V 100 1310	211 310-8		Krauss-Maffei	18906	01.10.62	Schwandorf	30.12.86	Würzburg 1	→ Frankreich
V 100 1311	211 311-6	211 311-6	Krauss-Maffei	18907	03.10.62	Regensburg	30.11.93	Osnabrück 1	
V 100 1312	211 312-4	211 312-4	Krauss-Maffei	18908	12.10.62	Regensburg	30.11.93	Osnabrück 1	
V 100 1313	211 313-2	211 313-2	Krauss-Maffei	18909	16.10.62	Regensburg	30.11.95	Hof	
V 100 1314	211 314-0	211 314-0	Krauss-Maffei	18910	22.10.62	Hof	30.11.93	Gießen	
V 100 1315	211 315-7	211 315-7	Krauss-Maffei	18911	01.11.62	Hof	20.10.94	Ulm	
V 100 1316	211 316-5	211 316-5	Krauss-Maffei	18912	01.11.62	Hof	25.09.96	Hof	
V 100 1317	211 317-3	211 317-3	Krauss-Maffei	18913	06.11.62	Hof	25.09.96	Hof	
V 100 1318	211 318-1		Krauss-Maffei	18914	15.11.62	Passau	26.09.87	Hof	→ ÖBB 2048 022-4
V 100 1319	211 319-9	211 319-9	Krauss-Maffei	18915	23.11.62	Passau	31.07.95	Hof	
V 100 1320	211 320-7		Krauss-Maffei	18916	03.12.62	Passau	30.06.88	Würzburg 1	
V 100 1321	211 321-5	211 321-5	Krauss-Maffei	18917	07.12.62	Passau			
V 100 1322	211 322-3		Krauss-Maffei	18918	13.12.62	Münster	30.06.88	Augsburg 1	→ Frankreich
V 100 1323	211 323-1		Krauss-Maffei	18919	14.12.62	Nürnberg Hbf	30.06.88	Kaiserslautern	→ EVB V 285
V 100 1324	211 324-9	211 324-9	Jung	13451	29.05.62	Landau	31.12.92	Würzburg 1	→ EVB V 287
V 100 1325	211 325-6	211 325-6	Jung	13452	07.06.62	Landau	30.11.93	Osnabrück 1	✎
V 100 1326	211 326-4		Jung	13453	14.06.62	Landau	30.06.88	Kaiserslautern	→ EVB (E-spender)
V 100 1327	211 327-2		Jung	13454	26.06.62	Landau	31.12.88	Hof	→ ÖBB 2048 013-3
V 100 1328	211 328-0		Jung	13455	02.07.62	Landau	30.06.88	Augsburg 1	→ Frankreich
V 100 1329	211 329-8		Jung	13456	18.07.62	Landau	30.06.88	Kaiserslautern	→ Frankreich
V 100 1330	211 330-6		Jung	13457	23.07.62	Landau	30.06.88	Kaiserslautern	→ EVB V 286
V 100 1331	211 331-4		Jung	13458	30.07.62	Freiburg	30.06.88	Augsburg 1	→ ÖBB 2048 010-9
V 100 1332	211 332-2	211 332-2	Jung	13459	06.08.62	Freiburg	31.07.95	Hof	
V 100 1333	211 333-0	211 333-0	Jung	13460	13.08.62	Freiburg	30.11.93	Ulm 1	
V 100 1334	211 334-8	211 334-8	Jung	13461	20.08.62	Freiburg	20.10.94	Ulm	
V 100 1335	211 335-5	211 335-5	Jung	13462	12.09.62	Freiburg	30.11.93	Ulm 1	
V 100 1336	211 336-3	211 336-3	Jung	13463	06.09.62	Freiburg	31.12.92	Würzburg 1	
V 100 1337	211 337-1		Jung	13464	13.09.62	Villingen	01.08.85	Landau	→ TCDD DH11 506
V 100 1338	211 338-9	211 338-9	Jung	13465	25.09.62	Landau	20.10.94	Ulm	
V 100 1339	211 339-7		Jung	13466	02.10.62	Landau	28.06.85	Landau	
V 100 1340	211 340-5		Jung	13467	12.10.62	Landau	01.08.85	Landau	→ TCDD DH11 507
V 100 1341	211 341-3		Jung	13468	15.10.62	Villingen	30.06.88	Osnabrück 1	→ Wiebe 02
V 100 1342	211 342-1		Jung	13469	19.10.62	Villingen	01.08.85	Tübingen	→ TCDD DH11 508
V 100 1343	211 343-9		Jung	13470	30.10.62	Villingen	30.06.88	Tübingen	→ Italien
V 100 1344	211 344-7	211 344-7	Jung	13471	06.11.62	Villingen			
V 100 1345	211 345-4		Jung	13472	09.11.62	Villingen	30.06.88	Mühldorf	→ BE D 25
V 100 1346	211 346-2		Jung	13473	16.11.62	Villingen	30.06.88	Mühldorf	→ Sersa (CH)
V 100 1347	211 347-0		Jung	13474	28.11.62	Villingen	30.06.88	Mühldorf	
V 100 1348	211 348-8		Jung	13475	03.12.62	Rosenheim	01.08.85	Mühldorf	→ TCDD DH11 509
V 100 1349	211 349-6		Jung	13476	13.12.62	Rosenheim	30.10.87	Mühldorf	
V 100 1350	211 350-4		Jung	13477	14.01.63	Rosenheim	26.09.87	Kempten	→ ÖBB 2048 011-7
V 100 1351	211 351-2		Jung	13478	30.01.63	München Hbf	01.08.85	Mühldorf	→ TCDD DH11 510
V 100 1352	211 352-0		Jung	13479	04.02.63	München Hbf	01.08.85	Mühldorf	→ TCDD DH11 511
V 100 1353	211 353-8		Jung	13480	20.02.63	München Hbf	01.08.85	Tübingen	→ TCDD DH11 512
V 100 1354	211 354-6		Esslingen	5290	20.07.62	Kornwestheim	01.08.85	Tübingen	→ TCDD DH11 513
V 100 1355	211 355-3	211 355-3	Esslingen	5291	09.08.62	Kornwestheim	20.10.94	Ulm	
V 100 1356	211 356-1	211 356-1	Esslingen	5292	10.09.62	Kornwestheim	20.10.94	Ulm	
V 100 1357	211 357-9	211 357-9	Esslingen	5293	08.10.62	Kornwestheim	20.10.94	Ulm	
V 100 1358	211 358-7		Esslingen	5294	08.10.62	Kornwestheim	31.12.88	Ulm 1	→ AVG Nr. 61
V 100 1359	211 359-5		Esslingen	5295	12.11.62	Kornwestheim	30.06.88	Hof	→ ÖBB 2048 009-1
V 100 1360	211 360-3	211 360-3	Esslingen	5296	12.11.62	Kornwestheim	20.10.94	Ulm	
V 100 1361	211 361-1	211 361-1	Esslingen	5297	07.12.62	Kornwestheim	30.11.94	Ulm	

V 100 1362	211 362-9	211 362-9	Esslingen	5298	11.01.63	Kornwestheim	20.10.94	Ulm	
V 100 1363	211 363-7	211 363-7	Esslingen	5299	11.01.63	Kornwestheim	30.09.95	Ulm	
V 100 1364	211 364-5		Esslingen	5300	18.02.63	Kornwestheim	01.08.85	Tübingen	→ TCDD DH11 514
V 100 1365	211 365-3		Esslingen	5301	08.03.63	Kornwestheim	31.12.88	Hof	→ ÖBB 2048 014-1

Baureihe V 100.20/212 (DB/DB AG)

Betriebsnummer			Hersteller	Fab.-Nr.	Abnahme	1. Bw	Aus-musterung	letztes Bw	Anmerkung
bis 1967	ab 1968	ab 1992							
V 100 2001	212 001-2	212 001-2	MaK	1000025	11.08.59	Nürnberg Hbf			
V 100 2002	212 002-0	212 002-0	MaK	1000132	26.01.62	Delmenhorst	31.07.95	Lübeck	
V 100 2003	212 003-8	212 003-8	MaK	1000133	26.01.62	Delmenhorst	10.09.96	Lübeck	→ Bosnien
V 100 2004	212 004-6	212 004-6	MaK	1000134	26.01.62	Delmenhorst	30.11.95	Braunschweig	
V 100 2005	212 005-3	212 005-3	MaK	1000135	05.02.62	Delmenhorst			
V 100 2006	212 006-1	212 006-1	MaK	1000136	05.02.62	Delmenhorst	30.11.93	Lübeck	
V 100 2007	212 007-9	212 007-9	MaK	1000137	12.03.62	Bielefeld			
V 100 2008	212 008-7	212 008-7	MaK	1000138	12.03.62	Delmenhorst			
V 100 2009	212 009-5	212 009-5	MaK	1000139	08.03.62	Delmenhorst			
V 100 2010	212 010-3	212 010-3	MaK	1000140	12.03.62	Münster			
V 100 2011	212 011-1	212 011-1	MaK	1000141	02.04.62	Münster	30.08.96	Braunschweig	→ Bosnien
V 100 2012	212 012-9	212 012-9	MaK	1000142	25.05.62	Münster			
V 100 2013	212 013-7	212 013-7	MaK	1000143	25.05.62	Münster	10.09.96	Lübeck	→ Bosnien
V 100 2014	212 014-5	212 014-5	MaK	1000144	26.04.62	Oldenburg Hbf			
V 100 2015	212 015-2	212 015-2	MaK	1000145	21.05.62	Oldenburg Hbf			
V 100 2016	212 016-0		MaK	1000146	18.06.62	Oldenburg Hbf	31.12.88	Kaiserslautern	→ Italien
V 100 2017	212 017-8	212 017-8	MaK	1000147	02.04.62	Oldenburg Hbf			
V 100 2018	212 018-6	212 018-6	MaK	1000148	06.04.62	Oldenburg Hbf			
V 100 2019	212 019-4	212 019-4	MaK	1000149	03.04.62	Oldenburg Hbf			
V 100 2020	212 020-2	212 020-2	MaK	1000150	03.08.62	Oldenburg Hbf			
V 100 2021	212 021-0	212 021-0	MaK	1000151	13.08.62	Oldenburg Hbf			
V 100 2022	212 022-8	212 022-8	MaK	1000158	05.03.63	Ffm.-Griesheim	31.07.95	Mö.-gladbach	
V 100 2023	212 023-6	212 023-6	MaK	1000159	12.03.63	Ffm.-Griesheim			
V 100 2024	212 024-4	212 024-4	MaK	1000160	11.04.63	Ffm.-Griesheim			
V 100 2025	212 025-1	212 025-1	MaK	1000161	19.04.63	Ffm.-Griesheim			
V 100 2026	212 026-9	212 026-9	MaK	1000162	26.04.63	Ffm.-Griesheim	30.08.96	Braunschweig	
V 100 2027	212 027-7	212 027-7	MaK	1000163	24.04.63	Lübeck			
V 100 2028	212 028-5	212 028-5	MaK	1000164	23.04.63	Lübeck	30.11.93	Darmstadt	
V 100 2029	212 029-3	212 029-3	MaK	1000165	02.05.63	Lübeck			
V 100 2030	212 030-1	212 030-1	MaK	1000166	02.05.63	Lübeck			
V 100 2031	212 031-9	212 031-9	MaK	1000167	27.05.63	Lübeck			
V 100 2032	212 032-7	212 032-7	MaK	1000168	27.05.63	Lübeck			
V 100 2033	212 033-5	212 033-5	MaK	1000169	30.05.63	Bielefeld			UB in 214 033-3
V 100 2034	212 034-3	212 034-3	MaK	1000170	30.05.63	Bielefeld			
V 100 2035	212 035-0	212 035-0	MaK	1000171	07.06.63	Ffm.-Griesheim			
V 100 2036	212 036-8	212 036-8	MaK	1000172	12.06.63	Ffm.-Griesheim			
V 100 2037	212 037-6	212 037-6	MaK	1000173	14.06.63	Ffm.-Griesheim			
V 100 2038	212 038-4	212 038-4	MaK	1000174	19.06.63	Ffm.-Griesheim			
V 100 2039	212 039-2	212 039-2	MaK	1000175	21.06.63	Ffm.-Griesheim			
V 100 2040	212 040-0	212 040-0	MaK	1000176	27.06.63	München Hbf	20.05.95	Kornwestheim	
V 100 2041	212 041-8	212 041-8	MaK	1000177	02.07.63	München Hbf			
V 100 2042	212 042-6	212 042-6	MaK	1000178	24.07.63	München Hbf			
V 100 2043	212 043-4	212 043-4	MaK	1000179	18.07.63	Lübeck			

V 100 2044	212 044-2	212 044-2	MaK	1000180	05.07.63	Lübeck			
V 100 2045	212 045-9	212 045-9	MaK	1000181	01.08.63	Göttingen			
V 100 2046	212 046-7	212 046-7	MaK	1000182	01.08.63	Göttingen			UB in 214 046-5
V 100 2047	212 047-5	212 047-5	MaK	1000183	13.08.63	München Hbf			
V 100 2048	212 048-3	212 048-3	MaK	1000184	19.08.63	München Hbf	30.11.93	Würzburg 1	
V 100 2049	212 049-1	212 049-1	MaK	1000185	27.08.63	München Hbf			
V 100 2050	212 050-9	212 050-9	MaK	1000186	02.09.63	München Hbf			
V 100 2051	212 051-7	212 051-7	MaK	1000187	04.09.63	München Hbf			
V 100 2052	212 052-5	212 052-5	MaK	1000188	05.10.63	Hmb.-Altona			
V 100 2053	212 053-3	212 053-3	MaK	1000189	05.10.63	Hmb.-Altona			
V 100 2054	212 054-1	212 054-1	MaK	1000190	20.09.63	Lübeck			
V 100 2055	212 055-8	212 055-8	MaK	1000191	20.09.63	Münster			
V 100 2056	212 056-6	212 056-6	MaK	1000192	27.09.63	Ffm.-Griesheim			
V 100 2057	212 057-4	212 057-4	MaK	1000193	30.09.63	Ffm.-Griesheim			
V 100 2058	212 058-2	212 058-2	MaK	1000194	04.10.63	Ffm.-Griesheim			
V 100 2059	212 059-0	212 059-0	MaK	1000195	11.10.63	Ffm.-Griesheim			
V 100 2060	212 060-8	212 060-8	MaK	1000196	18.10.63	Ffm.-Griesheim			
V 100 2061	212 061-6	212 061-6	MaK	1000197	25.10.63	Ffm.-Griesheim			
V 100 2062	212 062-4	212 062-4	MaK	1000198	25.10.63	Bielefeld			
V 100 2063	212 063-2	212 063-2	MaK	1000199	04.11.63	Bielefeld			
V 100 2064	212 064-0	212 064-0	MaK	1000200	04.11.63	Münster			
V 100 2065	212 065-7	212 065-7	MaK	1000201	07.11.63	Münster			
V 100 2066	212 066-5	212 066-5	MaK	1000202	15.11.63	Bielefeld			
V 100 2067	212 067-3	212 067-3	MaK	1000203	23.11.63	Göttingen	30.11.93	Würzburg 1	
V 100 2068	212 068-1	212 068-1	MaK	1000204	26.11.63	Nördlingen			
V 100 2069	212 069-9	212 069-9	MaK	1000205	03.12.63	Nördlingen			
V 100 2070	212 070-7	212 070-7	MaK	1000206	10.12.63	Nördlingen			
V 100 2071	212 071-5	212 071-5	MaK	1000207	11.12.63	Nördlingen			
V 100 2072	212 072-3	212 072-3	MaK	1000208	17.12.63	Nördlingen			
V 100 2073	212 073-1	212 073-1	MaK	1000209	23.12.63	Nördlingen			
V 100 2074	212 074-9	212 074-9	MaK	1000210	24.12.63	Nürnberg Hbf			
V 100 2075	212 075-6	212 075-6	MaK	1000211	10.01.64	Nürnberg Hbf			
V 100 2076	212 076-4	212 076-4	MaK	1000212	15.01.64	Nürnberg Hbf			
V 100 2077	212 077-2	212 077-2	MaK	1000213	16.01.64	Nürnberg Hbf			
V 100 2078	212 078-0	212 078-0	MaK	1000214	22.01.64	Nürnberg Hbf	20.06.95	Freiburg	
V 100 2079	212 079-8	212 079-8	MaK	1000215	29.01.64	Nürnberg Hbf			
V 100 2080	212 080-6	212 080-6	MaK	1000216	23.01.64	Göttingen			
V 100 2081	212 081-4	212 081-4	MaK	1000217	28.01.64	Münster			
V 100 2082	212 082-2	212 082-2	MaK	1000218	05.02.64	Wpt.-Steinbeck	20.05.95	Mühldorf	
V 100 2083	212 083-0	212 083-0	MaK	1000219	12.02.64	Wpt.-Steinbeck			
V 100 2084	212 084-8	212 084-8	MaK	1000220	18.02.64	Wpt.-Steinbeck			
V 100 2085	212 085-5	212 085-5	MaK	1000221	26.02.64	Göttingen			
V 100 2086	212 086-3	212 086-3	MaK	1000222	04.03.64	Ludwigshafen			
V 100 2087	212 087-1	212 087-1	MaK	1000223	13.03.64	Ludwigshafen			
V 100 2088	212 088-9	212 088-9	MaK	1000224	24.03.64	Ludwigshafen			
V 100 2089	212 089-7	212 089-7	MaK	1000225	03.04.64	Ludwigshafen			
V 100 2090	212 090-5		MaK	1000226	26.03.64	Ludwigshafen	26.09.87	Krefeld	→ Italien
V 100 2091	212 091-3	212 091-3	MaK	1000227	08.04.64	Ludwigshafen			
V 100 2092	212 092-1	212 092-1	MaK	1000228	14.04.64	Nördlingen	30.11.94	Karlsruhe	
V 100 2093	212 093-9	212 093-9	MaK	1000229	24.04.64	Nördlingen			
V 100 2094	212 094-7	212 094-7	MaK	1000230	28.04.64	Nördlingen			
V 100 2095	212 095-4	212 095-4	MaK	1000231	05.05.64	Wpt.-Steinbeck			
V 100 2096	212 096-2	212 096-2	MaK	1000232	13.05.64	Wpt.-Steinbeck			

V 100 2097	212 097-0	212 097-0	MaK	1000233	13.05.64	Wpt.-Steinbeck			
V 100 2098	212 098-8	212 098-8	MaK	1000234	26.05.64	Wpt.-Steinbeck	31.07.95	Köln-D.-feld	
V 100 2099	212 099-6	212 099-6	MaK	1000235	01.06.64	Wpt.-Steinbeck			
V 100 2100	212 100-2	212 100-2	MaK	1000236	03.06.64	Nördlingen			
V 100 2101	212 101-0	212 101-0	MaK	1000237	12.06.64	Ludwigshafen			
V 100 2102	212 102-8	212 102-8	MaK	1000238	19.06.64	Ludwigshafen			
V 100 2103	212 103-6	212 103-6	MaK	1000239	03.07.64	Ludwigshafen			
V 100 2104	212 104-4	212 104-4	MaK	1000240	10.07.64	Ludwigshafen			
V 100 2105	212 105-1	212 105-1	MaK	1000241	27.07.64	Wpt.-Steinbeck			
V 100 2106	212 106-9	212 106-9	MaK	1000242	20.08.64	Wpt.-Steinbeck			
V 100 2107	212 107-7	212 107-7	Henschel	30793	02.05.63	Lübeck	32.12.93	Gießen	→ Wiebe 04
V 100 2108	212 108-5	212 108-5	Henschel	30794	08.05.63	Göttingen	30.11.95	Hof	
V 100 2109	212 109-3	212 109-3	Henschel	30795	17.05.63	Köln-Nippes	30.11.95	Hof	
V 100 2110	212 110-1	212 110-1	Henschel	30796	28.05.63	Köln-Nippes	20.05.95	Mühldorf	
V 100 2111	212 111-9	212 111-9	Henschel	30797	22.05.63	Oldenburg Hbf			
V 100 2112	212 112-7	212 112-7	Henschel	30798	22.05.63	Oldenburg Hbf			
V 100 2113	212 113-5	212 113-5	Henschel	30799	07.06.63	Köln-Nippes	31.07.95	Lübeck	
V 100 2114	212 114-3	212 114-3	Henschel	30800	21.06.63	Köln-Nippes	20.05.95	Mühldorf	
V 100 2115	212 115-0	212 115-0	Henschel	30801	19.06.63	Göttingen	30.04.95	Lübeck	
V 100 2116	212 116-8	212 116-8	Henschel	30802	24.06.63	Lübeck			
V 100 2117	212 117-6	212 117-6	Henschel	30803	04.07.63	Lübeck			
V 100 2118	212 118-4	212 118-4	Henschel	30804	04.07.63	Lübeck	23.12.93	Gießen	
V 100 2119	212 119-2	212 119-2	Henschel	30805	12.07.63	Göttingen			
V 100 2120	212 120-0	212 120-0	Henschel	30806	16.07.63	Köln-Nippes	23.12.93	Gießen	
V 100 2121	212 121-8	212 121-8	Henschel	30807	23.07.63	Köln-Nippes	30.11.95	Gießen	
V 100 2122	212 122-6	212 122-6	Henschel	30808	23.07.63	Oldenburg Hbf	30.11.93	Gießen	
V 100 2123	212 123-4	212 123-4	Henschel	30809	14.08.63	Münster			
V 100 2124	212 124-2	212 124-2	Henschel	30810	14.08.63	Köln-Nippes	30.11.93	Karlsruhe 1	
V 100 2125	212 125-9	212 125-9	Henschel	30811	18.08.63	Köln-Nippes			
V 100 2126	212 126-7	212 126-7	Henschel	30812	15.08.63	Göttingen			
V 100 2127	212 127-5	212 127-5	Henschel	30813	05.09.63	Lübeck			
V 100 2128	212 128-3	212 128-3	Henschel	30814	26.08.63	Lübeck			
V 100 2129	212 129-1	212 129-1	Henschel	30815	03.09.63	Lübeck	30.11.93	Kempten	
V 100 2130	212 130-9	212 130-9	Henschel	30816	10.09.63	Göttingen			
V 100 2131	212 131-7	212 131-7	Henschel	30817	20.09.63	Göttingen			
V 100 2132	212 132-5	212 132-5	Henschel	30818	20.09.63	Köln-Nippes			
V 100 2133	212 133-3	212 133-3	Henschel	30819	30.09.63	Münster			
V 100 2134	212 134-1	212 134-1	Henschel	30820	30.09.63	Münster	30.11.94	Kempten	
V 100 2135	212 135-8	212 135-8	Henschel	30821	07.10.63	Wpt.-Steinbeck	30.11.94	Mühldorf	
V 100 2136	212 136-6	212 136-6	Henschel	30822	16.10.63	Wpt.-Steinbeck			
V 100 2137	212 137-4	212 137-4	Henschel	30823	16.10.63	Münster	20.06.95	Kornwestheim	
V 100 2138	212 138-2	212 138-2	Henschel	30824	30.10.63	Münster	20.05.95	Kornwestheim	
V 100 2139	212 139-0	212 139-0	Henschel	30825	30.10.63	Krefeld	30.11.95	Kornwestheim	
V 100 2140	212 140-8	212 140-8	Henschel	30826	21.11.63	Delmenhorst	15.05.92	Braunschweig 1	
V 100 2141	212 141-6	212 141-6	Henschel	30827	23.12.63	Lübeck	30.11.93	Braunschweig 1	
V 100 2142	212 142-4	212 142-4	Henschel	30828	03.12.63	Lübeck	30.11.94	Braunschweig	
V 100 2143	212 143-2	212 143-2	Henschel	30829	14.12.63	Lübeck	30.11.94	Karlsruhe	
V 100 2144	212 144-0	212 144-0	Henschel	30830	19.12.63	Lübeck	30.11.94	Karlsruhe	
V 100 2145	212 145-7	212 145-7	Henschel	30831	19.12.63	Lübeck	30.11.93	Kornwestheim	
V 100 2146	212 146-5	212 146-5	Henschel	30832	10.01.64	Krefeld	30.11.95	Kempten	
V 100 2147	212 147-3	212 147-3	Henschel	30833	19.01.64	Düren			
V 100 2148	212 148-1	212 148-1	Henschel	30834	27.01.64	Osnabrück Rbf			
V 100 2149	212 149-9	212 149-9	Henschel	30835	04.02.64	Wpt.-Steinbeck	31.07.95	Kempten	

V 100 2150	212 150-7	212 150-7	Henschel	30836	11.02.64	Wpt.-Steinbeck	31.12.94	Lübeck	
V 100 2151	212 151-5	212 151-5	Henschel	30837	11.02.64	Osnabrück Rbf			
V 100 2152	212 152-3	212 152-3	Henschel	30838	18.02.64	Osnabrück Rbf			
V 100 2153	212 153-1	212 153-1	Henschel	30839	11.02.64	Düren			
V 100 2154	212 154-9	212 154-9	Henschel	30840	18.02.64	Krefeld			
V 100 2155	212 155-6	212 155-6	Henschel	30841	12.03.64	Lübeck	30.11.94	Gießen	
V 100 2156	212 156-4	212 156-4	Henschel	30842	19.03.64	Lübeck	23.12.93	Gießen	
V 100 2157	212 157-2	212 157-2	Henschel	30843	22.03.64	Lübeck			
V 100 2158	212 158-0	212 158-0	Henschel	30844	25.03.64	Lübeck	20.09.96	Braunschweig	
V 100 2159	212 159-8	212 159-8	Henschel	30845	08.04.64	Krefeld	20.09.96	Braunschweig	
V 100 2160	212 160-6	212 160-6	Henschel	30846	28.04.64	Düren	30.08.96	Kempten	
V 100 2161	212 161-4	212 161-4	Henschel	30847	05.05.64	Münster			
V 100 2162	212 162-2	212 162-2	Henschel	30848	12.05.64	Wpt.-Steinbeck	10.09.96	Lübeck	
V 100 2163	212 163-0	212 163-0	Henschel	30849	26.05.64	Wpt.-Steinbeck			
V 100 2164	212 164-8	212 164-8	Henschel	30850	03.06.64	Krefeld	30.11.93	Siegen	
V 100 2165	212 165-5	212 165-5	Jung	13641	08.07.63	Ludwigshafen			
V 100 2166	212 166-3	212 166-3	Jung	13642	12.07.63	Ludwigshafen			
V 100 2167	212 167-1	212 167-1	Jung	13643	18.07.63	Ludwigshafen			
V 100 2168	212 168-9	212 168-9	Jung	13644	23.07.63	Ludwigshafen	31.07.95	Saarbrücken Ost	
V 100 2169	212 169-7	212 169-7	Jung	13645	25.07.63	Ludwigshafen			
V 100 2170	212 170-5	212 170-5	Jung	13646	01.08.63	Ludwigshafen			
V 100 2171	212 171-3	212 171-3	Jung	13647	13.08.63	Ludwigshafen			
V 100 2172	212 172-1	212 172-1	Jung	13648	20.08.63	Ludwigshafen			
V 100 2173	212 173-9	212 173-9	Jung	13649	29.08.63	Ludwigshafen			
V 100 2174	212 174-7	212 174-7	Jung	13650	05.09.63	Ludwigshafen			
V 100 2175	212 175-4	212 175-4	Jung	13651	12.09.63	Ludwigshafen			
V 100 2176	212 176-2	212 176-2	Jung	13652	20.09.63	Ludwigshafen			
V 100 2177	212 177-0	212 177-0	Jung	13653	27.09.63	Landau			
V 100 2178	212 178-8	212 178-8	Jung	13654	30.09.63	Landau			
V 100 2179	212 179-6	212 179-6	Jung	13655	09.10.63	Nördlingen			
V 100 2180	212 180-4	212 180-4	Jung	13656	17.10.63	Nördlingen	20.09.96	Kempten	
V 100 2181	212 181-2	212 181-2	Jung	13657	23.10.63	Nördlingen	30.08.96	Kempten	
V 100 2182	212 182-0	212 182-0	Jung	13658	31.10.63	Nördlingen	20.12.95	Kornwestheim	
V 100 2183	212 183-8	212 183-8	Jung	13659	07.11.63	Nördlingen			
V 100 2184	212 184-6	212 184-6	Jung	13660	13.11.63	Nördlingen			
V 100 2185	212 185-3	212 185-3	Jung	13661	22.11.63	Nördlingen			
V 100 2186	212 186-1	212 186-1	Jung	13662	27.11.63	Nördlingen	30.08.96	Kornwestheim	
V 100 2187	212 187-9	212 187-9	Jung	13663	13.12.63	Haltingen	30.09.95	Kornwestheim	
V 100 2188	212 188-7	212 188-7	Jung	13664	17.12.63	Haltingen			
V 100 2189	212 189-5	212 189-5	Jung	13665	19.12.63	Haltingen	25.09.96	Lübeck	
V 100 2190	212 190-3	212 190-3	Jung	13666	21.01.64	Haltingen	29.02.96	Lübeck	
V 100 2191	212 191-1	212 191-1	Jung	13667	31.01.64	Haltingen	30.11.93	Lübeck	
V 100 2192	212 192-9	212 192-9	Jung	13668	31.01.64	Haltingen	30.11.93	Lübeck	→ Wiebe 03
V 100 2193	212 193-7	212 193-7	Jung	13669	31.01.64	Haltingen	20.05.95	Mühldorf	
V 100 2194	212 194-5	212 194-5	Jung	13670	06.02.64	Haltingen	20.12.95	Würzburg	→ EEB
V 100 2195	212 195-2	212 195-2	Jung	13671	12.02.64	Haltingen			
V 100 2196	212 196-0	212 196-0	Jung	13672	20.02.64	Haltingen	31.07.95	Saarbrücken Ost	
V 100 2197	212 197-8	212 197-8	Jung	13673	16.03.64	St. Wendel	30.11.95	Darmstadt	
V 100 2198	212 198-6	212 198-6	Jung	13674	02.03.64	St. Wendel	30.11.95	Darmstadt	
V 100 2199	212 199-4	212 199-4	Jung	13675	18.03.64	St. Wendel	20.05.95	Kornwestheim	
V 100 2200	212 200-0	212 200-0	Jung	13676	25.03.64	St. Wendel	30.08.96	Kornwestheim	
V 100 2201	212 201-8	212 201-8	Jung	13677	20.04.64	St. Wendel	30.11.95	Kornwestheim	
V 100 2202	212 202-6	212 202-6	Deutz	57571	21.07.63	Fulda			

V 100 2203	212 203-4	212 203-4	Deutz	57572	01.07.63	Fulda			
V 100 2204	212 204-2	212 204-2	Deutz	57573	02.07.63	Fulda			
V 100 2205	212 205-9	212 205-9	Deutz	57574	05.07.63	Marburg			
V 100 2206	212 206-7	212 206-7	Deutz	57575	15.07.63	Marburg	30.11.93	Kornwestheim	
V 100 2207	212 207-5	212 207-5	Deutz	57576	26.07.63	Marburg	20.05.95	Kornwestheim	
V 100 2208	212 208-3	212 208-3	Deutz	57577	06.08.63	Kornwestheim			
V 100 2209	212 209-1	212 209-1	Deutz	57578	08.08.63	Kornwestheim			
V 100 2210	212 210-9	212 210-9	Deutz	57579	08.08.63	Kornwestheim			
V 100 2211	212 211-7	212 211-7	Deutz	57580	20.08.63	Kornwestheim			
V 100 2212	212 212-5	212 212-5	Deutz	57581	23.08.63	Kornwestheim			
V 100 2213	212 213-3	212 213-3	Deutz	57582	30.08.63	Kornwestheim			
V 100 2214	212 214-1	212 214-1	Deutz	57583	06.09.63	Kornwestheim			
V 100 2215	212 215-8	212 215-8	Deutz	57584	12.09.63	Kornwestheim			
V 100 2216	212 216-6	212 216-6	Deutz	57585	24.09.63	Plattling			
V 100 2217	212 217-4	212 217-4	Deutz	57586	12.11.63	Plattling	30.08.96	Karlsruhe	
V 100 2218	212 218-2	212 218-2	Deutz	57587	14.11.63	Plattling	30.09.95	Gießen	
V 100 2219	212 219-0	212 219-0	Deutz	57588	22.11.63	Plattling			
V 100 2220	212 220-8	212 220-8	Deutz	57589	02.12.63	Plattling	30.11.93	Darmstadt	
V 100 2221	212 221-6	212 221-6	Deutz	57590	06.12.63	Kornwestheim			
V 100 2222	212 222-4	212 222-4	Deutz	57591	12.12.63	Kornwestheim			
V 100 2223	212 223-2	212 223-2	Deutz	57592	31.12.63	Kornwestheim	30.12.96	Karlsruhe	
V 100 2224	212 224-0	212 224-0	Deutz	57593	20.01.64	Kornwestheim			
V 100 2225	212 225-7	212 225-7	Deutz	57594	21.01.64	Kornwestheim			
V 100 2226	212 226-5	212 226-5	Deutz	57595	24.01.64	Kornwestheim			
V 100 2227	212 227-3	212 227-3	Deutz	57596	08.02.64	Kornwestheim			
V 100 2228	212 228-1	212 228-1	Deutz	57597	14.02.64	St. Wendel	20.09.96	Saarbrücken Ost	
V 100 2229	212 229-9	212 229-9	Deutz	57598	14.02.64	St. Wendel	30.08.96	Saarbrücken Ost	
V 100 2230	212 230-7	212 230-7	Deutz	57599	18.03.64	St. Wendel	30.11.96	Saarbrücken Ost	
V 100 2231	212 231-5	212 231-5	Deutz	57600	02.03.64	St. Wendel	30.09.95	Saarbrücken Ost	
V 100 2232	212 232-3	212 232-3	MaK	1000279	04.02.65	Kempten			
V 100 2233	212 233-1	212 233-1	MaK	1000280	28.01.65	Kempten			
V 100 2234	212 234-9	212 234-9	MaK	1000281	25.01.65	Kempten			
V 100 2235	212 235-6	212 235-6	MaK	1000282	17.01.65	Oldenburg Hbf			UB in 214 235-4
V 100 2236	212 236-4	212 236-4	MaK	1000283	12.01.65	Münster			UB in 214 236-2
V 100 2237	212 237-2	212 237-2	MaK	1000284	25.01.65	Plattling	20.12.95	Mö.-gladbach	
V 100 2238	212 238-0	212 238-0	MaK	1000285	18.01.65	Plattling	31.07.95	Mö.-gladbach	
V 100 2239	212 239-8	212 239-8	MaK	1000286	18.01.65	Plattling			
V 100 2240	212 240-6	212 240-6	MaK	1000287	13.01.65	Oldenburg Hbf			
V 100 2241	212 241-4	212 241-4	MaK	1000288	18.01.65	Krefeld			
V 100 2242	212 242-2	212 242-2	MaK	1000289	28.01.65	Kornwestheim			
V 100 2243	212 243-0	212 243-0	MaK	1000290	04.02.65	Kornwestheim	20.05.95	Kornwestheim	
V 100 2244	212 244-8	212 244-8	MaK	1000291	09.02.65	Kornwestheim			UB in 214 244-6
V 100 2245	212 245-5	212 245-5	MaK	1000292	09.02.65	Hmb.-Harburg			UB in 214 245-3
V 100 2246	212 246-3	212 246-3	MaK	1000293	16.02.65	Lübeck			UB in 214 246-1
V 100 2247	212 247-1	212 247-1	MaK	1000294	17.02.65	Delmenhorst			
V 100 2248	212 248-9	212 248-9	MaK	1000295	24.02.65	Delmenhorst			
V 100 2249	212 249-7	212 249-7	MaK	1000296	24.02.65	Krefeld			
V 100 2250	212 250-5	212 250-5	MaK	1000297	14.03.65	Hmb.-Harburg			
V 100 2251	212 251-3	212 251-3	MaK	1000298	14.03.65	Hmb.-Harburg			UB in 214 251-1
V 100 2252	212 252-1	212 252-1	MaK	1000299	15.03.65	Delmenhorst			
V 100 2253	212 253-9	212 253-9	MaK	1000300	23.03.65	Delmenhorst			
V 100 2254	212 254-7	212 254-7	MaK	1000301	25.03.65	Krefeld			
V 100 2255	212 255-4	212 255-4	MaK	1000302	31.03.65	Düren			

V 100 2256	212 256-2	212 256-2	MaK	1000303	07.04.65	Wpt.-Steinbeck				
V 100 2257	212 257-0	212 257-0	MaK	1000304	14.04.65	Kornwestheim			UB in 214 257-8	
V 100 2258	212 258-8	212 258-8	MaK	1000305	30.04.65	Kornwestheim				
V 100 2259	212 259-6	212 259-6	MaK	1000306	28.04.65	Lübeck				
V 100 2260	212 260-4	212 260-4	MaK	1000307	04.05.65	Hmb.-Harburg			UB in 214 260-2	
V 100 2261	212 261-2	212 261-2	MaK	1000308	04.05.65	Delmenhorst				
V 100 2262	212 262-0	212 262-0	MaK	1000309	11.05.65	Delmenhorst				
V 100 2263	212 263-8	212 263-8	MaK	1000310	19.05.65	Krefeld				
V 100 2264	212 264-6	212 264-6	MaK	1000311	20.05.65	Oldenburg Hbf				
V 100 2265	212 265-3	212 265-3	MaK	1000312	25.05.65	Münster				
V 100 2266	212 266-1	212 266-1	MaK	1000313	02.06.65	Wpt.-Steinbeck				
V 100 2267	212 267-9	212 267-9	MaK	1000314	11.06.65	Kornwestheim				
V 100 2268	212 268-7	212 268-7	MaK	1000315	10.06.65	Hmb.-Harburg	31.07.95	Würzburg	→ Ilmebahn	
V 100 2269	212 269-5	212 269-5	MaK	1000316	10.06.65	Hmb.-Harburg	31.07.95	Würzburg	UB in 714 014-8	
V 100 2270	212 270-3	212 270-3	MaK	1000317	23.06.65	Delmenhorst				
V 100 2271	212 271-1	212 271-1	MaK	1000318	30.06.65	Hannover			UB in 214 271-9	
V 100 2272	212 272-9	212 272-9	MaK	1000319	07.07.65	Düren				
V 100 2273	212 273-7	212 273-7	MaK	1000320	14.07.65	Münster				
V 100 2274	212 274-5	212 274-5	MaK	1000321	04.08.65	Wpt.-Steinbeck				
V 100 2275	212 275-2	212 275-2	MaK	1000322	28.07.65	Wpt.-Steinbeck				
V 100 2276	212 276-0	212 276-0	MaK	1000323	09.08.65	Kornwestheim				
V 100 2277	212 277-8	212 277-8	MaK	1000324	04.08.65	Hmb.-Harburg			UB in 214 277-6	
V 100 2278	212 278-6	212 278-6	MaK	1000325	17.08.65	Hmb.-Harburg				
V 100 2279	212 279-4	212 279-4	MaK	1000326	15.08.65	Hannover				
V 100 2280	212 280-2	212 280-2	MaK	1000327	25.08.65	Delmenhorst				
V 100 2281	212 281-0	212 281-0	MaK	1000328	26.08.65	Düren				
V 100 2282	212 282-8	212 282-8	MaK	1000329	08.09.65	Osnabrück Hbf				
V 100 2283	212 283-6	212 283-6	MaK	1000330	09.09.65	Münster				
V 100 2284	212 284-4	212 284-4	MaK	1000331	22.09.65	Hagen-Eckesey				
V 100 2285	212 285-1	212 285-1	MaK	1000332	23.09.65	Kornwestheim				
V 100 2286	212 286-9	212 286-9	MaK	1000333	30.09.65	Hmb.-Altona				
V 100 2287	212 287-7	212 287-7	MaK	1000334	06.10.65	Delmenhorst				
V 100 2288	212 288-5	212 288-5	MaK	1000335	20.10.65	Düren				
V 100 2289	212 289-3	212 289-3	MaK	1000336	20.10.65	Münster				
V 100 2290	212 290-1	212 290-1	MaK	1000337	28.10.65	Münster				
V 100 2291	212 291-9	212 291-9	MaK	1000338	04.11.65	Hagen-Eckesey				
V 100 2292	212 292-7	212 292-7	MaK	1000339	04.11.65	Hagen-Eckesey				
V 100 2293	212 293-5	212 293-5	MaK	1000340	11.11.65	Hagen-Eckesey				
V 100 2294	212 294-3	212 294-3	MaK	1000341	19.11.65	Kempten				
V 100 2295	212 295-0	212 295-0	MaK	1000342	25.11.65	Hmb.-Altona				
V 100 2296	212 296-8	212 296-8	MaK	1000343	01.12.65	Hannover				
V 100 2297	212 297-6	212 297-6	MaK	1000344	01.12.65	Düren				
V 100 2298	212 298-4	212 298-4	MaK	1000345	14.12.65	Münster				
V 100 2299	212 299-2	212 299-2	MaK	1000346	15.12.65	Münster				
V 100 2300	212 300-8	212 300-8	MaK	1000347	22.12.65	Hagen-Eckesey				
V 100 2301	212 301-6	212 301-6	MaK	1000348	16.12.65	Hagen-Eckesey				
V 100 2302	212 302-4	212 302-4	MaK	1000349	25.02.66	Kempten				
V 100 2303	212 303-2	212 303-2	MaK	1000350	02.03.66	Hmb.-Harburg				
V 100 2304	212 304-0	212 304-0	MaK	1000351	03.03.66	Hannover				
V 100 2305	212 305-7	212 305-7	MaK	1000352	09.03.66	Düren				
V 100 2306	212 306-5	212 306-5	MaK	1000353	09.03.66	Münster				
V 100 2307	212 307-3	212 307-3	MaK	1000354	16.03.66	Münster				
V 100 2308	212 308-1	212 308-1	MaK	1000355	17.03.66	Hagen-Eckesey				

V 100 2309	212 309-9	212 309-9	MaK	1000356	20.03.66	Hagen-Eckesey			
V 100 2310	212 310-7	212 310-7	MaK	1000357	24.03.66	Kempten			
V 100 2311	212 311-5	212 311-5	MaK	1000358	31.03.66	Hmb.-Harburg			
V 100 2312	212 312-3	212 312-3	MaK	1000359	06.04.66	Hannover			
V 100 2313	212 313-1	212 313-1	MaK	1000360	06.04.66	Münster			
V 100 2314	212 314-9	212 314-9	MaK	1000361	14.04.66	Hmb.-Harburg			
V 100 2315	212 315-6	212 315-6	MaK	1000362	20.04.66	Hannover			
V 100 2316	212 316-4	212 316-4	MaK	1000363	03.05.66	Wpt.-Steinbeck	31.07.95	Köln-D.-feld	
V 100 2317	212 317-2	212 317-2	MaK	1000364	03.05.66	Wpt.-Steinbeck			
V 100 2318	212 318-0	212 318-0	MaK	1000365	06.05.66	Wpt.-Steinbeck			
V 100 2319	212 319-8	212 319-8	MaK	1000366	09.05.66	Düren			
V 100 2320	212 320-6	212 320-6	MaK	1000367	19.05.66	Hagen-Eckesey			
V 100 2321	212 321-4	212 321-4	MaK	1000368	17.05.66	Wpt.-Steinbeck			
V 100 2322	212 322-2	212 322-2	MaK	1000369	25.05.66	Siegen			
V 100 2323	212 323-0	212 323-0	MaK	1000370	02.06.66	Siegen			
V 100 2324	212 324-8	212 324-8	MaK	1000371	07.06.66	Siegen			
V 100 2325	212 325-5	212 325-5	MaK	1000372	15.06.66	Wpt.-Steinbeck			
V 100 2326	212 326-3	212 326-3	MaK	1000373	15.06.66	Hagen-Eckesey			
V 100 2327	212 327-1	212 327-1	MaK	1000374	23.06.66	Plattling			
V 100 2328	212 328-9	212 328-9	MaK	1000375	01.07.66	Plattling			
V 100 2329	212 329-7	212 329-7	MaK	1000376	08.07.66	Plattling			
V 100 2330	212 330-5	212 330-5	MaK	1000377	14.07.66	Plattling			
V 100 2331	212 331-3	212 331-3	MaK	1000378	26.08.66	Plattling			
V 100 2342	212 342-0	212 342-0	Deutz	57742	25.03.65	Saarbrücken			
V 100 2343	212 343-8	212 343-8	Deutz	57743	25.03.65	Saarbrücken			
V 100 2344	212 344-6	212 344-6	Deutz	57744	01.04.65	Saarbrücken			
V 100 2345	212 345-3	212 345-3	Deutz	57745	01.04.65	Saarbrücken			
V 100 2346	212 346-1	212 346-1	Deutz	57746	09.04.65	Saarbrücken			
V 100 2347	212 347-9	212 347-9	Deutz	57747	13.04.65	St. Wendel			
V 100 2348	212 348-7	212 348-7	Deutz	57748	23.04.65	Rosenheim	20.05.95	Kornwestheim	
V 100 2349	212 349-5	212 349-5	Deutz	57749	26.04.65	Rosenheim			
V 100 2350	212 350-3	212 350-3	Deutz	57750	26.04.65	Rosenheim			
V 100 2351	212 351-1	212 351-1	Deutz	57751	05.05.65	Rosenheim			
V 100 2352	212 352-9	212 352-9	Deutz	57752	05.05.65	Rosenheim			UB in 214 352-7
V 100 2353	212 353-7	212 353-7	Deutz	57753	12.05.65	München Hbf	30.11.94	Darmstadt	
V 100 2354	212 354-5	212 354-5	Deutz	57754	12.05.65	München Hbf			
V 100 2355	212 355-2	212 355-2	Deutz	57755	20.05.65	München Hbf			
V 100 2356	212 356-0	212 356-0	Deutz	57756	01.06.65	München Ost			
V 100 2357	212 357-8	212 357-8	Deutz	57757	16.06.65	München Ost			
V 100 2358	212 358-6	212 358-6	Deutz	57758	11.06.65	München Ost			
V 100 2359	212 359-4	212 359-4	Deutz	57759	16.06.65	Nürnberg Hbf	31.07.95	Darmstadt	
V 100 2360	212 360-2	212 360-2	Deutz	57760	25.06.65	Nürnberg Hbf			
V 100 2361	212 361-0	212 361-0	Deutz	57761	30.06.65	Gießen			
V 100 2362	212 362-8	212 362-8	Deutz	57762	29.06.65	Gießen	30.11.93	Darmstadt	
V 100 2363	212 363-6	212 363-6	Deutz	57763	05.07.65	Gießen	30.11.93	Darmstadt	
V 100 2364	212 364-4	212 364-4	Deutz	57764	12.07.65	Gießen			
V 100 2365	212 365-1	212 365-1	Deutz	57765	12.07.65	Gießen	23.12.93	Darmstadt	
V 100 2366	212 366-9	212 366-9	Deutz	57766	21.07.65	Hanau	30.11.93	Darmstadt	
V 100 2367	212 367-7	212 367-7	Deutz	57767	30.07.65	Gießen			
V 100 2368	212 368-5	212 368-5	Deutz	57768	30.07.65	Gießen	30.11.93	Darmstadt	
V 100 2369	212 369-3	212 369-3	Deutz	57769	11.08.65	Gießen			
V 100 2370	212 370-1	212 370-1	Deutz	57770	11.08.65	Gießen			
V 100 2371	212 371-9	212 371-9	Deutz	57771	11.08.65	Hanau			

V 100 2372	212 372-7	212 372-7	Deutz	57772	13.08.65	Hanau		
V 100 2373	212 373-5	212 373-5	Deutz	57773	20.08.65	Hanau		
V 100 2374	212 374-3	212 374-3	Deutz	57774	23.08.65	Hanau		
V 100 2375	212 375-0	212 375-0	Deutz	57775	01.09.65	Jünkerath		
V 100 2376	212 376-8	212 376-8	Deutz	57776	07.09.65	Jünkerath		
V 100 2377	212 377-6	212 377-6	Deutz	57777	10.09.65	Jünkerath		
V 100 2378	212 378-4	212 378-4	Deutz	57778	16.09.65	Nürnberg Hbf	30.11.94	Würzburg
V 100 2379	212 379-2		Deutz	57779	01.10.65	Nürnberg Hbf	16.06.72	Nürnberg Hbf
V 100 2380	212 380-0	212 380-0	Deutz	57780	01.10.65	Nürnberg Hbf		
V 100 2381	212 381-8	212 381-8	Deutz	57781	27.10.65	Nürnberg Hbf		

Baureihe V 100.20/213 (DB/DB AG)

| Betriebsnummer | | | Hersteller | Fab.-Nr. | Abnahme | 1. Bw | Aus-musterung | letztes Bw | Anmerkung |
bis 1967	ab 1968	ab 1992							
V 100 2332	213 332-0	213 332-0	MaK	1000379	19.01.66	Karlsruhe			
V 100 2333	213 333-8	213 333-8	MaK	1000380	03.03.66	Karlsruhe			
V 100 2334	213 334-6	213 334-6	MaK	1000381	21.03.66	Karlsruhe			
V 100 2335	213 335-3	213 335-3	MaK	1000382	14.03.66	Karlsruhe			
V 100 2336	213 336-1	213 336-1	MaK	1000383	17.03.66	Karlsruhe			
V 100 2337	213 337-9	213 337-9	MaK	1000384	06.04.66	Karlsruhe			
V 100 2338	213 338-7	213 338-7	MaK	1000385	11.05.66	Karlsruhe			
V 100 2339	213 339-5	213 339-5	MaK	1000386	28.04.66	Karlsruhe			
V 100 2340	213 340-3	213 340-3	MaK	1000387	21.04.66	Karlsruhe			
V 100 2341	213 341-1	213 341-1	MaK	1000388	20.04.66	Karlsruhe			

Baureihe 214/714 (DB/DB AG)

| Betriebsnummer | | | Hersteller | Fab.-Nr. | Abnahme | 1. Bw | Aus-musterung | letztes Bw | Anmerkung |
bis 1993	ab 1994	ab 1996							
214 033-3	714 033-3	714 001-5	MaK	1000169	31.08.90	Karlsruhe 1			UB aus 212 033-5
214 046-5	714 046-5	714 002-3	MaK	1000182	31.08.90	Karlsruhe 1			UB aus 212 046-7
214 235-4	714 235-4	714 003-1	MaK	1000282	31.01.91	Würzburg 1			UB aus 212 235-6
214 236-2	714 236-2	714 004-9	MaK	1000283	01.01.89	Würzburg 1			UB aus 212 236-4
214 244-6	714 244-6	714 005-6	MaK	1000291	01.01.89	Würzburg 1			UB aus 212 244-8
214 245-3	714 245-3	714 006-4	MaK	1000292	11.09.90	Würzburg 1			UB aus 212 245-5
214 246-1	714 246-1	714 007-2	MaK	1000293	11.09.90	Würzburg 1			UB aus 212 246-3
214 251-1	714 251-1	714 008-0	MaK	1000298	31.01.91	Lübeck			UB aus 212 251-3
214 257-8	714 257-8	714 009-8	MaK	1000304	01.01.89	Würzburg 1			UB aus 212 257-0
214 260-2	714 260-2	714 010-6	MaK	1000307	23.10.90	Lübeck			UB aus 212 260-4
214 271-9	714 271-9	714 011-4	MaK	1000318	01.01.89	Würzburg 1			UB aus 212 271-1
214 277-6	714 277-6	714 012-2	MaK	1000324	23.10.90	Lübeck			UB aus 212 277-8
214 352-7	714 352-7	714 013-0	Deutz	57752	01.01.89	Würzburg 1			UB aus 212 352-9
		714 014-8	MaK	1000316	08.01.97	Fulda			UB aus 212 269-5

Umzeichnung in Baureihe 714 mit unveränderter Ordnungsnummer am 31.10.94

Umzeichnung in 714 001 – 013 am 01.08.96

Baureihe 215 (DB/DB AG)

Betriebsnummer			Hersteller	Fab.-Nr.	Abnahme	1. Bw	Aus-musterung	letztes Bw	Anmerkung
bis 1967	ab 1968	ab 1992							
	215 001-9	215 001-9	Krupp	4980	04.12.68	Ulm			
	215 002-7	215 002-7	Krupp	4981	15.02.69	Ulm			
	215 003-5	215 003-5	Krupp	4982	13.02.69	Ulm			
	215 004-3	215 004-3	Krupp	4983	25.02.69	Ulm			
	215 005-0	215 005-0	Krupp	4984	07.03.69	Ulm			
	215 006-8	215 006-8	Krupp	4985	09.05.69	Ulm			
	215 007-6	215 007-6	Krupp	4986	09.06.69	Ulm			
	215 008-4	215 008-4	Krupp	4987	11.07.69	Ulm			
	215 009-2	215 009-2	Krupp	4988	23.07.69	Ulm			
	215 010-0	215 010-0	Krupp	4989	05.09.69	Ulm			
	215 011-8	215 011-8	Krupp	5032	05.12.69	Ulm			
	215 012-6	215 012-6	Krupp	5033	11.12.69	Ulm			
	215 013-4	215 013-4	Krupp	5034	19.12.69	Ulm			
	215 014-2	215 014-2	Krupp	5035	09.03.70	Ulm			
	215 015-9	215 015-9	Krupp	5036	30.12.69	Ulm			
	215 016-7	215 016-7	Krupp	5037	16.01.70	Ulm			
	215 017-5	215 017-5	Krupp	5038	29.01.70	Krefeld			
	215 018-3	215 018-3	Krupp	5039	30.01.70	Krefeld			
	215 019-1	215 019-1	Krupp	5040	04.02.70	Krefeld			
	215 020-9	215 020-9	Krupp	5041	26.02.70	Köln-Nippes			
	215 021-7	215 021-7	Krupp	5042	04.03.70	Krefeld			
	215 022-5	215 022-5	Krupp	5043	17.03.70	Krefeld			
	215 023-3	215 023-3	Krupp	5044	25.03.70	Hagen-Eckesey			
	215 024-1	215 024-1	Krupp	5045	13.04.70	Krefeld			
	215 025-8	215 025-8	Krupp	5046	20.04.70	Krefeld			
	215 026-6	215 026-6	Krupp	5047	27.05.70	Krefeld			
	215 027-4	215 027-4	Krupp	5048	30.06.70	Köln-Nippes			
	215 028-2	215 028-2	Krupp	5049	24.06.70	Köln-Nippes			
	215 029-0	215 029-0	Krupp	5050	14.07.70	Köln-Nippes			
	215 030-8	215 030-8	Krupp	5051	27.07.70	Köln-Nippes			
	215 031-6	215 031-6	Krupp	5052	04.08.70	Köln-Nippes			
	215 032-4	215 032-4	Krupp	5053	10.08.70	Köln-Nippes			
	215 033-2	215 033-2	Krupp	5054	04.10.70	Köln-Nippes			
	215 034-0	215 034-0	Krupp	5055	14.09.70	Köln-Nippes			
	215 035-7	215 035-7	Krupp	5056	29.09.70	Köln-Nippes			
	215 036-5	215 036-5	Krupp	5057	18.10.70	Köln-Nippes			
	215 037-3	215 037-3	Krupp	5058	22.10.70	Köln-Nippes			
	215 038-1	215 038-1	Krupp	5059	12.11.70	Köln-Nippes			
	215 039-9	215 039-9	Krupp	5060	23.11.70	Flensburg			
	215 040-7	215 040-7	Krupp	5061	07.12.70	Flensburg			
	215 041-5	215 041-5	Krupp	5062	21.12.70	Köln-Nippes	30.11.93	Trier	
	215 042-3	215 042-3	Krupp	5063	11.01.71	Köln-Nippes			
	215 043-1	215 043-1	Krupp	5064	28.01.71	Düren			
	215 044-9	215 044-9	Krupp	5065	21.02.71	Düren	30.11.94	Trier	
	215 045-6	215 045-6	Krupp	5066	04.03.71	Düren			
	215 046-4	215 046-4	MaK	2000051	21.01.70	Ulm			
	215 047-2	215 047-2	MaK	2000052	08.02.70	Flensburg			
	215 048-0	215 048-0	MaK	2000053	18.02.70	Flensburg			
	215 049-8	215 049-8	MaK	2000054	03.03.70	Flensburg			

215 050-6	215 050-6	MaK	2000055	11.03.70	Flensburg			
215 051-4	215 051-4	MaK	2000056	01.04.70	Hagen-Eckesey			
215 052-2	215 052-2	MaK	2000057	07.04.70	Hagen-Eckesey			
215 053-0	215 053-0	MaK	2000058	14.04.70	Hagen-Eckesey			
215 054-8	215 054-8	MaK	2000059	28.04.70	Hagen-Eckesey			
215 055-5	215 055-5	MaK	2000060	12.05.70	Hagen-Eckesey			
215 056-3	215 056-3	MaK	2000061	14.05.70	Hagen-Eckesey			
215 057-1	215 057-1	MaK	2000062	21.05.70	Hagen-Eckesey			
215 058-9	215 058-9	MaK	2000063	04.06.70	Hagen-Eckesey			
215 059-7	215 059-7	MaK	2000064	10.06.70	Hagen-Eckesey			
215 060-5	215 060-5	MaK	2000065	30.06.70	Hagen-Eckesey			
215 061-3	215 061-3	MaK	2000066	09.07.70	Hagen-Eckesey			
215 062-1	215 062-1	MaK	2000067	16.07.70	Hagen-Eckesey			
215 063-9	215 063-9	MaK	2000068	27.70.70	Hagen-Eckesey			
215 064-7	215 064-7	MaK	2000069	03.08.70	Flensburg			
215 065-4	215 065-4	MaK	2000070	07.08.70	Flensburg			
215 066-2	215 066-2	MaK	2000071	12.08.70	Flensburg			
215 067-0	215 067-0	MaK	2000072	28.08.70	Flensburg			
215 068-8	215 068-8	MaK	2000073	08.09.70	Flensburg			
215 069-6	215 069-6	MaK	2000074	11.09.70	Flensburg			
215 070-4	215 070-4	MaK	2000075	19.09.70	Flensburg			
215 071-2	215 071-2	MaK	2000076	29.10.70	Ulm			
215 072-0	215 072-0	MaK	2000077	04.11.70	Ulm			
215 073-8	215 073-8	MaK	2000078	09.11.70	Ulm			
215 074-6	215 074-6	MaK	2000079	22.11.70	Ulm			
215 075-3	215 075-3	MaK	2000080	10.12.70	Ulm			
215 076-1	215 076-1	MaK	2000081	15.12.70	Ulm			
215 077-9	215 077-9	MaK	2000082	22.12.70	Ulm			
215 078-7	215 078-7	MaK	2000083	06.01.71	Ulm			
215 079-5	215 079-5	MaK	2000084	11.01.71	Ulm			
215 080-3	215 080-3	MaK	2000085	04.02.71	Ulm	30.11.93	Oberhausen	
215 081-1	215 081-1	MaK	2000086	18.02.71	Ulm			
215 082-9	215 082-9	MaK	2000087	21.02.71	Ulm			
215 083-7	215 083-7	MaK	2000088	11.03.71	Ulm	30.11.93	Oberhausen	
215 084-5	215 084-5	MaK	2000089	21.03.71	Ulm			
215 085-2	215 085-2	MaK	2000090	25.03.71	Ulm	30.11.93	Oberhausen	
215 086-0	215 086-0	MaK	2000091	19.03.71	Ulm			
215 087-8	215 087-8	MaK	2000092	14.04.71	Ulm	30.11.94	Oberhausen	
215 088-6	215 088-6	MaK	2000093	22.04.71	Ulm	30.11.94	Oberhausen	
215 089-4	215 089-4	MaK	2000094	06.05.71	Ulm	20.05.95	Oberhausen	
215 090-2	215 090-2	MaK	2000095	07.06.71	Ulm	20.10.94	Ulm	
215 091-0	215 091-0	Henschel	31447	15.01.70	Ulm			
215 092-8	215 092-8	Henschel	31448	01.02.70	Ulm			
215 093-6	215 093-6	Henschel	31449	24.02.70	Limburg			
215 094-4	215 094-4	Henschel	31450	04.03.70	Limburg			
215 095-1	215 095-1	Henschel	31451	01.04.70	Limburg			
215 096-9	215 096-9	Henschel	31452	29.04.70	Limburg			
215 097-7	215 097-7	Henschel	31453	27.05.70	Limburg			
215 098-5	215 098-5	Henschel	31454	09.07.70	Limburg			
215 099-3	215 099-3	Henschel	31455	31.08.70	Limburg			
215 100-9	215 100-9	Henschel	31456	07.10.70	Limburg			
215 101-7	215 101-7	Henschel	31457	12.11.70	Limburg			
215 102-5	215 102-5	Henschel	31458	13.12.70	Limburg	30.11.93	Ulm 1	

215 103-3	215 103-3	Henschel	31459	29.12.70	Limburg	30.11.93	Ulm 1	
215 104-1	215 104-1	Henschel	31460	18.01.71	Limburg	30.11.93	Ulm 1	
215 105-8	215 105-8	Henschel	31461	10.02.71	Limburg			
215 106-6	215 106-6	Henschel	31462	23.02.71	Haltingen			
215 107-4	215 107-4	Henschel	31463	08.03.71	Haltingen			
215 108-2	215 108-2	Henschel	31464	18.03.71	Haltingen	20.10.94	Ulm	
215 109-0	215 109-0	Henschel	31465	07.04.71	Haltingen			
215 110-8	215 110-8	Henschel	31466	11.05.71	Haltingen			
215 111-6	215 111-6	Krauss-Maffei	19481	11.02.70	Mühldorf			
215 112-4		Krauss-Maffei	19482	12.02.70	Mühldorf	30.08.75	Karlsruhe	Wiederaufbau als 218 399-4
215 113-2	215 113-2	Krauss-Maffei	19483	27.02.70	Mühldorf			
215 114-0	215 114-0	Krauss-Maffei	19484	10.03.70	Mühldorf			
215 115-7	215 115-7	Krauss-Maffei	19485	25.03.70	Mühldorf			
215 116-5	215 116-5	Krauss-Maffei	19486	10.04.70	Mühldorf			
215 117-3	215 117-3	Krauss-Maffei	19487	05.05.70	Mühldorf			
215 118-1	215 118-1	Krauss-Maffei	19488	13.05.70	Mühldorf			
215 119-9	215 119-9	Krauss-Maffei	19489	05.06.70	Mühldorf			
215 120-7	215 120-7	Krauss-Maffei	19490	03.06.70	Mühldorf			
215 121-5	215 121-5	Krauss-Maffei	19491	29.06.70	Mühldorf			
215 122-3	215 122-3	Krauss-Maffei	19492	07.07.70	Mühldorf			
215 123-1	215 123-1	Krauss-Maffei	19493	27.07.70	Mühldorf			
215 124-9	215 124-9	Krauss-Maffei	19494	05.08.70	Mühldorf			
215 125-6	215 125-6	Krauss-Maffei	19495	04.09.70	Mühldorf			
215 126-4	215 126-4	Krauss-Maffei	19496	02.10.70	Mühldorf			
215 127-2	215 127-2	Krauss-Maffei	19497	04.11.70	Mühldorf			
215 128-0	215 128-0	Krauss-Maffei	19498	02.12.70	Mühldorf			
215 129-8	215 129-8	Krauss-Maffei	19499	08.12.70	Mühldorf			
215 130-6	215 130-6	Krauss-Maffei	19500	12.01.71	Haltingen			
215 131-4	215 131-4	Henschel	31476	05.02.70	Ulm			
215 132-2	215 132-2	Henschel	31477	18.03.70	Haltingen			
215 133-0	215 133-0	Henschel	31478	19.04.70	Haltingen			
215 134-8	215 134-8	Henschel	31479	26.04.70	Haltingen			
215 135-5	215 135-5	Henschel	31480	14.05.70	Haltingen			
215 136-3	215 136-3	Henschel	31481	25.06.70	Haltingen			
215 137-1	215 137-1	Henschel	31482	24.07.70	Haltingen			
215 138-9	215 138-9	Henschel	31483	09.08.70	Haltingen			
215 139-7	215 139-7	Henschel	31484	17.09.70	Haltingen			
215 140-5	215 140-5	Henschel	31485	13.11.70	Haltingen			
215 141-3	215 141-3	Henschel	31486	24.11.70	Flensburg			
215 142-1	215 142-1	Henschel	31487	10.12.70	Flensburg	30.11.93	Ulm 1	
215 143-9	215 143-9	Henschel	31488	04.01.71	Flensburg			
215 144-7	215 144-7	Henschel	31489	08.02.71	Flensburg			
215 145-4	215 145-4	Henschel	31490	01.03.71	Flensburg			
215 146-2	215 146-2	Henschel	31491	09.03.71	Flensburg	30.11.93	Ulm 1	
215 147-0	215 147-0	Henschel	31492	22.03.71	Flensburg			
215 148-8	215 148-8	Henschel	31493	30.03.71	Flensburg			
215 149-6	215 149-6	Henschel	31494	22.04.71	Flensburg	20.10.94	Ulm	
215 150-4	215 150-4	Henschel	31495	18.05.71	Flensburg			

Baureihe V 160/216 (DB/DB AG)

Betriebsnummer			Hersteller	Fab.-Nr.	Abnahme	1. Bw	Aus-musterung	letztes Bw	Anmerkung
bis 1967	ab 1968	ab 1992							
V 160 001	216 001-8		Krupp	4044	28.09.60	Hmb.-Altona	28.01.82	Obh.-Osterfeld	→ Italien
V 160 002	216 002-6		Krupp	4045	08.12.60	Hmb.-Altona	18.03.79	Gsk.-Bismarck	→ Spanien
V 160 003	216 003-4		Krupp	4046	22.12.60	Hmb.-Altona	30.04.84	Oberhausen 1	DB-Museumslok
V 160 004	216 004-2		Krupp	4047	04.01.61	Hmb.-Altona	22.08.81	Gsk.-Bismarck	→ HKB V 31
V 160 005	216 005-9		Krupp	4048	16.02.61	Hmb.-Altona	21.09.79	Gsk.-Bismarck	
V 160 006	216 006-7		Krupp	4049	05.04.61	Hmb.-Altona	22.08.81	Gsk.-Bismarck	→ ACT 1900.007
V 160 007	216 007-5		Henschel	29798	17.09.62	Hmb.-Altona	06.06.78	Gsk.-Bismarck	
V 160 008	216 008-3		Henschel	29799	22.10.62	Hmb.-Altona	27.05.79	Gsk.-Bismarck	
V 160 009	216 009-1		Henschel	29800	14.11.62	Hmb.-Altona	06.06.78	Gsk.-Bismarck	
V 160 010	216 010-9		Henschel	29801	05.04.63	Hmb.-Altona	22.08.79	Gsk.-Bismarck	
V 160 011	216 011-7	216 011-7	Krupp	4644	21.08.64	München Hbf	30.11.94	Osnabrück	
V 160 012	216 012-5	216 012-5	Krupp	4645	17.12.64	Mühldorf	20.09.96	Kassel	
V 160 013	216 013-3	216 013-3	Krupp	4646	31.12.64	Ludwigshafen	31.10.95	Kassel	
V 160 014	216 014-1	216 014-1	Krupp	4647	07.01.65	Ludwigshafen			
V 160 015	216 015-8	216 015-8	Krupp	4648	13.01.65	Regensburg			
V 160 016	216 016-6	216 016-6	Krupp	4649	23.01.65	Ludwigshafen	30.04.96	Kassel	
V 160 017	216 017-4	216 017-4	Krupp	4650	05.02.65	Ludwigshafen			
V 160 018	216 018-2	216 018-2	Krupp	4651	10.02.65	Ludwigshafen			
V 160 019	216 019-0	216 019-0	Krupp	4652	16.02.65	Ludwigshafen	10.09.96	Oberhausen	
V 160 020	216 020-8	216 020-8	Krupp	4653	19.02.65	Mühldorf			
V 160 021	216 021-6	216 021-6	Krupp	4654	26.02.65	Mühldorf	30.03.96	Oberhausen	
V 160 022	216 022-4	216 022-4	Krupp	4655	18.03.65	Mühldorf	15.09.96	Oberhausen	
V 160 023	216 023-2	216 023-2	Krupp	4656	23.03.65	Mühldorf	20.05.95	Oberhausen	
V 160 024	216 024-0	216 024-0	Krupp	4657	26.03.65	Regensburg	10.09.96	Oberhausen	
V 160 025	216 025-7	216 025-7	Krupp	4658	13.04.65	Regensburg	10.09.96	Oberhausen	
V 160 026	216 026-5	216 026-5	Krupp	4659	26.04.65	Lübeck			
V 160 027	216 027-3	216 027-3	Krupp	4660	04.05.65	Lübeck			
V 160 028	216 028-1	216 028-1	Krupp	4661	13.05.65	Lübeck			
V 160 029	216 029-9	216 029-9	Krupp	4662	19.05.65	Lübeck	20.05.95	Oberhausen	
V 160 030	216 030-7	216 030-7	Krupp	4663	04.06.65	Lübeck	20.05.95	Oberhausen	
V 160 031	216 031-5	216 031-5	Krupp	4664	24.06.65	Lübeck	20.05.95	Oberhausen	
V 160 032	216 032-3		Krupp	4665	25.06.65	Lübeck	30.07.87	Oberhausen	→ Italien
V 160 033	216 033-1		Krupp	4666	07.07.65	München Hbf	30.07.87	Oberhausen	→ Italien
V 160 034	216 034-9	216 034-9	Krupp	4667	09.07.65	Mühldorf			
V 160 035	216 035-6	216 035-6	Krupp	4668	28.07.65	München Hbf	30.08.96	Oberhausen	
V 160 036	216 036-4	216 036-4	MaK	2000026	12.03.65	Oldenburg Hbf	20.05.95	Oberhausen	
V 160 037	216 037-2	216 037-2	MaK	2000027	17.04.65	Oldenburg Hbf	30.11.93	Oberhausen	
V 160 038	216 038-0	216 038-0	MaK	2000028	16.05.65	Oldenburg Hbf	30.11.93	Oberhausen	
V 160 039	216 039-8	216 039-8	MaK	2000029	18.05.65	Oldenburg Hbf			
V 160 040	216 040-6	216 040-6	MaK	2000030	08.06.65	Oldenburg Hbf	20.05.95	Oberhausen	
V 160 041	216 041-4	216 041-4	MaK	2000031	02.07.65	Oldenburg Hbf	30.11.93	Oberhausen	
V 160 042	216 042-2	216 042-2	MaK	2000032	20.07.65	Oldenburg Hbf	10.09.96	Oberhausen	
V 160 043	216 043-0	216 043-0	MaK	2000033	22.07.65	Oldenburg Hbf	20.05.95	Oberhausen	
V 160 044	216 044-8	216 044-8	MaK	2000034	09.08.65	Oldenburg Hbf			
V 160 045	216 045-5	216 045-5	MaK	2000035	27.08.65	Oldenburg Hbf	30.08.96	Oberhausen	
V 160 046	216 046-3	216 046-3	MaK	2000036	03.09.65	Oldenburg Hbf	10.09.96	Oberhausen	
V 160 047	216 047-1	216 047-1	MaK	2000037	17.09.65	Bielefeld	30.11.93	Oberhausen	
V 160 048	216 048-9	216 048-9	MaK	2000038	08.10.65	Bielefeld			
V 160 049	216 049-7	216 049-7	MaK	2000039	12.11.65	Bielefeld			

V 160 050	216 050-5	216 050-5	MaK	2000040	12.11.65	Regensburg		
V 160 051	216 051-3	216 051-3	MaK	2000041	23.11.65	Regensburg	30.11.93	Osnabrück 1
V 160 052	216 052-1	216 052-1	MaK	2000042	03.12.65	Ludwigshafen		
V 160 053	216 053-9	216 053-9	MaK	2000043	13.12.65	Ludwigshafen		
V 160 054	216 054-7	216 054-7	MaK	2000044	23.12.65	Ludwigshafen		
V 160 055	216 055-4	216 055-4	MaK	2000045	28.12.65	Ludwigshafen		
V 160 056	216 056-2	216 056-2	MaK	2000046	10.01.66	Ludwigshafen		
V 160 057	216 057-0	216 057-0	MaK	2000047	30.01.66	Bielefeld		
V 160 058	216 058-8	216 058-8	MaK	2000048	31.01.66	Bielefeld		
V 160 059	216 059-6	216 059-6	MaK	2000049	18.02.66	Bielefeld		
V 160 060	216 060-4	216 060-4	MaK	2000050	04.03.66	Bielefeld		
V 160 061	216 061-2	216 061-2	Krupp	4824	14.04.66	Köln-Nippes		
V 160 062	216 062-0	216 062-0	Krupp	4825	19.04.66	Köln-Nippes		
V 160 063	216 063-8	216 063-8	Krupp	4826	01.05.66	Köln-Nippes	30.11.94	Osnabrück
V 160 064	216 064-6		Krupp	4827	04.05.66	Köln-Nippes	01.02.84	Braunschweig 1
V 160 065	216 065-3	216 065-3	Krupp	4828	10.05.66	Hagen-Eckesey		
V 160 066	216 066-1	216 066-1	Krupp	4829	23.05.66	Hagen-Eckesey		
V 160 067	216 067-9	216 067-9	Krupp	4830	01.06.66	Hagen-Eckesey		
V 160 068	216 068-7	216 068-7	Krupp	4831	05.06.66	Hagen-Eckesey		
V 160 069	216 069-5	216 069-5	Krupp	4832	15.06.66	Hagen-Eckesey		
V 160 070	216 070-3	216 070-3	Krupp	4833	07.07.66	Hagen-Eckesey	30.11.94	Braunschweig
V 160 071	216 071-1	216 071-1	Krupp	4834	14.07.66	Hagen-Eckesey	30.11.93	Braunschweig 1
V 160 072	216 072-9	216 072-9	Deutz	57968	06.06.66	Krefeld		
V 160 073	216 073-7	216 073-7	Deutz	57969	14.07.66	Krefeld		
V 160 074	216 074-5	216 074-5	Deutz	57970	30.06.66	Krefeld	30.11.94	Braunschweig
V 160 075	216 075-2	216 075-2	Deutz	57971	27.07.66	Krefeld	30.11.93	Osnabrück 1
V 160 076	216 076-0	216 076-0	Deutz	57972	08.08.66	Krefeld		
V 160 077	216 077-8	216 077-8	Deutz	57973	31.08.66	Trier		
V 160 078	216 078-6	216 078-6	Deutz	57974	08.09.66	Trier		
V 160 079	216 079-4	216 079-4	Deutz	57975	23.09.66	Trier		
V 160 080	216 080-2	216 080-2	Deutz	57976	06.10.66	Trier		
V 160 081	216 081-0	216 081-0	Deutz	57977	25.10.66	Trier		
V 160 082	216 082-8	216 082-8	Deutz	57978	07.11.66	Ulm		
V 160 083	216 083-6	216 083-6	Henschel	31143	03.05.66	Oldenburg Hbf		
V 160 084	216 084-4	216 084-4	Henschel	31144	09.05.66	Oldenburg Hbf		
V 160 085	216 085-1	216 085-1	Henschel	31145	19.05.66	Oldenburg Hbf	30.11.93	Oberhausen
V 160 086	216 086-9	216 086-9	Henschel	31146	26.05.66	Oldenburg Hbf	20.05.95	Oberhausen
V 160 087	216 087-7	216 087-7	Henschel	31147	01.06.66	Oldenburg Hbf	30.11.93	Oldenburg
V 160 088	216 088-5	216 088-5	Henschel	31148	07.06.66	Kassel		
V 160 089	216 089-3	216 089-3	Henschel	31149	15.06.66	Ulm	30.11.93	Oldenburg
V 160 090	216 090-1	216 090-1	Henschel	31150	27.06.66	Ulm	30.11.93	Oberhausen
V 160 091	216 091-9	216 091-9	Henschel	31151	04.07.66	Kassel		
V 160 092	216 092-7	216 092-7	Henschel	31152	12.07.66	Kassel		
V 160 093	216 093-5	216 093-5	Henschel	31153	28.07.66	Kassel		
V 160 094	216 094-3	216 094-3	Henschel	31154	04.08.66	Kassel		
V 160 095	216 095-0	216 095-0	Henschel	31155	25.08.66	Ulm		
V 160 096	216 096-8	216 096-8	Henschel	31156	14.09.66	Ulm		
V 160 097	216 097-6	216 097-6	Henschel	31157	23.09.66	Ulm		
V 160 098	216 098-4	216 098-4	Henschel	31158	13.10.66	Ulm		
V 160 099	216 099-2	216 099-2	Henschel	31159	04.11.66	Ulm	20.09.96	Kassel
V 160 100	216 100-8	216 100-8	Henschel	31160	08.11.66	Kassel		
V 160 101	216 101-6	216 101-6	Henschel	31161	29.11.66	Kassel		
V 160 102	216 102-4	216 102-4	Henschel	31162	08.12.66	Kassel		

V 160 103	216 103-2	216 103-2	Henschel	31163	31.01.67	Kassel			
V 160 104	216 104-0	216 104-0	Henschel	31164	12.01.67	Kassel			
V 160 105	216 105-7	216 105-7	Henschel	31211	27.01.67	Trier			
V 160 106	216 106-5	216 106-5	Henschel	31212	09.03.67	Limburg			
V 160 107	216 107-3	216 107-3	Henschel	31213	09.03.67	Limburg			
V 160 108	216 108-1	216 108-1	Henschel	31214	20.03.67	Limburg			
V 160 109	216 109-9	216 109-9	Henschel	31215	04.04.67	Limburg			
V 160 110	216 110-7	216 110-7	Henschel	31216	12.04.67	Limburg			
V 160 111	216 111-5	216 111-5	Henschel	31217	27.04.67	Limburg			
V 160 112	216 112-3	216 112-3	Henschel	31218	16.05.67	Limburg			
V 160 113	216 113-1	216 113-1	Henschel	31219	31.05.67	Limburg			
V 160 114	216 114-9	216 114-9	Henschel	31220	13.06.67	Limburg			
V 160 115	216 115-6	216 115-6	Henschel	31221	30.06.67	Regensburg			
V 160 116	216 116-4	216 116-4	Henschel	31222	12.07.67	Regensburg			
V 160 117	216 117-2	216 117-2	Henschel	31223	09.08.67	Regensburg			
V 160 118	216 118-0	216 118-0	Deutz	58140	08.02.67	Oldenburg Hbf			
V 160 119	216 119-8	216 119-8	Deutz	58141	15.02.67	Oldenburg Hbf	31.08.95	Oberhausen	
V 160 120	216 120-6	216 120-6	Deutz	58142	06.03.67	Oldenburg Hbf			
V 160 121	216 121-4	216 121-4	Deutz	58143	06.03.67	Bielefeld			
V 160 122	216 122-2	216 122-2	Deutz	58144	30.03.67	Bielefeld			
V 160 123	216 123-0	216 123-0	Deutz	58145	12.04.67	Bielefeld			
V 160 124	216 124-8		Deutz	58146	25.04.67	Braunschweig	30.11.88	Braunschweig 1	
V 160 125	216 125-5	216 125-5	Deutz	58147	11.05.67	Braunschweig			
V 160 126	216 126-3	216 126-3	Deutz	58148	26.05.67	Braunschweig	20.09.96	Gießen	
V 160 127	216 127-1	216 127-1	Deutz	58149	08.06.67	Braunschweig			
V 160 128	216 128-9	216 128-9	Deutz	58150	19.06.67	Braunschweig			
V 160 129	216 129-7	216 129-7	Deutz	58151	09.07.67	Braunschweig			
V 160 130	216 130-5	216 130-5	Krauss-Maffei	19329	10.05.67	Mühldorf			
V 160 131	216 131-3	216 131-3	Krauss-Maffei	19330	19.05.67	Mühldorf			
V 160 132	216 132-1	216 132-1	Krauss-Maffei	19331	26.05.67	Mühldorf			
V 160 133	216 133-9	216 133-9	Krauss-Maffei	19332	07.06.67	Mühldorf			
V 160 134	216 134-7	216 134-7	Krauss-Maffei	19333	21.06.67	Mühldorf			
V 160 135	216 135-4	216 135-4	Krauss-Maffei	19334	28.06.67	Mühldorf			
V 160 136	216 136-2	216 136-2	Krauss-Maffei	19335	13.07.67	Ulm			
V 160 137	216 137-0	216 137-0	Krauss-Maffei	19336	31.07.67	Ulm			
V 160 138	216 138-8	216 138-8	Krauss-Maffei	19337	16.08.67	Ulm			
V 160 139	216 139-6	216 139-6	Krauss-Maffei	19338	06.09.67	Ulm			
V 160 140	216 140-4	216 140-4	Krauss-Maffei	19339	20.09.67	Ulm			
V 160 141	216 141-2		Krauss-Maffei	19340	06.10.67	Regensburg	30.07.88	Limburg	→ Italien
V 160 142	216 142-0	216 142-0	Krupp	4887	15.03.67	Hmb.-Harburg			
V 160 143	216 143-8	216 143-8	Krupp	4888	15.03.67	Hmb.-Harburg			
V 160 144	216 144-6	216 144-6	Krupp	4889	05.04.67	Lübeck			
V 160 145	216 145-3	216 145-3	Krupp	4890	05.04.67	Lübeck			
V 160 146	216 146-1	216 146-1	Krupp	4891	11.04.67	Lübeck			
V 160 147	216 147-9	216 147-9	Krupp	4892	21.04.67	Lübeck			
V 160 148	216 148-7	216 148-7	Krupp	4893	28.04.67	Lübeck			
V 160 149	216 149-5	216 149-5	Krupp	4894	16.05.67	Hagen-Eckesey			
V 160 150	216 150-3	216 150-3	Krupp	4895	23.05.67	Oldenburg Hbf			
V 160 151	216 151-1	216 151-1	Krupp	4896	01.06.67	Oldenburg Hbf			
V 160 152	216 152-9	216 152-9	Krupp	4897	11.06.67	Oldenburg Hbf			
V 160 153	216 153-7	216 153-7	Krupp	4898	25.06.67	Oldenburg Hbf			
V 160 154	216 154-5	216 154-5	Krupp	4899	09.07.67	Oldenburg Hbf			
V 160 155	216 155-2	216 155-2	Henschel	31315	09.04.68	Oldenburg Hbf			

V 160 156	216 156-0	216 156-0	Henschel	31316	02.05.68	Hmb.-Altona			
V 160 157	216 157-8	216 157-8	Henschel	31317	05.05.68	Hmb.-Altona			
V 160 158	216 158-6	216 158-6	Henschel	31318	16.05.68	Hmb.-Altona			
V 160 159	216 159-4	216 159-4	Henschel	31319	29.05.68	Hmb.-Altona			
V 160 160	216 160-2	216 160-2	Henschel	31320	06.06.68	Hmb.-Altona			
V 160 161	216 161-0	216 161-0	Henschel	31321	19.06.68	Hmb.-Altona			
V 160 162	216 162-8	216 162-8	Henschel	31322	08.07.68	Hmb.-Altona			
V 160 163	216 163-6	216 163-6	Henschel	31323	24.07.68	Hmb.-Altona			
V 160 164	216 164-4	216 164-4	Henschel	31324	15.08.68	Hmb.-Altona			
V 160 165	216 165-1	216 165-1	Henschel	31325	28.08.68	Krefeld			
V 160 166	216 166-9	216 166-9	Henschel	31326	24.09.68	Krefeld	06.09.91	Braunschweig 1	
V 160 167	216 167-7	216 167-7	Henschel	31327	03.10.68	Krefeld			
V 160 168	216 168-5	216 168-5	Henschel	31328	17.10.68	Köln-Nippes			
V 160 169	216 169-3	216 169-3	Henschel	31329	31.10.68	Köln-Nippes			
V 160 170	216 170-1	216 170-1	Krauss-Maffei	19407	02.04.68	Limburg			
V 160 171	216 171-9	216 171-9	Krauss-Maffei	19408	17.04.68	Trier			
V 160 172	216 172-7	216 172-7	Krauss-Maffei	19409	29.04.68	Trier			
V 160 173	216 173-5	216 173-5	Krauss-Maffei	19410	20.05.68	Trier			
V 160 174	216 174-3	216 174-3	Krauss-Maffei	19411	10.06.68	Trier			
V 160 175	216 175-0	216 175-0	Krauss-Maffei	19412	18.06.68	Trier			
V 160 176	216 176-8	216 176-8	Krauss-Maffei	19413	27.06.68	Trier			
V 160 177	216 177-6	216 177-6	Krauss-Maffei	19414	17.07.68	Trier	20.12.95	Braunschweig	
V 160 178	216 178-4	216 178-4	Krauss-Maffei	19415	26.07.68	Trier	20.09.96	Osnabrück	
V 160 179	216 179-2	216 179-2	Krauss-Maffei	19416	15.08.68	Trier			
V 160 180	216 180-0	216 180-0	Krauss-Maffei	19417	29.08.68	Trier			
V 160 181	216 181-8	216 181-8	Krauss-Maffei	19418	12.09.68	Kassel			
V 160 182	216 182-6	216 182-6	Krauss-Maffei	19419	20.09.68	Braunschweig			
V 160 183	216 183-4	216 183-4	Krauss-Maffei	19420	10.10.68	Braunschweig			
V 160 184	216 184-2	216 184-2	Krauss-Maffei	19421	23.10.68	Braunschweig			
V 160 185	216 185-9	216 185-9	Krauss-Maffei	19422	02.12.68	Braunschweig			
V 160 186	216 186-7	216 186-7	Krauss-Maffei	19423	05.12.68	Braunschweig			
V 160 187	216 187-5	216 187-5	Krauss-Maffei	19424	19.12.68	Braunschweig			
V 160 188	216 188-3	216 188-3	Krauss-Maffei	19425	02.01.69	Braunschweig			
V 160 189	216 189-1	216 189-1	Krauss-Maffei	19426	02.02.69	Braunschweig			
V 160 190	216 190-9	216 190-9	Krauss-Maffei	19427	02.03.69	Braunschweig			
V 160 191	216 191-7	216 191-7	Krauss-Maffei	19428	22.03.69	Braunschweig			
V 160 192	216 192-5	216 192-5	Krauss-Maffei	19429	18.04.69	Limburg			
V 160 193	216 193-3	216 193-3	Krauss-Maffei	19430	22.05.69	Limburg			
V 160 194	216 194-1	216 194-1	Krauss-Maffei	19431	19.06.69	Limburg			
V 160 195	216 195-8	216 195-8	Krauss-Maffei	19432	07.07.69	Limburg			
V 160 196	216 196-6	216 196-6	Krauss-Maffei	19433	29.07.69	Limburg			
V 160 197	216 197-4	216 197-4	Krauss-Maffei	19434	08.08.69	Limburg			
V 160 198	216 198-2	216 198-2	Krauss-Maffei	19435	25.08.69	Limburg	30.11.93	Gießen	
V 160 199	216 199-0	216 199-0	Krauss-Maffei	19436	10.09.69	Limburg	30.11.93	Gießen	
V 160 200	216 200-6	216 200-6	Henschel	31343	18.11.68	Köln-Nippes	30.11.94	Oldenburg	
V 160 201	216 201-4	216 201-4	Henschel	31344	04.12.68	Köln-Nippes			
V 160 202	216 202-2	216 202-2	Henschel	31345	12.12.68	Limburg	30.11.94	Osnabrück	
V 160 203	216 203-0	216 203-0	Henschel	31346	08.01.69	Limburg			
V 160 204	216 204-8	216 204-8	Henschel	31347	30.01.69	Limburg			
V 160 205	216 205-5	216 205-5	Henschel	31348	07.02.69	Limburg			
V 160 206	216 206-3		Henschel	31349	21.02.69	Mühldorf	30.07.87	Kassel 1	→ Italien
V 160 207	216 207-1	216 207-1	Henschel	31350	12.03.69	Mühldorf	15.09.96	Gießen	
V 160 208	216 208-9	216 208-9	Henschel	31351	26.03.69	Mühldorf	30.04.96	Gießen	

V 160 209	216 209-7	216 209-7	Henschel	31352	11.04.69	Mühldorf	31.08.95	Gießen
V 160 210	216 210-5	216 210-5	Henschel	31353	02.05.69	Ulm	15.09.96	Gießen
V 160 211	216 211-3	216 211-3	Henschel	31354	13.05.69	Ulm		
V 160 212	216 212-1	216 212-1	Henschel	31355	06.06.69	Ulm		
V 160 213	216 213-9	216 213-9	Henschel	31356	11.06.69	Ulm	30.08.96	Gießen
V 160 214	216 214-7	216 214-7	Henschel	31357	09.07.69	Ulm	30.08.96	Gießen
V 160 215	216 215-4	216 215-4	Krupp	4876	03.09.69	Köln-Nippes	23.12.93	Gießen
V 160 216	216 216-2	216 216-2	Krupp	4877	02.10.68	Köln-Nippes	30.11.94	Gießen
V 160 217	216 217-0	216 217-0	Krupp	4878	09.10.68	Köln-Nippes		
V 160 218	216 218-8	216 218-8	Krupp	4879	21.10.68	Köln-Nippes	30.11.93	Gießen
V 160 219	216 219-6	216 219-6	Krupp	4880	05.11.68	Gsk.-Bismarck		
V 160 220	216 220-4	216 220-4	Krupp	4881	25.11.68	Gsk.-Bismarck	30.11.94	Gießen
V 160 221	216 221-2	216 221-2	Krupp	4882	27.11.68	Gsk.-Bismarck		
V 160 222	216 222-0	216 222-0	Krupp	4883	10.12.68	Gsk.-Bismarck		
V 160 223	216 223-8	216 223-8	Krupp	4884	18.12.68	Gsk.-Bismarck		
V 160 224	216 224-6	216 224-6	Krupp	4885	20.12.68	Braunschweig		

Baureihe V 162/217 (DB/DB AG)

Betriebsnummer			Hersteller	Fab.-Nr.	Abnahme	1. Bw	Aus-musterung	letztes Bw	Anmerkung
bis 1967	ab 1968	ab 1992							
V 162 001	217 001-7	753 001-7	Krupp	4809	24.09.65	Hamm P			UZ 1989
V 162 002	217 002-5	753 002-5	Krupp	4810	02.02.66	Hamm P			UZ 1989
V 162 003	217 003-3	217 003-3	Krupp	4811	03.11.66	Mühldorf			
	217 011-6	217 011-6	Krupp	4946	15.08.68	Regensburg			
	217 012-4	217 012-4	Krupp	4947	15.07.68	Regensburg			
	217 013-2	217 013-2	Krupp	4948	26.08.68	Regensburg			
	217 014-0	217 014-0	Krupp	4949	12.09.68	Hagen-Eckesey			
	217 015-7	217 015-7	Krupp	4950	06.09.68	Hagen-Eckesey			
	217 016-5	217 016-5	Krupp	4951	01.10.68	Hagen-Eckesey			
	217 017-3	217 017-3	Krupp	4952	11.10.68	Regensburg			
	217 018-1	217 018-1	Krupp	4953	29.10.68	Regensburg			
	217 019-9	217 019-9	Krupp	4954	06.11.68	Regensburg			
	217 020-7	217 020-7	Krupp	4955	06.11.68	Hagen-Eckesey			
	217 021-5	217 021-5	Krupp	4956	15.11.68	Hagen-Eckesey			
	217 022-3	217 022-3	Krupp	4957	23.12.68	Hagen-Eckesey			

Baureihe 218 (DB/DB AG)

Betriebsnummer			Hersteller	Fab.-Nr.	Abnahme	1. Bw	Aus-musterung	letztes Bw	Anmerkung
bis 1967	ab 1968	ab 1992							
	218 001-6	218 001-6	Krupp	4958	17.05.68	Regensburg			
	218 002-4	218 002-4	Krupp	4959	08.08.68	Hagen-Eckesey			
	218 003-2	218 003-2	Krupp	4960	11.09.68	Hagen-Eckesey			
	218 004-0	218 004-0	Krupp	4961	10.10.68	Hagen-Eckesey			
	218 005-7	218 005-7	Krupp	4962	19.11.68	Regensburg			
	218 006-5	218 006-5	Krupp	4963	02.12.68	Regensburg			
	218 007-3	218 007-3	Krupp	4974	03.01.69	Regensburg			
	218 008-1	218 008-1	Krupp	4974	14.01.69	Hagen-Eckesey			
	218 009-9	218 009-9	Krupp	4974	04.03.69	Hagen-Eckesey			
	218 010-7	218 010-7	Krupp	4974	31.03.69	Hagen-Eckesey			

218 011-5	218 011-5	Krupp	4974	24.04.69	Regensburg			
218 012-3	218 012-3	Krupp	4974	21.05.69	Regensburg			
218 101-4	218 101-4	Krupp	5122	28.04.71	Flensburg			
218 102-2	218 102-2	Krupp	5123	05.05.71	Flensburg			
218 103-0	218 103-0	Krupp	5124	10.05.71	Flensburg			
218 104-8	218 104-8	Krupp	5125	17.05.71	Flensburg			
218 105-5	218 105-5	Krupp	5126	25.05.71	Flensburg			
218 106-3	218 106-3	Krupp	5127	02.06.71	Flensburg			
218 107-1	218 107-1	Krupp	5128	15.06.71	Flensburg			
218 108-9	218 108-9	Krupp	5129	22.06.71	Flensburg			
218 109-7	218 109-7	Krupp	5130	29.06.71	Flensburg			
218 110-5	218 110-5	Krupp	5131	06.07.71	Flensburg			
218 111-3	218 111-3	Krupp	5132	13.07.71	Flensburg			
218 112-1	218 112-1	Krupp	5133	26.07.71	Flensburg			
218 113-9	218 113-9	Krupp	5134	02.08.71	Flensburg			
218 114-7	218 114-7	Krupp	5135	17.08.71	Flensburg			
218 115-4	218 115-4	Krupp	5136	30.08.71	Flensburg			
218 116-2	218 116-2	Krupp	5137	06.09.71	Flensburg			
218 117-0	218 117-0	Krupp	5138	16.09.71	Flensburg			
218 118-8	218 118-8	Krupp	5139	04.10.71	Flensburg			
218 119-6	218 119-6	Krupp	5140	05.10.71	Flensburg			
218 120-4	218 120-4	Krupp	5141	11.10.71	Flensburg			
218 121-2	218 121-2	Krupp	5142	26.10.71	Flensburg			
218 122-0	218 122-0	Krupp	5143	17.11.71	Flensburg			
218 123-8	218 123-8	Krupp	5144	01.12.71	Flensburg			
218 124-6	218 124-6	Krupp	5145	09.12.71	Flensburg			
218 125-3	218 125-3	Krupp	5146	20.12.71	Flensburg			
218 126-1	218 126-1	Krupp	5147	29.12.71	Flensburg			
218 127-9	218 127-9	Krupp	5148	19.01.72	Hmb.-Altona	30.11.95	Flensburg	
218 128-7	218 128-7	Krupp	5149	30.01.72	Hmb.-Altona			
218 129-5	218 129-5	Krupp	5150	16.02.72	Hmb.-Altona			
218 130-3	218 130-3	Krupp	5151	21.02.72	Hmb.-Altona			
218 131-1	218 131-1	Krupp	5152	20.03.72	Hmb.-Altona			
218 132-9	218 132-9	Krupp	5153	09.04.72	Hmb.-Altona			
218 133-7	218 133-7	Krupp	5154	23.04.72	Hmb.-Altona			
218 134-5	218 134-5	Krupp	5155	24.05.72	Hmb.-Altona			
218 135-2	218 135-2	Krupp	5156	07.06.72	Hagen-Eckesey			
218 136-0	218 136-0	Henschel	31538	29.07.71	Hagen-Eckesey			
218 137-8	218 137-8	Henschel	31539	12.08.71	Hagen-Eckesey			
218 138-6	218 138-6	Henschel	31540	18.08.71	Hagen-Eckesey			
218 139-4	218 139-4	Henschel	31541	02.09.71	Hagen-Eckesey			
218 140-2	218 140-2	Henschel	31542	14.09.71	Hagen-Eckesey			
218 141-0	218 141-0	Henschel	31543	03.10.71	Hagen-Eckesey			
218 142-8	218 142-8	Henschel	31544	19.10.71	Hagen-Eckesey			
218 143-6	218 143-6	Henschel	31545	02.11.71	Hagen-Eckesey			
218 144-4	218 144-4	Henschel	31546	11.11.71	Hagen-Eckesey			
218 145-1	218 145-1	Henschel	31547	02.12.71	Hagen-Eckesey			
218 146-9	218 146-9	Henschel	31548	22.12.71	Hagen-Eckesey			
218 147-7	218 147-7	Henschel	31549	23.01.72	Hagen-Eckesey			
218 148-5	218 148-5	Henschel	31550	13.01.72	Hagen-Eckesey			
218 149-3	218 149-3	Henschel	31551	13.02.72	Hagen-Eckesey			
218 150-1	218 150-1	Henschel	31552	28.03.72	Hagen-Eckesey			
218 151-9	218 151-9	Krauss-Maffei	19527	30.09.71	Regensburg			

218 152-7	218 152-7	Krauss-Maffei	19528	21.10.71	Regensburg
218 153-5	218 153-5	Krauss-Maffei	19529	18.10.71	Regensburg
218 154-3	218 154-3	Krauss-Maffei	19530	03.11.71	Regensburg
218 155-0	218 155-0	Krauss-Maffei	19531	29.11.71	Hagen-Eckesey
218 156-8	218 156-8	Krauss-Maffei	19532	08.12.71	Hagen-Eckesey
218 157-6	218 157-6	Krauss-Maffei	19533	19.12.71	Hagen-Eckesey
218 158-4	218 158-4	Krauss-Maffei	19534	11.01.72	Hagen-Eckesey
218 159-2	218 159-2	Krauss-Maffei	19535	26.01.72	Hagen-Eckesey
218 160-0	218 160-0	Krauss-Maffei	19536	03.02.72	Karlsruhe
218 161-8	218 161-8	Krauss-Maffei	19537	08.02.72	Karlsruhe
218 162-6	218 162-6	Krauss-Maffei	19538	15.03.72	Karlsruhe
218 163-4	218 163-4	Krauss-Maffei	19539	02.03.72	Karlsruhe
218 164-2	218 164-2	Krauss-Maffei	19540	24.04.72	Karlsruhe
218 165-9	218 165-9	Krauss-Maffei	19541	12.04.72	Karlsruhe
218 166-7	218 166-7	Krauss-Maffei	19542	29.03.72	Karlsruhe
218 167-5	218 167-5	Krauss-Maffei	19543	13.04.72	Karlsruhe
218 168-3	218 168-3	Krauss-Maffei	19544	03.05.72	Regensburg
218 169-1	218 169-1	Krauss-Maffei	19545	05.05.72	Regensburg
218 170-9	218 170-9	Krauss-Maffei	19546	30.05.72	Regensburg
218 171-7	218 171-7	Krupp	5185	30.07.72	Hagen-Eckesey
218 172-5	218 172-5	Krupp	5186	07.08.72	Hmb.-Altona
218 173-3	218 173-3	Krupp	5187	28.08.72	Hmb.-Altona
218 174-1	218 174-1	Krupp	5188	11.09.72	Hmb.-Altona
218 175-8	218 175-8	Krupp	5189	04.10.72	Hmb.-Altona
218 176-6	218 176-6	Krupp	5190	11.10.72	Hmb.-Altona
218 177-4	218 177-4	Krupp	5191	31.10.72	Hmb.-Altona
218 178-2	218 178-2	Krupp	5192	06.10.72	Hmb.-Altona
218 179-0	218 179-0	Krupp	5193	28.11.72	Hmb.-Altona
218 180-8	218 180-8	Krupp	5194	14.12.72	Hmb.-Altona
218 181-6	218 181-6	Krupp	5195	20.12.72	Hmb.-Altona
218 182-4	218 182-4	Krupp	5196	12.01.73	Hmb.-Altona
218 183-2	218 183-2	Krupp	5197	09.01.73	Hmb.-Altona
218 184-0	218 184-0	Krupp	5198	05.02.73	Hmb.-Altona
218 185-7	218 185-7	Krupp	5199	21.02.73	Hmb.-Altona
218 186-5	218 186-5	Krupp	5200	06.03.73	Hmb.-Altona
218 187-3	218 187-3	Krupp	5201	13.03.73	Hmb.-Altona
218 188-1	218 188-1	Krupp	5202	27.03.73	Hmb.-Altona
218 189-9	218 189-9	Krupp	5203	03.04.73	Hmb.-Altona
218 190-7	218 190-7	Krupp	5204	16.04.73	Hmb.-Altona
218 191-5	218 191-5	Krupp	5205	07.05.73	Hmb.-Altona
218 192-3	218 192-3	Krupp	5206	14.05.73	Hmb.-Altona
218 193-1	218 193-1	Krupp	5207	17.05.73	Hmb.-Altona
218 194-9	218 194-9	Krupp	5208	19.07.73	Hmb.-Altona
218 195-6	218 195-6	Krupp	5209	03.10.73	Hmb.-Altona
218 196-4	218 196-4	Krupp	5210	14.06.73	Hmb.-Altona
218 197-2	218 197-2	Krupp	5211	21.06.73	Hmb.-Altona
218 198-0	218 198-0	Krupp	5212	06.07.73	Hmb.-Altona
218 199-8	218 199-8	Krupp	5213	13.12.73	Hmb.-Altona
218 200-4	218 200-4	Krupp	5214	25.07.73	Hmb.-Altona
218 201-2	218 201-2	Krupp	5215	01.08.73	Hmb.-Altona
218 202-0	218 202-0	Krupp	5216	23.08.73	Hmb.-Altona
218 203-8	218 203-8	Krupp	5217	28.08.73	Hmb.-Altona
218 204-6	218 204-6	Krupp	5218	11.09.73	Hmb.-Altona

218 205-3	218 205-3	Krupp	5219	18.09.73	Hmb.-Altona				
218 206-1	218 206-1	Krupp	5220	03.10.73	Hmb.-Altona				
218 207-9	218 207-9	Krupp	5221	09.10.73	Hmb.-Altona				
218 208-7	218 208-7	Krupp	5222	28.10.73	Hmb.-Altona				
218 209-5	218 209-5	Krupp	5223	01.11.73	Hmb.-Altona				
218 210-3	218 210-3	Krupp	5224	19.11.73	Hmb.-Altona				
218 211-1	218 211-1	Krupp	5225	19.11.73	Hmb.-Altona				
218 212-9	218 212-9	Krupp	5226	05.12.73	Hmb.-Altona				
218 213-7	218 213-7	Krupp	5227	12.12.73	Hmb.-Altona				
218 214-5	218 214-5	Krupp	5228	18.12.73	Hmb.-Altona				
218 215-2	218 215-2	Krupp	5229	09.01.74	Hmb.-Altona				
218 216-0	218 216-0	Krupp	5230	16.01.74	Regensburg				
218 217-8	218 217-8	Krupp	5231	03.02.74	Regensburg				
218 218-6	218 218-6	Krupp	5232	31.01.74	Regensburg				
218 219-4	218 219-4	Krauss-Maffei	19586	31.07.72	Mühldorf				
218 220-2	218 220-2	Krauss-Maffei	19587	06.08.72	Mühldorf				
218 221-0	218 221-0	Krauss-Maffei	19588	17.08.72	Mühldorf				
218 222-8	218 222-8	Krauss-Maffei	19589	29.08.72	Mühldorf				
218 223-6	218 223-6	Krauss-Maffei	19590	28.09.72	Mühldorf				
218 224-4	218 224-4	Krauss-Maffei	19591	10.10.72	Mühldorf				
218 225-1	218 225-1	Krauss-Maffei	19592	26.10.72	Mühldorf				
218 226-9	218 226-9	Krauss-Maffei	19593	05.11.72	Mühldorf				
218 227-7	218 227-7	Krauss-Maffei	19594	16.11.72	Mühldorf				
218 228-5	218 228-5	Krauss-Maffei	19595	13.12.72	Mühldorf				
218 229-3	218 229-3	Krauss-Maffei	19596	21.12.72	Mühldorf				
218 230-1	218 230-1	Krauss-Maffei	19597	08.01.73	Mühldorf				
218 231-9	218 231-9	Krauss-Maffei	19598	22.01.73	Mühldorf				
218 232-7	218 232-7	Krauss-Maffei	19599	05.02.73	Mühldorf				
218 233-5	218 233-5	Krauss-Maffei	19600	15.02.73	Mühldorf				
218 234-3	218 234-3	Krauss-Maffei	19601	01.03.73	Mühldorf				
218 235-0	218 235-0	Krauss-Maffei	19602	15.03.73	Mühldorf				
218 236-8	218 236-8	Krauss-Maffei	19603	05.04.73	Mühldorf				
218 237-6	218 237-6	Krauss-Maffei	19604	12.04.73	Mühldorf				
218 238-4	218 238-4	Krauss-Maffei	19605	26.04.73	Mühldorf	17.05.76	Mühldorf	Unfall Warngau Wiederaufbau aus 218 238 + 243	
218 239-2	218 239-2	Krauss-Maffei	19606	16.05.73	Mühldorf				
218 240-0	218 240-0	Krauss-Maffei	19607	07.06.73	Mühldorf				
218 241-8	218 241-8	Krauss-Maffei	19608	19.06.73	Mühldorf				
218 242-6	218 242-6	Krauss-Maffei	19609	05.07.73	Mühldorf				
218 243-4		Krauss-Maffei	19610	24.07.73	Mühldorf	16.12.75	Mühldorf		
218 244-2	218 244-2	Krauss-Maffei	19611	07.08.73	Mühldorf				
218 245-9	218 245-9	Krauss-Maffei	19612	30.08.73	Mühldorf				
218 246-7	218 246-7	Krauss-Maffei	19613	25.09.73	Regensburg				
218 247-5	218 247-5	Krauss-Maffei	19614	11.10.73	Regensburg				
218 248-3	218 248-3	Krauss-Maffei	19615	08.11.73	Regensburg				
218 249-1	218 249-1	Henschel	31727	08.11.72	Kempten				
218 250-9	218 250-9	Henschel	31726	29.10.72	Kempten				
218 251-7	218 251-7	Henschel	31729	20.11.72	Kempten				
218 252-5	218 252-5	Henschel	31728	09.11.72	Kempten				
218 253-3	218 253-3	Henschel	31731	11.12.72	Kempten				
218 254-1	218 254-1	Henschel	31730	12.12.72	Kempten				
218 255-8	218 255-8	Henschel	31733	11.01.73	Kempten				
218 256-6	218 256-6	Henschel	31732	04.01.73	Kempten				

218 257-4	218 257-4	Henschel	31735	13.02.73	Kempten		
218 258-2	218 258-2	Henschel	31734	05.02.73	Kempten		
218 259-0	218 259-0	Henschel	31737	13.03.73	Kempten		
218 260-8	218 260-8	Henschel	31736	06.03.73	Kempten		
218 261-6	218 261-6	Henschel	31739	17.04.73	Kempten		
218 262-4	218 262-4	Henschel	31738	29.03.73	Kempten		
218 263-2	218 263-2	Henschel	31741	22.05.73	Kempten		
218 264-0	218 264-0	Henschel	31740	10.05.73	Kempten		
218 265-7	218 265-7	Henschel	31743	14.06.73	Kempten		
218 266-5	218 266-5	Henschel	31742	13.06.73	Kempten		
218 267-3	218 267-3	Henschel	31745	16.07.73	Kempten	30.11.93	Braunschweig 1
218 268-1	218 268-1	Henschel	31744	03.07.73	Kempten		
218 269-9	218 269-9	Henschel	31746	17.07.73	Kempten		
218 270-7	218 270-7	Henschel	31747	26.07.73	Kempten		
218 271-5	218 271-5	Henschel	31748	01.08.73	Kempten		
218 272-3	218 272-3	Henschel	31749	08.08.73	Kempten		
218 273-1	218 273-1	Henschel	31750	05.09.73	Kempten		
218 274-9	218 274-9	Henschel	31751	11.09.73	Kempten		
218 275-6	218 275-6	Henschel	31752	02.10.73	Kempten		
218 276-4	218 276-4	Henschel	31753	04.10.73	Kempten		
218 277-2	218 277-2	Henschel	31754	10.10.73	Kempten		
218 278-0	218 278-0	Henschel	31755	01.11.73	Kempten		
218 279-8	218 279-8	Henschel	31756	11.11.73	Kempten		
218 280-6	218 280-6	Henschel	31757	09.12.73	Kempten		
218 281-4	218 281-4	Henschel	31758	12.12.73	Kempten		
218 282-2	218 282-2	Henschel	31759	03.01.74	Kempten		
218 283-0	218 283-0	Henschel	31760	10.01.74	Kempten		
218 284-8	218 284-8	MaK	2000096	22.03.73	Regensburg		
218 285-5	218 285-5	MaK	2000097	01.04.73	Regensburg		
218 286-3	218 286-3	MaK	2000098	08.04.73	Regensburg		
218 287-1	218 287-1	MaK	2000099	11.04.73	Regensburg		
218 288-9	218 288-9	MaK	2000100	07.05.73	Regensburg		
218 289-7	218 289-7	MaK	2000101	13.05.73	Regensburg		
218 290-5	218 290-5	MaK	2000102	27.05.73	Regensburg		
218 291-3	218 291-3	MaK	2000103	07.06.73	Regensburg		
218 292-1	218 292-1	MaK	2000104	28.06.73	Regensburg		
218 293-9	218 293-9	MaK	2000105	09.07.73	Regensburg		
218 294-7	218 294-7	MaK	2000106	29.07.73	Regensburg		
218 295-4	218 295-4	MaK	2000107	13.08.73	Regensburg		
218 296-2	218 296-2	MaK	2000108	09.09.73	Regensburg		
218 297-0	218 297-0	MaK	2000109	27.09.73	Regensburg		
218 298-8	218 298-8	MaK	2000110	22.10.73	Regensburg		
218 299-6	218 299-6	Krupp	5292	10.04.74	Regensburg		
218 300-2	218 300-2	Krupp	5293	09.05.74	Regensburg		
218 301-0	218 301-0	Krupp	5294	21.05.74	Regensburg		
218 302-8	218 302-8	Krupp	5295	11.06.74	Regensburg		
218 303-6	218 303-6	Krupp	5296	17.07.74	Regensburg		
218 304-4	218 304-4	Krupp	5297	15.07.74	Regensburg		
218 305-1	218 305-1	Krupp	5298	04.08.74	Regensburg		
218 306-9	218 306-9	Krupp	5299	06.08.74	Regensburg		
218 307-7	218 307-7	Krupp	5300	27.08.74	Regensburg		
218 308-5	218 308-5	Krupp	5301	12.09.74	Regensburg		
218 309-3	218 309-3	Krupp	5302	21.10.74	Regensburg		

218 310-1	218 310-1	Krupp	5303	27.10.74	Regensburg
218 311-9	218 311-9	Krupp	5304	10.11.74	Regensburg
218 312-7	218 312-7	Krupp	5305	27.11.74	Regensburg
218 313-5	218 313-5	Krupp	5306	18.12.74	Regensburg
218 314-3	218 314-3	Krupp	5307	16.01.75	Regensburg
218 315-0	218 315-0	Krupp	5308	09.02.75	Regensburg
218 316-8	218 316-8	Krupp	5309	03.02.75	Kaiserslautern
218 317-6	218 317-6	Krupp	5310	04.03.75	Kaiserslautern
218 318-4	218 318-4	Krupp	5311	17.03.75	Kaiserslautern
218 319-2	218 319-2	Krupp	5312	24.03.75	Kaiserslautern
218 320-0	218 320-0	Krupp	5313	14.04.75	Kaiserslautern
218 321-8	218 321-8	Krupp	5314	21.04.75	Kaiserslautern
218 322-6	218 322-6	Krupp	5315	14.05.75	Kaiserslautern
218 323-4	218 323-4	Krupp	5316	27.05.75	Hmb.-Altona
218 324-2	218 324-2	Krupp	5317	09.06.75	Hmb.-Altona
218 325-9	218 325-9	Krupp	5318	26.06.75	Hmb.-Altona
218 326-7	218 326-7	Krupp	5319	14.07.75	Hmb.-Altona
218 327-5	218 327-5	Krupp	5320	27.07.75	Hmb.-Altona
218 328-3	218 328-3	Krupp	5321	18.09.75	Hmb.-Altona
218 329-1	218 329-1	Krupp	5322	07.10.75	Hmb.-Altona
218 330-9	218 330-9	Krupp	5323	17.11.75	Hmb.-Altona
218 331-7	218 331-7	Krupp	5324	09.12.75	Hmb.-Altona
218 332-5	218 332-5	Krupp	5325	12.01.76	Hmb.-Altona
218 333-3	218 333-3	Krauss-Maffei	19722	04.07.75	Hmb.-Altona
218 334-1	218 334-1	Krauss-Maffei	19723	27.07.75	Hmb.-Altona
218 335-8	218 335-8	Krauss-Maffei	19724	17.08.75	Hmb.-Altona
218 336-6	218 336-6	Krauss-Maffei	19725	31.10.75	Hmb.-Altona
218 337-4	218 337-4	Krauss-Maffei	19726	17.11.75	Hmb.-Altona
218 338-2	218 338-2	Krauss-Maffei	19727	03.12.75	Hmb.-Altona
218 339-0	218 339-0	Krauss-Maffei	19728	22.12.75	Hmb.-Altona
218 340-8	218 340-8	Krauss-Maffei	19701	10.04.74	Regensburg
218 341-6	218 341-6	Krauss-Maffei	19702	02.05.74	Regensburg
218 342-4	218 342-4	Krauss-Maffei	19703	30.05.74	Regensburg
218 343-2	218 343-2	Krauss-Maffei	19704	19.06.74	Regensburg
218 344-0	218 344-0	Krauss-Maffei	19705	09.07.74	Regensburg
218 345-7	218 345-7	Krauss-Maffei	19706	25.07.74	Regensburg
218 346-5	218 346-5	Krauss-Maffei	19707	29.08.74	Regensburg
218 347-3	218 347-3	Krauss-Maffei	19708	12.09.74	Regensburg
218 348-1	218 348-1	Krauss-Maffei	19709	06.10.74	Regensburg
218 349-9	218 349-9	Krauss-Maffei	19710	29.10.74	Regensburg
218 350-7	218 350-7	Krauss-Maffei	19711	27.11.74	Regensburg
218 351-5	218 351-5	Krauss-Maffei	19712	04.12.74	Regensburg
218 352-3	218 352-3	Krauss-Maffei	19713	10.01.75	Regensburg
218 353-1	218 353-1	Krauss-Maffei	19714	05.02.75	Kempten
218 354-9	218 354-9	Krauss-Maffei	19715	24.03.75	Kempten
218 355-6	218 355-6	Krauss-Maffei	19716	10.03.75	Kempten
218 356-4	218 356-4	Krauss-Maffei	19717	25.03.75	Kempten
218 357-2	218 357-2	Krauss-Maffei	19718	09.04.75	Kempten
218 358-0	218 358-0	Krauss-Maffei	19719	23.04.75	Kempten
218 359-8	218 359-8	Krauss-Maffei	19720	06.05.75	Kempten
218 360-6	218 360-6	Krauss-Maffei	19721	03.06.75	Kempten
218 361-4	218 361-4	Henschel	31819	24.04.74	Kaiserslautern
218 362-2	218 362-2	Henschel	31820	15.05.74	Kaiserslautern

218 363-0	218 363-0	Henschel	31821	09.06.74	Kaiserslautern	
218 364-8	218 364-8	Henschel	31822	07.07.74	Kaiserslautern	
218 365-5	218 365-5	Henschel	31823	15.07.74	Kaiserslautern	
218 366-3	218 366-3	Henschel	31824	13.08.74	Kaiserslautern	
218 367-1	218 367-1	Henschel	31825	04.09.74	Kaiserslautern	
218 368-9	218 368-9	Henschel	31826	17.09.74	Kaiserslautern	
218 369-7	218 369-7	Henschel	31827	09.10.74	Kaiserslautern	
218 370-5	218 370-5	Henschel	31828	22.10.74	Kaiserslautern	
218 371-3	218 371-3	Henschel	31829	10.11.74	Kaiserslautern	
218 372-1	218 372-1	Henschel	31830	06.12.74	Kaiserslautern	
218 373-9	218 373-9	Henschel	31831	20.12.74	Kaiserslautern	
218 374-7	218 374-7	Henschel	31832	06.02.75	Kaiserslautern	
218 375-4	218 375-4	Henschel	31833	19.02.75	Kaiserslautern	
218 376-2	218 376-2	Henschel	31834	03.03.75	Kaiserslautern	
218 377-0	218 377-0	Henschel	31835	19.03.75	Kaiserslautern	
218 378-8	218 378-8	Henschel	31836	10.04.75	Kaiserslautern	
218 379-6	218 379-6	Henschel	31837	05.05.75	Kaiserslautern	
218 380-4	218 380-4	Henschel	31838	24.05.75	Kaiserslautern	
218 381-2	218 381-2	Henschel	31839	10.06.75	Kaiserslautern	
218 382-0	218 382-0	Henschel	31840	03.07.75	Kaiserslautern	
218 383-8	218 383-8	Henschel	31841	03.08.75	Kaiserslautern	
218 384-6	218 384-6	Henschel	31842	02.09.75	Kaiserslautern	
218 385-3	218 385-3	Henschel	31843	28.09.75	Kaiserslautern	
218 386-1	218 386-1	Henschel	31844	09.10.75	Kaiserslautern	
218 387-9	218 387-9	Henschel	31845	13.11.75	Kaiserslautern	
218 388-7	218 388-7	Henschel	31846	10.12.75	Kaiserslautern	
218 389-5	218 389-5	MaK	2000111	08.05.75	Kempten	
218 390-3	218 390-3	MaK	2000112	14.05.75	Kempten	
218 391-1	218 391-1	MaK	2000113	11.06.75	Kempten	
218 392-9	218 392-9	MaK	2000114	29.06.75	Kempten	
218 393-7	218 393-7	MaK	2000115	29.07.75	Kempten	
218 394-5	218 394-5	MaK	2000116	08.09.75	Kempten	
218 395-2	218 395-2	MaK	2000117	05.10.75	Kempten	
218 396-0	218 396-0	MaK	2000118	03.11.75	Kempten	
218 397-8	218 397-8	MaK	2000119	07.12.75	Kempten	
218 398-6	218 398-6	MaK	2000120	11.01.76	Kempten	
218 399-4	218 399-4	Krupp	5401	31.08.75	Kempten	UB aus 215 112-4
218 400-0	218 400-0	Krupp	5366	09.02.76	Kempten	
218 401-8	218 401-8	Krupp	5367	09.03.76	Kempten	
218 402-6	218 402-6	Krupp	5368	05.04.76	Kempten	
218 403-4	218 403-4	Krupp	5369	03.05.76	Kempten	
218 404-2	218 404-2	Krupp	5370	08.06.76	Kempten	
218 405-9	218 405-9	Krupp	5371	05.07.76	Kempten	
218 406-7	218 406-7	Krupp	5372	03.08.76	Kempten	
218 407-5	218 407-5	Krupp	5373	06.09.76	Kempten	
218 408-3	218 408-3	Krupp	5374	06.10.76	Kempten	
218 409-1	218 409-1	Krupp	5375	31.10.76	Kempten	
218 410-9	218 410-9	Krupp	5376	06.12.76	Kempten	
218 411-7	218 411-7	Krupp	5377	29.12.76	Kempten	
218 412-5	218 412-5	Krupp	5378	31.01.77	Kempten	
218 413-3	218 413-3	Krupp	5379	28.02.77	Kempten	
218 414-1	218 414-1	Krupp	5380	31.03.77	Kempten	
218 415-8	218 415-8	Krupp	5381	02.05.77	Kempten	

218 416-6	218 416-6	Krupp	5382	01.06.77	Kempten	
218 417-4	218 417-4	Krupp	5383	28.06.77	Kempten	
218 418-2	218 418-2	Krupp	5384	25.07.77	Kempten	
218 419-0	218 419-0	Krupp	5385	07.09.77	Kempten	
218 420-8	218 420-8	Krupp	5386	10.10.77	Kempten	
218 421-6	218 421-6	Krupp	5387	08.11.77	Regensburg	
218 422-4	218 422-4	Krupp	5388	13.12.77	Regensburg	
218 423-2	218 423-2	Krupp	5389	09.01.78	Regensburg	
218 424-0	218 424-0	Krupp	5390	07.02.78	Kempten	
218 425-7	218 425-7	Krupp	5391	13.03.78	Kempten	
218 426-5	218 426-5	Krupp	5392	11.04.78	Kempten	
218 427-3	218 427-3	Krupp	5393	18.05.78	Lübeck	
218 428-1	218 428-1	Krupp	5394	13.06.78	Lübeck	
218 429-9	218 429-9	Krupp	5395	13.07.78	Lübeck	
218 430-7	218 430-7	Krupp	5396	13.08.78	Lübeck	UB in 210 430-5
218 431-5	218 431-5	Krupp	5397	13.09.78	Lübeck	UB in 210 431-3
218 432-3	218 432-3	Krupp	5398	16.10.78	Lübeck	UB in 210 432-1
218 433-1	218 433-1	Krupp	5399	08.11.78	Lübeck	UB in 210 433-9
218 434-9	218 434-9	Krupp	5400	13.12.78	Lübeck	UB in 210 434-7
218 435-6	218 435-6	Henschel	32029	09.03.76	Kempten	
218 436-4	218 436-4	Henschel	32030	08.04.76	Kempten	
218 437-2	218 437-2	Henschel	32031	13.06.76	Kempten	
218 438-0	218 438-0	Henschel	32032	11.07.76	Kempten	
218 439-8	218 439-8	Henschel	32033	08.09.76	Kempten	
218 440-6	218 440-6	Henschel	32034	29.09.76	Kempten	
218 441-4	218 441-4	Henschel	32035	10.10.76	Kempten	
218 442-2	218 442-2	Henschel	32036	09.12.76	Kempten	
218 443-0	218 443-0	Henschel	32037	13.01.77	Kempten	
218 444-8	218 444-8	Henschel	32038	21.02.77	Kempten	
218 445-5	218 445-5	Henschel	32039	12.04.77	Kempten	
218 446-3	218 446-3	Henschel	32040	10.05.77	Kempten	
218 447-1	218 447-1	Henschel	32041	20.06.77	Kempten	
218 448-9	218 448-9	Henschel	32042	14.07.77	Kempten	
218 449-7	218 449-7	Henschel	32043	10.08.77	Kempten	
218 450-5	218 450-5	Henschel	32044	11.09.77	Kempten	
218 451-3	218 451-3	Henschel	32045	16.10.77	Kempten	
218 452-1	218 452-1	Henschel	32046	08.12.77	Regensburg	
218 453-9	218 453-9	Henschel	32047	18.01.78	Regensburg	
218 454-7	218 454-7	Henschel	32048	14.02.78	Kempten	
218 455-4	218 455-4	Henschel	32049	06.04.78	Kempten	
218 456-2	218 456-2	Henschel	32050	22.05.78	Lübeck	UB in 210 456-0
218 457-0	218 457-0	Henschel	32051	13.06.78	Lübeck	UB in 210 457-8
218 458-8	218 458-8	Henschel	32052	10.07.78	Lübeck	UB in 210 458-6
218 459-6	218 459-6	Henschel	32053	19.08.78	Lübeck	UB in 210 459-4
218 460-4	218 460-4	Henschel	32054	13.09.78	Lübeck	UB in 210 460-2
218 461-2	218 461-2	Henschel	32055	26.10.78	Lübeck	UB in 210 461-0
218 462-0	218 462-0	Henschel	32056	04.12.78	Lübeck	UB in 210 462-8
218 463-8	218 463-8	Krauss-Maffei	19778	05.04.76	Kempten	
218 464-6	218 464-6	Krauss-Maffei	19779	11.05.76	Kempten	
218 465-3	218 465-3	Krauss-Maffei	19780	03.06.76	Kempten	
218 466-1	218 466-1	Krauss-Maffei	19781	11.07.76	Kempten	
218 467-9	218 467-9	Krauss-Maffei	19782	08.08.76	Kempten	
218 468-7	218 468-7	Krauss-Maffei	19783	27.09.76	Kempten	

218 469-5	218 469-5	Krauss-Maffei	19784	26.10.76	Kempten	
218 470-3	218 470-3	Krauss-Maffei	19785	23.11.76	Kempten	
218 471-1	218 471-1	Krauss-Maffei	19786	20.12.76	Kempten	
218 472-9	218 472-9	Krauss-Maffei	19787	21.02.77	Kempten	
218 473-7	218 473-7	Krauss-Maffei	19788	25.04.77	Kempten	
218 474-5	218 474-5	Krauss-Maffei	19789	04.05.77	Mühldorf	
218 475-2	218 475-2	Krauss-Maffei	19790	02.06.77	Mühldorf	
218 476-0	218 476-0	Krauss-Maffei	19791	06.07.77	Mühldorf	
218 477-8	218 477-8	Krauss-Maffei	19792	03.08.77	Mühldorf	
218 478-6	218 478-6	Krauss-Maffei	19793	03.10.77	Regensburg	
218 479-4	218 479-4	Krauss-Maffei	19794	08.11.77	Regensburg	
218 480-2	218 480-2	Krauss-Maffei	19795	13.12.77	Regensburg	
218 481-0	218 481-0	Krauss-Maffei	19796	12.01.78	Regensburg	
218 482-8	218 482-8	Krauss-Maffei	19797	14.02.78	Kempten	
218 483-6	218 483-6	Krauss-Maffei	19798	09.03.78	Kempten	
218 484-4	218 484-4	Krauss-Maffei	19799	06.04.78	Kempten	
218 485-1	218 485-1	Krauss-Maffei	19800	08.05.78	Lübeck	
218 486-9	218 486-9	Krauss-Maffei	19801	19.06.78	Lübeck	
218 487-7	218 487-7	Krauss-Maffei	19802	06.07.78	Lübeck	
218 488-5	218 488-5	Krauss-Maffei	19803	08.08.78	Lübeck	
218 489-3	218 489-3	Krauss-Maffei	19804	05.10.78	Lübeck	
218 490-1	218 490-1	MaK	2000121	19.11.78	Lübeck	
218 491-9	218 491-9	MaK	2000122	10.12.78	Lübeck	
218 492-7	218 492-7	MaK	2000123	21.12.78	Lübeck	
218 493-5	218 493-5	MaK	2000124	08.01.79	Lübeck	
218 494-3	218 494-3	MaK	2000125	14.02.79	Lübeck	
218 495-0	218 495-0	MaK	2000126	18.03.79	Lübeck	
218 496-8	218 496-8	MaK	2000127	10.04.79	Lübeck	
218 497-6	218 497-6	MaK	2000128	17.05.79	Lübeck	
218 498-4	218 498-4	MaK	2000129	11.06.79	Lübeck	
218 499-2	218 499-2	MaK	2000130	21.06.79	Lübeck	
	218 901-7	Krupp	5075	10.02.81	Kempten	UB aus 210 001-4
	218 902-5	Krupp	5076	24.02.81	Kempten	UB aus 210 002-2
	218 903-3	Krupp	5077	30.05.80	Kempten	UB aus 210 003-0
	218 904-1	Krupp	5078	22.07.81	Kempten	UB aus 210 004-8
	218 905-8	Krupp	5079	03.10.80	Kempten	UB aus 210 005-5
	218 906-6	Krupp	5080	04.12.80	Kempten	UB aus 210 006-3
	218 907-4	Krupp	5081	08.02.80	Kempten	UB aus 210 007-1
	218 908-2	Krupp	5082	22.04.81	Kempten	UB aus 210 008-9

Baureihe V 169/219 (DB)

Betriebsnummer			Hersteller	Fab.-Nr.	Abnahme	1. Bw	Aus-musterung	letztes Bw	Anmerkung
bis 1967	ab 1968	ab 1992							
V 169 001	219 001-5		Deutz	57846	29.10.65	Kempten	26.01.78	Gsk.-Bismarck	→ Italien

Baureihe 119/219 (DR/DB AG)

Betriebsnummer			Hersteller	Fab.-Nr.	Abnahme	1. Bw	Aus-musterung	letztes Bw	Anmerkung
bis 1969	ab 1970	ab 1992							
	119 001-6		LWB	22920	25.01.77	Halle P	02.12.84	Probstzella	
	119 002-4		LWB	23585	19.10.77	Halle P	28.11.84	Gera	
	119 003-2	219 003-1	LWB	23586	27.09.78	Halle P			
	119 004-0	219 004-9	LWB	23587	22.08.78	Halle P			
	119 005-7	219 005-6	LWB	23588	03.11.78	Halle P			
	119 006-5	219 006-4	LWB	23589	27.09.78	Halle P			
	119 007-3	219 007-2	LWB	23590	02.02.79	Halle P			
	119 008-1		LWB	23591	28.12.78	Halle G	27.09.89	Salzwedel	
	119 009-9	219 009-8	LWB	23668	16.02.79	Halle G			
	119 010-7	219 010-6	LWB	23669	05.07.79	Halle P			
	119 011-5		LWB	23901	23.01.80	Halle P	27.09.89	Oebisfelde	
	119 012-3	219 012-2	LWB	23902	23.01.80	Saalfeld			
	119 013-1	219 013-0	LWB	23903	30.01.80	Probstzella			
	119 014-9	219 014-8	LWB	23904	06.02.80	Probstzella			
	119 015-6	219 015-5	LWB	23905	18.07.80	Probstzella			
	119 016-4	219 016-3	LWB	23906	11.03.80	Probstzella			
	119 017-2	219 017-1	LWB	23907	12.03.80	Probstzella			
	119 018-0	219 018-9	LWB	23908	14.07.80	Probstzella			
	119 019-8		LWB	23909	21.07.80	Saalfeld	27.09.89	Probstzella	
	119 020-6	219 020-5	LWB	23910	11.07.80	Probstzella			
	119 021-4	219 021-3	LWB	24037	04.10.80	Saalfeld			
	119 022-2	219 022-1	LWB	24038	18.08.80	Probstzella			
	119 023-0	219 023-9	LWB	24039	21.08.80	Probstzella			
	119 024-8	219 024-7	LWB	24040	13.08.80	Saalfeld			
	119 025-5	219 025-4	LWB	24041	11.08.80	Probstzella			
	119 026-3	219 026-2	LWB	24042	23.12.80	Probstzella			
	119 027-1	219 027-0	LWB	24043	26.01.81	Probstzella			
	119 028-9		LWB	24044	07.01.81	Probstzella	29.10.90	Dresden	
	119 029-7	219 029-6	LWB	24045	19.01.81	Dresden			
	119 030-5	219 030-4	LWB	24046	14.02.81	Saalfeld			
	119 031-3		LWB	24047	18.01.81	Probstzella	27.09.89	Kamenz	
	119 032-1	219 032-0	LWB	24209	23.01.81	Dresden			
	119 033-9		LWB	24049	22.01.81	Probstzella	27.09.89	Probstzella	
	119 034-7	219 034-6	LWB	24211	07.02.81	Gera			
	119 035-4	219 035-3	LWB	24212	03.02.81	Dresden			
	119 036-2	219 036-1	LWB	24213	09.02.81	Dresden			
	119 037-0	219 037-9	LWB	24214	13.02.81	Dresden			
	119 038-8	219 038-7	LWB	24215	13.03.81	Dresden			
	119 039-6	219 039-5	LWB	24216	05.03.81	Saalfeld			
	119 040-4	219 040-3	LWB	24247	24.02.81	Dresden			
	119 041-2	219 041-1	LWB	24248	19.03.81	Dresden			
	119 042-0	219 042-9	LWB	24249	27.03.81	Schwerin			
	119 043-8	219 043-7	LWB	24250	07.05.81	Dresden			
	119 044-6	219 044-5	LWB	24251	13.04.81	Halle G			
	119 045-3	219 045-2	LWB	24254	31.03.81	Dresden			
	119 046-1	219 046-0	LWB	24253	25.06.81	Dresden			
	119 047-9	219 047-8	LWB	24254	29.04.81	Schwerin			
	119 048-7	219 048-6	LWB	24255	29.04.81	Dresden			
	119 049-5	219 049-4	LWB	24256	08.05.81	Dresden			

119 050-3	219 050-2	LWB	24257	11.06.81	Schwerin			
119 051-1	219 051-0	LWB	24258	13.05.81	Halle G			
119 052-9	219 052-8	LWB	24259	16.06.81	Probstzella			
119 053-7	219 053-6	LWB	24260	20.05.81	Probstzella			
119 054-5	219 054-4	LWB	24261	01.06.81	Dresden			
119 055-2	219 055-1	LWB	24262	29.06.81	Probstzella			
119 056-0	219 056-9	LWB	24263	08.07.81	Probstzella			
119 057-8	219 057-7	LWB	24344	01.07.81	Dresden			
119 058-6		LWB	24345	26.06.81	Probstzella	14.12.88	Probstzella	
119 059-4	219 059-3	LWB	24346	27.07.81	Dresden			
119 060-2	219 060-1	LWB	24347	31.07.81	Probstzella			
119 061-0	219 061-9	LWB	24348	09.07.81	Dresden			
119 062-8	219 062-7	LWB	24349	24.07.81	Probstzella			
119 063-6	219 063-5	LWB	24350	28.07.81	Probstzella			
119 064-4	219 064-3	LWB	24351	27.08.81	Schwerin			
119 065-1	219 065-0	LWB	24352	05.08.81	Dresden			
119 066-9	219 066-8	LWB	24353	04.09.81	Schwerin			
119 067-7	219 067-6	LWB	24354	25.08.81	Dresden			
119 068-5	219 068-4	LWB	24355	16.09.81	Probstzella			
119 069-3	219 069-2	LWB	24356	18.09.81	Dresden			
119 070-1	219 070-0	LWB	24357	20.10.81	Dresden			
119 071-9	219 071-8	LWB	24358	23.10.81	Saalfeld			
119 072-7	219 072-6	LWB	24359	19.10.81	Saalfeld			
119 073-5	219 073-4	LWB	24360	28.09.81	Probstzella			
119 074-3	219 074-2	LWB	24361	09.11.81	Gera			
119 075-0	219 075-9	LWB	24362	30.12.81	Saalfeld			
119 076-8	219 076-7	LWB	24363	30.12.81	Saalfeld			
119 077-6	219 077-5	LWB	24364	17.11.81	Gera			
119 078-4	219 078-3	LWB	24405	16.12.81	Probstzella			
119 079-2	219 079-1	LWB	24406	11.12.81	Halle G			
119 080-0	219 080-9	LWB	24407	05.01.82	Saalfeld			
119 081-8	219 081-7	LWB	24408	05.12.81	Halle G			
119 082-6	219 082-5	LWB	24409	24.12.81	Probstzella			
119 083-4	219 083-3	LWB	24410	13.01.82	Probstzella			
119 084-2	219 084-1	LWB	24411	13.01.82	Saalfeld			
119 085-9	219 085-8	LWB	24412	19.02.82	Saalfeld			
119 086-7	219 086-6	LWB	24413	03.02.82	Saalfeld			
119 087-5	219 087-4	LWB	24414	29.01.82	Gera			
119 088-3		LWB	24415	15.03.82	Saalfeld	27.09.89	Probstzella	
119 089-1	219 089-0	LWB	24416	19.02.82	Saalfeld			
119 090-9	219 090-8	LWB	24417	04.02.82	Saalfeld			
119 091-7	219 091-6	LWB	24418	01.03.82	Probstzella			
119 092-5	219 092-4	LWB	24419	25.02.82	Saalfeld			
119 093-3	219 093-2	LWB	24420	03.03.82	Schwerin			
119 094-1		LWB	24421	23.03.82	Halle G	27.09.89	Halle G	
119 095-8	219 095-7	LWB	24422	12.03.82	Probstzella			
119 096-6	219 096-5	LWB	24427	15.04.82	Schwerin			
119 097-4	219 097-3	LWB	24448	12.04.82	Halle G			
119 098-2	219 098-1	LWB	24449	23.04.82	Gera			
119 099-0	219 099-9	LWB	24450	07.05.82	Halle G			
119 100-6	219 100-5	LWB	24451	27.04.82	Halle G			UB in 229 100-3
119 101-4	219 101-3	LWB	24452	28.05.82	Gera			
119 102-2	219 102-1	LWB	24453	20.05.82	Halle G			UB in 229 102-9

119 103-0	219 103-9	LWB	24454	15.06.82	Halle G			
119 104-8	219 104-7	LWB	24455	06.07.82	Probstzella			
119 105-5	219 105-4	LWB	24456	22.06.82	Dresden			
119 106-3	219 106-2	LWB	24457	01.07.82	Schwerin			UB in 229 106-0
119 107-1	219 107-0	LWB	24458	05.08.82	Probstzella			
119 108-9	219 108-8	LWB	24459	18.08.82	Probstzella			
119 109-7	219 109-6	LWB	24460	13.07.82	Schwerin			
119 110-5	219 110-4	LWB	24461	02.08.82	Schwerin			
119 111-3	219 111-2	LWB	24462	09.08.82	Dresden			
119 112-1	219 112-0	LWB	24463	14.10.82	Dresden			
119 113-9	219 113-8	LWB	24464	17.09.82	Halle G			UB in 229 113-6
119 114-7	219 114-6	LWB	24465	05.10.82	Halle G			
119 115-4	219 115-3	LWB	24466	12.09.82	Gera			
119 116-2	219 116-1	LWB	24467	27.09.82	Halle G			
119 117-0	219 117-9	LWB	24526	30.10.82	Saalfeld			
119 118-8	219 118-7	LWB	24527	08.10.82	Halle G			UB in 229 118-5
119 119-6	219 119-5	LWB	24528	10.12.82	Probstzella			
119 120-4	219 120-3	LWB	24529	18.01.83	Halle G			UB in 229 120-1
119 121-2	219 121-1	LWB	24530	29.12.82	Saalfeld			
119 122-0	219 122-9	LWB	24531	17.01.83	Dresden			
119 123-8	219 123-7	LWB	24532	19.11.82	Probstzella			
119 124-6	219 124-5	LWB	24533	18.02.83	Probstzella			
119 125-3	219 125-2	LWB	24534	07.02.83	Saalfeld			
119 126-1	219 126-0	LWB	24535	26.01.83	Dresden			UB in 229 126-8
119 127-9	219 127-8	LWB	24536	12.11.82	Halle G			
119 128-7	219 128-6	LWB	24537	10.12.82	Halle G			UB in 229 128-4
119 129-5	219 129-4	LWB	24538	10.02.83	Halle G			
119 130-3	219 130-2	LWB	24539	10.02.83	Halle G			
119 131-1	219 131-0	LWB	24540	27.01.83	Dresden			
119 132-9	219 132-8	LWB	24541	16.03.83	Saalfeld			
119 133-7	219 133-6	LWB	24542	13.05.83	Dresden			
119 134-5	219 134-4	LWB	24543	17.06.83	Schwerin			
119 135-2	219 135-1	LWB	24544	17.06.83	Schwerin			
119 136-0	219 136-9	LWB	24545	01.04.83	Gera			
119 137-8	219 137-7	LWB	24546	19.04.83	Gera			
119 138-6	219 138-5	LWB	24547	30.04.83	Gera			
119 139-4	219 139-3	LWB	24645	21.05.83	Gera			
119 140-2		LWB	24646	05.07.83	Schwerin	12.01.87	Schwerin	
119 141-0	219 141-9	LWB	24647	15.06.83	Saalfeld			
119 142-8	219 142-7	LWB	24648	08.07.83	Dresden			
119 143-6	219 143-5	LWB	24649	19.08.83	Dresden			
119 144-4	219 144-3	LWB	24650	25.06.83	Saalfeld			UB in 229 144-1
119 145-1	219 145-0	LWB	24651	29.07.83	Halle G			
119 146-9	219 146-8	LWB	24652	05.08.83	Saalfeld			
119 147-7	219 147-6	LWB	24653	04.08.83	Dresden			UB in 229 147-4
119 148-5	219 148-4	LWB	24654	24.08.83	Saalfeld			
119 149-3	219 149-2	LWB	24655	25.08.83	Halberstadt			
119 150-1	219 150-0	LWB	24656	30.09.83	Halberstadt			
119 151-9	219 151-8	LWB	24657	26.10.83	Gera			
119 152-7	219 152-6	LWB	24658	26.11.83	Gera			
119 153-5	219 153-4	LWB	24659	05.10.83	Halberstadt			
119 154-3	219 154-2	LWB	24660	16.09.83	Dresden			
119 155-0	219 155-9	LWB	24661	24.10.83	Schwerin			

119 156-8	219 156-7	LWB		24662	28.10.83	Halberstadt		
119 157-6	219 157-5	LWB		24663	30.12.83	Gera		
119 158-4	219 158-3	LWB		24664	23.11.83	Halberstadt		
119 159-2	219 159-1	LWB		24665	13.01.84	Saalfeld		
119 160-0	219 160-9	LWB		24666	14.02.84	Halle G		
119 161-8	219 161-7	LWB		24803	17.02.84	Saalfeld		
119 162-6	219 162-5	LWB		24804	15.02.84	Oebisfelde		
119 163-4	219 163-3	LWB		24805	02.04.84	Oebisfelde		
119 164-2	219 164-1	LWB		24806	07.03.84	Saalfeld		
119 165-9	219 165-8	LWB		24807	01.06.84	Gera		
119 166-7	219 166-6	LWB		24808	13.06.84	Gera		
119 167-5	219 167-4	LWB		24809	19.04.84	Oebisfelde		
119 168-3	219 168-2	LWB		24810	26.04.84	Oebisfelde		
119 169-1	219 169-0	LWB		24811	18.05.84	Oebisfelde		
119 170-9	219 170-8	LWB		24812	05.07.84	Dresden		UB in 229 170-6
119 171-7	219 171-6	LWB		24813	12.07.84	Halberstadt		UB in 229 171-4
119 172-5		LWB		24814	26.06.84	Halle G	27.09.89	Halle G
119 173-3	219 173-2	LWB		24815	08.08.84	Halberstadt		UB in 229 173-0
119 174-1	219 174-0	LWB		24816	03.10.84	Halle G		UB in 229 174-8
119 175-8	219 175-7	LWB		24817	25.07.84	Gera		
119 176-6	219 176-5	LWB		24818	25.09.84	Dresden		
119 177-4	219 177-3	LWB		24819	26.09.84	Oebisfelde		
119 178-2	219 178-1	LWB		24820	21.09.84	Saalfeld		
119 179-0	219 179-9	LWB		24821	26.10.84	Saalfeld		
119 180-8	219 180-7	LWB		24822	07.11.84	Gera		
119 181-6	219 181-5	LWB		24823	15.01.85	Halberstadt		UB in 229 181-3
119 182-4	219 182-3	LWB		24824	14.11.84	Halberstadt		
119 183-2	219 183-1	LWB		24825	03.12.84	Oebisfelde		
119 184-0	219 184-9	LWB		24826	09.04.85	Gera		UB in 229 184-7
119 185-7	219 185-6	LWB		24827	18.03.85	Halle G		
119 186-5	219 186-4	LWB		24939	24.04.85	Dresden		UB in 229 186-8
119 187-3	219 187-2	LWB		24940	25.04.85	Halle G		
119 188-1	219 188-0	LWB		24941	27.06.85	Dresden		UB in 229 188-8
119 189-9	219 189-8	LWB		24942	12.04.85	Halle G		
119 190-7	219 190-6	LWB		24943	22.10.85	Dresden		
119 191-5	219 191-4	LWB		24944	01.07.85	Gera		
119 192-3	219 192-2	LWB		24945	29.05.85	Saalfeld		
119 193-1	219 193-0	LWB		24946	14.06.85	Halle G		UB in 229 193-8
119 194-9	219 194-8	LWB		24947	04.07.85	Saalfeld		
119 195-6	219 195-5	LWB		24948	05.07.85	Saalfeld		
119 196-4	219 196-3	LWB		24949	04.09.85	Gera		
119 197-2	219 197-1	LWB		24950	09.10.85	Halle G		
119 198-0	219 198-9	LWB		24951	06.09.85	Halle G		
119 199-8	219 199-7	LWB		24952	11.10.85	Halle G		UB in 229 199-5
119 200-4	219 200-3	LWB		24953	16.10.85	Gera		

Baureihe V 200.0/220 (DB)

Betriebsnummer			Hersteller	Fab.-Nr.	Abnahme	1. Bw	Aus-musterung	letztes Bw	Anmerkung
bis 1967	ab 1968	ab 1992							
V 200 001	220 001-2		Krauss-Maffei	17900	27.11.53	BZA München	21.10.80	Oldenburg	→ FME
V 200 002	220 002-0		Krauss-Maffei	17901	03.03.54	Ffm.-Griesheim	11.11.78	Oldenburg	DB-Museumslok

V 200 003	220 003-8	Krauss-Maffei	17902	11.03.54	Ffm.-Griesheim	11.11.78	Oldenburg	
V 200 004	220 004-6	Krauss-Maffei	17903	23.03.54	Ffm.-Griesheim	25.06.80	Oldenburg	
V 200 005	220 005-3	Krauss-Maffei	17904	23.02.54	Ffm.-Griesheim	24.08.80	Oldenburg	
V 200 006	220 006-1	MaK	2000006	18.09.56	Hmb.-Altona	11.11.78	Lübeck	→ Heitkamp → FSF
V 200 007	220 007-9	MaK	2000007	31.10.56	Hmb.-Altona	31.12.84	Lübeck	→ VLV Lübeck
V 200 008	220 008-7	MaK	2000008	16.04.57	Hamm P	22.02.75	Lübeck	
V 200 009	220 009-5	MaK	2000009	13.05.57	Würzburg	31.07.84	Lübeck	→ VMG
V 200 010	220 010-3	MaK	2000010	20.05.57	Ffm.-Griesheim	30.04.84	Lübeck	
V 200 011	220 011-1	MaK	2000011	04.06.57	Ffm.-Griesheim	11.06.81	Lübeck	→ FSF
V 200 012	220 012-9	MaK	2000012	24.06.57	Hmb.-Altona	30.11.83	Lübeck	
V 200 013	220 013-7	MaK	2000013	09.07.57	Ffm.-Griesheim	31.10.84	Lübeck	SBB Am 4/4 18461
V 200 014	220 014-5	MaK	2000014	18.07.57	Ffm.-Griesheim	31.12.84	Lübeck	SBB Am 4/4 18462
V 200 015	220 015-2	MaK	2000015	31.07.57	Ffm.-Griesheim	31.10.84	Lübeck	SBB Am 4/4 18463
V 200 016	220 016-0	MaK	2000016	15.08.57	Ffm.-Griesheim	30.10.82	Lübeck	SBB Am 4/4 18464
V 200 017	220 017-8	MaK	2000017	11.08.57	Hmb.-Altona	31.03.83	Lübeck	SBB Am 4/4 18465
V 200 018	220 018-6	MaK	2000018	27.08.57	Hmb.-Altona	31.12.84	Lübeck	→ MVT
V 200 019	220 019-4	MaK	2000019	25.09.57	Hmb.-Altona	11.06.81	Lübeck	
V 200 020	220 020-2	MaK	2000020	16.10.57	Hmb.-Altona	30.12.82	Oldenburg	
V 200 021	220 021-0	MaK	2000021	09.10.57	Hamm P	23.10.77	Lübeck	→ Heitkamp → Wb (GR)
V 200 022	220 022-8	MaK	2000022	17.10.57	Hamm P	30.12.82	Oldenburg	
V 200 023	220 023-6	MaK	2000023	29.10.57	Hamm P	30.11.83	Lübeck	
V 200 024	220 024-4	MaK	2000024	13.11.57	Hmb.-Altona	01.04.78	Lübeck	→ Heitkamp → Wb (GR)
V 200 025	220 025-1	MaK	2000025	13.12.57	Hmb.-Altona	31.10.84	Lübeck	
V 200 026	220 026-9	Krauss-Maffei	18270	10.09.56	Ffm.-Griesheim	30.11.83	Lübeck	
V 200 027	220 027-7	Krauss-Maffei	18271	29.11.56	Ffm.-Griesheim	30.12.82	Lübeck	
V 200 028	220 028-5	Krauss-Maffei	18272	28.09.56	Ffm.-Griesheim	29.10.81	Oldenburg	→ Italien
V 200 029	220 029-3	Krauss-Maffei	18273	10.10.56	Hamm P	31.10.84	Lübeck	→ Italien
V 200 030	220 030-1	Krauss-Maffei	18274	27.10.56	Villingen	30.04.84	Lübeck	→ Algerien → Frankreich
V 200 031	220 031-9	Krauss-Maffei	18275	31.10.56	Villingen	31.10.84	Lübeck	→ Italien
V 200 032	220 032-7	Krauss-Maffei	18276	14.11.56	Ffm.-Griesheim	25.07.79	Oldenburg	
V 200 033	220 033-5	Krauss-Maffei	18277	14.11.56	Ffm.-Griesheim	31.07.84	Lübeck	→ HaEF
V 200 034	220 034-3	Krauss-Maffei	18278	27.11.56	Hamm P	25.07.79	Oldenburg	
V 200 035	220 035-0	Krauss-Maffei	18279	23.11.56	Hamm P	24.09.78	Lübeck	→ Heitkamp
V 200 036	220 036-8	Krauss-Maffei	18280	30.11.56	Hamm P	30.04.84	Lübeck	
V 200 037	220 037-6	Krauss-Maffei	18281	06.12.56	Ffm.-Griesheim	30.04.84	Lübeck	→ Algerien → Frankreich
V 200 038	220 038-4	Krauss-Maffei	18282	14.12.56	Ffm.-Griesheim	21.10.80	Oldenburg	
V 200 039	220 039-2	Krauss-Maffei	18283	20.12.56	Ffm.-Griesheim	31.10.84	Lübeck	→ Italien → Spanien
V 200 040	220 040-0	Krauss-Maffei	18284	08.01.57	Hamm P	30.11.83	Lübeck	
V 200 041	220 041-8	Krauss-Maffei	18285	03.01.57	Hamm P	31.12.84	Lübeck	→ Italien → FP
V 200 042	220 042-6	Krauss-Maffei	18286	25.01.57	Hmb.-Altona	23.10.76	Lübeck	
V 200 043	220 043-4	Krauss-Maffei	18287	30.01.57	Hmb.-Altona	30.11.83	Lübeck	
V 200 044	220 044-2	Krauss-Maffei	18288	05.02.57	Hmb.-Altona	21.10.80	Lübeck	
V 200 045	220 045-9	Krauss-Maffei	18289	29.01.57	Hmb.-Altona	29.09.82	Lübeck	→ FP
V 200 046	220 046-7	Krauss-Maffei	18290	12.02.57	Hmb.-Altona	01.04.78	Lübeck	→ Heitkamp → Wb (GR)
V 200 047	220 047-5	Krauss-Maffei	18291	20.02.57	Hmb.-Altona	21.03.81	Lübeck	
V 200 048	220 048-3	Krauss-Maffei	18292	06.03.57	Hmb.-Altona	30.04.84	Lübeck	→ Algerien
V 200 049	220 049-1	Krauss-Maffei	18293	26.03.57	Hmb.-Altona	30.11.78	Lübeck	→ FSF

V 200 050	220 050-9		Krauss-Maffei	18294	29.03.57	Hmb.-Altona	29.07.82	Lübeck	
V 200 051	220 051-7		Krauss-Maffei	18295	11.04.57	Hmb.-Altona	30.04.84	Lübeck	→ Italien
V 200 052	220 052-5		Krauss-Maffei	18296	30.04.57	Ffm.-Griesheim	27.05.79	Oldenburg	
V 200 053	220 053-3		Krauss-Maffei	18297	03.06.57	Villingen	27.01.83	Oldenburg	SBB Am 4/4 18466
V 200 054	220 054-1		Krauss-Maffei	18298	27.06.57	Villingen	23.10.77	Oldenburg	→ Heitkamp
V 200 055	220 055-8		Krauss-Maffei	18299	16.07.57	Villingen	30.12.82	Oldenburg	
V 200 056	220 056-6		Krauss-Maffei	18565	07.04.59	Ffm.-Griesheim	21.12.79	Oldenburg	
V 200 057	220 057-4		Krauss-Maffei	18566	05.02.59	Ffm.-Griesheim	30.03.78	Oldenburg	
V 200 058	220 058-2		Krauss-Maffei	18567	06.03.59	Hamm P	30.04.84	Lübeck	→ Museum Speyer
V 200 059	220 059-0		Krauss-Maffei	18568	11.03.59	Hamm P	22.08.79	Oldenburg	
V 200 060	220 060-8		Krauss-Maffei	18569	24.02.59	Ffm.-Griesheim	30.11.83	Lübeck	→ Italien
V 200 061	220 061-6		Krauss-Maffei	18570	27.02.59	Ffm.-Griesheim	31.03.83	Oldenburg	
V 200 062	220 062-4		Krauss-Maffei	18571	13.03.59	Villingen	31.10.84	Lübeck	
V 200 063	220 063-2		Krauss-Maffei	18572	16.03.59	Villingen	30.04.84	Lübeck	
V 200 064	220 064-0		Krauss-Maffei	18573	25.03.59	Villingen	26.03.80	Oldenburg	
V 200 065	220 065-7		Krauss-Maffei	18574	24.03.59	Villingen	31.12.84	Lübeck	→ Italien
V 200 066	220 066-5		Krauss-Maffei	18575	02.04.59	Villingen	11.11.78	Oldenburg	→ Italien
V 200 067	220 067-3		Krauss-Maffei	18576	09.04.59	Villingen	18.03.79	Oldenburg	
V 200 068	220 068-1		Krauss-Maffei	18577	14.04.59	Hamm P	31.10.84	Lübeck	→ Algerien → Frankreich
V 200 069	220 069-9		Krauss-Maffei	18578	24.04.59	Hamm P	01.04.78	Oldenburg	→ Heitkamp → Wb (GR)
V 200 070	220 070-7		Krauss-Maffei	18579	06.05.59	Hamm P	21.10.80	Oldenburg	
V 200 071	220 071-5		Krauss-Maffei	18580	11.05.59	Hamm P	30.04.84	Lübeck	→ Museum Speyer
V 200 072	220 072-3		Krauss-Maffei	18581	21.05.59	Hamm P	22.08.79	Oldenburg	
V 200 073	220 073-1		Krauss-Maffei	18582	15.05.59	Hamm P	18.03.79	Oldenburg	
V 200 074	220 074-9		Krauss-Maffei	18583	25.05.59	Hamm P	30.12.82	Lübeck	→ FP
V 200 075	220 075-6		Krauss-Maffei	18584	29.05.59	Hamm P	31.10.84	Lübeck	→ Algerien → Frankreich
V 200 076	220 076-4		Krauss-Maffei	18585	05.06.59	Hamm P	31.03.83	Oldenburg	→ Italien
V 200 077	220 077-2		Krauss-Maffei	18586	12.06.59	Hamm P	21.12.80	Oldenburg	SBB Am 4/4 18467
V 200 078	220 078-0		Krauss-Maffei	18587	16.06.59	Hamm P	24.08.80	Oldenburg	
V 200 079	220 079-8		Krauss-Maffei	18588	24.06.59	Hamm P	21.12.80	Oldenburg	
V 200 080	220 080-6		Krauss-Maffei	18589	02.07.59	Hamm P	21.05.80	Oldenburg	
V 200 081	220 081-4		Krauss-Maffei	18590	08.07.59	Hamm P	24.08.80	Oldenburg	
V 200 082	220 082-2		Krauss-Maffei	18591	14.07.59	Hamm P	21.10.80	Oldenburg	
V 200 083	220 083-0		Krauss-Maffei	18592	21.07.59	Hamm P	21.12.80	Oldenburg	
V 200 084	220 084-8		Krauss-Maffei	18593	29.07.59	Hamm P	21.03.81	Oldenburg	
V 200 085	220 085-5		Krauss-Maffei	18594	05.08.59	Villingen	25.07.79	Oldenburg	
V 200 086	220 086-3		Krauss-Maffei	18595	18.08.59	Villingen	12.10.73	Villingen	

Baureihe V 200/120/220 (DR/DB AG)

| Betriebsnummer | | | Hersteller | Fab.-Nr. | Abnahme | 1. Bw | Aus-musterung | letztes Bw | Anmerkung |
bis 1969	ab 1970	ab 1992							
V 200 001	120 001-3	220 001-2	LTS	0113	09.11.66	Lpz.-Wahren	21.03.94	Rostock	
V 200 002	120 002-1		LTS	0114	09.11.66	VES-M Halle	02.05.91	Altenburg	
V 200 003	120 003-9	220 003-8	LTS	0140	21.04.67	Lpz.-Wahren	11.01.93	Pasewalk	
V 200 004	120 004-7		LTS	0139	18.01.67	Lpz.-Wahren	04.04.89	Angermünde	
V 200 005	120 005-4	220 005-3	LTS	0141	10.06.67	Lpz.-Wahren	24.01.92	Pasewalk	
V 200 006	120 006-2		LTS	0144	04.01.67	Lpz.-Wahren	21.03.91	Altenburg	
V 200 007	120 007-0		LTS	0142	12.01.67	Lpz.-Wahren	04.09.89	Hagenow Land	

V 200 008	120 008-8	220 008-7	LTS	0143	05.01.67	Lpz.-Wahren	07.04.93	Güsten	
V 200 009	120 009-6	220 009-5	LTS	0145	05.01.67	Lpz.-Wahren	01.10.92	Angermünde	
V 200 010	120 010-4		LTS	0146	14.02.67	Lu. Wittenberg	18.08.89	Angermünde	
V 200 011	120 011-2		LTS	0147	12.01.67	Lpz.-Wahren	12.02.91	Gera	
V 200 012	120 012-0		LTS	0148	07.03.67	Lu. Wittenberg	08.06.89	Stendal	
V 200 013	120 013-8		LTS	0149	08.02.67	Lu. Wittenberg	29.11.91	Güsten	
V 200 014	120 014-6		LTS	0150	12.01.67	Lpz.-Wahren	14.12.91	Altenburg	
V 200 015	120 015-3	220 015-2	LTS	0151	18.01.67	Lpz.-Wahren	31.03.93	Hagenow Land	
V 200 016	120 016-1	220 016-0	LTS	0152	18.02.67	Lu. Wittenberg	24.01.92	Eberswalde	
V 200 017	120 017-9		LTS	0153	23.03.67	Weißenfels	15.07.91	Roßlau	
V 200 018	120 018-7		LTS	0154	16.02.67	Lu. Wittenberg	20.02.91	Hagenow Land	
V 200 019	120 019-5		LTS	0155	20.02.67	Stralsund	24.07.91	Stendal	
V 200 020	120 020-3	220 020-2	LTS	0156	18.02.67	Lpz.-Wahren	29.10.93	Lpz.-Wahren	→ Litauen
V 200 021	120 021-1	220 021-0	LTS	0157	22.02.67	Weißenfels	24.01.92	Eberswalde	
V 200 022	120 022-9		LTS	0158	04.03.67	Reichenbach	29.03.90	Eisenach	
V 200 023	120 023-7	220 023-6	LTS	0159	10.03.67	Reichenbach	06.12.93	Dresden	
V 200 024	120 024-5	220 024-4	LTS	0160	04.03.67	Reichenbach	10.01.92	Cottbus	
V 200 025	120 025-2		LTS	0163	25.04.67	Reichenbach	14.08.89	Gera	
V 200 026	120 026-0		LTS	0162	22.03.67	Reichenbach	14.08.89	Gera	
V 200 027	120 027-8	220 027-7	LTS	0161	06.03.67	Reichenbach	31.03.93	Hagenow Land	
V 200 028	120 028-6		LTS	0164	10.03.67	Lu. Wittenberg	29.08.90	Hagenow Land	
V 200 029	120 029-4		LTS	0165	21.03.67	Falkenberg	23.04.90	Güsten	
V 200 030	120 030-2	220 030-1	LTS	0167	10.03.67	Falkenberg	27.10.94	Lpz.-Wahren	
V 200 031	120 031-0	220 031-9	LTS	0168	18.03.67	Stralsund	28.09.92	Eberswalde	
V 200 032	120 032-8		LTS	0166	17.03.67	Güsten	03.06.91	Angermünde	
V 200 033	120 033-6	220 033-5	LTS	0169	10.04.67	Stralsund	24.01.92	Pasewalk	→ M. Paderborn
V 200 034	120 034-4		LTS	0170	05.04.67	Güsten	24.07.91	Güsten	
V 200 035	120 035-1	220 035-0	LTS	0171	19.04.67	Stralsund	01.10.92	Angermünde	
V 200 036	120 036-9	220 036-8	LTS	0172	10.04.67	Stralsund	16.09.93	Mukran	→ Litauen
V 200 037	120 037-7		LTS	0173	20.04.67	Falkenberg	29.11.91	Güsten	
V 200 038	120 038-5		LTS	0174	11.04.67	Lpz.-Wahren	29.03.90	Angermünde	
V 200 039	120 039-3		LTS	0175	13.04.67	Güsten	29.08.90	Dresden	
V 200 040	120 040-1	220 040-0	LTS	0176	13.04.67	Güsten	24.01.92	Eberswalde	
V 200 041	120 041-9	220 041-8	LTS	0177	18.04.67	Falkenberg	27.10.94	Lpz.-Wahren	
V 200 042	120 042-7		LTS	0180	18.04.67	Karl-Marx-Stadt	23.04.90	Stralsund	
V 200 043	120 043-5	220 043-4	LTS	0178	25.04.67	Reichenbach	07.11.94	Gera	
V 200 044	120 044-3		LTS	0181	28.04.67	Stralsund	14.08.89	Pasewalk	
V 200 045	120 045-0	220 045-9	LTS	0179	29.04.67	Falkenberg	11.01.93	Pasewalk	
V 200 046	120 046-8		LTS	0182	05.05.67	Lu. Wittenberg	14.12.91	Lpz.-Wahren	
V 200 047	120 047-6		LTS	0183	25.05.67	Stralsund	14.08.89	Angermünde	
V 200 048	120 048-4	220 048-3	LTS	0184	05.05.67	Karl-Marx-Stadt	07.11.94	Gera	
V 200 049	120 049-2		LTS	0185	09.05.67	Karl-Marx-Stadt	06.09.91	Eisenach	
V 200 050	120 050-0		LTS	0186	09.05.67	Karl-Marx-Stadt	29.10.90	Gera	
V 200 051	120 051-8		LTS	0187	19.05.67	Lpz.-Wahren	25.06.91	Riesa	
V 200 052	120 052-6		LTS	0188	12.05.67	Lpz.-Wahren	13.08.84	Senftenberg	
V 200 053	120 053-4		LTS	0189	12.05.67	Lpz.-Wahren	07.11.91	Roßlau	
V 200 054	120 054-2		LTS	0190	22.05.67	Lpz.-Wahren	24.04.85	Angermünde	
V 200 055	120 055-9		LTS	0191	22.05.67	Stralsund	29.08.90	Senftenberg	
V 200 056	120 056-7		LTS	0192	15.06.67	Weißenfels	27.12.90	Stendal	
V 200 057	120 057-5	220 057-4	LTS	0193	25.05.67	Weißenfels	01.10.92	Eberswalde	
V 200 058	120 058-3	220 058-2	LTS	0194	02.06.67	Stralsund	24.01.92	Eberswalde	→ Litauen
V 200 059	120 059-1	220 059-0	LTS	0195	02.06.67	Stralsund	11.01.93	Angermünde	
V 200 060	120 060-9	220 060-8	LTS	0197	09.06.67	Weißenfels	07.11.94	Gera	→ Litauen

V 200 061	120 061-7	220 061-6	LTS	0199	09.06.67	Stralsund	24.01.92	Angermünde	
V 200 062	120 062-5	220 062-4	LTS	0196	09.06.67	Stralsund	10.01.92	Cottbus	
V 200 063	120 063-3	220 063-2	LTS	0200	09.06.67	Weißenfels	07.11.94	Lpz.-Wahren	
V 200 064	120 064-1		LTS	0198	15.06.67	Weißenfels	03.06.91	Eisenach	
V 200 065	120 065-8		LTS	0201	22.06.67	Stralsund	28.01.88	Schwerin	
V 200 066	120 066-6	220 066-5	LTS	0202	21.06.67	Weißenfels	24.01.92	Angermünde	→ Litauen
V 200 067	120 067-4		LTS	0203	23.06.67	Weißenfels	08.06.89	Güsten	
V 200 068	120 068-2		LTS	0206	30.06.67	Güsten	29.11.91	Güsten	
V 200 069	120 069-0		LTS	0204	30.06.67	Güsten	29.11.91	Güsten	→ Sächs. Eb.-M.
V 200 070	120 070-8	220 070-7	LTS	0207	30.06.67	Güsten	24.01.92	Eberswalde	→ Litauen
V 200 071	120 071-6		LTS	0205	06.07.67	Güsten	21.05.90	Senftenberg	
V 200 072	120 072-4		LTS	0209	06.07.67	Güsten	12.03.90	Angermünde	
V 200 073	120 073-2		LTS	0208	10.07.67	Magdeburg Hbf	03.09.91	Güstrow	
V 200 074	120 074-0		LTS	0210	10.07.67	Magdeburg Hbf	29.08.90	Dresden	
V 200 075	120 075-7	220 075-6	LTS	0211	11.07.67	Magdeburg Hbf	01.04.93	Eisenach	
V 200 076	120 076-5		LTS	0212	26.07.67	Magdeburg Hbf	21.02.75	Stralsund	
V 200 077	120 077-3	220 077-2	LTS	0213	26.07.67	Magdeburg Hbf	11.01.93	Stendal	
V 200 078	120 078-1	220 078-0	LTS	0214	28.07.67	Magdeburg Hbf	24.01.92	Angermünde	
V 200 079	120 079-9	220 079-8	LTS	0215	28.07.67	Güsten	07.04.93	Güsten	
V 200 080	120 080-7	220 080-6	LTS	0216	14.07.67	Weißenfels	07.11.94	Gera	→ Litauen
V 200 081	120 081-5	220 081-4	LTS	0217	01.08.67	Eisenach	21.03.94	Angermünde	
V 200 082	120 082-3		LTS	0220	04.08.67	Güsten	28.01.88	Eberswalde	
V 200 083	120 083-1		LTS	0221	04.08.67	Güsten	71	Güsten	
V 200 084	120 084-9	220 084-8	LTS	0222	08.08.67	Stralsund	24.01.92	Angermünde	
V 200 085	120 085-6		LTS	0223	24.08.67	Stralsund	08.04.80	Pasewalk	
V 200 086	120 086-4	220 086-3	LTS	0225	15.09.67	Stralsund	20.06.95	Dresden	
V 200 087	120 087-2	220 087-1	LTS	0224	11.08.67	Eisenach	07.04.93	Güsten	
V 200 088	120 088-0		LTS	0226	22.09.67	Stralsund	29.11.91	Stendal	
V 200 089	120 089-8		LTS	0227	13.10.67	Stralsund	16.10.90	Bln.-Pankow	
V 200 090	120 090-6		LTS	0228	20.10.67	Stralsund	13.10.71	Neustrelitz	
V 200 091	120 091-4	220 091-3	LTS	0428	19.09.68	Cottbus	01.04.93	Eisenach	
V 200 092	120 092-2	220 092-1	LTS	0429	07.11.68	Cottbus	10.01.92	Senftenberg	
V 200 093	120 093-0		LTS	0430	06.09.68	Cottbus	08.06.89	Senftenberg	
V 200 094	120 094-8		LTS	0431	30.08.67	Karl-Marx-Stadt	02.09.86	Riesa	→ BKK Geiseltal
V 200 095	120 095-5	220 095-4	LTS	0432	04.09.68	Stralsund	31.03.93	Hagenow Land	
V 200 096	120 096-3		LTS	0434	21.08.68	Cottbus	04.08.89	Senftenberg	
V 200 097	120 097-1		LTS	0433	05.09.68	Cottbus	29.11.90	Cottbus	
V 200 098	120 098-9	220 098-8	LTS	0435	21.09.68	Lpz.-Wahren	19.10.93	Angermünde	
V 200 099	120 099-7		LTS	0436	26.09.68	Karl-Marx-Stadt	27.02.91	Gera	
V 200 100	120 100-3		LTS	0438	02.09.68	Lpz.-Wahren	15.07.91	Lpz.-Wahren	
V 200 101	120 101-1		LTS	0437	18.10.68	Karl-Marx-Stadt	10.03.89	Dresden	
V 200 102	120 102-9	220 102-8	LTS	0439	25.09.68	Cottbus	10.01.92	Cottbus	→ Litauen
V 200 103	120 103-7	220 103-6	LTS	0440	26.09.68	Lpz.-Wahren	10.01.92	Cottbus	
V 200 104	120 104-5	220 104-4	LTS	0441	25.09.68	Karl-Marx-Stadt	21.03.94	Schwerin	
V 200 105	120 105-2		LTS	0442	25.09.68	Karl-Marx-Stadt	03.09.91	Dresden	
V 200 106	120 106-0	220 106-9	LTS	0444	27.09.68	Cottbus	10.01.92	Cottbus	
V 200 107	120 107-8		LTS	0443	27.09.68	Güsten	29.03.90	Cottbus	
V 200 108	120 108-6		LTS	0445	26.09.68	Lpz.-Wahren	21.02.91	Roßlau	
V 200 109	120 109-4	220 109-3	LTS	0446	28.09.68	Lpz.-Wahren	19.10.93	Angermünde	
V 200 110	120 110-2	220 110-1	LTS	0447	10.10.68	Cottbus	10.01.92	Senftenberg	→ Litauen
V 200 111	120 111-0		LTS	0448	26.11.68	Güsten	08.02.89	Angermünde	
V 200 112	120 112-8		LTS	0449	10.10.68	Magdeburg Hbf	03.06.91	Angermünde	
V 200 113	120 113-6	220 113-5	LTS	0450	10.10.68	Cottbus	11.01.93	Stendal	

V 200 114	120 114-4	220 114-3	LTS	0451	04.10.68	Güsten	20.05.95	Bln.-Pankow		
V 200 115	120 115-1	220 115-0	LTS	0452	08.10.68	Karl-Marx-Stadt	05.10.92	Gera		
V 200 116	120 116-9		LTS	0453	08.10.68	Karl-Marx-Stadt	29.03.90	Gera		
V 200 117	120 117-7		LTS	0454	28.09.68	Lpz.-Wahren	12.03.90	Altenburg		
V 200 118	120 118-5		LTS	0455	03.10.68	Lpz.-Wahren	16.10.90	Altenburg		
V 200 119	120 119-3	220 119-2	LTS	0456	18.10.68	Magdeburg Hbf	10.01.92	Cottbus		
V 200 120	120 120-1		LTS	0457	21.10.68	Cottbus	08.02.89	Pasewalk		
V 200 121	120 121-9		LTS	0458	11.10.68	Magdeburg Hbf	13.03.90	Lu. Wittenberg		
V 200 122	120 122-7		LTS	0459	17.10.68	Cottbus	29.11.91	Hagenow Land		
V 200 123	120 123-5	220 123-4	LTS	0460	12.10.68	Magdeburg Hbf	10.01.92	Senftenberg		
V 200 124	120 124-3	220 124-2	LTS	0461	12.10.68	Magdeburg Hbf	30.06.95	Dresden		
V 200 125	120 125-0	220 125-9	LTS	0462	15.10.68	Karl-Marx-Stadt	13.02.92	Dresden		
V 200 126	120 126-8	220 126-7	LTS	0463	21.10.68	Bln.-Pankow	29.03.94	Bln.-Pankow		
V 200 127	120 127-6	220 127-5	LTS	0464	16.10.68	Cottbus	05.10.92	Gera		
V 200 128	120 128-4	220 128-3	LTS	0465	16.10.68	Magdeburg Hbf	10.01.92	Senftenberg	→ Litauen	
V 200 129	120 129-2	220 129-1	LTS	0466	16.10.68	Cottbus	11.01.93	Eberswalde		
V 200 130	120 130-0		LTS	0467	21.10.68	Güsten	29.11.91	Güsten		
V 200 131	120 131-8	220 131-7	LTS	0468	28.10.68	Falkenberg	21.04.92	Lpz.-Wahren		
V 200 132	120 132-6		LTS	0469	28.10.68	Falkenberg	03.09.91	Riesa		
V 200 133	120 133-4		LTS	0470	30.10.68	Magdeburg Hbf	23.12.91	Altenburg		
V 200 134	120 134-2		LTS	0471	30.10.68	Magdeburg Hbf	29.08.90	Güsten		
V 200 135	120 135-9		LTS	0472	31.10.68	Magdeburg Hbf	08.02.89	Pasewalk		
V 200 136	120 136-7	220 136-6	LTS	0473	31.10.68	Cottbus	29.06.94	Dresden		
V 200 137	120 137-5	220 137-4	LTS	0474	07.11.68	Magdeburg Hbf	27.10.94	Lpz.-Wahren		
V 200 138	120 138-3		LTS	0475	31.10.68	Falkenberg	15.07.91	Lpz.-Wahren		
V 200 139	120 139-1		LTS	0476	04.11.68	Falkenberg	14.08.89	Angermünde		
V 200 140	120 140-9	220 140-8	LTS	0477	06.11.68	Magdeburg Hbf	27.10.94	Lpz.-Wahren		
V 200 141	120 141-7		LTS	0478	07.11.68	Stralsund	14.08.89	Gera		
V 200 142	120 142-5		LTS	0479	31.10.68	Bln.-Pankow	11.10.71	Bln.-Pankow		
V 200 143	120 143-3	220 143-2	LTS	0480	07.11.68	Cottbus	24.01.92	Pasewalk		
V 200 144	120 144-1		LTS	0481	12.11.68	Cottbus	13.05.86	Dresden		
V 200 145	120 145-8		LTS	0482	13.11.68	Magdeburg Hbf	12.02.91	Hagenow Land		
V 200 146	120 146-6	220 146-5	LTS	0483	14.11.68	Magdeburg Hbf	11.01.93	Stendal		
V 200 147	120 147-4		LTS	0485	14.11.68	Cottbus	73	Cottbus		
V 200 148	120 148-2		LTS	0486	16.11.68	Falkenberg	04.09.89	Güstrow		
V 200 149	120 149-0	220 149-9	LTS	0484	14.11.68	Cottbus	24.01.92	Pasewalk		
V 200 150	120 150-8		LTS	0487	20.11.68	Cottbus	21.05.90	Senftenberg		
V 200 151	120 151-6		LTS	0488	19.11.68	Magdeburg Hbf	29.10.90	Eisenach		
V 200 152	120 152-4	220 152-3	LTS	0489	28.11.68	Güsten	10.01.92	Angermünde		
V 200 153	120 153-2		LTS	0490	29.11.68	Güsten	09.09.91	Dresden		
V 200 154	120 154-0		LTS	0491	22.11.68	Magdeburg Hbf	29.11.91	Güsten		
V 200 155	120 155-7		LTS	0492	26.11.68	Güsten	15.07.91	Roßlau		
V 200 156	120 156-5	220 156-4	LTS	0493	22.11.68	Cottbus	20.03.95	Cottbus		
V 200 157	120 157-3		LTS	0494	28.11.68	Falkenberg	04.76	Lu. Wittenberg		
V 200 158	120 158-1		LTS	0495	29.11.68	Falkenberg	14.01.91	Altenburg		
V 200 159	120 159-9	220 159-8	LTS	0496	26.11.68	Güsten	92	Eisenach	→ IGE Werrabahn	
V 200 160	120 160-7	220 160-6	LTS	0497	04.12.68	Cottbus	04.01.94	Bln.-Pankow		
V 200 161	120 161-5	220 161-4	LTS	0498	10.12.68	Cottbus	10.01.92	Senftenberg		
V 200 162	120 162-3	220 162-2	LTS	0499	03.12.68	Falkenberg	30.03.92	Altenburg		
V 200 163	120 163-1	220 163-0	LTS	0500	04.12.68	Cottbus	10.01.92	Cottbus	→ LDC	
V 200 164	120 164-9	220 164-8	LTS	0501	04.12.68	Lpz.-Wahren	27.10.94	Lpz.-Wahren		
V 200 165	120 165-6	220 165-5	LTS	0502	09.12.68	Falkenberg	10.01.92	Angermünde		
V 200 166	120 166-4		LTS	0503	14.12.68	Stralsund	14.08.89	Angermünde		

V 200 167	120 167-2	220 167-1	LTS	0507	12.12.68	Stralsund	10.01.92	Angermünde		
V 200 168	120 168-0		LTS	0504	09.12.68	Falkenberg	11.07.91	Lpz.-Wahren		
V 200 169	120 169-8		LTS	0505	13.12.68	Falkenberg	19.10.93	Lpz.-Wahren	→ Litauen	
V 200 170	120 170-6	220 170-5	LTS	0506	20.12.68	Halle G	10.01.92	Eberswalde		
V 200 171	120 171-4		LTS	0508	13.12.68	Falkenberg	24.09.91	Hagenow Land		
V 200 172	120 172-2	220 172-1	LTS	0509	20.12.68	Falkenberg	27.10.94	Lpz.-Wahren		
V 200 173	120 173-0	220 173-9	LTS	0510	18.12.68	Halle G	10.01.92	Angermünde		
V 200 174	120 174-8	220 174-7	LTS	0511	18.12.68	Halle G	29.06.94	Angermünde	→ Litauen	
V 200 175	120 175-5	220 175-4	LTS	0512	18.12.68	Falkenberg	19.10.93	Angermünde		
V 200 176	120 176-3	220 176-2	LTS	0513	20.12.68	Falkenberg	27.10.94	Lpz.-Wahren		
V 200 177	120 177-1	220 177-0	LTS	0515	18.12.68	Stralsund	05.10.92	Eisenach		
V 200 178	120 178-9		LTS	0580	14.03.69	Halle P	23.04.90	Stendal		
V 200 179	120 179-7	220 179-6	LTS	0581	03.04.69	Bln.-Pankow	04.01.94	Bln.-Pankow		
V 200 180	120 180-5		LTS	0582	14.03.69	Lpz.-Wahren	29.11.91	Güsten		
V 200 181	120 181-3	220 181-2	LTS	0583	14.03.69	Bln.-Pankow	29.03.94	Angermünde		
V 200 182	120 182-1		LTS	0584	10.04.69	Lpz.-Wahren	29.11.91	Güsten		
V 200 183	120 183-9		LTS	0585	09.04.69	Karl-Marx-Stadt	29.11.91	Güsten		
V 200 184	120 184-7	220 184-6	LTS	0586	10.04.69	Eisenach	11.01.93	Altenburg		
V 200 185	120 185-4	220 185-3	LTS	0587	14.03.69	Bln.-Pankow	10.03.95	Bln.-Pankow		
V 200 186	120 186-2		LTS	0588	03.04.69	Lpz.-Wahren	04.09.89	Eisenach		
V 200 187	120 187-0		LTS	0589	28.03.69	Lpz.-Wahren	07.05.89	Stendal		
V 200 188	120 188-8		LTS	0590	28.03.69	Lpz.-Wahren	17.07.84	Falkenberg		
V 200 189	120 189-6		LTS	0591	22.03.69	Eisenach	06.12.90	Riesa		
V 200 190	120 190-4	220 190-3	LTS	0592	26.03.69	Eisenach	20.03.95	Cottbus		
V 200 191	120 191-2	220 191-1	LTS	0593	28.03.69	Lpz.-Wahren	23.04.92	Altenburg		
V 200 192	120 192-0		LTS	0594	09.04.69	Reichenbach	17.04.89	Angermünde		
V 200 193	120 193-8	220 193-7	LTS	0595	01.04.69	Lpz.-Wahren	07.11.94	Lpz.-Wahren		
V 200 194	120 194-6	220 194-5	LTS	0596	03.04.69	Eisenach	01.10.92	Eisenach		
V 200 195	120 195-3	220 195-2	LTS	0597	28.03.69	Lpz.-Wahren	27.10.94	Lpz.-Wahren		
V 200 196	120 196-1	220 196-0	LTS	0598	03.04.69	Eisenach	07.11.94	Eisenach	→ Litauen	
V 200 197	120 197-9	220 197-8	LTS	0599	12.04.69	Lpz.-Wahren	27.10.94	Lpz.-Wahren		
V 200 198	120 198-7	220 198-6	LTS	0600	29.04.69	Lpz.-Wahren	01.10.92	Pasewalk		
V 200 199	120 199-5		LTS	0601	10.04.69	Lpz.-Wahren	14.08.89	Lu. Wittenberg		
V 200 200	120 200-1	220 200-0	LTS	0602	18.04.69	Cottbus	19.03.92	Gera		
V 200 201	120 201-9		LTS	0603	11.04.69	Lpz.-Wahren	13.10.89	Güstrow		
V 200 202	120 202-7		LTS	0604	17.04.69	Eisenach	25.10.90	Bln.-Pankow		
V 200 203	120 203-5		LTS	0605	17.04.69	Eisenach	29.01.90	Gera		
V 200 204	120 204-3	220 204-2	LTS	0606	25.04.69	Cottbus	21.03.94	Dresden		
V 200 205	120 205-0	220 205-9	LTS	0607	29.04.69	Eisenach	10.01.92	Angermünde	→ Litauen	
V 200 206	120 206-8	220 206-7	LTS	0608	13.05.69	Altenburg	27.10.94	Lpz.-Wahren		
V 200 207	120 207-6	220 207-5	LTS	0609	18.04.69	Bln.-Pankow	04.01.94	Bln.-Pankow		
V 200 208	120 208-4		LTS	0610	23.04.69	Lpz.-Wahren	06.09.91	Dresden		
V 200 209	120 209-2		LTS	0611	30.04.69	Bln.-Pankow	13.03.90	Bln.-Pankow		
V 200 210	120 210-0	220 210-9	LTS	0612	29.04.69	Eisenach	03.11.92	Angermünde		
V 200 211	120 211-8	220 211-7	LTS	0613	06.05.69	Karl-Marx-Stadt	10.12.93	Gera	→ M. Basdorf	
V 200 212	120 212-6	220 212-5	LTS	0614	23.04.69	Halle P	21.04.92	Lpz.-Wahren		
V 200 213	120 213-4	220 213-3	LTS	0615	30.04.69	Bln.-Pankow	04.01.94	Bln.-Pankow		
V 200 214	120 214-2	220 214-1	LTS	0616	25.04.69	Cottbus	01.10.92	Eisenach		
V 200 215	120 215-9		LTS	0617	13.05.69	Altenburg	25.11.88	Senftenberg		
V 200 216	120 216-7	220 216-6	LTS	0618	05.05.69	Lpz.-Wahren	30.06.95	Dresden		
V 200 217	120 217-5	220 217-4	LTS	0620	28.05.69	Eisenach	10.01.92	Angermünde		
V 200 218	120 218-3		LTS	0619	06.05.69	Reichenbach	10.03.89	Dresden		
V 200 219	120 219-1	220 219-0	LTS	0621	08.05.69	Cottbus	10.05.95	Gera		

V 200 220	120 220-9		LTS	0622	13.05.69	Cottbus	03.06.91	Gera	
V 200 221	120 221-7		LTS	0623	13.05.69	Bln.-Pankow	08.08.80	Bln.-Pankow	
V 200 222	120 222-5		LTS	0626	13.05.69	Bln.-Pankow	22.07.70	Bln.-Pankow	
V 200 223	120 223-3		LTS	0625	14.05.69	Karl-Marx-Stadt	29.11.91	Güsten	
V 200 224	120 224-1	220 224-0	LTS	0624	13.05.69	Altenburg	19.10.93	Lpz.-Wahren	→ Litauen
V 200 225	120 225-8	220 225-7	LTS	0627	15.05.69	Bln.-Pankow	04.01.94	Bln.-Pankow	
V 200 226	120 226-6	220 226-5	LTS	0628	19.05.69	Bln.-Pankow	07.11.94	Gera	→ Litauen
V 200 227	120 227-4	220 227-3	LTS	0629	19.05.69	Halle G	19.10.93	Lpz.-Wahren	→ Litauen
V 200 228	120 228-2	220 228-1	LTS	0630	23.05.69	Halle G	21.04.92	Lpz.-Wahren	
V 200 229	120 229-0		LTS	0631	28.05.69	Cottbus	74	Cottbus	
V 200 230	120 230-8		LTS	0632	04.06.69	Falkenberg	10.12.86	Lpz.-Wahren	
V 200 231	120 231-6	220 231-5	LTS	0633	30.05.69	Bln.-Pankow	04.01.94	Bln.-Pankow	
V 200 232	120 232-4	220 232-3	LTS	0634	30.05.69	Halle G	19.10.93	Angermünde	
V 200 233	120 233-2	220 233-1	LTS	0635	03.06.69	Lpz.-Wahren	27.10.94	Lpz.-Wahren	
V 200 234	120 234-0	220 234-9	LTS	0636	23.05.69	Eisenach	10.05.95	Gera	
V 200 235	120 235-7		LTS	0637	28.05.69	Cottbus	12.03.90	Pasewalk	
V 200 236	120 236-5	220 236-4	LTS	0638	30.05.69	Eisenach	22.12.93	Eisenach	→ Litauen
V 200 237	120 237-3		LTS	0639	28.05.69	Stralsund	21.12.90	Stendal	
V 200 238	120 238-1	220 238-0	LTS	0640	30.05.69	Eisenach	07.04.93	Güsten	
V 200 239	120 239-9	220 239-8	LTS	0641	30.05.69	Bln.-Pankow	01.10.92	Eisenach	
V 200 240	120 240-7	220 240-6	LTS	0642	31.05.69	Falkenberg	10.01.92	Senftenberg	
V 200 241	120 241-5	220 241-4	LTS	0643	04.06.69	Reichenbach	20.06.95	Dresden	
V 200 242	120 242-3	220 242-2	LTS	0644	05.06.69	Stralsund	01.07.92	Angermünde	
V 200 243	120 243-1	220 243-0	LTS	0645	05.06.69	Stralsund	11.01.93	Angermünde	
V 200 244	120 244-9	220 244-8	LTS	0646	11.06.69	Rostock	29.06.94	Angermünde	→ Litauen
V 200 245	120 245-6		LTS	0647	12.06.69	Reichenbach	06.12.90	Riesa	
V 200 246	120 246-4	220 246-3	LTS	0648	12.06.69	Eisenach	01.10.92	Eisenach	
V 200 247	120 247-2	220 247-1	LTS	0649	11.06.69	Wittenberge	27.10.94	Lpz.-Wahren	
V 200 248	120 248-0		LTS	0650	18.06.69	Stralsund	29.04.91	Eberswalde	
V 200 249	120 249-8		LTS	0651	12.06.69	Eisenach	29.01.90	Eisenach	
V 200 250	120 250-6		LTS	0652	18.06.69	Stralsund	04.01.91	Bln.-Pankow	
V 200 251	120 251-4	220 251-3	LTS	0653	24.06.69	Bln.-Pankow	29.03.93	Bln.-Pankow	
V 200 252	120 252-2	220 252-1	LTS	0654	18.06.69	Stralsund	07.11.94	Gera	→ Litauen
V 200 253	120 253-0		LTS	0655	23.06.69	Magdeburg	02.01.91	Stendal	
V 200 254	120 254-8		LTS	0656	23.06.69	Magdeburg	29.10.90	Gera	
V 200 255	120 255-5	220 255-4	LTS	0657	23.06.69	Magdeburg	06.10.93	Dresden	
V 200 256	120 256-3	220 256-2	LTS	0658	04.07.69	Bln.-Pankow	29.03.94	Bln.-Pankow	
V 200 257	120 257-1	220 257-0	LTS	0659	04.07.69	Bln.-Pankow	04.01.94	Bln.-Pankow	
V 200 258	120 258-9	220 258-8	LTS	0660	02.07.69	Bln.-Pankow	31.05.95	Bln.-Pankow	
V 200 259	120 259-7		LTS	0661	29-07.69	Karl-Marx-Stadt	10.03.89	Dresden	
V 200 260	120 260-5	220 260-4	LTS	0662	02.07.69	Bln.-Pankow	01.10.92	Eberswalde	
V 200 261	120 261-3		LTS	0663	03.07.69	Reichenbach	23.09.91	Altenburg	
V 200 262	120 262-1	220 262-0	LTS	0664	25.07.69	Bln.-Pankow	20.05.95	Bln.-Pankow	
V 200 263	120 263-9	220 263-8	LTS	0665	08.07.69	Cottbus	04.01.94	Bln.-Pankow	
V 200 264	120 264-7	220 264-6	LTS	0666	09.07.69	Karl-Marx-Stadt	07.11.94	Gera	
V 200 265	120 265-4		LTS	0667	09.07.69	Reichenbach	06.09.91	Dresden	
V 200 266	120 266-2		LTS	0668	11.07.69	Bln.-Pankow	06.11.91	Bln.-Pankow	
V 200 267	120 267-0		LTS	0669	11.07.69	Cottbus	29.03.90	Pasewalk	
V 200 268	120 268-8	220 268-7	LTS	0670	16.07.69	Karl-Marx-Stadt	10.01.92	Cottbus	
V 200 269	120 269-6	220 269-5	LTS	0671	11.07.69	Karl-Marx-Stadt	07.11.94	Gera	→ Sächs. Eb.-M.
V 200 270	120 270-4		LTS	0672	16.07.69	Karl-Marx-Stadt	02.02.90	Wismar	
V 200 271	120 271-2	220 271-1	LTS	0673	18.07.69	Bln.-Pankow	04.01.90	Bln.-Pankow	
V 200 272	120 272-0	220 272-9	LTS	0674	18.07.69	Reichenbach	20.06.95	Dresden	

V 200 273	120 273-8	220 273-7	LTS	0675	22.07.69	Bln.-Pankow	31.08.95	Bln.-Pankow	
V 200 274	120 274-6	220 274-5	LTS	0676	23.07.69	Reichenbach	10.05.95	Gera	Traditionslok
V 200 275	120 275-3		LTS	0677	23.07.69	Karl-Marx-Stadt	29.11.91	Güstrow	
V 200 276	120 276-1		LTS	0678	03.09.69	Karl-Marx-Stadt	18.04.89	Pasewalk	
V 200 277	120 277-9		LTS	0679	20.08.69	Bln.-Pankow	08.02.89	Angermünde	
V 200 278	120 278-7		LTS	0680	19.08.69	Karl-Marx-Stadt	06.09.91	Riesa	
V 200 279	120 279-5		LTS	0681	29.07.69	Cottbus	03.12.91	Stendal	
V 200 280	120 280-3	220 280-2	LTS	0682	29.07.69	Karl-Marx-Stadt	04.01.94	Bln.-Pankow	
V 200 281	120 281-1	220 281-0	LTS	0683	25.07.69	Cottbus	26.10.93	Cottbus	→ EVG
									→ Brenzbahn
V 200 282	120 282-9		LTS	0685	19.08.69	Reichenbach	03.09.91	Dresden	
V 200 283	120 283-7	220 283-6	LTS	0686	08.08.69	Karl-Marx-Stadt	07.11.94	Dresden	
V 200 284	120 284-5	220 284-4	LTS	0687	07.08.69	Bln.-Pankow	31.03.93	Bln.-Pankow	
V 200 285	120 285-2		LTS	0688	22.08.69	Karl-Marx-Stadt	13.05.86	Angermünde	
V 200 286	120 286-0	220 286-9	LTS	0698	26.08.69	Bln.-Pankow	26.10.93	Bln.-Pankow	→ EFO
V 200 287	120 287-8	220 287-7	LTS	0690	20.08.69	Bln.-Pankow	06.12.93	Bln.-Pankow	
V 200 288	120 288-6	220 288-5	LTS	1000	20.10.70	Eisenach	27.10.94	Lpz.-Wahren	
V 200 289	120 289-4	220 289-3	LTS	1001	14.10.70	Erfurt	20.05.95	Gera	
V 200 290	120 290-2	220 290-1	LTS	1002	14.10.70	Erfurt	20.05.95	Gera	
V 200 291	120 291-0	220 291-9	LTS	1003	15.10.70	Weißenfels	10.01.92	Senftenberg	
V 200 292	120 292-8	220 292-7	LTS	1004	15.10.70	Weißenfels	20.05.95	Gera	
V 200 293	120 293-6		LTS	1005	21.10.70	Eisenach	29.11.91	Güsten	
V 200 294	120 294-4	220 294-3	LTS	1006	23.11.70	Hagenow Land	21.03.94	Schwerin	
V 200 295	120 295-1	220 295-0	LTS	1007	21.10.70	Eisenach	27.10.94	Lpz.-Wahren	
V 200 296	120 296-9	220 296-8	LTS	1008	24.11.70	Hagenow Land	30.06.95	Dresden	
V 200 297	120 297-7	220 297-6	LTS	1009	17.10.70	Magdeburg	19.10.93	Stendal	
V 200 298	120 298-5	220 298-4	LTS	1010	17.10.70	Magdeburg	27.10.94	Lpz.-Wahren	
V 200 299	120 299-3		LTS	1011	18.11.70	Hagenow Land	29.11.91	Hagenow Land	
V 200 300	120 300-9	220 300-8	LTS	1012	22.10.70	Eisenach	07.11.94	Gera	→ Litauen
V 200 301	120 301-7		LTS	1013	27.10.70	Eisenach	07.11.94	Stendal	
V 200 302	120 302-5		LTS	1014	27.10.70	Bln.-Pankow	21.12.90	Gera	
V 200 303	120 303-3	220 303-2	LTS	1015	19.11.70	Bln.-Pankow	04.01.94	Bln.-Pankow	
V 200 304	120 304-1	220 304-0	LTS	1016	13.11.70	Bln.-Pankow	07.11.94	Gera	→ Litauen
V 200 305	120 305-8		LTS	1017	12.11.70	Eisenach	29.11.91	Güsten	
V 200 306	120 306-6	220 306-5	LTS	1018	23.11.70	Hagenow Land	29.06.94	Rostock	→ Litauen
V 200 307	120 307-4		LTS	1019	02.11.70	Eisenach	11.11.91	Stendal	
V 200 308	120 308-2		LTS	1020	23.11.70	Hagenow Land	02.05.91	Hagenow Land	
V 200 309	120 309-0	220 309-9	LTS	1021	05.11.70	Eisenach	22.12.93	Gera	→ Litauen
V 200 310	120 310-8		LTS	1022	02.11.70	Eisenach	30.08.90	Gera	
V 200 311	120 311-6		LTS	1023	16.11.70	Bln.-Pankow	06.08.80	Bln.-Pankow	
V 200 312	120 312-4	220 312-3	LTS	1024	17.11.70	Magdeburg	07.11.94	Lpz.-Wahren	
V 200 313	120 313-2	220 313-1	LTS	1025	18.11.70	Hagenow Land	25.11.93	Hagenow Land	
V 200 314	120 314-0		LTS	1026	04.11.70	Bln.-Pankow	12.03.90	Angermünde	
	120 315-7		LTS	1844	04.10.73	Schwerin	01.07.87	Wismar	
	120 316-5	220 316-4	LTS	1845	08.10.73	Bln.-Pankow	10.01.92	Angermünde	
	120 317-3	220 317-2	LTS	1846	08.10.73	Bln.-Pankow	20.05.95	Bln.-Pankow	
	120 318-1	220 318-0	LTS	1847	09.10.73	Güsten	20.05.95	Gera	
	120 319-9	220 319-8	LTS	1848	09.10.73	Magdeburg	01.04.93	Stendal	
	120 320-7	220 320-6	LTS	1849	10.10.73	Schwerin	25.11.93	Hagenow Land	
	120 321-5	220 321-4	LTS	1850	13.10.73	Schwerin	29.03.94	Rostock	→ Litauen
	120 322-3	220 322-2	LTS	1851	16.10.73	Reichenbach	20.05.95	Gera	
	120 323-1	220 323-0	LTS	1852	23.10.73	Reichenbach	31.03.95	Hagenow Land	
	120 324-9	220 324-8	LTS	1853	16.10.73	Reichenbach	06.12.93	Dresden	

120 325-6		LTS	1854	18.10.73	Schwerin	26.03.91	Altenburg	
120 326-4		LTS	1855	18.10.73	Reichenbach	29.11.91	Stendal	
120 327-2	220 327-1	LTS	1856	20.10.73	Reichenbach	01.04.93	Gera	
120 328-0	220 328-9	LTS	1857	01.11.73	Schwerin	04.01.94	Stendal	
120 329-8	220 329-7	LTS	1858	30.10.73	Karl-Marx-Stadt	07.11.94	Gera	
120 330-6	220 330-5	LTS	1859	31.10.73	Reichenbach	27.10.94	Lpz.-Wahren	
120 331-4	220 331-3	LTS	1860	08.11.73	Schwerin	07.11.94	Lpz.-Wahren	
120 332-2	220 332-1	LTS	1861	08.11.73	Schwerin	01.04.93	Gera	
120 333-0	220 333-9	LTS	1862	09.11.73	Karl-Marx-Stadt	31.03.93	Gera	
120 334-8	220 334-7	LTS	1863	14.11.73	Karl-Marx-Stadt	30.06.95	Dresden	
120 335-5	220 335-4	LTS	1864	14.11.73	Karl-Marx-Stadt	20.05.95	Gera	
120 336-3	220 336-2	LTS	1865	09.11.73	Reichenbach	30.06.95	Dresden	
120 337-1	220 337-0	LTS	1866	08.11.73	Schwerin	01.04.93	Güstrow	
120 338-9	220 338-8	LTS	1867	12.11.73	Reichenbach	27.06.92	Gera	→ IGE Werrabahn
								→ VM Dresden
120 339-7	220 339-6	LTS	1868	12.11.73	Reichenbach	30.06.95	Dresden	
120 340-5	220 340-4	LTS	1869	08.11.73	Reichenbach	10.03.95	Dresden	
120 341-3		LTS	1870	16.11.73	Lpz.-Wahren	24.09.91	Roßlau	
120 342-1	220 342-0	LTS	1871	15.11.73	Lpz.-Wahren	07.04.93	Güsten	
120 343-9	220 343-8	LTS	2075	28.08.74	Cottbus	06.12.93	Dresden	
120 344-7	220 344-6	LTS	2080	12.09.74	Cottbus	05.93	Cottbus	→ vk
120 345-4	220 345-3	LTS	2077	12.09.74	Cottbus	20.05.95	Gera	
120 346-2		LTS	2078	30.08.74	Cottbus	14.12.91	Altenburg	
120 347-0	220 347-9	LTS	2079	06.09.74	Cottbus	11.01.93	Stendal	
120 348-8	220 348-7	LTS	2076	14.09.74	Cottbus	04.01.94	Senftenberg	
120 349-6	220 349-5	LTS	2081	17.09.74	Cottbus	07.11.94	Gera	→ Litauen
120 350-4		LTS	2082	31.08.74	Cottbus	24.09.91	Roßlau	
120 351-2	220 351-1	LTS	2083	18.10.74	Güsten	10.01.92	Angermünde	→ Litauen
120 352-0		LTS	2084	16.10.74	Bln.-Pankow	13.07.78	Bln.-Pankow	
120 353-8	220 353-7	LTS	2085	09.10.74	Bln.-Pankow	27.10.94	Lpz.-Wahren	
120 354-6		LTS	2086	16.10.74	Cottbus	17.02.78	Cottbus	
120 355-3	220 355-2	LTS	2087	05.10.74	Bln.-Pankow	27.06.92	Gera	→ M. Hermeskeil
120 356-1	220 356-0	LTS	2088	01.10.74	Arnstadt	29.03.94	Rostock	→ Litauen
120 357-9	220 357-8	LTS	2089	01.10.74	Arnstadt	21.03.94	Dresden	
120 358-7	220 358-6	LTS	2090	18.10.74	Güsten	22.12.93	Gera	→ Litauen
120 359-5	220 359-4	LTS	2091	10.10.74	Bln.-Pankow	02.12.93	Bln.-Pankow	
120 360-3		LTS	2092	05.10.74	Bln.-Pankow	23.05.90	Bln.-Pankow	
120 361-1	220 361-0	LTS	2245	14.05.75	Magdeburg	29.06.94	Riesa	→ Litauen
120 362-9		LTS	2246	28.05.75	Cottbus	17.12.91	Cottbus	→ M. Hermeskeil
120 363-7	220 363-6	LTS	2247	24.05.75	Güsten	11.01.93	Güsten	
120 364-5	220 364-4	LTS	2248	28.04.75	Magdeburg	27.10.94	Lpz.-Wahren	
120 365-2	220 365-1	LTS	2249	24.05.75	Cottbus	20.03.95	Cottbus	
120 366-0	220 366-9	LTS	2250	16.05.75	Güsten	04.01.94	Güsten	
120 367-8	220 367-7	LTS	2251	02.06.75	Dresden	20.05.95	Gera	
120 368-6	220 368-5	LTS	2252	02.06.75	Dresden	10.01.92	Eberswalde	
120 369-4	220 369-3	LTS	2253	16.05.75	Güsten	27.10.94	Lpz.-Wahren	
120 370-2	220 370-1	LTS	2254	25.06.75	Cottbus	04.01.94	Bln.-Pankow	
120 371-0	220 371-9	LTS	2255	24.05.75	Cottbus	31.01.95	Bln.-Pankow	→ M. Basdorf
120 372-8	220 372-7	LTS	2256	05.06.75	Karl-Marx-Stadt	31.01.95	Bln.-Pankow	→ M. Basdorf
120 373-6		LTS	2257	05.06.75	Karl-Marx-Stadt	24.09.91	Roßlau	
120 374-4	220 374-3	LTS	2258	10.06.75	Cottbus	07.11.94	Stendal	
120 375-1	220 375-0	LTS	2259	10.06.75	Cottbus	31.01.95	Bln.-Pankow	→ M. Basdorf
120 376-9		LTS	2260	17.06.75	Karl-Marx-Stadt	13.08.84	Gera	

| 120 377-7 | | LTS | 2261 | 23.06.75 | Güsten | 24.09.91 | Roßlau |
| 120 378-5 | 220 378-4 | LTS | 2262 | 17.06.75 | Karl-Marx-Stadt | 11.01.93 | Stendal |

Baureihe V 200.1/221 (DB)

Betriebsnummer			Hersteller	Fab.-Nr.	Abnahme	1. Bw	Aus-musterung	letztes Bw	Anmerkung
bis 1967	ab 1968	ab 1992							
V 200 101	221 101-9		Krauss-Maffei	18993	27.11.62	Kempten	26.09.87	Oberhausen 1	→ Italien
V 200 102	221 102-7		Krauss-Maffei	18994	09.01.63	Kempten	30.06.88	Oberhausen 1	
V 200 103	221 103-5		Krauss-Maffei	18995	10.01.63	Kempten	26.09.87	Oberhausen 1	
V 200 104	221 104-3		Krauss-Maffei	18996	18.01.63	Kempten	30.07.87	Oberhausen 1	
V 200 105	221 105-0		Krauss-Maffei	18997	01.02.63	Kempten	26.09.87	Oberhausen 1	→ OSE 411
V 200 106	221 106-8		Krauss-Maffei	18998	01.02.63	Kempten	26.09.87	Oberhausen 1	→ OSE 412
V 200 107	221 107-6		Krauss-Maffei	18999	12.02.63	Kempten	30.07.87	Oberhausen 1	→ OSE 424
V 200 108	221 108-4		Krauss-Maffei	19000	19.02.63	Kempten	17.12.87	Oberhausen 1	
V 200 109	221 109-2		Krauss-Maffei	19001	06.03.63	Lübeck	26.09.87	Oberhausen 1	→ HSH 2005
V 200 110	221 110-0		Krauss-Maffei	19002	13.03.63	Lübeck	30.06.87	Oberhausen 1	
V 200 111	221 111-8		Krauss-Maffei	19003	15.03.63	Lübeck	17.12.87	Oberhausen 1	
V 200 112	221 112-6		Krauss-Maffei	19004	20.03.63	Lübeck	30.06.88	Oberhausen 1	→ OSE 421
V 200 113	221 113-4		Krauss-Maffei	19005	25.03.63	Lübeck	30.06.88	Oberhausen 1	
V 200 114	221 114-2		Krauss-Maffei	19006	04.04.63	Lübeck	26.09.87	Oberhausen 1	
V 200 115	221 115-9		Krauss-Maffei	19007	05.04.63	Lübeck	30.06.88	Oberhausen 1	
V 200 116	221 116-7		Krauss-Maffei	19008	19.04.63	Lübeck	30.06.88	Oberhausen 1	DB-Museumslok
V 200 117	221 117-5		Krauss-Maffei	19009	23.04.63	Lübeck	30.07.87	Oberhausen 1	→ OSE 415
V 200 118	221 118-3		Krauss-Maffei	19010	10.05.63	Lübeck	26.09.87	Oberhausen 1	→ HSH 2001
V 200 119	221 119-1		Krauss-Maffei	19011	10.05.63	Lübeck	26.09.87	Oberhausen 1	→ OSE 422
V 200 120	221 120-9		Krauss-Maffei	19012	22.05.63	Lübeck	30.07.87	Oberhausen 1	→ Italien
V 200 121	221 121-7		Krauss-Maffei	19241	07.12.64	Villingen	26.09.87	Oberhausen 1	→ OSE 427
V 200 122	221 122-5		Krauss-Maffei	19242	23.12.64	Villingen	26.09.87	Oberhausen 1	→ OSE 420
V 200 123	221 123-3		Krauss-Maffei	19243	21.12.64	Villingen	17.12.87	Oberhausen 1	
V 200 124	221 124-1		Krauss-Maffei	19244	31.12.64	Villingen	30.07.87	Oberhausen 1	→ OSE 419
V 200 125	221 125-8		Krauss-Maffei	19245	12.01.65	Villingen	17.12.87	Oberhausen 1	→ HSH 2003
V 200 126	221 126-6		Krauss-Maffei	19246	27.01.65	Villingen	17.12.87	Oberhausen 1	→ OSE 425
V 200 127	221 127-4		Krauss-Maffei	19247	04.02.65	Villingen	30.06.88	Oberhausen 1	→ OSE 426
V 200 128	221 128-2		Krauss-Maffei	19248	08.02.65	Lübeck	17.12.87	Oberhausen 1	
V 200 129	221 129-0		Krauss-Maffei	19249	19.02.65	Lübeck	17.12.87	Oberhausen 1	→ OSE 414
V 200 130	221 130-8		Krauss-Maffei	19250	26.02.65	Lübeck	17.12.87	Oberhausen 1	
V 200 131	221 131-6		Krauss-Maffei	19251	09.03.65	Hmb.-Altona	17.12.87	Oberhausen 1	→ HSH 2004
V 200 132	221 132-4		Krauss-Maffei	19252	16.03.65	Hmb.-Altona	30.06.88	Oberhausen 1	
V 200 133	221 133-2		Krauss-Maffei	19253	30.03.65	Hmb.-Altona	17.12.87	Oberhausen 1	→ OSE 413
V 200 134	221 134-0		Krauss-Maffei	19254	08.04.65	Hmb.-Altona	17.12.87	Oberhausen 1	→ OSE 418
V 200 135	221 135-7		Krauss-Maffei	19255	20.04.65	Kempten	30.06.88	Oberhausen 1	→ BSW Krefeld
V 200 136	221 136-5		Krauss-Maffei	19256	06.05.65	Kempten	30.06.88	Oberhausen 1	→ OSE 417
V 200 137	221 137-3		Krauss-Maffei	19257	07.05.65	Kempten	30.06.88	Oberhausen 1	→ OSE 430
V 200 138	221 138-1		Krauss-Maffei	19258	14.05.65	Kempten	30.06.88	Oberhausen 1	→ OSE 428
V 200 139	221 139-9		Krauss-Maffei	19259	11.06.65	Kempten	17.12.87	Oberhausen 1	
V 200 140	221 140-7		Krauss-Maffei	19260	01.06.65	Kempten	30.06.88	Oberhausen 1	→ HSH 2002
V 200 141	221 141-5		Krauss-Maffei	19261	15.06.65	Kempten	30.06.88	Oberhausen 1	
V 200 142	221 142-3		Krauss-Maffei	19262	22.06.65	Kempten	30.06.88	Oberhausen 1	
V 200 143	221 143-1		Krauss-Maffei	19263	05.07.65	Kempten	30.06.88	Oberhausen 1	
V 200 144	221 144-9		Krauss-Maffei	19264	16.07.65	Villingen	30.06.88	Oberhausen 1	
V 200 145	221 145-6		Krauss-Maffei	19265	30.07.65	Villingen	30.06.88	Oberhausen 1	→ OSE 423

V 200 146	221 146-4	Krauss-Maffei	19266	04.08.65	Lübeck	30.06.88	Oberhausen 1	→ OSE 429
V 200 147	221 147-2	Krauss-Maffei	19267	09.09.65	Lübeck	30.06.88	Oberhausen 1	→ OSE 416
V 200 148	221 148-0	Krauss-Maffei	19268	01.09.65	Villingen	01.10.74	Villingen	
V 200 149	221 149-8	Krauss-Maffei	19269	10.09.65	Villingen	30.06.88	Oberhausen 1	
V 200 150	221 150-6	Krauss-Maffei	19270	28.09.65	Villingen	21.10.80	Oldenburg	

Baureihe V 180/118/228 (DR/DB AG)

| Betriebsnummer | | | Hersteller | Fab.-Nr. | Abnahme | 1. Bw | Aus-musterung | letztes Bw | Anmerkung |
bis 1969	ab 1970	ab 1992							
V 180 001			LKM	656015I					nicht übernommen
V 180 002			LKM	656015II					nicht übernommen
V 180 003	118 003-3		LKM	651003	29.07.64	Neustrelitz			UB in 118 503-2
V 180 004	118 004-1		LKM	651004	24.07.64	Neustrelitz	14.10.73	Neustrelitz	
V 180 005	118 005-8		LKM	651005	30.01.63	Halle G			UB in 118 505-7
V 180 006	118 006-6		LKM	651006	09.04.63	Bln.-Karlshorst			UB in 118 506-5
V 180 007	118 007-4		LKM	651007	22.04.63	Bln.-Karlshorst			UB in 118 507-3
V 180 008	118 008-2		LKM	651008	26.05.63	Bln.-Karlshorst			UB in 118 508-1
V 180 009	118 009-0		LKM	651009	14.12.64	Bln.-Karlshorst			UB in 118 509-9
V 180 010	118 010-8		LKM	651010	10.12.63	Bln.-Karlshorst			UB in 118 510-7
V 180 011	118 011-6		LKM	651011	22.12.63	Bln.-Karlshorst			UB in 118 511-5
V 180 012	118 012-4		LKM	651012	19.10.63	Bln.-Karlshorst			UB in 118 512-3
V 180 013	118 013-2		LKM	651013	22.10.63	Halle P			UB in 118 513-1
V 180 014	118 014-0		LKM	651014	10.12.63	Bln.-Karlshorst			UB in 118 514-9
V 180 015	118 015-7		LKM	651015	10.12.63	Bln.-Karlshorst	25.11.70	Bln.-Karlshorst	
V 180 016	118 016-5		LKM	651016	20.12.63	Bln.-Karlshorst	25.05.72	Bln.-Karlshorst	
V 180 017	118 017-3		LKM	651017	20.12.63	Bln.-Karlshorst			UB in 118 517-2
V 180 018	118 018-1		LKM	651018	23.01.64	Bln.-Grunewald			UB in 118 518-0
V 180 019	118 019-9		LKM	651019	04.01.64	Bln.-Karlshorst			UB in 118 519-8
V 180 020	118 020-7		LKM	651020	01.05.64	Dresden			UB in 118 520-6
V 180 021	118 021-5		LKM	651021	01.05.64	Dresden			UB in 118 521-4
V 180 022	118 022-3		LKM	651022	06.06.64	Halle G			UB in 118 522-2
V 180 023	118 023-1		LKM	651023	28.05.64	Halle P			UB in 118 523-0
V 180 024	118 024-9		LKM	651024	04.06.64	Bln.-Karlshorst			UB in 118 524-8
V 180 025	118 025-6		LKM	651025	06.06.64	Halle G			UB in 118 525-5
V 180 026	118 026-4		LKM	651026	01.07.64	Dresden			UB in 118 526-3
V 180 027	118 027-2		LKM	651027	11.07.64	Halle P			UB in 118 527-1
V 180 028	118 028-0		LKM	651028	11.07.64	Halle P			UB in 118 528-9
V 180 029	118 029-8		LKM	651029	01.08.65	Bln.-Karlshorst	08.04.80	Bln.-Karlshorst	
V 180 030	118 030-6		LKM	651030	15.08.64	Halle G			UB in 118 530-5
V 180 031	118 031-4		LKM	651031	23.10.64	Bln.-Karlshorst			UB in 118 531-3
V 180 032	118 032-2		LKM	651032	11.08.64	Dresden			UB in 118 532-1
V 180 033	118 033-0		LKM	651033	27.08.64	Dresden			UB in 118 533-9
V 180 034	118 034-8		LKM	651034	29.08.64	Bln.-Karlshorst	31.03.71	Bln.-Ostbahnhof	
V 180 035	118 035-5		LKM	651035	05.09.64	Bln.-Karlshorst			UB in 118 535-4
V 180 036	118 036-3		LKM	651036	03.09.64	Neustrelitz			UB in 118 536-2
V 180 037	118 037-1		LKM	651037	08.09.64	Neustrelitz	08.12.88	Brandenburg	
V 180 038	118 038-9		LKM	651038	06.10.64	Neustrelitz			UB in 118 538-8
V 180 039	118 039-7		LKM	651039	29.09.64	Neustrelitz			UB in 118 539-6
V 180 040	118 040-5		LKM	651040	02.10.64	Dresden			UB in 118 540-4
V 180 041	118 041-3		LKM	651041	06.10.64	Halle P			UB in 118 541-2

V 180 042	118 042-1		LKM	651042	07.10.64	Bln.-Karlshorst			UB in 118 542-0
V 180 043	118 043-9		LKM	651043	26.10.64	Dresden			UB in 118 543-8
V 180 044	118 044-7		LKM	651044	04.11.64	Bln.-Karlshorst			UB in 118 544-6
V 180 045	118 045-4		LKM	651045	06.11.64	Bln.-Karlshorst			UB in 118 545-3
V 180 046	118 046-2		LKM	651046	06.11.64	Halle P			UB in 118 546-1
V 180 047	118 047-0		LKM	651047	27.11.64	Leipzig Süd			UB in 118 547-9
V 180 048	118 048-8		LKM	651048	27.11.64	Dresden			UB in 118 548-7
V 180 049	118 049-6		LKM	651049	16.12.64	Bln.-Karlshorst			UB in 118 549-5
V 180 050	118 050-4		LKM	651050	05.12.64	Dresden			UB in 118 550-3
V 180 051	118 051-2		LKM	651051	11.01.65	Bln.-Karlshorst			UB in 118 551-1
V 180 052	118 052-0		LKM	651052	12.01.65	Leipzig Süd			UB in 118 552-9
V 180 053	118 053-8		LKM	651053	05.01.65	Dresden			UB in 118 553-7
V 180 054	118 054-6		LKM	651054	09.01.65	Bln.-Karlshorst			UB in 118 554-5
V 180 055	118 055-3		LKM	651055	02.02.65	Halle P			UB in 118 555-2
V 180 056	118 056-1		LKM	651056	06.02.65	Neustrelitz			UB in 118 556-0
V 180 057	118 057-9		LKM	651057	04.02.65	Dresden	20.10.88	Neubrandenburg	
V 180 058	118 058-7		LKM	651058	06.02.65	Neustrelitz	21.05.84	Neustrelitz	
V 180 059	118 059-5		LKM	651059	10.03.65	Dresden	28.11.84	Halberstadt	
V 180 060	118 060-3		LKM	651060	13.03.65	Dresden			UB in 118 560-2
V 180 061	118 061-1		LKM	651061	11.03.65	Bln.-Grunewald			UB in 118 561-0
V 180 062	118 062-9		LKM	651062	13.03.65	Halle P			UB in 118 562-8
V 180 063	118 063-7		LKM	651063	09.03.65	Neustrelitz			UB in 118 563-6
V 180 064	118 064-5		LKM	651064	02.04.65	Halle P			UB in 118 564-4
V 180 065	118 065-2		LKM	651065	01.04.65	Dresden			UB in 118 565-1
V 180 066	118 066-0		LKM	651066	03.04.65	Bln.-Grunewald			UB in 118 566-9
V 180 067	118 067-8		LKM	651067	05.04.65	Bln.-Karlshorst			UB in 118 567-7
V 180 068	118 068-6		LKM	651068	01.04.65	Neustrelitz			UB in 118 568-5
V 180 069	118 069-4		LKM	651069	22.04.65	Bln.-Karlshorst			UB in 118 569-3
V 180 070	118 070-2		LKM	651070	07.05.65	Halle P			UB in 118 570-1
V 180 071	118 071-0		LKM	651071	06.05.65	Bln.-Karlshorst	29.09.71	Frankfurt (O)	
V 180 072	118 072-8		LKM	651072	06.05.65	Halle P			UB in 118 572-7
V 180 073	118 073-6		LKM	651073	10.05.65	Neustrelitz			UB in 118 573-5
V 180 074	118 074-4		LKM	651074	29.05.65	Bln.-Grunewald			UB in 118 574-3
V 180 075	118 075-1		LKM	651075	04.06.65	Bln.-Grunewald	26.01.91	Jüterbog	→ MVT
V 180 076	118 076-9		LKM	651076	02.06.65	Blankenburg			UB in 118 576-8
V 180 077	118 077-7		LKM	651077	17.06.65	Neustrelitz	22.12.89	Neubrandenburg	
V 180 078	118 078-5		LKM	651078	09.06.65	Halle P			UB in 118 578-4
V 180 079	118 079-3		LKM	651079	26.06.65	Halle P			UB in 118 579-2
V 180 080	118 080-1		LKM	651080	08.07.65	Dresden			UB in 118 580-0
V 180 081	118 081-9		LKM	651081	08.07.65	Dresden	26.11.70	Dresden	
V 180 082	118 082-7		LKM	651082	17.07.65	Neustrelitz			UB in 118 582-6
V 180 083	118 083-5		LKM	651083	28.07.65	Halle P			UB in 118 583-4
V 180 084	118 084-3		LKM	651084	03.08.65	Bln.-Karlshorst			UB in 118 584-2
V 180 085	118 085-0		LKM	651085	01.08.65	Dresden			UB in 118 585-9
V 180 086	118 086-8		LKM	651086	04.09.65	Dresden			UB in 118 586-7
V 180 087	118 087-6		LKM	651087	31.12.65	Dresden			Ub in 118 587-5
V 180 101	118 101-5		LKM	275088	12.11.65	Dresden	03.09.91	Cottbus	
V 180 102	118 102-3		LKM	275089	20.12.65	Halle P	15.12.82	Cottbus	
V 180 103	118 103-1		LKM	275090	08.01.66	Eisenach	05.02.91	Leipzig Süd	
V 180 104	118 104-9	228 104-6	LKM	275091	21.01.66	Cottbus	30.06.94	Cottbus	→ LDC
V 180 105	118 105-6	228 105-3	LKM	275092	25.09.65	Halle P	07.02.92	Stralsund	
V 180 106	118 106-4	228 106-1	LKM	275093	07.09.65	Halle P	07.02.92	Brandenburg	
V 180 107	118 107-2		LKM	275094	23.10.65	Neustrelitz	21.08.89	Neubrandenburg	

V 180 108	118 108-0	228 108-7	LKM	275095	09.10.65	Halle P	07.02.92	Cottbus	
V 180 109	118 109-8		LKM	275096	13.10.65	Halle P	17.12.90	Frankfurt (O)	
V 180 110	118 110-6		LKM	275097	09.10.65	Halle P	21.12.90	Wismar	
V 180 111	118 111-4		LKM	275098	09.10.65	Halle P	14.11.90	Karl-Marx-Stadt	
V 180 112	118 112-2		LKM	275099	04.11.65	Halle P	27.12.89	Wismar	
V 180 113	118 113-0		LKM	275100	30.10.65	Dresden	10.05.90	Zeitz	
V 180 114	118 114-8		LKM	275101	05.11.65	Neustrelitz	03.09.91	Wittenberge	
V 180 115	118 115-5		LKM	275102	14.12.65	Neustrelitz	20.02.91	Wismar	
V 180 116	118 116-3		LKM	275103	14.12.65	Neustrelitz	28.02.90	Bautzen	
V 180 117	118 117-1		LKM	275104	14.12.65	Neustrelitz	22.05.91	Wismar	
V 180 118	118 118-9	228 118-6	LKM	275105	12.65	Dresden	01.10.92	Wittenberge	→ BSW Rostock
V 180 119	118 119-7	228 119-4	LKM	275106	14.12.65	Neustrelitz	11.01.93	Wustermark	→ RFG D 05
V 180 120	118 120-5		LKM	275107	14.12.65	Neustrelitz	24.07.91	Görlitz	
V 180 121	118 121-3	228 121-0	LKM	275108	07.12.65	Reichenbach	07.02.92	Haldensleben	
V 180 122	118 122-1		LKM	275109	08.12.65	Reichenbach	25.04.89	Cottbus	
V 180 123	118 123-9	228 123-6	LKM	275110	08.12.65	Reichenbach	19.03.92	Güstrow	
V 180 124	118 124-7	228 124-4	LKM	275111	25.12.65	Dresden	26.10.93	Leipzig Süd	→ BEM
V 180 125	118 125-4		LKM	275112	29.12.65	Dresden	03.09.91	Sangerhausen	
V 180 126	118 126-2		LKM	275113	29.12.65	Halle P	24.09.91	Wittenberge	
V 180 127	118 127-0	228 127-7	LKM	275114	04.01.66	Halle P	10.02.92	Neustrelitz	
V 180 128	118 128-8	228 128-5	LKM	275115	15.02.66	Dresden	10.02.92	Oebisfelde	
V 180 129	118 129-6		LKM	275116	08.01.66	Reichenbach	10.05.90	Zeitz	
V 180 130	118 130-4		LKM	275117	06.05.66	Halle P	23.08.73	Halle P	
V 180 131	118 131-2		LKM	275118	18.05.66	Karl-Marx-Stadt	30.12.88	Güstrow	
V 180 132	118 132-0	228 132-7	LKM	275119	08.05.66	Halle P	31.03.92	Leipzig Süd	
V 180 133	118 133-8	228 133-5	LKM	275120	08.06.66	Neustrelitz	31.11.94	Wustermark	
V 180 134	118 134-6		LKM	275121	17.05.66	Bln.-Karlshorst	27.12.89	Güstrow	
V 180 135	118 135-3		LKM	275122	05.05.66	Halle P	03.09.91	Güstrow	
V 180 136	118 136-1		LKM	275123	09.05.66	Bln.-Karlshorst	22.05.91	Wittenberge	
V 180 137	118 137-9		LKM	275124	10.05.66	Neustrelitz	05.12.90	Brandenburg	
V 180 138	118 138-7		LKM	275125	20.05.66	Bln.-Karlshorst	03.09.91	Cottbus	
V 180 139	118 139-5		LKM	275126	20.05.66	Halle P	30.08.90	Sangerhausen	
V 180 140	118 140-3	228 140-0	LKM	275127	20.05.66	Halle P	31.01.92	Güstrow	
V 180 141	118 141-1	228 141-8	LKM	275128	24.05.66	Halle P	04.01.94	Chemnitz	→ Sächs. Eb.-M.
V 180 142	118 142-9		LKM	275129	25.05.66	Dresden	08.06.89	Magdeburg	
V 180 143	118 143-7		LKM	275130	18.05.66	Karl-Marx-Stadt	14.11.90	Bautzen	
V 180 144	118 144-5		LKM	275131	08.06.66	Neustrelitz	12.02.91	Neustrelitz	
V 180 145	118 145-2		LKM	275132	21.05.66	Bln.-Karlshorst	17.06.91	Cottbus	
V 180 146	118 146-0	228 146-7	LKM	275133	21.05.66	Bln.-Karlshorst	07.02.92	Brandenburg	
V 180 147	118 147-8	228 147-5	LKM	275134	04.07.66	Dresden	01.10.92	Güstrow	
V 180 148	118 148-6	228 148-3	LKM	275135	21.05.66	Bln.-Karlshorst	07.02.92	Brandenburg	
V 180 149	118 149-4		LKM	275136	02.06.66	Dresden	01.08.88	Cottbus	
V 180 150	118 150-2		LKM	275137	02.06.66	Dresden	07.02.91	Haldensleben	
V 180 151	118 151-0		LKM	275138	09.06.66	Cottbus	27.12.89	Wismar	
V 180 152	118 152-8		LKM	275139	25.06.66	Karl-Marx-Stadt	26.03.91	Görlitz	
V 180 153	118 153-6		LKM	275140	28.06.66	Dresden	24.07.91	Chemnitz	
V 180 154	118 154-4		LKM	275141	28.06.66	Eisenach	11.01.88	Cottbus	
V 180 155	118 155-1		LKM	275142	07.07.66	Seddin	21.12.90	Güstrow	
V 180 156	118 156-9		LKM	275143	06.07.66	Halle P	23.08.73	Halle P	
V 180 157	118 157-7		LKM	275144	07.07.66	Seddin	27.06.78	Eisenach	
V 180 158	118 158-5	228 158-2	LKM	275145	17.07.66	Seddin	31.01.92	Güstrow	
V 180 159	118 159-3		LKM	275146	06.08.66	Cottbus	03.09.91	Cottbus	
V 180 160	118 160-1		LKM	275147	05.08.66	Karl-Marx-Stadt	30.08.90	Görlitz	

V 180 161	118 161-9		LKM	275148	05.08.66	Dresden	17.09.91	Wustermark		
V 180 162	118 162-7		LKM	275149	01.09.66	Dresden	17.06.91	Cottbus		
V 180 163	118 163-5		LKM	275150	24.08.66	Cottbus	03.09.91	Cottbus		
V 180 164	118 164-3	228 164-0	LKM	275151	29.08.66	Halle P	19.03.92	Güstrow		
V 180 165	118 165-0		LKM	275152	07.09.66	Cottbus	09.11.77	Cottbus		
V 180 166	118 166-8		LKM	275153	01.09.66	Eisenach	03.09.91	Eisenach		
V 180 167	118 167-6		LKM	275154	07.09.66	Seddin	24.07.91	Wittenberge		
V 180 168	118 168-4	228 168-1	LKM	275155	07.09.66	Seddin	11.01.93	Wustermark	→ RFG	
V 180 169	118 169-2	228 169-9	LKM	275156	19.09.66	Jüterbog	01.10.92	Wittenberge		
V 180 170	118 170-0		LKM	275157	19.09.66	Leipzig Süd	13.10.83	Zeitz		
V 180 171	118 171-8		LKM	275157	26.09.66	Neustrelitz	30.08.90	Wismar		
V 180 172	118 172-6	228 172-3	LKM	275159	04.10.66	Eisenach	26.10.93	Magdeburg		
V 180 173	118 173-4		LKM	275160	12.10.66	Cottbus	24.07.91	Bautzen		
V 180 174	118 174-2		LKM	275161	06.10.66	Dresden	03.09.91	Cottbus		
V 180 175	118 175-9	228 175-6	LKM	275162	07.11.66	Cottbus	30.11.94	Cottbus		
V 180 176	118 176-7		LKM	275163	22.09.66	Jüterbog	20.05.81	Frankfurt (O)		
V 180 177	118 177-5		LKM	275164	14.10.66	Neustrelitz	05.02.91	Wittenberge		
V 180 178	118 178-3		LKM	275165	11.10.66	Neustrelitz	05.02.91	Wittenberge		
V 180 179	118 179-1		LKM	275166	03.11.66	Jüterbog	17.12.90	Berlin Hbf		
V 180 180	118 180-9		LKM	275167	01.11.66	Leipzig Süd	10.05.90	Zeitz		
V 180 181	118 181-7	228 181-4	LKM	275168	03.11.66	Halle P	31.01.92	Güstrow		
V 180 182	118 182-5	228 182-2	LKM	275169	12.09.67	Neustrelitz	13.04.92	Leipzig Süd		
V 180 201	118 201-3		LKM	652009	24.12.64	Halle P			UB in 118 601-4	
	118 202-1	228 202-8	LKM	652010	01.09.71	Neustrelitz		Kamenz	UB aus V 240 001	
									→ VM Dresden	
V 180 203	118 203-9	228 203-6	LKM	280003	07.03.67	Halle P	20.04.92	Zittau	→ M. Prora	
V 180 204	118 204-7		LKM	280004	07.12.66	Seddin	20.07.82	Bln.-Grunewald		
V 180 205	118 205-4		LKM	280005	09.12.66	Seddin			UB in 118 605-5	
V 180 206	118 206-2		LKM	280006	07.12.66	Seddin			UB in 118 606-3	
V 180 207	118 207-0		LKM	280007	24.12.66	Seddin	24.09.91	Chemnitz		
V 180 208	118 208-8		LKM	280008	09.12.66	Seddin			UB in 118 608-9	
V 180 209	118 209-6		LKM	280009	23.12.66	Seddin			UB in 118 609-7	
V 180 210	118 210-4		LKM	280010	23.12.66	Seddin			UB in 118 610-5	
V 180 211	118 211-2		LKM	280011	23.12.66	Karl-Marx-Stadt			UB in 118 611-3	
V 180 212	118 212-0		LKM	280012	23.12.66	Karl-Marx-Stadt			UB in 118 612-1	
V 180 213	118 213-8		LKM	280013	23.12.66	Karl-Marx-Stadt			UB in 118 613-9	
V 180 214	118 214-6		LKM	280014	28.12.66	Karl-Marx-Stadt			UB in 118 614-7	
V 180 215	118 215-3		LKM	280015	28.12.66	Karl-Marx-Stadt			UB in 118 615-4	
V 180 216	118 216-1		LKM	280016	29.12.66	Karl-Marx-Stadt			UB in 118 616-2	
V 180 217	118 217-9		LKM	280017	29.12.66	Karl-Marx-Stadt			UB in 118 617-0	
V 180 218	118 218-7		LKM	280018	11.01.67	Karl-Marx-Stadt			UB in 118 618-8	
V 180 219	118 219-5		LKM	280019	06.01.67	Seddin			UB in 118 619-6	
V 180 220	118 220-3		LKM	280020	05.01.67	Karl-Marx-Stadt			UB in 118 620-4	
V 180 221	118 221-1		LKM	280021	06.01.67	Karl-Marx-Stadt			UB in 118 621-2	
V 180 222	118 222-9		LKM	280022	09.01.67	Karl-Marx-Stadt			UB in 118 622-0	
V 180 223	118 223-7		LKM	280023	06.04.67	Jüterbog			UB in 118 623-8	
V 180 224	118 224-5		LKM	280024	15.03.67	Jüterbog			UB in 118 624-6	
V 180 225	118 225-2		LKM	280025	15.03.67	Jüterbog			UB in 118 625-3	
V 180 226	118 226-0		LKM	280026	02.04.67	Karl-Marx-Stadt			UB in 118 626-1	
V 180 227	118 227-8		LKM	280027	10.04.67	Reichenbach	24.09.91	Brandenburg		
V 180 228	118 228-6		LKM	280028	05.04.67	Karl-Marx-Stadt			UB in 118 628-7	
V 180 229	118 229-4		LKM	280029	11.04.67	Jüterbog			UB in 118 629-5	
V 180 230	118 230-2		LKM	280030	10.04.67	Reichenbach			UB in 118 630-3	

V 180 231	118 231-0		LKM	280031	25.04.67	Cottbus			UB in 118 631-1
V 180 232	118 232-8		LKM	280032	04.08.67	Jüterbog			UB in 118 632-9
V 180 233	118 233-6		LKM	280033	03.05.67	Erfurt			UB in 118 633-7
V 180 234	118 234-4		LKM	280034	03.05.67	Erfurt	08.10.81	Arnstadt	
V 180 235	118 235-1		LKM	280035	09.05.67	Cottbus			UB in 118 635-2
V 180 236	118 236-9		LKM	280036	13.05.67	Erfurt	18.10.83	Sangerhausen	
V 180 237	118 237-7		LKM	280037	24.07.67	Magdeburg			UB in 118 637-8
V 180 238	118 238-5		LKM	280038	08.09.67	Halle P			UB in 118 638-6
V 180 239	118 239-3		LKM	280039	10.08.67	Merseburg			UB in 118 639-4
V 180 240	118 240-1		LKM	280040	02.08.67	Dresden			UB in 118 640-2
V 180 241	118 241-9		LKM	280041	24.08.67	Merseburg			UB in 118 641-0
V 180 242	118 242-7		LKM	280042	28.08.67	Merseburg			UB in 118 642-8
V 180 243	118 243-5		LKM	280043	30.08.67	Merseburg	24.09.91	Bautzen	
V 180 244	118 244-3		LKM	280044	07.09.67	Merseburg			UB in 118 644-4
V 180 245	118 245-0		LKM	280045	13.09.67	Merseburg			UB in 118 645-1
V 180 246	118 246-8		LKM	280046	07.09.67	Erfurt			UB in 118 646-9
V 180 247	118 247-6		LKM	280047	08.09.67	Erfurt			UB in 118 647-7
V 180 248	118 248-4		LKM	280048	08.09.67	Erfurt			UB in 118 648-5
V 180 249	118 249-2		LKM	280049	07.09.67	Erfurt			UB in 118 649-3
V 180 250	118 250-0		LKM	280050	02.10.67	Erfurt			UB in 118 650-1
V 180 251	118 251-8		LKM	280051	04.10.67	Merseburg			UB in 118 651-9
V 180 252	118 252-6		LKM	280052	06.10.67	Halle P			UB in 118 652-7
V 180 253	118 253-4	228 253-1	LKM	280053	27.10.67	Neustrelitz	04.01.94	Zittau	→ Royal, Aalen
V 180 254	118 254-2		LKM	280054	24.10.67	Jüterbog			UB in 118 654-3
V 180 255	118 255-9		LKM	280055	04.10.67	Merseburg			UB in 118 655-0
V 180 256	118 256-7		LKM	280056	18.10.67	Cottbus			UB in 118 656-8
V 180 257	118 257-5		LKM	280057	03.10.67	Merseburg			UB in 118 657-6
V 180 258	118 258-3		LKM	280058	06.10.67	Halle P			UB in 118 658-4
V 180 259	118 259-1		LKM	280059	06.10.67	Halle P			UB in 118 659-2
V 180 260	118 260-9		LKM	280060	18.10.67	Cottbus	24.09.91	Zittau	
V 180 261	118 261-7		LKM	280061	09.10.67	Halle P			UB in 118 661-8
V 180 262	118 262-5		LKM	280062	02.11.67	Erfurt			UB in 118 662-6
V 180 263	118 263-3		LKM	280063	26.10.67	Erfurt			UB in 118 663-4
V 180 264	118 264-1		LKM	280064	05.12.67	Seddin	13.12.91	Kamenz	
V 180 265	118 265-8	228 265-5	LKM	280065	03.11.67	Reichenbach	05.03.93	Chemnitz	
V 180 266	118 266-6		LKM	280066	31.10.67	Dresden			UB in 118 666-7
V 180 267	118 267-4		LKM	280067	04.11.67	Dresden			UB in 118 667-5
V 180 268	118 268-2		LKM	280068	03.11.67	Dresden	20.05.74	Dresden	
V 180 269	118 269-0		LKM	280069	06.11.67	Seddin			UB in 118 669-1
V 180 270	118 270-8		LKM	280070	07.11.67	Seddin	29.09.71	Seddin	
V 180 271	118 271-6		LKM	280071	07.11.67	Seddin			UB in 118 671-7
V 180 272	118 272-4		LKM	280072	16.11.67	Dresden			UB in 118 672-5
V 180 273	118 273-2		LKM	280073	23.11.67	Karl-Marx-Stadt			UB in 118 673-3
V 180 274	118 274-0		LKM	280074	29.11.67	Seddin			UB in 118 674-1
V 180 275	118 275-7		LKM	280075	29.11.67	Seddin			UB in 118 675-8
V 180 276	118 276-5		LKM	280076	01.12.67	Seddin			UB in 118 676-6
V 180 277	118 277-3		LKM	280077	05.12.67	Karl-Marx-Stadt			UB in 118 677-4
V 180 278	118 278-1		LKM	280078	05.12.67	Seddin			UB in 118 678-2
V 180 279	118 279-9		LKM	280079	06.12.67	Karl-Marx-Stadt			UB in 118 679-0
V 180 280	118 280-7		LKM	280080	22.12.67	Reichenbach			UB in 118 680-8
V 180 281	118 281-5		LKM	280081	06.12.67	Karl-Marx-Stadt			UB in 118 681-6
V 180 282	118 282-3		LKM	280082	18.12.67	Reichenbach			UB in 118 682-4
V 180 283	118 283-1		LKM	280083	05.01.68	Görlitz			UB in 118 683-2

V 180 284	118 284-9		LKM	280084	26.09.68	Görlitz			UB in 118 684-0
V 180 285	118 285-6		LKM	280085	19.01.68	Görlitz			UB in 118 685-7
V 180 286	118 286-4		LKM	280086	19.01.68	Görlitz			UB in 118 686-5
V 180 287	118 287-2	228 287-9	LKM	280087	19.01.68	Görlitz	31.05.95	Chemnitz	
V 180 288	118 288-0		LKM	280088	08.01.68	Dresden			UB in 118 688-1
V 180 289	118 289-8		LKM	280089	11.01.68	Cottbus			UB in 118 689-9
V 180 290	118 290-6		LKM	280090	11.01.68	Cottbus	24.09.91	Bautzen	
V 180 291	118 291-4	228 291-1	LKM	280091	07.06.68	Seddin	31.01.92	Güstrow	
V 180 292	118 292-2		LKM	280092	06.02.68	Leipzig Süd			UB in 118 692-3
V 180 293	118 293-0		LKM	280093	09.05.68	Erfurt			UB in 118 693-1
V 180 294	118 294-8		LKM	280094	06.02.68	Leipzig Süd			UB in 118 694-9
V 180 295	118 295-5		LKM	280095	23.02.68	Dresden			UB in 118 695-6
V 180 296	118 296-3		LKM	280096	28.02.68	Dresden			UB in 118 696-4
V 180 297	118 297-1		LKM	280097	06.03.68	Leipzig Süd			UB in 118 697-2
V 180 298	118 298-9		LKM	280098	06.03.68	Leipzig Süd			UB in 118 698-0
V 180 299	118 299-7		LKM	280099	10.08.68	Dresden			UB in 118 699-8
V 180 300	118 300-3		LKM	280100	04.04.68	Erfurt			UB in 118 700-4
V 180 301	118 301-1		LKM	280101	08.04.68	Neustrelitz			UB in 118 701-2
V 180 302	118 302-9		LKM	280102	09.04.68	Neustrelitz			UB in 118 702-0
V 180 303	118 303-7		LKM	280103	08.04.68	Neustrelitz			UB in 118 703-8
V 180 304	118 304-5		LKM	280104	05.04.68	Erfurt			UB in 118 704-6
V 180 305	118 305-2		LKM	280105	04.04.68	Seddin			UB in 118 705-3
V 180 306	118 306-0		LKM	280106	09.04.68	Neustrelitz			UB in 118 706-1
V 180 307	118 307-8		LKM	280107	09.05.68	Erfurt			UB in 118 707-9
V 180 308	118 308-6		LKM	280108	29.04.68	Schwerin			UB in 118 708-7
V 180 309	118 309-4		LKM	280109	09.05.68	Erfurt			UB in 118 709-5
V 180 310	118 310-2		LKM	280114	26.05.68	Erfurt			UB in 118 710-3
V 180 311	118 311-0		LKM	280115	25.05.68	Jüterbog			UB in 118 711-1
V 180 312	118 312-8	228 312-5	LKM	280116	11.06.68	Jüterbog	30.06.94	Wustermark	→ vk
V 180 313	118 313-6		LKM	280117	11.06.68	Cottbus			UB in 118 713-7
V 180 314	118 314-4		LKM	280118	06.06.68	Dresden			UB in 118 714-5
V 180 315	118 315-1		LKM	280119	29.06.68	Dresden			UB in 118 715-2
V 180 316	118 316-9		LKM	280120	03.07.68	Halle P			UB in 118 716-0
V 180 317	118 317-7		LKM	280121	04.07.68	Erfurt			UB in 118 717-8
V 180 318	118 318-5		LKM	280122	04.07.68	Jüterbog			UB in 118 718-3
V 180 319	118 319-3		LKM	280123	06.07.68	Erfurt			UB in 118 719-4
V 180 320	118 320-1		LKM	280124	03.07.68	Jüterbog			UB in 118 720-2
V 180 321	118 321-9		LKM	280125	05.07.68	Halle P			UB in 118 721-0
V 180 322	118 322-7		LKM	280126	26.09.68	Görlitz			UB in 118 722-8
V 180 323	118 323-5		LKM	280127	18.07.68	Halle P			UB in 118 723-6
V 180 324	118 324-3		LKM	280128	30.07.68	Erfurt			UB in 118 724-4
V 180 325	118 325-0		LKM	280129	13.08.68	Cottbus			UB in 118 725-1
V 180 326	118 326-8		LKM	280130	02.08.68	Halle P			UB in 118 726-9
V 180 327	118 327-6		LKM	280131	05.08.68	Schwerin			UB in 118 727-7
V 180 328	118 328-4		LKM	280132	30.08.68	Neustrelitz			UB in 118 728-5
V 180 329	118 329-2		LKM	280133	06.09.68	Schwerin			UB in 118 729-3
V 180 330	118 330-0		LKM	280134	06.09.68	Schwerin	19.01.87	Sangerhausen	
V 180 331	118 331-8		LKM	280135	06.09.68	Schwerin			UB in 118 731-9
V 180 332	118 332-6		LKM	280136	05.09.68	Erfurt			UB in 118 732-7
V 180 333	118 333-4		LKM	280137	04.09.68	Neustrelitz			UB in 118 733-5
V 180 334	118 334-2		LKM	280138	16.09.68	Schwerin			UB in 118 734-3
V 180 335	118 335-9		LKM	280139	17.09.68	Erfurt			UB in 118 735-6
V 180 336	118 336-7		LKM	280140	21.09.68	Schwerin			UB in 118 736-8

V 180 337	118 337-5		LKM	280141	01.10.68	Neustrelitz			UB in 118 737-6
V 180 338	118 338-3		LKM	280142	01.10.68	Neustrelitz			UB in 118 738-4
V 180 339	118 339-1		LKM	280143	02.10.68	Schwerin			UB in 118 739-2
V 180 340	118 340-9		LKM	280144	16.10.68	Erfurt			UB in 118 740-0
V 180 341	118 341-7		LKM	280145	14.10.68	Neustrelitz			UB in 118 741-8
V 180 342	118 342-5		LKM	280146	05.11.68	Cottbus			UB in 118 742-6
V 180 343	118 343-3		LKM	280147	22.10.68	Neustrelitz	10.70	Neustrelitz	
V 180 344	118 344-1		LKM	280148	12.11.68	Görlitz	24.09.91	Zittau	
V 180 345	118 345-8		LKM	280149	07.11.68	Magdeburg			UB in 118 745-9
V 180 346	118 346-6		LKM	280150	28.11.68	Magdeburg			UB in 118 746-7
V 180 347	118 347-4		LKM	280151	03.12.68	Magdeburg			UB in 118 747-5
V 180 348	118 348-2		LKM	280152	28.11.68	Erfurt			UB in 118 748-3
V 180 349	118 349-0		LKM	280153	28.11.68	Erfurt			UB in 118 749-1
V 180 350	118 350-8		LKM	280154	09.12.68	Cottbus			UB in 118 750-9
V 180 351	118 351-6		LKM	280155	12.12.68	Magdeburg			UB in 118 751-7
V 180 352	118 352-4		LKM	280156	06.01.69	Magdeburg	24.09.91	Chemnitz	
V 180 353	118 353-2		LKM	280157	13.12.68	Erfurt			UB in 118 753-3
V 180 354	118 354-0		LKM	280158	23.12.68	Halle P			UB in 118 754-1
V 180 355	118 355-7		LKM	280159	03.01.69	Cottbus			UB in 118 755-8
V 180 356	118 356-5		LKM	280165	20.02.69	Magdeburg			UB in 118 756-6
V 180 357	118 357-3		LKM	280166	11.02.69	Halle P			UB in 118 757-4
V 180 358	118 358-1		LKM	280167	26.02.69	Rostock			UB in 118 758-2
V 180 359	118 359-9		LKM	280168	07.03.69	Leipzig Süd			UB in 118 759-0
V 180 360	118 360-7		LKM	280169	13.03.69	Jüterbog			UB in 118 760-8
V 180 361	118 361-5		LKM	280170	01.06.69	Seddin			UB in 118 761-6
V 180 362	118 362-3		LKM	280171	31.05.69	Seddin			UB in 118 762-4
V 180 363	118 363-1		LKM	280172	17.06.69	Seddin	04.01.91	Zittau	
V 180 364	118 364-9		LKM	280173	02.07.69	Rostock			UB in 118 764-0
V 180 365	118 365-6		LKM	280174	03.07.69	Leipzig Süd			UB in 118 765-7
V 180 366	118 366-4		LKM	280175	01.07.69	Erfurt			UB in 118 766-5
V 180 367	118 367-2		LKM	280176	03.07.69	Dresden			UB in 118 767-3
V 180 368	118 368-0		LKM	280177	21.07.69	Erfurt			UB in 118 768-1
V 180 369	118 369-8		LKM	280178	04.07.69	Schwerin			UB in 118 769-9
V 180 370	118 370-6		LKM	280179	08.08.69	Leipzig Süd			UB in 118 770-7
V 180 371	118 371-4		LKM	280180	04.08.69	Erfurt			UB in 118 771-5
V 180 372	118 372-2	228 372-9	LKM	280181	04.08.69	Mgd.-Rothensee	31.10.95	Mgd.-Rothensee	→ EF Magdeburg
V 180 373	118 373-0		LKM	280182	06.08.69	Leipzig Süd			UB in 118 773-1
V 180 374	118 374-8		LKM	280183	07.08.69	Dresden			UB in 118 774-9
V 180 375	118 375-5		LKM	280184	29.08.69	Dresden			UB in 118 775-6
V 180 376	118 376-3		LKM	280185	03.09.69	Dresden			UB in 118 776-4
V 180 377	118 377-1		LKM	280186	04.09.69	Erfurt			UB in 118 777-2
V 180 378	118 378-9		LKM	280187	03.09.69	Jüterbog			UB in 118 778-0
V 180 379	118 379-7		LKM	280188	05.09.69	Rostock	03.08.72	Neustrelitz	
V 180 380	118 380-5		LKM	280189	29.09.69	Erfurt			UB in 118 780-6
V 180 381	118 381-3		LKM	280190	29.09.69	Erfurt			UB in 118 781-4
V 180 382	118 382-1		LKM	280191	02.10.69	Leipzig Süd			UB in 118 782-2
V 180 383	118 383-9		LKM	280192	02.10.69	Leipzig Süd			UB in 118 783-0
V 180 384	118 384-7		LKM	280193	08.11.69	Jüterbog			UB in 118 784-8
V 180 385	118 385-4		LKM	280194	14.11.69	Erfurt			UB in 118 785-5
V 180 386	118 386-2		LKM	280195	21.11.69	Jüterbog			UB in 118 786-3
V 180 387	118 387-0		LKM	280196	02.12.69	Dresden			UB in 118 787-1
V 180 388	118 388-8		LKM	280197	27.11.69	Erfurt			UB in 118 788-9
V 180 389	118 389-6		LKM	280198	05.12.69	Dresden			UB in 118 789-7

V 180 390	118 390-4		LKM	280199	04.12.69	Erfurt	24.09.91	Bautzen	
V 180 391	118 391-2		LKM	280200	16.12.69	Seddin			UB in 118 791-3
V 180 392	118 392-0		LKM	280201	18.12.69	Bln.-Karlshorst			UB in 118 792-1
V 180 393	118 393-8		LKM	280202	23.12.69	Erfurt			UB in 118 793-9
V 180 394	118 394-6		LKM	280203	30.12.69	Dresden			UB in 118 794-7
V 180 395	118 395-3		LKM	280204	09.01.70	Dresden			UB in 118 795-4
V 180 396	118 396-1		LKM	280205	16.01.70	Dresden			UB in 118 796-2
V 180 397	118 397-9		LKM	280206	10.02.70	Leipzig Süd			UB in 118 797-0
V 180 398	118 398-7		LKM	280207	02.03.70	Erfurt			UB in 118 798-8
V 180 399	118 399-5		LKM	280208	06.03.70	Leipzig Süd			UB in 118 799-6
V 180 400	118 400-1		LKM	280209	05.03.70	Leipzig Süd			UB in 118 800-2
V 180 401	118 401-9		LKM	280210	07.03.70	Rostock			UB in 118 801-0
V 180 402	118 402-7		LKM	280211	26.03.70	Leipzig Süd			UB in 118 802-8
V 180 403	118 403-5		LKM	280212	03.04.70	Leipzig Süd			UB in 118 803-6
V 180 404	118 404-3		LKM	280213	03.04.70	Leipzig Süd			UB in 118 804-4
V 180 405	118 405-0		LKM	280214	03.04.70	Leipzig Süd			UB in 118 805-1
V 180 406	118 406-8		LKM	280215	10.04.70	Schwerin			UB in 118 806-9
	118 503-2		LKM	651003	23.07.81	Neubrandenburg	05.06.90	Neubrandenburg	UB aus 118 003-3
	118 505-7	228 505-4	LKM	651005	11.11.80	Bln.-Schöneweide	31.05.94	Berlin Hbf	UB aus 118 005-8
	118 506-5	228 506-2	LKM	651006	27.12.82	Frankfurt (O)	07.04.93	Güstrow	UB aus 118 006-6
	118 507-3	228 507-0	LKM	651007	30.09.86	Bln.-Ostbahnhof	11.01.93	Wustermark	UB aus 118 007-4
	118 508-1		LKM	651008	29.02.84	Brandenburg	05.06.90	Neustrelitz	UB aus 118 008-2
	118 509-9		LKM	651009	16.03.81	Bln.-Schöneweide	28.10.88	Bln.-Ostbahnhof	UB aus 118 009-0
	118 510-7		LKM	651010	20.06.83	Neubrandenburg	23.11.88	Neubrandenburg	UB aus 118 010-8
	118 511-5		LKM	651011	16.02.81	Bln.-Schöneweide	22.08.89	Stralsund	UB aus 118 011-6
	118 512-3	228 512-0	LKM	651012	28.09.82	Jüterbog	01.07.92	Oebisfelde	UB aus 118 012-4
	118 513-1		LKM	651013	24.08.82	Neubrandenburg	23.11.88	Neubrandenburg	UB aus 118 013-2
	118 514-9	228 514-6	LKM	651014	31.07.87	Bln.-Ostbahnhof	04.03.92	Berlin Hbf	UB aus 118 014-0
	118 517-2	228 517-9	LKM	651017	30.12.79	Neubrandenburg	07.02.92	Neubrandenburg	UB aus 118 017-3
	118 518-0		LKM	651018	23.09.83	Bln.-Ostbahnhof	12.02.91	Brandenburg	UB aus 118 018-1
	118 519-8		LKM	651019	17.08.83	Bln.-Schöneweide	03.09.91	Eisenach	UB aus 118 019-9
	118 520-6		LKM	651020	13.04.81	Neubrandenburg	03.09.91	Neubrandenburg	UB aus 118 020-7
	118 521-4		LKM	651021	19.01.82	Halberstadt	06.12.90	Brandenburg	UB aus 118 021-5
	118 522-2	228 522-9	LKM	651022	16.02.82	Oebisfelde	07.02.92	Haldensleben	UB aus 118 022-3
	118 523-0	228 523-7	LKM	651023	18.11.82	Neubrandenburg	07.02.92	Stralsund	UB aus 118 023-1
	118 524-8		LKM	651024	30.06.83	Salzwedel	02.11.89	Salzwedel	UB aus 118 024-9
	118 525-5		LKM	651025	26.03.80	Halberstadt	04.01.91	Haldensleben	UB aus 118 025-6
	118 526-3	228 526-0	LKM	651026	07.04.82	Brandenburg	10.02.92	Magdeburg	UB aus 118 026-4
	118 527-1		LKM	651027	31.03.83	Bln.-Ostbahnhof	12.12.88	Cottbus	UB aus 118 027-2
	118 528-9		LKM	651028	07.09.84	Pasewalk	24.07.91	Chemnitz	UB aus 118 028-0
	118 530-5		LKM	651030	23.01.84	Neustrelitz	05.02.91	Neubrandenburg	UB aus 118 030-6
	118 531-3	228 531-0	LKM	651031	29.03.82	Bln.-Ostbahnhof	07.02.92	Stralsund	UB aus 118 031-4
	118 532-1		LKM	651032	28.02.85	Güsten	17.06.91	Blankenburg	UB aus 118 032-2
	118 533-9	228 533-6	LKM	651033	26.09.86	Seddin	04.03.92	Frankfurt (O)	UB aus 118 033-0
	118 535-4	228 535-1	LKM	651035	05.03.86	Seddin	04.03.92	Frankfurt (O)	UB aus 118 035-5
	118 536-2	228 536-9	LKM	651036	22.07.83	Halberstadt	12.02.92	Neustrelitz	UB aus 118 036-3
	118 538-8		LKM	651038	07.01.81	Neustrelitz	25.04.89	Salzwedel	UB aus 118 038-9
	118 539-6	228 539-3	LKM	651039	20.01.84	Brandenburg	10.02.92	Neubrandenburg	UB aus 118 039-7
	118 540-4		LKM	651040	20.08.81	Magdeburg	29.10.90	Oebisfelde	UB aus 118 040-5
	118 541-2		LKM	651041	23.04.79	Bln.-Schöneweide	14.11.90	Görlitz	UB aus 118 041-3
	118 542-0	228 542-7	LKM	651042	16.11.79	Bln.-Schöneweide	07.02.92	Brandenburg	UB aus 118 042-1
	118 543-8	228 543-5	LKM	651043	07.06.79	Oebisfelde	10.02.92	Oebisfelde	UB aus 118 043-9
	118 544-6	228 544-3	LKM	651044	26.05.82	Frankfurt (O)	07.02.92	Haldensleben	UB aus 118 044-7

118 545-3	228 545-0	LKM	651045	25.06.73	Jüterbog	04.03.92	Berlin Hbf	UB aus 118 045-4
118 546-1		LKM	651046	29.06.82	Neubrandenburg	23.11.88	Neubrandenburg	UB aus 118 046-2
118 547-9		LKM	651047	11.09.79	Halberstadt	05.06.90	Stralsund	UB aus 118 047-0
118 548-7	228 548-4	LKM	651048	31.01.84	Bln.-Ostbahnhof	28.09.92	Wustermark	UB aus 118 048-8
								→ RFG
118 549-5		LKM	651049	27.09.79	Jüterbog	09.12.88	Magdeburg	UB aus 118 049-6
118 550-3	228 550-0	LKM	651050	24.04.84	Bln.-Ostbahnhof	28.09.92	Wustermark	UB aus 118 050-4
								→ M. Basdorf
118 551-1		LKM	651051	19.01.83	Bln.-Ostbahnhof	20.04.89	Berlin Hbf	UB aus 118 051-2
118 552-9	228 552-6	LKM	651052	01.11.83	Bln.-Ostbahnhof	28.09.92	Wustermark	UB aus 118 052-0
								→ RFG D 06
118 553-7	228 553-4	LKM	651053	30.09.85	Neustrelitz	10.02.92	Neustrelitz	UB aus 118 053-8
118 554-5	228 554-2	LKM	651054	08.02.80	Magdeburg	19.03.92	Wittenberge	UB aus 118 054-6
118 555-2	228 555-9	LKM	651055	28.03.84	Oebisfelde	10.02.92	Oebisfelde	UB aus 118 055-3
118 556-0		LKM	651056	05.05.81	Neubrandenburg	01.12.86	Neubrandenburg	UB aus 118 056-1
118 560-2	228 560-9	LKM	651060	22.11.83	Oebisfelde	31.01.92	Güstrow	UB aus 118 060-3
118 561-0		LKM	651061	23.11.81	Magdeburg	30.08.90	Haldensleben	UB aus 118 061-1
118 562-8		LKM	651062	29.09.81	Neubrandenburg	06.09.91	Neubrandenburg	UB aus 118 062-9
118 563-6	228 563-3	LKM	651063	24.04.80	Neustrelitz	07.02.92	Haldensleben	UB aus 118 063-7
118 564-4		LKM	651064	17.05.83	Neubrandenburg	06.09.91	Neubrandenburg	UB aus 118 064-5
118 565-1		LKM	651065	28.02.84	Neustrelitz	21.08.89	Neubrandenburg	UB aus 118 650-2
118 566-9		LKM	651066	26.11.82	Bln.-Schöneweide	06.09.91	Berlin Hbf	UB aus 118 066-0
118 567-7	228 567-4	LKM	651067	29.03.85	Bln.-Ostbahnhof	22.12.93	Wustermark	UB aus 118 067-8
118 568-5	228 568-2	LKM	651068	09.05.73	Magdeburg	10.02.92	Güstrow	UB aus 118 068-6
118 569-3	228 569-0	LKM	651069	15.04.83	Oebisfelde	10.02.92	Oebisfelde	UB aus 118 069-4
118 570-1		LKM	651070	10.12.79	Jüterbog	29.12.90	Güstrow	UB aus 118 070-2
118 572-7	228 572-4	LKM	651072	28.11.86	Pasewalk	07.02.92	Stralsund	UB aus 118 072-8
118 573-5		LKM	651073	08.12.80	Bln.-Karlshorst	06.09.91	Frankfurt (O)	UB aus 118 073-6
118 574-3		LKM	651074	24.04.84	Magdeburg	21.08.89	Neubrandenburg	UB aus 118 074-4
118 576-8		LKM	651076	21.05.80	Oebisfelde	20.09.89	Blankenburg	UB aus 118 076-9
118 578-4	228 578-1	LKM	651078	15.12.78	Karl-Marx-Stadt	31.12.94	Wustermark	UB aus 118 078-5
								→ M. Basdorf
118 579-2	228 579-9	LKM	651079	15.09.82	Oebisfelde	10.02.92	Magdeburg	UB aus 118 079-3
118 580-0	228 580-7	LKM	651080	28.05.85	Neustrelitz	19.10.93	Neustrelitz	UB aus 118 080-1
118 582-6		LKM	651082	30.12.85	Bln.-Ostbahnhof	22.05.91	Güstrow	UB aus 118 082-7
118 583-4	228 583-1	LKM	651083	30.10.80	Bln.-Ostbahnhof	07.02.92	Brandenburg	UB aus 118 083-5
118 584-2		LKM	651084	21.02.79	Neustrelitz	27.11.83	Bln.-Ostbahnhof	UB aus 118 084-3
118 585-9	228 585-6	LKM	651085	21.02.83	Bln.-Ostbahnhof	07.02.92	Haldensleben	UB aus 118 085-0
								→ IGE Werrabahn
118 586-7	228 586-4	LKM	651086	26.11.87	Brandenburg	26.10.93	Güsten	UB aus 118 086-8
118 587-5		LKM	651087	13.03.84	Neustrelitz	29.06.90	Neubrandenburg	UB aus 118 087-6
118 601-4	228 601-1	LKM	652009	22.09.81	Magdeburg	29.03.94	Arnstadt	UB aus 118 201-3
118 605-5	228 605-2	LKM	280005	26.09.84	Karl-Marx-Stadt	03.11.92	Kamenz	UB aus 118 205-4
118 606-3	228 606-0	LKM	280006	25.09.81	Meiningen	31.05.95	Zwickau	UB aus 118 206-2
118 608-9	228 608-6	LKM	280008	29.04.83	Jüterbog	20.12.95	Erfurt	UB aus 118 208-8
118 609-7	228 609-4	LKM	280009	31.10.73	Halle P	29.10.93	Brandenburg	UB aus 118 209-6
118 610-5	228 610-2	LKM	280010	24.11.86	Neustrelitz	29.06.94	Neustrelitz	UB aus 118 210-4
118 611-3		LKM	280011	18.12.73	Magdeburg	31.10.91	Wismar	UB aus 118 211-2
118 612-1	228 612-8	LKM	280012	29.12.88	Karl-Marx-Stadt	31.05.95	Görlitz	UB aus 118 212-0
118 613-9	228 613-6	LKM	280013	18.10.73	Magdeburg	04.01.94	Kamenz	UB aus 118 213-8
118 614-7	228 614-4	LKM	280014	19.09.85	Sangerhausen	31.08.95	Erfurt	UB aus 118 214-6
118 615-4	228 615-1	LKM	280015	26.08.83	Rostock	07.07.94	Neustrelitz	UB aus 118 215-3
118 616-2	228 616-9	LKM	280016	31.10.86	Brandenburg	31.07.95	Brandenburg	UB aus 118 216-1

118 617-0	228 617-7	LKM	280017	27.08.73	Magdeburg	01.10.92	Aue	UB aus 118 217-9
								→ M. Tuttlingen
118 618-8	228 618-5	LKM	280018	20.07.84	Aue	04.01.94	Kamenz	UB aus 118 218-7
118 619-6	228 619-3	LKM	280019	04.01.84	Wustermark	30.11.94	Zwickau	UB aus 118 219-5
118 620-4		LKM	280020	14.12.83	Magdeburg	31.10.91	Magdeburg	UB aus 118 220-3
118 621-2	228 621-9	LKM	280021	23.04.86	Görlitz	30.06.95	Dresden	UB aus 118 221-1
118 622-0	228 622-7	LKM	280022	31.10.86	Aue	31.05.95	Chemnitz	UB aus 118 222-9
118 623-8	228 623-5	LKM	280023	28.09.73	Jüterbog	20.12.95	Erfurt	UB aus 118 223-7
118 624-6	228 624-3	LKM	280024	25.06.82	Jüterbog	04.01.94	Görlitz	UB aus 118 224-5
118 625-3	228 625-0	LKM	280025	07.01.76	Leipzig Süd	25.11.93	Leipzig Süd	UB aus 118 225-2
118 626-1		LKM	280026	16.12.87	Karl-Marx-Stadt	06.11.91	Chemnitz	UB aus 118 226-0
118 628-7	228 628-4	LKM	280028	09.04.87	Merseburg	06.12.93	Arnstadt	UB aus 118 228-6
118 629-5	228 629-2	LKM	280029	29.05.90	Zittau	27.10.94	Zwickau	UB aus 118 229-4
118 630-3	228 630-0	LKM	280030	25.11.87	Bautzen	19.10.93	Glauchau	UB aus 118 230-2
118 631-1	228 631-8	LKM	280031	28.10.87	Zittau	30.06.95	Dresden	UB aus 118 231-0
118 632-9	228 632-6	LKM	280032	30.03.88	Karl-Marx-Stadt	07.02.92	Zittau	UB aus 118 232-8
118 633-7	228 633-4	LKM	280033	01.03.83	Arnstadt	12.07.94	Zwickau	UB aus 118 233-6
								→ BSW Glauchau
118 635-2	228 635-9	LKM	280035	10.08.88	Karl-Marx-Stadt	30.03.92	Zittau	UB aus 118 235-1
118 637-8	228 637-5	LKM	280037	15.11.84	Zeitz	03.11.92	Brandenburg	UB aus 118 237-7
118 638-6	228 638-3	LKM	280038	14.06.85	Blankenburg	14.12.93	Blankenburg	UB aus 118 238-5
118 639-4	228 639-1	LKM	280039	23.11.73	Merseburg	10.11.94	Kamenz	UB aus 118 239-3
118 640-2	228 640-9	LKM	280040	05.07.90	Magdeburg	31.10.95	Halberstadt	UB aus 118 240-1
118 641-0		LKM	280041	16.02.88	Merseburg	31.10.91	Wismar	UB aus 118 241-9
118 642-8	228 642-5	LKM	280042	12.01.84	Merseburg	19.03.92	Leipzig Süd	UB aus 118 242-7
118 644-4	228 644-1	LKM	280044	27.02.87	Merseburg	31.12.94	Wustermark	UB aus 118 244-3
118 645-1	228 645-8	LKM	280045	20.09.83	Halberstadt	01.04.93	Brandenburg	UB aus 118 245-0
118 646-9	228 646-6	LKM	280046	29.11.82	Arnstadt	20.12.95	Erfurt	UB aus 118 246-8
118 647-7	228 647-4	LKM	280047	20.11.89	Zittau	04.01.94	Brandenburg	UB aus 118 247-6
118 648-5	228 648-2	LKM	280048	23.10.72	Leipzig Süd	04.01.94	Chemnitz	UB aus 118 248-4
118 649-3		LKM	280049	13.11.73	Nordhausen	24.09.91	Bautzen	UB aus 118 249-2
118 650-1	228 650-8	LKM	280050	26.02.82	Meiningen	19.03.92	Görlitz	UB aus 118 250-0
118 651-9	228 651-6	LKM	280051	15.10.73	Merseburg	07.02.92	Kamenz	UB aus 118 251-8
118 652-7	228 652-4	LKM	280052	24.08.73	Merseburg	10.11.94	Kamenz	UB aus 118 252-6
118 654-3	228 654-0	LKM	280054	07.12.73	Jüterbog	11.01.93	Kamenz	UB aus 118 254-2
118 655-0	228 655-7	LKM	280055	30.05.83	Leipzig Süd	14.08.92	Güstrow	UB aus 118 255-9
118 656-8	228 656-5	LKM	280056	30.07.90	Bautzen	27.06.92	Bautzen	UB aus 118 256-7
								→ M. Hermeskeil
118 657-6	228 657-3	LKM	280057	27.08.90	Zittau	31.05.95	Zwickau	UB aus 118 257-5
118 658-4	228 658-1	LKM	280058	20.03.74	Halle P	04.01.94	Glauchau	UB aus 118 258-3
118 659-2	228 659-9	LKM	280059	30.08.89	Kamenz	19.03.92	Kamenz	UB aus 118 259-1
118 661-8	228 661-5	LKM	280061	29.04.89	Merseburg	10.02.92	Magdeburg	UB aus 118 261-7
118 662-6	228 662-3	LKM	280062	09.07.84	Arnstadt	20.12.95	Erfurt	UB aus 118 262-5
118 663-4	228 663-1	LKM	280063	14.02.82	Meiningen	10.11.94	Dresden	UB aus 118 263-3
118 666-7	228 666-4	LKM	280066	22.12.87	Brandenburg	29.06.94	Neustrelitz	UB aus 118 266-6
118 667-5	228 667-2	LKM	280067	18.07.85	Brandenburg	14.12.93	Kamenz	UB aus 118 267-4
118 669-1	228 669-8	LKM	280069	30.06.83	Halberstadt	10.11.94	Dresden	UB aus 118 269-0
118 671-7	228 671-4	LKM	280071	31.07.89	Bautzen	31.10.95	Erfurt	UB aus 118 271-6
118 672-5	228 672-2	LKM	280072	26.05.85	Karl-Marx-Stadt	10.11.94	Dresden	UB aus 118 272-4
118 673-3	228 673-0	LKM	280073	16.04.84	Merseburg	31.05.95	Zwickau	UB aus 118 273-2
118 674-1	228 674-8	LKM	280074	23.03.84	Jüterbog	31.07.95	Erfurt	UB aus 118 274-0
118 675-8	228 675-5	LKM	280075	23.09.83	Halberstadt	10.03.95	Mgd.-Rothensee	UB aus 118 275-7
118 676-6	228 676-3	LKM	280076	12.01.83	Glauchau	29.08.94	Zwickau	UB aus 118 276-5

118 677-4	228 677-1	LKM	280077	27.06.89	Bautzen	14.12.93	Magdeburg	UB aus 118 277-3
118 678-2	228 678-9	LKM	280078	20.11.73	Bln.-Ostbahnhof	11.01.93	Zittau	UB aus 118 278-1
118 679-0	228 679-7	LKM	280079	29.12.89	Merseburg	03.11.92	Güstrow	UB aus 118 279-9
118 680-8	228 680-5	LKM	280080	26.09.85	Arnstadt	20.12.95	Erfurt	UB aus 118 280-7
118 681-6	228 681-3	LKM	280081	18.12.84	Wustermark	30.11.94	Wustermark	UB aus 118 281-5
118 682-4	228 682-1	LKM	280082	29.01.88	Kamenz	07.02.92	Kamenz	UB aus 118 282-3
118 683-2	228 683-9	LKM	280083	19.06.86	Zittau	20.06.95	Görlitz	UB aus 118 283-1
118 684-0	228 684-7	LKM	280084	27.09.88	Zittau	04.01.94	Zittau	UB aus 118 284-9
118 685-7	228 685-4	LKM	280085	29.12.86	Bautzen	30.10.95	Zwickau	UB aus 118 285-6
118 686-5	228 686-2	LKM	280086	26.08.85	Kamenz	31.07.95	Erfurt	UB aus 118 286-4
118 688-1	228 688-8	LKM	280088	31.10.84	Aue	30.06.95	Dresden	UB aus 118 288-0
118 689-9	228 689-6	LKM	280089	29.04.89	Bautzen	04.01.94	Bautzen	UB aus 118 289-8
118 692-3	228 692-0	LKM	280092	28.07.88	Magdeburg	31.10.95	Mgd-Rothensee	UB aus 118 292-2
118 693-1	228 693-8	LKM	280093	29.07.82	Arnstadt	31.10.95	Halberstadt	UB aus 118 293-0
118 694-9	228 694-6	LKM	280094	25.05.88	Glauchau	07.07.94	Görlitz	UB aus 118 294-8
118 695-6	228 695-3	LKM	280095	30.10.85	Sangerhausen	10.03.95	Mgd.-Rothensee	UB aus 118 295-5
118 696-4	228 696-1	LKM	280096	31.01.85	Leipzig Süd	20.06.95	Erfurt	UB aus 118 296-3
118 697-2	228 697-9	LKM	280097	25.09.72	Halle P	31.10.95	Mgd.-Rothensee	UB aus 118 297-1
118 698-0	228 698-7	LKM	280098	08.03.84	Jüterbog	03.11.92	Güstrow	UB aus 118 298-9
118 699-8	228 699-5	LKM	280099	20.04.88	Karl-Marx-Stadt	12.02.92	Chemnitz	UB aus 118 299-7
118 700-4	228 700-1	LKM	280100	28.06.85	Arnstadt			UB aus 118 300-3
118 701-2	228 701-9	LKM	280101	28.05.84	Leipzig Süd	11.01.93	Görlitz	UB aus 118 301-1
118 702-0		LKM	280102	28.10.80	Jüterbog	18.12.91	Kamenz	UB aus 118 302-9
118 703-8	228 703-5	LKM	280103	20.10.89	Brandenburg	31.10.95	Mgd.-Rothensee	UB aus 118 303-7
118 704-6	228 704-3	LKM	280104	28.12.81	Meiningen	20.12.95	Erfurt	UB aus 118 304-5
118 705-3	228 705-0	LKM	280105	27.08.87	Wustermark	30.12.94	Wustermark	UB aus 118 305-2
								→ M. Basdorf
118 706-1	228 706-8	LKM	280106	28.01.82	Meiningen	20.12.95	Erfurt	UB aus 118 306-0
118 707-9	228 707-6	LKM	280107	14.11.85	Meiningen	14.12.93	Brandenburg	UB aus 118 307-8
118 708-7	228 708-4	LKM	280108	22.03.83	Rostock	20.12.95	Erfurt	UB aus 118 308-6
118 709-5	228 709-2	LKM	280109	11.09.80	Jüterbog	10.11.94	Kamenz	UB aus 118 309-4
118 710-3	228 710-0	LKM	280114	20.08.82	Meiningen	31.07.95	Erfurt	UB aus 118 310-2
118 711-1	228 711-8	LKM	280115	25.05.81	Aue	19.03.92	Görlitz	UB aus 118 311-0
118 713-7	228 713-4	LKM	280117	11.09.87	Bautzen	14.12.93	Görlitz	UB aus 118 313-6
118 714-5	228 714-2	LKM	280118	19.04.79	Dresden	05.12.94	Erfurt	UB aus 118 314-4
								→ BSW Krefeld
118 715-2	228 715-9	LKM	280119	25.09.79	Dresden	10.03.95	Leipzig Süd	UB aus 118 315-1
118 716-0	228 716-7	LKM	280120	31.05.89	Karl-Marx-Stadt	31.05.95	Chemnitz	UB aus 118 316-9
118 717-8	228 717-5	LKM	280121	01.08.83	Magdeburg	10.02.92	Magdeburg	UB aus 118 317-7
118 718-3	228 718-3	LKM	280122	12.09.84	Frankfurt (O)	30.11.94	Wustermark	UB aus 118 318-5
118 719-4	228 719-1	LKM	280123	20.08.85	Neustrelitz	29.06.94	Neustrelitz	UB aus 118 319-3
118 720-2	228 720-9	LKM	280124	07.11.80	Jüterbog	30.11.94	Wustermark	UB aus 118 320-1
118 721-0	228 721-7	LKM	280125	18.06.90	Jüterbog	01.03.94	Wustermark	UB aus 118 321-9
								→ M. Basdorf
118 722-8	228 722-5	LKM	280126	30.11.88	Zittau	07.02.92	Zittau	UB aus 118 322-7
118 723-6	228 723-3	LKM	280127	22.12.80	Jüterbog	30.11.94	Wustermark	UB aus 118 323-5
118 724-4	228 724-1	LKM	280128	28.05.82	Meiningen	20.12.95	Erfurt	UB aus 118 324-3
118 725-1	228 725-8	LKM	280129	29.05.87	Zittau	30.06.95	Dresden	UB aus 118 325-0
118 726-9	228 726-6	LKM	280130	23.07.84	Bln.-Grunewald	29.10.93	Brandenburg	UB aus 118 326-8
118 727-7	228 727-4	LKM	280131	29.06.79	Dresden	04.01.94	Zittau	UB aus 118 327-6
118 728-5	228 728-2	LKM	280132	05.12.79	Dresden	04.01.94	Bautzen	UB aus 118 328-4
118 729-3	228 729-0	LKM	280133	27.04.83	Rostock	26.10.93	Brandenburg	UB aus 118 329-2
118 731-9	228 731-6	LKM	280135	18.04.83	Rostock	30.11.94	Wustermark	UB aus 118 331-8

118 732-7	228 732-4	LKM	280136	31.10.88	Bautzen	30.03.92	Bautzen	UB aus 118 332-6	
118 733-5	228 733-2	LKM	280137	26.06.85	Neustrelitz	07.07.94	Neustrelitz	UB aus 118 333-4	
118 734-3	228 734-0	LKM	280138	10.09.81	Schwerin	11.01.93	Görlitz	UB aus 118 334-2	
118 735-6		LKM	280139	22.12.83	Arnstadt	21.12.90	Kamenz	UB aus 118 335-9	
118 736-8	228 736-5	LKM	280140	31.03.89	Meiningen	20.06.95	Erfurt	UB aus 118 336-7	
118 737-6	228 737-3	LKM	280141	26.09.88	Aue	11.01.93	Görlitz	UB aus 118 337-5	
118 738-4	228 738-1	LKM	280142	21.05.87	Jüterbog	14.08.92	Jüterbog	UB aus 118 338-3	
118 739-2	228 739-9	LKM	280143	28.06.85	Rostock	30.06.95	Dresden	UB aus 118 339-1	
118 740-0	228 740-7	LKM	280144	30.05.85	Wustermark	20.12.95	Erfurt	UB aus 118 340-9	
118 741-8	228 741-5	LKM	280145	23.06.88	Kamenz	10.11.94	Kamenz	UB aus 118 341-7	
118 742-6	228 742-3	LKM	280146	28.02.90	Kamenz	30.11.94	Wustermark	UB aus 118 342-5 → EFO	
118 745-9	228 745-6	LKM	280149	26.03.86	Karl-Marx-Stadt	31.05.95	Chemnitz	UB aus 118 345-8	
118 746-7	228 746-4	LKM	280150	11.12.85	Merseburg	20.12.95	Erfurt	UB aus 118 346-6	
118 747-5	228 747-2	LKM	280151	26.10.87	Karl-Marx-Stadt	07.02.92	Chemnitz	UB aus 118 347-4	
118 748-3	228 748-0	LKM	280152	01.08.80	Meiningen			UB aus 118 348-2	
118 749-1	228 749-8	LKM	280153	18.03.82	Arnstadt			UB aus 118 349-0	
118 750-9	228 750-6	LKM	280154	31.01.90	Zittau	28.11.93	Zittau	UB aus 118 350-8 → EVG	
118 751-7	228 751-4	LKM	280155	25.09.84	Arnstadt			UB aus 118 351-6	
118 753-3	228 753-0	LKM	280157	27.04.84	Arnstadt	26.10.93	Sangerhausen	UB aus 118 353-2	
118 754-1	228 754-8	LKM	280158	25.06.81	Magdeburg	10.02.92	Magdeburg	UB aus 118 354-0	
118 755-8	228 755-5	LKM	280159	17.10.84	Aue	04.01.94	Görlitz	UB aus 118 355-7	
118 756-6	228 756-3	LKM	280165	31.07.87	Kamenz	30.06.95	Dresden	UB aus 118 356-5	
118 757-4	228 757-1	LKM	280166	29.12.84	Wustermark	01.03.94	Wustermark	UB aus 118 357-3 → M. Basdorf	
118 758-2	228 758-9	LKM	280167	27.11.84	Aue	31.12.94	Wustermark	UB aus 118 358-1 → M. Basdorf	
118 759-0	228 759-7	LKM	280168	31.08.81	Jüterbog	01.04.93	Arnstadt	UB aus 118 359-9	
118 760-8	228 760-5	LKM	280169	18.12.86	Wustermark	11.01.93	Görlitz	UB aus 118 360-7	
118 761-6	228 761-3	LKM	280170	05.01.79	Meiningen	20.12.95	Erfurt	UB aus 118 361-5	
118 762-4	228 762-1	LKM	280171	27.04.90	Zittau	31.05.95	Zwickau	UB aus 118 362-3	
118 764-0	228 764-7	LKM	280173	17.05.82	Leipzig Süd	10.03.95	Halberstadt	UB aus 118 364-9	
118 765-7	228 765-4	LKM	280174	07.01.80	Magdeburg	11.01.93	Brandenburg	UB aus 118 365-6	
118 766-5	228 766-2	LKM	280175	08.06.83	Arnstadt			UB aus 118 366-4	
118 767-3	228 767-0	LKM	280176	16.05.86	Brandenburg			UB aus 118 367-2	
118 768-1	228 768-8	LKM	280177	27.08.84	Aue	31.05.95	Görlitz	UB aus 118 368-0	
118 769-9	228 769-6	LKM	280178	30.06.97	Stralsund	20.12.95	Erfurt	UB aus 118 369-8	
118 770-7	228 770-4	LKM	280179	12.10.78	Dresden	17.06.94	Dresden	UB aus 118 370-6 → BSW Glauchau	
118 771-5	228 771-2	LKM	280180	03.07.80	Oebisfelde	30.06.95	Dresden	UB aus 118 371-4	
118 773-1	228 773-8	LKM	280182	27.10.71	Leipzig Süd	10.03.95	Mgd.-Rothensee	UB aus 118 373-0	
118 774-9	228 774-6	LKM	280183	19.02.86	Jüterbog	29.08.94	Wustermark	UB aus 118 374-8	
118 775-6	228 775-3	LKM	280184	13.08.84	Aue	11.01.93	Görlitz	UB aus 118 375-5	
118 776-4	228 776-1	LKM	280185	27.12.83	Aue	31.05.95	Zwickau	UB aus 118 376-3	
118 777-2	228 777-9	LKM	280186	24.04.81	Meiningen	20.06.95	Chemnitz	UB aus 118 377-1	
118 778-0	228 778-7	LKM	280187	30.09.80	Jüterbog	14.08.92	Güstrow	UB aus 118 378-9	
118 780-6	228 780-3	LKM	280189	25.02.80	Meiningen	20.12.95	Erfurt	UB aus 118 380-5	
118 781-4	228 781-1	LKM	280190	24.06.83	Arnstadt	10.11.94	Chemnitz	UB aus 118 381-3	
118 782-2	228 782-9	LKM	280191	23.03.90	Aue	20.06.95	Chemnitz	UB aus 118 382-1 → Sächs. Eb.-M.	
118 783-0	228 783-7	LKM	280192	29.10.82	Rostock	11.01.93	Brandenburg	UB aus 118 383-9	
118 784-8	228 784-5	LKM	280193	11.03.82	Jüterbog	20.12.95	Erfurt	UB aus 118 384-7	

118 785-5	228 785-2	LKM	280194	21.02.83	Arnstadt	08.05.92	Arnstadt	UB aus 118 385-4
118 786-3	228 786-0	LKM	280195	29.08.89	Wustermark			UB aus 118 386-2
118 787-1	228 787-8	LKM	280196	30.11.81	Meiningen	07.02.92	Meiningen	UB aus 118 387-0
118 788-9	228 788-6	LKM	280197	25.06.81	Meiningen			UB aus 118 388-8
118 789-7	228 789-4	LKM	280198	17.10.85	Neustrelitz	03.11.92	Neustrelitz	UB aus 118 389-6
118 791-3	228 791-0	LKM	280200	24.02.89	Brandenburg			UB aus 118 391-2
118 792-1	228 792-8	LKM	280201	13.05.81	Jüterbog	31.05.95	Wustermark	UB aus 118 392-0 → Vennbahn
118 793-9	228 793-6	LKM	280202	12.07.83	Meiningen	10.03.95	Dresden	UB aus 118 393-8
118 794-7	228 794-4	LKM	280203	21.08.84	Arnstadt	20.12.95	Erfurt	UB aus 118 394-6
118 795-4	228 795-1	LKM	280204	13.09.85	Karl-Marx-Stadt	20.12.95	Erfurt	UB aus 118 395-3
118 796-2	228 796-9	LKM	280205	27.12.84	Arnstadt	04.01.94	Görlitz	UB aus 118 396-1
118 797-0	228 797-7	LKM	280206	27.02.86	Leipzig Süd	04.01.94	Leipzig Süd	UB aus 118 397-9
118 798-8	228 798-5	LKM	280207	26.01.83	Arnstadt			UB aus 118 398-7
118 799-6		LKM	280208	11.03.83	Leipzig Süd	31.10.91	Wismar	UB aus 118 399-5
118 800-2	228 800-9	LKM	280209	09.02.84	Leipzig Süd	20.06.95	Mgd.-Rothensee	UB aus 118 400-1
118 801-0	228 801-7	LKM	280210	27.08.81	Arnstadt	20.12.95	Erfurt	UB aus 118 401-9
118 802-8	228 802-5	LKM	280211	18.08.72	Leipzig Süd	31.10.95	Mgd.-Rothensee	UB aus 118 402-7
118 803-6	228 803-3	LKM	280212	11.08.83	Leipzig Süd	20.06.95	Mgd.-Rothensee	UB aus 118 403-5
118 804-4	228 804-1	LKM	280213	09.12.83	Leipzig Süd	31.10.95	Leipzig Süd	UB aus 118 404-3 → vk
118 805-1	228 805-8	LKM	280214	30.05.80	Leipzig Süd	31.10.95	Mgd.-Rothensee	UB aus 118 405-0
118 806-9	228 806-6	LKM	280215	01.04.80	Meiningen	20.12.95	Erfurt	UB aus 118 406-8

Baureihe 229 (DR/DB AG)

Betriebsnummer			Hersteller	Fab.-Nr.	Abnahme	1. Bw	Aus-musterung	letztes Bw	Anmerkung
bis 1969	ab 1970	ab 1992							
		229 100-3	Krupp VT	5651	26.11.92	Bln.-Pankow			UB aus 219 100-5
		229 102-9	Krupp VT	5652	09.10.92	Bln.-Pankow			UB aus 219 102-1
		229 106-0	Krupp VT	5653	29.09.92	Bln.-Pankow			UB aus 219 106-2
		229 113-6	Krupp VT	5654	25.09.92	Bln.-Pankow			UB aus 219 113-8
		229 118-5	Krupp VT	5655	21.06.93	Bln.-Pankow			UB aus 219 118-7
		229 120-1	Krupp VT	5656	22.05.92	Bln.-Pankow			UB aus 219 120-3
		229 126-8	Krupp VT	5657	23.07.93	Bln.-Pankow			UB aus 219 126-0
		229 128-4	Krupp VT	5658	05.02.93	Bln.-Pankow			UB aus 219 128-6
		229 144-1	Krupp VT	5659	02.04.93	Bln.-Pankow			UB aus 219 144-3
		229 147-4	Krupp VT	5660	02.07.93	Bln.-Pankow			UB aus 219 147-6
		229 170-6	Krupp VT	5661	03.03.93	Bln.-Pankow			UB aus 219 170-8
		229 171-4	Krupp VT	5662	21.08.92	Bln.-Pankow			UB aus 219 171-6
		229 173-0	Krupp VT	5663	04.08.92	Bln.-Pankow			UB aus 219 173-2
		229 174-8	Krupp VT	5664	05.11.92	Bln.-Pankow			UB aus 219 174-0
		229 181-3	Krupp VT	5665	18.12.92	Bln.-Pankow			UB aus 219 181-5
		229 184-7	Krupp VT	5666	24.05.93	Bln.-Pankow			UB aus 219 184-9
		229 186-2	Krupp VT	5667	29.12.93	Bln.-Pankow			UB aus 219 186-4
		229 188-8	Krupp VT	5668	07.12.92	Bln.-Pankow			UB aus 219 188-0
		229 193-8	Krupp VT	5669	07.09.92	Bln.-Pankow			UB aus 219 193-0
		229 199-5	Krupp VT	5670	07.09.93	Bln.-Pankow			UB aus 219 199-7

Baureihe V 300/230 (DB)

Betriebsnummer			Hersteller	Fab.-Nr.	Abnahme	1. Bw	Aus-musterung	letztes Bw	Anmerkung
bis 1967	ab 1968	ab 1992							
V 300 001	230 001-0		Krauss-Maffei	18416	14.04.64	Hamm P	26.08.75	Hmb.-Altona	

zuvor Mieteinsatz seit 15.08.57

Baureihe 130/230 (DR/DB AG)

Betriebsnummer			Hersteller	Fab.-Nr.	Abnahme	1. Bw	Aus-musterung	letztes Bw	Anmerkung
bis 1969	ab 1970	ab 1992							
	130 001-1	230 001-0	LTS	0001	03.08.70	Halle G	26.04.94	Seddin	
	130 002-9	230 002-8	LTS	0002	31.03.71	Halle G	14.11.94	Seddin	→ VM Dresden
	130 003-7	230 003-6	LTS	0003	25.08.70	Halle G	26.04.94	Seddin	
	130 004-5		LTS	0004	12.12.70	Halle G	12.10.76	Seddin	
	130 005-2		LTS	0005	20.07.70	Halle G	01.08.78	Seddin	
	130 006-0		LTS	0006	20.07.70	Halle G	12.01.87	Neustrelitz	
	130 007-8	230 007-7	LTS	0007	11.01.71	Halle G	26.04.94	Seddin	
	130 008-6	230 008-5	LTS	0008	31.12.70	Halle G	26.04.94	Frankfurt (O)	
	130 009-4	230 009-3	LTS	0009	31.12.70	Halle G	06.04.94	Frankfurt (O)	
	130 010-2	230 010-1	LTS	0010	11.01.71	Halle G	06.04.94	Seddin	
	130 011-0	230 011-9	LTS	0011	19.02.71	Neustrelitz	06.04.94	Seddin	
	130 012-8	230 012-7	LTS	0012	22.04.71	Leipzig Süd	25.11.93	Seddin	→ M. Belzig
	130 013-6	230 013-5	LTS	0013	28.04.71	Halle G	24.01.92	Neustrelitz	
	130 014-4	230 014-3	LTS	0014	22.04.71	Leipzig Süd	06.04.94	Frankfurt (O)	
	130 015-1	230 015-0	LTS	0015	05.05.71	Neustrelitz	19.10.93	Frankfurt (O)	
	130 016-9		LTS	0016	06.05.71	Halle G	10.05.90	Seddin	
	130 017-7	230 017-6	LTS	0017	08.05.71	Neustrelitz	06.04.94	Frankfurt (O)	
	130 018-5		LTS	0018	12.05.71	Neustrelitz	16.10.90	Seddin	
	130 019-3	230 019-2	LTS	0019	12.04.72	Neustrelitz	06.04.94	Frankfurt (O)	
	130 020-1	230 020-0	LTS	0020	03.11.72	Leipzig Süd	29.03.94	Seddin	
	130 021-9		LTS	0021	12.05.71	Neustrelitz	24.01.84	Neustrelitz	
	130 022-7	230 022-6	LTS	0022	13.05.71	Neustrelitz	24.01.92	Neustrelitz	
	130 023-5	230 023-4	LTS	0023	19.05.71	Neustrelitz	29.11.94	Seddin	
	130 024-3	230 024-2	LTS	0024	05.08.71	Neustrelitz	04.01.94	Neustrelitz	
	130 025-0	230 025-9	LTS	0025	21.05.71	Neustrelitz	24.01.92	Neustrelitz	
	130 026-8		LTS	0026	21.05.71	Neustrelitz	20.04.89	Seddin	
	130 027-6	230 027-5	LTS	0027	04.06.71	Neustrelitz	29.03.94	Frankfurt (O)	
	130 028-4	230 028-3	LTS	0028	19.05.71	Neustrelitz	21.03.94	Neustrelitz	
	130 029-2	230 029-1	LTS	0029	08.06.71	Neustrelitz	29.03.94	Frankfurt (O)	
	130 030-0	230 030-9	LTS	0030	18.06.71	Neustrelitz	24.01.92	Neustrelitz	
	130 031-8		LTS	0031	24.06.71	Halle G	08.06.89	Falkenberg	
	130 032-6		LTS	0032	11.06.71	Neustrelitz	08.10.74	Neustrelitz	
	130 033-4	230 033-3	LTS	0033	15.07.71	Halle G	29.03.94	Frankfurt (O)	
	130 034-2	230 034-1	LTS	0034	09.07.71	Neustrelitz	06.04.94	Frankfurt (O)	
	130 035-9		LTS	0035	02.07.71	Halle G	15.01.87	Seddin	
	130 036-7		LTS	0036	13.08.71	Neustrelitz	08.10.74	Neustrelitz	
	130 037-5	230 037-4	LTS	0039	25.11.71	Halle G	06.04.94	Seddin	
	130 038-3	230 038-2	LTS	0040	26.11.71	Halle P	04.01.94	Neustrelitz	
	130 039-1	230 039-0	LTS	0041	30.11.71	Erfurt	19.10.93	Seddin	
	130 040-9	230 040-8	LTS	0042	30.11.71	Halle G	06.04.94	Seddin	
	130 041-7	230 041-6	LTS	0045	02.12.71	Neustrelitz	31.03.93	Frankfurt (O)	

130 042-5	230 042-4	LTS	0044	02.12.71	Neustrelitz	06.04.94	Seddin	
130 043-3	230 043-2	LTS	0043	10.12.71	Halle G	31.03.93	Seddin	
130 044-1	230 044-0	LTS	0046	17.12.71	Neustrelitz	24.01.92	Neustrelitz	
130 045-8	230 045-7	LTS	0048	17.12.71	Neustrelitz	11.01.93	Seddin	
130 046-6		LTS	0047	21.12.71	Neustrelitz	13.08.84	Neustrelitz	
130 047-4	230 047-3	LTS	0049	10.12.71	Halle G	31.03.93	Seddin	
130 048-2	230 048-1	LTS	0050	14.12.71	Halle G	06.04.94	Frankfurt (O)	
130 049-0	230 049-9	LTS	0051	05.01.72	Erfurt	26.04.94	Seddin	
130 050-8	230 050-7	LTS	0052	23.12.71	Erfurt	26.04.94	Seddin	
130 051-6	230 051-5	LTS	0053	23.12.71	Neustrelitz	26.04.94	Seddin	
130 052-4	230 052-3	LTS	0054	28.12.71	Neustrelitz	21.03.94	Neustrelitz	
130 053-2	230 053-1	LTS	0055	31.12.71	Neustrelitz	26.04.94	Frankfurt (O)	
130 054-0		LTS	0056	10.01.72	Weißenfels	29.06.89	Seddin	
130 055-7		LTS	0076	06.10.72	Halle G	20.07.76	Halle P	
130 056-5	230 056-4	LTS	0078	02.10.72	Seddin	14.12.93	Seddin	
130 057-3	230 057-2	LTS	0079	04.10.72	Halle G	31.03.93	Frankfurt (O)	
130 058-1		LTS	0080	29.09.72	Halle G			UB in 131 158-8
130 059-9	230 059-8	LTS	0081	20.12.72	Neustrelitz	04.01.94	Neustrelitz	
130 060-7		LTS	0082	19.12.72	Leipzig Süd			UB in 131 160-4
130 061-5	230 061-4	LTS	0083	23.01.73	Leipzig Süd	19.10.93	Frankfurt (O)	
130 062-3	230 062-2	LTS	0084	18.12.72	Leipzig Süd	26.04.94	Frankfurt (O)	
130 063-1	230 063-0	LTS	0085	19.01.73	Leipzig Süd	26.04.94	Frankfurt (O)	
130 064-9		LTS	0086	22.01.73	Leipzig Süd			UB in 131 164-6
130 065-6	230 065-5	LTS	0087	13.10.72	Seddin	14.11.94	Seddin	
130 066-4		LTS	0088	02.11.72	Seddin	29.06.89	Seddin	
130 067-2	230 067-1	LTS	0089	10.10.72	Halle G	02.12.93	Frankfurt (O)	
130 068-0		LTS	0090	02.11.72	Halle G	14.10.74	Seddin	
130 069-8	230 069-7	LTS	0091	17.10.72	Seddin	26.04.94	Seddin	
130 070-6	230 070-5	LTS	0092	02.11.72	Seddin	26.04.94	Frankfurt (O)	
130 071-4	230 071-3	LTS	0093	21.12.72	Neustrelitz	26.04.94	Seddin	
130 072-2	230 072-1	LTS	0094	29.12.72	Seddin	26.04.94	Seddin	
130 073-0	230 073-9	LTS	0095	03.11.72	Seddin	29.11.94	Seddin	
130 074-8	230 074-7	LTS	0096	14.12.72	Seddin	28.09.92	Seddin	
130 075-5	230 075-4	LTS	0097	14.12.72	Seddin	25.11.93	Seddin	
130 076-3	230 076-2	LTS	0098	21.12.72	Neustrelitz	04.01.94	Neustrelitz	
130 077-1	230 077-0	LTS	0099	15.12.72	Neustrelitz	19.10.93	Frankfurt (O)	→ Hei Na Ganzlin
130 078-9	230 078-8	LTS	0100	03.01.73	Seddin	31.03.93	Frankfurt (O)	
130 079-7	230 079-6	LTS	0101	19.12.72	Seddin	06.12.93	Seddin	
130 080-5	230 080-4	LTS	0102	25.05.73	Seddin	14.11.94	Seddin	
130 101-9	230 101-8	LTS	0138	22.02.73	Halle G			UZ in 754 101-4
130 102-7	230 102-6	LTS	0123	16.04.73	Halle P			UZ in 754 102-2

Baureihe 131/231 (DR/DB AG)

Betriebsnummer			Hersteller	Fab.-Nr.	Abnahme	1. Bw	Aus-musterung	letztes Bw	Anmerkung
bis 1969	ab 1970	ab 1992							
	131 001-0	231 001-9	LTS	0103	19.02.73	Halle G	29.10.93	Halle G	
	131 002-8		LTS	0104	11.01.73	Halle G	18.12.91	Halle G	
	131 003-6		LTS	0105	05.01.73	Weißenfels	20.04.89	Weißenfels	
	131 004-4	231 004-3	LTS	0106	09.01.73	Weißenfels	27.06.92	Eisenach	→ M. Hermeskeil
	131 005-1	231 005-0	LTS	0107	16.01.73	Weißenfels	01.04.93	Arnstadt	
	131 006-9		LTS	0108	13.01.73	Halle G	18.12.91	Halle G	

131 007-7		LTS	0109	27.02.73	Halle G	19.12.91	Halle G		
131 008-5	231 008-4	LTS	0110	21.02.73	Erfurt	21.11.94	Weißenfels		
131 009-3		LTS	0111	29.03.73	Halle G	14.12.91	Halle G		
131 010-1	231 010-0	LTS	0112	09.02.73	Halle G	19.10.93	Halle G		
131 011-9	231 011-8	LTS	0113	07.02.73	Weißenfels	10.12.93	Weißenfels	→ M. Basdorf
131 012-7	231 012-6	LTS	0114	10.02.73	Halle G	30.11.95	Reichenbach	→ M. Jüterbog
131 013-5	231 013-4	LTS	0115	14.02.73	Erfurt	21.11.94	Arnstadt		
131 014-3	231 014-2	LTS	0116	13.03.73	Weißenfels	25.10.94	Meiningen		
131 015-0	231 015-9	LTS	0117	20.03.73	Halle G	10.05.95	Weißenfels	→ M. Jüterbog
131 016-8	231 016-7	LTS	0118	20.03.73	Halle G	27.10.94	Weißenfels		
131 017-6	231 017-5	LTS	0119	20.03.73	Halle G	05.03.93	Weißenfels		
131 018-4	231 018-3	LTS	0120	24.05.73	Erfurt	10.03.95	Meiningen	→ M. Jüterbog
131 019-2	231 019-1	LTS	0121	18.04.73	Erfurt	10.03.95	Eisenach		
131 020-0	231 020-9	LTS	0122	18.04.73	Halle G	11.01.93	Halle G		
131 021-8	231 021-7	LTS	0125	11.04.73	Halle G	19.03.92	Weißenfels		
131 022-6	231 022-5	LTS	0124	13.04.73	Erfurt	22.12.93	Weißenfels		
131 023-4		LTS	0126	27.04.73	Halle G	18.12.91	Halle G		
131 024-2		LTS	0128	11.04.73	Halle G	18.12.91	Halle G		
131 025-9		LTS	0140	02.05.73	Halle G	74	Halle G		
131 026-7		LTS	0127	19.05.73	Güsten	14.12.91	Halle G		
131 027-5	231 027-4	LTS	0141	19.05.73	Erfurt	22.12.93	Weißenfels		
131 028-3	231 028-2	LTS	0142	09.07.73	Halle G	06.12.93	Reichenbach		
131 029-1	231 029-0	LTS	0143	09.06.73	Güsten	01.04.92	Halle G		
131 030-9		LTS	0144	09.06.73	Erfurt	08.10.74	Erfurt		
131 031-7	231 031-6	LTS	0145	23.06.73	Erfurt	21.11.94	Eisenach		
131 032-5		LTS	0146	22.07.73	Halle G	24.09.91	Falkenberg		
131 033-3	231 033-2	LTS	0147	06.07.73	Erfurt	07.11.94	Weißenfels		
131 034-1	231 034-0	LTS	0148	12.06.73	Erfurt	01.04.93	Weißenfels		
131 035-8	231 035-7	LTS	0149	06.07.73	Halle G	21.11.94	Halle G		
131 036-6	231 036-5	LTS	0150	19.07.73	Güsten	10.03.95	Eisenach		
131 037-4	231 037-3	LTS	0151	19.07.73	Güsten	27.10.94	Meiningen		
131 038-2	231 038-1	LTS	0152	02.06.73	Halle G	21.11.94	Reichenbach		
131 039-0	231 039-9	LTS	0153	23.06.73	Erfurt	10.03.95	Eisenach		
131 040-8	231 040-7	LTS	0154	04.07.73	Erfurt	10.03.95	Meiningen	→ M. Jüterbog
131 041-6	231 041-5	LTS	0155	12.07.73	Halle G	13.01.84	Röblingen		
131 042-4		LTS	0156	09.07.73	Halle G	13.01.84	Röblingen		
131 043-2	231 043-1	LTS	0157	04.07.73	Halle G	10.03.95	Weißenfels		
131 044-0	231 044-9	LTS	0158	28.08.73	Reichenbach	22.12.93	Meiningen		
131 045-7		LTS	0159	20.07.73	Halle G	23.12.91	Halle G		
131 046-5		LTS	0160	19.07.73	Halle G	24.09.91	Halle G		
131 047-3	231 047-2	LTS	0163	24.07.73	Halle G	26.10.93	Halle G		
131 048-1	231 048-0	LTS	0161	17.07.73	Halle G	21.11.94	Halle G		
131 049-9	231 049-8	LTS	0162	17.07.73	Halle G	21.11.94	Chemnitz		
131 050-7	231 050-6	LTS	0164	20.07.73	Halle G	10.03.95	Meiningen	→ M. Jüterbog
131 051-5	231 051-4	LTS	0165	15.08.73	Reichenbach	27.10.94	Weißenfels		
131 052-3	231 052-2	LTS	0166	12.08.73	Halle G	29.10.93	Halle G		
131 053-1		LTS	0167	03.08.73	Güsten	06.03.75	Güsten		
131 054-9		LTS	0168	30.08.73	Halle G	20.07.76	Halle G		
131 055-6		LTS	0169	12.08.73	Halle G	24.09.91	Halle G		
131 056-4	231 056-3	LTS	0170	15.08.73	Halle G	29.10.93	Halle G		
131 057-2	231 057-1	LTS	0171	28.07.73	Reichenbach	23.04.92	Halle G		
131 058-0	231 058-9	LTS	0172	15.08.73	Halle G	22.11.94	Halle G		
131 059-8	231 059-7	LTS	0173	17.09.73	Reichenbach	10.03.95	Eisenach		

131 060-6	231 060-5	LTS	0174	09.08.73	Halle G	22.12.93	Chemnitz	→ Sächs. Eb.-M.
131 061-4		LTS	0175	22.08.73	Halle G	04.01.84	Halle G	
131 062-2	231 062-1	LTS	0176	23.08.73	Halle G	21.11.94	Halle G	
131 063-0	231 063-9	LTS	0177	11.09.73	Reichenbach	22.12.93	Weißenfels	
131 064-8		LTS	0178	08.09.73	Halle G	29.11.89	Falkenberg	
131 065-5	231 065-4	LTS	0179	06.09.73	Reichenbach	21.11.94	Arnstadt	
131 066-3		LTS	0180	09.09.73	Halle G	14.07.89	Halle G	
131 067-1	231 067-0	LTS	0181	07.09.73	Halle G	27.10.94	Weißenfels	
131 068-9	231 068-8	LTS	0182	16.09.73	Halle G	11.01.93	Halle G	
131 069-7	231 069-6	LTS	0183	16.09.73	Reichenbach	22.12.93	Weißenfels	
131 070-5	231 070-4	LTS	0184	20.09.73	Reichenbach	21.11.94	Eisenach	
131 071-3	231 071-2	LTS	0185	01.10.73	Reichenbach	27.10.94	Weißenfels	
131 072-1	231 072-0	LTS	0186	20.09.73	Reichenbach	10.03.95	Meiningen	
131 073-9	231 073-8	LTS	0187	20.09.73	Reichenbach	27.10.94	Weißenfels	
131 074-7		LTS	0188	28.11.73	Güsten	23.12.91	Halle G	
131 075-4	231 075-3	LTS	0189	25.09.73	Reichenbach	29.10.93	Halle G	
131 076-2		LTS	0190	29.09.73	Reichenbach	13.01.84	Meiningen	
131 158-8	231 158-7	LTS	0080	20.03.84	Weißenfels	01.04.93	Weißenfels	UB aus 130 058-1
131 160-4	231 160-3	LTS	0082	02.11.78	Arnstadt	22.12.93	Arnstadt	UB aus 130 060-7
131 164-6	231 164-5	LTS	0086	30.04.81	Seddin	10.03.95	Eisenach	UB aus 130 064-9

Baureihe V 320/232 (DB)

Betriebsnummer			Hersteller	Fab.-Nr.	Abnahme	1. Bw	Aus-musterung	letztes Bw	Anmerkung
bis 1967	ab 1968	ab 1992							
V 320 001	232 001-8		Henschel	30400	06.09.63	Hamm P	30.06.75	Kempten	→ HKB V 30

Baureihe 132/232 (DR/DB AG)

Betriebsnummer			Hersteller	Fab.-Nr.	Abnahme	1. Bw	Aus-musterung	letztes Bw	Anmerkung
bis 1969	ab 1970	ab 1992							
	132 001-9		LTS	0191	08.02.74	Falkenberg	22.03.90	Falkenberg	
	132 002-7	232 002-6	LTS	0192	23.02.74	Falkenberg			
	132 003-5	232 003-4	LTS	0193	18.01.74	Erfurt			
	132 004-3	232 004-2	LTS	0194	06.12.73	Erfurt	20.12.95	Seddin	→ Bosnien
	132 005-0	232 005-9	LTS	0195	14.12.73	Erfurt			
	132 006-8	232 006-7	LTS	0197	23.02.74	Falkenberg	30.10.95	Görlitz	
	132 007-6		LTS	0196	12.12.73	Erfurt	16.04.85	Erfurt	
	132 008-4	232 008-3	LTS	0198	12.12.73	Erfurt			
	132 009-2	232 009-1	LTS	0199	14.12.73	Erfurt	20.12.95	Erfurt	
	132 010-0	232 010-9	LTS	0200	26.03.74	Halle G			
	132 011-8	232 011-7	LTS	0201	14.12.73	Hoyerswerda			
	132 012-6	232 012-5	LTS	0202	15.12.73	Erfurt			
	132 013-4		LTS	0203	04.01.74	Erfurt	10.12.86	Erfurt	
	132 014-2	232 014-1	LTS	0207	09.01.74	Erfurt			
	132 015-9		LTS	0209	29.01.74	Eisenach	17.03.81	Eisenach	
	132 016-7	232 016-6	LTS	0208	05.01.74	Erfurt			UB in 234 016-1
	132 017-5	232 017-4	LTS	0204	21.12.73	Erfurt			
	132 018-3	232 018-2	LTS	0205	17.01.74	Hoyerswerda			
	132 019-1	232 019-0	LTS	0206	22.12.73	Erfurt	30.11.95	Pasewalk	
	132 020-9	232 020-8	LTS	0210	31.01.74	Eisenach			
	132 021-7	232 021-6	LTS	0211	10.01.74	Wittenberge			

132 022-5	232 022-4	LTS	0212	15.01.74	Hoyerswerda			
132 023-3	232 023-2	LTS	0213	16.01.74	Wittenberge	20.12.95	Meiningen	
132 024-1	232 024-0	LTS	0214	18.01.74	Rostock			
132 025-8	232 025-7	LTS	0215	17.01.74	Hoyerswerda			
132 026-6	232 026-5	LTS	0216	25.01.74	Hoyerswerda			
132 027-4	232 027-3	LTS	0217	19.01.74	Rostock			
132 028-2	232 028-1	LTS	0218	18.04.74	Falkenberg			
132 029-0	232 029-9	LTS	0219	29.01.74	Hoyerswerda			
132 030-8	232 030-7	LTS	0220	05.02.74	Erfurt			
132 031-6	232 031-5	LTS	0221	01.02.74	Erfurt			
132 032-4	232 032-3	LTS	0222	08.02.74	Halle G			
132 033-2	232 033-1	LTS	0223	28.02.74	Halle G			
132 034-0	232 034-9	LTS	0224	18.02.74	Erfurt	20.12.95	Erfurt	
132 035-7	232 035-6	LTS	0225	09.02.74	Erfurt	20.12.95	Erfurt	
132 036-5	232 036-4	LTS	0226	09.02.74	Falkenberg			
132 037-3	232 037-2	LTS	0227	11.02.74	Falkenberg			
132 038-1	232 038-0	LTS	0228	11.02.74	Falkenberg			
132 039-9	232 039-8	LTS	0229	13.02.74	Falkenberg	31.10.95	Magdeburg Hbf	
132 040-7	232 040-6	LTS	0230	13.02.74	Falkenberg			
132 041-5	232 041-4	LTS	0231	13.02.74	Falkenberg			
132 042-3	232 042-2	LTS	0232	27.02.74	Erfurt			
132 043-1	232 043-0	LTS	0233	27.02.74	Erfurt			
132 044-9	232 044-8	LTS	0234	27.02.74	Erfurt			
132 045-6	232 045-5	LTS	0235	08.03.74	Falkenberg			
132 046-4	232 046-3	LTS	0236	01.03.74	Falkenberg	20.12.95	Erfurt	
132 047-2	232 047-1	LTS	0244	20.09.74	Halle G	30.04.96	Reichenbach	
132 048-0	232 048-9	LTS	0245	18.09.74	Halle G	20.12.95	Meiningen	
132 049-8	232 049-7	LTS	0237	06.03.74	Falkenberg			
132 050-6	232 050-5	LTS	0238	26.03.74	Falkenberg			
132 051-4	232 051-3	LTS	0239	07.04.74	Erfurt			
132 052-2	232 052-1	LTS	0240	15.03.74	Falkenberg			
132 053-0	232 053-9	LTS	0241	21.05.74	Falkenberg			
132 054-8	232 054-7	LTS	0243	20.03.74	Leipzig Süd			
132 055-5	232 055-4	LTS	0246	26.03.74	Cottbus			
132 056-3	232 056-2	LTS	0247	26.03.74	Falkenberg	28.04.95	Pasewalk	
132 057-1	232 057-0	LTS	0248	03.04.74	Erfurt	18.02.94	Berlin Hbf	→ Kaliningrad
132 058-9		LTS	0249	28.03.74	Falkenberg	24.01.84	Falkenberg	
132 059-7	232 059-6	LTS	0250	10.04.74	Wittenberge	31.10.95	Halle G	
132 060-5	232 060-4	LTS	0251	09.04.74	Erfurt			
132 061-3	232 061-2	LTS	0242	22.05.74	Falkenberg			
132 062-1	232 062-0	LTS	0252	09.04.74	Falkenberg	31.10.95	Magdeburg Hbf	
132 063-9		LTS	0253	26.04.74	Wittenberge	06.11.91	Magdeburg	
132 064-7	232 064-6	LTS	0254	19.04.74	Wittenberge			
132 065-4	232 065-3	LTS	0255	22.04.74	Hoyerswerda			
132 066-2	232 066-1	LTS	0256	29.05.74	Hoyerswerda	20.12.95	Cottbus	→ Bosnien
132 067-0	232 067-9	LTS	0257	25.04.74	Hoyerswerda	28.11.94	Seddin	
132 068-8	232 068-7	LTS	0258	09.05.74	Karl-Marx-Stadt			
132 069-6		LTS	0259	27.09.74	Erfurt	07.09.89	Saalfeld	
132 070-4	232 070-3	LTS	0260	22.05.74	Reichenbach			
132 071-2	232 071-1	LTS	0261	21.05.74	Hoyerswerda			
132 072-0	232 072-9	LTS	0262	03.05.74	Karl-Marx-Stadt			UB in 234 072-7
132 073-8	232 073-7	LTS	0263	20.05.74	Karl-Marx-Stadt			
132 074-6	232 074-5	LTS	0264	09.05.74	Elsterwerda			

132 075-3	232 075-2	LTS	0265	22.05.74	Magdeburg			UB in 234 075-0
132 076-1	232 076-0	LTS	0291	22.07.74	Reichenbach			
132 077-9	232 077-8	LTS	0292	02.08.74	Magdeburg			
132 078-7	232 078-6	LTS	0294	19.07.74	Reichenbach			
132 079-5	232 079-4	LTS	0295	12.08.74	Reichenbach			
132 080-3	232 080-2	LTS	0297	12.08.74	Reichenbach			
132 081-1	232 081-0	LTS	0296	19.09.74	Reichenbach			
132 082-9		LTS	0298	18.08.74	Reichenbach	30.05.77	Reichenbach	
132 083-7	232 083-6	LTS	0299	21.08.74	Reichenbach			
132 084-5	232 084-4	LTS	0300	17.09.74	Reichenbach	31.10.95	Magdeburg Hbf	
132 085-2	232 085-1	LTS	0301	07.09.74	Erfurt			
132 086-0	232 086-9	LTS	0302	29.08.74	Falkenberg	20.12.95	Erfurt	
132 087-8	232 087-7	LTS	0303	29.09.74	Erfurt			
132 088-6	232 088-5	LTS	0304	15.11.74	Falkenberg			
132 089-4	232 089-3	LTS	0305	28.09.74	Erfurt			
132 090-2	232 090-1	LTS	0314	26.09.74	Eisenach			
132 091-0	232 091-9	LTS	0306	19.09.74	Reichenbach			
132 092-8	232 092-7	LTS	0307	18.09.74	Reichenbach			
132 093-6	232 093-5	LTS	0308	19.09.74	Reichenbach			
132 094-4	232 094-3	LTS	0309	29.09.74	Reichenbach			
132 095-1		LTS	0310	18.09.74	Reichenbach	30.12.82	Reichenbach	
132 096-9	232 096-8	LTS	0311	17.09.74	Reichenbach			
132 097-7	232 097-6	LTS	0312	20.09.74	Reichenbach			
132 098-5	232 098-4	LTS	0313	27.09.74	Karl-Marx-Stadt			
132 099-3	232 099-2	LTS	0315	26.09.74	Karl-Marx-Stadt			
132 100-9	232 100-8	LTS	0316	26.09.74	Eisenach			
132 101-7	232 101-6	LTS	0317	15.11.74	Erfurt			
132 102-5		LTS	0318	21.11.74	Karl-Marx-Stadt	15.11.82	Stralsund	
132 103-3	232 103-2	LTS	0325	24.10.74	Erfurt	18.02.94	Berlin Hbf	→ Kaliningrad
132 104-1	232 104-0	LTS	0319	03.10.74	Reichenbach			
132 105-8	232 105-7	LTS	0320	09.10.74	Reichenbach			
132 106-6	232 106-5	LTS	0321	12.10.74	Eisenach			
132 107-4	232 107-3	LTS	0322	05.11.74	Eisenach	20.12.95	Nordhausen	
132 108-2	232 108-1	LTS	0323	07.10.74	Erfurt			
132 109-0	232 109-9	LTS	0324	31.10.74	Erfurt			
132 110-8	232 110-7	LTS	0326	23.10.74	Erfurt	20.12.95	Saalfeld	
132 111-6	232 111-5	LTS	0327	05.11.74	Halle G			
132 112-4	232 112-3	LTS	0328	06.11.74	Falkenberg			
132 113-2	232 113-1	LTS	0329	07.11.74	Erfurt			
132 114-0	232 114-9	LTS	0330	14.11.74	Erfurt			
132 115-7		LTS	0331	07.11.74	Eisenach	16.07.82	Eisenach	
132 116-5	232 116-4	LTS	0332	24.11.74	Hoyerswerda			UB in 234 116-2
132 117-3	232 117-2	LTS	0333	22.01.75	Magdeburg			
132 118-1	232 118-0	LTS	0334	20.12.74	Karl-Marx-Stadt			
132 119-9		LTS	0335	08.01.75	Magdeburg	01.12.86	Magdeburg	
132 120-7	232 120-6	LTS	0336	21.11.74	Eisenach	20.12.95	Erfurt	
132 121-5	232 121-4	LTS	0337	17.12.74	Erfurt			
132 122-3	232 122-2	LTS	0338	04.12.74	Falkenberg			
132 123-1	232 123-0	LTS	0339	04.12.74	Erfurt			
132 124-9		LTS	0340	19.11.74	Karl-Marx-Stadt	31.05.77	Karl-Marx-Stadt	
132 125-6	232 125-5	LTS	0341	06.12.74	Erfurt			
132 126-4		LTS	0343	06.12.74	Frankfurt (O)	04.01.78	Frankfurt (O)	
132 127-2	232 127-1	LTS	0342	29.11.74	Erfurt			

132 128-0	232 128-9	LTS	0344	14.12.74	Leipzig Süd			
132 129-8	232 129-7	LTS	0345	09.12.74	Magdeburg			
132 130-6	232 130-5	LTS	0346	05.12.74	Erfurt	20.12.95	Saalfeld	
132 131-4	232 131-3	LTS	0347	18.12.74	Erfurt			
132 132-2	232 132-1	LTS	0348	20.12.74	Karl-Marx-Stadt			
132 133-0		LTS	0350	19.12.74	Karl-Marx-Stadt	28.04.89	Eisenach	
132 134-8	232 134-7	LTS	0352	01.01.75	Erfurt			
132 135-5	232 135-4	LTS	0351	01.01.75	Weißenfels			
132 136-3	232 136-2	LTS	0349	12.01.75	Erfurt			
132 137-1	232 137-0	LTS	0353	12.01.75	Erfurt			
132 138-9	232 138-8	LTS	0355	23.12.74	Falkenberg	31.10.95	Görlitz	
132 139-7		LTS	0354	07.01.75	Magdeburg	08.06.89	Magdeburg	
132 140-5	232 140-4	LTS	0356	15.01.75	Güsten			
132 141-3	232 141-2	LTS	0357	31.12.74	Falkenberg			
132 142-1	232 142-0	LTS	0358	27.01.75	Erfurt			
132 143-9	232 143-8	LTS	0359	11.01.75	Wittenberge	30.08.96	Meiningen	
132 144-7	232 144-6	LTS	0360	07.01.75	Magdeburg			UB in 234 144-4
132 145-4	232 145-3	LTS	0361	22.01.75	Eisenach	20.12.95	Erfurt	
132 146-2	232 146-1	LTS	0364	17.01.75	Cottbus			
132 147-0	232 147-9	LTS	0363	27.01.75	Magdeburg			
132 148-8	232 148-7	LTS	0362	16.01.75	Rostock			
132 149-6	232 149-5	LTS	0365	10.01.75	Cottbus			
132 150-4		LTS	0367	15.01.75	Rostock	25.11.88	Rostock	
132 151-2	232 151-1	LTS	0370	10.01.75	Cottbus			
132 152-0	232 152-9	LTS	0371	23.01.75	Cottbus	30.08.96	Görlitz	→ Bosnien
132 153-8	232 153-7	LTS	0369	26.02.75	Falkenberg	30.11.95	Pasewalk	
132 154-6	232 154-5	LTS	0368	05.03.75	Falkenberg			
132 155-3	232 155-2	LTS	0372	17.01.75	Halle G			
132 156-1	232 156-0	LTS	0366	15.01.75	Wittenberge	28.04.95	Pasewalk	
132 157-9	232 157-8	LTS	0374	18.02.75	Karl-Marx-Stadt	29.02.96	Görlitz	
132 158-7	232 158-6	LTS	0373	28.01.75	Falkenberg	30.10.95	Görlitz	
132 159-5		LTS	0375	12.02.75	Magdeburg	07.12.81	Magdeburg	
132 160-3		LTS	0376	05.02.75	Schwerin	17.08.87	Schwerin	
132 161-1	232 161-0	LTS	0377	30.01.75	Hoyerswerda			UB in 234 161-8
132 162-9	232 162-8	LTS	0379	30.01.75	Cottbus			
132 163-7		LTS	0378	12.02.75	Magdeburg	01.08.88	Stralsund	
132 164-5	232 164-4	LTS	0380	28.01.75	Karl-Marx-Stadt			
132 165-2	232 165-1	LTS	0382	07.02.75	Karl-Marx-Stadt			
132 166-0	232 166-9	LTS	0383	30.01.75	Hoyerswerda			UB in 234 166-7
132 167-8	232 167-7	LTS	0381	30.01.75	Karl-Marx-Stadt			
132 168-6	232 168-5	LTS	0384	07.02.75	Falkenberg			
132 169-4		LTS	0385	12.02.75	Falkenberg	30.12.82	Falkenberg	
132 170-2	232 170-1	LTS	0386	18.04.75	Hoyerswerda			UB in 234 170-9
132 171-0		LTS	0387	16.04.75	Cottbus	15.06.90	Görlitz	
132 172-8	232 172-7	LTS	0388	05.03.75	Falkenberg	31.10.95	Magdeburg Hbf	
132 173-6	232 173-5	LTS	0389	05.03.75	Falkenberg			
132 174-4	232 174-3	LTS	0391	14.03.75	Karl-Marx-Stadt			
132 175-1		LTS	0393	11.03.75	Karl-Marx-Stadt	18.08.87	Karl-Marx-Stadt	
132 176-9	232 176-8	LTS	0397	18.03.75	Hoyerswerda			
132 177-7	232 177-6	LTS	0395	03.04.75	Frankfurt (O)	20.12.95	Erfurt	
132 178-5	232 178-4	LTS	0392	18.03.75	Cottbus			
132 179-3	232 179-2	LTS	0394	21.03.75	Erfurt			
132 180-1	232 180-0	LTS	0390	21.03.75	Eisenach			UB in 234 180-8

132 181-9	232 181-8	LTS	0396	18.03.75	Hoyerswerda	20.12.95	Erfurt	
132 182-7	232 182-6	LTS	0400	27.03.75	Karl-Marx-Stadt			
132 183-5		LTS	0401	20.03.75	Karl-Marx-Stadt	13.02.84	Bln.-Ostbahnhof	
132 184-3	232 184-2	LTS	0402	18.03.75	Karl-Marx-Stadt			
132 185-0		LTS	0403	02.04.75	Eisenach	30.08.78	Eisenach	
132 186-8	232 186-7	LTS	0399	03.04.75	Eisenach			
132 187-6	232 187-5	LTS	0398	08.04.75	Frankfurt (O)			
132 188-4	232 188-3	LTS	0404	05.04.75	Frankfurt (O)	30.11.95	Görlitz	
132 189-2	232 189-1	LTS	0406	10.04.75	Frankfurt (O)			
132 190-0	232 190-9	LTS	0405	07.04.75	Frankfurt (O)			
132 191-8	232 191-7	LTS	0408	12.04.75	Frankfurt (O)			
132 192-6	232 192-5	LTS	0407	16.04.75	Frankfurt (O)			
132 193-4		LTS	0411	19.06.75	Wittenberge	30.11.88	Wittenberge	
132 194-2	232 194-1	LTS	0409	18.04.75	Wittenberge			
132 195-9	232 195-8	LTS	0410	22.04.75	Falkenberg			
132 196-7	232 196-6	LTS	0412	21.04.75	Halle G	31.10.95	Halberstadt	
132 197-5	232 197-4	LTS	0401	29.04.75	Erfurt			
132 198-3	232 198-2	LTS	0413	29.04.75	Halle G			
132 199-1		LTS	0415	28.04.75	Magdeburg	23.04.90	Magdeburg	
132 200-7		LTS	0418	15.05.75	Frankfurt (O)	03.01.78	Frankfurt (O)	
132 201-5	232 201-4	LTS	0414	09.05.75	Halle G			
132 202-3	232 202-2	LTS	0416	18.05.75	Leipzig Süd			
132 203-1	232 203-0	LTS	0417	14.05.75	Leipzig Süd			
132 204-9	232 204-8	LTS	0420	23.05.75	Eisenach			
132 205-6	232 205-5	LTS	0421	15.05.75	Rostock			
132 206-4	232 206-3	LTS	0419	16.05.75	Frankfurt (O)			
132 207-2	232 207-1	LTS	0423	16.05.75	Erfurt			
132 208-0	232 208-9	LTS	0422	16.05.75	Erfurt			
132 209-8	232 209-7	LTS	0425	24.05.75	Eisenach			
132 210-6		LTS	0424	23.05.75	Eisenach	16.12.82	Eisenach	
132 211-4	232 211-3	LTS	0429	03.06.75	Leipzig Süd	30.11.96	Halle G	
132 212-2	232 212-1	LTS	0426	06.06.75	Erfurt			
132 213-0	232 213-9	LTS	0428	04.07.75	Rostock			
132 214-8		LTS	0427	14.06.75	Schwerin	17.08.84	Schwerin	
132 215-5	232 215-4	LTS	0436	10.06.75	Erfurt	20.12.95	Erfurt	
132 216-3	232 216-2	LTS	0430	10.06.75	Erfurt			
132 217-1	232 217-0	LTS	0431	13.06.75	Erfurt			
132 218-9	232 218-8	LTS	0434	12.06.75	Halle G			
132 219-7	232 219-6	LTS	0433	19.06.75	Leipzig Süd			
132 220-5	232 220-4	LTS	0435	18.06.75	Leipzig Süd			
132 221-3	232 221-2	LTS	0438	20.06.75	Magdeburg			
132 222-1	232 222-0	LTS	0432	04.07.75	Hoyerswerda			UB in 234 222-8
132 223-9	232 223-8	LTS	0437	09.07.75	Magdeburg			
132 224-7		LTS	0434	16.07.75	Güsten	01.07.80	Güsten	
132 225-4	232 225-3	LTS	0436	15.07.75	Halle G	31.10.95	Magdeburg Hbf	
132 226-2	232 226-1	LTS	0441	11.07.75	Leipzig Süd			
132 227-0	232 227-9	LTS	0439	26.07.75	Rostock			
132 228-8	232 228-7	LTS	0440	11.07.75	Schwerin			
132 229-6	232 229-5	LTS	0442	24.07.75	Güsten			
132 230-4	232 230-3	LTS	0447	24.07.75	Wittenberge			
132 231-2	232 231-1	LTS	0443	06.08.75	Magdeburg			
132 232-0	232 232-9	LTS	0444	08.08.75	Halle G			
132 233-8	232 233-7	LTS	0446	29.07.75	Halle G			

132 234-6	232 234-5	LTS	0445	16.08.75	Schwerin			
132 235-3	232 235-2	LTS	0448	13.08.75	Magdeburg			UB in 234 235-0
132 236-1	232 236-0	LTS	0449	22.08.75	Güsten			
132 237-9	232 237-8	LTS	0450	15.08.75	Halle P			
132 238-7	232 238-6	LTS	0452	05.09.75	Falkenberg			
132 239-5	232 239-4	LTS	0451	12.08.75	Halle G			
132 240-3	232 240-2	LTS	0453	20.08.75	Halle G			
132 241-1	232 241-0	LTS	0454	22.08.75	Güsten			
132 242-9	232 242-8	LTS	0455	29.08.75	Güsten			UB in 234 242-6
132 243-7		LTS	0458	22.08.75	Magdeburg	24.01.84	Magdeburg	
132 244-5	232 244-4	LTS	0456	05.09.75	Magdeburg			UB in 234 244-2
132 245-2	232 245-1	LTS	0457	25.09.75	Cottbus			
132 246-0	232 246-9	LTS	0460	24.09.75	Wittenberge			
132 247-8	232 247-7	LTS	0459	28.08.75	Rostock			UB in 234 247-5
132 248-6	232 248-5	LTS	0461	18.09.75	Falkenberg			
132 249-4	232 249-3	LTS	0462	16.09.75	Falkenberg			
132 250-2	232 250-1	LTS	0463	10.09.75	Magdeburg	31.10.95	Halle G	
132 251-0	232 251-9	LTS	0464	16.09.75	Falkenberg			UB in 234 251-7
132 252-8	232 252-7	LTS	0465	14.09.75	Reichenbach			
132 253-6	232 253-5	LTS	0466	04.09.75	Cottbus			
132 254-4	232 254-3	LTS	0467	19.09.75	Leipzig Süd			
132 255-1	232 255-0	LTS	0469	25.09.75	Wittenberge			
132 256-9	232 256-8	LTS	0470	23.09.75	Halle G	30.08.96	Erfurt	
132 257-7	232 257-6	LTS	0471	15.10.75	Cottbus			UB in 234 257-4
132 258-5	232 258-4	LTS	0468	26.09.75	Reichenbach			
132 259-3	232 259-2	LTS	0473	12.10.75	Güsten			
132 260-1	232 260-0	LTS	0475	05.10.75	Schwerin			
132 261-9	232 261-8	LTS	0472	15.10.75	Leipzig Süd			
132 262-7	232 262-6	LTS	0476	11.10.75	Magdeburg			
132 263-5	232 263-4	LTS	0474	15.10.75	Wittenberge	20.12.95	Erfurt	
132 264-3	232 264-2	LTS	0477	05.10.75	Schwerin			
132 265-0	232 265-9	LTS	0479	23.10.75	Wittenberge			
132 266-8		LTS	0480	15.10.75	Bln.-Ostbahnhof	17.05.80	Bln.-Ostbahnhof	
132 267-6		LTS	0478	28.10.75	Schwerin	10.05.90	Frankfurt (O)	
132 268-4	232 268-3	LTS	0483	29.10.75	Frankfurt (O)			
132 269-2	232 269-1	LTS	0481	18.10.75	Schwerin	31.10.95	Leipzig Süd	
132 270-0		LTS	0485	06.11.75	Cottbus	09.05.89	Cottbus	
132 271-8	232 271-7	LTS	0482	28.11.75	Frankfurt (O)			
132 272-6	232 272-5	LTS	0484	07.11.75	Hoyerswerda			
132 273-4	232 273-3	LTS	0488	27.11.75	Cottbus	31.10.95	Leipzig Süd	
132 274-2	232 274-1	LTS	0486	14.11.75	Cottbus			
132 275-9		LTS	0487	20.11.75	Frankfurt (O)	07.09.89	Berlin Hbf	
132 276-7	232 276-6	LTS	0489	27.11.75	Rostock			
132 277-5	232 277-4	LTS	0490	12.12.75	Karl-Marx-Stadt			
132 278-3	232 278-2	LTS	0491	20.12.75	Karl-Marx-Stadt			UB in 234 278-0
132 279-1		LTS	0494	09.12.75	Karl-Marx-Stadt	25.07.83	Erfurt	
132 280-9	232 280-8	LTS	0495	27.11.75	Hoyerswerda			
132 281-7	232 281-6	LTS	0493	15.12.75	Reichenbach			
132 282-5	232 282-4	LTS	0497	05.11.75	Frankfurt (O)			
132 283-3	232 283-2	LTS	0496	12.11.75	Frankfurt (O)			
132 284-1	232 284-0	LTS	0498	27.11.75	Cottbus			
132 285-8	232 285-7	LTS	0499	07.12.75	Frankfurt (O)			
132 286-6	232 286-5	LTS	0502	17.12.75	Bln.-Ostbahnhof			

132 287-4	232 287-3	LTS	0500	21.12.75	Halle G			
132 288-2	232 288-1	LTS	0503	06.12.75	Frankfurt (O)			
132 289-0	232 289-9	LTS	0492	17.12.75	Magdeburg			
132 290-8	232 290-7	LTS	0501	21.11.75	Hoyerswerda			
132 291-6	232 291-5	LTS	0505	11.12.75	Erfurt			
132 292-4	232 292-3	LTS	0504	11.12.75	Halle G			UB in 234 292-1
132 293-2	232 293-1	LTS	0508	17.12.75	Schwerin			
132 294-0	232 294-9	LTS	0507	17.12.75	Wittenberge			
132 295-7	232 295-6	LTS	0506	20.12.75	Cottbus			
132 296-5	232 296-4	LTS	0511	06.12.75	Frankfurt (O)			
132 297-3	232 297-2	LTS	0509	23.12.75	Hoyerswerda			
132 298-1	232 298-0	LTS	0513	20.12.75	Hoyerswerda			
132 299-9	232 299-8	LTS	0512	20.12.75	Schwerin			UB in 234 299-6
132 300-5	232 300-4	LTS	0514	07.01.76	Hoyerswerda			
132 301-3	232 301-2	LTS	0516	31.12.75	Cottbus			
132 302-1		LTS	0519	13.01.76	Hoyerswerda	04.07.83	Hoyerswerda	
132 303-9	232 303-8	LTS	0515	08.12.75	Erfurt			
132 304-7	232 304-6	LTS	0517	13.01.76	Hoyerswerda			UB in 234 304-4
132 305-4	232 305-3	LTS	0518	30.01.76	Cottbus	20.12.95	Seddin	→ M. Jüterbog
132 306-2	232 306-1	LTS	0522	14.01.76	Rostock			
132 307-0		LTS	0521	05.01.76	Karl-Marx-Stadt	10.05.90	Eisenach	
132 308-8	232 308-7	LTS	0520	05.01.76	Karl-Marx-Stadt			
132 309-6	232 309-5	LTS	0524	14.01.76	Schwerin			
132 310-4	232 310-3	LTS	0525	30.01.76	Cottbus			
132 311-2	232 311-1	LTS	0523	15.03.76	Reichenbach			UB in 234 311-9
132 312-0	232 312-9	LTS	0527	15.01.76	Cottbus	30.11.95	Seddin	
132 313-8	232 313-7	LTS	0528	10.01.76	Cottbus			
132 314-6	232 314-5	LTS	0526	14.01.76	Reichenbach			
132 315-3	232 315-2	LTS	0530	15.01.76	Reichenbach			
132 316-1		LTS	0529	25.01.76	Schwerin	16.04.85	Schwerin	
132 317-9	232 317-8	LTS	0531	18.01.76	Schwerin	31.10.95	Magdeburg Hbf	
132 318-7		LTS	0532	21.03.76	Hoyerswerda	15.06.90	Hoyerswerda	
132 319-5	232 319-4	LTS	0533	15.01.76	Cottbus			
132 320-3	232 320-2	LTS	0540	22.01.76	Hoyerswerda			UB in 234 320-0
132 321-1	232 321-0	LTS	0535	21.01.76	Hoyerswerda			
132 322-9	232 322-8	LTS	0536	29.01.76	Cottbus			
132 323-7	232 323-6	LTS	0534	29.01.76	Rostock			UB in 234 323-4
132 324-5		LTS	0538	03.02.76	Wittenberge	28.10.85	Wittenberge	
132 325-2	232 325-1	LTS	0537	11.02.76	Frankfurt (O)	20.12.95	Nordhausen	
132 326-0	232 326-9	LTS	0544	09.02.76	Magdeburg			
132 327-8		LTS	0541	09.02.76	Frankfurt (O)	08.02.80	Frankfurt (O)	
132 328-6	232 328-5	LTS	0542	25.02.76	Schwerin			
132 329-4	232 329-3	LTS	0543	25.08.76	Frankfurt (O)			
132 330-2	232 330-1	LTS	0539	19.03.76	Wittenberge			
132 331-0	232 331-9	LTS	0546	06.02.76	Frankfurt (O)	30.08.96	Meiningen	
132 332-8	232 332-7	LTS	0548	20.02.76	Magdeburg	31.10.95	Halberstadt	
132 333-6	232 333-5	LTS	0547	15.03.76	Cottbus			
132 334-4	232 334-3	LTS	0549	24.03.76	Falkenberg			
132 335-1		LTS	0552	05.03.76	Magdeburg			UB in 234 335-8
132 336-9		LTS	0545	26.02.76	Frankfurt (O)	12.10.76	Frankfurt (O)	
132 337-7	232 337-6	LTS	0550	06.05.76	Magdeburg	31.10.95	Halberstadt	
132 338-5	232 338-4	LTS	0553	24.03.76	Cottbus			
132 339-3	232 339-2	LTS	0551	30.03.76	Frankfurt (O)			UB in 234 339-0

132 340-1		LTS	0556	05.04.76	Erfurt	28.02.90	Erfurt	
132 341-9	232 341-8	LTS	0555	04.06.76	Halle G			UB in 234 341-6
132 342-7	232 342-6	LTS	0577	10.05.76	Halle G			
132 343-5		LTS	0578	07.05.76	Halle G	15.12.82	Frankfurt (O)	
132 344-3	232 344-2	LTS	0579	28.05.76	Falkenberg			UB in 234 344-0
132 345-0	232 345-9	LTS	0580	27.05.76	Seddin			
132 346-8	232 346-7	LTS	0581	28.05.76	Falkenberg			UB in 234 346-5
132 347-6	232 347-5	LTS	0582	25.08.76	Falkenberg			
132 348-4	232 348-3	LTS	0583	28.05.76	Leipzig Süd	27.12.93	Magdeburg	
132 349-2	232 349-1	LTS	0584	20.05.76	Halle G			
132 350-0	232 350-9	LTS	0585	28.07.76	Falkenberg			
132 351-8	232 351-7	LTS	0586	26.05.76	Halle G			UB in 234 351-5
132 352-6	232 352-5	LTS	0587	28.07.76	Gera			
132 353-4	232 353-3	LTS	0588	11.06.76	Erfurt			
132 354-2	232 354-1	LTS	0593	11.06.76	Frankfurt (O)			
132 355-9	232 355-8	LTS	0589	03.06.76	Halle G	20.12.95	Nordhausen	
132 356-7	232 356-6	LTS	0591	10.06.76	Güsten			
132 357-5	232 357-4	LTS	0592	05.06.76	Frankfurt (O)			
132 358-3	232 358-2	LTS	0590	24.06.76	Leipzig Süd			
132 359-1	232 359-0	LTS	0594	30.06.76	Falkenberg			
132 360-9		LTS	0595	09.06.76	Halle P	18.08.81	Neustrelitz	
132 361-7	232 361-6	LTS	0596	28.06.76	Bln.-Ostbahnhof			
132 362-5	232 362-4	LTS	0599	25.06.76	Frankfurt (O)			
132 363-3	232 363-2	LTS	0598	08.07.76	Wittenberge			
132 364-1		LTS	0597	22.07.76	Rostock	29.08.90	Rostock	
132 365-8	232 365-7	LTS	0600	08.07.76	Wittenberge			
132 366-6		LTS	0602	15.09.76	Eisenach	16.12.82	Eisenach	
132 367-4	232 367-3	LTS	0603	16.07.76	Hoyerswerda			
132 368-2	232 368-1	LTS	0601	06.08.76	Güsten			
132 369-0		LTS	0604	16.07.76	Halle G	07.09.89	Neubrandenburg	
132 370-8		LTS	0605	15.07.76	Halle G	20.04.89	Halberstadt	
132 371-6	232 371-5	LTS	0606	23.08.76	Schwerin			
132 372-4	232 372-3	LTS	0607	28.08.76	Schwerin			
132 373-2	232 373-1	LTS	0608	23.07.76	Schwerin			
132 374-0	232 374-9	LTS	0609	23.07.76	Schwerin			
132 375-7	232 375-6	LTS	0610	22.07.76	Seddin	20.12.95	Erfurt	
132 376-5	232 376-4	LTS	0611	22.07.76	Magdeburg			
132 377-3	232 377-2	LTS	0612	03.08.76	Bln.-Ostbahnhof			
132 378-1	232 378-0	LTS	0613	27.08.76	Erfurt			
132 379-9	232 379-8	LTS	0614	23.08.76	Halle G			
132 380-7	232 380-6	LTS	0615	06.08.76	Halle G	30.04.96	Görlitz	
132 381-5	232 381-4	LTS	0616	14.08.76	Frankfurt (O)	20.12.95	Meiningen	
132 382-3	232 382-2	LTS	0617	11.08.76	Seddin			
132 383-1	232 383-0	LTS	0618	24.08.76	Leipzig Süd			
132 384-9	232 384-8	LTS	0619	13.08.76	Leipzig Süd			
132 385-6	232 385-5	LTS	0620	27.08.76	Magdeburg			UB in 234 385-3
132 386-4	232 386-3	LTS	0621	30.08.76	Bln.-Ostbahnhof			
132 387-2	232 387-1	LTS	0622	30.08.76	Bln.-Ostbahnhof	20.09.96	Schwerin	
132 388-0	232 388-9	LTS	0624	01.09.76	Magdeburg			
132 389-8	232 389-7	LTS	0623	31.08.76	Leipzig Süd	28.11.94	Cottbus	
132 390-6	232 390-5	LTS	0625	10.09.76	Halle G	31.10.95	Leipzig Süd	
132 391-4	232 391-3	LTS	0626	13.09.76	Halle G			
132 392-2	232 392-1	LTS	0628	15.09.76	Bln.-Ostbahnhof			

132 393-0	232 393-9	LTS	0627	10.09.76	Falkenberg			
132 394-8	232 394-7	LTS	0630	17.09.76	Cottbus	20.12.95	Pasewalk	
132 395-5	232 395-4	LTS	0629	14.09.76	Magdeburg			
132 396-3	232 396-2	LTS	0631	21.09.76	Cottbus			
132 397-1	232 397-0	LTS	0633	21.09.76	Cottbus			
132 398-9	232 398-8	LTS	0634	03.09.76	Falkenberg	30.11.96	Leipzig Süd	
132 399-7	232 399-6	LTS	0632	03.09.76	Halle G			UB in 234 399-4
132 400-3	232 400-2	LTS	0635	25.09.76	Rostock			
132 401-1	232 401-0	LTS	0638	30.09.76	Bln.-Ostbahnhof			
132 402-9	232 402-8	LTS	0637	25.09.76	Wittenberge	20.12.95	Erfurt	
132 403-7	232 403-6	LTS	0639	24.09.76	Bln.-Ostbahnhof			
132 404-5	232 404-4	LTS	0636	29.10.76	Bln.-Ostbahnhof	20.12.95	Seddin	→ Wismut GmbH
132 405-2	232 405-1	LTS	0640	22.09.76	Bln.-Ostbahnhof	20.12.95	Erfurt	→ Wismut GmbH
132 406-0	232 406-9	LTS	0640	10.09.76	Erfurt			
132 407-8	232 407-7	LTS	0641	14.10.76	Bln.-Ostbahnhof			
132 408-6	232 408-5	LTS	0643	19.10.76	Reichenbach			
132 409-4	232 409-3	LTS	0644	30.09.76	Bln.-Ostbahnhof			
132 410-2	232 410-1	LTS	0645	02.10.76	Leipzig Süd			
132 411-0	232 411-9	LTS	0647	11.10.76	Reichenbach			
132 412-8	232 412-7	LTS	0648	18.10.76	Halle G	30.11.95	Bln.-Pankow	
132 413-6	232 413-5	LTS	0642	14.10.76	Halle G			
132 414-4	232 414-3	LTS	0646	28.10.76	Magdeburg			
132 415-1	232 415-0	LTS	0650	24.09.76	Eisenach			
132 416-9	232 416-8	LTS	0649	01.10.76	Erfurt			
132 417-7	232 417-6	LTS	0652	18.10.76	Cottbus			UB in 234 417-4
132 418-5	232 418-4	LTS	0651	05.11.76	Neustrelitz			
132 419-3	232 419-2	LTS	0653	29.10.76	Neustrelitz			
132 420-1	232 420-0	LTS	0654	20.10.76	Magdeburg			
132 421-9	232 421-8	LTS	0655	14.10.76	Erfurt			
132 422-7		LTS	0656	18.10.76	Cottbus	13.05.77	Halle G	
132 423-5	232 423-4	LTS	0657	05.11.76	Halle G			UB in 234 423-2
132 424-3	232 424-2	LTS	0658	05.11.76	Halle G			
132 425-0	232 425-9	LTS	0660	14.02.77	Bln.-Ostbahnhof			
132 426-8	232 426-7	LTS	0661	22.10.76	Wittenberge			
132 427-6	232 427-5	LTS	0659	22.10.76	Schwerin			
132 428-4	232 428-3	LTS	0663	03.11.76	Seddin			
132 429-2	232 429-1	LTS	0664	26.10.76	Halle G			
132 430-0	232 430-9	LTS	0665	22.10.76	Schwerin			
132 431-8		LTS	0670	26.10.76	Bln.-Ostbahnhof	16.12.82	Bln.-Ostbahnhof	
132 432-6	232 432-5	LTS	0671	03.11.76	Wittenberge			
132 433-4		LTS	0668	03.11.76	Eisenach	20.10.81	Eisenach	
132 434-2	232 434-1	LTS	0669	08.11.76	Reichenbach			
132 435-9	232 435-8	LTS	0674	19.11.76	Reichenbach	30.11.95	Leipzig Süd	
132 436-7	232 436-6	LTS	0672	30.10.76	Magdeburg	30.11.95	Pasewalk	
132 437-5	232 437-4	LTS	0666	03.11.76	Wittenberge			
132 438-3	232 438-2	LTS	0676	05.11.76	Wittenberge			
132 439-1	232 439-0	LTS	0677	21.12.76	Bln.-Ostbahnhof	20.09.96	Pasewalk	
132 440-9	232 440-8	LTS	0675	04.11.76	Magdeburg			UB in 234 440-6
132 441-7	232 441-6	LTS	0673	11.11.76	Eisenach			
132 442-5	232 442-4	LTS	0679	17.11.76	Seddin			UB in 234 442-2
132 443-3	232 443-2	LTS	0678	25.11.76	Wittenberge			
132 444-1	232 444-0	LTS	0680	17.12.76	Neustrelitz			
132 445-8	232 445-7	LTS	0684	13.11.76	Wittenberge			

132 446-6	232 446-5	LTS	0681	01.12.76	Erfurt	20.12.95	Erfurt	
132 447-4	232 447-3	LTS	0683	21.12.76	Leipzig Süd	31.10.95	Halberstadt	
132 448-2	232 448-1	LTS	0682	14.12.76	Magdeburg			
132 449-0	232 449-9	LTS	0685	14.12.76	Magdeburg			
132 450-8	232 450-7	LTS	0662	20.12.76	Neustrelitz			
132 451-6	232 451-5	LTS	0686	23.12.76	Neustrelitz			
132 452-4	232 452-3	LTS	0687	16.12.76	Wittenberge			
132 453-2	232 453-1	LTS	0688	21.12.76	Leipzig Süd			
132 454-0	232 454-9	LTS	0689	04.01.77	Halle G			
132 455-7	232 455-6	LTS	0690	07.01.77	Halle G			
132 456-5	232 456-4	LTS	0691	09.01.77	Cottbus			
132 457-3	232 457-2	LTS	0692	17.02.77	Neustrelitz			
132 458-1	232 458-0	LTS	0693	12.01.77	Magdeburg			
132 459-9	232 459-8	LTS	0694	21.12.76	Halle P			
132 460-7	232 460-6	LTS	0695	06.01.77	Seddin	30.11.95	Cottbus	
132 461-5	232 461-4	LTS	0696	24.01.77	Cottbus			
132 462-3	232 462-2	LTS	0697	10.05.77	Magdeburg			
132 463-1		LTS	0698	21.01.77	Halle P	28.01.89	Magdeburg	
132 464-9	232 464-8	LTS	0699	11.01.77	Magdeburg			
132 465-6	232 465-5	LTS	0700	28.01.77	Cottbus			
132 466-4	232 466-3	LTS	0701	29.01.77	Leipzig Süd			
132 467-2	232 467-1	LTS	0702	15.01.77	Wittenberge			UB in 234 467-9
132 468-0	232 468-9	LTS	0703	15.02.77	Wittenberge			UB in 234 468-7
132 469-8	232 469-7	LTS	0704	31.01.77	Cottbus			
132 470-6	232 470-5	LTS	0705	18.03.77	Neustrelitz			
132 471-4	232 471-3	LTS	0706	08.04.77	Hoyerswerda			
132 472-2	232 472-1	LTS	0707	21.03.77	Cottbus			
132 473-0	232 473-9	LTS	0708	25.02.77	Neustrelitz	04.01.94	Neubrandenburg	
132 474-8	232 474-7	LTS	0709	16.02.77	Schwerin			
132 475-5	232 475-4	LTS	0710	14.02.77	Bln.-Ostbahnhof			UB in 234 475-2
132 476-3	232 476-2	LTS	0711	16.02.77	Güsten	30.04.96	Reichenbach	
132 477-1	232 477-0	LTS	0712	28.02.77	Neustrelitz			
132 478-9	232 478-8	LTS	0713	10.03.77	Neustrelitz			
132 479-7		LTS	0714	21.03.77	Leipzig Süd	11.85	Magdeburg	
132 480-5	232 480-4	LTS	0715	23.02.77	Güsten			
132 481-3	232 481-2	LTS	0716	09.03.77	Eisenach			
132 482-1	232 482-0	LTS	0717	03.03.77	Erfurt			
132 483-9	232 483-8	LTS	0718	11.03.77	Leipzig Süd			
132 484-7	232 484-6	LTS	0719	18.03.77	Magdeburg			
132 485-4	232 485-3	LTS	0720	26.03.77	Halle G			
132 486-2	232 486-1	LTS	0721	04.04.77	Erfurt			
132 487-0	232 487-9	LTS	0722	01.04.77	Halle G			
132 488-8	232 488-7	LTS	0723	08.04.77	Wittenberge			
132 489-6	232 489-5	LTS	0724	30.03.77	Erfurt			
132 490-4	232 490-3	LTS	0725	25.04.77	Magdeburg	28.04.95	Pasewalk	
132 491-2	232 491-1	LTS	0726	03.05.77	Bln.-Ostbahnhof			
132 492-0	232 492-9	LTS	0727	19.05.77	Rostock			
132 493-8	232 493-7	LTS	0728	20.04.77	Magdeburg			
132 494-6	232 494-5	LTS	0729	22.04.77	Güsten			
132 495-3	232 495-2	LTS	0730	21.06.77	Bln.-Ostbahnhof			
132 496-1	232 496-0	LTS	0731	20.04.77	Bln.-Ostbahnhof			
132 497-9	232 497-8	LTS	0732	06.06.77	Bln.-Ostbahnhof			
132 498-7	232 498-6	LTS	0733	04.05.77	Magdeburg			

132 499-5	232 499-4	LTS	0734	04.05.77	Reichenbach			
132 500-0	232 500-9	LTS	0735	19.05.77	Halle P			
132 501-8	232 501-7	LTS	0736	12.05.77	Wittenberge			
132 502-6	232 502-5	LTS	0737	04.05.77	Leipzig Süd			
132 503-4	232 503-3	LTS	0738	02.07.77	Bln.-Ostbahnhof			
132 504-2	232 504-1	LTS	0739	19.05.77	Reichenbach			UB in 234 504-9
132 505-9	232 505-8	LTS	0740	19.05.77	Halle G			
132 506-7	232 506-6	LTS	0741	16.05.77	Halle G	20.12.95	Erfurt	
132 507-5	232 507-4	LTS	0742	16.07.77	Wittenberge			UB in 234 507-2
132 508-3	232 508-2	LTS	0743	16.05.77	Neustrelitz			
132 509-1	232 509-0	LTS	0744	26.05.77	Neustrelitz			
132 510-9	232 510-8	LTS	0745	25.05.77	Bln.-Ostbahnhof			
132 511-7	232 511-6	LTS	0746	19.05.77	Wittenberge			
132 512-5	232 512-4	LTS	0747	24.05.77	Leipzig Süd			
132 513-3	232 513-2	LTS	0748	10.06.77	Wittenberge			
132 514-1	232 514-0	LTS	0749	28.05.77	Rostock			
132 515-8	232 515-7	LTS	0750	28.05.77	Schwerin			
132 516-6	232 516-5	LTS	0751	10.06.77	Hoyerswerda	30.11.95	Cottbus	
132 517-4	232 517-3	LTS	0752	17.06.77	Hoyerswerda			
132 518-2	232 518-1	LTS	0753	14.06.77	Bln.-Ostbahnhof			
132 519-0	232 519-9	LTS	0754	15.06.77	Magdeburg			
132 520-8	232 520-7	LTS	0755	24.06.77	Bln.-Ostbahnhof			
132 521-6	232 521-5	LTS	0756	30.06.77	Magdeburg			
132 522-4		LTS	0757	19.08.77	Magdeburg	08.08.80	Magdeburg	
132 523-2	232 523-1	LTS	0758	22.06.77	Güsten			UB in 234 523-9
132 524-0	232 524-9	LTS	0759	13.07.77	Erfurt			
132 525-7	232 525-6	LTS	0760	02.07.77	Bln.-Ostbahnhof			
132 526-5	232 526-4	LTS	0761	28.06.77	Magdeburg			UB in 234 526-2
132 527-3	232 527-2	LTS	0762	23.09.77	Magdeburg			
132 528-1	232 528-0	LTS	0763	24.09.77	Bln.-Ostbahnhof			
132 529-9	232 529-8	LTS	0764	16.07.77	Wittenberge			
132 530-7	232 530-6	LTS	0765	26.07.77	Halle G			
132 531-5	232 531-4	LTS	0766	27.07.77	Nordhausen			
132 532-3	232 532-2	LTS	0767	23.09.77	Nordhausen			
132 533-1	232 533-0	LTS	0768	08.11.77	Rostock			
132 534-9	232 534-8	LTS	0769	26.10.77	Cottbus			
132 535-6	232 535-5	LTS	0770	06.10.77	Cottbus			
132 536-4	232 536-3	LTS	0771	03.10.77	Magdeburg			
132 537-2	232 537-1	LTS	0772	22.09.77	Reichenbach			
132 538-0	232 538-9	LTS	0773	16.09.77	Schwerin			UB in 234 538-7
132 539-8	232 539-7	LTS	0774	23.09.77	Rostock			
132 540-6	232 540-5	LTS	0800	18.05.78	Falkenberg			
132 541-4	232 541-3	LTS	0801	12.05.78	Falkenberg			
132 542-2	232 542-1	LTS	0802	30.05.78	Frankfurt (O)			
132 543-0	232 543-9	LTS	0803	18.05.78	Falkenberg			
132 544-8	232 544-7	LTS	0804	12.05.78	Falkenberg			
132 545-5	232 545-4	LTS	0805	11.05.78	Frankfurt (O)			UB in 234 545-2
132 546-3	232 546-2	LTS	0806	11.05.78	Frankfurt (O)			UB in 234 546-0
132 547-1	232 547-0	LTS	0807	30.05.78	Frankfurt (O)			
132 548-9	232 548-8	LTS	0808	30.06.78	Reichenbach			UB in 234 548-6
132 549-7	232 549-6	LTS	0809	21.06.78	Bln.-Ostbahnhof			UB in 234 549-4
132 550-5	232 550-4	LTS	0810	14.06.78	Cottbus			
132 551-3	232 551-2	LTS	0811	22.06.78	Falkenberg			UB in 234 551-0

132 552-1	232 552-0	LTS	0812	11.07.78	Cottbus			UB in 234 552-8
132 553-9	232 553-8	LTS	0813	01.07.78	Bln.-Ostbahnhof			
132 554-7	232 554-6	LTS	0814	10.07.78	Frankfurt (O)			UB in 234 554-4
132 555-4	232 555-3	LTS	0815	17.08.78	Falkenberg			UB in 234 555-1
132 556-2		LTS	0816	08.07.78	Cottbus	01.08.88	Stralsund	
132 557-0	232 557-9	LTS	0817	14.07.78	Falkenberg			
132 558-8	232 558-7	LTS	0818	27.06.78	Falkenberg			
132 559-6	232 559-5	LTS	0819	25.07.78	Cottbus			
132 560-4	232 560-3	LTS	0821	17.07.78	Frankfurt (O)			
132 561-2	232 561-1	LTS	0820	06.09.78	Falkenberg			
132 562-0	232 562-9	LTS	0822	10.09.78	Bln.-Ostbahnhof			
132 563-8	232 563-7	LTS	0823	23.08.78	Cottbus			
132 564-6	232 564-5	LTS	0824	01.10.78	Cottbus			
132 565-3	232 565-2	LTS	0825	12.09.78	Schwerin			UB in 234 565-0
132 566-1	232 566-0	LTS	0826	01.10.78	Reichenbach			
132 567-9	232 567-8	LTS	0827	27.09.78	Reichenbach			
132 568-7	232 568-6	LTS	0828	09.10.78	Falkenberg			
132 569-5	232 569-4	LTS	0829	01.10.78	Reichenbach			
132 570-3	232 570-2	LTS	0830	30.10.78	Reichenbach			
132 571-1	232 571-0	LTS	0831	06.10.78	Reichenbach			
132 572-9	232 572-8	LTS	0832	06.10.78	Reichenbach			
132 573-7	232 573-6	LTS	0833	10.11.78	Cottbus			
132 574-5		LTS	0834	27.09.78	Cottbus	01.04.86	Cottbus	
132 575-2	232 575-1	LTS	0835	27.09.78	Schwerin			
132 576-0	232 576-9	LTS	0836	27.09.78	Reichenbach			
132 577-8	232 577-7	LTS	0837	09.10.78	Cottbus			
132 578-6	232 578-5	LTS	0838	30.10.78	Reichenbach			UB in 234 578-3
132 579-4	232 579-3	LTS	0839	09.11.78	Cottbus			
132 580-2	232 580-1	LTS	0861	24.07.79	Frankfurt (O)			
132 581-0	232 581-9	LTS	0862	17.05.79	Frankfurt (O)			
132 582-8	232 582-7	LTS	0863	17.05.79	Frankfurt (O)			UB in 234 582-5
132 583-6	232 583-5	LTS	0864	28.05.79	Frankfurt (O)			
132 584-4	232 584-3	LTS	0865	22.05.79	Cottbus			
132 585-1	232 585-0	LTS	0866	30.05.79	Cottbus			UB in 234 585-8
132 586-9	232 586-8	LTS	0867	21.05.79	Frankfurt (O)			
132 587-7	232 587-6	LTS	0868	20.06.79	Falkenberg			
132 588-5	232 588-4	LTS	0869	28.05.79	Reichenbach			
132 589-3	232 589-2	LTS	0870	28.05.79	Reichenbach			
132 590-1	232 590-0	LTS	0871	29.06.79	Reichenbach			
132 591-9	232 591-8	LTS	0872	14.07.79	Falkenberg			UB in 234 591-6
132 592-7	232 592-6	LTS	0873	13.08.79	Reichenbach			
132 593-5	232 593-4	LTS	0874	09.08.79	Falkenberg			
132 594-3	232 594-2	LTS	0875	13.07.79	Cottbus			
132 595-0	232 595-9	LTS	0876	18.07.79	Falkenberg			
132 596-8	232 596-7	LTS	0878	10.07.79	Cottbus			
132 597-6	232 597-5	LTS	0877	29.09.79	Reichenbach			UB in 234 597-3
132 598-4	232 598-3	LTS	0879	15.08.79	Falkenberg			
132 599-2		LTS	0880	09.02.80	Cottbus	22.07.87	Hoyerswerda	
132 600-8	232 600-7	LTS	0881	15.08.79	Bln.-Ostbahnhof			
132 601-6	232 601-5	LTS	0882	05.09.79	Reichenbach			
132 602-4	232 602-3	LTS	0883	24.08.79	Frankfurt (O)			
132 603-2	232 603-1	LTS	0885	24.09.79	Frankfurt (O)			
132 604-0	232 604-9	LTS	0884	15.09.79	Reichenbach			

132 605-7	232 605-6	LTS	0886	12.09.79	Frankfurt (O)			
132 606-5	232 606-4	LTS	0887	15.09.79	Falkenberg			UB in 234 606-2
132 607-3	232 607-2	LTS	0888	18.10.79	Frankfurt (O)			
132 608-1	232 608-0	LTS	0889	19.09.79	Cottbus			UB in 234 608-8
132 609-9	232 609-8	LTS	0890	21.03.80	Cottbus			
132 610-7	232 610-6	LTS	0891	04.10.79	Bln.-Ostbahnhof	30.11.95	Seddin	
132 611-5	232 611-4	LTS	0892	28.09.79	Reichenbach			
132 612-3	232 612-2	LTS	0893	29.09.79	Reichenbach			
132 613-1	232 613-0	LTS	0896	10.10.79	Cottbus			
132 614-9	232 614-8	LTS	0894	02.11.79	Falkenberg			
132 615-6	232 615-5	LTS	0895	30.11.79	Frankfurt (O)			
132 616-4	232 616-3	LTS	0897	06.12.79	Frankfurt (O)			
132 617-2	232 617-1	LTS	0898	05.11.79	Cottbus			
132 618-0	232 618-9	LTS	0899	20.12.79	Cottbus			
132 619-8		LTS	0990	16.12.79	Cottbus	09.05.89	Cottbus	
132 620-6	232 620-5	LTS	0991	01.08.80	Wittenberge			
132 621-4		LTS	0992	24.07.80	Reichenbach	23.06.87	Sangerhausen	
132 622-2	232 622-1	LTS	0993	15.07.80	Falkenberg			
132 623-0	232 623-9	LTS	0994	20.07.80	Bln.-Ostbahnhof			
132 624-8	232 624-7	LTS	0995	14.08.80	Frankfurt (O)			
132 625-5	232 625-4	LTS	0996	15.08.80	Frankfurt (O)			
132 626-3	232 626-2	LTS	0997	29.08.80	Reichenbach			
132 627-1	232 627-0	LTS	0998	02.09.80	Falkenberg			
132 628-9	232 628-8	LTS	0999	07.11.80	Frankfurt (O)			
132 629-7	232 629-6	LTS	0909	24.09.80	Reichenbach			
132 630-5	232 630-4	LTS	0911	16.10.80	Falkenberg			UB in 234 630-2
132 631-3	232 631-2	LTS	0912	24.10.80	Frankfurt (O)			
132 632-1	232 632-0	LTS	0913	16.10.80	Falkenberg			
132 633-9	232 633-8	LTS	0914	30.10.80	Reichenbach			
132 634-7	232 634-6	LTS	0915	29.10.80	Falkenberg			
132 635-4	232 635-3	LTS	0916	25.10.80	Falkenberg			
132 636-2	232 636-1	LTS	0917	28.11.80	Reichenbach			
132 637-0		LTS	0918	01.12.80	Falkenberg	18.04.89	Eisenach	
132 638-8	232 638-7	LTS	0919	15.01.81	Reichenbach	30.11.95	Pasewalk	
132 639-6		LTS	0920	13.12.80	Frankfurt (O)	16.06.86	Sangerhausen	
132 640-4	232 640-3	LTS	0921	06.12.80	Frankfurt (O)			
132 641-2	232 641-1	LTS	0922	13.12.80	Frankfurt (O)			UB in 234 641-9
132 642-0	232 642-9	LTS	0923	23.01.81	Frankfurt (O)			
132 643-8	232 643-7	LTS	0924	13.01.81	Reichenbach			
132 644-6	232 644-5	LTS	0925	21.02.81	Frankfurt (O)			
132 645-3	232 645-2	LTS	0926	20.02.81	Falkenberg			
132 646-1	232 646-0	LTS	0927	03.02.81	Reichenbach			
132 647-9	232 647-8	LTS	0928	24.04.81	Falkenberg			
132 648-7	232 648-6	LTS	0929	24.04.81	Falkenberg			
132 649-5	232 649-4	LTS	0930	23.03.81	Falkenberg			
132 650-3	232 650-2	LTS	0931	25.02.81	Reichenbach			
132 651-1	232 651-0	LTS	0932	14.03.81	Falkenberg			UB in 234 651-8
132 652-9	232 652-8	LTS	0933	13.04.81	Frankfurt (O)			
132 653-7	232 653-6	LTS	0934	05.06.81	Reichenbach			
132 654-5	232 654-4	LTS	0935	22.05.81	Falkenberg			
132 655-2	232 655-1	LTS	0936	18.03.81	Reichenbach			
132 656-0	232 656-9	LTS	0937	08.04.81	Reichenbach			
132 657-8	232 657-7	LTS	0938	17.05.81	Reichenbach			UB in 234 657-5

132 658-6	232 658-5	LTS	0939	17.05.81	Reichenbach			
132 659-4	232 659-3	LTS	0940	28.05.81	Reichenbach	30.11.96	Halle G	
132 660-2	232 660-1	LTS	0941	03.07.81	Frankfurt (O)			
132 661-0	232 661-9	LTS	0943	16.06.81	Frankfurt (O)			
132 662-8	232 662-7	LTS	0944	01.06.81	Falkenberg			
132 663-6	232 663-5	LTS	0945	20.06.81	Reichenbach			
132 664-4	232 664-3	LTS	0946	04.06.81	Frankfurt (O)			UB in 234 664-1
132 665-1	232 665-0	LTS	0942	29.05.81	Frankfurt (O)			
132 666-9	232 666-8	LTS	0947	26.04.81	Frankfurt (O)			
132 667-7	232 667-6	LTS	0948	03.07.81	Frankfurt (O)	30.11.95	Pasewalk	
132 668-5	232 668-4	LTS	0950	17.06.81	Falkenberg			
132 669-3	232 669-2	LTS	0949	25.06.81	Falkenberg			
132 670-1	232 670-0	LTS	0951	22.07.81	Frankfurt (O)			
132 671-9		LTS	0952	29.07.81	Reichenbach	20.07.87	Hoyerswerda	
132 672-7	232 672-6	LTS	0953	04.08.81	Falkenberg			
132 673-5	232 673-4	LTS	0954	10.08.81	Falkenberg			
132 674-3	232 674-2	LTS	0955	30.07.81	Falkenberg			
132 675-0	232 675-9	LTS	0956	05.08.81	Falkenberg			
132 676-8	232 676-7	LTS	0957	17.09.81	Falkenberg			
132 677-6	232 677-5	LTS	0958	17.09.81	Falkenberg			
132 678-4	232 678-3	LTS	0959	03.09.81	Reichenbach			
132 679-2	232 679-1	LTS	0960	08.09.81	Reichenbach			
132 680-0	232 680-9	LTS	0961	03.10.81	Falkenberg			
132 681-8	232 681-7	LTS	0962	15.09.81	Falkenberg			
132 682-6	232 682-5	LTS	0963	22.09.81	Falkenberg			
132 683-4	232 683-3	LTS	0964	05.10.81	Falkenberg			
132 684-2	232 684-1	LTS	0965	30.10.81	Frankfurt (O)	30.11.95	Cottbus	
132 685-9	232 685-8	LTS	0966	14.10.81	Frankfurt (O)			
132 686-7	232 686-6	LTS	0967	27.11.81	Reichenbach			
132 687-5	232 687-4	LTS	0968	23.11.81	Reichenbach			
132 688-3	232 688-2	LTS	0969	10.12.81	Falkenberg			
132 689-1	232 689-0	LTS	0970	03.12.81	Falkenberg			
132 690-9	232 690-8	LTS	0971	18.12.81	Frankfurt (O)			
132 691-7	232 691-6	LTS	0972	11.01.81	Reichenbach			
132 692-5	232 692-4	LTS	0973	11.01.81	Reichenbach			
132 693-3	232 693-2	LTS	0974	23.02.81	Falkenberg			
132 694-1	232 694-0	LTS	0975	08.02.82	Falkenberg			
132 695-8	232 695-7	LTS	0976	18.02.82	Reichenbach			
132 696-6	232 696-5	LTS	0977	28.02.82	Reichenbach			
132 697-4	232 697-3	LTS	0978	12.03.82	Frankfurt (O)			
132 698-2	232 698-1	LTS	0979	25.03.82	Falkenberg			
132 699-0	232 699-9	LTS	0980	08.03.82	Frankfurt (O)			
132 700-6	232 700-5	LTS	0981	26.03.82	Reichenbach			
132 701-4	232 701-3	LTS	0982	26.03.82	Reichenbach			
132 702-2	232 702-1	LTS	0983	05.04.82	Falkenberg			
132 703-0	232 703-9	LTS	0984	20.04.82	Falkenberg			
132 704-8	232 704-7	LTS	0985	22.05.82	Frankfurt (O)			
132 705-5	232 705-4	LTS	0986	22.05.82	Frankfurt (O)			
132 706-3	232 706-2	LTS	0987	15.04.82	Falkenberg			
132 707-1	232 707-0	LTS	0988	21.05.82	Reichenbach			
132 708-9	232 708-8	LTS	0989	15.07.82	Falkenberg			
132 709-7	232 709-6	LTS	0910	22.07.82	Neustrelitz			

Baureihe 234 (DB AG)

Betriebsnummer			Hersteller	Fab.-Nr.	Abnahme	1. Bw	Aus-musterung	letztes Bw	Anmerkung
bis 1969	ab 1970	ab 1992							
		234 016-1	LTS	0208	21.05.92	Berlin Hbf			UB aus 232 016-6
		234 072-7	LTS	0262	18.03.92	Berlin Hbf			UB aus 232 072-9
		234 075-0	LTS	0265	25.05.92	Berlin Hbf			UB aus 232 075-2
		234 116-2	LTS	0332	15.09.94	Bln.-Pankow			UB aus 232 116-4
		234 144-4	LTS	0360	24.05.94	Berlin Hbf			UB aus 232 144-6
		234 161-8	LTS	0377	22.06.92	Berlin Hbf			UB aus 232 161-0
		234 166-7	LTS	0383	30.05.94	Bln.-Pankow			UB aus 232 166-9
		234 170-9	LTS	0386	26.02.92	Berlin Hbf			UB aus 232 170-1
		234 180-8	LTS	0390	24.05.94	Berlin Hbf			UB aus 232 180-0
		234 222-8	LTS	0432	27.11.96	Görlitz			UB aus 232 222-0
		234 235-0	LTS	0448	10.06.92	Berlin Hbf			UB aus 232 235-2
		234 242-6	LTS	0455	24.05.94	Berlin Hbf			UB aus 232 242-8
		234 244-2	LTS	0456	22.05.92	Berlin Hbf			UB aus 232 244-4
		234 247-5	LTS	0459	19.07.94	Bln.-Pankow			UB aus 232 247-7
		234 251-7	LTS	0464	28.04.92	Berlin Hbf			UB aus 232 251-9
		234 257-4	LTS	0471	12.07.94	Bln.-Pankow			UB aus 232 257-6
		234 278-0	LTS	0491	26.05.92	Berlin Hbf			UB aus 232 278-2
		234 292-1	LTS	0505	30.05.94	Bln.-Pankow			UB aus 232 292-3
		234 299-6	LTS	0512	02.03.92	Berlin Hbf			UB aus 232 299-8
		234 304-4	LTS	0517	30.09.94	Bln.-Pankow			UB aus 232 304-6
		234 311-9	LTS	0523	30.04.92	Berlin Hbf			UB aus 232 311-1
		234 320-0	LTS	0540	27.05.92	Berlin Hbf			UB aus 232 320-2
		234 323-4	LTS	0534	10.08.94	Bln.-Pankow			UB aus 232 323-6
		234 335-8	LTS	0552	12.11.91	Berlin Hbf			UB aus 132 335-1
		234 341-6	LTS	0555	27.04.92	Berlin Hbf			UB aus 232 341-8
		234 344-0	LTS	0579	23.04.92	Berlin Hbf			UB aus 232 344-2
		234 346-5	LTS	0581	31.03.92	Berlin Hbf			UB aus 232 346-7
		234 339-0	LTS	0551	29.10.96	Bln.-Pankow			UB aus 232 339-2
		234 351-5	LTS	0586	25.05.94	Berlin Hbf			UB aus 232 351-7
		234 385-3	LTS	0620	05.08.94	Bln.-Pankow			UB aus 232 385-5
		234 399-4	LTS	0632	17.06.92	Berlin Hbf			UB aus 232 399-6
		234 417-4	LTS	0652	25.05.94	Berlin Hbf			UB aus 232 417-6
		234 423-2	LTS	0657	31.03.92	Berlin Hbf			UB aus 232 423-4
		234 440-6	LTS	0675	26.11.92	Berlin Hbf			UB aus 232 440-8
		234 442-2	LTS	0679	21.05.92	Berlin Hbf			UB aus 232 442-4
		234 467-9	LTS	0702	22.04.92	Berlin Hbf			UB aus 232 467-1
		234 468-7	LTS	0703	12.07.94	Görlitz			UB aus 232 468-9
		234 475-2	LTS	0710	27.05.92	Berlin Hbf			UB aus 232 475-4
		234 504-9	LTS	0739	21.04.92	Berlin Hbf			UB aus 232 504-1
		234 507-2	LTS	0742	12.06.92	Berlin Hbf			UB aus 232 507-4
		234 523-9	LTS	0758	22.07.94	Bln.-Pankow			UB aus 232 523-1
		234 526-2	LTS	0761	31.03.92	Berlin Hbf			UB aus 232 526-4
		234 538-7	LTS	0773	27.03.92	Berlin Hbf			UB aus 232 538-9
		234 545-2	LTS	0805	30.04.96	Bln.-Pankow			UB aus 232 545-4
		234 546-0	LTS	0806	30.04.96	Bln.-Pankow			UB aus 232 546-2
		234 548-6	LTS	0808	26.05.93	Berlin Hbf			UB aus 232 548-8
		234 549-4	LTS	0809	10.06.96	Bln.-Pankow			UB aus 232 549-6
		234 551-0	LTS	0811	25.05.94	Berlin Hbf			UB aus 232 551-2
		234 552-8	LTS	0812	24.05.94	Berlin Hbf			UB aus 232 552-0

234 554-4	LTS	0814	23.06.92	Berlin Hbf			UB aus 232 554-6
234 555-1	LTS	0815	31.03.93	Berlin Hbf			UB aus 232 555-3
234 565-0	LTS	0825	17.02.93	Berlin Hbf			UB aus 232 565-2
234 578-3	LTS	0838	24.04.92	Berlin Hbf			UB aus 232 578-5
234 582-5	LTS	0863	14.05.92	Berlin Hbf			UB aus 232 582-7
234 585-8	LTS	0866	27.03.92	Berlin Hbf			UB aus 232 585-0
234 591-6	LTS	0872	04.03.92	Berlin Hbf			UB aus 232 591-8
234 597-3	LTS	0877	25.05.94	Berlin Hbf			UB aus 232 597-5
234 606-2	LTS	0887	30.04.92	Berlin Hbf			UB aus 232 606-4
234 608-8	LTS	0889	24.02.92	Berlin Hbf			UB aus 232 608-0
234 630-2	LTS	0911	13.07.93	Berlin Hbf			UB aus 232 630-4
234 641-9	LTS	0922	29.04.92	Berlin Hbf			UB aus 232 641-1
234 651-8	LTS	0932	26.05.92	Berlin Hbf			UB aus 232 651-0
234 657-5	LTS	0938	21.09.93	Berlin Hbf			UB aus 232 657-7
234 664-1	LTS	0946	07.05.92	Berlin Hbf			UB aus 232 664-3

Baureihe V 36/103 (DR)

Betriebsnummer			Hersteller	Fab.-Nr.	Abnahme	1. Bw	Aus-musterung	letztes Bw	Anmerkung
ab 1957	ab 1970	ab 1992							
V 36 015	103 015-4		BMAG	12048	46	Rbd Dresden	08.08.84	Neuruppin	ex V 36 101
V 36 016	103 016-2		BMAG	10843	01.05.46	Wismar	25.01.83	Neuruppin	ex V 36 226
V 36 017	103 017-0		BMAG	11378	30.06.51	Rbd Berlin	21.02.75	Neuruppin	ex V 36 292
V 36 018	103 018-8		BMAG	10985	31.12.52	Neuruppin	71	Wismar	ex RE 85
V 36 019	103 019-6		Deutz	39627	46	Dre.-Pieschen	25.01.83	Neuruppin	ex V 36 105
V 36 020			BMAG	10722	01.08.51	Halle P	16.05.66	Neuruppin	
V 36 021	103 021-2		BMAG	10933		Naumburg	20.06.74	Heringsdorf	
V 36 022	103 022-0		BMAG	10936			08.08.84	Neuruppin	ex V 36 356
V 36 023	103 023-8		Deutz	36628	31.12.51	Rbd Schwerin	17.10.72	Rbd Schwerin	ex V 36 628
V 36 024	103 024-6		Deutz	47153	46	Rbd Cottbus			
V 36 025	103 025-3		O & K	21103	06.46	Dre.-Pieschen	24.06.74	Heringsdorf	ex V 36 103
V 36 026	103 026-1		O & K	21107			25.03.66	Rbd Greifswald	ex V 36 107
V 36 027	103 027-9		Deutz	36627					ex V 36 627
V 36 028	103 028-7		O & K	21135	27.07.48	Grünau	17.10.72	Neuruppin	
V 36 029	103 029-5		O & K	21136	05.08.49	Schwerin	71	Neuruppin	
V 36 030	103 030-3		O & K	21462	18.12.49	Wismar	21.02.75	Neuruppin	
V 36 031	103 031-1		O & K	21482	48	Schwerin	24.06.74	Neuruppin	
V 36 032	103 032-9		O & K	21484	46	Gera	19.11.70	Erfurt P	
V 36 033	103 033-7		DWK	2005		Rbd Schwerin	30.12.82	Wismar	ex OKH V 36 2005
V 36 034	103 034-5		BMAG	10840	50	Neuruppin	70	Wismar	ex RE 40
V 36 035			BMAG	12044			60		ex V 36 104
V 36 036			BMAG	10866		Flöha	60	Dre.-Pieschen	ex V 36 106
V 36 037			BMAG	10795	01.07.38	OKH	59		ex V 36 108
V 36 050			DWK	686	22.04.40	Münchenberg	01.07.66	Sangerhausen	ex FA 8-420
V 36 051			DWK	695	46	Rbd Berlin	60	Bln.-Karlshorst	ex BF V4-420
V 36 052			DWK	757		Rbd Berlin	10.02.64	Rbd Berlin	ex V 36 757
V 36 053			DWK	779		Rbd Berlin	63	Rbd Berlin	ex V 36 779
V 36 060			BMAG	11653	42	Neuruppin	15.06.66	Templin	ex RE 53
V 36 061	103 061-8		BMAG		01.08.46	Flöha	17.10.72	Wismar	ex V 36 102
V 36 062	103 062-6		BMAG	11380	28.05.49	Schwerin	17.10.72	Neuruppin	ex V 36 294
V 36 063	103 063-4		BMAG	11381	01.07.51	Halle P	17.10.72	Güstrow	ex V 36 295
V 36 064			BMAG	12033			64		ex V 36 700

V 36 065	BMAG	11699			10.03.67		ex V 36 701
V 36 066	BMAG	11469	12.01.51	Schwerin	11.11.68	Rostock-Seehafen	
V 36 067	BMAG	11648	05.46	Gotha	09.10.68	Nordhausen	ex Ebeleben 1
V 36 080	BMAG	11466			63		
V 20 006	Deutz	36622		Schwerin	20.07.66	Rbd Halle	ex V 36 622
V 20 007	Deutz	36668			10.08.67	Heringsdorf	ex V 36 668
V 20 008	Deutz	36669			23.02.67	Halle G	ex V 36 669

Bei V 20 006 – 008 handelt es sich um ehemalige 360-PS-Lokomotiven der Deutschen Wehrmacht, die später bei der DR einen 200-PS-Motor erhielten.

Baureihe V 36/236 (DB)

Betriebsnummer			Hersteller	Fab.-Nr.	Abnahme	1. Bw	Aus-musterung	letztes Bw	Anmerkung
bis 1967	ab 1968	ab 1992							
V 36 001			O & K	20912		Nürnberg Hbf			UB in V 36 239
V 36 002			O & K	20917		Hamm P	08.05.56		→ VGH V 36 003
V 36 003			BMAG	10752		Bww Kassel Hbf	08.05.56		
V 36 101	236 101-2		MBA	21182	(31.12.45)	Nürnberg Hbf	23.10.77	AW Schwetzingen	ex V 36 271
V 36 102	236 102-0		O & K	21303	(09.11.45)	Nürnberg Hbf	01.07.80	Stuttgart	→ Fa. Schwenk
V 36 103			O & K	21340					
V 36 104	236 104-6		MBA	21464	(04.45)	Remscheid-Lennep	16.12.75	München Hbf	ex V 36 331
V 36 105	236 105-3		O & K	21467	(01.06.45)	Kassel	23.10.76	Fulda	
V 36 106	236 106-1		O & K	21468	(01.05.46)	Gießen	21.05.77	Stuttgart	ex V 36 273
V 36 107	236 107-9		BMAG	11216	(23.10.45)	Hmb.-Harburg	06.08.77	Fulda	ex V 36 280
V 36 108	236 108-7		BMAG	11218	(14.07.46)	Nürnberg Hbf	30.03.78	Mannheim	→ FME
V 36 109	236 109-5		BMAG	11219	(20.08.48)	Frankfurt/M 1	22.08.79	Altenbeken	ex V 36 283
V 36 110	236 110-3		BMAG	11221	(09.12.45)	Kassel	30.12.76	Stuttgart	ex V 36 285
V 36 111	236 111-1		BMAG	11379		Soltau	07.08.73	Mannheim	ex V 36 293
V 36 112	236 112-9		BMAG	11462		Kirchweyhe	01.09.76	Hannover	
V 36 113	236 113-7		BMAG	11646	(17.05.45)	Kiel	30.06.76	Frankfurt/M 1	
V 36 114	236 114-5		BMAG	11647		Augsburg	26.01.78	Kassel	→ BOE V 282 → VGH V 36 008
V 36 115	236 115-2		DWK	2001	(14.09.45)	Hmb.-Harburg	16.12.77	Hannover	
V 36 116			Henschel	26140	(07.11.45)	Nürnberg Hbf	18.06.63	Aalen	→ VGH V 36 001 → DGEG
V 36 117	236 117-8		DWK	2002	47	Wpt.-Langerfeld	20.05.77	Fulda	
V 36 118	236 118-6		DWK	2004	47	Hagen-Eckesey	16.12.77	Hannover	
V 36 119	236 119-4		BMAG	11384	(27.09.47)	Bww München H	31.12.80	Krefeld	→ Fa. Schwenk
V 36 120	236 120-2		O & K	21343	15.01.49	Frankfurt/M 1	01.03.76	Stuttgart	ex V 36 275
V 36 121	236 121-0		BMAG	11700	05.45	Lüneburg	24.09.78	Altenbeken	→ Italien
V 36 122	236 122-8		Deutz	55100	(22.02.46)	EAW Friedrichsh.	31.10.76	Stuttgart	
V 36 123	236 123-6		BMAG	11382	(02.02.50)	Wpt.-Steinbeck	30.03.78	Stuttgart	→ DFS
V 36 124	236 124-4		Deutz	55102	(01.06.45)	Hagen-Eckesey	18.03.79	Frankfurt/M 1	→ ex V 36 228 → Italien
V 36 125	236 125-1		O & K	21488	16.06.50	Mannheim Rbf	07.12.76	Mannheim	
V 36 126	236 126-9		BMAG	11257	12.09.49	Lehrte	25.08.75	Hannover	
V 36 150	236 150-9		Holmag	2006	16.12.47	Hmb.-Harburg	21.04.77	Fulda	
V 36 201	236 201-7		BMAG	10838	45	Mannheim Rbf	21.04.77	Bremen Hbf	
V 36 202	236 202-8		BMAG	10842	05.45	Fürth	01.09.76	Wuppertal	ex V 36 219
V 36 203	236 203-6		BMAG	10929	47	Celle	24.02.76	Hannover	
V 36 204	236 204-4		BMAG	10991		Bremen-Vegesack	24.08.78	Hannover	→ DGEG
V 36 205	236 205-1		BMAG	10845	45	Nürnberg Hbf	22.08.79	WAbt Oldenburg	ex V 36 225

V 36 206	236 206-9	BMAG	10846	(26.02.49)	Frankfurt/M 1	26.07.77	Wuppertal	ex V 36 227
V 36 207	236 207-7	BMAG	10847	(19.06.46)	Bamberg	02.08.73	AW Darmstadt	ex V 36 228
V 36 208	236 208-5	BMAG	10987	47	Erndtebrück	18.04.74	Holzminden	
V 36 209	236 209-3	BMAG	10989	47	Augsburg	01.09.76	Hannover	
V 36 210	236 210-1	BMAG	10996	47	Augsburg	01.05.75	AW Cannstatt	
V 36 211		BMAG	11460	47	Bremen	30.06.53	Bremen-Vegesack	→ VTG Nr. 6
V 36 212	236 212-7	BMAG	12047	24.02.48	Frankfurt/M 1	26.07.77	Hannover	→ Italien
V 36 213	236 213-5	BMAG	12051	(11.09.45)	Hmb.-Harburg	27.05.79	Kassel	→ VGH V 36 007
V 36 214	236 214-3	O & K	21457	20.08.46	Nürnberg Hbf	21.05.77	Hannover	
V 36 215	236 215-0	O & K	21131	03.46	Bremen Hbf	16.07.77	Holzminden	
V 36 216	236 216-8	O & K	21137	(30.10.46)	Bremen Hbf	21.05.77	Hannover	
V 36 217	236 217-6	O & K	21296	(01.10.45)	Bww Kassel Hbf	24.02.76	Bremen Rbf	
V 36 218	236 218-4	Deutz	21481	(15.09.45)	Bww Kassel Hbf	26.04.78	Altenbeken	
V 36 219	236 219-2	Deutz	21297	(21.07.47)	Hmb.-Harburg	26.04.78	Bremen Rbf	
V 36 220	236 220-0	Deutz	36632	(02.02.47)	Bocholt	26.01.78	Hmb.-Harburg	
V 36 221	236 221-8	Deutz	36636	(23.10.45)	Hmb.-Harburg	21.04.77	Bremen Rbf	
V 36 222	236 222-6	Deutz	36628		Detmold	01.09.76	Hannover	→ VGH V 36 004
V 36 223	236 223-4	Deutz	46397	(16.09.45)	Hmb.-Harburg	23.03.75	Finnentrop	
V 36 224		Deutz						
V 36 225	236 225-9	Deutz	47154	(27.06.46)	Gießen	24.08.78	Hannover	→ BLME
V 36 226	236 226-7	Deutz	47157	47	Bremen Vbf	07.08.73	Finnentrop	
V 36 227		Deutz	47180	46	Stuttgart Hbf	50		→ IVG
V 36 228		Deutz						
V 36 229	236 229-1	Krupp	1983	(01.06.45)	Hagen-Eckesey	01.09.76	AW Hmb.-Harburg	ex V 36 256
V 36 230	236 230-9	BMAG	10988	(16.09.48)	Frankfurt/M 1	21.04.77	Wuppertal	
V 36 231	236 231-7	O & K	21129	(01.12.48)	München Hbf	21.05.77	Wuppertal	→ DGEG
V 36 232	236 232-5	Deutz	46980	08.04.49	Bremen-Vegesack	06.08.77	Hannover	
V 36 233	236 233-3	Deutz	46981	16.06.49	Hannover	21.04.77	Göttingen	
V 36 234	236 234-1	Deutz	47012	30.06.49	Wpt.-Steinbeck	31.12.77	Wuppertal	
V 36 235	236 235-8	Deutz	47013	10.08.49	Wpt.-Steinbeck	19.04.74	Wuppertal	
V 36 236	236 236-6	O & K	21452	(11.09.46)	Kiel	06.08.77	Wuppertal	
V 36 237	236 237-4	Deutz	47179	47	Kiel	26.04.78	Altenbeken	→ VGH V 36 005
V 36 238	236 238-2	BMAG	10986	28.01.52	Wpt.-Steinbeck	16.12.77	Hannover	
V 36 239		O & K	20912	47	Nürnberg Hbf	05.62	Husum	UZ aus V 36 001
								→ BOE V 278
V 36 251	236 251-5	Holmag	2007	20.04.48	Frankfurt/M 1	22.02.75	AW Witten	ex V 36 151
V 36 252	236 252-3	Holmag	2008	13.01.48	München Hbf	07.12.76	Rheine	ex V 36 152
V 36 253	236 253-1	Holmag	2009	08.01.48	München Hbf	22.08.81	AWst Oldenburg	ex V 36 153
V 36 254		Holmag	2010	15.01.48	ED Stuttgart	12.63	Jünkerath	ex V 36 154
								→ Wb
V 36 255	236 255-6	Holmag	2012	25.08.48	München Hbf	11.06.81	Altenbeken	→ Wb → HSW
V 36 256	236 256-4	Holmag	2011	25.08.48	Wpt.-Steinbeck	01.12.77	Wuppertal	
V 36 257	236 257-2	Holmag	2014	20.10.48	Bamberg	21.04.77	Braunschweig	
V 36 258	236 258-0	Holmag	2015	29.10.48	Bamberg	04.06.73	Hannover	
V 36 259	236 259-8	Holmag	2016	18.10.48	München Hbf	19.02.77	Bremen Rbf	
V 36 260	236 260-6	Holmag	2017	23.11.48	Frankfurt/M 1	30.03.78	Stuttgart	
V 36 261	236 261-4	Holmag	2018	24.11.48	Frankfurt/M 1	06.06.78	Stuttgart	
V 36 262	236 262-2	Holmag	2019	28.12.48	Frankfurt/M 1	22.11.80	Stuttgart	→ Fa. Scheufelen
V 36 301		DWK	756		Kiel	28.09.54		UB in 9679 Han
								→ MKB V 11
V 36 310		DWK	610	(08.02.48)	Bremen Hbf	07.09.52	Bww Kassel	UB in 9678 Han
								→ WLE VL 0608
V 36 311		DWK	688	23.03.48	Nürnberg Hbf	31.05.55	Bww Kassel	→ MKB V 9

Betriebsnummer bis 1969	ab 1970	Hersteller	Fab.-Nr.	Abnahme	1. Bw	Ausmusterung	letztes Bw	Anmerkung
V 36 312		DWK	689			08.54		→ MKB V 7 → BLME
V 36 313		DWK	690		Frankfurt/M 1	12.53		
V 36 314		DWK	691	45	Kiel	09.54		→ MKB V 8 → MEM
V 36 315		DWK	693	01.01.47	Celle	12.54	Bww Kassel	→ Wb → WLE
V 36 316		DWK	776					→ MKB V 12 → EFO
V 36 317		DWK	694	22.06.51	Fulda	12.54	Bww Kassel	→ Wb → WLE
V 36 318		DWK	692			27.04.54		→ MKB V 6
V 36 401	236 401-6	MaK	360010	20.03.50	Frankfurt/M 1	24.01.79	Frankfurt/M 1	→ EDK
V 36 402	236 402-4	MaK	360011	31.05.50	Frankfurt/M 1	18.02.77	Frankfurt/M 1	
V 36 403	236 403-2	MaK	360012	24.04.50	Frankfurt/M 1	20.09.74	Frankfurt/M 1	
V 36 404	236 404-0	MaK	360013	25.04.50	Frankfurt/M 1	23.10.76	AW Schwetzingen	
V 36 405	236 405-7	MaK	360014	26.05.50	Frankfurt/M 1	22.08.81	Frankfurt/M 2	→ HEF
V 36 406	236 406-5	MaK	360015	26.05.50	Frankfurt/M 1	24.11.79	Frankfurt/M 1	→ HEF
V 36 407	236 407-3	MaK	360016	29.06.50	Frankfurt/M 1	25.07.79	Hanau	
V 36 408	236 408-1	MaK	360017	14.07.50	Ffm.-Griesheim	27.03.76	Frankfurt/M 1	
V 36 409	236 409-9	MaK	360018	18.07.50	Frankfurt/M 1	18.02.77	Frankfurt/M 1	
V 36 410	236 410-7	MaK	360019	14.07.50	Frankfurt/M 1	30.03.78	Hanau	
V 36 411	236 411-5	MaK	360020	14.08.50	Frankfurt/M 1	22.08.79	Frankfurt/M 1	→ EDK
V 36 412	236 412-3	MaK	360021	12.08.50	Frankfurt/M 1	27.05.79	Hanau	→ VGH V 36 006
V 36 413	236 413-1	MaK	360022	11.09.50	Frankfurt/M 1	19.04.75	Gießen	
V 36 414	236 414-9	MaK	360023	30.10.50	Ffm.-Griesheim	20.05.77	Frankfurt/M 1	
V 36 415	236 415-6	MaK	360024	30.10.50	Frankfurt/M 1	26.01.78	Frankfurt/M 1	
V 36 416	236 416-4	MaK	360025	11.10.50	Ffm.-Griesheim	21.05.77	AW Hmb.-Harburg	
V 36 417	236 417-2	MaK	360026	15.11.50	Bamberg	18.02.77	Frankfurt/M 1	
V 36 418	236 418-0	MaK	360027	21.11.50	Bamberg	24.08.78	Frankfurt/M 1	

Die ursprünglich an die Deutsche Wehrmacht gelieferten Lokomotiven wurden nach 1945 durch die DR beziehungsweise DB übernommen und wieder aufgearbeitet. Die Abnahmedaten in Klammern bezeichnen den ersten Einsatztag bei der jeweils ersten Heimatdienststelle nach 1945.

Baureihe V 36.48 (DR)

Betriebsnummer bis 1969	ab 1970	ab 1992	Hersteller	Fab.-Nr.	Abnahme	1. Bw	Ausmusterung	letztes Bw	Anmerkung
V 36 4801			LKM	656014I					nicht übernommen
V 36 4802			LKM	656014II					nicht übernommen

Baureihe V 140 (DRG/DB)

Betriebsnummer bis 1967	ab 1968	ab 1992	Hersteller	Fab.-Nr.	Abnahme	1. Bw	Ausmusterung	letztes Bw	Anmerkung
V 140 001			Krauss-Maffei	15528	11.12.36	RZA München	13.10.53	Ffm.-Griesheim	→ D. TH Karlsruhe → Dt. Museum

Abnahme als V 16 101. Nach Wiederaufarbeitung bei Krauss-Maffei erneute Abnahme am 30.07.48, anschließend Beheimatung beim Bw Ffm.-Griesheim.

Baureihe V 240 (DR)

Betriebsnummer bis 1969	ab 1970	ab 1992	Hersteller	Fab.-Nr.	Abnahme	1. Bw	Ausmusterung	letztes Bw	Anmerkung
V 240 001			LKM	652010	06.10.65	Halle P			UB in 118 202-1

Baureihe 240 (DB/DB AG)

Betriebsnummer			Hersteller	Fab.-Nr.	Abnahme	1. Bw	Aus-musterung	letztes Bw	Anmerkung
bis 1967	ab 1968	ab 1992							
	240 001-8	240 001-8	MaK	30002	02.03.90	Hamburg 4	31.07.96	Hmb.-Wilhelmsbg.	→ HGK
	240 002-6	240 002-6	MaK	30003	02.03.90	Hamburg 4	31.07.96	Hmb.-Wilhelmsbg.	→ HGK
	240 003-4	240 003-4	MaK	30004	02.03.90	Hamburg 4	31.07.96	Hmb.-Wilhelmsbg.	→ HGK

Baureihe 142/242 (DR/DB AG)

Betriebsnummer			Hersteller	Fab.-Nr.	Abnahme	1. Bw	Aus-musterung	letztes Bw	Anmerkung
bis 1969	ab 1970	ab 1992							
	142 001-7	242 001-6	LTS	0001	01.06.77	Halle P	10.03.95	Stralsund	→ M. Arnstadt
	142 002-5	242 002-4	LTS	0002	07.06.77	Halle P	10.03.95	Stralsund	
	142 003-3	242 003-2	LTS	0003	07.08.77	Stralsund	10.03.95	Stralsund	
	142 004-1	242 004-0	LTS	0004	11.10.77	Stralsund	09.11.94	Stralsund	
	142 005-8	242 005-7	LTS	0005	30.08.78	Stralsund	10.03.95	Stralsund	
	142 006-6	242 006-5	LTS	0006	01.12.78	Stralsund	10.03.95	Stralsund	

Baureihe V 45/245 (DB)

Betriebsnummer			Hersteller	Fab.-Nr.	Abnahme	1. Bw	Aus-musterung	letztes Bw	Anmerkung
bis 1967	ab 1968	ab 1992							
V 45 001			SACM	10038	56	Saarbrücken Hbf	61	Saarbrücken Hbf	Ersatzteilspender
V 45 002			SACM	10039	56	Saarbrücken Hbf	61	Saarbrücken Hbf	Ersatzteilspender
V 45 003	245 003-9		SACM	10040	56	Saarbrücken Hbf	06.08.77	AW Köln-Nippes	
V 45 004	245 004-7		SACM	10041	56	Saarbrücken Hbf	20.12.80	AW Paderborn	→ Italien
V 45 005	245 005-4		SACM	10042	56	Saarbrücken Hbf	23.12.77	AW Witten	
V 45 006	245 006-2		SACM	10043	18.07.56	Saarbrücken Hbf	24.08.80	AW Darmstadt	→ Italien
V 45 007	245 007-0		SACM	10044	26.07.56	Saarbrücken Hbf	27.11.73	AW Witten	
V 45 008	245 008-8		SACM	10045	02.08.56	Saarbrücken Hbf	30.12.76	AW Dbg.-Wedau	
V 45 009	245 009-6		SACM	10046	13.09.56	Saarbrücken Hbf	24.08.78	AW Oppum	→ DDM
V 45 010	245 010-4		SACM	10047	29.10.56	Saarbrücken Hbf	26.03.80	AW Paderborn	→ D. Paderborn

Lokomotiven von Eisenbahnen des Saarlandes (EdS) beschafft, am 01.01.1957 von DB übernommen.

Baureihe V 50 (DB)

Betriebsnummer			Hersteller	Fab.-Nr.	Abnahme	1. Bw	Aus-musterung	letztes Bw	Anmerkung
bis 1967	ab 1968	ab 1992							
V 50 001			Krauss-Maffei	18356	01.07.62	Hmb.-Wilhelmsbg.	14.10.63	Hmb.-Wilhelmsbg.	→ VWE
V 50 001			Krauss-Maffei	18357	01.07.62	Hmb.-Wilhelmsbg.	14.10.63	Hmb.-Wilhelmsbg.	→ VTG

Lokomotiven von Wilhelmsburger Industriebahn (WIB) übernommen. Dort am 06.06.57 in Dienst gestellt.

Baureihe V 51/251 (DB)

Betriebsnummer			Hersteller	Fab.-Nr.	Abnahme	1. Bw	Aus-musterung	letztes Bw	Anmerkung
bis 1967	ab 1968	ab 1992							
V 51 901	251 901-5		Gmeinder	5327	02.09.64	Heilbronn	23.02.71	Ulm	→ StLB VL 21
V 51 902	251 902-3		Gmeinder	5328	09.09.64	Heilbronn	29.12.83	Ulm	→ Öchsle
V 51 903	251 903-1		Gmeinder	5329	17.09.64	Heilbronn	29.12.83	Ulm	→ Spanien

Baureihe V 52/252 (DB)

Betriebsnummer			Hersteller	Fab.-Nr.	Abnahme	1. Bw	Aus-musterung	letztes Bw	Anmerkung
bis 1967	ab 1968	ab 1992							
V 52 901	252 901-4		Gmeinder	5325	25.06.64	Heidelberg	05.06.73	Heidelberg	→ AVG
									→ Italien
V 52 902	252 902-2		Gmeinder	5326	23.07.64	Heidelberg	05.06.73	Heidelberg	→ SWEG
									→ Italien

Baureihe 259 (DB)

Betriebsnummer			Hersteller	Fab.-Nr.	Abnahme	1. Bw	Aus-musterung	letztes Bw	Anmerkung
bis 1967	ab 1968	ab 1992							
	259 001-6		BLH	61240	07.70	Saarbrücken	08.02.71	Saarbrücken	
					17.04.72	Mannheim	01.03.74	Mannheim	
	259 001-6		Krauss-Maffei	19881	08.03.82	München 1	01.10.82	München 1	
	259 002-4		MaK	700049	13.09.82	München 1	05.02.83	München 1	
	259 003-2		Gmeinder	5623	05.03.83	München 1	09.07.83	München 1	
	259 004-0		Henschel	32563	03.10.83	München 1	19.12.83	München 1	
	259 005-7		Krauss-Maffei	19924	18.12.84	München 1	30.04.85	München 1	

Baureihe V 65/265 (DB)

Betriebsnummer			Hersteller	Fab.-Nr.	Abnahme	1. Bw	Aus-musterung	letztes Bw	Anmerkung
bis 1967	ab 1968	ab 1992							
V 65 001	265 001-8		MaK	600004	23.05.56	Marburg	18.03.79	Hmb.-Altona	→ MHE D 02
V 65 002	265 002-6		MaK	600005	07.05.56	Marburg	07.12.76	Hmb.-Altona	
V 65 003	265 003-4		MaK	600006	07.05.56	Marburg	07.12.76	Hmb.-Altona	
V 65 004	265 004-2		MaK	600007	12.05.56	Marburg	21.10.80	AW Hmb.-Harburg	→ BE D 2
V 65 005	265 005-9		MaK	600008	13.06.56	Marburg	19.04.74	Hmb.-Altona	→ Italien
V 65 006	265 006-7		MaK	600009	28.05.56	Marburg	21.05.77	Hmb.-Altona	
V 65 007	265 007-5		MaK	600010	30.05.56	Marburg	08.11.75	Hmb.-Altona	
V 65 008	265 008-3		MaK	600011	01.06.56	Marburg	06.06.78	Hmb.-Altona	
V 65 009	265 009-1		MaK	600012	15.06.56	Marburg	18.07.77	Hmb.-Altona	
V 65 010	265 010-9		MaK	600013	07.06.56	Marburg	11.11.78	Hmb.-Altona	
V 65 011	265 011-7		MaK	600014	15.06.56	Marburg	11.12.77	Hmb.-Altona	DGEG
V 65 012	265 012-5		MaK	600015	03.07.56	Marburg	30.03.78	Hmb.-Altona	
V 65 013	265 013-3		MaK	600016	25.06.56	Marburg	01.07.76	Hmb.-Altona	
V 65 014	265 014-1		MaK	600017	25.06.56	Marburg	11.12.77	Hmb.-Altona	
V 65 015	265 015-8		MaK	600018	04.07.56	Marburg	23.10.76	Hmb.-Altona	

Baureihe 267/715 (DB)

Betriebsnummer			Hersteller	Fab.-Nr.	Abnahme	1. Bw	Aus-musterung	letztes Bw	Anmerkung
bis 1967	ab 1968	ab 1992							
	267 001-6	715 001-4	CFD	1251	23.07.73	Hannover	23.02.78	Nürnberg Hbf	
	267 002-4	715 002-2	CFD	1253	18.12.73	Hannover	01.02.78	Hannover	
		715 003-0	CFD		01.07.77		01.12.83	Nürnberg 1	
		715 004-8	CFD		01.02.77	Hannover	01.01.93	Hannover 1	
		715 005-5	CFD		07.01.78	Hannover	01.01.93	Hannover 1	
		715 006-3	CFD		23.02.78	Nürnberg Hbf	01.12.83	Nürnberg 1	

Baureihe V 20/270 (DB)

Betriebsnummer			Hersteller	Fab.-Nr.	Abnahme	1. Bw	Ausmusterung	letztes Bw	Anmerkung
bis 1967	ab 1968	ab 1992							
V 20 001	270 001-1		BMAG	10754	(03.07.47)	Hagen-Eckesey	19.02.77	Hamm	
V 20 002	270 002-9		Deutz	39651	17.08.46)	Regensburg	22.02.75	Dortmund Rbf	
V 20 005	270 005-2		Deutz	36660	(19.09.46)	Bamberg	01.07.76	Hmb.-Harburg	
V 20 006	270 006-0		Deutz	36658	(12.07.49)	Augsburg	18.04.74	Göttingen	
V 20 007	270 007-8		Deutz	36667	(05.09.47)	München Hbf	12.10.73	Braunschweig	
V 20 008	270 008-6		Deutz	46517	(02.04.51)	Soltau	01.07.76	Bremen Rbf	
V 20 015			DWK	582	05.45	Oldenburg Hbf			UB in V 20 060
V 20 020	270 020-1		Gmeinder	3611	(21.03.46)	Nürnberg Hbf	11.11.78	Hannover	
V 20 021	270 021-9		Gmeinder	3612		Soltau	26.07.77	Hannover	
V 20 022			Jung	9585	47	Darmstadt	06.62	Schwandorf	→ AHE
V 20 023	270 023-5		Jung	9584	(22.07.49)	Augsburg	21.07.76	Hannover	
V 20 030	270 030-0		Deutz	36615	(01.05.46)	Augsburg	04.06.73	Hannover	
V 20 031	270 031-8		Deutz	36616		Celle	24.02.76	Bremen Rbf	
V 20 032	270 032-6		Deutz	36624		Hmb.-Harburg	26.04.78	Hmb.-Harburg	
V 20 033	270 033-4		Deutz	39645	(10.02.46)	Kiel	23.03.76	Hannover	
V 20 034	270 034-2		Deutz	39652	(01.04.47)	Hmb.-Harburg	18.03.79	Hmb.-Harburg	
V 20 035	270 035-9		Deutz	39654	49	Stuttgart	24.11.79	Hmb.-Harburg	→ BLME
V 20 036	270 036-7		Deutz	39655		Neumünster	26.01.78	Hmb.-Harburg	DB-Museumslok
V 20 037	270 037-5		Deutz	36663		München Hbf	24.08.78	Hmb.-Harburg	
V 20 038	270 038-3		Deutz	36664		München Hbf	24.02.76	Hannover	
V 20 039	270 039-1		Deutz	39659	05.45	Flensburg	18.03.79	Hmb.-Harburg	→ VVM
V 20 040	270 040-9		Deutz	39622	47	Herford	16.12.77	Göttingen	
V 20 041	270 041-7		Deutz	39625	(05.09.51)	Brh.-Lehe	30.11.78	Stuttgart	
V 20 050	270 050-8		BMAG	11391	(17.11.50)	Augsburg	18.03.79	Hmb.-Harburg	
V 20 051	270 051-6		DWK	731	15.06.52	Oldenburg Hbf	06.06.78	Hamm	UB aus V 22 007 DB-Museumslok
V 20 052	270 052-4		DWK	644	01.52	Ansbach	21.04.77	Ludwigshafen	UB aus V 22 008
V 20 053	270 053-2		DWK	729	52	Stuttgart	31.10.76	Ludwigshafen	UB aus V 22 006
V 20 054	270 054-0		DWK	643	52	Stuttgart	25.06.80	Ludwigshafen	UB aus V 22 001 → Italien
V 20 055	270 055-7		DWK	678	06.02.53	Hmb.-Harburg	24.08.78	Hannover	UB aus V 22 003 → Italien
V 20 056	270 056-5		DWK	725	17.03.53	Oldenburg Hbf	21.02.75	Oldenburg	UB aus V 22 005
V 20 057	270 057-3		DWK	673	53	Stuttgart	18.03.79	Hmb.-Harburg	UB aus V 22 002
V 20 058			DWK	733	54	Ansbach	24.11.63	Nürnberg Hbf	UB aus V 22 009 → Hfb. Hildesheim → BLME
V 20 059	270 059-9		DWK	700	17.03.53	Oldenburg Hbf	01.11.75	Hmb.-Altona	UB aus V 22 004
V 20 060	270 060-7		DWK	582		Ansbach	13.10.73	Stuttgart	UB aus V 20 015

Die ursprünglich an die Deutsche Wehrmacht gelieferten Lokomotiven wurden nach 1945 durch die DR beziehungsweise DB übernommen und wieder aufgear-beitet. Die Abnahmedaten in Klammern bezeichnen den ersten Einsatztag bei der jeweils ersten Heimatdienststelle nach 1945.

Baureihe V 22/270 (DB)

Betriebsnummer			Hersteller	Fab.-Nr.	Abnahme	1. Bw	Ausmusterung	letztes Bw	Anmerkung
bis 1967	ab 1968	ab 1992							
V 22 001			DWK	643	01.07.46	Augsburg			UB in V 20 054
V 22 002			DWK	673	13.10.46	Oldenburg Hbf			UB in V 20 057

V 22 003	DWK	678	05.01.47	PAW MaK			UB in V 20 055
V 22 004	DWK	700	21.09.46	Soltau			UB in V 20 059
V 22 005	DWK	725	13.11.47	Hmb.-Berl. Tor			UB in V 20 056
V 22 006	DWK	729	47	Hmb.-Harburg			UB in V 20 053
V 22 007	DWK	731	15.01.49	Soltau			UB in V 20 051
V 22 008	DWK	644	08.08.49	Rheydt			UB in V 20 052
V 22 009	DWK	733	12.11.48	Augsburg			UB in V 20 058
V 22 015	DWK	682		Neumünster	11.51		→ Wb Heidelberg
V 22 016	DWK	684		Hmb.-Wilhelmsbg.	11.51		→ Wl Nordkontor
V 22 017	DWK	681		Rbd Hamburg			
V 22 018	DWK	685		Rbd Hamburg			
V 22 019	DWK	641		Rbd Hamburg			
V 22 100	Deutz	33031	47	Bremen Hbf	24.04.51		→ MKB V 4

Baureihe V 75/107 (DR)

Betriebsnummer			Hersteller	Fab.-Nr.	Abnahme	1. Bw	Aus-musterung	letztes Bw	Anmerkung
bis 1969	ab 1970	ab 1992							
V 75 001	107 001-0		CKD	5681	62	Leipzig Süd	04.01.78	Leipzig West	
V 75 002	107 002-8		CKD	5682	62	Leipzig West	13.05.77	Leipzig West	
V 75 003	107 003-6		CKD	5683	62	Leipzig Süd	24.11.83	Falkenberg	
V 75 004	107 004-4		CKD	5684	62	Leipzig Süd	20.06.87	Leipzig Süd	→ Karsdorf
V 75 005	107 005-1		CKD	5685	62	Leipzig West	14.02.84	Falkenberg	
V 75 006	107 006-9		CKD	5686	62	Leipzig West	05.09.78	Leipzig West	
V 75 007	107 007-7		CKD	5687	62	Leipzig West	20.05.81	Falkenberg	
V 75 008	107 008-5		CKD	5688	62	Leipzig Süd	01.09.75	Leipzig Süd	
V 75 009	107 009-3		CKD	5689	62	Leipzig West	13.08.81	Falkenberg	
V 75 010	107 010-1		CKD	5690	62	Leipzig West	04.01.78	Leipzig Süd	
V 75 011	107 011-9		CKD	5691	62	Leipzig West	17.06.80	Leipzig West	
V 75 012	107 012-7		CKD	5692	62	Leipzig West	18.03.80	Falkenberg	
V 75 013	107 013-5		CKD	5693	62	Leipzig Süd	18.05.87	Leipzig Süd	→ Karsdorf
V 75 014	107 014-3		CKD	5694	62	Leipzig West	25.05.80	Leipzig West	→ BKK Deuben
V 75 015	107 015-0		CKD	5695	62	Leipzig West	08.08.84	Falkenberg	
V 75 016	107 016-8		CKD	5696	62	Leipzig Süd	05.03.81	Falkenberg	
V 75 017	107 017-6		CKD	5697	62	Leipzig Süd	10.03.80	Leipzig West	
V 75 018	107 018-4		CKD	5698	62	Leipzig Süd	01.05.74	Leipzig West	→ BKK Lübbenau
V 75 019	107 019-2		CKD	5699	62	Leipzig West	17.06.80	Leipzig West	
V 75 020	107 020-0		CKD	5700	62	Leipzig West	13.05.77	Leipzig West	

Baureihe 279 (DB)

Betriebsnummer			Hersteller	Fab.-Nr.	Abnahme	1. Bw	Aus-musterung	letztes Bw	Anmerkung
bis 1967	ab 1968	ab 1992							
	279 001-2		Henschel	26530	01.02.70	Kassel	24.06.71	Kassel	→ Italien
	279 002-0		Henschel	30308	01.02.70	Kassel	15.09.71	Frankfurt/M 1	→ Italien

Lokomotiven von der Söhrebahn übernommen

Baureihe V 80/280 (DB)

Betriebsnummer			Hersteller	Fab.-Nr.	Abnahme	1. Bw	Aus-musterung	letztes Bw	Anmerkung
bis 1967	ab 1968	ab 1992							
V 80 001	280 001-9		Krauss-Maffei	17716	10.02.52	Ffm.-Griesheim	23.10.77	Bamberg	→ Italien
V 80 002	280 002-7		Krauss-Maffei	17717	02.12.52	Ffm.-Griesheim	16.07.78	Bamberg	DB-Museumslok
V 80 003	280 003-5		Krauss-Maffei	17718	26.09.52	Bamberg	12.12.77	Bamberg	→ Italien
V 80 004	280 004-3		Krauss-Maffei	17719	03.10.52	Ffm.-Griesheim	21.09.76	Bamberg	→ Italien
V 80 005	280 005-0		Krauss-Maffei	17720	18.11.52	Ffm.-Griesheim	30.03.78	Bamberg	→ Italien
V 80 006	280 006-8		MaK	800001	28.11.61	Bamberg	26.01.78	Bamberg	→ Italien
V 80 007	280 007-6		MaK	800002	25.01.52	Bamberg	30.03.78	Bamberg	→ Italien
V 80 008	280 008-4		MaK	800003	14.03.52	Bamberg	30.03.78	Bamberg	→ Italien
V 80 009	280 009-2		MaK	800004	17.05.52	Bamberg	30.03.78	Bamberg	→ Italien
V 80 010	280 010-0		MaK	800005	29.09.52	Ffm.-Griesheim	23.10.77	Bamberg	→ HKB V 31

Baureihe V 188/288 (DB)

Betriebsnummer			Hersteller	Fab.-Nr.	Abnahme	1. Bw	Aus-musterung	letztes Bw	Anmerkung
bis 1967	ab 1968	ab 1992							
V 188 001A	288 001		Krupp	2468	30.08.49	Aschaffenburg	25.09.69	Bamberg	
V 188 001B			Krupp	2469	30.08.49	Aschaffenburg	25.09.69	Bamberg	
V 188 002A	288 002		Krupp	2470	24.11.51	Aschaffenburg	16.06.72	Bamberg	
V 188 002B			Krupp	2471	24.11.51	Aschaffenburg	16.06.72	Bamberg	

Baureihe V 90/290 (DB/DB AG)

Betriebsnummer			Hersteller	Fab.-Nr.	Abnahme	1. Bw	Aus-musterung	letztes Bw	Anmerkung
bis 1967	ab 1968	ab 1992							
V 90 001	290 001-7	290 001-7	MaK	1000259	04.08.64	Oberhausen Hbf			
V 90 002	290 002-5	290 002-5	MaK	1000260	29.09.64	Gsk.-Bismarck			
V 90 003	290 003-3	290 003-3	MaK	1000261	29.09.64	Oberhausen Hbf			
V 90 004	290 004-1	290 004-1	MaK	1000262	29.09.64	Karlsruhe			
V 90 005	290 005-8	290 005-8	MaK	1000263	30.10.64	Karlsruhe			
V 90 006	290 006-6	290 006-6	MaK	1000264	09.10.64	Kornwestheim			
V 90 007	290 007-4	290 007-4	MaK	1000265	16.11.64	Karlsruhe			
V 90 008	290 008-2	290 008-2	MaK	1000266	23.11.64	Gsk.-Bismarck			
V 90 009	290 009-0	290 009-0	MaK	1000267	03.12.64	Oberhausen Hbf			
V 90 010	290 010-8	290 010-8	MaK	1000268	11.12.64	Gsk.-Bismarck			
V 90 011	290 011-6	290 011-6	MaK	1000269	08.04.65	Ingolstadt			
V 90 012	290 012-4	290 012-4	MaK	1000270	03.06.65	Ingolstadt			
V 90 013	290 013-2	290 013-2	MaK	1000271	30.12.64	Ingolstadt			
V 90 014	290 014-0	290 014-0	MaK	1000272	08.01.65	Hannover-Linden			
V 90 015	290 015-7	290 015-7	MaK	1000273	14.01.65	Hannover-Linden			
V 90 016	290 016-5	290 016-5	MaK	1000274	19.01.65	Hannover-Linden			
V 90 017	290 017-3	290 017-3	MaK	1000275	28.01.65	Oberhausen Hbf			
V 90 018	290 018-1	290 018-1	MaK	1000276	28.01.65	Gsk.-Bismarck			
V 90 019	290 019-9	290 019-9	MaK	1000277	29.01.65	Kornwestheim			
V 90 020	290 020-7	290 020-7	MaK	1000278	10.02.65	Kornwestheim			
V 90 021	290 021-5	290 021-5	MaK	1000394	11.11.66	Delmenhorst			
V 90 022	290 022-3	290 022-3	MaK	1000395	14.11.66	Gsk.-Bismarck			
V 90 023	290 023-1	290 023-1	MaK	1000396	22.11.66	Gsk.-Bismarck			
V 90 024	290 024-9	290 024-9	MaK	1000397	08.12.66	Delmenhorst			

V 90 025	290 025-6	290 025-6	MaK	1000398	12.12.66	Delmenhorst	
V 90 026	290 026-4	290 026-4	MaK	1000399	19.12.66	Delmenhorst	
V 90 027	290 027-2	290 027-2	MaK	1000400	23.12.66	Delmenhorst	
V 90 028	290 028-0	290 028-0	MaK	1000401	04.01.67	Delmenhorst	
V 90 029	290 029-8	290 029-8	MaK	1000402	11.01.67	Delmenhorst	
V 90 030	290 030-6	290 030-6	MaK	1000403	13.01.67	Gsk.-Bismarck	
V 90 031	290 031-4	290 031-4	MaK	1000404	26.01.67	Haltingen	
V 90 032	290 032-2	290 032-2	MaK	1000405	03.02.67	Haltingen	
V 90 033	290 033-0	290 033-0	MaK	1000406	23.02.67	Mannheim	
V 90 034	290 034-8	290 034-8	MaK	1000407	24.02.67	Mannheim	
V 90 035	290 035-5	290 035-5	MaK	1000408	07.03.67	Mannheim	
V 90 036	290 036-3	290 036-3	MaK	1000409	10.03.67	Mannheim	
V 90 037	290 037-1	290 037-1	MaK	1000410	15.03.67	Mannheim	
V 90 038	290 038-9	290 038-9	MaK	1000411	18.03.67	Mannheim	
V 90 039	290 039-7	290 039-7	MaK	1000412	23.03.67	Siegen	
V 90 040	290 040-5	290 040-5	MaK	1000413	19.04.67	Hagen-Eckesey	
V 90 041	290 041-3	290 041-3	MaK	1000414	07.04.67	Hagen-Eckesey	
V 90 042	290 042-1	290 042-1	MaK	1000415	21.04.67	Hagen-Eckesey	
V 90 043	290 043-9	290 043-9	MaK	1000416	25.04.67	Hagen-Eckesey	
V 90 044	290 044-7	290 044-7	MaK	1000417	29.05.67	Dsd.-Derendorf	
V 90 045	290 045-4	290 045-4	MaK	1000418	05.06.67	Dsd.-Derendorf	
V 90 046	290 046-2	290 046-2	MaK	1000419	02.06.67	Ffm.-Griesheim	
V 90 047	290 047-0	290 047-0	MaK	1000420	16.06.67	Ffm.-Griesheim	
V 90 048	290 048-8	290 048-8	MaK	1000421	19.07.67	Ffm.-Griesheim	
V 90 049	290 049-6	290 049-6	MaK	1000422	24.11.66	Hmb.-Harburg	
V 90 050	290 050-4	290 050-4	MaK	1000423	21.07.67	Hmb.-Harburg	
V 90 051	290 051-2	290 051-2	MaK	1000424	07.08.67	Hmb.-Harburg	
V 90 052	290 052-0	290 052-0	MaK	1000425	08.08.67	Hmb.-Harburg	
V 90 053	290 053-8	290 053-8	MaK	1000426	18.08.67	Ffm.-Griesheim	
V 90 054	290 054-6	290 054-6	MaK	1000427	31.08.67	Hmb.-Harburg	
V 90 055	290 055-3	290 055-3	MaK	1000428	22.09.67	Köln-Nippes	
V 90 056	290 056-1	290 056-1	MaK	1000429	30.10.67	Kornwestheim	
V 90 057	290 057-9	290 057-9	MaK	1000430	31.10.67	Hannover	
V 90 058	290 058-7	290 058-7	MaK	1000431	10.11.67	Hannover	
V 90 059	290 059-5	290 059-5	Deutz	58123	05.01.67	Ingolstadt	
V 90 060	290 060-3	290 060-3	Deutz	58124	11.01.67	Ingolstadt	
V 90 061	290 061-1	290 061-1	Deutz	58125	23.01.67	Fulda	
V 90 062	290 062-9	290 062-9	Deutz	58126	09.02.67	Fulda	
V 90 063	290 063-7	290 063-7	Deutz	58127	28.02.67	Ffm.-Griesheim	
V 90 064	290 064-5	290 064-5	Deutz	58128	02.03.67	Ffm.-Griesheim	
V 90 065	290 065-2	290 065-2	Deutz	58129	28.03.67	Ffm.-Griesheim	
V 90 066	290 066-0	290 066-0	Deutz	58130	11.04.67	Ffm.-Griesheim	
V 90 067	290 067-8	290 067-8	Deutz	58131	24.04.67	Ulm	
V 90 068	290 068-6	290 068-6	Deutz	58132	17.05.67	Ulm	
V 90 069	290 069-4	290 069-4	Deutz	58133	01.06.67	Ulm	
V 90 070	290 070-2	290 070-2	Deutz	58134	14.06.67	Kornwestheim	
	290 071-0	290 071-0	Deutz	58301	17.03.68	Hamm P	UB in 294 071-6
	290 072-8	290 072-8	Deutz	58302	24.03.68	Hamm P	
	290 073-6	290 073-6	Deutz	58303	25.03.68	Hamm P	
	290 074-4	290 074-4	Deutz	58304	01.04.68	Hamm P	
	290 075-1	290 075-1	Deutz	58305	09.04.68	Hagen-Eckesey	UB in 294 075-7
	290 076-9	290 076-9	Deutz	58306	01.05.68	Hagen-Eckesey	UB in 294 076-5
	290 077-7	290 077-7	Deutz	58307	10.05.68	Hagen-Eckesey	UB in 294 077-3

290 078-5	290 078-5	Deutz	58308	20.05.68	Hagen-Eckesey	UB in 294 078-1
290 079-3	290 079-3	Deutz	58309	06.06.68	Hagen-Eckesey	UB in 294 079-9
290 080-1	290 080-1	Deutz	58310	22.06.68	Hagen-Eckesey	UB in 294 080-7
290 081-9	290 081-9	Deutz	58311	25.06.68	Hagen-Eckesey	UB in 294 081-5
290 082-7	290 082-7	Deutz	58312	09.07.68	Hmb.-Harburg	UB in 294 082-3
290 083-5	290 083-5	Deutz	58313	11.07.68	Hmb.-Harburg	UB in 294 083-1
290 084-3	290 084-3	Deutz	58314	18.07.68	Hmb.-Harburg	UB in 294 084-9
290 085-0	290 085-0	Deutz	58315	14.08.68	Hmb.-Harburg	UB in 294 085-6
290 086-8	290 086-8	Deutz	58316	21.08.68	Hmb.-Harburg	UB in 294 086-4
290 087-6	290 087-6	Deutz	58317	22.08.68	Hmb.-Harburg	UB in 294 087-2
290 088-4	290 088-4	Deutz	58318	11.09.68	Hmb.-Harburg	UB in 294 088-0
290 089-2	290 089-2	Deutz	58319	18.09.68	Braunschweig	UB in 294 089-8
290 090-0	290 090-0	Deutz	58320	24.09.68	Braunschweig	
290 091-8	290 091-8	Deutz	58321	07.11.68	Hannover	
290 092-6	290 092-6	Deutz	58322	15.11.68	Hannover	
290 093-4	290 093-4	Deutz	58323	24.11.68	Hannover	UB in 294 093-0
290 094-2	290 094-2	Deutz	58324	12.12.68	Delmenhorst	UB in 294 094-8
290 095-9	290 095-9	Deutz	58325	20.12.68	Delmenhorst	
290 096-7	290 096-7	Deutz	58326	12.01.69	Delmenhorst	
290 097-5	290 097-5	Deutz	58327	27.01.69	Delmenhorst	
290 098-3	290 098-3	Deutz	58328	03.02.69	Delmenhorst	UB in 294 098-9
290 099-1	290 099-1	Deutz	58329	06.02.69	Delmenhorst	UB in 294 099-7
290 100-7	290 100-7	Deutz	58330	28.02.69	Mannheim	
290 101-5	290 101-5	MaK	1000432	19.01.68	München Ost	UB in 294 101-1
290 102-3	290 102-3	MaK	1000433	26.01.68	München Ost	UB in 294 102-9
290 103-1	290 103-1	MaK	1000434	08.02.68	München Ost	UB in 294 103-7
290 104-9	290 104-9	MaK	1000435	08.02.68	Hamm P	
290 105-6	290 105-6	MaK	1000436	20.02.68	Hamm P	
290 106-4	290 106-4	MaK	1000437	25.02.68	Hamm P	
290 107-2	290 107-2	MaK	1000438	04.03.68	Hamm P	
290 108-0	290 108-0	MaK	1000439	16.03.68	Hamm P	
290 109-8	290 109-8	MaK	1000440	19.04.68	Villingen	
290 110-6	290 110-6	MaK	1000441	19.05.68	Villingen	UB in 294 110-2
290 111-4	290 111-4	MaK	1000442	21.06.68	München Ost	
290 112-2	290 112-2	MaK	1000443	28.06.68	München Ost	UB in 294 112-8
290 113-0	290 113-0	MaK	1000444	04.07.68	Ingolstadt	UB in 294 113-6
290 114-8	290 114-8	MaK	1000445	11.07.68	Haltingen	
290 115-5	290 115-5	MaK	1000446	18.07.68	Haltingen	
290 116-3	290 116-3	MaK	1000447	25.07.68	Haltingen	
290 117-1	290 117-1	MaK	1000448	01.08.68	Haltingen	
290 118-9	290 118-9	MaK	1000449	08.08.68	Haltingen	
290 119-7	290 119-7	MaK	1000450	19.08.68	Darmstadt	UB in 294 119-3
290 120-5	290 120-5	MaK	1000451	23.08.68	Darmstadt	
290 121-3	290 121-3	MaK	1000452	15.11.68	Ingolstadt	
290 122-1	290 122-1	MaK	1000453	22.11.68	Augsburg	UB in 294 122-7
290 123-9	290 123-9	MaK	1000454	06.12.68	Augsburg	
290 124-7	290 124-7	MaK	1000455	09.12.68	Augsburg	
290 125-4	290 125-4	MaK	1000456	20.12.68	Karlsruhe	
290 126-2	290 126-2	MaK	1000457	23.12.68	Karlsruhe	
290 127-0	290 127-0	MaK	1000458	10.01.69	Karlsruhe	
290 128-8	290 128-8	MaK	1000459	13.01.69	Karlsruhe	UB in 294 128-4
290 129-6	290 129-6	MaK	1000460	17.01.69	Hmb.-Harburg	
290 130-4	290 130-4	MaK	1000461	24.01.69	Hmb.-Harburg	

290 131-2	290 131-2	MaK	1000462	04.04.68	Trier	
290 132-0	290 132-0	MaK	1000463	05.04.68	Trier	
290 133-8	290 133-8	MaK	1000464	08.04.68	Trier	
290 134-6	290 134-6	MaK	1000465	25.04.68	Trier	UB in 294 134-2
290 135-3	290 135-3	MaK	1000466	03.05.68	Karlsruhe	
290 136-1	290 136-1	MaK	1000467	21.05.68	Heilbronn	
290 137-9	290 137-9	MaK	1000468	22.05.68	Heilbronn	
290 138-7	290 138-7	MaK	1000469	23.05.68	Heilbronn	
290 139-5	290 139-5	MaK	1000470	30.05.68	Ingolstadt	
290 140-3	290 140-3	MaK	1000471	16.06.68	Ingolstadt	
290 141-1	290 141-1	MaK	1000472	30.08.68	Gießen	
290 142-9	290 142-9	MaK	1000473	05.09.68	Gießen	UB in 294 142-5
290 143-7	290 143-7	MaK	1000474	18.09.68	Gießen	
290 144-5	290 144-5	MaK	1000475	26.09.68	Ingolstadt	UB in 294 144-1
290 145-2	290 145-2	MaK	1000476	27.09.68	Ingolstadt	
290 146-0	290 146-0	MaK	1000477	10.10.68	Ingolstadt	
290 147-8	290 147-8	MaK	1000478	01.11.68	Ingolstadt	UB in 294 147-4
290 148-6	290 148-6	MaK	1000479	25.10.68	Ingolstadt	UB in 294 148-2
290 149-4	290 149-4	MaK	1000480	07.11.68	Ingolstadt	
290 150-2	290 150-2	MaK	1000481	08.11.68	Ingolstadt	UB in 294 150-8
290 151-0	290 151-0	MaK	1000482	31.01.69	Hmb.-Harburg	
290 152-8	290 152-8	MaK	1000483	14.02.69	Hmb.-Harburg	
290 153-6	290 153-6	MaK	1000484	13.02.69	Hmb.-Harburg	
290 154-4	290 154-4	MaK	1000485	24.02.69	Hmb.-Harburg	
290 155-1	290 155-1	MaK	1000486	28.02.69	Hmb.-Harburg	
290 156-9	290 156-9	MaK	1000487	06.03.69	Hmb.-Harburg	
290 157-7	290 157-7	MaK	1000488	26.03.69	Hmb.-Harburg	
290 158-5	290 158-5	MaK	1000489	20.03.69	Hmb.-Harburg	
290 159-3	290 159-3	MaK	1000490	08.04.69	Hmb.-Harburg	
290 160-1	290 160-1	MaK	1000491	02.04.69	Hmb.-Harburg	
290 161-9	290 161-9	Deutz	58331	16.04.68	Düren	UB in 294 161-5
290 162-7	290 162-7	Deutz	58332	24.04.68	Düren	UB in 294 162-3
290 163-5	290 163-5	Deutz	58333	21.05.68	Düren	UB in 294 163-1
290 164-3	290 164-3	Deutz	58334	30.05.68	Krefeld	UB in 294 164-9
290 165-0	290 165-0	Deutz	58335	27.06.68	Krefeld	
290 166-8	290 166-8	Deutz	58336	05.07.68	Krefeld	
290 167-6	290 167-6	Deutz	58337	27.07.68	Krefeld	
290 168-4	290 168-4	Deutz	58338	01.08.68	Krefeld	
290 169-2	290 169-2	Deutz	58339	28.08.68	Krefeld	
290 170-0	290 170-0	Deutz	58340	04.09.68	Krefeld	
290 171-8	290 171-8	Deutz	58341	28.10.68	Bielefeld	
290 172-6	290 172-6	Deutz	58342	05.11.68	Bielefeld	UB in 294 172-2
290 173-4	290 173-4	Deutz	58343	29.11.68	Hannover	
290 174-2	290 174-2	Deutz	58344	08.12.68	Hannover	
290 175-9	290 175-9	Deutz	58345	10.01.69	Delmenhorst	
290 176-7	290 176-7	Deutz	58346	29.01.69	Delmenhorst	
290 177-5	290 177-5	Deutz	58347	13.02.69	Delmenhorst	
290 178-3	290 178-3	Deutz	58348	24.04.69	Bremerhaven	
290 179-1	290 179-1	Deutz	58349	06.03.69	Bremerhaven	
290 180-9	290 180-9	Deutz	58350	14.03.69	Haltingen	
290 181-7	290 181-7	Deutz	58351	21.03.69	Haltingen	
290 182-5	290 182-5	Deutz	58352	28.03.69	Haltingen	
290 183-3	290 183-3	Deutz	58353	17.04.69	Mannheim	

290 184-1	290 184-1	Deutz	58354	23.04.69	Mannheim	
290 185-8	290 185-8	Deutz	58355	28.04.69	Mannheim	
290 186-6	290 186-6	Deutz	58356	09.05.69	Delmenhorst	
290 187-4	290 187-4	Deutz	58357	20.05.69	Delmenhorst	UB in 294 187-0
290 188-2	290 188-2	Deutz	58358	02.06.69	Mannheim	
290 189-0	290 189-0	Deutz	58359	18.06.69	Mannheim	
290 190-8	290 190-8	Deutz	58360	06.08.69	Mannheim	
290 191-6	290 191-6	MaK	1000493	24.06.69	Hmb.-Harburg	
290 192-4	290 192-4	MaK	1000494	10.06.69	Hmb.-Harburg	
290 193-2	290 193-2	MaK	1000495	27.06.69	Ingolstadt	
290 194-0	290 194-0	MaK	1000496	04.07.69	Ingolstadt	
290 195-7	290 195-7	MaK	1000497	20.07.69	Köln-Nippes	
290 196-5	290 196-5	MaK	1000498	17.07.69	Köln-Nippes	
290 197-3	290 197-3	MaK	1000499	01.08.69	Ingolstadt	UB in 294 197-9
290 198-1	290 198-1	MaK	1000500	15.08.69	Ingolstadt	
290 199-9	290 199-9	MaK	1000501	31.08.69	Krefeld	
290 200-5	290 200-5	MaK	1000502	04.09.69	Krefeld	
290 201-3	290 201-3	MaK	1000503	19.09.69	Ingolstadt	UB in 294 201-9
290 202-1	290 202-1	MaK	1000504	03.10.69	Ingolstadt	
290 203-9	290 203-9	MaK	1000505	12.10.69	Krefeld	
290 204-7	290 204-7	MaK	1000506	16.10.69	Krefeld	
290 205-4	290 205-4	MaK	1000507	24.10.69	Ingolstadt	
290 206-2	290 206-2	MaK	1000508	07.11.69	Ingolstadt	
290 207-0	290 207-0	MaK	1000509	25.11.69	Ingolstadt	
290 208-8	290 208-8	MaK	1000510	01.12.69	Ingolstadt	
290 209-6	290 209-6	MaK	1000511	12.12.69	Ingolstadt	
290 210-4	290 210-4	MaK	1000512	22.12.69	Ingolstadt	UB in 294 210-0
290 211-2	290 211-2	MaK	1000519	13.06.71	Kassel	UB in 294 211-8
290 212-0	290 212-0	MaK	1000520	27.06.71	Kassel	UB in 294 212-6
290 213-8	290 213-8	MaK	1000521	01.07.71	Augsburg	
290 214-6	290 214-6	MaK	1000522	01.07.71	Hannover	
290 215-3	290 215-3	MaK	1000523	06.07.71	Bremerhaven	UB in 294 215-9
290 216-1	290 216-1	MaK	1000524	08.07.71	Bremerhaven	
290 217-9	290 217-9	MaK	1000525	22.07.71	Bremerhaven	
290 218-7	290 218-7	MaK	1000526	22.07.71	Kassel	UB in 294 218-3
290 219-5	290 219-5	MaK	1000527	29.07.71	Kassel	UB in 294 219-1
290 220-3	290 220-3	MaK	1000528	03.08.71	Hmb.-Harburg	UB in 294 220-9
290 221-1	290 221-1	MaK	1000529	10.08.71	Hmb.-Harburg	UB in 294 221-7
290 222-9	290 222-9	MaK	1000530	10.08.71	Hmb.-Harburg	UB in 294 222-5
290 223-7	290 223-7	MaK	1000531	06.09.71	Hmb.-Harburg	UB in 294 223-3
290 224-5	290 224-5	MaK	1000532	12.09.71	Hmb.-Harburg	
290 225-2	290 225-2	MaK	1000533	29.08.71	Hmb.-Harburg	
290 226-0	290 226-0	MaK	1000534	08.09.71	Hannover	UB in 294 226-6
290 227-8	290 227-8	MaK	1000535	10.09.71	Hannover	
290 228-6	290 228-6	MaK	1000536	09.09.71	Kornwestheim	
290 229-4	290 229-4	MaK	1000537	12.09.71	Kornwestheim	
290 230-2	290 230-2	MaK	1000538	30.09.71	Haltingen	
290 231-0	290 231-0	MaK	1000539	10.10.71	Mannheim	UB in 294 231-6
290 232-8	290 232-8	MaK	1000540	11.10.71	Karlsruhe	
290 233-6	290 233-6	MaK	1000541	21.10.71	Karlsruhe	UB in 294 233-2
290 234-4	290 234-4	MaK	1000542	24.10.71	Frankfurt/M 1	
290 235-1	290 235-1	MaK	1000543	28.10.71	Frankfurt/M 1	
290 236-9	290 236-9	MaK	1000544	04.11.71	Frankfurt/M 1	

290 237-7	290 237-7	MaK	1000545	11.11.71	Nürnberg Rbf	
290 238-5	290 238-5	MaK	1000546	11.11.71	Nürnberg Rbf	
290 239-3	290 239-3	MaK	1000547	18.11.71	Nürnberg Rbf	
290 240-1	290 240-1	MaK	1000548	27.11.71	Braunschweig	
290 241-9	290 241-9	MaK	1000549	13.12.71	Hannover	
290 242-7	290 242-7	MaK	1000550	06.12.71	Delmenhorst	UB in 294 242-3
290 243-5	290 243-5	MaK	1000551	20.12.71	Delmenhorst	
290 244-3	290 244-3	MaK	1000552	06.01.72	Delmenhorst	
290 245-0	290 245-0	MaK	1000553	03.01.72	Delmenhorst	UB in 294 245-6
290 246-8	290 246-8	MaK	1000554	12.01.72	Koblenz-Mosel	UB in 294 246-4
290 247-6	290 247-6	MaK	1000555	07.02.72	Koblenz-Mosel	
290 248-4	290 248-4	MaK	1000556	09.02.72	Koblenz-Mosel	
290 249-2	290 249-2	MaK	1000557	17.02.72	Koblenz-Mosel	
290 250-0	290 250-0	MaK	1000558	28.02.72	Osnabrück Rbf	
290 251-8	290 251-8	Henschel	31528	17.10.71	Köln-Nippes	
290 252-6	290 252-6	Henschel	31529	26.10.71	Düren	
290 253-4	290 253-4	Henschel	31530	07.11.71	Krefeld	UB in 294 253-0
290 254-2	290 254-2	Henschel	31531	07.11.71	Krefeld	UB in 294 254-8
290 255-9	290 255-9	Henschel	31532	02.12.71	Köln-Nippes	UB in 294 255-5
290 256-7	290 256-7	Henschel	31533	13.12.71	Düren	
290 257-5	290 257-5	Henschel	31534	05.01.72	Krefeld	
290 258-3	290 258-3	Henschel	31535	13.01.72	Krefeld	
290 259-1	290 259-1	Henschel	31536	07.02.72	Krefeld	
290 260-9	290 260-9	Henschel	31537	20.03.72	Koblenz-Mosel	UB in 294 260-5
290 261-7	290 261-7	MaK	1000559	28.02.72	Delmenhorst	
290 262-5	290 262-5	MaK	1000560	06.03.72	Koblenz-Mosel	
290 263-3	290 263-3	MaK	1000561	06.03.72	Koblenz-Mosel	
290 264-1	290 264-1	MaK	1000562	07.03.72	Osnabrück Rbf	
290 265-8	290 265-8	MaK	1000563	29.03.72	Hmb.-Harburg	
290 266-6	290 266-6	MaK	1000564	06.04.72	Hmb.-Harburg	UB in 294 266-2
290 267-4	290 267-4	MaK	1000565	11.04.72	Hmb.-Harburg	UB in 294 267-0
290 268-2	290 268-2	MaK	1000566	11.04.72	Hmb.-Harburg	UB in 294 268-8
290 269-0	290 269-0	MaK	1000567	20.04.72	Hmb.-Harburg	
290 270-8	290 270-8	MaK	1000568	27.04.72	Dsd.-Derendorf	UB in 294 270-4
290 271-6	290 271-6	MaK	1000569	01.05.72	Hmb.-Harburg	
290 272-4	290 272-4	MaK	1000570	04.05.72	Hmb.-Harburg	
290 273-2	290 273-2	MaK	1000571	10.05.72	Ingolstadt	
290 274-0	290 274-0	MaK	1000572	16.05.72	Ingolstadt	
290 275-7	290 275-7	MaK	1000573	30.05.72	Kornwestheim	UB in 294 275-3
290 276-5	290 276-5	MaK	1000576	02.06.72	Kornwestheim	UB in 294 276-1
290 277-3	290 277-3	MaK	1000577	04.06.72	Hmb.-Harburg	
290 278-1	290 278-1	MaK	1000578	06.06.72	Hmb.-Harburg	UB in 294 278-7
290 279-9	290 279-9	MaK	1000579	16.06.72	Hmb.-Harburg	UB in 294 279-5
290 280-7	290 280-7	MaK	1000580	21.06.72	Hmb.-Harburg	UB in 294 280-3
290 281-5	290 281-5	MaK	1000581	02.07.72	Hmb.-Harburg	
290 282-3	290 282-3	MaK	1000582	02.07.72	Hmb.-Harburg	
290 283-1	290 283-1	MaK	1000583	05.07.72	Delmenhorst	
290 284-9	290 284-9	MaK	1000584	06.07.72	Delmenhorst	
290 285-6	290 285-6	MaK	1000585	11.07.72	Delmenhorst	UB in 294 285-2
290 286-4	290 286-4	MaK	1000586	19.07.72	Delmenhorst	
290 287-2	290 287-2	MaK	1000587	26.07.72	Braunschweig	
290 288-0	290 288-0	MaK	1000588	02.08.72	Braunschweig	
290 289-8	290 289-8	MaK	1000589	16.08.72	Braunschweig	

290 290-6	290 290-6	MaK	1000590	17.08.72	Regensburg	
290 291-4	290 291-4	MaK	1000591	24.08.72	Regensburg	
290 292-2	290 292-2	MaK	1000592	31.08.72	Regensburg	
290 293-0	290 293-0	MaK	1000593	07.09.72	Nürnberg Rbf	
290 294-8	290 294-8	MaK	1000594	14.09.72	Nürnberg Rbf	
290 295-5	290 295-5	MaK	1000595	21.09.72	Nürnberg Rbf	
290 296-3	290 296-3	Jung	14142	26.09.71	Gsk.-Bismarck	UB in 294 296-9
290 297-1	290 297-1	Jung	14143	11.10.71	Gsk.-Bismarck	UB in 294 297-7
290 298-9	290 298-9	Jung	14144	05.11.71	Gsk.-Bismarck	
290 299-7	290 299-7	Jung	14145	11.11.71	Oberhausen	
290 300-3	290 300-3	Jung	14146	29.11.71	Oberhausen	
290 301-1	290 301-1	Jung	14147	12.12.71	Oberhausen	UB in 294 301-7
290 302-9	290 302-9	Jung	14148	22.12.71	Oberhausen	
290 303-7	290 303-7	Jung	14149	08.02.72	Oberhausen	
290 304-5	290 304-5	Jung	14150	01.03.72	Oberhausen	UB in 294 304-1
290 305-2	290 305-2	Jung	14151	06.03.72	Oberhausen	
290 306-0	290 306-0	MaK	1000574	16.03.72	Hmb.-Harburg	
290 307-8	290 307-8	MaK	1000575	23.03.72	Hagen-Eckesey	
290 308-6	290 308-6	Henschel	31577	29.10.72	Karlsruhe	
290 309-4	290 309-4	Henschel	31578	12.11.72	Karlsruhe	
290 310-2	290 310-2	Henschel	31579	23.11.72	Mannheim	
290 311-0	290 311-0	Henschel	31580	03.12.72	Heilbronn	
290 312-8	290 312-8	Henschel	31581	10.12.72	Heilbronn	
290 313-6	290 313-6	Henschel	31582	18.12.72	Heilbronn	
290 314-4	290 314-4	Henschel	31583	27.12.72	Heilbronn	
290 315-1	290 315-1	Henschel	31584	14.01.73	Heilbronn	
290 316-9	290 316-9	Henschel	31585	10.01.73	Kassel	UB in 294 316-5
290 317-7	290 317-7	Henschel	31586	24.01.73	Kassel	UB in 294 317-3
290 318-5	290 318-5	Henschel	31587	07.02.73	Kassel	
290 319-3	290 319-3	Henschel	31588	18.02.73	Kassel	
290 320-1	290 320-1	Henschel	31589	26.02.73	Mannheim	
290 321-9	290 321-9	Henschel	31590	08.03.73	Mannheim	
290 322-7	290 322-7	Henschel	31591	21.03.73	Mannheim	
290 323-5	290 323-5	Henschel	31592	28.03.73	Ulm	UB in 294 323-1
290 324-3	290 324-3	Henschel	31593	16.04.73	Ulm	
290 325-0	290 325-0	Henschel	31594	09.05.73	Ulm	
290 326-8	290 326-8	Henschel	31595	14.05.73	Ingolstadt	
290 327-6	290 327-6	Henschel	31596	17.05.73	Ingolstadt	
290 328-4	290 328-4	MaK	1000603	02.11.72	Saarbrücken	
290 329-2	290 329-2	MaK	1000604	05.11.72	Trier	
290 330-0	290 330-0	MaK	1000605	09.11.72	Hmb.-Harburg	
290 331-8	290 331-8	MaK	1000606	16.11.72	Hmb.-Harburg	
290 332-6	290 332-6	MaK	1000607	27.11.72	Hmb.-Harburg	
290 333-4	290 333-4	MaK	1000608	05.12.72	Hmb.-Harburg	UB in 294 333-0
290 334-2	290 334-2	MaK	1000609	11.12.72	Hmb.-Harburg	
290 335-9	290 335-9	MaK	1000610	18.12.72	Hmb.-Harburg	
290 336-7	290 336-7	MaK	1000611	04.01.73	Hmb.-Harburg	
290 337-5	290 337-5	MaK	1000612	11.01.73	Hmb.-Harburg	UB in 294 337-1
290 338-3	290 338-3	MaK	1000613	10.01.73	Darmstadt	
290 339-1	290 339-1	MaK	1000614	18.01.73	Darmstadt	
290 340-9	290 340-9	MaK	1000615	01.02.73	Darmstadt	
290 341-7	290 341-7	MaK	1000616	08.02.73	Bremerhaven	
290 342-5	290 342-5	MaK	1000617	15.02.73	Delmenhorst	UB in 294 342-1

290 343-3	290 343-3	MaK	1000618	04.03.73	Delmenhorst	
290 344-1	290 344-1	MaK	1000619	08.03.73	Wuppertal	
290 345-8	290 345-8	MaK	1000620	27.03.73	Wuppertal	
290 346-6	290 346-6	MaK	1000621	16.04.73	Wuppertal	
290 347-4	290 347-4	MaK	1000622	16.04.73	Wuppertal	
290 348-2	290 348-2	MaK	1000623	30.04.73	Osnabrück Rbf	
290 349-0	290 349-0	MaK	1000624	11.05.73	Osnabrück Rbf	
290 350-8	290 350-8	MaK	1000625	13.06.73	Dsd.-Derendorf	
290 351-6	290 351-6	MaK	1000626	06.06.73	Dsd.-Derendorf	UB in 294 351-2
290 352-4	290 352-4	MaK	1000627	08.06.73	Gsk.-Bismarck	
290 353-2	290 353-2	MaK	1000628	14.06.73	Gsk.-Bismarck	
290 354-0	290 354-0	MaK	1000629	39.06.73	Gsk.-Bismarck	
290 355-7	290 355-7	MaK	1000630	02.07.73	Gsk.-Bismarck	
290 356-5	290 356-5	MaK	1000631	05.07.73	Dsd.-Derendorf	
290 357-3	290 357-3	MaK	1000632	12.07.73	Dsd.-Derendorf	
290 358-1	290 358-1	MaK	1000633	19.07.73	Nürnberg Rbf	
290 359-9	290 359-9	MaK	1000634	02.08.73	Nürnberg Rbf	
290 360-7	290 360-7	MaK	1000635	09.08.73	Nürnberg Rbf	
290 361-5	290 361-5	MaK	1000636	23.08.73	Nürnberg Rbf	
290 362-3	290 362-3	MaK	1000637	03.09.73	Delmenhorst	
290 363-1	290 363-1	MaK	1000638	06.09.73	Braunschweig	
290 364-9	290 364-9	MaK	1000639	13.09.73	Braunschweig	
290 365-6	290 365-6	MaK	1000640	30.09.73	Braunschweig	
290 366-4	290 366-4	MaK	1000641	04.10.73	Hmb.-Harburg	
290 367-2	290 367-2	MaK	1000642	09.10.73	Hmb.-Harburg	
290 368-0	290 368-0	MaK	1000643	22.10.73	Darmstadt	
290 369-8	290 369-8	MaK	1000644	29.10.73	Darmstadt	
290 370-6	290 370-6	MaK	1000645	04.11.73	Darmstadt	
290 371-4	290 371-4	MaK	1000646	01.11.73	Darmstadt	
290 372-2	290 372-2	MaK	1000647	08.11.73	Gsk.-Bismarck	UB in 294 372-8
290 373-0	290 373-0	MaK	1000648	14.11.73	Oberhausen	
290 374-8	290 374-8	MaK	1000649	26.11.73	Hamm	
290 375-5	290 375-5	MaK	1000650	10.12.73	Gsk.-Bismarck	UB in 294 375-1
290 376-3	290 376-3	MaK	1000651	12.12.73	Oberhausen	UB in 294 376-9
290 377-1	290 377-1	MaK	1000652	12.12.73	Krefeld	
290 378-9	290 378-9	MaK	1000653	17.12.73	Dsd.-Derendorf	
290 379-7	290 379-7	MaK	1000654	19.12.73	Gsk.-Bismarck	
290 380-5	290 380-5	MaK	1000655	07.01.74	Gsk.-Bismarck	
290 381-3	290 381-3	MaK	1000656	09.01.74	Oberhausen	
290 382-1	290 382-1	MaK	1000657	17.01.74	Nürnberg Rbf	
290 383-9	290 383-9	MaK	1000658	31.01.74	Nürnberg Rbf	
290 384-7	290 384-7	MaK	1000659	07.02.74	Nürnberg Rbf	
290 385-4	290 385-4	MaK	1000660	14.02.74	Nürnberg Rbf	
290 386-2	290 386-2	MaK	1000661	01.03.74	Nürnberg Rbf	
290 387-0	290 387-0	MaK	1000662	16.03.74	Emden	
290 388-8	290 388-8	MaK	1000663	20.03.74	Emden	
290 389-6	290 389-6	MaK	1000664	08.04.74	Osnabrück Rbf	
290 390-4	290 390-4	MaK	1000665	03.04.74	Krefeld	
290 391-2	290 391-2	MaK	1000666	08.04.74	Krefeld	
290 392-0	290 392-0	MaK	1000667	18.04.74	Krefeld	UB in 294 392-6
290 393-8	290 393-8	MaK	1000668	25.04.74	Krefeld	
290 394-6	290 394-6	MaK	1000669	07.05.74	Krefeld	
290 395-3	290 395-3	MaK	1000670	12.05.74	Nürnberg Rbf	

290 396-1	290 396-1	MaK	1000671	23.05.74	Gsk.-Bismarck				
290 397-9	290 397-9	MaK	1000672	06.06.74	Oberhausen				
290 398-7	290 398-7	MaK	1000673	19.06.74	Gsk.-Bismarck			UB in 294 398-3	
290 399-5	290 399-5	MaK	1000674	20.06.74	Krefeld				
290 400-1	290 400-1	MaK	1000675	20.06.74	Regensburg				
290 401-9	290 401-9	MaK	1000676	27.06.74	Regensburg			UB in 294 401-5	
290 402-7	290 402-7	MaK	1000677	21.07.74	Regensburg			UB in 294 402-3	
290 403-5	290 403-5	MaK	1000678	01.08.74	Nürnberg Rbf				
290 404-3	290 404-3	MaK	1000679	08.08.74	Nürnberg Rbf				
290 405-0	290 405-0	MaK	1000680	22.08.74	Nürnberg Rbf				
290 406-8	290 406-8	MaK	1000681	29.08.74	Nürnberg Rbf				
290 407-6	290 407-6	MaK	1000682	04.09.74	Nürnberg Rbf				
	290 408-4	MaK	1000723	01.01.96	Köln-D.-feld			UZ aus 290 999-2	
290 999-2	290 999-2	MaK	1000723	23.07.74	Köln-Nippes			UZ in 290 408-4	

Baureihe 291 (DB, DB AG)

Betriebsnummer			Hersteller	Fab.-Nr.	Abnahme	1. Bw	Aus-musterung	letztes Bw	Anmerkung
bis 1967	ab 1968	ab 1992							
	291 001-6	291 001-6	MaK	1000683	07.03.74	Hmb.-Harburg			
	291 002-4	291 002-4	MaK	1000684	24.10.74	Hmb.-Harburg			
	291 003-2	291 003-2	MaK	1000685	24.10.74	Hmb.-Harburg			
	291 004-0	291 004-0	MaK	1000686	28.11.74	Hmb.-Harburg			
	291 005-7	291 005-7	MaK	1000687	06.11.74	Hmb.-Harburg			
	291 006-5	291 006-5	MaK	1000688	21.11.74	Hmb.-Harburg			
	291 007-3	291 007-3	MaK	1000689	03.12.74	Hmb.-Harburg			
	291 008-1	291 008-1	MaK	1000690	04.12.74	Hmb.-Harburg			
	291 009-9	291 009-9	MaK	1000691	29.12.74	Hmb.-Harburg			
	291 010-7	291 010-7	MaK	1000692	29.12.74	Hmb.-Harburg			
	291 011-5	291 011-5	MaK	1000693	09.01.75	Hmb.-Harburg			
	291 012-3	291 012-3	MaK	1000694	09.01.75	Hmb.-Harburg			UB in 295 012-9
	291 013-1	291 013-1	MaK	1000695	29.01.75	Hmb.-Harburg			UB in 295 013-7
	291 014-9	291 014-9	MaK	1000696	06.02.75	Hmb.-Harburg			UB in 295 014-5
	291 015-6	291 015-6	MaK	1000697	02.03.75	Hmb.-Harburg			UB in 295 015-2
	291 016-4	291 016-4	MaK	1000698	05.03.75	Hmb.-Harburg			UB in 295 016-0
	291 017-2	291 017-2	MaK	1000699	05.03.75	Hmb.-Harburg			UB in 295 017-8
	291 018-0	291 018-0	MaK	1000700	09.03.75	Hmb.-Harburg			UB in 295 018-6
	291 019-8	291 019-8	MaK	1000701	07.04.75	Hmb.-Harburg			UB in 295 019-4
	291 020-6	291 020-6	MaK	1000702	07.04.75	Hmb.-Harburg			
	291 021-4	291 021-4	MaK	1000703	08.05.75	Hmb.-Harburg			UB in 295 021-0
	291 022-2	291 022-2	MaK	1000704	08.05.75	Hmb.-Harburg			UB in 295 022-8
	291 023-0	291 023-0	MaK	1000705	22.05.75	Hmb.-Harburg			UB in 295 023-6
	291 024-8	291 024-8	MaK	1000706	26.05.75	Hmb.-Harburg			UB in 295 024-4
	291 025-5	291 025-5	MaK	1000707	03.06.75	Hmb.-Harburg			UB in 295 025-1
	291 026-3	291 026-3	MaK	1000708	09.06.75	Hmb.-Harburg			UB in 295 026-9
	291 027-1	291 027-1	MaK	1000709	09.07.75	Hmb.-Harburg			UB in 295 027-7
	291 028-9	291 028-9	MaK	1000710	10.07.75	Hmb.-Harburg			
	291 029-7	291 029-7	MaK	1000711	11.08.75	Hmb.-Harburg			UB in 295 029-3
	291 030-5	291 030-5	MaK	1000712	11.08.75	Hmb.-Harburg			UB in 295 030-1
	291 031-3	291 031-3	MaK	1000713	11.09.75	Hmb.-Harburg			
	291 032-1	291 032-1	MaK	1000714	11.09.75	Hmb.-Harburg			
	291 033-9	291 033-9	MaK	1000715	25.09.75	Hmb.-Harburg			

291 034-7	291 034-7	MaK	1000716	02.10.75	Hmb.-Harburg	
291 035-4	291 035-4	MaK	1000717	12.10.75	Hmb.-Harburg	
291 036-2	291 036-2	MaK	1000718	12.11.75	Hmb.-Harburg	
291 037-0	291 037-0	MaK	1000719	12.11.75	Hmb.-Harburg	
291 038-8	291 038-8	MaK	1000720	03.12.75	Hmb.-Harburg	
291 039-6	291 039-6	MaK	1000721	09.12.75	Hmb.-Harburg	
291 040-4	291 040-4	MaK	1000722	21.12.75	Hmb.-Harburg	
291 041-2	291 041-2	Jung	14205	24.04.75	Hmb.-Harburg	
291 042-0	291 042-0	Jung	14206	03.06.75	Hmb.-Harburg	
291 043-8	291 043-8	Jung	14207	15.07.75	Hmb.-Harburg	
291 044-6	291 044-6	Jung	14208	31.08.75	Hmb.-Harburg	
291 045-3	291 045-3	Jung	14209	11.09.75	Hmb.-Harburg	
291 046-1	291 046-1	Jung	14210	09.10.75	Hmb.-Harburg	
291 047-9	291 047-9	Jung	14211	26.11.75	Bremen Rbf	
291 048-7	291 048-7	Jung	14212	09.12.75	Bremen Rbf	
291 049-5	291 049-5	Jung	14213	09.01.76	Bremen Rbf	
291 050-3	291 050-3	Jung	14214	19.02.76	Bremen Rbf	
291 051-1	291 051-1	MaK	1000724	09.03.76	Bremen Rbf	
291 052-9	291 052-9	MaK	1000725	01.04.76	Bremen Rbf	
291 053-7	291 053-7	MaK	1000726	25.04.76	Bremen Rbf	
291 054-5	291 054-5	MaK	1000727	11.05.76	Bremen Rbf	
291 055-2	291 055-2	MaK	1000728	03.06.76	Bremen Rbf	
291 056-0	291 056-0	MaK	1000729	29.06.76	Bremen Rbf	
291 057-8	291 057-8	MaK	1000730	22.07.76	Bremen Rbf	
291 058-6	291 058-6	MaK	1000731	05.08.76	Bremen Rbf	
291 059-4	291 059-4	MaK	1000732	01.09.76	Bremen Rbf	
291 060-2	291 060-2	MaK	1000733	26.09.76	Bremen Rbf	
291 061-0	291 061-0	MaK	1000734	06.10.76	Bremen Rbf	UB in 295 061-6
291 062-8	291 062-8	MaK	1000735	28.10.76	Bremen Rbf	UB in 295 062-4
291 063-6	291 063-6	MaK	1000736	25.11.76	Bremen Rbf	UB in 295 063-2
291 064-4	291 064-4	MaK	1000737	17.12.76	Bremen Rbf	UB in 295 064-0
291 065-1	291 065-1	MaK	1000738	13.01.77	Bremen Rbf	UB in 295 065-7
291 066-9	291 066-9	MaK	1000739	26.01.77	Bremen Rbf	UB in 295 066-5
291 067-7	291 067-7	MaK	1000740	16.02.77	Bremen Rbf	UB in 295 067-3
291 068-5	291 068-5	MaK	1000741	16.03.77	Bremen Rbf	UB in 295 068-1
291 069-3	291 069-3	MaK	1000742	01.04.77	Bremen Rbf	UB in 295 069-9
291 070-1	291 070-1	MaK	1000743	21.04.77	Bremen Rbf	UB in 295 070-7
291 071-9	291 071-9	MaK	1000744	05.05.77	Bremen Rbf	UB in 295 071-5
291 072-7	291 072-7	MaK	1000745	25.05.77	Bremen Rbf	UB in 295 072-3
291 073-5	291 073-5	MaK	1000746	06.06.77	Bremen Rbf	UB in 295 073-1
291 074-3	291 074-3	MaK	1000747	20.06.77	Bremen Rbf	
291 075-0	291 075-0	MaK	1000748	07.07.77	Bremen Rbf	
291 076-8	291 076-8	MaK	1000749	21.07.77	Bremen Rbf	
291 077-6	291 077-6	MaK	1000750	02.08.77	Bremen Rbf	
291 078-4	291 078-4	MaK	1000751	16.08.77	Bremen Rbf	
291 079-2	291 079-2	MaK	1000752	07.09.77	Bremen Rbf	
291 080-0	291 080-0	MaK	1000753	29.09.77	Bremen Rbf	
291 081-8	291 081-8	MaK	1000754	09.10.77	Bremen Rbf	
291 082-6	291 082-6	MaK	1000755	26.10.77	Bremen Rbf	
291 083-4	291 083-4	MaK	1000756	07.11.77	Bremerhaven	
291 084-2	291 084-2	MaK	1000757	24.11.77	Bremerhaven	
291 085-9	291 085-9	MaK	1000758	07.12.77	Bremerhaven	
291 086-7	291 086-7	MaK	1000759	21.12.77	Bremerhaven	

291 087-5	291 087-5	MaK	1000760	04.01.78	Bremerhaven	
291 088-3	291 088-3	MaK	1000761	22.01.78	Bremerhaven	
291 089-1	291 089-1	MaK	1000762	08.02.78	Bremerhaven	
291 090-9	291 090-9	MaK	1000763	28.02.78	Emden	
291 091-7	291 091-7	MaK	1000764	07.03.78	Emden	
291 092-5	291 092-5	MaK	1000765	19.03.78	Emden	
291 093-3	291 093-3	MaK	1000766	04.04.78	Emden	
291 094-1	291 094-1	MaK	1000767	12.04.78	Osnabrück	UB in 295 094-7
291 095-8	291 095-8	MaK	1000768	09.05.78	Osnabrück	
291 096-6	291 096-6	MaK	1000769	31.05.78	Osnabrück	
291 097-4	291 097-4	MaK	1000770	06.06.78	Osnabrück	
291 098-2	291 098-2	MaK	1000771	26.06.78	Osnabrück	
291 099-0	291 099-0	MaK	1000772	12.07.78	Osnabrück	
291 100-6	291 100-6	MaK	1000773	24.08.78	Osnabrück	
291 901-7	291 901-7	MaK	1000391	31.10.66	Hmb.-Harburg	
291 902-5	291 902-5	MaK	1000392	04.01.66	Hmb.-Harburg	
291 903-3	291 903-3	MaK	1000393	21.11.66	Hmb.-Harburg	

Baureihe 111/293 (DR/DB AG)

Betriebsnummer			Hersteller	Fab.-Nr.	Abnahme	1. Bw	Ausmusterung	letztes Bw	Anmerkung
bis 1969	ab 1970	ab 1992							
	111 001-4		LEW	16678	12.06.81	Neuruppin			UB in 298 301-3
	111 002-2		LEW	16679	12.06.81	Neuruppin			UB in 298 302-1
	111 003-0	293 003-0	LEW	17302	12.06.81	Neuruppin			UB in 298 303-9
	111 004-8	293 004-8	LEW	17303	19.06.81	Neuruppin			UB in 298 304-7
	111 005-5	293 005-5	LEW	17304	19.06.81	Neuruppin			UB in 298 305-4
	111 006-3	293 006-3	LEW	17305	29.06.81	Wittenberge			UB in 298 306-2
	111 007-1		LEW	17306	29.06.81	Wittenberge			UB in 298 307-0
	111 008-9	293 008-9	LEW	17307	06.07.81	Wittenberge			UB in 298 308-8
	111 009-7		LEW	17308	06.07.81	Wittenberge			UB in 298 309-6
	111 010-5		LEW	17309	06.07.81	Wittenberge			UB in 298 310-4
	111 011-3	293 011-3	LEW	17839	15.02.82	Rostock-Seehafen			UB in 298 311-2
	111 012-1	293 012-1	LEW	17840	17.02.82	Wittenberge			UB in 298 312-0
	111 013-9	293 013-9	LEW	17841	18.02.82	Rostock-Seehafen			UB in 298 313-8
	111 014-7	293 014-7	LEW	17842	24.02.82	Wittenberge			UB in 298 314-6
	111 015-4		LEW	17843	24.02.82	Wittenberge			UB in 298 315-3
	111 016-2		LEW	17844	02.03.82	Wittenberge			UB in 298 316-1
	111 017-0	293 017-0	LEW	17845	09.03.82	Rostock-Seehafen			UB in 298 317-9
	111 018-8		LEW	17846	03.03.82	Rostock-Seehafen			UB in 298 318-7
	111 019-6		LEW	17847	03.03.82	Rostock-Seehafen			UB in 298 319-5
	111 020-4	293 020-4	LEW	17848	12.03.82	Rostock-Seehafen			UB in 298 320-3
	111 021-2		LEW	17710	06.04.83	Falkenberg			UB in 298 321-1
	111 022-0	293 022-0	LEW	17711	06.04.83	Falkenberg			UB in 298 322-9
	111 023-8	293 023-8	LEW	17712	06.04.83	Falkenberg			UB in 298 323-7
	111 024-6	293 024-6	LEW	17713	08.04.83	Leipzig Süd			UB in 298 324-5
	111 025-3	293 025-3	LEW	17714	15.04.83	Leipzig Süd			UB in 298 325-2
	111 026-1		LEW	17715	21.04.83	Leipzig Süd			UB in 298 326-0
	111 027-9	293 027-9	LEW	17716	21.04.83	Falkenberg			UB in 298 327-8
	111 028-7		LEW	17717	21.04.83	Altenburg			UB in 298 328-6
	111 029-5	293 029-5	LEW	17718	25.04.83	Falkenberg			UB in 298 329-4
	111 030-3		LEW	17719	25.04.83	Altenburg			UB in 298 330-2

111 031-1		LEW	17720	25.04.83	Falkenberg				UB in 298 331-0
111 032-9	293 032-9	LEW	17721	29.04.83	Engelsdorf				UB in 298 332-8
111 033-7	293 033-7	LEW	17722	29.04.83	Engelsdorf				UB in 298 333-6
111 034-5	293 034-5	LEW	17723	05.05.83	Altenburg				UB in 298 334-4
111 035-2		LEW	17724	05.05.83	Altenburg				UB in 298 335-1
111 036-0		LEW	17725	05.05.83	Engelsdorf				UB in 108 036-5
111 037-8		LEW	17726	05.05.83	Altenburg				UB in 108 037-3
111 107-9	293 107-9	LEW	12408	02.91	Halle G				von BKK Cottbus ehemals 110 107-0
111 128-5	293 128-5	LEW	12429	02.91	Halle G				von BKK Cottbus ehemals 110 128-6

Baureihe 294 (DB AG)

Betriebsnummer			Hersteller	Fab.-Nr.	Abnahme	1. Bw	Aus-musterung	letztes Bw	Anmerkung
bis 1967	ab 1968	ab 1992							
		294 071-6	Deutz	58301	15.11.96	Hamm			UB aus 290 071-0
		294 075-7	Deutz	58305	09.08.96	Hagen			UB aus 290 075-1
		294 076-5	Deutz	58306	26.07.96	Hagen			UB aus 290 076-9
		294 077-3	Deutz	58307	23.08.96	Hagen			UB aus 290 077-7
		294 078-1	Deutz	58308	01.10.96	Hagen			UB aus 290 078-5
		294 079-9	Deutz	58309	20.09.96	Hagen			UB aus 290 079-3
		294 080-7	Deutz	58310	16.10.96	Hagen			UB aus 290 080-1
		294 081-5	Deutz	58311	01.11.96	Hamm			UB aus 290 081-9
		294 082-3	Deutz	58312	16.09.96	Hagen			UB aus 290 082-7
		294 083-1	Deutz	58313	30.10.96	Hagen			UB aus 290 083-5
		294 084-9	Deutz	58314	03.07.96	Frankfurt/M 2			UB aus 290 084-3
		294 085-6	Deutz	58315	05.07.96	Frankfurt/M 2			UB aus 290 085-0
		294 086-4	Deutz	58316	27.09.96	Darmstadt			UB aus 290 086-8
		294 087-2	Deutz	58317	26.06.96	Kassel			UB aus 290 087-6
		294 088-0	Deutz	58318	11.10.96	Darmstadt			UB aus 290 088-4
		294 089-8	Deutz	58319	28.11.96	Frankfurt/M 2			UB aus 290 089-2
		294 093-0	Deutz	58323	20.11.96	Hagen			UB aus 290 093-4
		294 094-8	Deutz	58324	27.11.96	Hamm			UB aus 290 094-2
		294 098-9	Deutz	58328	10.10.96	Hannover			UB aus 290 098-3
		294 099-7	Deutz	58329	25.10.96	Hannover			UB aus 290 099-1
		294 101-1	MaK	1000432	21.06.96	München West			UB aus 290 101-5
		294 102-9	MaK	1000433	14.08.96	München West			UB aus 290 102-3
		294 103-7	MaK	1000434	30.08.96	München West			UB aus 290 103-1
		294 110-2	MaK	1000441	25.11.96	Mannheim			UB aus 290 110-6
		294 112-8	MaK	1000443	18.12.96	München West			UB aus 290 112-2
		294 113-6	MaK	1000444	09.05.96	Kassel			UB aus 290 113-0
		294 119-3	MaK	1000450	11.07.96	Regensburg			UB aus 290 119-7
		294 122-7	MaK	1000453	18.12.96	Mannheim			UB aus 290 122-1
		294 128-4	MaK	1000459	20.06.96	Hamm			UB aus 290 128-8
		294 134-2	MaK	1000465	16.07.96	Frankfurt/M 2			UB aus 290 134-6
		294 142-5	MaK	1000473	29.10.96	Kassel			UB aus 290 142-9
		294 144-1	MaK	1000475	18.12.96	Kassel			UB aus 290 144-5
		294 147-4	MaK	1000478	13.06.96	Hamm			UB aus 290 147-8
		294 148-2	MaK	1000479	06.09.96	Nürnberg Rbf			UB aus 290 148-6
		294 150-8	MaK	1000481	27.09.96	Nürnberg Rbf			UB aus 290 150-2
		294 161-5	Deutz	58331	28.06.96	Köln-D.-feld			UB aus 290 161-9

294 162-3	Deutz	58332	11.07.96	Köln-D.-feld	UB aus 290 162-7
294 163-1	Deutz	58333	28.11.96	Mö.-gladbach	UB aus 290 163-5
294 164-9	Deutz	58334	03.01.97	Mö.-gladbach	UB aus 290 164-3
294 172-2	Deutz	58342	14.10.96	Braunschweig	UB aus 290 172-6
294 187-0	Deutz	58357	02.12.96	Hannover	UB aus 290 187-4
294 197-9	MaK	1000499	02.08.96	München West	UB aus 290 197-3
294 201-9	MaK	1000503	23.07.96	Regensburg	UB aus 290 201-3
294 210-0	MaK	1000512	18.11.96	München West	UB aus 290 210-4
294 211-8	MaK	1000519	19.04.96	Kassel	UB aus 290 211-2
294 212-6	MaK	1000520	13.12.95	Kassel	UB aus 290 212-0
294 215-9	MaK	1000523	17.09.96	Hannover	UB aus 290 215-3
294 218-3	MaK	1000526	03.05.96	Kassel	UB aus 290 218-7
294 219-1	MaK	1000527	02.08.96	Kassel	UB aus 290 219-5
294 220-9	MaK	1000528	26.04.96	Köln-D.-feld	UB aus 290 220-3
294 221-7	MaK	1000529	05.12.96	Köln-D.-feld	UB aus 290 221-1
294 222-5	MaK	1000530	16.11.96	Frankfurt/M 2	UB aus 290 222-9
294 223-3	MaK	1000531	22.10.96	Köln-D.-feld	UB aus 290 223-7
294 226-6	MaK	1000534	18.04.96	Braunschweig	UB aus 290 226-0
294 231-6	MaK	1000539	15.11.96	Oberhausen	UB aus 290 231-0
294 233-2	MaK	1000541	17.12.96	Mannheim	UB aus 290 233-6
294 242-3	MaK	1000550	12.06.96	Braunschweig	UB aus 290 242-7
294 245-6	MaK	1000553	25.04.96	Nürnberg Rbf	UB aus 290 245-0
294 246-4	MaK	1000554	09.08.96	Hagen	UB aus 290 246-8
294 253-0	Henschel	31530	30.05.96	Köln-D.-feld	UB aus 290 253-4
294 254-8	Henschel	31531	22.05.96	Köln-D.-feld	UB aus 290 254-2
294 255-5	Henschel	31532	20.08.96	Oberhausen	UB aus 290 255-9
294 260-5	Henschel	31537	12.12.96	Mö.-gladbach	UB aus 290 260-9
294 266-2	MaK	1000564	20.12.96	Oberhausen	UB aus 290 266-6
294 267-0	MaK	1000565	11.11.96	Hagen	UB aus 290 267-4
294 268-8	MaK	1000566	13.09.96	Oberhausen	UB aus 290 268-2
294 270-4	MaK	1000568	25.09.96	Hagen	UB aus 290 270-8
294 275-3	MaK	1000573	04.09.96	Hagen	UB aus 290 275-7
294 276-1	MaK	1000576	20.11.96	Kornwestheim	UB aus 290 276-5
294 278-7	MaK	1000578	29.03.96	Köln-D.-feld	UB aus 290 278-1
294 279-5	MaK	1000579	09.07.96	Oberhausen	UB aus 290 279-9
294 280-3	MaK	1000580	06.06.96	Hamm	UB aus 290 280-7
294 285-2	MaK	1000585	22.11.96	Kornwestheim	UB aus 290 285-6
294 296-9	Jung	14142	29.03.96	Oberhausen	UB aus 290 296-3
294 297-7	Jung	14143	18.10.96	Oberhausen	UB aus 290 297-1
294 301-7	Jung	14147	17.09.96	Hamm	UB aus 290 301-1
294 304-1	Jung	14150	27.06.96	Oberhausen	UB aus 290 304-5
294 316-5	Henschel	31585	11.09.96	Köln-D.-feld	UB aus 290 316-9
294 317-3	Henschel	31586	08.11.96	Frankfurt/M 2	UB aus 290 317-7
294 323-1	Henschel	31592	22.08.96	Nürnberg Rbf	UB aus 290 323-5
294 333-0	MaK	1000608	26.07.96	Ulm	UB aus 290 333-4
294 337-1	MaK	1000612	07.06.96	Frankfurt/M 2	UB aus 290 337-5
294 342-1	MaK	1000617	25.07.96	Hannover	UB aus 290 342-5
294 351-2	MaK	1000626	31.05.96	Köln-D.-feld	UB aus 290 351-6
294 372-8	MaK	1000647	19.07.96	Oberhausen	UB aus 290 372-2
294 375-1	MaK	1000650	13.08.96	Oberhausen	UB aus 290 375-5
294 376-9	MaK	1000651	07.08.96	Oberhausen	UB aus 290 376-3
294 392-6	MaK	1000667	24.10.96	Mö.-gladbach	UB aus 290 392-0
294 398-3	MaK	1000673	28.10.96	Hagen	UB aus 290 398-7

| 294 401-5 | MaK | 1000676 | 04.09.96 | Frankfurt/M 2 | | | UB aus 290 401-9 |
| 294 402-3 | MaK | 1000677 | 31.10.96 | Regensburg | | | UB aus 290 402-7 |

Baureihe 295 (DB AG)

Betriebsnummer			Hersteller	Fab.-Nr.	Abnahme	1. Bw	Aus-musterung	letztes Bw	Anmerkung
bis 1967	ab 1968	ab 1992							
		295 012-9	MaK	1000694	15.05.96	Kassel			UB aus 291 012-3
		295 013-7	MaK	1000695	23.04.96	Hmb.-Wilhelmsburg			UB aus 291 013-1
		295 014-5	MaK	1000696	28.08.96	Hmb.-Wilhelmsburg			UB aus 291 014-9
		295 015-2	MaK	1000697	31.07.96	Hmb.-Wilhelmsburg			UB aus 291 015-6
		295 016-0	MaK	1000698	31.07.96	Hmb.-Wilhelmsburg			UB aus 291 016-4
		295 017-8	MaK	1000699	21.06.96	Hmb.-Wilhelmsburg			UB aus 291 017-2
		295 018-6	MaK	1000700	08.10.96	Hmb.-Wilhelmsburg			UB aus 291 018-0
		295 019-4	MaK	1000701	17.12.96	Hmb.-Wilhelmsburg			UB aus 291 019-8
		295 021-0	MaK	1000703	10.12.96	Hmb.-Wilhelmsburg			UB aus 291 021-4
		295 022-8	MaK	1000704	31.07.96	Hmb.-Wilhelmsburg			UB aus 291 022-2
		295 023-6	MaK	1000705	01.11.96	Hmb.-Wilhelmsburg			UB aus 291 023-0
		295 024-4	MaK	1000706	09.09.96	Hmb.-Wilhelmsburg			UB aus 291 024-8
		295 025-1	MaK	1000707	18.10.96	Hmb.-Wilhelmsburg			UB aus 291 025-5
		295 026-9	MaK	1000708	09.09.96	Hmb.-Wilhelmsburg			UB aus 291 026-3
		295 027-7	MaK	1000709	14.10.96	Hmb.-Wilhelmsburg			UB aus 291 027-1
		295 029-3	MaK	1000711	15.11.96	Hmb.-Wilhelmsburg			UB aus 291 029-7
		295 030-1	MaK	1000712	15.11.96	Hmb.-Wilhelmsburg			UB aus 291 030-5
		295 061-6	MaK	1000734	22.05.96	Braunschweig			UB aus 291 061-0
		295 062-4	MaK	1000735	13.12.95	Bremen			UB aus 291 062-8
		295 063-2	MaK	1000736	06.05.96	Braunschweig			UB aus 291 063-6
		295 064-0	MaK	1000737	24.09.96	Kassel			UB aus 291 064-4
		295 065-7	MaK	1000738	27.08.96	Bremen			UB aus 291 065-1
		295 066-5	MaK	1000739	18.06.96	Bremen			UB aus 291 066-9
		295 067-3	MaK	1000740	25.09.96	Hannover			UB aus 291 067-7
		295 068-1	MaK	1000741	30.05.96	Hannover			UB aus 291 068-5
		295 069-9	MaK	1000742	02.10.96	Bremen			UB aus 291 069-3
		295 070-7	MaK	1000743	15.10.96	Bremen			UB aus 291 070-1
		295 071-5	MaK	1000744	28.11.96	Bremen			UB aus 291 071-9
		295 072-3	MaK	1000745	13.12.96	Osnabrück			UB aus 291 072-7
		295 073-1	MaK	1000746	12.07.96	Bremen			UB aus 291 073-5
		295 094-7	MaK	1000767	16.08.96	Bremen			UB aus 291 094-1

Baureihe 108/298 (DR/DB AG)

Betriebsnummer			Hersteller	Fab.-Nr.	Abnahme	1. Bw	Aus-musterung	letztes Bw	Anmerkung
bis 1969	ab 1970	ab 1992							
		298 044-9	LEW	11882	01.09.93	Dresden			UB aus 201 044-5
		298 045-6	LEW	11883	28.04.92	Halle G			UB aus 201 045-2
		298 046-4	LEW	11884	27.11.92	Halle G			UB aus 201 046-0
		298 047-2	LEW	11885	18.09.92	Glauchau			UB aus 201 047-8
		298 048-0	LEW	11886	10.08.93	Dresden			UB aus 201 048-6
		298 050-6	LEW	11888	16.07.93	Dresden			UB aus 201 050-2
		298 051-4	LEW	11889	08.05.92	Erfurt			UB aus 201 051-0
		298 052-2	LEW	11890	20.01.92	Weißenfels			UB aus 110 052-8

	298 054-8	LEW	11892	11.05.92	Neubrandenburg			UB aus 201 054-4
	298 055-5	LEW	11893	08.09.92	Cottbus			UB aus 201 055-1
	298 058-9	LEW	11896	26.08.92	Chemnitz			UB aus 201 058-5
	298 060-5	LEW	11898	08.05.92	Erfurt			UB aus 201 060-1
	298 062-1	LEW	11900	16.07.92	Stralsund			UB aus 201 062-7
	298 065-4	LEW	11903	24.06.92	Erfurt			UB aus 201 065-0
	298 069-6	LEW	11907	25.09.92	Chemnitz			UB aus 201 069-2
	298 071-2	LEW	11909	09.07.92	Glauchau			UB aus 201 071-8
	298 072-0	LEW	11910	06.08.92	Glauchau			UB aus 201 072-6
	298 074-6	LEW	11912	29.10.92	Frankfurt (O)			UB aus 201 074-2
	298 079-5	LEW	11917	30.07.93	Dresden			UB aus 201 079-1
	298 080-3	LEW	11918	18.12.92	Reichenbach			UB aus 201 080-9
	298 081-1	LEW	11919	28.07.92	Chemnitz			UB aus 201 081-7
	298 084-5	LEW	11922	20.07.92	Stralsund			UB aus 201 084-1
	298 085-2	LEW	11923	16.06.92	Chemnitz			UB aus 201 085-8
	298 086-0	LEW	11924	13.05.93	Glauchau			UB aus 201 086-6
	298 088-6	LEW	11926	24.06.92	Glauchau			UB aus 201 088-2
	298 091-0	LEW	11929	10.12.92	Reichenbach			UB aus 201 091-6
	298 094-4	LEW	11932	17.11.92	Reichenbach			UB aus 201 094-0
	298 099-3	LEW	11937	26.05.92	Halle G			UB aus 201 099-9
	298 100-9	LEW	11938	05.11.92	Weißenfels			UB aus 201 100-5
	298 102-5	LEW	11940	24.06.92	Chemnitz			UB aus 201 102-1
	298 104-1	LEW	12405	18.06.93	Reichenbach			UB aus 201 104-7
	298 110-8	LEW	12411	08.05.92	Neubrandenburg			UB aus 201 110-4
	298 122-3	LEW	12423	03.07.92	Bln.-Pankow			UB aus 201 122-9
	298 124-9	LEW	12425	24.05.93	Chemnitz			UB aus 201 124-5
	298 129-8	LEW	12430	09.07.92	Stralsund			UB aus 201 129-4
	298 130-6	LEW	12431	29.06.93	Dresden	02.03.94	Dresden	UB aus 201 130-2
								→ Stahlw. Thüringen
	298 135-5	LEW	12436	06.07.93	Dresden	02.03.94	Dresden	UB aus 201 135-1
								→ Stahlw. Thüringen
	298 139-7	LEW	12440	31.07.93	Dresden			UB aus 201 139-3
	298 142-1	LEW	12443	29.06.93	Dresden			UB aus 201 142-7
	298 150-4	LEW	12451	27.05.92	Leipzig Süd			UB aus 201 150-0
	298 151-2	LEW	12472	27.07.93	Dresden			UB aus 201 151-8
	298 155-3	LEW	12456	04.05.93	Frankfurt (O)			UB aus 201 155-9
108 156-1	298 156-1	LEW	12457	06.05.78	Halle G			UB aus 110 156-7
108 161-1	298 161-1	LEW	12462	30.10.78	Halle G			UB aus 110 161-7
	298 163-7	LEW	12464	21.08.92	Chemnitz			UB aus 201 163-3
	298 301-3	LEW	16678	18.12.91	Leipzig Süd			UB aus 111 001-4
	298 302-1	LEW	16679	29.11.91	Leipzig Süd			UB aus 111 002-2
	298 303-9	LEW	17302	29.10.92	Reichenbach			UB aus 293 003-0
	298 304-7	LEW	17303	27.04.93	Chemnitz			UB aus 293 004-8
	298 305-4	LEW	17304	15.12.92	Leipzig Süd			UB aus 293 005-5
	298 306-2	LEW	17305	22.04.92	Rostock-Seehafen			UB aus 293 006-3
	298 307-0	LEW	17306	19.12.91	Rostock-Seehafen			UB aus 111 007-1
	298 308-8	LEW	17307	05.92	Rostock-Seehafen			UB aus 293 008-9
	298 309-6	LEW	17308	11.12.91	Dresden			UB aus 111 009-7
	298 310-4	LEW	17309	02.12.91	Rostock-Seehafen			UB aus 111 010-5
	298 311-2	LEW	17839	23.04.93	Chemnitz			UB aus 293 011-3
	298 312-0	LEW	17840	08.05.92	Rostock-Seehafen			UB aus 293 012-1
	298 313-8	LEW	17841	23.04.92	Leipzig Süd			UB aus 293 013-9
	298 314-6	LEW	17842	16.10.92	Reichenbach			UB aus 293 014-7

	298 315-3	LEW	17843	10.10.92	Leipzig Süd	UB aus 111 015-4
	298 316-1	LEW	17844	06.12.91	Rostock-Seehafen	UB aus 111 016-2
	298 317-9	LEW	17845	15.05.92	Seddin	UB aus 293 017-0
	298 318-7	LEW	17846	13.12.91	Rostock-Seehafen	UB aus 111 018-8
	298 319-5	LEW	17847	09.12.91	Leipzig Süd	UB aus 111 019-6
	298 320-3	LEW	17848	22.04.92	Rostock-Seehafen	UB aus 293 020-4
	298 321-1	LEW	17710	16.12.91	Leipzig Süd	UB aus 111 021-2
	298 322-9	LEW	17711	26.11.92	Leipzig Süd	UB aus 293 022-0
	298 323-7	LEW	17712	08.09.92	Leipzig Süd	UB aus 293 023-8
	298 324-5	LEW	17713	05.10.92	Leipzig Süd	UB aus 293 024-6
	298 325-2	LEW	17714	08.05.92	Halle G	UB aus 293 025-3
	298 326-0	LEW	17715	17.12.91	Leipzig Süd	UB aus 111 026-1
	298 327-8	LEW	17716	09.07.92	Leipzig	UB aus 293 027-9
	298 328-6	LEW	17717	10.01.92	Leipzig Süd	UB aus 111 028-7
	298 329-4	LEW	17718	10.08.92	Halle G	UB aus 293 029-5
	298 330-2	LEW	17719	16.01.92	Leipzig Süd	UB aus 111 030-3
	298 331-0	LEW	17720	15.01.92	Seddin	UB aus 111 031-1
	298 332-8	LEW	17721	20.04.93	Leipzig Süd	UB aus 293 032-9
	298 333-6	LEW	17722	27.05.93	Leipzig Süd	UB aus 293 033-7
	298 334-4	LEW	17723	25.06.92	Leipzig Süd	UB aus 293 034-5
	298 335-1	LEW	17724	29.11.91	Leipzig Süd	UB aus 111 035-2
108 036-5	298 336-9	LEW	17725	01.01.92	Halle G	UB aus 111 036-0
108 037-3	298 337-7	LEW	17726	01.01.92	Halle G	UB aus 111 037-8

Baureihe V 29/299 (DB)

Betriebsnummer			Hersteller	Fab.-Nr.	Abnahme	1. Bw	Aus- musterung	letztes Bw	Anmerkung
bis 1967	ab 1968	ab 1992							
V 29 951	299 951-4		Jung	11463	26.09.52	Ludwigshafen	15.03.69	Regensburg	
V 29 952	299 952-2		Jung	11464	10.01.52	Ludwigshafen	20.09.67	Freudenstadt	→ MBE V 29.01
V 29 953	299 953-0		Jung	11465	21.10.52	Ludwigshafen	15.03.69	Regensburg	

Baureihe 199/299 (DR/DB AG)

Betriebsnummer			Hersteller	Fab.-Nr.	Abnahme	1. Bw	Aus- musterung	letztes Bw	Anmerkung
bis 1969	ab 1970	ab 1992							
	199 861-6	299 110-7	LEW	15379	16.05.90	Wernigerode	01.02.93	Wernigerode	UB aus 110 861-2
	199 863-2	299 111-5	LEW	15381	13.12.88	Wernigerode	01.02.93	Wernigerode	UB aus 110 863-8
	199 870-7	299 112-3	LEW	15388	04.09.90	Wernigerode	01.02.93	Wernigerode	UB aus 110 870-3
	199 871-5	299 113-1	LEW	15389	06.01.89	Wernigerode	01.02.93	Wernigerode	UB aus 110 871-1
	199 872-3	299 114-9	LEW	15390	16.01.90	Wernigerode	01.02.93	Wernigerode	UB aus 110 872-9
	199 874-9	299 115-6	LEW	15392	30.11.90	Wernigerode	01.02.93	Wernigerode	UB aus 110 874-5
	199 877-2	299 116-4	LEW	16391	14.12.90	Wernigerode	01.02.93	Wernigerode	UB aus 110 877-8
	199 879-8	299 117-2	LEW	16373	19.10.90	Wernigerode	01.02.93	Wernigerode	UB aus 110 879-4
	199 891-3	299 118-0	LEW	16385	01.11.90	Wernigerode	01.02.93	Wernigerode	UB aus 110 891-9
	199 892-1	299 119-8	LEW	16386	21.12.90	Wernigerode	01.02.93	Wernigerode	UB aus 110 892-7

Alle Lokomotiven nach Ausmusterung an Harzer Schmalspurbahnen (HSB) übergeben.

Baureihe Köf I, 100 DR, 311 DB

Betriebsnummern		Hersteller	Fab.-Nr.	Baujahr	Aus-musterung	letztes Bw	Anmerkung
Kö 0001		Ilsenburg	212	30	30.04.32	Kreiensen	ex V 6016
Kö 0002		Ilsenburg	213	30	20.01.32	Stettin G	ex V 6017
Kö 0003		Jung	5323	31	Ende 1936	Rbd Hannover	
Kö 0004		Jung	5324	31	Ende 1936	Rbd Hannover	
Kö 0005		Jung	5325	31	Ende 1936	Rbd Hannover	
Kb 0006		O & K	4402	31	61	Rochlitz	
Kb 0007		O & K	4403	31	61	DR	
Kb 0008		O & K	4404	31	62	Kbw Erfurt	
Kb 0009		Windhoff	219	31	14.08.35	Rheine	Gerät
Kb 0010		Windhoff	220	31	vor 1938	Rbd Münster	
Kb 0011		Windhoff	221	31	vor 1938	Rbd Münster	
Kb 0012		Windhoff	222	31	vor 1938	Rbd Münster	
Kö 0013		Gmeinder	731	31	vor 1950	DB	
Kö 0014		Gmeinder	733	31	31.05.55	Wiesbaden	
Kö 0015		Gmeinder	732	31	03.01.50	ED Trier	
Kb 0016		Breuer		31	04.35	Rbd Münster	
Kö 0017		Jung	5406	32	56	Rbd Magdeburg	
Kö 0018		Jung	5408	32	61	Kbw Leipzig	
Kö 0019		Jung	5409	32	vor 1955	DR	
Kö 0020		Jung	5410	32	56	Bww Magdeburg	
Kö 0021		Jung	5411	32	36	Angermünde	
Kö 0022		Jung	5412	32	36	Angermünde	
Kö 0023		Jung	5413	32	61	Bww Löbau	
Kö 0024		Jung	5414	32	vor 1955	DR	
Kö 0025		Jung	5419	32	vor 1955	DR	
Kö 0026		Jung	5420	32	36	Angermünde	
Kö 0027		Smoschewer		31	33	Rbd Osten	
Kö 0028	Köe 0028	Gmeinder	888	33	14.02.57	BD Stuttgart	
Kö 0029		Gmeinder	889	33	60	Meiningen	
Kö 0030		Gmeinder	890	33	14.12.55	Kaiserslautern	
Kö 0031		Gmeinder	891	33	61	Meiningen	
Kö 0032		Gmeinder	892	33	17.03.56	Landau	
Kö 0033		Gmeinder	893	33	vor 1945	DRG	verschollen
Kö 0034		Gmeinder	894	33	18.03.53	Trier	
Kö 0035		Windhoff	225	33	vor 1945	Rbd Königsberg	verschollen
Kö 0036		Windhoff	226	33	vor 1945	Rbd Königsberg	verschollen
Kö 0037		Windhoff	227	33	vor 1945	Rbd Königsberg	verschollen
Kö 0038		Windhoff	228	33	vor 1945	Rbd Königsberg	verschollen
Kö 0039		Windhoff	229	33	vor 1945	Rbd Königsberg	verschollen
Kö 0040		Windhoff	230	33	vor 1945	Rbd Königsberg	verschollen
Kö 0041		Windhoff	231	33	vor 1945	Rbd Königsberg	verschollen
Kö 0042		Jung	5463	33	vor 1960	Kbw Leipzig	
Kö 0043		Jung	5464	33	vor 1945	DRG	verschollen
Kö 0043"		Deutz	25985		6.62	Gera	
Kö 0044		Jung	5465	33	vor 1960	DR	
Kö 0045		Jung	5466	33	vor 1960	Kbw Leipzig	
Kö 0046		Jung	5467	33	vor 1945	DRG	verschollen
Kö 0047		Jung	5468	33	61	Kbw Cottbus	
Kö 0048		Jung	5469	33	vor 1960	Dessau Hbf	

Kö 0049		Jung	5396	33	vor 1960	DR	
Kö 0050		Gmeinder	914	34	vor 1945	DRG	verschollen
Kö 0051		Gmeinder	915	34	61	Pasewalk	
Kö 0052		Gmeinder	916	34	24.09.60	Hmb.-Altona	
Kö 0053		Gmeinder	917	34	vor 1950	Wittenberge	
Kö 0054		Gmeinder	918	34	09.56	BD Hamburg	
Kö 0055		Gmeinder	919	34	04.56	Augsburg	
Kö 0056		Gmeinder	920	34	16.07.63	Bww Koblenz-Lützel	
Kö 0057		Gmeinder	921	34	20.04.60	Kempten	
Kö 0058	Kb 0058	Gmeinder	922	34	05.58	BD Regensburg	
Kö 0059		Gmeinder	923	34	20.09.62	Saarbrücken Hbf	
Kö 0060		Gmeinder	924	34	27.12.60	Passau	
Kö 0061		Gmeinder	925	34	27.12.60	Weiden	
Kö 0062		Gmeinder	926	34	vor 1960	Kbw Cottbus	
Kö 0063		Gmeinder	927	34	11.12.61	Aulendorf	
Kö 0064		Gmeinder	928	34	20.09.62	Aulendorf	
Kö 0065		Windhoff	233	33	51	Rahden	
Kö 0066		Windhoff	234	33	51	Rheine Pbf	
Kö 0067		Windhoff	235	33	52	Oldenburg Hbf	
Kö 0068		Windhoff	236	33	51	Emden	
Kö 0069		Windhoff	237	33	27.12.60	BD Regensburg	
Kö 0070		Windhoff	238	33	27.07.50	Münster	
Kö 0071		Windhoff	239	33	24.11.52	BD Münster	
Kö 0072		Windhoff	240	33	51	Coesfeld	
Kö 0073		Windhoff	241	33	51	Osnabrück Hbf	
Kö 0074		Windhoff	242	33	51	Coesfeld	
Kö 0075		Windhoff	243	33	53	Münster	
Kö 0076		Windhoff	244	33	51	Oldenburg Hbf	
Kö 0077		Windhoff	245	33	52	Münster	
Kö 0078		Windhoff	246	33	61	Parchim	
Kö 0079		Windhoff	247	33	vor 1960	Rbd Schwerin	
Kö 0080		Gmeinder	971	34	vor 1960	Güstrow	
Kö 0081		Windhoff	249	34	27.12.60	BD Regensburg	
Kö 0082		Windhoff	250	34	27.07.50	Oldenburg Hbf	
Kö 0083		Windhoff	251	34	23.12.52	Oldenburg Hbf	
Kö 0084		Windhoff	252	34	24.11.52	Rahden	
Kö 0085		Windhoff	253	34	28.07.49	Oldenburg Hbf	
Kö 0086		Windhoff	254	34	51	Rahden	
Kö 0087		Windhoff	255	34	51	Rheine P	
Kö 0088		Windhoff	256	34	17.05.47	Rheine P	
Kö 0089		Windhoff	257	34	52	BD Münster	
Kö 0090		Windhoff	258	34	17.05.47	ED Münster	
Kö 0091		Windhoff	259	34	52	Rheine P	
Kö 0092		Windhoff	260	34	49	Osnabrück Gbf	
Kö 0093		Gmeinder	1035	34	11.59	BD Saarbrücken	
Kö 0094		Gmeinder	1036	34	20.04.60	Mainz Hbf	
Kö 0095		Gmeinder	1037	34	10.57	BD Frankfurt	
Kö 0096		Gmeinder	1038	34	09.57	BD Mainz	
Kö 0097		Gmeinder	1039	34	20.09.62	Mainz Hbf	
Kö 0098		Gmeinder	1040	34	05.57	Gießen	
Kö 0099		Gmeinder	1041	34	07.03.63	Regensburg	→ Wb → M. Prora
Kö 0100	Kb 0100	Gmeinder	1042	34	07.03.63	Schwandorf	
Kö 0101		Gmeinder	1043	34	vor 1960	Rbd Halle	

Kö 0102		Gmeinder	1044	34	05.58	BD Regensburg	
Kö 0103		Gmeinder	1045	34	62	Kbw Leipzig	
Kö 0104		Gmeinder	1046	34	05.58	BD Regensburg	
Kö 0105	Kb 0105	Windhoff	265	35	12.57	Regensburg	
Kö 0106	Kb 0106	Windhoff	266	35	02.06.59	Fulda	
Kö 0107	Kb 0107	Windhoff	267	35	02.06.59	BD Hannover	
Kö 0108	Kb 0108	Windhoff	268	35	05.57	BD Kassel	
Kö 0109		Windhoff	269	35	52	Bww Kassel Hbf	
Kö 0110	Kb 0110	Windhoff	270	35	15.04.55	BD Hannover	→ Wb → EFW
Kö 0111		Windhoff	271	35	05.57	BD Kassel	
Kö 0112		Windhoff	272	35	55	Eschwege	
Kö 0113		Windhoff	273	35	vor 1945	Rbd Kassel	verschollen
Kö 0114	Kb 0114	Windhoff	274	35	23.08.55	Bww Kassel Hbf	
Kö 0115	Kb 0115	Windhoff	275	35	04.56	Bww Kassel Hbf	
Kö 0116		Windhoff	276	35	03.10.61	Fulda	→ Wb → BEM
Kö 0117		Windhoff	277	35	04.56	BD Kassel	
Kö 0118		Gmeinder	1161	35	vor 1945	DRG	verschollen
Kö 0119		Gmeinder	1162	35	vor 1960	Pasewalk	
Kö 0120	100 020-7	Gmeinder	1163	35	12.03.75	Pasewalk	
Kö 0121		Gmeinder	1164	35	vor 1960	Rbd Greifswald	
Kö 0122		Gmeinder	1165	35	vor 1945	DRG	verschollen
Kö 0123		Gmeinder	1166	35	vor 1945	DRG	verschollen
Kö 0124	100 024-9	Gmeinder	1167	35	17.10.72	Schwerin	
Kö 0125	Kb 0125	Gmeinder	1168	35	06.05.60	Nördlingen	
Kö 0126		Gmeinder	1169	35	20.04.60	Nördlingen	
Kö 0127		Gmeinder	1170	35	07.03.63	Nördlingen	
Kö 0128		Gmeinder	1171	35	03.10.61	Nördlingen	→ Wb → MäKB
Kö 0129		Gmeinder	1172	35	11.12.61	Nördlingen	→ Wb → DGEG
Kö 0130		Esslingen	4256	34	vor 1945	Rbd Breslau	verschollen
Kö 0131		Esslingen	4257	34	vor 1945	Rbd Breslau	verschollen
Kö 0132		Esslingen	4258	34	vor 1945	Rbd Breslau	verschollen
Kö 0133		Esslingen	4259	34	vor 1945	Rbd Breslau	verschollen
Kö 0134		Esslingen	4260	34	vor 1960	Aschersleben	
Kö 0135		Esslingen	4261	34	vor 1945	Rbd Breslau	verschollen
Kö 0136		Esslingen	4262	34	vor 1945	Rbd Breslau	verschollen
Kö 0137		Esslingen	4263	34	vor 1945	Rbd Breslau	verschollen
Kö 0138		Esslingen	4264	34	vor 1945	DRG	verschollen
Kö 0139		Esslingen	4265	34	vor 1960	Rbd Berlin	
Kö 0140		Esslingen	4266	34	vor 1960	Rbd Schwerin	
Kö 0141		Esslingen	4267	34	20.04.60	Wabt Friedrichshafen	
Kö 0142	Kb 0142	Esslingen	4268	34	16.07.63	Neumünster	→ Wb
Kö 0143		Esslingen	4269	34	16.07.63	Neumünster	→ Wb
Kö 0144	Kb 0144	Esslingen	4270	34	05.58	BD Hamburg	
Kö 0145		Esslingen	4271	35	vor 1960	DR	
Kö 0146	100 046-2	Esslingen	4272	35	71	Gera	
Kö 0147		Esslingen	4273	35	25.09.68	Riesa	
Kö 0148	T200.30.	Esslingen	4274	35		CSD	
Kö 0149		Esslingen	4275	35	vor 1970		→ WI
Kö 0150		Windhoff	278	35	vor 1960	DR	
Kö 0151		Windhoff	279	35	vor 1960	DR	
Kö 0152		Windhoff	280	35	vor 1945	Rbd Osten	verschollen
Kö 0153		Windhoff	281	35	vor 1945	Rbd Osten	verschollen
Kö 0154	100 054-6	Windhoff	282	35	vor 1980	Mgd.-Buckau	

Kö 0155		Windhoff	283	35	vor 1945	Rbd Osten	verschollen
Kö 0156		Windhoff	284	35	vor 1945	Rbd Osten	verschollen
Kö 0157	100 057-9	Windhoff	285	35	21.07.71	Hoyerswerda	
Kö 0158		Windhoff	286	35	vor 1945	Rbd Osten	verschollen
Kö 0159		Windhoff	287	35	vor 1945	Rbd Osten	verschollen
Kö 0160		Windhoff	288	35	vor 1960	DR	
Kö 0161		Windhoff	289	35	vor 1945	Rbd Osten	verschollen
Kö 0162		Windhoff	290	35	vor 1945	Rbd Osten	verschollen
Kö 0163		Windhoff	291	35	vor 1945	Rbd Osten	verschollen
Kö 0164		Windhoff	292	35	vor 1945	Rbd Osten	verschollen
Kö 0165		Windhoff	293	35	vor 1970	DR	
Kö 0166		Windhoff	294	35	vor 1945	Rbd Osten	verschollen
Kö 0167		Windhoff	295	35	60	Dre.-Pieschen	
Kö 0168	100 068-6	Windhoff	296	35	70	Kbw Greifswald	→ Wb
Kö 0169	100 069-4	Gmeinder	1173	35	73	Karl-Marx-Stadt	
Kö 0170		Gmeinder	1174	35	67	Dresden	→ Wb
Kö 0171	100 071-0	Gmeinder	1175	35	73	Zittau	→ Wb
Kö 0172	100 072-8	Gmeinder	1176	35	71	Dresden	
Kö 0173	100 073-6	Gmeinder	1177	35	75	Zittau	
Kö 0174	100 074-4	Gmeinder	1178	35	19.11.70	Hoyerswerda	
Kö 0175		Gmeinder	1179	35	vor 1970	DR	→ Wb
Kö 0176	100 076-9	Gmeinder	1180	35	04.01.77	Angermünde	
Kö 0177		Gmeinder	1181	35	vor 1960	DR	→ Wb
Kö 0178	100 078-5	Gmeinder	1182	35	30.11.77	Kbw Leipzig	→ Wl Raw Halle
Kö 0179		Gmeinder	1183	35	15.07.61	Stuttgart Hbf	
Kö 0180		Gmeinder	1184	35	03.10.61	Stuttgart Hbf	→ Wb
Kö 0181		Gmeinder	1185	35	07.03.63	Freudenstadt	→ Wb → MECS
Kö 0182		Gmeinder	1186	35	02.12.63	Aulendorf	
Kö 0183		Gmeinder	1187	35	20.03.52	BD Stuttgart	
Kö 0184		Gmeinder	1188	35	20.09.62	Stuttgart Hbf	
Kö 0185	311 185-3	Esslingen	4287	35	01.04.69	Münster	
Kö 0186	311 186-1	Esslingen	4288	35	25.06.69	Kirchweyhe	→ Wb → DBK
Kö 0187		Esslingen	4289	36	03.50	Osnabrück Gbf	
Kö 0188	311 188-7	Esslingen	4290	36	01.12.71	Münster	→ Wb → EFW
Kö 0189	311 189-5	Esslingen	4291	36	02.01.74	Wabt Friedrichshafen	→ Wb
Kö 0190	311 190-5	Esslingen	4292	36	11.07.76	Friedrichshafen	→ Wb
Kö 0191	100 091-8	Gmeinder	1240	35	22.04.77	Sangerhausen	
Kö 0192		Gmeinder	1241	35	vor 1960	DR	
Kö 0193	100 093-4	Gmeinder	1242	35	05.07.76	Kamenz	→ Wb
Kö 0194	100 094-2	Gmeinder	1243	35	12.03.75	Zittau	
Kö 0195		Gmeinder	1244	35	vor 1960	DR	
Kö 0196		Gmeinder	1245	35	10.11.65	Limburg	→ Wb → HSW
Kö 0197	311 197-8	Gmeinder	1246	35	14.12.67	Kaiserslautern	→ Wb
Kö 0198		Gmeinder	1247	35	07.06.66	Ffm.-Griesheim	→ Wb
Kö 0199	311 199-4	Gmeinder	1248	35	03.02.75	Mainz	→ Wb (I)
Kö 0200	311 200-0	Gmeinder	1249	35	01.03.76	Saarbrücken	→ Wb
Kö 0201	311 201-8	Gmeinder	1250	35	22.07.69	Stuttgart	→ Wb
Kö 0202	311 202-6	Gmeinder	1251	35	22.07.69	Kornwestheim	
Kö 0203		Gmeinder	1252	35	05.09.66	Plattling	→ Wb
Kö 0204	311 204-2	Gmeinder	1253	35	16.07.69	Landshut	→ Wb
Kö 0205		Gmeinder	1254	35	03.11.65	Regensburg	→ Wb
Kö 0206	Kb 0206	Gmeinder	1255	35	08.10.64	Eschwege	→ Wb
Kö 0207	100 007-9	Gmeinder	1256	35	71	Dresden	

Kö 0208	311 208-3	Gmeinder	1257	35	30.12.76	Düren	
Kö 0209		Gmeinder	1258	35	11.11.66	Gießen	→ Wb
Kö 0210	100 010-8	Gmeinder	1259	36	30.08.89	Cottbus	→ WI → LDC
Kö 0211	311 211-7	Gmeinder	1260	36	02.02.76	Fulda	→ Wb
Kö 0212	311 212-5	Gmeinder	1261	36	01.12.68	Wiesbaden	→ Wb
Kö 0213	311 213-3	Gmeinder	1262	36	28.12.67	Wiesbaden	
Kö 0214		Gmeinder	1263	36	19.08.66	Ffm.-Griesheim	→ Wb
Kö 0215	311 215-8	Gmeinder	1264	36	19.04.67	Mannheim	
Kö 0216	100 016-5	Gmeinder	1265	36	12.03.75	Pasewalk	
Kö 0217	100 017-3	Gmeinder	1266	36	13.04.76	Pasewalk	
Kö 0218	311 218-4	Windhoff	301	35	21.02.76	Fulda	
Kö 0219	100 019-9	Windhoff	302	35	25.11.71	Gotha	
Kö 0220	311 220-8	Windhoff	303	35	26.04.76	Marburg	
Kö 0221	311 221-6	Windhoff	304	35	16.03.73	Bww Kassel	→ Wb → EFV
Kö 0222	311 222-4	Windhoff	305	36	26.05.75	Fulda	
Kö 0223	311 223-2	Windhoff	306	36	26.04.76	Kbw Kassel	→ Wb
Kö 0224	311 224-0	Windhoff	307	36	19.04.74	Plattling	→ Wb
Kö 0225	311 225-7	Windhoff	308	36	24.10.79	Bielefeld	Db-Museumslok
Kö 0226	100 026-5	Windhoff	309	36	17.10.73	Gotha	bis 01.39 bei NS
Kö 0227	311 227-3	Windhoff	310	36	24.02.77	Saarbrücken	→ Wb → M. Prora
Kö 0228	311 228-1	Windhoff	311	36	01.07.75	Marburg	
Kö 0229	311 229-9	Windhoff	312	36	26.04.78	Göttingen	→ WI
Kö 0230		Windhoff	313	36	vor 1945	DRG	verschollen
Kö 0231	100 031-4	Windhoff	314	36	08.09.79	Sangerhausen	
Kö 0232	311 232-3	Windhoff	315	36	26.04.76	Kbw Kassel	→ Wb
Kö 0233	311 233-1	Windhoff	316	35	27.05.75	Koblenz-Mosel	
Kö 0234		Windhoff	317	35	vor 1945	Rbd Oppeln	verschollen
Kö 0235		Windhoff	318	35	vor 1945	DRG	verschollen
Kö 0236	100 036-3	Windhoff	319	36	23.03.73	Reichenbach	
Kö 0237		Windhoff	320	36	68	DR	→ Wb
Kö 0238	311 238-0	Windhoff	321	35	11.08.76	Friedrichshafen	
Kö 0239	311 239-8	Windhoff	322	35	04.09.70	Münster	→ Wb → Denkmal
Kö 0240	100 040-5	Windhoff	323	36	73	Kbw Leipzig	
Kö 0241	100 041-3	Windhoff	324	36	12.73	Kbw Leipzig	
Kö 0242	100 042-1	Windhoff	325	36	12.03.75	Bw Cottbus	→ WI → Denkmal Luckau
Kö 0243	100 043-9	Windhoff	326	36	08.70	Kbw Leipzig	
Kö 0244	100 044-7	Windhoff	327	36	31.01.71	Lpz.-Wahren	
Kö 0245	100 045-4	Gmeinder	1606	36	vor 1980	DR	
Kö 0246	311 246-3	Gmeinder	1607	36	11.11.71	Hmb.-Harburg	→ Wb
Kö 0247	311 247-1	Gmeinder	1608	36	14.10.72	Hmb.-Harburg	→ Wb
Kö 0248	100 048-6	Gmeinder	1609	36	13.04.76	Rostock	
Kö 0249		Gmeinder	1610	36	vor 1960	DR	
Kö 0250	100 050-4	Gmeinder	1611	36	vor 1984	DR	
Kö 0251	100 051-2	Gmeinder	1612	36	73	Kbw Leipzig	
Kö 0252		Gmeinder	1613	36	21.07.66	Augsburg	→ Wb
Kö 0253		Gmeinder	1614	36	vor 1945	Rbd München	verschollen
Kö 0254	311 254-7	Gmeinder	1615	36	30.10.67	Mannheim	
Kö 0255	311 255-4	Gmeinder	1616	36	20.10.67	München Hbf	→ Wb → DG 41 096
Kö 0256	X210.01	Gmeinder	1617	36	01.08.69	ÖBB Wörgl	
Kö 0257		Gmeinder	1618	36	03.09.65	Friedberg	→ Wb
Kö 0258	311 258-8	Gmeinder	1619	36	24.08.78	Simmern	DB-Museumslok
Kö 0259	311 259-6	Gmeinder	1620	36	22.07.69	Freudenstadt	→ Wb
Kö 0260	311 260-4	Gmeinder	1621	36	24.07.74	Friedrichshafen	→ Wb

Kö 0261	100 061-1	Gmeinder	1622	36	12.71	Gotha	
Kö 0262	311 262-0	Gmeinder	1623	36	03.02.76	Friedrichshafen	→ Wb → Denkmal Öchsle
Kö 0263	311 263-8	Gmeinder	1624	36	02.01.74	Freudenstadt	→ Wb
Kö 0264	311 264-6	Gmeinder	1625	36	18.10.68	Friedrichshafen	→ Wb
Kö 0265	311 265-3	Gmeinder	1626	36	27.07.75	Dsd.-Derendorf	→ Wb EFZ
Kö 0266	311 266-1	Gmeinder	1627	36	20.09.75	Dieringhausen	→ Wb
Kö 0267	311 267-9	Gmeinder	1628	36	14.03.73	Wuppertal	→ Wb
Kö 0268	311 268-7	Gmeinder	1629	36	19.02.77	Mönchengladbach	
Kö 0269		Gmeinder	1630	36	21.07.66	Finnentrop	→ Wb
Kö 0270	311 270-3	Gmeinder	1998	37	01.09.76	Landau	→ Wb
Kö 0271	311 271-9	Gmeinder	1999	37	06.08.73	Saarbrücken	
Kö 0272	311 272-1	Gmeinder	2000	37	06.08.77	Karslruhe	
Kö 0273	311 273-7	Gmeinder	2001	37	26.08.75	Bielefeld	
Kö 0274	311 274-5	Gmeinder	2002	37	21.04.77	Kbw Braunschweig	→ AHE
Kö 0275	100 075-1	Gmeinder	2003	37	vor 1980	DR	
Kö 0276	311 276-0	Gmeinder	2004	37	26.07.77	Karlsruhe	
Kö 0277		Gmeinder	2005	37	16.05.63	BD Münster	→ Wb
Kö 0278	311 278-6	Gmeinder	2006	37	21.04.77	Friedrichshafen	DB-Museumslok
Kö 0279	311 279-4	Gmeinder	2007	37	30.04.69	Rheine	
Kö 0280	311 280-2	Gmeinder	2008	37	21.05.69	Rheine	→ Wb
Kö 0281	311 281-0	Gmeinder	2009	37	03.02.76	Mönchengladbach	→ VEdH
Kö 0282		Gmeinder	2010	37	14.06.66	München Hbf	
Kö 0283	100 083-5	Gmeinder	2011	37	vor 1980	DR	
Kö 0284	100 084-3	Gmeinder	2012	37	01.74	Stendal	→ Wl Raw Potsdam
Kö 0285	100 085-0	Gmeinder	2013	37	20.04.73	Magdeburg	
Kö 0286		Gmeinder	2014	37	vor 1960	DR	
Kö 0287	100 087-6	Gmeinder	2015	37	71	Güsten	
Kö 0288	100 088-4	Gmeinder	2016	37	73	Kbw Leipzig	
Kö 0289	100 089-2	Gmeinder	2017	37	27.07.71	Kbw Leipzig	→ Wb → FET
Kö 0290		O & K		31	vor 1960	DR	1939 ex PKP
Kö 0291		Deutz		21	vor 1950	Hmb.-Eidelstedt	1941 ex Wb
Kö 0292		Henschel	25411	41	62	Kbw Cottbus	
Kb 0293		Deutz	33093	40	62	Rostock	
Kö 0294		Henschel		39	62	DR	
Kö 0295		Jung		33	62	DR	
Kö 0296		Deutz	33082	39	61	DR	
Kö 0297		O & K	5912	35	12.07.61	Angermünde	→ Wl
Kö 0298		O & K			60	DR	
Kb 0299		Deutz	10747		62	Kbw Erfurt	
Kö 0300		O & K	20554	35	62	Saalfeld	
Kö 0301					55	Sangerhausen	
Kö 0302		Deutz	46633		vor 1960	DR	
Kö 0303		Gmeinder	3187	40	30.04.62	Rbd Halle	→ Wl
Kö 0304		Gmeinder			62	DR	ex Kö 5721
Kb 0401		Deutz				DR	
Kb 0402		Deutz				DR	
Kö 0403		Henschel		34		DR	→ PEC
Kö 0404		Henschel		37		DR	
Kö 0405		O & K	5200	37	59	Pasewalk	→ Wl → Wb
Kö 0406		Gmeinder	2571	39	62	DR	
Kö 0407		Gmeinder	2727	39	62	Friedland	
Kö 0408		Deutz	27202	40	62	DR	→ Wb
Kö 0409		Henschel			62	DR	→ PEC

Kö 1000		Henschel	24095	38	53	BD Kassel	→ Wl
Kö 1001		Deutz	16397	35	50	Kbw Braunschweig	→ Wb
Kö 1002		Deutz	36831	40	05.11.51	Gießen	→ Hfb.
Kö 1003		Deutz	33036	40	52	Hanau	
Kö 1004		Henschel	25414	41	50	Fulda	→ Wl
Kö 1005		Henschel	24488	40	31.05.55	BD Münster	
Kö 1006		O & K		39	50	BD Hamburg	
Kö 1007		O & K		37	02.50	BD München	→ Wb
Kö 1008		Jung		36	19.11.51	BD Hamburg	→ Wl
Kö 1009				31	um 1950	DB	→ Wl

Baureihe Köf II, 100 DR, 321 – 324 DB, 310 DB AG

Betriebsnummer		Hersteller	Fab.-Nr.	Baujahr	Aus-musterung	letztes Bw	Anmerkung
Erstbesetzung durch DRG							
Kb 4000	Kb 4000	BMAG	9769	30	04.05.35	Chemnitz	→ Wl, ex V 6004
Kb 4001		BMAG	9770	30	04.05.35	Chemnitz	von DR reaktiviert,
							+ 70 Rbd Dresden, ex V 6005
Kb 4002		BMAG	9771	30	04.05.35	Falkenberg	von DR reaktiviert
	100 102-3	310 102-9			09.01.92	Aue	→ M. Tuttlingen, ex V 6006
Kö 4003	Kö 4003	BMAG	9772	30	35	Liegnitz	→ Wl, ex V 6007
Kö 4004	Kö 4004	BMAG	9773	30	35	Liegnitz	→ Wl, ex V 6008
Kö 4005	Kö 4005	BMAG	9774	30	03.35	Glogau	→ Wl, ex V 6009
Kö 4006	Kö 4006	Deutz	9577	30	35	Dieringhausen	→ Wl, ex V 6010
Kö 4007	Kö 4007	Deutz	9578	30	04.35	Limburg	→ Wl, ex V 6011
Kö 4008	Kö 4008	Deutz	9579	30	35	Dieringhausen	ex V 6012
Kö 4009	Kö 4009	Windhoff	215	30	36	Osnabrück Rbf	ex V 6013
Kö 4010	Kö 4010	Windhoff	216	30	36	Kassel	ex V 6014
Kö 4011	Kö 4011	Windhoff	217	30	36	Münster	ex V 6015
Ks 4012	Ka 4012	AEG	4558	30	15.07.61	Aulendorf	ex A 6000
Ks 4013	Ka 4013	AEG	4559	30	06 02.67	Aalen	→ DGEG, ex A 6001
Ks 4014	Ka 4014	AEG	4560	30	05.59	BD Mainz	ex A 6002
Ks 4015	381 101-5	AEG	4561	30	01.02.73	Haltingen	→ Wb (CH), ex A 6003
Kb 4016	Kö 4016	BMAG	10041	31	03.10.61	München Hbf	
Kb 4017	Kö 4017	BMAG	10042	31	06.05.60	BD München	
Kb 4018	Kö 4018	BMAG	10043	31	03.10.61	Mühldorf	→ Wb
Kb 4019	Kb 4019	BMAG	10044	31	37	Breslau	
Kb 4020	Kb 4020	BMAG	10045	31	37	Liegnitz	
Kö 4021	Kö 4021	Deutz	10024	31	36	Hamm	→ Wb
Kö 4022	Kö 4022	Deutz	10672	31	36	Bo.-Langendreer	→ Wl
Kö 4023	Kö 4023	Deutz	10673	31	36	Essen Hbf	→ Wl
Kö 4024		Deutz	10674	31	36	von DR reaktiviert, + 52 Aschersleben	
Kö 4025		Deutz	10675	31	36	von DR reaktiviert, + 08.11.50 Aschersleben	
Kb 4026	Kb 4026	O & K	20153	31	vor 1950	Kreiensen	
Kb 4027	Kö 4027	O & K	20152	31	31.05.55	Kreiensen	
Kb 4028	Kb 4028	O & K	20154	31	44	DRG	Kriegsverlust
Kb 4029	Kb 4029	O & K	20155	31	vor 1950	Kreiensen	→ Wl
Kb 4030	Kö 4030	O & K	20156	31	10.57	BD Hannover	→ EVB
Kb 4031	Kb 4031	O & K	10157	31	vor 1950	Kreiensen	
Kö 4032	Kö 4032	Jung	5318	32	36	Troisdorf	→ Wl

Zweitbesetzungen durch DR, gebaut vom Raw Dessau 1960 – 1962

Kö 4003"	100 103-1	310 103-7	Raw Dessau		61	29.10.93	Chemnitz	→ Wb
Kö 4004"	100 104-9	310 104-5	Raw Dessau		61	09.01.92	Chemnitz	
Kö 4005"	100 105-6	310 105-2	Raw Dessau		61	19.10.93	Lpz.-Wahren	
Kö 4006"	100 106-4	310 106-0	Raw Dessau		61	10.03.95	Halberstadt	
Kö 4007"	100 107-2	310 107-8	Raw Dessau		61			
Kö 4008"	100 108-0	310 108-6	Raw Dessau		61	20.07.94	Dresden	
Kö 4009"	100 109-8	310 109-4	Raw Dessau		61	29.03.94	Neustrelitz	
Kö 4010"	100 110-6	310 110-2	Raw Dessau		61			
Kö 4011"	100 111-4	310 111-0	Raw Dessau		61	25.11.93	Schwerin	
Kö 4012"	100 112-2	310 112-8	Raw Dessau		61	09.11.94	Dresden	
Kö 4013"	100 113-0	310 113-6	Raw Dessau		61	25.11.93	Wittenberge	
Kö 4014"		100 114-8	Raw Dessau		61	06.04.82	Pasewalk	→ Wb
Kö 4015"	100 115-5	310 115-1	Raw Dessau		61	29.03.94	Pasewalk	
Kö 4016"	100 116-3	310 116-9	Raw Dessau		61	20.12.95	Meiningen	
Kö 4017"	100 117-1	310 117-7	Raw Dessau		61	13.10.94	Saalfeld	→ Privat
Kö 4018"	100 118-9	310 118-5	Raw Dessau		62	07.07.94	Cottbus	
Kö 4019"		100 119-7	Raw Dessau		62	17.10.72	Bln.-Pankow	
Kö 4020"	100 120-5	310 120-1	Raw Dessau		62	07.07.94	Bln.-Pankow	
Kö 4021"	100 121-3	310 121-9	Raw Dessau		62	07.07.94	Cottbus	
Kö 4022"		100 122-1	Raw Dessau		62	10.08.85	Bln.-Pankow	→ Wb
Kö 4023"	100 123-9	310 123-5	Raw Dessau		62			
Kö 4024"	100 124-7	310 124-3	Raw Dessau		62	30.03.92	Zittau	→ Denkmal Aalen
Kö 4025"	100 125-4	310 125-0	Raw Dessau		62	19.10.93	Pasewalk	
Kö 4026"	100 126-2	310 126-8	Raw Dessau		62	14.12.93	Glauchau	→ BSW Glauchau
Kö 4027"	100 127-0	310 127-6	Raw Dessau		62	10.03.95	Lpz.-Wahren	
Kö 4028"		100 128-8	Raw Dessau		62			UB in 199 003-5"
Kö 4029"	100 129-6	310 129-2	Raw Dessau		62	19.10.93	Wittenberge	
Kö 4030"	100 130-4	310 130-0	Raw Dessau		62	07.07.94	Jüterbog	
Kö 4031"	100 131-2	310 131-8	Raw Dessau		62	27.06.92	Eisenach	→ M. Hermeskeil
Kö 4032"	100 132-0	310 132-6	Raw Dessau		62	19.05.92	Zittau	
Kö 4033		Kö 4033	Jung	5417	32	36	Rbd Köln	
Kö 4034		Kö 4034	Jung	5418	32	36	Rbd Köln	
Kö 4035		Kö 4035	Jung	5419	32	36	Rbd Köln	
Kö 4036		Kö 4036	Jung	5420	32	36	Rbd Köln	
Kb 4037		Kb 4037	Windhoff	213	30	37	Osnabrück Rbf	Versuchslokomotive
Kb 4038		Kb 4038	Breuer		31	35	Schneidemühl P	Versuchslokomotive
Kb 4039		Kb 4039	Breuer		31	09.34	Freiburg	11.48 GDW Stuttgart
Kb 4040		Kö 4040	BMAG	10102	32	20.04.60	Heidelberg	→ WI
Kb 4041		Kö 4041	BMAG	10103	32	10.12.61	Konstanz	
Kb 4042		Kö 4042	BMAG	10104	32	30.03.62	Kbw Freiburg	→ Wb
Kb 4043		Kö 4043	BMAG	10105	32	14.09.65	Karlsruhe	→ Wb
Kb 4044		Kö 4044	BMAG	10106	32	18.07.62	Karlsruhe	→ Wb
Kb 4045		Kö 4045	O & K	20215	32	29.11.55	BD Karlsruhe	→ WI
Kb 4046		Kö 4046	O & K	20216	32	28.12.56	BD Stuttgart	→ WI
Kb 4047		Kö 4047	O & K	20217	32	08.56	Heidelberg	→ WI
Kb 4048		Kö 4048	O & K	20218	32	01.12.55	Heidelberg	
Kb 4049		Kö 4049	O & K	20219	32	06.05.55	BD Regensburg	
Kö 4050		Kb 4050	Krauss-Maffei	15333	32	35	München Hbf	→ WI
Kö 4051		Kö 4051	Krauss-Maffei	15334	32	35	München Hbf	→ WI
Kö 4052		Kö 4052	Krauss-Maffei	15335	32	35	Ingolstadt	→ WI
Kö 4053		Kö 4053	Krauss-Maffei	15336	32	36	Nürnberg Rbf	→ WI

Kö 4054			Kö 4054	Krauss-Maffei	15337	32	37	Rbd Köln	
Kö 4055			Kö 4055	Krauss-Maffei	15338	32	37	Rbd Kassel	
Kö 4056			Kö 4056	Krauss-Maffei	15339	32	vor 1950	Eschwege	
Kö 4057			Kö 4057	Krauss-Maffei	15340	32	50	Nürnberg Rbf	→ Wl
Kö 4058			Kö 4058	Krauss-Maffei	15341	32	37	Rbd Regensburg	→ Wb
Kö 4059			Kö 4059	Krauss-Maffei	15342	32	50	Nürnberg Rbf	→ Wl
Kb 4060			Kb 4060	O & K	20210	32	38	Neustettin	
Kb 4061			Kb 4061	O & K	20211	32	38	Neustettin	
Kb 4062			Kb 4062	O & K	20212	32	38	Stralsund	
Kb 4063			Kb 4063	O & K	20213	32	37	Kassel	→ Wl
Kb 4064	100 164-3		310 164-9	O & K	20214	32	25.11.93	Rostock	
Kb 4065			100 165-0	BMAG	10124	32	vor 1984	DR	→ Wb
Kb 4066			Köf 4966	BMAG	10125	32			siehe Köf 4966
Kb 4067			Kb 4067	BMAG	10126	32	50	AW Bad Cannstatt	→ Wl
Kb 4068			Kb 4068	BMAG	10127	32	vor 1945	DRG	verschollen
Kb 4069			100 169-2	BMAG	10128	32	15.08.75	Pasewalk	→ Wb
Kb 4070	100 170-0		310 170-6	BMAG	10129	32	26.03.92	Lpz.-Wahren	→ Wb
Ks 4071			381 201-3	AEG	4800	32	01.03.70	München Hbf	→ Denkmal AW Limburg
Kbs 4072			Kbs 4072	SSW	2808	32	09.06.50	BD Mainz	
Kbs 4073			Kbs 4073	SSW	2809	32	09.04.53	BD Mainz	→ Wl
Kbs 4074			Kbs 4074	SSW	2810	32	53	BD Mainz	
Kbs 4075			Kbs 4075	SSW	2811	32	53	BD Mainz	
Kbs 4076			Kbs 4076	SSW	2812	32	54	Mainz Hbf	
Kbs 4077			Kbs 4077	SSW	2813	32	09.06.50	BD Mainz	
Köe 4078			Köe 4078	Borsig	14455	33	23.11.44	DRG	Kriegsverlust
Köe 4079	321 044-4	02.68	323 443-2	Borsig	14456	35	21.12.79	Ingolstadt	
Köe 4080			Köe 4080	Borsig	14457	35	28.05.44	DRG	→ Pb (I)
Köe 4081			X130.01	Borsig	14458	35	01.03.70	ÖBB Wörgl	→ Wb
Köe 4082			213.901	Borsig	14459	35	85	FS Verona	
Köe 4083	321 531-6	09.12.68	322 621-4	Borsig	14460	35	16.07.77	Ingolstadt	→ Wb
Köe 4084	321 532-4	07.11.68	322 619-8	Borsig	14461	35	24.03.76	München Hbf	→ Wb
Köe 4085			0130 002-9	Borsig	14462	35	01.03.94	ÖBB Wörgl	
Köe 4086			Köe 4086	Borsig	14463	35	20.07.44	DRG	Kriegsverlust
Köe 4087	321 045-7	06.06.68	323 496-0	Borsig	14464	35	17.09.77	München Hbf	→ Wb (I)
Kbe 4088	321 007-7	11.04.68	323 479-6	Henschel	22199	34	24.08.80	Altenbeken	→ Wb
Kbe 4089	321 008-5	13.06.73	324 055-3	Henschel	22219	34	22.08.79	Rheine	→ Wb
Kbe 4090	100 190-8		310 190-4	Henschel	22220	34	19.10.93	Güsten	
Kbe 4091			322 002-7	Henschel	22221	34	23.03.76	AW Hannover	→ Wb
Kbe 4092	321 009-3	19.10.67	323 929-0	Henschel	22222	34	24.10.79	Uelzen	
Kbe 4093			322 003-5	Henschel	22223	34	23.03.76	AW Hannover	→ Wb
Kbe 4094			323 503-3	Henschel	22224	34	25.07.79	Hannover	→ Wb
Kbe 4095	321 010-1	19.10.67	323 930-8	Henschel	22225	34	22.08.79	Göttingen	
Kbe 4096	100 196-5		310 196-1	Henschel	22226	34	19.10.93	Magdeburg	→ EF Magdeburg
Kbe 4097			213.902	Henschel	22227	34	85	FS Verona	
Kö 4098			323 426-7	BMAG	10189	34	31.12.82	Würzburg 1	
Kö 4099			Kb 4099	BMAG	10190	34	vor 1950	Rbd Berlin	
Kö 4100	321 011-9	21.05.69	322 152-0	BMAG	10191	34	31.12.80	Koblenz	→ Wb
Kö 4101			Kö 4101	BMAG	10192	34	08.12.44	Aschaffenburg	Kriegsverlust
Kö 4102			323 002-6	BMAG	10193	34	30.12.76	Nürnberg Rbf	→ Wb → BME
Kb 4103			323 906-8	BMAG	10171	33	30.12.82	Landshut	→ Wb
Kb 4104	321 247-9	11.02.70	324 028-0	BMAG	10155	33	30.12.82	Hamburg 4	
Kb 4105			322 102-5	BMAG	10156	33	31.12.80	Hmb.-Wilhelmsburg	
Kb 4106	100 206-2		310 206-8	BMAG	10157	33			

Kb 4107			323 412-7	BMAG	10158	33	31.12.92	Hamburg 4	
Kb 4108	100 208-8		310 208-4	BMAG	10159	33			
Kb 4109	100 209-6		310 209-2	BMAG	10160	33	20.12.95	Leipzig Süd	
Kb 4110	100 210-4		310 210-0	BMAG	10161	33	07.07.94	Frankfurt (O)	
Kb 4111			323 501-7	BMAG	10162	33	06.08.77	München Hbf	
Kb 4112			Kb 4112	BMAG	10163	33	46	ED Hamburg	
Kb 4113			100 213-8	BMAG	10164	33			UB in 199 012-6
Kb 4114	100 214-6		310 214-2	BMAG	10165	33	20.07.94	Dresden	→ vk
Kb 4115	100 215-3		310 215-9	BMAG	10166	33	26.03.92	Lpz.-Wahren	
Kb 4116	100 216-1		310 216-7	BMAG	10167	33			
Kb 4117	100 217-9		310 217-5	BMAG	10168	33	21.03.92	Lpz.-Wahren	→ FET
Kb 4118	100 218-7		310 218-3	BMAG	10169	33	21.02.92	Lpz.-Wahren	→ FET
Kb 4119			Kb 4119	BMAG	10170	33	vor 1945	Rbd Stettin	verschollen
Kb 4120			Kb 4120	BMAG	10154	33	vor 1945	Rbd Stettin	verschollen
Kb 4121			Kb 4121	BMAG	10172	33	vor 1945	Rbd Stettin	verschollen
Kb 4122			Kb 4122	BMAG	10173	33	vor 1945	Rbd Stettin	verschollen
Kb 4123			Kb 4123	BMAG	10174	33	vor 1945	Rbd Stettin	verschollen
Kb 4124			Kb 4124	BMAG	10175	33	vor 1945	Rbd Stettin	verschollen
Kb 4125			Kb 4125	BMAG	10176	33	vor 1945	Rbd Stettin	verschollen
Kb 4126			Kb 4126	BMAG	10177	33	vor 1945	Rbd Stettin	verschollen
Kb 4127			Kb 4127	BMAG	10178	33	vor 1945	Rbd Stettin	verschollen
Kb 4128			Kb 4128	BMAG	10179	33	vor 1945	Rbd Stettin	verschollen
Kb 4129			Kb 4129	BMAG	10180	33	vor 1945	Rbd Königsberg	verschollen
Kb 4130			Kb 4130	BMAG	10181	33	vor 1945	Rbd Königsberg	verschollen
Kb 4131			Kb 4131	BMAG	10182	33	vor 1945	Rbd Königsberg	verschollen
Kb 4132			Kb 4132	BMAG	10183	33	vor 1945	Rbd Königsberg	verschollen
Kb 4133			Kb 4133	BMAG	10184	33	vor 1945	Rbd Königsberg	verschollen
Kb 4134			Kb 4134	BMAG	10185	33	vor 1945	Rbd Königsberg	verschollen
Kb 4135			Kb 4135	BMAG	10186	33	vor 1945	Rbd Königsberg	verschollen
Kb 4136			Kb 4136	BMAG	10187	33	vor 1945	Rbd Königsberg	verschollen
Kb 4137			Kb 4137	BMAG	10188	33	vor 1945	Rbd Königsberg	verschollen
Kb 4138	321 012-7	22.11.68	322 142-1	Jung	5475	34	21.10.80	Karlsruhe	
Kb 4139			323 003-4	Jung	5476	34	16.07.78	Ludwigshafen	
Kb 4140			323 004-2	Jung	5477	34	26.01.78	Münster	→ Wb
Kb 4141			323 005-9	Jung	5478	34	21.12.77	Trier	
Kb 4142			323 006-7	Jung	5479	34	28.12.77	Hannover	
Kb 4143	321 013-5	15.07.68	322 126-4	Jung	5480	34	06.06.78	Kaiserslautern	
Kb 4144	321 014-3	16.12.68	322 145-4	Jung	5481	34	31.12.80	Karlsruhe	
Kb 4145	321 015-0	11.02.70	322 161-1	Jung	5482	34	21.09.76	Saarbrücken	
Kb 4146	321 016-8	21.08.68	322 128-0	Jung	5483	34	05.12.80	Heidelberg	→ Wb
Kb 4147	321 501-9	17.01.69	322 623-0	Jung	5484	34	21.05.77	Offenburg	
Kb 4148			Kb 4148	Jung	5485	34	vor 1945	DRG	verschollen
Kb 4149	321 010-1"	12.09.68	322 130-6	Jung	5486	34	01.09.75	Hanau	→ Wb, ex 321 508-4
Kb 4150	321 017-6	19.04.73	322 174-4	Jung	5487	34	31.12.79	Wiesbaden	→ Wb
Kb 4151	321 018-4	01.03.68	323 446-5	Jung	5488	34	31.12.79	Gießen	
Kb 4152			323 427-5	Jung	5489	34	30.12.82	Göttingen	
Kb 4153			323 428-3	Jung	5490	34	30.03.78	Limburg	
Kb 4154			323 413-5	Jung	5491	34	30.12.82	Darmstadt	
Kb 4155	321 207-3	25.04.68	323 486-1	Jung	5492	34	31.12.79	Frankfurt/M 1	→ Wb
Kb 4156	321 208-1	09.04.72	322 169-4	Jung	5493	34	06.06.78	Frankfurt/M 1	
Kb 4157			323 405-1	Jung	5494	34	31.12.79	Hanau	→ BE D 15
Kb 4158	321 019-2	12.01.68	323 438-2	Jung	5495	34	31.12.79	Frankfurt/M 1	
Kb 4159	321 209-9	20.03.68	322 122-3	Jung	5496	34	31.12.79	Hanau	

Kb 4160			Kb 4160	Jung	5497	34	vor 1945	DRG	verschollen
Kö 4161	321 210-7	19.09.68	323 991-0	Jung	5470	34	21.10.80	Dortmund Rbf	
Kö 4162			322 103-3	Jung	5474	34	21.12.80	Hannover	→ Wb
Kö 4163			322 104-1	Jung	5473	34	22.11.80	Altenbeken	
Kö 4164			322 001-9	Jung	5472	34	22.03.75	Kirchweyhe	→ Wb
Kö 4165	321 002-8	21.06.68	323 973-8	Jung	5471	34	06.09.86	Mühldorf	
Kö 4166			Kö 4166	O & K	20260	33	27.05.44	Coburg	→ Rumänien
Kö 4167	321 020-0	07.11.68	322 138-9	O & K	20261	33	31.12.79	Wiesbaden	
Kö 4168			323 907-6	O & K	20262	33	17.09.77	Würzburg	→ Wb
Kö 4169			Kö 4169	O & K	20263	33	vor 1945	DRG	verschollen
Kö 4170	321 602-5	29.03.73	322 655-2	O & K	20264	33	24.08.78	Nürnberg Rbf	→ Wb
Kö 4171	100 271-6		310 271-2	O & K	20265	33	26.10.93	Lpz.-Wahren	
Kö 4172			Kö 4172	O & K	20266	33	vor 1945	DRG	verschollen
Kö 4173	100 273-2		310 273-8	O & K	20267	33			
Kö 4174			Kö 4174	O & K	20268	33	vor 1945	DRG	verschollen
Kö 4175	100 275-7		310 275-3	O & K	20269	33	08.09.94	Görlitz	→ Pfalzbahn Worms
Kö 4176			Kö 4176	O & K	20270	33	vor 1945	DRG	verschollen
Kö 4177			Kö 4177	O & K	20271	33	vor 1945	DRG	verschollen
Kö 4178	100 278-1		310 278-7	O & K	20272	33	26.04.94	Görlitz	→ Pfalzbahn Worms
Kö 4179	100 279-9		310 279-5	O & K	20273	33	20.12.95	Nordhausen	→ Wb
Kö 4180	100 280-7		310 280-3	O & K	20274	33	07.07.94	Bln.-Pankow	→ Denkmal
Kö 4181	100 281-5		310 281-1	O & K	20275	33	29.03.94	Neustrelitz	
Kö 4182			100 282-3	O & K	20276	33	08.09.75	Kamenz	→ Wb
Kö 4183	321 239-6	30.06.70	324 035-5	O & K	20277	33	20.09.76	Holzminden	
Kö 4184	100 284-9		310 284-5	O & K	20278	33	27.10.94	Dresden	
Kö 4185	100 285-6		310 285-2	O & K	20279	33	09.0.192	Chemnitz	
Kö 4186	100 286-4		310 286-0	O & K	20280	33	31.03.95	Reichenbach	
Kö 4187			100 287-2	O & K	20281	33			UB in 199 004-3"
Kö 4188	100 288-0		310 288-6	O & K	20282	33	08.05.92	Lpz.-Wahren	
Kö 4189			Kö 4189	O & K	20283	33	vor 1945	Rbd Osten	verschollen
Kö 4190	100 290-6		310 290-2	O & K	20284	33	19.10.93	Lpz.-Wahren	
Kö 4191	100 291-4		310 291-0	O & K	20285	33			
Kö 4192			Kö 4192	O & K	20286	33	vor 1945	Rbd Oppeln	verschollen
Kö 4193			Kö 4193	O & K	20287	33	vor 1945	Rbd Oppeln	verschollen
Kö 4194			Kö 4194	O & K	20288	33	vor 1945	Rbd Oppeln	verschollen
Kö 4195	100 295-5		310 295-1	O & K	20289	33			
Kö 4196			Kö 4196	O & K	20290	33	vor 1945	Rbd Oppeln	verschollen
Kö 4197			Kö 4197	O & K	20291	33	vor 1945	Rbd Oppeln	verschollen
Kö 4198			Kö 4198	O & K	20292	33	vor 1945	Rbd Oppeln	verschollen
Kö 4199			Kö 4199	O & K	20293	33	vor 1945	Rbd Oppeln	verschollen
Kö 4200			Kö 4200	O & K	20294	33	vor 1945	Rbd Oppeln	verschollen
Kö 4201	100 201-3		310 201-9	O & K	20295	33	20.12.95	Meiningen	
Kö 4202	321 603-3	17.08.73	322 656-0	O & K	20296	33	31.12.79	Lichtenfels	→ Wb → HaEF
Kö 4203	100 203-9		310 203-5	O & K	20297	33	09.11.94	Dresden	
Kö 4204			323 901-9	O & K	20298	33	16.07.78	Bamberg	
Kö 4205			Kö 4205	O & K	20299	33	vor 1945	DRG	verschollen
Kö 4206	321 021-8	14.10.69	322 158-7	O & K	20300	33	31.12.79	St. Wendel	
Kö 4207			Kö 4207	Deutz	10900	34	vor 1945	Rbd Essen	verschollen
Kö 4208			322 502-6	Deutz	10901	34	23.02.76	AW Hannover	→ Wb
Kö 4209			Kö 4209	Deutz	10902	34	vor 1945	Rbd Essen	verschollen
Kö 4210	100 212-0		310 212-6	Deutz	10903	33	20.03.95	Cottbus	
Kö 4211	100 211-2		310 211-8	Deutz	10904	34	01.06.95	Chemnitz	→ Sächs. Eb.-M.
Kö 4212			Kö 4212	Deutz	10905	34	vor 1945	Rbd Köln	verschollen

Kö 4213		Kö 4213	Deutz	10906	34	vor 1945	Rbd Köln	verschollen
Kö 4214		Kö 4214	Deutz	10907	34	vor 1945	Rbd Köln	veschollen
Kö 4215		Kö 4215	Deutz	10908	34	vor 1945	Rbd Köln	verschollen
Kö 4216		Kö 4216	Deutz	10909	34	vor 1945	Rbd Köln	verschollen
Kö 4217		Kö 4217	Deutz	10910	34	vor 1945	Rbd Köln	verschollen
Kö 4218	321 211-5 20.06.68	323 972-0	Deutz	10911	34	31.12.79	Dsd.-Derendorf	→ Wb
Kö 4219	321 212-3 19.10.67	323 944-9	Deutz	10912	33	18.03.79	Dortmund Rbf	→ Wb
Kö 4220		Kö 4220	Deutz	10913	34	vor 1945	Rbd Münster	verschollen
Kö 4221		Kö 4221	Deutz	10914	33	vor 1945	Rbd Münster	verschollen
Kö 4222	321 003-6 19.10.67	323 931-6	Deutz	10915	33	24.10.79	Emden	
Kö 4223		323 414-3	Deutz	10916	33	16.12.77	Oldenburg	
Kö 4224		Kö 4224	Deutz	10917	34	vor 1945	Rbd Münster	verschollen
Kö 4225		Kö 4225	Deutz	10918	34	vor 1945	Rbd Münster	verschollen
Kö 4226		Kö 4226	Deutz	10919	34	vor 1945	Rbd Münster	verschollen
Kö 4227	100 227-8	310 227-4	Deutz	10920	34			
Kö 4228	100 228-6	310 228-2	Deutz	10921	34	29.03.94	Schwerin	
Kö 4229			Deutz	10922	34	13.06.69	Dresden	→ Wb
Kö 4230	321 201-6 19.10.67	323 945-6	Deutz	10923	34	22.08.79	Bremen Rbf	
Kö 4231		Kö 4231	Deutz	10924	34	vor 1945	Rbd Münster	verschollen
Kö 4232		Kö 4232	Deutz	10925	34	vor 1945	Rbd Münster	verschollen
Kö 4233		Kö 4233	Deutz	10926	34	vor 1945	Rbd Wuppertal	verschollen
Kö 4234		Kö 4234	Deutz	10927	34	vor 1945	Rbd Wuppertal	verschollen
Kö 4235		Kö 4235	Deutz	10928	34	vor 1945	Rbd Wuppertal	verschollen
Kö 4236		Kö 4236	Deutz	10929	34	vor 1945	DRG	verschollen
Kö 4237		Kö 4237	Deutz	10930	34	vor 1945	DRG	verschollen
Kö 4238		323 908-4	Krauss-Maffei	15374	33	30.12.82	Nürnberg 2	
Kö 4239	321 604-1 04.02.74	322 663-6	Krauss-Maffei	15375	33	31.12.79	Würzburg	→ Wb
Kö 4240		323 502-5	Krauss-Maffei	15376	33	30.12.82	Lichtenfels	→ Dt. Museum
Kö 4241	321 605-8 10.12.73	322 661-0	Krauss-Maffei	15377	33	31.12.79	Aschaffenburg	→ Wb
Kö 4242		323 915-9	Krauss-Maffei	15378	33	24.09.78	Nürnberg Rbf	
Kö 4243		Kö 4243.	Krauss-Maffei	15379	33	vor 1945	Rbd Nürnberg	verschollen
Kö 4244		Kö 4244	Krauss-Maffei	15380	33	vor 1945	Rbd Nürnberg	verschollen
Kö 4245		Kö 4245	Krauss-Maffei	15381	33	vor 1945	Rbd Mainz	verschollen
Kö 4246	321 619-9 21.04.70	322 637-0	Krauss-Maffei	15382	33	31.12.79	Nördlingen	→ Wb
Kö 4247	100 247-6	310 247-2	Krauss-Maffei	15383	33	20.06.95	Chemnitz	
Kö 4248	321 606-6 01.68	323 954-8	Krauss-Maffei	15384	33	24.11.79	Freiburg	
Kö 4249		322 501-8	Krauss-Maffei	15385	33	31.12.80	Friedrichshafen	→ Wb
Kö 4250	321 004-4 19.10.67	323 951-4	Krauss-Maffei	15386	33	16.07.77	Koblenz	→ Wb
Kö 4251	100 251-8	310 251-4	Krauss-Maffei	15387	33	05.05.92	Lpz.-Wahren	
Kö 4252		Kö 4252	Krauss-Maffei	15388	33	vor 1945	DRG	verschollen
Kö 4253		322 601-6	Krauss-Maffei	15389	33	31.12.80	Augsburg	→ Wb
Kö 4254	321 502-7 14.10.68	322 616-4	Krauss-Maffei	15390	33	17.09.77	Augsburg	
Kö 4255	321 620-7 17.07.68	323 981-1	Krauss-Maffei	15391	33	31.12.79	Hof	
Kö 4256		Kö 4256	Krauss-Maffei	15392	33	vor 1945	DRG	verschollen
Kö 4257		Kö 4257	Krauss-Maffei	15393	33	58	Kaiserslautern	
Kö 4258	321 503-5 25.03.69	322 630-5	Krauss-Maffei	15394	33	01.12.77	Kempten	
Kö 4259	100 259-1	310 259-7	Krauss-Maffei	15395	33	26.10.93	Rostock	
Kö 4260		323 001-8	Krauss-Maffei	15396	33	30.12.82	Mönchengladbach	
Kö 4261	321 005-1 01.02.68	323 466-3	Krauss-Maffei	15397	33	31.12.79	Gremberg	
Kö 4262		321 504-3	Krauss-Maffei	15398	33	01.02.69	Weiden	→ Wb
Kö 4263		Kö 4263	Krauss-Maffei	15399	33	45	DRG	verschollen
Kö 4264		323 916-7	Krauss-Maffei	15400	33	27.04.78	Nürnberg Rbf	
Kö 4265		323 504-1	Krauss-Maffei	15401	33	19.02.77	Bamberg	

Kö 4266			323 902-7	Krauss-Maffei	15402	33	30.12.82	Rosenheim	
Kö 4267	321 505-0	07.03.72	324 045-4	Krauss-Maffei	15403	33	30.03.78	Hmb.-Harburg	
Kö 4268			322 604-0	Krauss-Maffei	15404	33	31.12.80	Hof	→ Wb
Kö 4269			Kb 4269	Krauss-Maffei	15405	33	46	ED Regensburg	
Kö 4270			323 903-5	Krauss-Maffei	15406	33	31.10.90	Oldenburg	DB-Museumslok
Kö 4271			Kb 4271	Krauss-Maffei	15407	33	46	ED Regensburg	
Kö 4272	321 607-4	03.04.68	323 927-4"	Krauss-Maffei	15408	33	31.12.79	München Hbf	
Kö 4273			323 909-2	Krauss-Maffei	15409	33	30.12.82	München 1	
Kö 4274	321 006-9	15.11.68	322 141-3	Krauss-Maffei	15410	33	07.04.76	München Hbf	→ Wb → DBG
Kö 4275	321 213-1	07.11.69	324 024-9	Krauss-Maffei	15411	33	31.12.79	Husum	
Kö 4276			323 917-5	Krauss-Maffei	15412	33	01.12.78	München Hbf	
Kö 4277	321 608-2	10.07.68	323 980-3	Krauss-Maffei	15413	33	31.12.79	Ulm	→ Wb
Kö 4278			322 610-7	Krauss-Maffei	15414	33	07.12.76	München Ost	→ Wb
Kö 4279			Kö 4279	Krauss-Maffei	15415	33	vor 1945	Rbd Augsburg	verschollen
Kö 4280			322 605-7	Krauss-Maffei	15416	33	31.12.80	Augsburg	→ Wb → BEF
Kö 4281	321 509-2	25.01.73	322 652-9	Krauss-Maffei	15417	33	18.03.79	Nürnberg Rbf	→ Wb
Kö 4282			322 606-5	Krauss-Maffei	15418	33	21.05.77	Augsburg	
Kö 4283	321 510-0	05.06.70	322 638-8	Krauss-Maffei	15419	33	06.08.77	Nördlingen	
Kö 4284	321 511-8	19.01.72	322 648-7	Krauss-Maffei	15420	33	01.12.79	Stuttgart	→ Wb
Kö 4285	321 022-6	24.10.68	322 137-1	Krauss-Maffei	15421	33	05.12.80	Ludwigshafen	→ Wb
Kö 4286	321 512-6	09.67	322 611-5	Krauss-Maffei	15422	33	31.12.79	Darmstadt	→ Wb
Kö 4287	321 513-4	25.02.68	322 613-1	Krauss-Maffei	15423	33	31.12.79	Darmstadt	→ Wb → FTM
Kö 4288	321 514-2	27.03.68	322 612-3	Krauss-Maffei	15424	33	16.07.78	Gießen	→ Wb
Kö 4289	321 515-9	19.03.69	322 629-7	Krauss-Maffei	15425	33	31.12.80	Nördlingen	
Kö 4290	321 023-4	12.12.68	322 143-9	Krauss-Maffei	15426	33	23.03.75	Koblenz	→ Wb → EDK
Kö 4291			Kö 4291	Krauss-Maffei	15427	33	vor 1945	DRG	verschollen
Kö 4292			322 105-8	Krauss-Maffei	15428	33	11.11.78	Mainz	→ Denkmal
Kö 4293			322 607-3	Krauss-Maffei	15429	33	31.12.80	Kempten	→ Wb
Kö 4294	321 516-7	04.02.70	322 635-4	Krauss-Maffei	15430	33	23.02.76	Friedrichshafen	→ Wb
Kö 4295	321 024-2	08.05.68	322 125-6	Krauss-Maffei	15431	33	31.12.79	Betzdorf	
Kö 4296			100 296-3	Krauss-Maffei	15432	33	28.03.79	Lpz.-Wahren	→ Wb
Kö 4297	321 214-9	02.02.70	322 163-7	Krauss-Maffei	15433	33	31.12.80	Mönchengladbach	
Kö 4298			323 918-3	Krauss-Maffei	15434	33	21.05.77	Mühldorf	
Kö 4299	321 609-0	12.03.68	323 959-7	Krauss-Maffei	15435	33	31.12.79	Rosenheim	
Kö 4300			323 919-1	Krauss-Maffei	15436	33	27.04.78	Mühldorf	→ Wb
Kö 4301			Kö 4301	Krauss-Maffei	15437	33	45	Rbd München	verschollen
Kö 4302			213.903	Krauss-Maffei	15438	33	85	FS Bologna	
Kö 4303			323 920-9	Krauss-Maffei	15439	33	16.07.78	München Hbf	→ Wb
Kö 4304	321 517-5	19.01.68	323 957-1	Krauss-Maffei	15440	33	17.09.77	München Hbf	
Kö 4305			Kö 4305	Krauss-Maffei	15441	33	16.07.63	Freudenstadt	
Kö 4306			323 007-5	BMAG	10205	34	06.08.77	Nürnberg Rbf	
Kö 4307			100 307-8	BMAG	10206	34	28.09.89	Halberstadt	→ Wb
Kö 4308			323 008-3	BMAG	10207	34	21.12.78	Nürnberg Rbf	
Kö 4309	100 309-4		310 309-0	BMAG	10208	34	17.06.92	Halberstadt	→ Wb
Kö 4310	321 215-6	17.07.68	323 978-7	BMAG	10209	34	31.12.79	Kassel	
Kb 4311	100 311-0		310 311-6	BMAG	10210	34	09.11.94	Bln.-Grunewald	
Kb 4312			Kb 4312	BMAG	10211	34	vor 1945	DRG	verschollen
Kb 4313			Kb 4313	BMAG	10212	34	vor 1945	DRG	verschollen
Kb 4314	100 314-4		310 314-0	BMAG	10213	34	09.11.94	Dresden	
Kb 4315			Kb 4315	BMAG	10214	34	vor 1945	DRG	verschollen
Kb 4316			Kb 4316	BMAG	10215	34	vor 1945	DRG	verschollen
Kb 4317			Kb 4317	BMAG	10216	34	vor 1945	DRG	verschollen
Kb 4318	100 318-5		310 318-1	BMAG	10217	34	07.07.94	Frankfurt (O)	

Kb 4319		Kb 4319	BMAG	10218	34	vor 1945	DRG	verschollen
Kb 4320		Kb 4320	BMAG	10219	34	vor 1945	DRG	verschollen
Kb 4321	100 321-9	310 321-5	BMAG	10220	34	19.10.93	Lpz.-Wahren	
Kb 4322		323 415-0	BMAG	10221	34	31.10.90	Flensburg	
Kb 4323	321 506-8　17.02.70	322 636-2	BMAG	10222	34	23.03.76	München Hbf	→ DDM
Kb 4324	100 324-3	310 324-9	BMAG	10223	34	29.03.94	Schwerin	
Kb 4325		100 325-0	BMAG	10224	34			UB in 199 010-0
Kb 4326	100 326-8	310 326-4	BMAG	10225	34	29.03.94	Schwerin	
Kb 4327	100 327-6	310 327-2	BMAG	10226	34	11.01.93	Magdeburg	
Kb 4328		323 910-0	BMAG	10227	34	31.12.79	Lichtenfels	
Kb 4329	100 329-2	310 329-8	BMAG	10228	34	26.03.92	Lpz.-Wahren	
Kb 4330	100 330-0	310 330-6	BMAG	10229	34	11.01.93	Rostock	
Kb 4331	321 025-9　27.05.71	324 042-1	BMAG	10230	34	17.09.77	Lübeck	
Kb 4332		Kb 4332	BMAG	10231	34	06.08.53	Rbd Halle	→ Wb
Kb 4333	100 333-4	310 333-0	BMAG	10232	34	19.10.93	Lpz.-Wahren	
Kb 4334	100 334-2	310 334-8	BMAG	10233	34	22.12.93	Lpz.-Wahren	
Kb 4335		Kb 4335	BMAG	10234	34	vor 1945	DRG	verschollen
Kb 4336		Kb 4336	BMAG	10235	34	vor 1945	Rbd Königsberg	verschollen
Kb 4337		Kb 4337	BMAG	10236	34	vor 1945	Rbd Königsberg	verschollen
Kb 4338		Kb 4338	BMAG	10237	34	vor 1945	Rbd Königsberg	verschollen
Kb 4339		Kb 4339	BMAG	10238	34	vor 1945	Rbd Königsberg	verschollen
Kb 4340		Kb 4340	BMAG	10239	34	vor 1945	Rbd Königsberg	verschollen
Kb 4341		Kb 4341	BMAG	10240	34	vor 1945	Rbd Königsberg	verschollen
Kb 4342		Kb 4342	BMAG	10241	34	vor 1945	Rbd Königsberg	verschollen
Kb 4343		Kb 4343	BMAG	10242	34	vor 1945	Rbd Königsberg	verschollen
Kb 4344		Kb 4344	BMAG	10243	34	vor 1945	Rbd Königsberg	verschollen
Kb 4345		Kb 4345	BMAG	10244	34	vor 1945	Rbd Königsberg	verschollen
Kö 4346		213.904	O & K	20323	34	85	FS Verona	
Kö 4347	100 347-4	310 347-0	O & K	20324	34	09.11.94	Frankfurt (O)	
Kö 4348		Kö 4348	O & K	20325	34	vor 1945	Rbd Erfurt	verschollen
Kö 4349		Kö 4349	O & K	20326	34	vor 1955	Rbd Erfurt	
Kö 4350	321 621-5　18.02.69	322 628-9	O & K	20327	34	31.12.80	Aschaffenburg	→ Wb
Kö 4351		Kö 4351	O & K	20328	34	vor 1945	DRG	verschollen
Kö 4352	100 352-4	310 352-0	O & K	20329	34			
Kö 4353	100 353-2	310 353-8	O & K	20330	34	09.11.94	Cottbus	→ M. Basdorf
Kö 4354		Kö 4354	O & K	20331	34	vor 1945	DRG	verschollen
Kö 4355		Kö 4355	O & K	20332	34	vor 1945	DRG	verschollen
Kö 4356	100 356-5	310 356-1	O & K	20333	34	30.03.92	Lpz.-Wahren	
Kö 4357	100 357-3	310 357-9	O & K	20334	34			
Kö 4358		213.905	O & K	20335	34	02.78	FS Verona	
Kö 4359		Kö 4359	O & K	20336	34	vor 1945	DRG	verschollen
Kö 4360	100 360-7	310 360-3	O & K	20337	34	19.10.93	Lpz.-Wahren	
Kö 4361	100 361-5	310 361-1	O & K	20338	34	28.02.95	Berlin Hbf	
Kö 4362		Kö 4362	O & K	20339	34	vor 1950	Hoyerswerda	
Kö 4363	100 363-1	310 363-7	O & K	20340	34	19.10.93	Lpz.-Wahren	
Kö 4364		Kö 4364	O & K	20341	34	45	DRG	verschollen
Kö 4365		Kö 4365	O & K	20342	34	vor 1970	Rbd Berlin	
Kö 4366		Kö 5366	O & K	20343	34	vor 1945	DRG	verschollen
Kö 4367	100 367-2	310 367-8	O & K	20344	34	26.04.94	Görlitz	
Kö 4368	321 507-6　25.09.68	322 615-6	O & K	20345	34	31.12.79	Tübingen	→ Wb
Kö 4369		Kö 4369	O & K	20346	34	vor 1945	DRG	verschollen
Kö 4370		Kö 4370	O & K	20347	34	vor 1945	DRG	verschollen
Kö 4371	100 371-4	310 371-0	O & K	20348	34	09.11.94	Bln.-Grunewald	→ M. Basdorf

Kö 4372	321 026-7	26.10.72	324 046-2	O & K	20349	34	18.03.79	Dortmund Rbf	
Kö 4373	321 216-4	01.01.68	323 454-9	O & K	20350	34	25.06.80	Husum	
Kö 4374			Kö 4374	O & K	20351	34	vor 1945	Rbd Kassel	verschollen
Kö 4375			322 106-6	O & K	20352	34	11.12.87	AW Bremen	→ BLME
Kö 4376			323 406-9	O & K	20353	34	30.12.82	Kbw Braunschweig	
Kö 4377			Kö 4377	O & K	20354	34	vor 1945	DRG	verschollen
Kö 4378			323 505-8	O & K	20355	34	06.06.78	Hmb.-Harburg	
Kö 4379			323 402-8	O & K	20356	34	30.12.82	Hagen 1	
Kö 4380			322 107-4	O & K	20357	34	27.04.76	Kassel	→ Wb
Kö 4381			323 416-8	O & K	20358	34	30.12.82	Bremen Rbf	
Kö 4382	100 382-1		310 382-7	O & K	20359	34	09.01.92	Aue	
Kö 4383	100 383-9		310 383-5	O & K	20360	34	19.10.93	Schwerin	
Kö 4384			Kö 4384	O & K	20361	34	vor 1945	DRG	verschollen
Kö 4385			Kö 4385	O & K	20362	34	vor 1945	DRG	verschollen
Kö 4386			Kö 4386	O & K	20363	34	vor 1945	DRG	verschollen
Kö 4387			0112 001-3	Deutz	10934	34	01.10.88	ÖBB Villach	
Kö 4388			Kö 4388	Deutz	10944	34	vor 1945	DRG	verschollen
Kö 4389			100 389-6	Deutz	10945	34	18.02.75	Bln.-Pankow	→ Wb
Kö 4390			Kö 4390	Deutz	10946	34	vor 1945	DRG	verschollen
Kö 4391	321 027-5	03.07.73	324 056-1	Deutz	10947	34	24.10.79	Hagen-Eckesey	
Kö 4392			Kö 4392	Deutz	10948	34	vor 1945	Rbd Wuppertal	verschollen
Kö 4393			Kö 4393	Deutz	10949	34	vor 1945	Rbd Wuppertal	verschollen
Kö 4394			Kö 4394	Deutz	10950	34	vor 1945	Rbd Wuppertal	verschollen
Kö 4395			Kö 4395	Deutz	10951	34	vor 1945	Rbd Wuppertal	verschollen
Kö 4396			Köf 4396	Deutz	10952	34	vor 1945	Rbd Wuppertal	verschollen
Kö 4397			Kö 4397	Deutz	10953	34	vor 1945	Rbd Wuppertal	verschollen
Kö 4398			Kö 4398	Deutz	10954	34	vor 1945	Rbd Wuppertal	verschollen
Kö 4399			Kö 4399	Deutz	10955	34	vor 1945	Rbd Wuppertal	verschollen
Kö 4400			Kö 4400	Deutz	10956	34	vor 1945	Rbd Wuppertal	verschollen
Kö 4401			Kö 4401	Deutz	10957	34	vor 1945	Rbd Wuppertal	verschollen
Kö 4402			322 101-7	Deutz	10958	34	31.12.79	Düren	→ Wb
Kö 4403			323 009-1	Deutz	10959	34	23.12.77	Hagen-Eckesey	
Kö 4404			Kö 4404	Deutz	10960	34	vor 1945	DRG	verschollen
Kö 4405			Kö 4405	Deutz	10961	34	vor 1945	Rbd Wuppertal	verschollen
Kö 4406	100 406-8		310 406-4	Deutz	10962	34	30.11.95	Dresden	
Kö 4407	100 407-6		310 407-2	Deutz	10963	34	20.06.95	Chemnitz	
Kö 4408			Kö 4408	Deutz	10964	34	vor 1945	DRG	verschollen
Kö 4409	100 409-2		310 409-8	Deutz	10965	34	19.10.93	Angermünde	
Kö 4410			Kg 4410	Deutz	10966	34	vor 1950	DR	
Kö 4411			Kö 4411	Deutz	10967	34	vor 1945	DRG	verschollen
Kö 4412	100 412-6		310 412-2	Deutz	10968	34	24.08.94	Zwickau	
Kö 4413			Köf 4413	Deutz	10969	34	vor 1945	Rbd Wuppertal	verschollen
Kö 4414	100 414-2		310 414-8	Deutz	10970	34	09.11.94	Cottbus	
Kö 4415	321 518-3	25.08.72	322 649-5	Deutz	12663	34	11.11.78	Kornwestheim	
Kö 4416			Kö 4416	Deutz	10972	34	vor 1945	DRG	verschollen
Kö 4417			322 503-4	Deutz	10973	34	25.06.80	Stuttgart	
Kö 4418	100 418-3		310 418-9	Jung	5431	34	09.11.94	Bln.-Grunewald	
Kö 4419			213.906	Jung	5432	34	85	FS Verona	
Kö 4420			213.907	Jung	5433	34	85	FS Verona	
Kö 4421	100 421-7		310 421-3	Jung	5434	34	25.11.93	Berlin Hbf	
Kö 4422	100 422-5		310 422-1	Jung	5435	34	17.05.93	Lpz.-Wahren	
Kö 4423	100 423-3		310 423-9	Jung	5625	34	31.01.95	Eisenach	
Kö 4424	100 424-1		310 424-7	Jung	5626	34	20.12.95	Saalfeld	

Kö 4425	100 425-8		310 425-4	Jung	5627	34	20.12.95	Saalfeld	
Kö 4426	100 426-6		310 426-2	Jung	5628	34			
Kö 4427	100 427-4		310 427-0	Jung	5629	34	20.12.95	Meiningen	
Kö 4428	100 428-2		310 428-8	Jung	5630	34	20.06.95	Eisenach	
Kö 4429	100 429-0		310 429-6	Jung	5631	34	20.12.95	Saalfeld	
Kö 4430	100 430-8		310 430-4	Jung	5632	34	27.04.92	Nordhausen	→ M. Prora
Kö 4431			100 431-6	Jung	5633	34	05.10.70	Gotha	
Kö 4432	100 432-4		310 432-0	Jung	5634	34	20.12.95	Saalfeld	
Kö 4433			100 433-2	Jung	5635	34	24.06.74	Nordhausen	
Kö 4434	100 434-0		310 434-6	Jung	5636	34	20.12.95	Saalfeld	
Kö 4435	100 435-7		310 435-3	Jung	5637	34	20.12.95	Meiningen	
Kö 4436	100 436-5		310 436-1	Jung	5638	34	30.11.95	Dresden	
Kö 4437	100 437-3		310 437-9	Jung	5639	34	11.11.93	Saalfeld	
Kö 4438	100 438-1		310 438-7	Jung	5640	34	29.03.94	Neubrandenburg	
Kö 4439	100 439-9		310 439-5	Jung	5641	34	20.12.95	Saalfeld	
Kö 4440	100 440-7		310 440-3	Jung	5642	34			
Kö 4441	100 441-5		310 441-1	Jung	5643	34			
Kö 4442	100 442-3		310 442-9	Jung	5644	34	20.12.95	Erfurt	
Kö 4443	100 443-1		310 443-7	Jung	5645	34	20.12.95	Saalfeld	
Kö 4444	100 444-9		310 444-5	Jung	5646	34	26.10.93	Sangerhausen	
Kö 4445	100 445-6		310 445-2	Jung	5647	34	09.11.93	Nordhausen	→ Denkmal Eschwege
Kb 4446			322 108-2	O & K	20364	34	31.12.80	Göttingen	
Kö 4447			Kb 4447	Borsig	14507	34	vor 1950	Rbd Greifswald	
Kö 4448			Kb 4448	Borsig	14508	34	vor 1950	Rbd Greifswald	
Kö 4449			Kö 4449	Borsig	14509	34	vor 1945	DRG	verschollen
Kö 4450	100 450-6		310 450-2	Borsig	14510	34	29.06.94	Pasewalk	
Kö 4451	100 451-4		310 451-0	Borsig	14511	34	20.02.95	Eisenach	
Kö 4452			Kö 4452	Borsig	14512	34	vor 1945	DRG	verschollen
Kö 4453			Kö 4453	Borsig	14513	34	vor 1945	DRG	verschollen
Kö 4454	100 454-8		310 454-4	Borsig	14514	34	11.01.93	Angermünde	
Kö 4455			Kö 4455	Borsig	14515	34	vor 1945	DRG	verschollen
Kö 4456			Kö 4456	Borsig	14516	34	vor 1945	DRG	verschollen
Kö 4457	100 457-1		310 457-7	Borsig	14517	34	20.12.95	Saalfeld	
Kö 4458			Kö 4458	Borsig	14518	34	vor 1945	DRG	verschollen
Kö 4459			Kö 4459	Borsig	14519	34	vor 1945	Rbd Stettin	verschollen
Kö 4460			Kö 4460	Borsig	14520	34	vor 1945	Rbd Stettin	verschollen
Kö 4461			Kö 4461	Borsig	14521	34	vor 1945	Rbd Stettin	verschollen
Kö 4462			211 61	Borsig	14522	34	13.12.63	NSB	
Kö 4463			Kö 4463	Borsig	14523	34	vor 1945	Rbd Stettin	verschollen
Kö 4464			Kö 4464	Borsig	14524	34	vor 1945	Rbd Stettin	verschollen
Kö 4465			Kö 4465	Borsig	14525	34	vor 1945	Rbd Stettin	verschollen
Kö 4466			Kg 4466	Borsig	14526	34	vor 1945	Rbd Stettin	verschollen
Kö 4467			Kö 4467	Borsig	14487	34	vor 1945	Rbd Breslau	verschollen
Kö 4468			Kö 4468	Borsig	14488	34	vor 1945	Rbd Breslau	verschollen
Kö 4469			Kö 4469	Borsig	14489	34	vor 1945	Rbd Breslau	verschollen
Kö 4470			Kö 4470	Borsig	14490	34	vor 1945	Rbd Breslau	verschollen
Kö 4471	100 471-2		310 471-8	Borsig	14491	34	22.12.93	Chemnitz	
Kö 4472			Kö 4472	Borsig	14492	34	vor 1945	DRG	verschollen
Kö 4473	321 028-3	02.07.68	323 497-8	Borsig	14493	34	30.11.77	Frankfurt/M 1	
Kö 4474			Kö 4474	Borsig	14494	34	vor 1945	DRG	verschollen
Kö 4475			Kö 4475	Borsig	14495	34	vor 1945	DRG	verschollen
Kö 4476				Borsig	14496	34	45	PKP	
Kö 4477			Kö 4477	Borsig	14497	34	vor 1945	Rbd Breslau	verschollen

Kö 4478		Kö 4478	Borsig	14498	34	vor 1945	Rbd Breslau	verschollen
Kö 4479		Kö 4479	Borsig	14499	34	vor 1945	Rbd Breslau	verschollen
Kö 4480	100 480-3	310 480-9	Borsig	14500	34	10.03.95	Dresden	
Kö 4481		Kö 4481	Borsig	14501	34	vor 1945	DRG	verschollen
Kö 4482		323 010-9	Borsig	14502	34	17.12.87	Göttingen	
Kö 4483		Kö 4483	Borsig	14503	34	vor 1945	DRG	verschollen
Kö 4484		322 004-3	Borsig	14504	34	21.02.75	Osnabrück	→ Wb
Kö 4485		Kö 4485	Borsig	14505	34	vor 1945	DRG	verschollen
Kö 4486	321 217-2 08.03.68	323 471-3	Borsig	14506	34	25.06.80	Hannover	
Kö 4487		Kö 4487	Henschel	22284	34	vor 1945	DRG	verschollen
Kö 4488		Kö 4488	Henschel	22285	34	vor 1945	DRG	verschollen
Kö 4489		Kö 4489	Henschel	22286	34	50	Rbd Dresden	
Kö 4490	321 029-1 20.05.68	323 493-7	Henschel	22287	34	31.12.79	Frankfurt/M 1	
Kö 4491		Kö 4491	Henschel	22288	34	vor 1945	Rbd Osten	verschollen
Kö 4492		100 492-8	Henschel	22289	34	01.01.81	Reichenbach	→ Wb
Kö 4493		100 493-6	Henschel	22290	34	07.09.88	Wustermark	→ Wb
Kö 4494	100 494-4	310 494-0	Henschel	22291	34	10.03.95	Magdeburg Hbf	
Kö 4495		Kö 4495	Henschel	22292	34	vor 1945	Rbd Osten	verschollen
Kö 4496		Kö 4496	Henschel	22293	34	vor 1945	DRG	verschollen
Kö 4497		Kö 4497	Henschel	22294	34	vor 1945	DRG	verschollen
Kö 4498	100 498-5	310 498-1	Henschel	22295	34	10.03.95	Riesa	
Kö 4499		Kö 4499	Henschel	22296	34	vor 1945	DRG	verschollen
Kö 4500	100 500-8	310 500-4	Henschel	22297	34	11.92	Dresden	→ Windbergbahn
Kö 4501	100 501-6	310 501-2	Henschel	22298	34	20.03.95	Cottbus	
Kö 4501		213.908	O & K			85	FS Bologna	
Kö 4502		Kö 4502	Henschel	22299	34	vor 1945	DRG	verschollen
Kö 4503		Kö 4503	Henschel	22300	34	vor 1945	DRG	verschollen
Kö 4504		Kö 4504	Henschel	22301	34	vor 1945	DRG	verschollen
Kö 4505		Kö 4505	Henschel	22302	34	vor 1945	DRG	verschollen
Kö 4506	100 506-5	310 506-1	Henschel	22303	34	28.02.95	Berlin Hbf	
Kö 4507	100 507-3	310 507-9	Henschel	22304	34	20.06.95	Chemnitz	
Kö 4508	100 508-1	310 508-7	Henschel	22305	34	09.11.94	Cottbus	
Kö 4509		Kö 4509	Henschel	22306	34	vor 1945	DRG	verschollen
Kö 4510	100 510-7	310 510-3	Henschel	22307	34	09.11.94	Cottbus	
Kö 4511		Kö 4511	Henschel	22308	34	vor 1945	DRG	verschollen
Kö 4512		Kö 4512	Henschel	22309	34	50	Zittau	
Kö 4513	100 513-1	310 513-7	Henschel	22310	34	31.03.95	Chemnitz	
Kö 4514		Kö 4514	Henschel	22311	34	vor 1945	DRG	verschollen
Kö 4515	100 515-6	310 515-2	Henschel	22312	34	19.10.93	Lpz.-Wahren	
Kö 4516		Kö 4516	Henschel	22313	34	vor 1945	DRG	verschollen
Kö 4517	100 517-2	310 517-8	Henschel	22314	34			
Kö 4518		Köf 4518	Henschel	22315	34	vor 1945	DRG	verschollen
Kö 4519		Kö 4519	Henschel	22316	34	vor 1945	DRG	verschollen
Kö 4520	100 520-6	310 520-2	Henschel	22317	34	05.05.92	Lpz.-Wahren	
Kö 4521		Kö 4521	Henschel	22318	34	23.11.44	Rbd Dresden	Kriegsverlust
Kö 4522		Kö 4522	Henschel	22319	34	vor 1945	Rbd Dresden	verschollen
Kö 4523		Kö 4523	Henschel	22320	34	vor 1945	Rbd Dresden	verschollen
Kö 4524		Kö 4524	Henschel	22321	34	vor 1945	Rbd Dresden	verschollen
Kö 4525		Kö 4525	Henschel	22322	34	vor 1945	Rbd Dresden	verschollen
Kö 4526		Kö 4526	Henschel	22323	34	vor 1970	Hoyerswerda	
Kö 4527		Kö 4527	Henschel	22324	34	vor 1945	DRG	verschollen
Kö 4528	100 528-9	310 528-5	Henschel	22325	34	20.12.95	Wustermark	→ M. Basdorf
Kö 4529	100 529-7	310 529-3	Henschel	22326	34	19.10.93	Lpz.-Wahren	

Kö 4530	100 530-5		310 530-1	Henschel	22327	34	29.06.94	Riesa	
Kö 4531			Kö 4531	Henschel	22328	34	vor 1945	DRG	verschollen
Kö 4532			Kö 4532	Henschel	22329	34	vor 1945	DRG	verschollen
Kö 4533			Kö 4533	Henschel	22330	34	10.03.69	Riesa	→ Wb
Kö 4534			Kö 4534	Henschel	22331	34	vor 1945	Rbd Dresden	verschollen
Kö 4535			Kö 4535	Henschel	22332	34	vor 1945	Rbd Dresden	verschollen
Kö 4536			Kö 4536	Henschel	22333	34	vor 1945	Rbd Dresden	verschollen
Kö 4537	100 537-0		310 537-6	Henschel	22334	35	06.03.92	Aue	→ VSE
Kö 4538			Kö 4538	Henschel	22335	35	vor 1945	DRG	verschollen
Kö 4539			100 539-6	Henschel	22336	35	13.07.78	DR	
Kö 4540			Kö 4540	Henschel	22337	35	vor 1945	DRG	verschollen
Kö 4541			100 541-2	Henschel	22338	35	17.10.72	Rostock	
Kö 4542			Kö 4542	Henschel	22339	35	vor 1945	Rbd Halle	verschollen
Kö 4543	100 543-8		310 543-4	Henschel	22340	35			
Kö 4544			Kö 4544	Henschel	22341	35	vor 1945	DRG	verschollen
Kö 4545	100 545-3		310 545-9	Henschel	22342	35	29.03.94	Neubrandenburg	
Kö 4546			Kö 4546	Henschel	22343	35	45	DRG	verschollen
Kö 4547	100 547-9		310 547-5	Henschel	22344	35	29.06.94	Wittenberge	
Kö 4548			X112.05	Henschel	22345	35	20.07.84	ÖBB Attnang-Puchheim	
Kö 4549	100 549-5		310 549-1	Henschel	22346	35	26.03.92	Lpz.-Wahren	
Kö 4550			Kö 4558	Henschel	22347	35	vor 1945	DRG	verschollen
Kö 4551			Kö 4551	Henschel	22348	35	vor 1945	DRG	verschollen
Kö 4552			Kö 4552	Henschel	22349	35	vor 1945	DRG	verschollen
Kö 4553			Kö 4553	Henschel	22350	35	vor 1945	DRG	verschollen
Kö 4554			Kö 4554	Henschel	22351	35	vor 1945	DRG	verschollen
Kö 4555			100 555-2	Henschel	22352	35	18.01.74	Kamenz	→ Wl Raw Cottbus
Kö 4556	100 556-0		310 556-6	Henschel	22353	35	29.06.94	Neustrelitz	
Kö 4557			Kö 4557	Krupp	1332	34	40	Rbd Hannover	Kriegsverlust
Kö 4558			Kö 4558	Krupp	1333	34	vor 1945	Rbd Hannover	verschollen
Kö 4559			Kö 4559	Krupp	1334	34	vor 1945	Rbd Hannover	verschollen
Kö 4560			Kö 4560	Krupp	1335	34	vor 1945	Rbd Hannover	verschollen
Kö 4561			323 506-6	Krupp	1336	34	19.02.77	Holzminden	
Kö 4562			Kö 4562	Krupp	1337	34	vor 1945	Rbd Hannover	verschollen
Kö 4563			Kö 4563	Krupp	1338	34	vor 1945	Rbd Hannover	verschollen
Kö 4564			Kö 4564	Krupp	1339	34	vor 1945	Rbd Hannover	verschollen
Kö 4565	100 565-1		310 565-7	Krupp	1340	34	25.11.93	Rostock	
Kö 4566			Kö 4566	Krupp	1341	34	vor 1945	Rbd Hannover	verschollen
Kö 4567			Kö 4567	Krupp	1342	34	vor 1945	Rbd Hannover	verschollen
Kö 4568			Kö 4568	Krupp	1343	34	08.50	Wittenberge	
Kö 4569			Kö 4569	Krupp	1344	34	vor 1945	DRG	verschollen
Kö 4570			Kö 4570	Krupp	1345	34	vor 1945	Rbd Hannover	verschollen
Kö 4571			213.909	Krupp	1346	34	85	FS Verona	
Kö 4572	321 519-1	05.11.68	322 618-0	Krupp	1347	34	31.12.79	Tübingen	→ Wb
Kö 4573			100 573-5	Krupp	1348	34	11.91	Neubrandenburg	
Kö 4574			Kö 4574	Krupp	1349	34	vor 1945	Rbd Hannover	verschollen
Kö 4575	321 520-9	14.06.68	323 971-2	Krupp	1350	34	21.10.80	Göttingen	
Kö 4576			Kö 4576	Krupp	1351	34	vor 1945	DRG	verschollen
Kö 4577			Kö 4577	Krupp	1352	34	vor 1945	Rbd Hannover	verschollen
Kö 4578			Kö 4578	Krupp	1353	34	vor 1945	Rbd Hannover	verschollen
Kö 4579	100 579-2		310 579-8	Krupp	1354	34	19.12.92	Saalfeld	→ EF Wanfried
Kö 4580			Kö 4580	Krupp	1355	34	vor 1945	Rbd Hannover	verschollen
Kö 4581			Kö 4581	Krupp	1356	34	42	Rbd Hannover	→ MKB
Kö 4582			Kö 4582	Krupp	1357	34	vor 1945	DRG	verschollen

Kö 4583			323 921-7	Krupp	1358	34	24.08.78	Schweinfurt	→ Wb (I)
Kö 4584	321 625-6	05.03.71	322 645-3	Krupp	1359	34	31.10.76	Kornwestheim	
Kö 4585			Kö 4585	Krupp	1360	34	vor 1945	DRG	verschollen
Kö 4586	321 522-5	17.01.69	322 622-2	Krupp	1361	34	24.11.79	Ulm	
Kö 4587	321 218-0	11.09.69	324 018-1	Krupp	1362	34	30.12.82	Göttingen	
Kö 4588			213.910	Krupp	1363	34	85	FS Verona	
Kö 4589	100 589-1		310 589-7	Krupp	1364	34			
Kö 4590	321 030-9	24.10.68	322 159-5	Krupp	1365	34	27.05.79	Saarbrücken	→ Wb (I)
Kö 4591			Kö 4591	Krupp	1366	34	vor 1945	DRG	verschollen
Kö 4592			213.911	Krupp	1367	34	85	FS Verona	
Kö 4593			Kö 4593	Krupp	1368	34	vor 1945	Rbd Hannover	verschollen
Kö 4594	100 594-1		310 594-7	Krupp	1369	34	11.05.92	Reichenbach	→ RBG
Kö 4595			Kö 4595	Krupp	1370	34	40	Rbd Hannover	Kriegsverlust
Kö 4596			Kö 4596	Krupp	1371	34	vor 1945	DRG	verschollen
Kö 4597	321 219-8	01.04.68	322 123-1	Krupp	1372	34	31.12.80	Kaiserslautern	→ Denkmal
Kö 4598	321 610-8	28.10.70	322 642-0	Krupp	1373	34	31.12.79	Lichtenfels	→ MHE 10
Kö 4599	321 031-7	07.07.70	324 036-3	Krupp	1374	34	06.12.76	Fulda	
Kö 4600			100 600-6	Krupp	1375	34	25.11.71	Meiningen	
Kö 4601			Kö 4601	Krupp	1376	34	vor 1945	Rbd Kassel	verschollen
Kö 4602			Kö 4602	Krupp	1377	34	42	DRG	→ 1945 an RE
Kö 4603			Kö 4603	Krupp	1378	34	vor 1945	Rbd Kassel	verschollen
Kö 4604	100 604-8		310 604-4	Krupp	1379	34	01.12.92	Oebisfelde	→ EF Oebisfelde
Kö 4605	100 605-5		310 605-1	Krupp	1380	34	14.12.93	Zittau	
Kö 4606			Kö 4606	Krupp	1381	34	vor 1945	DRG	verschollen
Kö 4607	321 611-6	13.11.73	322 660-2	Krupp	1382	34	31.12.79	Nürnberg Rbf	→ Wb
Kö 4608	321 032-5	22.10.73	324 059-5	Krupp	1383	34	23.10.77	Kassel	→ Wb
Kö 4609	321 612-4	04.03.68	323 960-5	Krupp	1384	34	22.08.79	Offenburg	
Kö 4610			322 109-0	Krupp	1385	34	22.11.80	Mannheim	→ Wb
Kö 4611			323 407-7	Krupp	1386	34	30.12.82	Limburg	
Kö 4612	321 613-2	01.01.73	322 650-3	Krupp	1387	34	22.08.79	Nürnberg Rbf	→ Wb
Kö 4613	321 627-2	06.06.68	323 966-2	Krupp	1388	34	21.10.80	Radolfzell	
Kö 4614			Kö 4614	Krupp	1389	34	vor 1945	Rbd Mainz	verschollen
Kö 4615			323 417-6	Krupp	1390	34	30.12.82	Darmstadt	
Kö 4616			323 011-7	Krupp	1391	34	20.12.76	Darmstadt	→ Wb (I)
Kö 4617	100 617-0		310 617-6	BMAG	10271	34			
Kö 4618			322 115-7	BMAG	10272	34	31.12.80	Osnabrück	
Kö 4619	100 619-6		310 619-2	BMAG	10273	34	11.01.93	Magdeburg	
Kö 4620			323 012-5	BMAG	10274	34	19.02.77	Gsk.-Bismarck	
Kö 4621			323 418-4	BMAG	10275	34	30.03.78	Bremerhaven	
Kö 4622			Kö 4622	BMAG	10276	34/5	vor 1945	Rbd Königsberg	verschollen
Kö 4623			Kö 4623	BMAG	10277	34/5	vor 1945	Rbd Königsberg	verschollen
Kö 4624			Kö 4624	BMAG	10278	34/5	vor 1945	Rbd Königsberg	verschollen
Kö 4625	100 625-3		310 625-9	BMAG	10279	34/5			
Kö 4626	100 626-1		310 626-7	BMAG	10280	34/5	20.12.95	Magdeburg Hbf	
Kö 4627	100 627-9		310 627-5	BMAG	10281	34/5	19.10.93	Magdeburg	
Kö 4628	100 628-7		310 628-3	BMAG	10282	34/5	19.03.94	Frankfurt (O)	→ Wb (F)
Kö 4629			Kö 4629	BMAG	10283	34/5	50	Rbd Berlin	
Kö 4630	100 630-3		310 630-9	BMAG	10284	34/5	09.11.94	Dresden	→ EF Löbau
Kö 4631	100 631-1		310 631-7	BMAG	10285	34/5			
Kö 4632			100 632-9	BMAG	10286	34/5	01.09.76	Kamenz	→ Wb
Kö 4633	100 633-7		310 633-3	BMAG	10287	34/5	29.03.94	Pasewalk	
Kö 4634			100 634-5	BMAG	10288	34/5	27.05.88	Frankfurt (O)	→ Wb
Kö 4635	100 635-2		310 635-8	BMAG	10289	34/5	09.11.94	Frankfurt (O)	

Kö 4636		X110.01	Jung	5666	35	05.09.70	ÖBB	
Kö 4637		Kö 4637	Jung	5664	35	vor 1945	Rbd Frankfurt/M	verschollen
Kö 4638		X110.02	Jung	5667	35	24.06.70	ÖBB	→ Wb
Kö 4639		100 639-4	Jung	5668	35			UB in 199 011-8
Kö 4640		Kö 4640	Jung	5669	35	vor 1945	Rbd Frankfurt/M	verschollen
Kö 4641		Kö 4641	Jung	5670	35	44	Rbd Frankfurt/M	→ Rumänien
Kö 4642		X112.02	Jung	5671	35	01.08.85	ÖBB Attnang-Puchheim	→ MVT
Kö 4643	321 033-3 25.06.73	322 176-9	Jung	5672	35	24.10.79	Offenburg	→ Wb
Kö 4644		213.912	Jung	5663	35	85	FS Verona	
Kö 4645	100 645-1	310 645-7	Jung	5665	35	20.12.95	Saalfeld	
Kö 4646		100 646-9	Jung	5673	35	vor 1980	DR	
Kö 4647	321 034-1 25.02.69	324 007-4	Jung	5674	35	17.12.87	Krefeld	
Kö 4648	321 523-3 20.01.69	322 624-8	Jung	5675	35	31.12.80	Freiburg	→ Wb
Kö 4649	321 220-6 08.11.68	323 995-1	Jung	5676	35	25.06.80	Emden	
Kö 4650		X110.003	Jung	5677	35	03.07.78	ÖBB Wels	
Kö 4651		323 911-8	Jung	5678	35	27.01.83	Heidelberg	
Kö 4652	100 652-7	310 652-3	Jung	5679	35	09.11.94	Dresden	
Kö 4653		Kö 4653	Jung	5680	35	vor 1945	DRG	verschollen
Kö 4654		Kö 4654	Jung	5681	35	vor 1945	DRG	verschollen
Kö 4655		Kö 4655	O & K	20369	34	vor 1945	DRG	verschollen
Kö 4656	321 524-1 01.12.69	322 634-7	O & K	20370	34	21.09.76	Fulda	
Kö 4657		Kö 4657	O & K	20371	34	vor 1945	Rbd Frankfurt/M	verschollen
Kö 4658		323 507-4	O & K	20372	34	18.03.79	Hamm	
Kö 4659		321 525-8	O & K	20373	34	15.12.68	Regensburg	→ Wb
Kö 4660		323 408-5	O & K	20374	34	30.12.82	Fulda	
Kö 4661	321 221-4 19.10.67	323 946-4	O & K	20375	34	21.12.79	Kbw Braunschweig	
Kö 4662	321 222-2 11.01.68	323 455-6	O & K	20376	34	25.06.80	Rheine	→ Wb
Kö 4663		323 429-1	O & K	20377	34	18.03.79	Osnabrück	
Kö 4664		323 015-8	O & K	20378	34	06.06.78	Bremen Rbf	
Kö 4665	321 035-8 28.05.68	323 487-9	O & K	20379	34	21.10.80	Rheine	
Kö 4666	321 223-0 01.03.68	323 447-3	O & K	20380	34	25.07.79	Bremen Rbf	
Kö 4667		323 016-6	O & K	20381	34	30.04.84	Nürnberg 2	→ FME
Kö 4668		Kö 4668	O & K	20382	34	um 1947	ED Münster	
Kö 4669		323 508-2	O & K	20504	34	18.03.79	Hannover	→ Denkmal
Kö 4670		323 509-0	O & K	20505	34	24.08.78	Bremerhaven	
Kö 4671		Kö 4671	O & K	20385	34	vor 1945	DRG	verschollen
Kö 4672		Kö 4672	O & K	20386	34	vor 1945	Rbd Hannover	verschollen
Kö 4673		323 419-2	O & K	20387	34	01.12.77	Münster	
Kö 4674		323 403-6	O & K	20388	34	22.03.72	Kirchweyhe	
Kö 4675	321 036-6 08.04.71	324 041-3	Deutz	11508	34	31.12.79	Gremberg	
Kö 4676		323 013-3	Deutz	11509	34	31.12.79	Gremberg	
Kö 4677	321 037-4 17.11.72	324 049-6	Deutz	11510	34	27.05.79	Krefeld	→ Wb
Kö 4678	321 038-2 25.02.69	324 006-6	Deutz	11511	35	17.12.87	Mönchengladbach	
Kö 4679	321 224-8 22.08.68	323 988-6	Deutz	11512	35	31.12.79	Betzdorf	
Kö 4680	321 225-5 18.03.70	322 164-5	Deutz	11513	35	31.12.79	Mönchengladbach	
Kö 4681	100 681-6	310 681-2	Deutz	11514	35	29.03.94	Rostock	
Kö 4682	321 226-3 25.01.68	323 456-4	Deutz	11515	34	31.12.79	Bielefeld	
Kö 4683	321 001-0 11.09.73	322 180-1	Deutz	11516	35	26.01.78	Offenburg	
Kö 4684		323 014-1	Deutz	11517	34	31.12.77	Wuppertal	
Kö 4685	321 039-0 15.02.68	323 444-0	Deutz	11518	35	24.10.79	Mannheim	→ vk
Kö 4686	321 040-8 28.08.69	324 019-9	Deutz	11519	35	31.12.77	Gremberg	
Kö 4687		Kö 4687	Deutz	11520	34	vor 1945	Rbd Essen	verschollen
Kö 4688		X112.03	Deutz	11521	34	26.01.84	ÖBB Wels	

Kö 4689	100 689-9		310 689-5	Deutz	11522	34	04.01.94	Schwerin	
Kö 4690			Kö 4690	Deutz	11523	34	28.12.65	Hamm	→ Wb (I), Doppelbeleg. DB
Kö 4691			322 005-0	Deutz	11524	34	31.12.79	Hamm	→ Wb
Kö 4692			322 110-8	Deutz	11525	34	21.05.80	Mannheim	
Kö 4693			323 409-3	Deutz	11526	34	31.12.79	Rheine	
Kö 4694			100 694-9	Deutz	11527	34	01.06.81	Wittenberge	→ Wb
Kö 4695			Kö 4695	Deutz	11528	34	vor 1950	DR	
Kö 4696			323 510-8	Deutz	11529	34	27.05.79	Bremen Rbf	→ Wb → Localb. Aischgrund
Kö 4697			Kö 4697	Deutz	11530	34	vor 1960	DR	
Kö 4698	321 240-4	11.11.69	324 025-6	Deutz	11531	34	30.12.82	Hameln	
Kö 4699			323 430-9	Deutz	11532	34	18.03.79	Münster	
Kö 4700			323 431-7	Deutz	11533	34	30.11.78	Münster	
Kö 4701	100 701-2		310 701-8	Deutz	115	34	04.01.94	Rostock	→ Denkmal/Museum
Kö 4702			Kö 4702	Deutz	115	34	11.46	ED Münster	
Kö 4703			323 432-5	Deutz	115	34	25.02.79	Oldenburg	
Kö 4704			322 111-6	Deutz	11539	35	30.01.73	Osnabrück Rbf	
Kö 4705	321 227-1	09.04.68	323 485-3	Deutz	11538	35	25.06.80	St. Wendel	
Kö 4706			323 922-5	Deutz	11537	34	30.12.82	Aschaffenburg	→ DB-Museumslok
Kö 4707			322 112-4	Deutz	11540	35	31.12.79	Hanau	
Kö 4708			Kö 4708	Deutz	11541	35	vor 1945	DRG	verschollen
Kö 4709	321 614-0	30.07.68	323 982-9	Krauss-Maffei	15442	34	18.03.79	Stuttgart	
Kö 4710	321 041-6	19.10.67	323 932-4	Krauss-Maffei	15443	34	26.04.78	Bremen Rbf	
Kö 4711			323 912-6	Krauss-Maffei	15444	34	29.04.82	Ulm	→ Wb → EFK
Kö 4712	321 624-9	21.02.69	322 625-5	Krauss-Maffei	15445	34	30.11.78	Kornwestheim	
Kö 4713	321 526-6	12.09.68	322 132-2	Krauss-Maffei	15446	34	31.12.79	Tübingen	Gerät
Kö 4714			322 602-4	Krauss-Maffei	15447	34	31.12.80	Kornwestheim	→ Denkmal
Kö 4715	321 527-4	19.04.73	322 653-7	Krauss-Maffei	15448	34	26.07.77	München Hbf	→ Wb
Kö 4716			322 504-2	Krauss-Maffei	15449	34	31.12.80	Hof	
Kö 4717	321 528-2	08.09.69	322 633-9	Krauss-Maffei	15450	34	26.04.78	Stuttgart	
Kö 4718	322 116-5	19.10.67	323 947-2	Krauss-Maffei	15451	34	30.12.82	Ulm	
Kö 4719	100 719-4		310 719-0	Krauss-Maffei	15452	34	19.03.92	Lpz.-Wahren	
Kö 4720			Kö 4720	Krauss-Maffei	15453	34	vor 1945	DRG	verschollen
Kö 4721	321 529-0	07.12.68	323 956-3	Krauss-Maffei	15454	34	14.12.79	Freiburg	
Kö 4722	321 530-8	22.04.68	323 961-3	Krauss-Maffei	15455	34	31.12.79	Heilbronn	
Kö 4723	100 723-6		310 723-2	Krauss-Maffei	15456	34	10.03.95	Lpz.-Wahren	
Kö 4724			323 904-3	Krauss-Maffei	15457	34	06.06.78	Mannheim	
Kö 4725			322 006-8	Krauss-Maffei	15458	34	24.08.78	Kaiserslautern	
Kö 4726			323 905-0	Krauss-Maffei	15459	34	24.08.80	Mannheim	
Kö 4727			Kö 4727	Krauss-Maffei	15460	34	vor 1945	DRG	verschollen
Kö 4728			Kö 4728	Krauss-Maffei	15461	34	vor 1945	DRG	verschollen
Kö 4729			Kö 4729	Krauss-Maffei	15462	34	vor 1945	DRG	verschollen
Kö 4730	100 730-1		310 730-7	Krauss-Maffei	15463	34	26.10.93	Lpz.-Wahren	
Kö 4731			Kö 4731	Krauss-Maffei	15464	34	vor 1945	DRG	verschollen
Kö 4732			Kö 4732	Krauss-Maffei	15465	34	vor 1945	DRG	verschollen
Kö 4733			Kö 4733	Krauss-Maffei	15466	34	vor 1945	DRG	verschollen
Kö 4734			323 923-3	Krauss-Maffei	15467	34	11.11.78	Freiburg	
Kbe 4735			Kö 4735	Henschel	22147	32	05.58	BD München	
Kbf 4736			100 736-8	BMAG	10358	35	17.12.76	Bln.-Pankow	→ Wb
Köf 4737	321 241-2	01.07.68	323 482-0	Jung	5682	37	31.12.79	Münster	→ DGEG
Köe 4738			Kö 4738	Henschel	22439	34	vor 1970	Rbd Halle	
Köe 4739			T200.203	Henschel	22440	34	45	CSD	
Köe 4740	100 740-0		310 740-6	Henschel	22441	34	20.12.95	Leipzig Süd	
Köe 4741			100 741-8	Henschel	22442	34	10.06.76	Kamenz	→ Wb

Köe 4742	100 742-6		310 742-2	Henschel	22443	34		
Köe 4743	100 743-4		310 743-0	Henschel	22444	34	09.11.94	Bln.-Grunewald	
Köe 4744	100 744-2		310 744-8	Henschel	22445	34	09.11.94	Seddin	→ M. Belzig
Köe 4745	100 745-9		310 745-5	Henschel	22446	34	09.11.94	Cottbus	
Köe 4746	100 746-7		310 746-3	Henschel	22447	34	09.11.94	Wustermark	
Köe 4747	100 747-5		310 747-1	Borsig	14542	35	22.12.93	Lpz.-Wahren	
Köe 4748	321 053-1	12.12.68	322 144-7	Borsig	14543	35	31.12.80	Mannheim	
Köe 4749	100 749-1		310 749-7	Borsig	14544	35	09.11.94	Cottbus	
Köe 4750	100 750-9		310 750-5	Borsig	14545	35	22.12.93	Lpz.-Wahren	
Köe 4751	100 751-7		310 751-3	Borsig	14546	35			
Köe 4752			100 752-5	Borsig	14547	35	vor 1982	Rbd Halle	
Köe 4753	100 753-3		310 753-9	Borsig	14548	35	19.10.93	Lpz.-Wahren	
Köe 4754	100 754-1		310 754-7	Borsig	14549	35	19.03.92	Lpz.-Wahren	
Köe 4755	100 755-8		310 755-4	Borsig	14550	35	19.10.93	Güsten	→ M. Staßfurt
Köe 4756			100 756-6	Borsig	14551	35	10.11.78	Lpz.-Wahren	→ Wb
Kb 4757	100 757-4		310 757-8	Deutz	11874	35	09.11.94	Wustermark	→ M. Basdorf
Kb 4758			Kb 4758	O & K	20444	35	vor 1945	DRG	verschollen
Kö 4759			322 007-6	Deutz	12750	35	27.05.75	Gsk.-Bismarck	→ Wb
Kö 4760			Kö 4760	Deutz	12751	35	vor 1945	Rbd Hannover	verschollen
Kö 4761			323 420-0	Deutz	12752	35	26.01.78	Hannover	
Kö 4762	100 762-4		310 762-0	Deutz	12753	35	20.12.95	Nordhausen	
Kö 4763			Kö 4763	Deutz	12754	35	vor 1945	DRG	verschollen
Kö 4764			323 421-8	Deutz	12755	35	26.01.78	Bielefeld	
Kö 4765			322 113-2	Deutz	12756	35	31.12.79	Dortmund Rbf	
Kö 4766	100 766-5		310 766-1	Deutz	12757	35	29.06.94	Schwerin	
Kö 4767			323 913-4	Deutz	12758	35	26.01.78	Radolfzell	→ Wb
Kö 4768	321 202-4	26.11.69	322 160-3	Deutz	12759	35	24.11.79	St. Wendel	→ Wb
Kö 4769			Kö 4769	Deutz	12760	35	vor 1945	DRG	verschollen
Kö 4770			Kö 4770	Deutz	12761	35	vor 1945	DRG	verschollen
Kö 4771			Kö 4771	Deutz	12762	35	vor 1945	DRG	verschollen
Kö 4772	321 228-9	31.01.68	322 121-5	Deutz	12763	35	10.07.76	Wiesbaden	→ Wb
Kö 4773			Kö 4773	Deutz	12764	35	vor 1945	DRG	verschollen
Kö 4774			Kö 4774	Deutz	12765	35	vor 1945	DRG	verschollen
Kö 4775			100 775-6	Deutz	12766	35	21.02.88	Aue	→ vk
Kö 4776			322 008-4	Deutz	12767	35	21.09.76	Fulda	→ Wb → EFZ
Kö 4777			322 505-9	O & K	20508	35	31.12.80	Crailsheim	→ Wb
Kö 4778			Kö 4778	O & K	20509	35	vor 1945	DRG	verschollen
Kö 4779	321 615-7	03.07.68	323 974-6	O & K	20510	35	21.10.80	Heidelberg	
Kö 4780			100 780-6	O & K	20506	35	01.08.73	Bln.-Pankow	→ Wb
Kö 4781			Kö 4781	O & K	20507	35	vor 1945	Rbd Erfurt	verschollen
Kö 4782			323 924-1	O & K	20511	35	21.12.78	Schweinfurt	
Kö 4783	321 229-7	14.11.68	323 996-9	O & K	20512	35	31.12.79	Fulda	
Kö 4784			Y DE 18.110	O & K	20513	35	44	Limburg	→ 1944 nach Frankreich
Kö 4785			Kö 4785	O & K	20514	35	vor 1945	Rbd Stettin	verschollen
Kö 4786			323 914-2	O & K	20515	35	30.12.82	Saarbrücken 1	
Kö 4787			323 433-3	BMAG	10347	35	24.08.78	Münster	
Kö 4788	100 788-9		310 788-5	BMAG	10348	35	31.08.93	Bln.-Pankow	→ Denkmal
Kö 4789			Kö 4789	BMAG	10349	35	vor 1945	DRG	verschollen
Kö 4790			Kö 4790	BMAG	10350	35	vor 1945	DRG	verschollen
Kö 4791			Kö 4791	BMAG	10351	35	vor 1945	DRG	verschollen
Kö 4792			Kö 4792	BMAG	10352	35	vor 1945	DRG	verschollen
Kö 4793			323 422-6	BMAG	10353	35	23.10.77	Hannover	
Kö 4794			213.913	BMAG	10354	35		FS Bologna	

Kö 4795	321 230-5	19.10.67	323 948-0	BMAG	10355	35	24.11.79	Bielefeld	→ VGH
Kö 4796	100 796-2		310 796-8	BMAG	10356	35	15.07.93	Saalfeld	→ IGE Werrabahn
Kö 4797	321 601-7	16.04.68	323 962-1	Jung	5851	35	14.12.79	Karlsruhe	→ Wb (I)
Kö 4798	100 798-8		310 798-4	Jung	5852	35	01.07.92	Aue	→ M. Tuttlingen
Kö 4799			100 799-6	Jung	5853	35	20.06.74	Dresden	
Kö 4800	100 700-4		310 700-0	Jung	5854	35	01.06.93	Aue	→ CFT Rhin Alsace
Kö 4801			X112.06	Jung	5855	35		ÖBB Bm Meidling	
Kö 4802	100 702-0		310 702-6	Jung	5856	35	29.03.94	Wittenberge	
Kö 4803			323 512-4	Jung	5857	35	30.12.82	Bielefeld	
Kö 4804	321 622-3	18.10.68	322 617-2	Jung	5858	35	24.11.79	Ludwigshafen	
Kö 4805			323 423-4	Krauss-Maffei	15510	35	30.12.82	Osnabrück 1	
Kö 4806	321 046-5	12.10.72	324 048-8	Krauss-Maffei	15511	35	18.03.79	Hmb.-Harburg	
Kö 4807			323 925-8	Krauss-Maffei	15512	35	30.12.82	Awst Offenburg	→ Wb
Kö 4808			323 926-6	Krauss-Maffei	15513	35	30.12.82	München 1	→ Wb
Kö 4809	321 533-2	17.03.71	322 646-1	Krauss-Maffei	15514	35	22.08.79	München Hbf	→ Wb
Kö 4810			322 608-1	Krauss-Maffei	15515	35	01.12.77	Mühldorf	
Kö 4811			0112 007-0	Krauss-Maffei	15516	35	01.07.94	ÖBB Knittelfeld	
Kö 4811"	321 534-0	13.06.69	322 632-1	Krauss-Maffei	15561	35	31.12.80	Frankfurt/M 2	
Kö 4812	321 508-4"	14.12.70	322 643-8	Krauss-Maffei	15517	35	31.12.80	Regensburg	→ Wb, ex 323 927
Kö 4813	321 203-2	19.10.67	323 949-8	BMAG	10394	35	24.11.79	Dortmund Rbf	
Köf 4814	100 714-5		310 714-1	BMAG	10432	35	20.12.95	Erfurt	
Ks 4815			Ka 4815	BMAG	10454	35	07.03.63	Kempten	
Ks 4816			Ka 4816	BMAG	10455	35	30.06.66	Nürnberg Rbf	
Ks 4817			381 001-7	BMAG	10458	35	16.07.78	AW Mü.-Freimann	
Ks 4818	Neuaufbau 1962		X170.02	BMAG	10459	35		ÖBB HW Floridsdorf	→ Wl
Ks 4819			381 002-5	BMAG	10456	35	30.09.68	Friedrichshafen	
Ks 4820			381 003-3	BMAG	10457	35	30.09.68	Friedrichshafen	
Kö 4821			Kö 4821	BMAG	10463	36	vor 1945	DRG	verschollen
Kö 4822	100 722-8		310 722-4	BMAG	10464	36	09.01.92	Chemnitz	
Kö 4823			Kö 4823	BMAG	10465	36	vor 1945	DRG	verschollen
Kö 4824			Kö 4824	BMAG	10466	36	vor 1945	DRG	verschollen
Kö 4825	100 725-1		310 725-7	BMAG	10467	36	20.07.94	Görlitz	→ Brenzbahn
Kb 4826			Kg 4826	BMAG	10482	36	46	Würzburg	
Kb 4827	321 616-5	06.12.73	322 662-8	BMAG	10483	36	01.12.79	Stuttgart	
Kb 4828			Kg 4828	O & K	20638	36	46	Würzburg	
Kb 4829	321 054-9	01.03.68	323 476-2	O & K	20639	36	31.12.79	Frankfurt/M 1	
Kb 4830	100 731-9		310 731-5	O & K	20640	36			
Kb 4831			Kb 4831	O & K	20641	36	vor 1945	DRG	verschollen
Kö 4832			323 410-1	Deutz	14615	35	30.12.82	Hannover	
Kö 4833			Kö 4833	Deutz	14616	35	vor 1945	DRG	verschollen
Kö 4834	100 734-3		310 734-9	Deutz	14617	35			
Kö 4835			Kö 4835	Deutz	14618	35	vor 1945	DRG	verschollen
Kö 4836			100 737-6	Deutz	14619	35	24.11.83	Lpz.-Wahren	
Kö 4837			Kö 4837	Deutz	14620	35	vor 1945	DRG	verschollen
Kö 4838	321 047-3	27.11.70	324 040-5	Deutz	14621	35	24.08.78	Kassel	
Kö 4839			322 119-9	Deutz	14622	35	17.04.78	Kaiserslautern	→ Wb
Kö 4840	321 242-0	02.10.69	324 022-3	Deutz	14623	35	30.12.82	Fulda	
Kö 4841			323 513-2	Deutz	14624	35	31.12.79	Friedrichshafen	
Kö 4842			323 017-4	Deutz	14625	35	21.04.77	Radolfzell	→ Wb → M. Kahlgrund
Kö 4843			Kö 4843	Deutz	14626	35	vor 1945	DRG	verschollen
Kö 4844			323 511-6	Deutz	14627	35	27.04.78	Trier	→ Wb
Kö 4845			323 424-2	Deutz	14628	35	01.12.77	Hmb.-Altona	→ Wb
Kö 4846			Kb 4846	Deutz	14629	35	vor 1950	DR	

Kö 4847			Kö 4847	Deutz	14630	35	vor 1970	DR	
Kö 4848	321 048-1	14.12.68	324 003-3	Deutz	14631	35	22.11.80	Bremen Rbf	
Kb 4849			Kg 4849	Deutz	14632	36	vor 1945	DRG	verschollen
Kb 4850	321 231-3	06.02.68	323 467-1	Deutz	14633	36	31.12.77	Hanau	→ Wb (I)
Kb 4851			Kg 4851	Deutz	14635	36	vor 1945	Rbd Berlin	verschollen
Kb 4852	100 772-3		310 772-9	Deutz	14636	36	20.12.95	Erfurt	→ EF Münchberg
Köf 4853	100 773-1		310 773-7	Deutz	20044	36	10.03.95	Lpz.-Wahren	
Kbf 4854			Köf 4854	BMAG	10501	36	22.07.50	Rbd Schwerin	
Kbf 4855			100 785-5	BMAG	10502	36	26.11.82	Wittenberge	→ Wl Raw Meiningen
Kbf 4856	100 776-4		310 776-0	BMAG	10503	36	19.10.93	Rostock	
Kbf 4857			Köf 4857	BMAG	10504	36	vor 1970	DR	
Kbf 4858	100 758-2		310 758-8	BMAG	10505	36	29.06.94	Rostock	
Ks 4859			Ka 4859	Windhoff	341	36	27.12.60	Ansbach	
Ks 4860			Ka 4860	Windhoff	342	36	30.03.66	Nürnberg Rbf	
Ks 4861			(381 004-1)	Windhoff	343	36	26.01.66	Regensburg	
Ks 4862			381 005-8	Windhoff	344	36	31.12.80	Köln-Deutzerfeld	Gerät
Ks 4863			Ks 4863	Windhoff	345	36	44	Königsberg	Kriegsverlust
Ks 4864			381 006-6	Windhoff	346	36	29.01.75	Köln-Deutzerfeld	→ Wl
Ks 4865			Ka 4865	Windhoff	347	36	03.05.63	Dortmund Bbf	→ Wb
Ks 4866	Neuaufbau 1962		X170.01	Windhoff	348	36		ÖBB HW Floridsdorf	→ Wl
Ks 4867			381 015-7	Windhoff	349	36	01.02.69	München Hbf	
Ks 4868			Ka 4868	Windhoff	350	36	20.05.66	München Hbf	
Ks 4869			381 007-4	Windhoff	351	36	08.11.75	Stuttgart	
Ks 4870			Ka 4870	Windhoff	352	36	29.08.66	Rosenheim	
Kö 4871			Kö 4871	Jung	6706	36	vor 1945	DRG	verschollen
Kö 4872	100 774-9		310 774-5	Jung	6707	36	19.12.92	Saalfeld	→ EF Wanfried
Kö 4873	321 051-5	20.06.73	322 177-7	Jung	6708	36	04.12.79	Kaiserslautern	→ Wb
Kö 4874	321 042-4	02.10.70	322 166-0	Jung	6709	36	31.12.77	Mayen	→ Wb
Kö 4875			213.914	Jung	6710	36		FS Verona	
Kö 4876	321 055-6	30.09.68	322 133-0	Jung	6711	36	24.09.78	Trier	
Kö 4877			Kö 4877	Jung	6712	36	vor 1945	DRG	verschollen
Kö 4878			323 434-1	Jung	6713	36	30.06.76	Wiesbaden	
Kö 4879	321 056-4		323 484-6	Jung	6714	36	31.12.79	Hanau	→ Denkmal
Kö 4880	321 204-0	25.08.69	322 157-9	Jung	6715	36	18.03.79	Hanau	→ Wb → BEM
Kö 4881	321 617-3	06.09.73	322 657-8	Deutz	15376	36	20.12.77	Würzburg	
Kö 4882			322 117-3	Deutz	15377	36	31.12.80	Betzdorf	
Kö 4883			323 411-9	Deutz	15378	36	30.11.88	Saarbrücken	
Kö 4884	321 049-9	01.01.68	323 441-6	Deutz	15379	36	31.12.79	Fulda	
Kö 4885	321 205-7	17.01.68	323 445-7	Deutz	15380	36	31.12.79	Kaiserslautern	
Kö 4886			Kö 4886	Deutz	15381	36	vor 1945	DRG	verschollen
Kö 4887			Kö 4887	Deutz	15382	37	vor 1945	DRG	verschollen
Kö 4888			Kö 4888	Deutz	15383	37	vor 1945	DRG	verschollen
Kö 4889			Kö 4889	Deutz	15384	37	vor 1945	DRG	verschollen
Kö 4890			Kb 4890	Deutz	15385	37	vor 1950	Meiningen	verschollen
Kö 4891			213.915	Deutz	15682	37	85	FS Verona	
Kö 4892			213.916	Deutz	15683	37	85	FS Verona	
Kö 4893			323 018-2	Deutz	15684	37	21.04.77	Simmern	
Kö 4894	321 232-1	04.10.68	322 135-5	Deutz	15685	37	31.12.80	Saarbrücken	→ Wb
Kö 4895			213.917	Deutz	15686	37	85	FS Verona	
Kö 4896	321 009-3"	18.06.68	323 498-6	Deutz	15687	38	21.10.80	St. Wendel	
Kö 4897	100 797-0		310 797-6	Jung	6968	36	29.06.94	Pasewalk	
Kö 4898			Kö 4898	Jung	6969	36	vor 1945	DRG	verschollen
Kö 4899	100 795-4		310 795-0	Jung	6970	36	29.06.94	Pasewalk	

Kö 4900	100 703-8		310 703-4	Jung	6971	36	29.06.94	Pasewalk	
Kö 4901			Kb 4901	Jung	6972	36	vor 1950	Pasewalk	
Kö 4902	100 704-6		310 704-2	Jung	6973	36	30.06.95	Bln.-Pankow	→ Denkmal
Ks 4903			381 008-2	Windhoff	353	37	02.04.69	Rosenheim	
Ks 4904			Ka 4904	Windhoff	354	37	19.04.67	Haltingen	
Ks 4905			381 010-8	Windhoff	355	37	01.10.68	Rosenheim	
Ks 4906			Ka 4906	Windhoff	356	37	29.08.66	Augsburg	
Ks 4907			Ka 4907	Windhoff	357	37	19.01.67	München Ost	
Ks 4908			Ka 4908	Windhoff	358	37	04.08.66	München Ost	
Ks 4909			381 011-6	Windhoff	359	37	02.04.69	München Hbf	Gerät
Ks 4910			381 012-4	Windhoff	360	37	18.03.79	AW Mü.-Freimann	Gerät
Kö 4911	100 711-1		310 711-7	Jung		36	11.01.93	Neubrandenburg	
Kö 4912	321 537-7	10.05.68	323 964-7	Deutz	20058	38	22.08.79	Haltingen	
Kö 4913			323 020-8	Deutz	20059	38	30.12.82	Kassel 1	
Kö 4914	321 626-4	22.01.73	322 651-1	Deutz	20060	38	18.03.79	Ulm	→ Wb
Kö 4915	321 058-0	01.03.68	323 448-1	Deutz	20061	38	31.12.79	Mönchengladbach	→ Wb
Kö 4916	321 059-8	06.10.70	324 038-9	Deutz	20062	38	17.12.87	Krefeld	
Kö 4917	321 060-6	22.09.69	324 021-5	Deutz	20063	38	17.09.77	Dsd.-Derendorf	
Kö 4918			323 021-6	Deutz	20064	38	30.12.82	Krefeld	→ Wb
Kö 4919			323 022-4	Deutz	20065	38	25.07.79	Rheine	
Kö 4920			323 435-8	Deutz	20066	38	18.03.79	Emden	
Kö 4921			322 114-0	Deutz	20067	38	21.12.80	Kbw Braunschweig	
Kö 4922			323 023-2	Deutz	20068	38	31.12.79	Gsk.-Bismarck	
Kö 4923			322 009-2	Deutz	20069	38	24.02.76	Husum	→ Denkmal
Kö 4924			100 724-4	Deutz	20070	38	24.06.74	Erfurt	
Kö 4925			Kö 4925	Deutz	20071	38	vor 1945	DRG	verschollen
Kö 4926	321 233-9	14.02.68	323 462-2	O & K	20971	38	31.12.79	Hmb.-Altona	→ Wb
Kö 4927	100 727-7		310 727-3	O & K	20972	38	25.11.93	Pasewalk	
Kö 4928			323 436-6	O & K	20973	38	11.11.78	Husum	
Kö 4929	321 243-8	01.04.68	323 449-9	O & K	20974	38	31.12.79	Siegen	
Kö 4930	321 234-7	20.06.68	323 970-4	O & K	20975	38	22.11.80	Bremen Rbf	→ BE 13
Kö 4931	100 705-3		310 705-3	O & K	20976	38	20.12.95	Saalfeld	
Kö 4932	100 732-7		310 732-3	O & K	20977	38	30.06.95	Eisenach	
Kö 4933	100 733-5		310 733-1	O & K	20978	38	31.10.95	Meiningen	
Kö 4934	100 735-0		310 735-6	O & K	20979	38	09.11.94	Seddin	
Kö 4935			Kö 4935	O & K	20980	38	vor 1945	DRG	verschollen
Kö 4936	100 738-4		310 738-0	BMAG	10800	38	29.06.94	Chemnitz	
Kö 4937			Kö 4937	BMAG	10801	38	vor 1945	DRG	verschollen
Kö 4938			Kö 4938	BMAG	10802	38	vor 1945	DRG	verschollen
Kö 4939			Kö 4939	BMAG	10803	38	vor 1945	DRG	verschollen
Kö 4940	321 244-6	24.12.68	324 004-1	BMAG	10804	38	31.12.84	Emden	
Kö 4941			323 024-0	BMAG	10805	38	29.12.77	Münster	→ Wb
Kö 4942			Kö 4942	BMAG	10806	38	vor 1945	DRG	verschollen
Kö 4943			Kö 4943	BMAG	10807	38	vor 1945	DRG	verschollen
Kö 4944			Kö 4944	BMAG	10808	38	vor 1945	DRG	verschollen
Kö 4945			Kö 4945	BMAG	10809	38	vor 1945	Rbd Augsburg	verschollen
Kö 4946	321 061-4	27.08.68	322 129-8	Jung	7842	38	31.12.79	Frankfurt/M 1	→ Wb
Kö 4947			Kö 4947	Jung	7843	38	vor 1945	Rbd Augsburg	verschollen
Kö 4948			Kö 4948	Jung	7844	38	vor 1960	Pasewalk	
Kö 4949			100 748-3	Jung	7845	38	06.12.90	Nordhausen	
Kö 4950	321 062-2	24.04.68	322 124-9	Jung	7846	38	19.12.80	Darmstadt	→ Rowagg (F)
Kö 4951	321 142-2	13.03.72	322 168-6	Jung	7847	38	06.06.78	Mannheim	
Kö 4952	321 063-0	02.68	323 461-4	Jung	7848	38	31.12.79	Wiesbaden	

Kö 4953	322 118-1	12.09.69	324 020-7	Jung	7849	38	30.12.82	Gremberg	
Kö 4954	321 064-8	30.05.68	322 127-2	Jung	7850	38	24.08.80	Landau	
Kö 4955	321 235-4	05.07.68	323 975-3	Jung	7851	38	31.12.79	Gießen	
Köf 4956	100 706-1		310 706-7	Jung	7852	38	19.10.93	Rostock	
Köf 4957			Köf 4957	Jung	7853	38	23.06.50	Rbd Schwerin	
Köf 4958	321 057-2	22.05.73	324 054-6	Jung	7854	38	22.08.79	Hmb.-Harburg	
Köf 4959	100 759-0		310 759-6	Jung	7855	38	20.05.95	Eisenach	
Köf 4960	321 618-1	19.03.70	324 030-6	BMAG	10810	39	30.12.82	Siegen	
Köf 4961			100 761-6	BMAG	10811	39	01.11.79	Bln.-Grunewald	→ Wb
Köf 4962	100 765-7		310 765-3	BMAG	10812	39	08.06.93	Chemnitz	→ EF Klingenthal
Köf 4963	100 763-2		310 763-8	BMAG	10813	39			
Köf 4964	100 764-0		310 764-6	BMAG	10814	39	30.06.95	Bln.-Pankow	
Köf 4965			Köf 4965	BMAG	10815	39	vor 1945	DRG	verschollen
Köf 4966	100 769-9		310 769-5	BMAG	10123	33	01.07.92	Güsten	→ vk
Köf 4967	100 767-3		310 767-9	O & K	20981	39	11.01.93	Magdeburg	
Köf 4968	100 768-1		310 768-7	O & K	20982	39	30.06.95	Bln.-Pankow	
Köf 4969	100 709-1		310 709-1	O & K	20983	39	29.06.94	Riesa	
Köf 4970	100 770-7		310 770-3	O & K	20984	39	29.02.96	Cottbus	
Köf 4971	100 771-5		310 771-1	O & K	20985	39	30.11.95	Chemnitz	
Köf 4972	100 782-2		310 782-8	O & K	20986	39	31.03.95	Reichenbach	
Köf 4973			Y DE 18.111	Deutz	20073	39	44	Wedau	→ Frankreich
Köf 4974			CFL 1011	Deutz	20074	39	25.01.71	CFL AW Luxemburg	→ Wb (L)
Köf 4975	321 071-1	09.07.69	324 015-7	Deutz	20075	39	30.12.82	Düren	
Köf 4976	321 072-1	18.06.73	322 178-5	Deutz	20076	39	16.07.78	Wiesbaden	
Köf 4977			Köf 4977	Deutz	20077	39	vor 1945	DRG	verschollen
Köf 4978	100 778-0		310 778-6	Deutz	20078	39	31.05.93	Bln.-Grunewald	→ Vennbahn
Ks 4979			381 016-5	Windhoff	398	38	18.03.79	AW Mü.-Freimann	Gerät
Ks 4980			Ka 4980	Windhoff	399	38	30.06.66	Nürnberg Rbf	
Ks 4981			Ka 4981	Windhoff	400	38	30.03.66	Gemünden	
Ks 4982			Ka 4982	Windhoff	401	38	30.06.66	Nürnberg Rbf	
Ks 4983			381 017-3	Windhoff	402	38	27.04.76	Trier	
Ks 4984			381 018-1	Windhoff	403	38	03.02.76	Offenburg	Gerät
Ks 4985			381 019-9	Windhoff	404	38	11.04.68	Haltingen	
Ks 4986			381 013-2	Windhoff	405	38	01.07.68	Tübingen	→ Wb → ECR
Ks 4987			381 020-7	Windhoff	406	38	01.07.96	Frankfurt/M 2	
Ks 4988			Ks 4988	Windhoff	407	38	01.47	ED München	
Ks 4989			381 014-0	Windhoff	408	38	02.04.69	Rosenheim	
Ks 4990			381 021-5	Windhoff	409	38	26.02.68	Trier	
Ks 4991			381 022-3	Windhoff	410	38	19.02.77	Friedrichshafen	
Ks 4992'			Ks 4992'	Windhoff	411	38	10.03.44	Friedrichshafen	Kriegsverlust
Ks 4992''			382 001-6	Gmeinder/Kiepe	4830	54	01.01.97	Hamburg GSB	Gerät
Ks 4993'			Ks 4993'	Windhoff	412	38	43	Tübingen	Kriegsverlust
Ks 4993''			382 101-4	Gmeinder/Kiepe	4831	54	30.06.83	Hamburg GSB	
Kd 4994			X112.04	Henschel	22512	35	14.03.77	ÖBB St. Pölten	→ Dt. Museum, ex LBE
Kbe 4995	321 052-3	06.07.70	324 034-8	Henschel	22897	35	20.09.76	Kbw Braunschweig	ex LBE Nr. 11
Kbe 4996	321 050-7	26.09.68	323 992-8	Henschel	22898	35	30.11.88	Oldenburg	ex LBE Nr. 12
Kbe 4997			Kbe 4997	Henschel	22899	35	51	Hmb.-Harburg	→ Wb, ex LBE Nr. 13
Köf 4998	100 708-7		310 708-3	BMAG	10770	41			
Köf 4999	100 789-7		310 789-3	BMAG	11498	42	02.12.92	Aue	→ M. Tuttlingen
Köf 5000	100 800-2		310 800-8	BMAG	11499	42	30.11.95	Reichenbach	
Köf 5001	100 801-0		310 801-6	BMAG	11500	42	30.11.95	Chemnitz	
Köf 5002	100 802-8		310 802-4	BMAG	11501	42	15.04.92	Güsten	→ M. Prora
Köf 5003			Köf 5003	BMAG	11502	42	vor 1960	DR	

Köf 5004			Kbf 5004	BMAG	11503	42	vor 1945	DRG	verschollen
Köf 5005			Köf 5005	BMAG	11504	42	vor 1945	DRG	verschollen
Köf 5006	100 806-9		310 806-5	BMAG	11505	42	20.12.95	Wustermark	
Köf 5007			Köf 5007	BMAG	11506	42	vor 1960	Rbd Cottbus	
Köf 5008	100 808-5		310 808-1	BMAG	11507	42	10.03.95	Lpz.-Wahren	
Köf 5009	100 809-3		310 809-9	Deutz	33268	41	10.03.95	Seddin	
Köf 5010	100 810-1		310 810-7	Deutz	33269	41			
Köf 5011	321 075-4	05.08.68	323 986-0	Deutz	33270	41	25.06.80	Bremen Rbf	
Köf 5012	321 076-2	30.04.68	323 488-7	Deutz	33271	41	31.12.79	Hmb.-Altona	→ BE
Köf 5013	321 085-3	03.01.73	322 171-0	Deutz	33272	41	27.04.78	Karlsruhe	→ Wb
Kbf 5014			323 025-7	Deutz	33273	41	28.12.78	Mannheim	
Köf 5015	321 077-0	24.04.69	322 151-2	Deutz	33274	41	01.11.76	München Hbf	→ Wb
Köf 5016	321 078-8	01.68	323 439-0	Deutz	33275	41	31.12.79	München Hbf	→ Denkmal
Köf 5017			323 026-5	Deutz	33276	41	30.12.82	AW Nürnberg	
Köf 5018	321 079-6	19.10.67	323 933-2	Deutz	33277	41	24.10.79	Dortmund Rbf	→ Wb
Köf 5019			Kbf 5019	Deutz	33278	41	um 1947	ED Münster	
Köf 5020			323 027-3	Deutz	33279	41	30.11.78	Münster	
Köf 5021	321 086-1	30.07.69	322 155-3	Deutz	36879	42	26.08.75	München Ost	
Köf 5022	321 087-9	28.01.70	322 162-9	2Deutz	36880	42	23.03.76	München Hbf	→ Wb
Köf 5023	100 823-4		310 823-0	Deutz	36881	42	09.11.94	Wustermark	
Köf 5024			Kbf 5024	Deutz	36882	42	vor 1960	DR	→ Wl
Kö 5025			Kö 5025	O & K	21490	43	vor 1960	DR	
Kö 5026	321 091-1	03.06.69	324 014-0	O & K	21491	43	30.12.82	Altenbeken	
Kö 5027	321 092-9	12.11.68	323 997-7	O & K	21492	43	30.11.78	Hannover	
Kö 5028	100 828-3		310 828-9	O & K	21493	43	10.03.95	Frankfurt (O)	
Kö 5029	321 541-5	09.05.68	323 965-4	O & K	21494	43	24.08.80	Osnabrück	
Kö 5030			323 031-5	O & K	21495	43	17.09.77	Bremen Rbf	
Kö 5031	321 093-7	12.03.68	323 477-0	O & K	21496	43	31.12.79	Freiburg	
Kö 5032			323 437-4	O & K	21497	43	23.12.78	Lübeck	
Kö 5033			323 032-3	O & K	21498	43	23.10.77	Oldenburg	→ Wb
Kö 5034			322 016-7	O & K	21499	44	21.05.77	Hannover	
Kö 5035			323 033-1	Windhoff	918	43	21.05.77	Rahden	
Kö 5036			Kö 5036	Windhoff	919	43	vor 1945	Osnabrück Gbf	verschollen
Kö 5037	321 094-5	25.07.68	323 985-2	Windhoff	920	43	30.11.88	Braunschweig 1	
Kö 5038	100 838-2		310 838-8	Windhoff	921	43	30.06.95	Bln.-Pankow	
Kö 5039			323 034-9	Windhoff	922	43	24.10.79	Osnabrück	
Kö 5040			323 035-6	Windhoff	923	43	25.07.79	Bremen Rbf	
Kö 5041			Kö 5041	Windhoff	924	43	vor 1945	Freiburg	verschollen
Kö 5042	321 073-9	11.07.68	323 979-5	Windhoff	925	43	30.11.88	Bremen 1	
Kö 5043	321 143-0	06.09.68	322 131-4	Windhoff	926	43	21.10.80	Freiburg	
Kö 5044	321 236-2	01.02.68	323 442-4	Windhoff	927	43	25.06.80	Osnabrück	→ VTG
Köf 5045			Köf 5045	Lilpop		39	vor 1945	Rbd Osten	1939 ex PKP, verschollen
Köf 5046	100 846-5		310 846-1	Lilpop		39	20.03.95	Cottbus	1939 ex PKP
Köf 5047			100 847-3	BMAG	10783	38	10.05.91	Lpz.-Wahren	1939 ex Wb Polen
Kö 5048	321 080-4	02.04.69	322 150-4	BMAG	10775	38	31.12.80	Ulm	→ Wb
Kö 5049	100 849-9		310 849-5	DWK	640	39	05.08.93	Pasewalk	ex MFWE → EF Prenzlau
Köf 5050			Köf 5050	Deutz	46532	43	vor 1945	DRG	verschollen
Köf 5051			Köf 5051	Deutz	46533	43	11.46	ED Münster	Kriegsverlust
Köf 5052			Köf 5052	Deutz	46534	43	vor 1945	DRG	verschollen
Köf 5053			Köf 5053	Deutz	46535	43	vor 1945	DRG	verschollen
Köf 5054			322 013-4	Deutz	46536	43	16.07.77	Gsk.-Bismarck	
Köf 5055			322 010-0	Deutz	46537	43	25.06.80	Hannover	
Köf 5056			Kbf 5056	Deutz	46538	43	vor 1945	DRG	verschollen

Köf 5057			323 036-4	Deutz	46539	43	22.08.79	Hagen-Eckesey	→ BE 10
Köf 5058			323 037-2	Deutz	46540	43	08.10.76	Dsd.-Derendorf	→ Wb
Köf 5059	321 081-2	17.04.69	324 011-6	Deutz	46541	43	17.12.87	Hamburg 4	→ Pb
Köf 5060	100 860-6		310 860-2	Deutz	46542	43	20.12.95	Erfurt	
Köf 5061	100 861-4		310 861-0	Deutz	46543	43	01.08.93	Riesa	→ Wb
Köf 5062	100 862-2		310 862-8	Deutz	46544	43	09.0.192	Chemnitz	
Köf 5063	100 863-0		310 863-6	Deutz	46545	43	26.04.94	Dresden	
Köf 5064	100 864-8		310 864-4	Deutz	46546	43	06.11.92	Saalfeld	→ EF Wanfried
Köf 5065	100 865-5		310 865-1	Deutz	46547	43	28.01.92	Reichenbach	→ MECS
Köf 5066	100 866-3		310 866-9	Deutz	46548	43	30.03.92	Reichenbach	
Köf 5067	100 867-1		310 867-7	Deutz	46549	43	09.01.92	Chemnitz	→ M. Prora
Köf 5068	100 868-9		310 868-5	Deutz	46550	43	09.01.92	Chemnitz	→ M. Prora
Köf 5069	100 869-7		310 869-3	Deutz	46551	43	31.03.95	Görlitz	
Köf 5070	100 870-5		310 870-1	Deutz	46552	43	19.03.92	Lpz.-Wahren	
Köf 5071			100 871-3	Deutz	46553	43	03.12.81	Wustermark	→ Wb
Köf 5072			100 872-1	Deutz	46554	43	03.02.89	Oebisfelde	→ Wb
Köf 5073	100 873-9		310 873-5	Deutz	46555	43	10.03.95	Magdeburg Hbf	
Köf 5074	100 874-7		310 874-3	Deutz	46556	43			
Köf 5075	100 875-4		310 875-0	Deutz	46557	43	19.03.92	Lpz.-Wahren	
Köf 5076			Köf 5076	Deutz	46558	43	vor 1970	DR	
Köf 5077	100 877-0		310 877-6	Deutz	46559	43			
Köf 5078			Köf 5078	Deutz	46560	43	vor 1970	DR	
Köf 5079	100 879-6		310 879-2	Deutz	46561	43			
Kbf 5080			323 038-0	Deutz	47258	43	22.08.79	Hannover	
Köf 5081			Köf 5081	Deutz	47259	43	50	Rbd Schwerin	
Kbf 5082			323 039-8	Deutz	47260	43	01.12.77	Holzminden	
Kbf 5083			323 040-6	Deutz	47261	43	25.07.79	Hannover	
Kbf 5084	321 095-2	08.10.73	324 060-3	Deutz	47262	43	24.10.79	Bremen Rbf	
Kbf 5085			323 041-4	Deutz	47263	43	30.12.82	Göttingen	
Kbf 5086			322 014-2	Deutz	47264	43	31.12.79	Dieringhausen	→ Wb
Kbf 5087	321 096-0	15.12.72	324 051-2	Deutz	47265	43	18.03.79	Kassel	→ Wb
Kbf 5088	321 097-8	19.10.67	323 934-0	Deutz	47266	43	22.08.79	Hannover	→ Wb
Kbf 5089			323 042-2	Deutz	47267	43	25.07.79	Oldenburg	→ Wb
Kbf 5090			323 043-0	Deutz	47268	43	24.11.79	Bielefeld	
Kbf 5091	321 112-5	30.04.68	323 489-5	Deutz	47269	43	31.12.79	Kassel	
Kbf 5092	321 098-6	23.10.68	323 989-4	Deutz	47270	43	24.08.80	Göttingen	
Kbf 5093	100 893-7		310 893-3	Deutz	47271	43	30.11.95	Erfurt	
Kbf 5094	321 099-4	01.01.68	323 450-7	Deutz	47272	43	31.12.79	Kassel	
Kbf 5095			Kbf 5095	Deutz	47273	43	vor 1945	DRG	verschollen
Kbf 5096			Kbf 5096	Deutz	47274	43	vor 1945	DRG	verschollen
Kbf 5097			Kbf 5097	Deutz	47275	43	vor 1945	DRG	verschollen
Kbf 5098			Kbf 5098	Deutz	47276	43	vor 1945	DRG	verschollen
Kbf 5099			Kbf 5099	Deutz	47277	43	vor 1945	DRG	verschollen
Kbf 5100			Kbf 5100	Deutz	47278	43	vor 1945	DRG	verschollen
Kbf 5101			Kbf 5101	Deutz	47279	43	vor 1945	DRG	verschollen
Kbf 5102			Kbf 5102	Deutz	47280	43	vor 1945	DRG	verschollen
Kbf 5103	100 803-6		310 803-2	Deutz	47281	43	31.03.95	Zwickau	
Kbf 5104			0150 001-6	Deutz	47282	43	01.05.95	ÖBB Wien Ost	
Kbf 5105			0150 002-4	Deutz	47283	43		ÖBB	
Kbf 5106			Kbf 5106	Deutz	47284	43	vor 1945	DRG	verschollen
Kbf 5107			Kbf 5107	Deutz	47285	43	22.08.46	ÖBB	
Kbf 5108			0150 003-2	Deutz	47286	43	01.02.94	ÖBB Knittelfeld	
Kbf 5109				Deutz	47287	43	22.12.48	ÖBB HW St. Pölten	→ UdSSR

Kbf 5110			0150 004-0	Deutz	47288	43		ÖBB	
Kbf 5111			0150 005-7	Deutz	47289	43		ÖBB	
Kbf 5112			X150.06	Deutz	47290	43	01.09.85	ÖBB Knittelfeld	
Kbf 5113			X150.07	Deutz	47291	43	25.01.61	ÖBB Knittelfeld	
Kbf 5114			0150 008-1	Deutz	47292	43	77	ÖBB Klagenfurt	
Kbf 5115	321 100-0	01.03.68	323 451-5	Deutz	47293	43	01.12.76	Dsd.-Derendorf	→ Wb
Kbf 5116			323 044-8	Deutz	47294	43	31.12.79	Dieringhausen	→ Wb → MVT
Kbf 5117			Köf 5117	Deutz	47295	43	17.12.51	Hagen-Eckesey	
Kbf 5118	321 101-8	01.01.68	323 457-2	Deutz	47296	43	31.12.79	Hagen-Eckesey	
Kbf 5119			323 046-3	Deutz	47297	43	23.10.77	Kassel	
Kbf 5120	321 113-3	10.06.68	323 968-8	Deutz	47298	43	30.03.78	Gremberg	
Kbf 5121			Köf 5121	Deutz	47299	43	07.01.65	Bestwig	
Kbf 5122			323 047-1	Deutz	47300	43	31.12.79	Obh.-Osterfeld Süd	
Kbf 5123			323 048-9	Deutz	47301	43	16.07.78	Wuppertal	→ Wb
Kb 5140	100 840-8		310 840-4	Windhoff	800	43	29.02.96	Cottbus	
Kb 5141	100 841-6		310 841-2	Windhoff	801	43	11.01.93	Magdeburg	
Kb 5142	100 842-4		310 842-0	Windhoff	802	43	10.03.95	Lpz.-Wahren	
Kb 5143			100 843-2	Windhoff	803	43	24.11.83	Lpz.-Wahren	
Kb 5144	100 844-0		310 844-6	Windhoff	804	43	22.12.93	Lpz.-Wahren	
Kb 5145	100 845-7		310 845-3	Windhoff	805	43	23.08.94	Zittau	→ Royal Gaststätten, Aalen
Kb 5146	100 848-1		310 848-7	Windhoff	806	43	29.02.96	Cottbus	
Kb 5147	321 245-3	25.11.68	323 999-3	Windhoff	807	43	30.11.88	Göttingen	
Kb 5148	321 102-6	09.06.70	324 032-2	Windhoff	808	43	30.12.82	Hmb.-Altona	
Kb 5149			Kb 5149	Windhoff	809	43	17.05.47	Osnabrück	Kriegsverlust
Kb 5150	321 206-5	19.10.67	323 950-6	Windhoff	810	43	21.12.79	Osnabrück	
Kb 5151	322 015-9	19.10.67	323 953-0	Windhoff	811	43	19.02.77	Münster	
Kb 5152			323 401-0	Windhoff	812	43	06.06.78	Löhne	
Kb 5153	321 103-4	05.05.70	324 031-4	Windhoff	813	43	30.12.82	Rheine	
Kb 5154			323 514-0	Windhoff	814	43	27.05.79	Bremerhaven	
Kb 5155			X111.01	Windhoff	815	43	29.03.78	ÖBB Wien West	
Kb 5156			Kb 5156	Windhoff	816	43	25.11.49	ÖBB HW St. Pölten	
Kb 5157			X111.02	Windhoff	817	43	14.03.86	ÖBB Wien Nord	
Kb 5158			X111.03	Windhoff	818	43	16.03.78	ÖBB Wr. Neustadt	
Kb 5159			X111.04	Windhoff	819	43	27.12.83	ÖBB Wr. Neustadt	→ M. Straßhof (A)
Kb 5160			X111.05	Windhoff	820	43	87	ÖBB	
Kb 5161			0111 006-3	Windhoff	821	43	01.10.88	ÖBB St. Pölten	
Kb 5162			X111.07	Windhoff	822	43	01.03.81	ÖBB St. Pölten	
Köf 5165			Köf 5165	Deutz	42963	42	45	DRG	verschollen
Köf 5166			323 045-5	Deutz	42964	42	30.11.78	Hannover	
Köf 5167			0150 010-7	Deutz	42965	42	01.05.88	ÖBB Villach	
Köf 5168			Köf 5168	Deutz	42966	42	45	Ostbahn	
Köf 5169			Köf 5169	Deutz	42967	42	45	Ostbahn	
Köf 5170			Köf 5170	Deutz	42968	42	45	Ostbahn	
Köf 5171			Köf 5171	Deutz	42969	42	45	Ostbahn	
Köf 5172	100 812-7		310 812-3	Deutz	42970	42			
Köf 5173			Köf 5173	Deutz	42971	42	45	Ostbahn	
Köf 5174	100 814-3		310 814-9	Deutz	42972	42	19.10.93	Schwerin	
Köf 5175	321 104-2	01.03.68	323 452-3	Deutz	47234	43	21.05.80	Bremerhaven	→ Wb (I)
Köf 5176			Köf 5176	Deutz	47235	43	45	Rbd Königsberg	
Köf 5177	100 817-6		310 817-2	Deutz	47236	43	25.11.93	Rostock	
Köf 5178			Köf 5178	Deutz	47237	43	44	Warschau West	
Köf 5179			Köf 5179	Deutz	47238	43	45	Ostbahn	
Köf 5180			Köf 5180	Deutz	47239	43	45	Ostbahn	

Köf 5181		Köf 5181	Deutz	47240	43	45	Ostbahn	
Köf 5182	100 882-0	310 882-6	Deutz	47241	43	25.11.93	Cottbus	
Köf 5183		Köf 5183	Deutz	47242	43	45	Ostbahn	
Köf 5184		Köf 5184	Deutz	47243	43	45	Österreich	→ Wb
Kö 5185		Kö 5185	BMAG	10717	38	15.07.61	Heilbronn	→ Wb → EFO
Kö 5186	321 539-9 09.07.71	324 043-9	BMAG	10777	38	15.05.77	Kassel	→ EF Schwalm-Knüll
Köf 5187		Köf 5187	Deutz	46000	43	vor 1945	DRG	verschollen
Köf 5188	100 888-7	310 888-3	Deutz	46001	43	31.03.95	Reichenbach	
Köf 5189		Köf 5189	Deutz	46002	43	vor 1945	DRG	verschollen
Köf 5190		Köf 5190	Deutz	46003	43	vor 1945	DRG	verschollen
Köf 5191	100 891-1	310 891-7	Deutz	46004	43	10.03.95	Frankfurt (O)	
Köf 5192		(Kö 5714 ?)	Deutz	46005	43	vor 1945	DRG	verschollen
Köf 5193	100 892-9	310 892-5	Deutz	46606	43	08.06.93	Aue	→ vk
Köf 5194		Köf 5194	Deutz	46607	43	45	Ostbahn	
Köf 5195		Köf 5195	Deutz	46608	43	45	Ostbahn	
Köf 5196		Köf 5196	Deutz	46609	43	45	Ostbahn	
Köf 5197	100 897-8	310 897-4	Deutz	47244	43			
Köf 5198		Köf 5198	Deutz	47245	43	45	Ostbahn	
Köf 5199	100 899-4	310 899-0	Deutz	47246	43	01.06.93	Chemnitz	→ vk
Köf 5200		Köf 5200	Deutz	47247	43	45	Ostbahn	
Köf 5201	100 811-9	310 811-5	Deutz	47248	43	20.12.95	Bln.-Pankow	
Köf 5202		Köf 5202	Deutz	47249	43	45	Ostbahn	
Köf 5203		Köf 5203	Deutz	47250	43	45	Ostbahn	
Köf 5204		Köf 5204	Deutz	47251	43	45	Ostbahn	
Köf 5205		Köf 5205	Deutz	47252	43	31.05.47	Dessau Hbf	→ Wl
Köf 5206		Köf 5206	Deutz	47253	43	vor 1970	DR	
Kbf 5207		Kbf 5207	Deutz	47303	44	vor 1945	Rbd Augsburg	
Kbf 5208	321 105-9 22.05.68	323 967-0	Deutz	47304	44	31.12.79	Weiden	
Kbf 5209		321 106-7	Deutz	47305	44	05.03.70	Hof	→ Wb
Kbf 5210	321 107-5 10.06.69	322 153-8	Deutz	47306	44	31.12.79	Mannheim	
Kbf 5211	321 114-1 11.02.69	324 008-2	Deutz	47307	44	11.11.78	Trier	→ Wb
Kbf 5212		Kbf 5212	Deutz	47308	44	vor 1945	Rbd Breslau	verschollen
Kbf 5213		Kbf 5213	Deutz	47309	44	vor 1945	Rbd Breslau	verschollen
Kbf 5214		Kbf 5214	Deutz	47310	44	vor 1945	Rbd Breslau	verschollen
Kbf 5215		Kbf 5215	Deutz	47311	44	vor 1945	Rbd Breslau	verschollen
Kbf 5216	100 816-8	310 816-4	Deutz	47312	44	09.11.94	Lpz.-Wahren	
Kbf 5217		Kbf 5217	Deutz	47313	44	vor 1945	Rbd Breslau	verschollen
Kbf 5218		Kbf 5218	Deutz	47314	44	vor 1945	Rbd Breslau	verschollen
Kbf 5219		Kbf 5219	Deutz	47315	44	vor 1945	Rbd Breslau	verschollen
Kbf 5220		Kbf 5220	Deutz	47316	44	vor 1945	Rbd Breslau	verschollen
Kbf 5221	321 088-7 01.03.68	323 472-1	Deutz	47317	44	31.12.79	Hmb.-Altona	
Kbf 5222		323 029-9	Deutz	47318	44	26.01.78	Hmb.-Harburg	
Kbf 5223		Kbf 5223	Deutz	47319	44	vor 1945	Rbd Danzig	verschollen
Kbf 5224	321 115-8 16.07.70	324 029-8	Deutz	47320	44	30.12.82	Gremberg	
Kbf 5225		323 030-7	Deutz	47321	44	01.07.69	Hmb.-Altona	
Kbf 5226	100 826-7	310 826-3	Deutz	47322	44	19.10.93	Reichenbach	→ Wb
Kbf 5227	100 827-5	310 827-1	Deutz	47323	44	29.02.96	Cottbus	
Kbf 5228	100 818-4	310 818-4	Deutz	47324	44	20.12.95	Nordhausen	
Kbf 5229	321 116-6 24.04.68	323 480-4	Deutz	47325	44	24.08.80	Hannover	
Kbf 5230	100 830-9	310 830-5	Deutz	47326	44	30.11.95	Dresden	
Kbf 5231		323 049-7	Deutz	47327	44	25.07.79	Obh.-Osterfeld Süd	→ Wb/Pb → VEF
Kbf 5232	321 117-4 01.03.68	323 453-1	Deutz	47328	44	31.12.79	Obh.-Osterfeld Süd	
Kbf 5233	321 118-2 01.01.68	323 458-0	Deutz	47329	44	31.12.79	Obh.-Osterfeld Süd	

Kbf 5234	321 119-0	22.05.68	323 494-5	Deutz	47330	44	31.12.79	Hamm		
Kbf 5235			Kbf 5235	Deutz	47331	44	vor 1945	Rbd Essen	verschollen	
Kbf 5236	100 836-6		310 836-2	Deutz	47332	44	30.11.96	Leipzig Süd		
Kbf 5237	100 837-4		310 837-0	Deutz	47333	44	26.10.93	Lpz.-Wahren		
Kbf 5238	100 858-0		310 858-6	Deutz	47334	44				
Kbf 5239	100 839-0		310 839-6	Deutz	47335	44	26.10.93	Lpz.-Wahren		
Kbf 5240			Kbf 5240	Deutz	47336	44	vor 1950	Rbd Halle		
Kbf 5241			Kbf 5241	Deutz	47337	44	vor 1945	Rbd Halle	verschollen	
Kbf 5242			100 832-5	Deutz	47338	44	01.08.79	Lpz.-Wahren	→ Wb	
Kbf 5243	100 833-3		310 833-9	Deutz	47339	44	09.11.94	Dresden		
Kbf 5244	100 834-1		310 834-7	Deutz	47340	44	11.01.93	Rostock		
Kbf 5245	321 089-5	29.11.72	324 050-4	Deutz	47341	44	18.03.79	Hmb.-Harburg		
Kbf 5246			322 011-8	Deutz	47342	44	24.08.80	AW Hannover	→ NIAG	
Kbf 5247			322 017-5	Deutz	47343	44	31.12.79	Wuppertal		
Kbf 5248	100 878-8		310 878-4	Deutz	47344	44	19.10.93	Magdeburg		
Kbf 5249			323 050-5	Deutz	47345	44	30.09.89	AW Hannover		
Kbf 5250			Köf 5250	Deutz	47346	44	28.12.65	Braunschweig 1	ab 1966 DB-Unterrichtslok	
								Schule Braunschweig (nach 1968 als 322 001)		
Kbf 5251	321 120-8	21.04.69	324 012-4	Deutz	47347	44	31.10.90	Gremberg	→ Wb	
Kbf 5252			323 051-3	Deutz	47348	44	23.12.77	Oberhausen		
Kbf 5253	321 121-6	13.09.72	324 047-0	Deutz	47349	44	30.11.78	Kbw Braunschweig		
Kbf 5254			323 052-1	Deutz	47350	44	30.12.87	Kornwestheim	Gerät	
Kbf 5255			323 053-9	Deutz	47351	44	11.11.78	Kbw Braunschweig		
Kbf 5256			322 018-3	Deutz	47352	44	31.12.80	Göttingen		
Kbf 5257	322 019-1	01.09.70	324 039-7	Deutz	47353	44	30.03.78	Göttingen		
Kbf 5258	100 807-7		310 807-3	Deutz	47354	44	30.11.96	Halberstadt		
Kbf 5259	100 859-8		310 859-4	Deutz	47355	44				
Kbf 5260	321 122-4	11.06.68	323 969-6	Deutz	47356	44	21.10.80	Kbw Braunschweig	→ BE 14	
Kbf 5261	100 881-2		310 881-8	Deutz	47357	44	17.06.92	Halberstadt	→ Wb	
Kbf 5262	100 822-6		310 822-2	Deutz	47358	44	20.12.95	Halberstadt		
Kbf 5263	321 123-2	20.03.68	323 473-9	Deutz	47359	44	24.08.80	Dortmund Rbf		
Kbf 5264	100 884-6		310 884-2	Deutz	47360	44	19.10.93	Magdeburg		
Kbf 5265	100 885-3		310 885-3	Deutz	47361	44	10.03.95	Magdeburg Hbf		
Kbf 5266			100 886-1	Deutz	47362	44	01.10.89	Güsten	→ Wb → Thüring. Eb.-Verein	
Kbf 5267	322 020-9	22.02.79	322 020-9	Deutz	47363	44	31.12.79	Siegen		
Kbf 5268			322 021-7	Deutz	47364	44	03.07.67	Kassel		
Kbf 5269	100 889-5		310 889-1	Deutz	47365	44	20.05.95	Eisenach		
Kbf 5270			323 054-7	Deutz	47366	44	17.09.77	Wuppertal	→ Wb	
Kbf 5271	321 124-0	21.02.68	323 463-0	Deutz	47367	44	26.07.77	Dsd.-Derendorf	→ Wb	
Kbf 5272	321 125-7	19.10.67	323 935-7	Deutz	47368	44	24.10.79	Hannover		
Kbf 5273			323 055-4	Deutz	47369	44	25.07.79	Kbw Braunschweig		
Kbf 5274	321 126-5	01.03.68	323 470-5	Deutz	47370	44	28.11.79	Kassel	→ Wb	
Kbf 5275			323 056-2	Deutz	47371	44	24.08.78	Siegen	→ Wb	
Kbf 5276	321 127-3	19.10.67	323 936-5	Deutz	47372	44	24.10.79	Düren	→ Wb	
Kbf 5277	321 128-1	01.09.70	324 037-1	Deutz	47373	44	30.12.82	Bielefeld		
Kbf 5278			323 057-0	Deutz	47374	44	31.12.79	Kbw Braunschweig		
Kbf 5279			323 058-8	Deutz	47375	44	30.12.76	Hagen-Eckesey		
Kbf 5280	321 129-9	15.01.70	324 027-2	Deutz	47376	44	18.03.79	Düren		
Kbf 5281	100 821-8		310 821-4	Deutz	47377	44				
Kbf 5282			322 022-5	Deutz	47378	44	21.04.77	Mönchengladbach		
Kbf 5283	321 108-3	14.02.69	324 005-8	Deutz	47379	44	31.12.79	Limburg		
Kbf 5284	321 130-7	09.04.69	324 010-8	Deutz	47380	44	17.12.87	Aachen		
Kbf 5285	321 131-5	12.06.69	324 016-5	Deutz	47381	44	30.12.82	Gremberg		

Kbf 5286	321 132-3	20.02.69	324 009-0	Deutz	47382	44	17.12.87	Gremberg	→ Wb
Kbf 5287	321 133-1	23.07.73	324 058-7	Deutz	47383	44	31.12.79	Gremberg	
Kbf 5288	321 134-9	09.07.68	323 977-9	Deutz	47384	44	31.12.79	Gremberg	
Kbf 5291			Kbf 5291	Deutz	47387	44	vor 1945	Rbd Königsberg	verschollen
Kbf 5292			Kbf 5292	Deutz	47388	44	vor 1945	Rbd Königsberg	verschollen
Kbf 5342			Kbf 5342	Deutz	47438	44	vor 1945	Rbd Oppeln	verschollen
Kbf 5343			Kbf 5343	Deutz	47439	44	vor 1945	Rbd Oppeln	verschollen
Kbf 5344			Kbf 5344	Deutz	47440	44	45	Rbd Osten	verschollen
Kbf 5345			Kbf 5345	Deutz	47441	44	vor 1945	Rbd Oppeln	verschollen
Kbf 5346			Kbf 5346	Deutz	47442	44	vor 1945	Rbd Oppeln	verschollen
Kbf 5707			Kbf 5707	BMAG/Demag		39	vor 1945	Rbd Halle	verschollen
Kbf 5708			Kbf 5708	BMAG/Demag		39	vor 1945	Rbd Halle	verschollen
Kb 5709			322 012-6	Windhoff	928	43	31.12.80	AW Hannover	
Kö 5710	100 910-9		310 910-5	Deutz	17226	42	29.02.96	Cottbus	
Kö 5711	100 911-7		310 911-3	Deutz	46612	42			
Kö 5712	100 912-5		310 912-1	BMAG	11494	42	30.11.95	Erfurt	
Kö 5713			V 16 075	DWK	720	43			UZ in V 16 043
Kö 5714	100 914-1		310 914-7	Deutz	46611	42	06.08.93	Chemnitz	→ EF Münchberg
Kö 5715			100 915-8	Deutz	36674		70	DR	
Kö 5716			Kö 5715	BMAG	11488	42	vor 1960	DR	
Kö 5717			Kö 5717	BMAG	11492	42	vor 1960	DR	
Kö 5718	100 918-2		310 918-8	Deutz	20045				
Kö 5719			Kö 5719	O & K	20719	37	55	Raw Wittenberge	
Kö 5720			100 920-8	BMAG	11691	43	72	Raw Quedlinburg	
Kö 5721			Kö 5721	Gmeinder					UZ in Kö 0304
Kö 5722			Kö 5722	BMAG	10424	35	04.12.90	Wittenberge	→ Denkmal
Kö 5723			100 923-2	Deutz	33280		02.08.72	UfM Tempelhof	
Kö 5724	100 924-0		310 924-6	BMAG	10634	37	30.11.96	Lpz.-Wahren	
Kö 5725			100 925-7	BMAG	11206		12.11.70	Jüterbog	
Kö 5726	100 926-5		310 926-1	BMAG	10219	33	20.12.95	Saalfeld	
Kö 5727	100 927-3		310 927-9	BMAG	10521	37	29.02.96	Bln.-Pankow	→ Hei Na Ganzlin
Kö 5728			100 928-1	O & K	20433	34	31.12.73	Bln.-Pankow	→ Wl Raw Halle
Kö 5729	100 929-9		310 929-5	DWK		34	19.10.93	Frankfurt (O)	→ Hei Na Ganzlin
Kö 5730	100 930-7		310 930-3	DWK		34	19.10.93	Frankfurt (O)	→ EVG
Kö 5731			100 931-5	BMAG	10315		11.04.79	Güsten	→ Wb
Kö 5732			V 15 002	Ardelt	9	37	59	DR	ex Niederbarnimer Eb. Nr. 3
Kö 5733			100 933-1	Ardelt	7		02.08.72	Bln.-Grunewald	
Kö 5734	100 934-9		310 934-5	BMAG		35	09.11.94	Bln.-Pankow	ex Niederbarnimer Eb. Nr. 2
Kö 5735	100 935-6		310 935-2	Krupp	1377	34			ex Kö 4602
Kö 5736			100 936-4	Jung	7868	38	80	Magdeburg	→ Wb
Kö 5737	100 937-2		310 937-8	BMAG	11491	42	23.04.92	Lpz.-Wahren	
Kö 5738			100 938-0	Deutz	36884		02.08.72	Bln.-Grunewald	
Kö 5739			100 939-8	DWK	653		24.11.83	Frankfurt (O)	
Kö 5740			Kö 5740				52	DR	
Kö 5741	100 941-4		310 941-0	Deutz	33264	42			
Kö 5742	100 942-2		310 942-8	Dykerhoff	55633	41			
Kö 5743			Kö 5743	BMAG	10478		55	DR	→ Wb
Kö 5744	100 944-8		310 944-4	Deutz	22922	38			
Kö 5745			100 945-5	Deutz	22935		vor 1984	Magdeburg	→ Wb
Kö 5746	100 946-3		310 946-9	Deutz	42864	46	29.11.91	Neubrandenburg	→ Denkmal
Kö 5747	100 947-1		310 947-7	BMAG		41			
Kö 5748	100 948-9		310 948-5	O & K	20384	35	20.12.95	Erfurt	
Kö 5749	100 949-7		310 949-3	DWK	557	35	20.06.95	Chemnitz	ex Wl

Kö 5750	100 950-5		310 950-1	DWK	655	39	27.04.92	Nordhausen	→ M. Prora
Kö 5751	100 951-3		310 951-9	Deutz	13689	35			
Kö 5752	100 952-1		310 952-7	DWK	634	38	29.06.94	Schwerin	→ Meckl. EF
Kö 5753	100 953-9		310 953-5	BMAG		43	10.11.92	Kamenz	→ VSE
Kö 5754	100 954-7		310 954-3	LKM	49826	52	20.12.95	Bln.-Pankow	
Kö 5755	100 955-4		310 955-0	LKM	49827	52	20.05.95	Eisenach	
Kö 5756			Kö 5756	O & K	20430				UB in Kö 4023
Kö 5801			323 928-2	Krauss-Maffei	15453		18.03.79	München Hbf	1947 ex 4720"
Köf 5802			323 059-6	Deutz (?)			31.12.79	Frankfurt/M 1	→ Wb, 1947 ex 4691"

Besetzungen durch die DB, Lokomotiven von der Deutschen Wehrmacht und kriegswichtigen Betrieben

Kö 6000			Kö 6000	O & K	20996		03.56	Augsburg	
Kö 6001			Kö 6001	DWK	544	34	15.04.55	Hamm	→ Wl
Kö 6002			Kö 6002	DWK	631	38	14.06.56	Gsk.-Bismarck	
Kö 6003			Kö 6003	O & K		39	15.05.50	BD Essen	
Kö 6004			323 425-9	Deutz	23079	39	31.12.77	Hmb.-Altona	
Kö 6005			Kö 6005	Deutz	26075	41	53	BD Hamburg	
Köf 6006			322 509-1	BMAG	11677	42	19.12.80	Fulda	
Kö 6007			322 609-9	BMAG	10635	37	26.07.77	Kassel	→ Wb
Kö 6008			Kö 6008	DWK	659	39	21.07.57	BD Hamburg	→ Wb
Kö 6009			Kö 6009	O & K	20709	37	03.07.50	BD Hamburg	
Kö 6010			Kö 6010	O & K	20720	37	12.56	BD Hamburg	
Kö 6011			Kö 6011	O & K	20577	36	10.58	BD Hamburg	
Kö 6012	321 109-1	30.07.68	323 983-7	O & K	21919	43	30.11.88	Hannover 1	
Köf 6013			323 028-1	BMAG	11485	41	06.06.78	Hannover	
Kb 6014			Kb 6014	Steyr	5375		50	BD Hannover	
Kö 6015			Kö 6015	DWK	543	34	31.05.55	Holzminden	
Köf 6016			322 507-5	BMAG	11495	41	23.03.76	München Hbf	
Köf 6017			322 508-3	BMAG	11497	41	29.12.75	AW Nürnberg	
Kö 6018			Kö 6018	Deutz	33043	41	52	BD München	
Kö 6019	321 246-1	17.03.69	322 148-8	Deutz	12768	35	21.05.80	Bayreuth	
Kö 6020			Kö 6020	O & K	20915	38	01.12.57	Ansbach	→ Wb → EFO
Köf 6021	321 540-7	17.12.68	324 002-5	BMAG	11484	40	31.12.79	Fulda	
Kö 6022			Kö 6022	O & K	20710	37	05.58	BD Regensburg	
Kö 6023			322 506-7	Krauss-Maffei	15562	35	31.12.80	Heilbronn	→ Wb
Köf 6024	321 082-0	24.06.68	323 976-1	Deutz	36679	41	31.12.79	Hagen-Eckesey	→ Wb
Kö 6025			Kö 6025	Deutz	16301	36	18.12.50	BD München	
Kö 6026			322 603-2	BMAG		40	31.12.80	Radolfzell	
Kö 6027			323 019-0	BMAG	10516	36	23.10.77	Holzminden	
Kö 6028	321 623-1	13.02.69	322 626-3	Deutz	13673	35	31.12.80	Bayreuth	→ Wb
Kö 6029	321 237-0	21.02.68	323 469-7	Deutz	13575	34	31.12.79	Dortmund Rbf	
Kö 6030			322 023-3	Deutz	13697	39	30.03.78	Oldenburg Hbf	
Kö 6031	321 238-8	21.01.70	324 026-4	Windhoff	643	40	21.05.77	Husum	
Kö 6032			Kö 6032	DWK	539	33	20.04.60	Gsk.-Bismarck	→ Wb
Kö 6033			Kö 6033	DWK	587	36	24.08.56	Gsk.-Bismarck	
Köf 6034			321 074-7	Ardelt	34	39	04.06.73	Hmb.-Altona	
Köf 6035	321 110-9	01.11.68	323 994-4	Windhoff	929	43	24.11.79	Hmb.-Harburg	
Kö 6036			Kö 6036	Deutz	33107	41	50	BD Kassel	→ Wb
Kö 6037			Kö 6037	Deutz	33041	40	50	BD Hannover	→ Wb
Köf 6038			322 031-6	Deutz	36683	40	23.03.76	Hamm	
Köf 6039	321 111-7	21.02.68	323 459-8	Deutz	46614	43	24.04.80	Bremen Rbf	
Kö 6040			Kö 6040	Deutz	26130	39	16.05.51	BD Münster	→ MHE → MEP

Kö 6041			Kö 6041	DWK	597	35	07.11.62	BD Münster	DB-Schule Braunschweig
Köe 6042			Köe 6042	Henschel	23890	38	03.08.53	Bww Oldenburg	→ WI → DB-Museumslok
Kö 6043			Kö 6043	O & K	21370	41	50	BD München	→ Wb
Kö 6044			Kö 6044	Deutz	39698	42	03.11.55	BD Hannover	→ Wb → BSW
Köf 6045	321 083-8	11.67	322 120-7	Deutz	36673	41	01.07.77	Mainz	→ Wb
Köf 6046	321 090-3	01.03.73	322 173-6	Deutz	36676	41	24.10.79	Ludwigshafen	→ Wb → EF Schwalm-Knüll
Köf 6047	321 084-6	19.10.67	323 937-3	Deutz	33281	41	25.07.79	Göttingen	

Nachkriegslieferungen an die DB

Köf 6100			322 032-4	Deutz	46942	48	16.07.77	Gremberg	
Köf 6101	321 141-4	04.09.68	323 990-2	Deutz	46943	48	30.11.88	Bremen 1	→ Wb
Köf 6102	321 144-8	11.10.68	322 134-8	Deutz	46983	49	31.12.80	Offenburg	
Köf 6103	321 145-5	16.10.68	322 136-3	Deutz	46984	49	31.12.79	Plattling	→ Wb
Köf 6104			323 065-3	Deutz	46985	49	24.08.78	Siegen	→ Wb
Köf 6105			323 066-1	Deutz	46986	49	29.04.82	Freiburg	
Köf 6106			323 067-9	Deutz	46987	49	06.08.77	Nürnberg Rbf	
Köf 6107	321 146-3	06.12.68	324 001-7	Deutz	46988	49	31.12.79	Krefeld	→ Wb (I)
Köf 6108			322 033-2	Deutz	46989	49	23.10.77	Oberhausen	
Köf 6109			323 068-7	Deutz	46990	49	25.07.79	Dortmund Rbf	
Köf 6110	321 147-1	19.10.67	323 938-1	Deutz	46991	49	24.08.78	Osnabrück	→ Wb (I)
Köf 6111	321 148-9	21.05.70	322 165-2	Deutz	46992	49	06.08.77	München Hbf	
Köf 6112			323 069-5	Deutz	46993	49	30.12.82	Osnabrück	→ Wb
Köf 6113	321 149-7	09.10.68	323 993-6	Deutz	46994	49	31.12.79	Gremberg	→ Wb (I)
Köf 6114	321 150-5	24.03.69	322 149-6	Deutz	46995	49	31.12.80	Nürnberg Rbf	→ Wb
Köf 6115	321 153-9	14.03.68	323 474-7	Gmeinder	4664	51	24.08.80	Bielefeld	→ Wb
Köf 6116	321 154-7	15.06.70	324 033-0	Gmeinder	4665	51	30.12.82	Hagen 1	→ Wb (I)
Köf 6117			323 070-3	Gmeinder	4666	51	31.12.93	Braunschweig 1	
Köf 6118			322 034-0	Gmeinder	4667	51	11.11.78	Trier	
Köf 6119	321 155-4	23.12.71	324 044-7	Gmeinder	4668	51	20.05.95	Aachen	→ BSW Oberhausen
Köf 6120			323 071-1	Gmeinder	4669	51	30.12.87	München 1	
Köf 6121			322 035-7	Gmeinder	4670	51	31.12.80	Mönchengladbach	→ Wb
Köf 6122	321 156-2	19.10.67	323 939-9	Gmeinder	4671	51	11.12.87	Osnabrück 1	→ BE
Köf 6123	321 157-0	19.07.68	323 984-5	Gmeinder	4672	51	30.11.88	Göttingen	ab 1989 Gerät AW Bremen
Köf 6124			322 036-5	Gmeinder	4673	51	24.08.78	Obh.-Osterfeld Süd	→ DB-Museumslok
Köf 6125	321 158-8	01.02.68	323 465-5	Gmeinder	4674	51	30.08.96	Kassel	
Köf 6126	321 159-6	19.10.67	323 940-7	Gmeinder	4675	51	11.12.87	Osnabrück 1	
Köf 6127			322 037-3	Gmeinder	4676	51	31.12.80	Hmb.-Altona	→ Wb
Köf 6128	321 160-4	24.01.74	322 182-7	Gmeinder	4677	51	31.12.79	Nürnberg Rbf	→ Wb
Köf 6129	321 165-3	27.05.73	322 175-1	Gmeinder	4678	52	30.07.87	Nürnberg 2	→ Wb (I)
Köf 6130			323 072-9	Gmeinder	4679	52	30.11.95	Emden	
Köf 6131	321 161-2	19.10.67	323 941-5	Gmeinder	4680	51	26.09.87	Bremerhaven	
Köf 6132			323 073-7	Gmeinder	4681	52	31.12.92	Kaiserslautern	
Köf 6133	321 162-0	05.03.68	323 475-4	Gmeinder	4682	51	30.07.87	Hannover 1	→ Wb
Köf 6134	321 166-1	26.03.68	323 483-8	Gmeinder	4683	52	31.12.79	Köln-Nippes	
Köf 6135			322 038-1	Gmeinder	4684	52	31.12.80	Regensburg	→ Rowagg (F)
Köf 6136			322 039-9	Gmeinder	4685	52	21.05.80	Nürnberg Rbf	→ Wb
Köf 6137	321 167-9	21.05.69	324 013-2	Gmeinder	4686	52	17.12.87	Hamburg 4	→ Wb (CH)
Köf 6138			323 074-5	Gmeinder	4687	52	15.07.77	Fulda	
Köf 6139	321 168-7	28.02.73	322 172-8	Gmeinder	4688	52	30.07.87	Nürnberg 2	→ VMG
Köf 6140	321 151-3	25.06.73	324 057-9	Deutz	47122	50	17.12.87	Krefeld	→ Wb
Köf 6141	321 152-1	21.22.68	323 998-5	Deutz	47123	50	31.07.95	Gremberg	
Köf 6142	321 163-8	01.03.68	323 468-9	Deutz	47196	51	31.12.79	München Hbf	

Köf 6143	321 164-6	01.11.72	322 170-2	Deutz	47197	51	31.12.79	Hof	
Köf 6144	321 169-5	17.01.68	323 460-6	Gmeinder	4689	52			
Köf 6145			322 040-7	Gmeinder	4690	52	18.03.79	Hamm	
Köf 6146			323 075-2	Gmeinder	4691	52	26.09.87	Hannover 1	→ Wb
Köf 6147			323 076-0	Deutz	47198	52	30.12.82	Frankfurt/M 2	→ Wb (I)
Köf 6148	321 170-3	21.05.68	323 490-3	Gmeinder	4777	53	31.12.92	AW Opladen	
Köf 6149	321 171-1	22.01.69	322 146-2	Gmeinder	4778	53	11.11.78	Darmstadt	→ Wb
Köf 6150	321 172-9	26.02.73	324 053-8	Gmeinder	4779	53	31.12.84	Braunschweig 1	
Köf 6151	321 173-7	06.07.73	322 179-3	Gmeinder	4780	53	11.12.87	Mainz	Gerät
Köf 6152			322 041-5	Gmeinder	4781	53	31.12.80	Hannover	→ Wb → MKO
Köf 6153	321 174-5	01.08.69	324 017-3	Gmeinder	4782	53	31.12.92	Gremberg	→ Wb → BME
Köf 6154	321 175-2	18.04.68	323 481-2	Gmeinder	4783	53	11.12.87	Lübeck	Gerät
Köf 6155	321 176-0	13.09.73	322 181-9	Gmeinder	4784	53	22.02.79	Rosenheim	→ Wb
Köf 6156	321 177-8	12.12.68	322 140-5	Gmeinder	4785	53	30.11.83	Karlsruhe	
Köf 6157	321 178-6	01.02.68	323 440-8	Gmeinder	4786	53	25.09.96	Regensburg	→ VM Nürnberg
Köf 6158	321 179-4	13.02.79	322 147-0	Gmeinder	4787	53	31.12.79	Nürnberg Rbf	Gerät
Köf 6159	321 180-2	19.10.67	323 942-3	Gmeinder	4788	53	11.12.87	Mannheim 1	→ Wb
Köf 6160	321 181-0	13.05.68	323 491-1	Gmeinder	4789	53	30.11.88	Gremberg	
Köf 6161	321 182-8	11.06.69	322 154-6	Gmeinder	4790	53	31.12.80	München Hbf	→ Wb
Köf 6162			323 077-8	Gmeinder	4791	53	31.10.90	Gießen	Gerät
Köf 6163	321 183-6	27.10.69	324 023-1	Gmeinder	4792	53			
Köf 6164			323 521-5	Gmeinder	4793	54	31.12.93	Bremerhaven	
Köf 6165			323 522-3	Gmeinder	4794	54	30.08.96	Dortmund Bbf	
Köf 6166			323 523-1	Gmeinder	4795	54	30.11.88	Hannover 1	
Köf 6167			323 524-9	Gmeinder	4796	54	31.10.90	Hannover 1	
Köf 6168			323 525-6	Gmeinder	4797	54	31.12.92	Flensburg	
Köf 6169			323 526-4	Gmeinder	4798	54	30.12.87	Kornwestheim	→ GES
Köf 6170			322 510-9	Gmeinder	4799	54	31.12.80	AW Trier	→ Wb
Köf 6171			322 511-7	Gmeinder	4800	54	31.12.79	Betzdorf	
Köf 6172			322 513-3	Gmeinder	4801	54	31.08.87	Kaiserslautern	
Köf 6173			322 512-5	Gmeinder	4802	54	31.12.79	Mönchengladbach	
Köf 6174	321 542-3	19.02.69	322 627-1	Gmeinder	4803	54	31.12.80	Augsburg	→ Wb
Köf 6175	321 543-1	25.10.73	322 659-4	Gmeinder	4804	54	31.12.79	Kempten	→ Wb
Köf 6176	321 544-9	14.11.68	322 620-6	Gmeinder	4805	54	31.12.79	München Hbf	→ Wb
Köf 6177	321 545-6	11.10.73	322 658-6	Gmeinder	4806	54	01.12.79	Friedrichshafen	→ Wb
Köf 6178			323 527-2	Gmeinder	4807	54	29.12.83	Oldenburg	
Köf 6179	321 546-4	06.07.70	322 639-6	Gmeinder	4808	54	29.05.87	Ulm 1	→ Wb (I)
Köf 6180	321 547-2	19.10.67	323 952-2	Gmeinder	4809	54	31.10.90	Mühldorf	
Köf 6181	321 548-0	01.68	323 955-5	Gmeinder	4810	54	31.12.79	Mühldorf	
Köf 6182	321 549-8	05.08.70	322 640-4	Gmeinder	4811	54	31.12.80	Ingolstadt	→ Wb
Köf 6183	321 550-6	02.68	323 958-9	Gmeinder	4812	54	31.12.79	Augsburg	→ Wb
Köf 6184	321 551-4	04.01.71	322 644-6	Gmeinder	4813	54	01.12.79	Stuttgart	
Köf 6185	321 552-2	03.06.71	322 647-9	Gmeinder	4814	54	01.12.79	Crailsheim	→ Wb
Köf 6186	321 553-0	09.09.70	322 641-2	Gmeinder	4815	54	26.09.87	Tübingen	Gerät
Köf 6187	321 554-8	10.04.73	322 654-5	Gmeinder	4816	54	30.07.87	Kornwestheim	→ Wb
Köf 6188	321 555-5	10.06.69	322 631-3	Gmeinder	4817	54	31.12.80	Stuttgart	
Köf 6189			323 528-0	Gmeinder	4828	54	30.12.82	Ulm	→ Wb
Köf 6190	321 556-3	14.08.68	322 614-9	Gmeinder	4829	54	24.08.80	Friedrichshafen	→ Wb
Köf 6191			323 078-6	Deutz	55738	54	30.12.82	Obh.-Osterfeld Süd	
Köf 6192	321 184-4	01.03.68	323 464-8	Deutz	55739	54	17.12.87	Hamm 1	
Köf 6193			323 080-2	Deutz	55749	55	30.07.87	Osnabrück 1	
Köf 6194			323 081-0	Deutz	55750	55	26.09.87	Kornwestheim	→ Wb
Köf 6195			323 082-8	Deutz	55751	55	31.12.79	Wuppertal	→ Wb

Köf 6196			323 083-6	Deutz	55752	55		
Köf 6197			323 084-4	Deutz	55753	55	30.11.88	Hannover 1	
Köf 6198	321 185-1	05.08.68	323 987-8	Deutz	55740	54	31.12.84	München 1	→ Wb
Köf 6199	321 186-9	03.05.68	323 492-9	Deutz	55741	54	30.11.88	Braunschweig 1	→ Wb
Köf 6200	321 187-9	19.10.67	323 943-1	Deutz	55742	54	29.12.83	Dortmund 1	Gerät
Köf 6201			322 042-3	Deutz	55743	54	22.08.79	Osnabrück	
Köf 6202			323 079-4	Deutz	55744	54			
Köf 6203			322 043-1	Deutz	55745	54	31.12.80	AW Nürnberg	→ Wb → EDK
Köf 6204			322 044-9	Deutz	55746	54	31.12.80	Nürnberg 2	→ DFS
Köf 6205			322 045-6	Deutz	55747	55	31.12.80	Limburg	→ Wb
Köf 6206	321 188-5	08.03.68	323 478-8	Deutz	55748	55	30.12.87	Ulm 1	
Köf 6207			323 085-1	Deutz	55754	55	30.12.87	Freiburg	→ Wb (CH)
Köf 6208	321 189-3	13.11.68	322 139-7	Deutz	55755	55	31.12.79	Mannheim	
Köf 6209			322 046-4	Deutz	55756	55	27.05.79	Karlsruhe	
Köf 6210	321 190-1	25.01.73	324 052-0	Deutz	55757	55	30.11.95	Gießen	
Köf 6211			322 047-2	Deutz	55758	55	30.04.87	Crailsheim	→ HTJ 64
Köf 6212	321 191-9	22.07.71	322 167-8	Deutz	55759	55	31.08.87	Kornwestheim	
Köf 6213			322 048-0	Deutz	55760	55	31.12.80	Würzburg	→ Wb
Köf 6214	321 192-7	05.08.69	322 156-1	Deutz	55761	55	31.08.87	Kornwestheim	→ Wb
Köf 6215	321 193-5	28.05.68	323 495-2	Deutz	55762	55	31.08.87	Hof	→ Wb
Köf 6216			323 086-9	Deutz	56048	55	31.12.79	Krefeld	→ Wb
Köf 6217			323 087-7	Deutz	56049	55	31.10.90	Offenburg	
Köf 6218	321 194-3	11.06.68	323 499-4	Deutz	56050	55	18.12.85	Mannheim 1	
Köf 6219			322 049-8	Deutz	56051	55	26.01.78	Ulm	→ Wb (I)
Köf 6220			323 088-5	Deutz	56052	55			
Köf 6221			323 529-8	Gmeinder	4851	55	17.12.87	Hamburg 4	
Köf 6222			323 530-6	Gmeinder	4852	55	17.12.87	Flensburg	
Köf 6223			323 531-4	Gmeinder	4853	55	30.12.87	Frankfurt/M 2	
Köf 6224			323 532-2	Gmeinder	4854	55	30.11.88	Emden	
Köf 6225			323 533-0	Gmeinder	4855	55	29.12.83	Oldenburg	
Köf 6226			323 534-8	Gmeinder	4856	55	30.12.82	Essen Hbf	
Köf 6227			323 535-5	Gmeinder	4857	55	30.11.88	Karlsruhe 1	→ Wb
Köf 6228			323 536-3	Gmeinder	4858	55	30.04.84	Altenbeken	
Köf 6229			323 537-1	Gmeinder	4859	55	29.12.83	Altenbeken	
Köf 6230			323 538-9	Gmeinder	4860	55	30.11.88	Hannover 1	→ Wb (I)
Köf 6231			323 539-7	Gmeinder	4861	55	31.10.90	München 1	→ CTTG Nr. 51
Köf 6232			323 540-5	Gmeinder	4862	55	29.12.83	Nürnberg 2	→ Wb
Köf 6233			323 541-3	Gmeinder	4863	55	31.10.90	Trier	Gerät
Köf 6234			323 542-1	Gmeinder	4864	55	31.12.92	Nürnberg 2	
Köf 6235			323 543-9	Gmeinder	4865	55	31.12.77	Köln-Nippes	
Köf 6236			323 544-7	Gmeinder	4866	55	31.08.87	Tübingen	→ Wb (I)
Köf 6237			323 545-4	Gmeinder	4867	55	06.09.86	Trier	→ Wb
Köf 6238			323 546-2	Gmeinder	4868	55			
Köf 6239			323 547-0	Gmeinder	4869	55	30.04.87	Augsburg 1	→ Wb (I)
Köf 6240			323 548-8	Gmeinder	4870	55	17.12.87	Flensburg	
Köf 6241			323 549-6	Gmeinder	4871	55			
Köf 6242			323 550-4	Gmeinder	4872	55	31.12.93	Gießen	
Köf 6243			323 551-2	Gmeinder	4873	55	31.12.79	Würzburg	→ Wb
Köf 6244			323 552-0	Gmeinder	4874	55	26.09.87	Regensburg 1	→ Wb
Köf 6245			323 553-8	Gmeinder	4875	55	29.12.83	Kaiserslautern	
Köf 6246			323 554-6	Gmeinder	4876	55	30.12.82	Husum	
Köf 6247			323 555-3	Gmeinder	4877	55	31.10.90	Frankfurt/M 2	→ BE D 16
Köf 6248			323 556-1	Gmeinder	4878	56	30.11.95	Hannover	

Köf 6249	323 557-9	Gmeinder	4879	56	29.12.83	Hamm 1	
Köf 6250	323 558-7	Gmeinder	4880	56	31.08.87	Karlsruhe 1	
Köf 6251	323 571-0	Gmeinder	4881	56	17.12.87	Oberhausen	
Köf 6252	323 559-5	Gmeinder	4882	56	26.09.87	Trier	→ Wb (I)
Köf 6253	323 572-8	Gmeinder	4883	56	30.12.87	Karlsruhe 1	→ Wb (I)
Köf 6254	323 573-6	Gmeinder	4884	56	26.09.87	Göttingen	
Köf 6255	323 574-4	Gmeinder	4885	56	31.08.87	Mannheim 1	→ Wb → VEV 2-01
Köf 6256	323 560-3	Gmeinder	4886	56	31.08.87	Kornwestheim	
Köf 6257	323 575-1	Gmeinder	4887	56	17.12.87	Gremberg	→ Wb
Köf 6258	323 561-1	Gmeinder	4888	56	21.05.80	Hanau	→ Wb
Köf 6259	323 576-9	Gmeinder	4889	56	31.07.95	Mönchengladbach	
Köf 6260	323 577-7	Gmeinder	4890	56	26.09.87	Hannover 1	→ Wb (I)
Köf 6261	323 578-5	Gmeinder	4891	56	26.09.87	Nürnberg 2	
Köf 6262	323 579-3	Gmeinder	4892	56	30.07.87	Regensburg 1	
Köf 6263	323 580-1	Gmeinder	4893	56	29.12.83	Bielefeld	
Köf 6264	323 581-9	Gmeinder	4894	56	31.12.93	Offenburg	
Köf 6265	323 582-7	Gmeinder	4895	56			
Köf 6266	323 583-5	Gmeinder	4896	56	29.12.83	Hamm 1	
Köf 6267	323 584-3	Gmeinder	4897	56	17.12.87	Saarbrücken 1	→ Wb
Köf 6268	323 585-0	Gmeinder	4898	56	31.12.92	Lübeck	
Köf 6269	323 586-8	Gmeinder	4899	56	17.12.87	Oldenburg	
Köf 6270	323 587-6	Gmeinder	4900	56			
Köf 6271	323 562-9	Gmeinder	4901	56	31.03.83	Frankfurt/M 2	
Köf 6272	323 588-4	Gmeinder	4902	56	30.07.87	Ulm 1	→ Wb (I)
Köf 6273	323 589-2	Gmeinder	4903	56	30.10.87	Lichtenfels	→ Wb (I)
Köf 6274	323 591-8	Gmeinder	4974	57	30.10.87	Gremberg	
Köf 6275	323 592-6	Gmeinder	4975	57	31.10.90	Göttingen	
Köf 6276	323 593-4	Gmeinder	4976	57	31.10.90	Haltingen	→ Interfrigo
Köf 6277	323 594-2	Gmeinder	4977	57	26.09.87	Gremberg	→ Wb
Köf 6278	323 595-9	Gmeinder	4978	57	11.12.87	Lübeck	
Köf 6279	323 596-7	Gmeinder	4979	57	30.12.87	Darmstadt	→ Wb
Köf 6280	323 597-5	Gmeinder	4980	57	17.12.87	Gießen	→ OHJ 65
Köf 6281	323 598-3	Gmeinder	4981	57	30.12.87	Darmstadt	→ Wb
Köf 6282	323 599-1	Gmeinder	4982	57	24.10.79	Frankfurt/M 1	→ Wb
Köf 6283	323 590-0	Gmeinder	4983	57	11.12.87	Karlsruhe 1	→ Wb
Köf 6284	323 600-7	Gmeinder	4984	57	17.12.87	Hamburg 4	
Köf 6285	323 601-5	Gmeinder	4985	57	31.12.89	Gremberg	
Köf 6286	323 602-3	Gmeinder	4986	57	30.12.87	Mainz	→ Wb
Köf 6287	323 603-1	Gmeinder	4987	57	31.12.91	Frankfurt/M 2	
Köf 6288	323 671-8	Gmeinder	4988	57	30.10.87	Hannover 1	→ Wb (I)
Köf 6289	323 672-6	Gmeinder	4989	57	30.11.88	Osnabrück 1	
Köf 6290	323 673-4	Gmeinder	4990	57	31.10.90	Altenbeken	
Köf 6291	323 674-2	Gmeinder	4991	57	31.10.90	Göttingen	→ CTTG Nr. 50
Köf 6292	323 604-9	Gmeinder	4992	57	17.12.87	Hamburg 4	
Köf 6293	323 605-6	Gmeinder	4993	57	30.10.87	Nürnberg 2	→ Wb (I)
Köf 6294	323 606-4	Gmeinder	4994	57	30.12.87	Nürnberg 2	
Köf 6295	323 607-2	Gmeinder	4995	57	30.11.88	Nürnberg 2	→ PFA Weiden
Köf 6296	323 608-0	Gmeinder	4996	57	30.11.88	Nürnberg 2	→ Wb
Köf 6297	323 609-8	Gmeinder	4997	57	29.12.83	Bielefeld	
Köf 6298	323 610-6	Gmeinder	4998	57	30.11.88	Hamm 1	
Köf 6299	323 611-4	Gmeinder	4999	57	17.12.87	Gremberg	
Köf 6300	323 612-2	Gmeinder	5000	57	06.09.86	Gremberg	
Köf 6301	323 613-0	Gmeinder	5001	57	30.11.88	Gremberg	

Köf 6302	323 624-7	Gmeinder	5002	58	22.02.75	Hagen-Eckesey	
Köf 6303	323 614-8	Gmeinder	5003	57	30.12.87	Ulm 1	
Köf 6304	323 615-5	Gmeinder	5004	57	31.12.93	Kornwestheim	→ SOB
Köf 6305	323 616-3	Gmeinder	5005	57	24.09.78	Gremberg	
Köf 6306	323 617-1	Gmeinder	5006	57	20.05.95	Gremberg	Gerät
Köf 6307	323 618-9	Gmeinder	5007	57	17.12.87	Kassel 1	
Köf 6308	323 619-7	Gmeinder	5008	57	30.12.87	Fulda	
Köf 6309	323 620-5	Gmeinder	5009	57	27.01.83	Mannheim 1	→ Wb
Köf 6310	323 625-4	Gmeinder	5010	57	30.11.88	Mühldorf	
Köf 6311	323 626-2	Gmeinder	5011	58	30.11.88	Ingolstadt	
Köf 6312	323 621-3	Gmeinder	5012	58	29.12.83	Hamm 1	
Köf 6313	323 622-1	Gmeinder	5013	50	17.12.87	Hamm 1	
Köf 6314	323 623-9	Gmeinder	5014	58	30.11.88	Oldenburg	→ Wb (I)
Köf 6315	323 627-0	Gmeinder	5015	58	30.11.88	Karlsruhe 1	→ Eurovapor
Köf 6316	323 628-8	Gmeinder	5016	58	30.11.88	Haltingen	→ Wb
Köf 6317	323 629-6	Gmeinder	5017	58	30.12.87	Offenburg	
Köf 6318	323 630-4	Gmeinder	5018	58	31.10.88	Trier	→ Wb (I)
Köf 6319	323 631-2	Gmeinder	5019	58	30.11.88	Kaiserslautern	
Köf 6320	323 632-0	Gmeinder	5020	58	31.10.90	Gremberg	
Köf 6321	323 633-8	Gmeinder	5021	58	30.11.88	Hannover 1	
Köf 6322	323 634-6	Gmeinder	5022	58	31.12.91	Gremberg	→ Wb
Köf 6323	323 635-3	Gmeinder	5023	58	30.11.94	Karlsruhe	
Köf 6324	323 636-1	Gmeinder	5024	58	31.03.87	Mannheim 1	→ Wb
Köf 6325	323 637-9	Gmeinder	5025	58	30.11.88	Hagen 1	
Köf 6326	323 638-7	Gmeinder	5026	58	31.12.93	Gremberg	→ Wb
Köf 6327	323 639-5	Gmeinder	5027	58	30.11.88	Osnabrück 1	→ Wb
Köf 6328	323 640-3	Gmeinder	5028	58	31.10.90	Ulm 1	
Köf 6329	323 641-1	Gmeinder	5029	58			
Köf 6330	323 642-9	Gmeinder	5030	58	30.08.88	Mannheim 1	→ Hfb. Mannheim
Köf 6331	323 643-7	Gmeinder	5031	58	29.08.85	Karlsruhe 1	
Köf 6332	323 644-5	Gmeinder	5032	58	30.11.88	Braunschweig 1	
Köf 6333	323 645-2	Gmeinder	5033	58	31.08.87	Ingolstadt	
Köf 6334	323 646-0	Gmeinder	5046	58	30.12.87	Regensburg 1	Gerät
Köf 6335	323 647-8	Gmeinder	5047	58	30.11.88	Nürnberg 2	
Köf 6336	323 648-6	Gmeinder	5048	58	29.12.83	Bielefeld	
Köf 6337	323 649-4	Gmeinder	5049	58	17.12.87	Oberhausen	→ Türkei
Köf 6338	323 650-2	Gmeinder	5050	58	30.12.87	Frankfurt 2	→ Wb
Köf 6339	323 651-0	Gmeinder	5051	58	30.11.88	Lübeck	→ Wb (CH)
Köf 6340	323 652-8	Gmeinder	5052	58	31.10.90	Regensburg 1	→ Wb
Köf 6341	323 653-6	Gmeinder	5053	58	31.12.92	Gremberg	
Köf 6342	322 515-8	Gmeinder	5054	58	31.12.80	AW Nürnberg	
Köf 6343	322 516-6	Gmeinder	5055	58	31.12.80	AW Opladen	→ Wb
Köf 6344	322 514-1	Gmeinder	5056	58	19.12.80	AW Fulda	
Köf 6345	322 517-4	Gmeinder	5057	58	30.12.82	AW Hannover	
Köf 6346	322 518-2	Gmeinder	5058	58	31.12.80	Awst Karlsruhe	→ Wb
Köf 6347	323 654-4	Gmeinder	5059	58	30.11.88	Emden	
Köf 6348	322 519-0	Gmeinder	5060	58	31.12.80	Gremberg	
Köf 6349	323 655-1	Gmeinder	5061	58	01.04.82	Ulm	→ VLTJ T 17
Köf 6350	323 656-9	Gmeinder	5062	58	31.10.90	Trier	→ Wb
Köf 6351	322 051-4	Deutz	57016	59	31.12.80	Awst Offenburg	
Köf 6352	322 052-2	Deutz	57017	59	31.12.80	Hamburg 4	→ Wb
Köf 6353	322 053-0	Deutz	57018	59	31.12.80	Hamburg 4	→ Wb
Köf 6354	322 054-8	Deutz	57019	59	05.12.80	Ludwigshafen	→ Rowagg (F)

Köf 6355		322 050-6	Deutz	57020	59	19.12.80	Worms	
Köf 6356		322 055-5	Deutz	57021	59	31.12.80	AW Cannstatt	→ Wb
Köf 6357		322 056-3	Deutz	57022	59	29.12.83	Hannover 1	
Köf 6358		322 057-1	Deutz	57023	59	31.12.80	Gremberg	→ Wb
Köf 6359		322 058-9	Deutz	57024	59	31.12.80	AW Kaiserslautern	→ DGEG
Köf 6360		322 059-7	Deutz	57025	59	31.12.80	Crailsheim	→ Wb
Köf 6361		323 091-9	Deutz	57001	59	30.11.88	Gießen	
Köf 6362		323 092-7	Deutz	57002	59	31.10.88	Darmstadt	→ Wb (I)
Köf 6363		323 093-5	Deutz	57003	59	30.11.88	Frankfurt/M 2	→ Wb
Köf 6364		323 094-3	Deutz	57004	59	30.12.87	Frankfurt/M 2	→ Wb
Köf 6365		323 095-0	Deutz	57005	59	30.11.88	Hannover 1	
Köf 6366		323 096-8	Deutz	57006	59	29.12.83	Göttingen	
Köf 6367		323 097-6	Deutz	57007	59	29.12.83	Hannover 1	→ Wb
Köf 6368		323 098-4	Deutz	57008	59	30.11.88	Bremerhaven	
Köf 6369		323 099-2	Deutz	57009	59			
Köf 6370		323 100-8	Deutz	57010	59	29.12.83	Göttingen	→ Wb
Köf 6371		323 101-6	Deutz	57011	59			
Köf 6372		323 102-4	Deutz	57012	59	30.11.88	Altenbeken	→ VVM
Köf 6373		323 103-2	Deutz	57013	59	29.12.83	Oberhausen	→ Wb (F)
Köf 6374		323 104-0	Deutz	57014	59	31.12.91	Aachen	→ Wb
Köf 6375		323 105-7	Deutz	57015	59	31.12.93	Mönchengladbach	→ Wb
Köf 6376		323 657-7	Gmeinder	5097	59	30.12.87	Mannheim 1	
Köf 6377		323 658-5	Gmeinder	5098	59	31.12.92	Karlsruhe 1	
Köf 6378		323 659-3	Gmeinder	5099	59	26.09.87	Freiburg	
Köf 6379		323 660-1	Gmeinder	6000	58	29.12.83	Hagen 1	
Köf 6380		323 661-9	Gmeinder	6001	58	29.12.83	Wuppertal	
Köf 6381		323 662-7	Gmeinder	6002	59			
Köf 6382		322 520-8	Gmeinder	5103	59	31.12.80	Offenburg	→ Wb
Köf 6383		322 521-6	Gmeinder	5104	59	31.12.80	Weiden	Unterrichtslok Denkmal Osnabrück
Köf 6384		322 522-4	Gmeinder	5105	59	31.12.80	Hof	→ Wb
Köf 6385		322 523-2	Gmeinder	5106	59	31.12.80	Weiden	Gerät → Wb (I)
Köf 6386		322 524-0	Gmeinder	5107	59	22.11.80	Darmstadt	→ Wb
Köf 6387	322 525-7 20.05.68	323 963-9	Gmeinder	5108	59	30.12.87	Ingolstadt	→ Wb
Köf 6388		322 526-5	Gmeinder	5109	59	31.12.80	München Hbf	→ Wb
Köf 6389		322 527-3	Gmeinder	5110	59	26.12.69	Stuttgart	
Köf 6390		322 528-1	Gmeinder	5111	59	10.06.80	Ulm	→ Wb
Köf 6391		322 529-9	Gmeinder	5112	59	31.12.80	Würzburg	→ Wb
Köf 6392		322 530-7	Gmeinder	5113	59	31.12.80	Lichtenfels	→ Wb
Köf 6393		323 106-5	Deutz	57251	59	29.12.83	Bremen 4	
Köf 6394		323 107-3	Deutz	57252	59	31.10.90	Kaiserslautern	
Köf 6395		323 108-1	Deutz	57253	59	31.10.90	Saarbrücken 1	→ VTG
Köf 6396		323 109-9	Deutz	57254	59	31.12.92	Saarbrücken 1	
Köf 6397		323 110-7	Deutz	57255	59	30.11.88	Saarbrücken 1	
Köf 6398		323 111-5	Deutz	57256	59	29.12.83	Trier	
Köf 6399		323 112-3	Deutz	57257	59	29.12.83	Saarbrücken 1	→ Wb (I)
Köf 6400		323 113-1	Deutz	57258	59			
Köf 6401		323 114-9	Deutz	57259	59	31.12.92	Hamburg 4	
Köf 6402		323 115-6	Deutz	57260	59	31.10.90	Kassel 1	→ Jung, Jungenthal
Köf 6403		323 116-4	Deutz	57261	59	29.12.83	Fulda	→ Wb
Köf 6404		323 117-2	Deutz	57262	59	31.10.90	Kassel 1	
Köf 6405		323 118-0	Deutz	57263	59	29.02.92	Darmstadt	
Köf 6406		323 119-8	Deutz	57264	59	31.10.90	Mannheim 1	→ Wb

Köf 6407	323 120-6	Deutz	57265	59	31.12.93	Dortmund 1	→ Wb
Köf 6408	323 121-4	Deutz	57266	59	31.12.92	Hamm 1	
Köf 6409	323 122-2	Deutz	57267	59	31.12.93	Mönchengladbach	→ Wb
Köf 6410	323 123-0	Deutz	57268	59	31.10.90	Darmstadt	
Köf 6411	323 124-8	Deutz	57269	59	29.12.83	Gremberg	
Köf 6412	323 125-5	Deutz	57270	59	31.10.90	Darmstadt	Gerät → Wb
Köf 6413	323 126-3	Deutz	57271	59	31.10.90	Karlsruhe 1	→ Wb
Köf 6414	323 127-1	Deutz	57272	59	31.12.92	Mannheim 1	→ Wb
Köf 6415	323 128-9	Deutz	57273	59			
Köf 6416	323 129-7	Deutz	57274	59	31.12.93	Mönchengladbach	
Köf 6417	323 130-5	Deutz	57275	59	31.12.93	Mönchengladbach	
Köf 6418	323 131-3	Deutz	57276	59	31.12.93	Siegen	
Köf 6419	323 132-1	Deutz	57277	59	29.12.83	Gremberg	
Köf 6420	323 133-9	Deutz	57278	59	31.12.92	Gremberg	→ Wb
Köf 6421	323 134-7	Deutz	57279	59	29.12.83	Mönchengladbach	→ Wb
Köf 6422	323 135-4	Deutz	57280	59	30.11.88	Mönchengladbach	→ Wb
Köf 6423	323 136-2	Deutz	57281	59	28.06.85	Gremberg	
Köf 6424	323 137-0	Deutz	57282	59	31.12.93	Kassel 1	
Köf 6425	323 138-8	Deutz	57283	59	28.06.85	Kassel 1	
Köf 6426	323 139-6	Deutz	57284	59			
Köf 6427	323 140-4	Deutz	57285	59	29.12.83	Kassel 1	
Köf 6428	323 141-2	Deutz	57286	59	31.10.90	Kassel 1	Gerät
Köf 6429	323 142-0	Deutz	57287	59	30.12.87	Ulm 1	
Köf 6430	323 143-8	Deutz	57288	59	31.10.90	Gießen	→ Hfb. Kiel
Köf 6431	323 144-6	Deutz	57289	59	29.12.83	Bremerhaven	
Köf 6432	323 145-3	Deutz	57290	59			
Köf 6433	323 146-1	Deutz	57291	59	28.06.85	Osnabrück 1	→ Wb
Köf 6434	323 147-9	Deutz	57292	59	28.06.85	Bremen 1	
Köf 6435	323 148-7	Deutz	57293	59	30.11.88	Hannover 1	
Köf 6436	323 149-5	Deutz	57294	59	31.10.90	Trier	→ Vennbahn
Köf 6437	323 150-3	Deutz	57295	59	28.06.85	Wuppertal	
Köf 6438	323 151-1	Deutz	57296	59	31.12.92	Gremberg	
Köf 6439	323 152-9	Deutz	57297	59	31.10.90	Karlsruhe 1	→ Wb
Köf 6440	323 201-4	Deutz	57298	60	28.06.85	Krefeld	→ Wb
Köf 6441	323 202-2	Deutz	57299	60	31.12.92	Gremberg	→ Wb
Köf 6442	323 203-0	Deutz	57300	60	29.12.83	Krefeld	→ Wb
Köf 6443	323 204-8	Deutz	57301	60	29.12.83	Darmstadt	
Köf 6444	323 153-7	Deutz	57302	59	29.12.83	Frankfurt/M 2	→ EF Seesen
Köf 6445	323 154-5	Deutz	57303	59	29.12.83	Saarbrücken 1	
Köf 6446	323 205-5	Deutz	57304	60	27.05.79	Worms	
Köf 6447	323 206-3	Deutz	57305	60	29.12.83	Kaiserslautern	→ Wb (I)
Köf 6448	323 155-2	Deutz	57306	59	29.12.83	Gremberg	
Köf 6449	323 156-0	Deutz	57307	59	29.12.83	Saarbrücken 1	→ M. Hermeskeil
Köf 6450	323 157-8	Deutz	57308	59	30.12.96	Mönchengladbach	
Köf 6451	323 207-1	Deutz	57309	60	30.11.88	Trier	→ Wb (CH)
Köf 6452	323 208-9	Deutz	57310	60			
Köf 6453	323 209-7	Deutz	57311	60	31.12.84	Saarbrücken 1	→ Wb
Köf 6454	323 210-5	Deutz	57312	60	29.12.83	Braunschweig 1	→ VGH
Köf 6455	323 211-3	Deutz	57313	60	28.06.85	Braunschweig 1	
Köf 6456	323 212-1	Deutz	57314	60	29.12.83	Göttingen	
Köf 6457	323 213-9	Deutz	57315	60	28.06.85	Hannover 1	
Köf 6458	323 214-7	Deutz	57316	60			
Köf 6459	323 215-4	Deutz	57317	60	28.06.85	Gremberg	→ Wb

Köf 6460	323 216-2	Deutz	57318	60	31.07.95	Mönchengladbach	
Köf 6461	323 217-0	Deutz	57319	60	18.12.85	Limburg	
Köf 6462	323 218-8	Deutz	57320	60	31.1292	Saarbrücken 1	
Köf 6463	323 219-6	Deutz	57321	60	29.07.72	Mannheim	→ Wb
Köf 6464	323 220-4	Deutz	57322	60	31.12.84	Kaiserslautern	
Köf 6465	323 221-2	Deutz	57323	60	31.12.93	Hagen 1	
Köf 6466	323 158-6	Deutz	57324	60	29.12.83	Hagen 1	
Köf 6467	323 222-0	Deutz	57325	60	31.10.90	Göttingen	
Köf 6468	323 223-8	Deutz	57326	60	29.12.83	Braunschweig 1	
Köf 6469	323 224-6	Deutz	57327	60	30.11.95	Göttingen	
Köf 6470	323 225-3	Deutz	57328	60	31.12.92	Braunschweig 1	→ DG 41 096
Köf 6471	323 226-1	Deutz	57329	60	28.06.85	Altenbeken	
Köf 6472	323 227-9	Deutz	57330	60	28.06.85	Kassel 1	→ Hc
Köf 6473	323 228-7	Deutz	57331	60	20.09.96	Ingolstadt	
Köf 6474	323 229-5	Deutz	57332	60	30.08.96	Kassel	
Köf 6475	323 230-3	Deutz	57333	60	31.10.90	Frankfurt/M 2	Gerät
Köf 6476	323 231-1	Deutz	57334	60	28.06.85	Emden	
Köf 6477	323 232-9	Deutz	57335	60	18.12.85	Mannheim 1	
Köf 6478	323 233-7	Deutz	57336	60	06.09.86	Hannover 1	→ Wb (I)
Köf 6479	323 234-5	Deutz	57337	60	29.12.83	Löhne	
Köf 6480	323 235-2	Deutz	57338	60	30.11.88	AW Nürnberg	→ Wb (CH)
Köf 6481	323 236-0	Deutz	57339	60	06.09.86	Oldenburg	→ Wb (I)
Köf 6482	323 237-8	Deutz	57340	60	29.12.83	Löhne	Gerät → M. Rahden
Köf 6483	323 238-6	Deutz	57341	60	15.09.92	Frankfurt/M 2	→ Wb (I)
Köf 6484	323 239-4	Deutz	57342	60			
Köf 6485	323 240-2	Deutz	57343	60	30.04.84	Darmstadt	→ Wb (I)
Köf 6486	323 241-0	Deutz	57344	60	30.08.96	Kassel	
Köf 6487	323 242-8	Deutz	57345	60	06.09.86	Emden	
Köf 6488	323 243-6	Deutz	57346	60	06.09.86	Altenbeken	
Köf 6489	323 244-4	Deutz	57347	60	06.09.86	Trier	→ Wb (I)
Köf 6490	323 245-1	Deutz	57348	60	01.04.91	Kaiserslautern	
Köf 6491	323 246-9	Deutz	57349	60	18.03.79	St. Wendel	
Köf 6492	323 247-7	Deutz	57350	60	31.12.92	Trier	
Köf 6493	323 675-9	Gmeinder	5127	59	27.05.79	München Hbf	
Köf 6494	323 676-7	Gmeinder	5128	59	30.11.88	Hannover 1	
Köf 6495	323 677-5	Gmeinder	5129	59	30.12.87	Haltingen	
Köf 6496	323 678-3	Gmeinder	5130	59	29.12.83	AW Nürnberg	
Köf 6497	323 679-1	Gmeinder	5131	59	30.12.87	Mühldorf	→ Wb (I)
Köf 6498	323 680-9	Gmeinder	5132	59	31.07.95	München West	
Köf 6499	323 681-7	Gmeinder	5133	59	30.12.87	München 1	→ Wb
Köf 6500	323 682-5	Gmeinder	5134	59	31.12.92	Hof	
Köf 6501	323 683-3	Gmeinder	5135	59	30.11.83	Regensburg 1	Doppelbesetzung DB/DR → BEM
Köf 6502	323 684-1	Gmeinder	5136	59	31.10.90	Ulm 1	Doppelbesetzung DB/DR
Köf 6503	323 685-8	Gmeinder	5137	59	29.12.83	Ingolstadt	→ Wb
Köf 6504	323 686-6	Gmeinder	5138	59	01.02.84	Ulm	→ Wb
Köf 6505	323 687-4	Gmeinder	5139	59	31.10.90	Mühldorf	
Köf 6506	323 688-2	Gmeinder	5140	59	06.09.86	Mühldorf	
Köf 6507	323 689-0	Gmeinder	5141	59	30.11.83	München 1	→ Wb
Köf 6508	323 690-8	Gmeinder	5142	59	29.11.83	Heidelberg	→ Wb
Köf 6509	323 709-6	Gmeinder	5143	59	31.12.92	Ingolstadt	→ Wb
Köf 6510	323 710-4	Gmeinder	5144	60			
Köf 6511	323 711-2	Gmeinder	5145	60	30.11.83	München 1	→ Wb

Köf 6512	323 712-0	Gmeinder	5146	60	31.12.84	Mühldorf	→ Wb (I)
Köf 6513	323 713-8	Gmeinder	5147	60	29.12.83	Mannheim 1	→ Wb (I)
Köf 6514	323 714-6	Gmeinder	5148	60	29.12.83	Freilassing	
Köf 6515	323 715-3	Gmeinder	5149	60			
Köf 6516	323 716-1	Gmeinder	5150	60			
Köf 6517	323 717-9	Gmeinder	5151	60	29.12.83	Oldenburg	
Köf 6518	323 718-7	Gmeinder	5152	60	30.12.87	Heidelberg	→ Wb
Köf 6519	323 719-5	Gmeinder	5153	60	31.12.92	Mühldorf	→ Wb
Köf 6520	323 720-3	Gmeinder	5154	60	30.10.87	AW Nürnberg	
Köf 6521	323 721-1	Gmeinder	5155	60	31.10.90	Mühldorf	→ Wb
Köf 6522	323 722-9	Gmeinder	5156	60	31.12.84	Offenburg	
Köf 6523	323 723-7	Gmeinder	5157	60	30.11.83	Kornwestheim	
Köf 6524	323 724-5	Gmeinder	5158	60	30.11.83	Kornwestheim	→ Wb
Köf 6525	323 725-2	Gmeinder	5159	60	31.12.84	Kornwestheim	→ Wb
Köf 6526	323 726-0	Gmeinder	5160	60	30.11.83	Kornwestheim	→ Wb
Köf 6527	323 727-8	Gmeinder	5161	60	30.10.90	Ulm 1	→ Wb
Köf 6528	323 728-6	Gmeinder	5162	60	30.11.88	Altenbeken	→ Wb (E)
Köf 6529	323 729-4	Gmeinder	5163	60			
Köf 6530	323 730-2	Gmeinder	5164	60			
Köf 6531	323 731-0	Gmeinder	5165	60	31.12.84	Nürnberg 2	
Köf 6532	323 732-8	Gmeinder	5166	60	31.10.95	Nürnberg Rbf	
Köf 6533	323 733-6	Gmeinder	5167	60	30.11.83	Passau	→ Wb
Köf 6534	323 734-4	Gmeinder	5168	60			
Köf 6535	323 735-1	Gmeinder	5169	60	31.10.90	Kaiserslautern	
Köf 6536	323 736-9	Gmeinder	5170	60	30.06.88	Kornwestheim	→ EF Wetterau
Köf 6537	323 737-7	Gmeinder	5171	60			
Köf 6538	323 738-5	Gmeinder	5172	60	31.07.95	Osnabrück	
Köf 6539	323 739-3	Gmeinder	5173	60	31.12.84	Ulm	→ Wb
Köf 6540	323 740-1	Gmeinder	5174	60	31.10.90	Kornwestheim	→ Wb
Köf 6541	323 741-9	Gmeinder	5175	60	30.04.86	Heilbronn	→ Wb (DK)
Köf 6542	323 742-7	Gmeinder	5176	60	31.12.92	Osnabrück 1	
Köf 6543	323 743-5	Gmeinder	5177	60	31.10.90	Frankfurt/M 2	
	Ausmusterung rückgängig 01.02.91 Frankfurt/M 2				31.07.95	Frankfurt/M 2	
Köf 6544	323 744-3	Gmeinder	5178	60	31.10.76	Hanau	
Köf 6545	323 745-0	Gmeinder	5179	60	06.09.86	Karlsruhe	→ Wb (I)
Köf 6546	323 746-8	Gmeinder	5180	60	17.12.87	Darmstadt	→ Denkmal
Köf 6547	323 747-6	Gmeinder	5181	60	03.06.96	Frankfurt/M 2	
Köf 6548	323 748-4	Gmeinder	5182	60	30.11.88	Darmstadt	
Köf 6549	323 749-2	Gmeinder	5183	60	30.08.96	Kornwestheim	
Köf 6550	323 750-0	Gmeinder	5183	60	18.12.85	Ludwigshafen	→ Wb
Köf 6551	323 751-8	Gmeinder	5185	60	06.09.86	Heilbronn	→ Wb
Köf 6552	323 752-6	Gmeinder	5186	60	30.04.86	Heilbronn	→ Wb
Köf 6553	323 753-4	Gmeinder	5187	60	30.11.83	Kornwestheim	→ Wb
Köf 6554	323 754-2	Gmeinder	5188	60	31.12.84	Augsburg 1	→ Wb (CH)
Köf 6555	323 755-9	Gmeinder	5189	60	31.12.84	Nürnberg 2	→ Wb (I)
Köf 6556	323 756-7	Gmeinder	5190	60			
Köf 6557	323 757-5	Gmeinder	5191	60	25.09.96	Lichtenfels	
Köf 6558	323 758-3	Gmeinder	5192	60			
Köf 6559	323 759-1	Gmeinder	5193	60	31.12.93	Nürnberg 2	
Köf 6560	323 760-9	Gmeinder	5194	60			
Köf 6561	323 761-7	Gmeinder	5195	60	31.12.92	Trier	→ Wb
Köf 6562	323 762-5	Gmeinder	5196	60	31.10.90	Göttingen	
Köf 6563	323 763-3	Gmeinder	5197	60			

Köf 6564	323 764-1	Gmeinder	5198	60	31.12.92	Regensburg 1	→ Wb
Köf 6565	323 765-8	Gmeinder	5199	60	01.02.84	Ulm 1	→ Wb
Köf 6566	323 766-6	Gmeinder	5200	60	06.09.86	Gremberg	
Köf 6567	323 767-4	Gmeinder	5201	60	31.10.90	Ulm 1	
Köf 6568	323 768-2	Gmeinder	5202	60	31.12.84	Augsburg 1	→ Wb
Köf 6569	323 769-0	Gmeinder	5203	60	11.12.87	Gremberg	
Köf 6570	323 770-8	Gmeinder	5204	60			
Köf 6571	323 771-6	Gmeinder	5205	60	18.12.85	Freiburg	→ Wb
Köf 6572	323 772-4	Gmeinder	5206	60	29.02.92	Karlsruhe 1	
Köf 6573	323 773-2	Gmeinder	5207	60	31.01.95	Offenburg	→ Wb
Köf 6574	323 774-0	Gmeinder	5208	60	06.09.86	Saarbrücken 1	→ Wb
Köf 6575	323 775-7	Gmeinder	5209	60	30.11.88	Kaiserslautern	
Köf 6576	323 776-5	Gmeinder	5210	60	29.12.83	Trier	
Köf 6577	323 777-3	Gmeinder	5211	60			
Köf 6578	323 778-1	Gmeinder	5212	60	16.06.72	Trier	
Köf 6579	323 871-4	Gmeinder	5213	61			
Köf 6580	323 872-2	Gmeinder	5214	61	31.12.84	Lichtenfels	→ Wb
Köf 6581	323 873-0	Gmeinder	5215	61			
Köf 6582	323 874-8	Gmeinder	5216	61	06.09.86	Saarbrücken 1	
Köf 6583	323 875-5	Gmeinder	5217	61	28.02.87	München 1	
Köf 6584	323 876-3	Gmeinder	5218	61	31.12.92	Saarbrücken 1	
Köf 6585	323 877-1	Gmeinder	5219	61	30.04.86	Frankfurt/M 2	
Köf 6586	323 878-9	Gmeinder	5220	61	31.03.87	Frankfurt/M 2	→ Wb
Köf 6587	323 879-7	Gmeinder	5221	61	27.05.79	AW Limburg	→ Wb
Köf 6588	323 880-5	Gmeinder	5222	61			
Köf 6589	323 881-3	Gmeinder	5223	61	31.07.95	Frankfurt/M 2	
Köf 6590	323 882-1	Gmeinder	5224	61	31.01.86	Singen	
Köf 6591	323 883-9	Gmeinder	5225	61	31.12.84	Mannheim 1	
Köf 6592	323 884-7	Gmeinder	5226	61	31.12.93	Singen	→ Wb
Köf 6593	323 161-0	O & K	26000	59	30.11.95	Hmb.-Wilhelmsburg	
Köf 6594	323 162-8	O & K	26001	59	30.11.83	Hamburg 4	
Köf 6595	323 163-6	O & K	26002	59	29.12.83	Hamburg 4	
Köf 6596	323 164-4	O & K	26003	59	26.09.87	Hamburg 4	
Köf 6597	323 165-1	O & K	26004	59	30.11.95	Hmb.-Wilhelmsburg	
Köf 6598	323 166-9	O & K	26005	59	29.12.83	Hamburg 4	→ Wb
Köf 6599	323 167-7	O & K	26006	59	29.12.83	Hamburg 4	
Köf 6600	323 168-5	O & K	26007	59	28.06.85	Hamburg 4	
Köf 6601	323 169-3	O & K	26008	59			
Köf 6602	323 170-1	O & K	26009	59	17.12.87	Oberhausen	→ NIAG 7"
Köf 6603	323 171-9	O & K	26010	59	29.12.83	Oberhausen	→ LJ 13
Köf 6604	323 172-7	O & K	26011	59	29.12.83	Oberhausen	
Köf 6605	323 173-5	O & K	26012	59			
Köf 6606	323 174-3	O & K	26013	59	30.11.88	Hamm 1	→ Wb
Köf 6607	323 175-0	O & K	26014	59	29.12.83	Oldenburg	
Köf 6608	323 176-8	O & K	26015	59	31.12.92	Osnabrück 1	→ Wb
Köf 6609	323 177-6	O & K	26016	59	30.11.88	Hamm 1	→ Wb
Köf 6610	323 178-4	O & K	26017	59	30.11.95	Emden	
Köf 6611	323 179-2	O & K	26018	59	31.10.90	Bremen 1	→ Wb
Köf 6612	323 180-0	O & K	26019	59	29.12.83	Osnabrück 1	
Köf 6613	323 181-8	O & K	26020	59	31.12.93	Hannover 1	
Köf 6614	323 182-6	O & K	26021	59	31.12.93	Bremen 1	
Köf 6615	323 183-4	O & K	26022	59	29.12.83	Braunschweig 1	→ DGEG
Köf 6616	323 184-2	O & K	26023	59	20.09.96	Braunschweig	

Köf 6617	323 185-9	O & K	26024	59	31.12.92	Trier	→ Wb
Köf 6618	323 186-7	O & K	26025	59	30.11.95	Hmb.-Wilhelmsburg	
Köf 6619	323 187-5	O & K	26026	59	31.12.92	Lübeck	
Köf 6620	323 188-3	O & K	26027	59	30.11.95	Hmb.-Wilhelmsburg	
Köf 6621	323 189-1	O & K	26028	59	28.06.85	Lübeck	
Köf 6622	323 248-5	O & K	26029	60	29.12.83	Hannover 1	→ Wb
Köf 6623	323 249-3	O & K	26030	60	28.06.85	Hannover 1	
Köf 6624	323 250-1	O & K	26031	60	31.12.92	Altenbeken	
Köf 6625	323 251-9	O & K	26032	60	28.06.85	Bremen 1	→ VGH 125
Köf 6626	323 252-7	O & K	26033	60	28.06.85	Hannover 1	
Köf 6627	323 253-5	O & K	26034	60	29.12.83	Göttingen	
Köf 6628	323 254-3	O & K	26035	60			
Köf 6629	323 255-0	O & K	26036	60	24.07.74	Bielefeld	
Köf 6630	323 256-8	O & K	26037	60	29.12.83	Hamburg 4	→ LJ 8
Köf 6631	323 257-6	O & K	26038	60	30.11.95	Hmb.-Wilhelmsburg	
Köf 6632	323 258-4	O & K	26039	60	29.12.83	Hamburg 4	
Köf 6633	323 259-2	O & K	26040	60	31.12.93	Nürnberg 2	
Köf 6634	323 260-0	O & K	26041	60	30.11.95	AW Hannover	
Köf 6635	323 261-8	O & K	26042	60	29.12.83	Braunschweig 1	
Köf 6636	323 262-6	O & K	26043	60	06.09.86	Osnabrück 1	Gerät
Köf 6637	323 263-4	O & K	26044	60	30.11.88	Hamm 1	→ Wb
Köf 6638	323 264-2	O & K	26045	60			
Köf 6639	323 265-9	O & K	26046	60	28.06.85	Hamburg 4	
Köf 6640	323 266-7	O & K	26047	60	29.12.83	Hamburg 4	
Köf 6641	323 267-5	O & K	26048	60	06.09.86	Saarbrücken 1	→ Wb (I)
Köf 6642	323 268-3	O & K	26049	60	31.12.93	Trier	
Köf 6643	323 269-1	O & K	26050	60	28.06.85	Lübeck	
Köf 6644	323 270-9	O & K	26051	60	30.11.95	Hmb.-Wilhelmsburg	
Köf 6645	323 271-7	O & K	26052	60	28.06.85	Lübeck	
Köf 6646	323 272-5	O & K	26053	60	31.10.90	Bremen 1	
Köf 6647	323 273-3	O & K	26054	60			
Köf 6648	323 274-1	O & K	26055	60	31.12.92	Oberhausen	
Köf 6649	323 275-8	O & K	26056	60	29.12.83	Oberhausen	
Köf 6650	323 276-6	O & K	26057	60			
Köf 6651	323 277-4	O & K	26058	60	29.12.83	Dortmund 1	→ SB T3
Köf 6652	323 278-2	O & K	26059	60	30.11.78	Hamm	
Köf 6653	323 279-0	O & K	26060	60			
Köf 6654	323 280-8	O & K	26061	60	28.06.85	Bremen 1	→ Wb
Köf 6655	323 281-6	O & K	26062	60	06.09.86	Braunschweig 1	→ Wb
Köf 6656	323 282-4	O & K	26063	60	29.12.83	Göttingen	
Köf 6657	323 283-2	O & K	26064	60	28.06.85	Hannover 1	
Köf 6658	323 284-0	O & K	26065	60	28.06.85	Osnabrück 1	
Köf 6659	323 285-7	O & K	26066	60	31.12.86	Hannover 1	
Köf 6660	323 286-5	O & K	26067	60	31.10.90	Dortmund 1	→ Wb
Köf 6661	323 287-3	O & K	26068	60			
Köf 6662	323 288-1	O & K	26069	60	31.07.95	Emden	
Köf 6663	323 289-9	O & K	26070	60	06.09.86	Hannover 1	→ VNJ 16
Köf 6664	323 290-7	O & K	26071	60	31.12.86	Osnabrück 1	
Köf 6665	323 291-5	O & K	26072	60			
Köf 6666	323 292-3	O & K	26073	60	31.12.93	Bremen 1	→ Wb
Köf 6667	323 190-9	O & K	26074	59	30.11.95	Hmb.-Wilhelmsburg	
Köf 6668	323 191-7	O & K	26075	59	31.12.93	Hannover 1	
Köf 6669	323 192-5	O & K	26076	59			

Köf 6670	323 193-3	O & K	26077	59	18.12.85	Oberhausen	→ Wb (I)
Köf 6671	323 194-1	O & K	26078	59	06.09.86	Wuppertal	→ Wb (I)
Köf 6672	323 293-1	O & K	26079	60	29.12.83	Oberhausen	
Köf 6673	323 294-9	O & K	26080	60	18.12.85	Oberhausen	→ Wb (NL)
Köf 6674	323 295-6	O & K	26081	60	18.12.85	Dortmund 1	→ Wb (F)
Köf 6675	323 296-4	O & K	26082	60	31.10.90	Dortmund 1	Gerät
Köf 6676	323 297-2	O & K	26083	60	31.12.93	Osnabrück 1	
Köf 6677	323 298-0	O & K	26084	60	17.12.87	Hannover 1	
Köf 6678	323 299-8	O & K	26085	60	31.12.92	Bremen 1	
Köf 6679	323 300-4	O & K	26086	60	31.12.86	Hannover 1	
Köf 6680	323 301-2	O & K	26087	60	06.09.86	Braunschweig 1	→ LJ 17
Köf 6681	323 302-0	O & K	26088	60			
Köf 6682	323 303-8	O & K	26089	60			
Köf 6683	323 304-6	O & K	26090	60	29.12.83	Husum	→ Wb
Köf 6684	323 305-3	O & K	26091	60	31.03.96	Gremberg	→ Wb
Köf 6685	323 306-1	O & K	26092	60	29.12.83	Gremberg	→ Wb
Köf 6686	323 307-9	O & K	26093	60	30.11.83	Gremberg	
Köf 6687	323 308-7	O & K	26094	60	06.09.86	Mönchengladbach	→ Wb
Köf 6688	323 309-5	O & K	26095	60	06.09.86	Braunschweig 1	→ LJ 16
Köf 6689	323 310-3	O & K	26096	60	06.09.86	Hannover 1	→ Wb (I)
Köf 6690	323 311-1	O & K	26097	60	31.10.90	Bremen 1	
Köf 6691	323 312-9	O & K	26098	60	29.12.83	Braunschweig 1	
Köf 6692	323 313-7	O & K	26099	60	31.12.86	Bremerhaven	→ Wb
Köf 6693	323 691-6	Jung	13131	59	31.10.95	Frankfurt/M 2	
Köf 6694	323 692-4	Jung	13132	59	30.11.88	Frankfurt/M 2	→ Wb
Köf 6695	323 693-2	Jung	13133	59	30.12.87	Frankfurt/M 2	
Köf 6696	323 694-0	Jung	13134	59	30.11.88	Gießen	→ Wb
Köf 6697	323 695-7	Jung	13135	59	30.11.88	Bremerhaven	
Köf 6698	323 696-5	Jung	13136	59	31.12.91	Darmstadt	Gerät
Köf 6699	323 697-3	Jung	13137	59	29.12.83	Heidelberg	→ Wb
Köf 6700	323 698-1	Jung	13138	59	30.12.87	Kempten	→ Wb
Köf 6701	323 699-9	Jung	13139	59	30.12.87	München 1	→ Wb
Köf 6702	323 700-5	Jung	13140	59	29.12.83	Aschaffenburg	→ Wb
Köf 6703	323 701-3	Jung	13141	59	30.11.88	München 1	→ Gleisbaufirma Türkei
Köf 6704	323 702-1	Jung	13142	59	29.05.87	Mannheim 1	→ Wb
Köf 6705	323 703-9	Jung	13143	59	30.11.83	München 1	→ Wb
Köf 6706	323 704-7	Jung	13144	59	31.01.95	Nürnberg Rbf	
Köf 6707	323 705-4	Jung	13145	59	31.01.95	Regensburg	
Köf 6708	323 706-2	Jung	13146	59	31.12.91	Nürnberg 2	
Köf 6709	323 707-0	Jung	13147	59	31.01.95	Nürnberg Rbf	
Köf 6710	323 780-7	Jung	13148	60			
Köf 6711	323 781-5	Jung	13149	60	30.11.88	AW Nürnberg	→ Wb
Köf 6712	323 782-3	Jung	13150	60	29.12.83	Hof	→ Oswald Steam (CH)
Köf 6713	323 783-1	Jung	13151	60	31.12.92	München 1	
Köf 6714	323 784-9	Jung	13152	60	30.04.84	Würzburg 1	→ Wb
Köf 6715	323 785-6	Jung	13153	60	29.12.83	Augsburg 1	→ Wb (I)
Köf 6716	323 786-4	Jung	13154	60	30.12.87	Mühldorf	→ Wb
Köf 6717	323 787-2	Jung	13155	60	31.10.90	Trier	→ Wb
Köf 6718	323 788-0	Jung	13156	60	30.04.86	Haltingen	→ Wb (CH)
Köf 6719	323 789-8	Jung	13157	60	30.11.83	Haltingen	→ Wb
Köf 6720	323 790-6	Jung	13158	60	30.11.95	Haltingen	→ Wb (F)
Köf 6721	323 791-4	Jung	13159	60	29.05.87	Singen	
Köf 6722	323 792-2	Jung	13160	60	30.11.83	Karlsruhe	→ Wb

Köf 6723	323 793-0	Jung	13161	60	31.12.92	Gießen	Gerät
Köf 6724	323 794-8	Jung	13162	60	31.01.95	Singen	→ Wb
Köf 6725	323 795-5	Jung	13163	60	30.12.87	Frankfurt/M 2	
Köf 6726	323 796-3	Jung	13164	60	29.12.83	Frankfurt/M 2	→ Hfb. Frankfurt/M → Wb
Köf 6727	323 797-1	Jung	13165	60	30.08.96	Hagen	
Köf 6728	323 798-9	Jung	13166	60			
Köf 6729	323 799-7	Jung	13167	60	29.12.83	Hof	
Köf 6730	323 800-3	Jung	13168	60	25.09.96	Offenburg	
Köf 6731	323 801-1	Jung	13169	60	30.12.87	Augsburg 1	Gerät → Wb
Köf 6732	323 802-9	Jung	13170	60	30.11.95	München West	
Köf 6733	323 803-7	Jung	13171	60	31.10.90	Haltingen	→ Wb (CH)
Köf 6734	323 804-5	Jung	13172	60	25.09.96	Haltingen	
Köf 6735	323 805-2	Jung	13173	60	30.11.88	Haltingen	→ Wb (F)
Köf 6736	323 806-0	Jung	13174	60	30.11.83	Haltingen	→ Wb (CH)
Köf 6737	323 807-8	Jung	13175	60	31.12.84	Haltingen	→ Wb (I)
Köf 6738	323 808-6	Jung	13176	60	31.12.84	Offenburg	→ Wb
Köf 6739	323 809-4	Jung	13177	60	30.11.88	Osnabrück 1	
Köf 6740	323 810-2	Jung	13178	60	29.12.83	Lichtenfels	→ Wb (CH)
Köf 6741	323 811-0	Jung	13179	60	27.03.86	Aschaffenburg	
Köf 6742	323 812-8	Jung	13180	60	29.12.83	Lichtenfels	→ SOB 34
Köf 6743	323 813-6	Jung	13181	60	30.11.83	Regensburg	→ Wb (I)
Köf 6744	323 814-4	Jung	13182	60	29.12.83	Lichtenfels	→ SOB
Köf 6745	323 815-1	Jung	13183	60	31.12.84	Würzburg 1	
Köf 6746	323 816-9	Jung	13184	60			
Köf 6747	323 817-7	Jung	13185	60	01.01.91	Frankfurt/M 2	
Köf 6748	323 818-5	Jung	13186	60	30.11.96	Darmstadt	
Köf 6749	323 819-3	Jung	13187	60	31.07.95	Frankfurt/M 2	
Köf 6750	323 820-1	Jung	13188	60	30.12.87	Singen	→ BE D 17
Köf 6751	323 821-9	Jung	13189	60	30.11.96	Gießen	
Köf 6752	323 822-7	Jung	13190	60			
Köf 6753	323 823-5	Jung	13191	60	31.12.84	Offenburg	→ Wb
Köf 6754	323 824-3	Jung	13192	60	31.12.84	Würzburg 1	
Köf 6755	323 825-0	Jung	13193	60	14.12.85	Würzburg 1	→ Wb (I)
Köf 6756	323 826-8	Jung	13194	60	30.11.88	Emden	→ Wb
Köf 6757	323 827-6	Jung	13195	60			
Köf 6758	323 828-4	Jung	13196	60	31.12.84	Würzburg 1	→ Wb (A)
Köf 6759	323 829-2	Jung	13197	60	31.12.84	Offenburg	→ Wb → RBG
Köf 6760	323 830-0	Jung	13198	60	18.12.85	Heidelberg	
Köf 6761	323 831-8	Jung	13199	60	30.11.83	Freiburg	→ Wb (I)
Köf 6762	323 832-6	Jung	13200	60			
Köf 6763	323 833-4	Jung	13201	60	31.12.79	Heidelberg	→ Wb
Köf 6764	323 834-2	Jung	13202	60	30.04.86	Karlsruhe 1	→ Wb
Köf 6765	323 835-9	Jung	13203	60			
Köf 6766	323 836-7	Jung	13204	60	31.12.84	Freiburg	→ Wb (I)
Köf 6767	323 837-5	Jung	13205	60	30.11.83	Karlsruhe	→ Wb
Köf 6768	323 838-3	Jung	13206	60			
Köf 6769	323 839-1	Jung	13207	60			
Köf 6770	323 840-9	Jung	13208	60	18.12.85	Freiburg	→ Wb (I)
Köf 6771	323 841-7	Jung	13209	60	18.12.85	Heidelberg	→ Wb (I)
Köf 6772	323 842-5	Jung	13210	60	30.08.96	Gießen	
Köf 6773	323 843-3	Jung	13211	60	06.09.86	Bremen 1	→ Wb (I)
Köf 6774	323 844-1	Jung	13212	60	30.04.86	Frankfurt/M 2	
Köf 6775	323 845-8	Jung	13213	60	29.12.83	Frankfurt/M 2	→ Wb

Köf 6776	323 846-6	Jung	13214	60	30.04.86	Mainz	
Köf 6777	323 847-4	Jung	13215	60	30.08.96	Kassel	
Köf 6778	323 848-2	Jung	13216	60	06.09.86	Hannover 1	
Köf 6779	323 849-0	Jung	13217	60	30.08.96	Kassel	
Köf 6780	323 850-8	Jung	13218	60	06.09.86	Fulda	→ TWE 11
Köf 6781	323 851-6	Jung	13219	60	31.10.90	Mannheim 1	→ Wb
Köf 6782	323 852-4	Jung	13220	60			
Köf 6783	323 853-2	Jung	13221	60	29.12.83	Kaiserslautern	→ Wb (I)
Köf 6784	323 854-0	Jung	13222	60	31.10.90	Hannover 1	→ Wb
Köf 6785	323 855-7	Jung	13223	60	06.09.86	Gießen	
Köf 6786	323 856-5	Jung	13224	60			
Köf 6787	323 857-3	Jung	13225	60	30.11.88	Braunschweig 1	
Köf 6788	323 858-1	Jung	13226	60	06.09.86	Göttingen	→ Wb
Köf 6789	323 859-9	Jung	13227	60			
Köf 6790	323 860-7	Jung	13228	60	30.11.95	Göttingen	
Köf 6791	323 861-5	Jung	13229	60	31.12.92	Trier	→ Wb
Köf 6792	323 862-3	Jung	13230	60			
Köf 6793	323 863-1	Jung	13231	60	31.07.95	Mönchengladbach	
Köf 6794	323 864-9	Jung	13232	60	31.12.92	Aachen	→ Wb
Köf 6795	323 865-6	Jung	13233	60	06.09.86	Gremberg	
Köf 6796	323 866-4	Jung	13234	60	18.12.85	Dortmund 1	→ Denkmal
Köf 6797	323 867-2	Jung	13235	60			
Köf 6798	323 868-0	Jung	13236	60	31.12.92	Dortmund 1	
Köf 6799	323 869-8	Jung	13237	60	28.06.85	Essen	
Köf 6800	323 870-6	Jung	13238	60			
Köf 6801	323 321-0	Deutz	57901	65	28.06.85	Hannover 1	
Köf 6802	323 322-8	Deutz	57902	65	30.11.95	Hmb.-Wilhelmsburg	→ Wb
Köf 6803	323 323-6	Deutz	57903	65			
Köf 6804	323 324-4	Deutz	57904	65	31.12.92	Kaiserslautern	
Köf 6805	323 325-1	Deutz	57905	65			
Köf 6806	323 326-9	Deutz	57906	65	31.12.84	Saarbrücken 1	→ Wb (CH)
Köf 6807	323 327-7	Deutz	57907	65	30.08.96	Kornwestheim	→ Wb
Köf 6808	323 328-5	Deutz	57908	65	31.12.84	Radolfzell	→ VEHE
Köf 6809	323 329-3	Deutz	57909	65	31.12.84	Trier	
Köf 6810	323 330-1	Deutz	57910	65			
Köf 6811	323 331-9	Deutz	57911	65			
Köf 6812	323 332-7	Deutz	57912	65			
Köf 6813	323 333-5	Deutz	57913	65	31.12.84	Kornwestheim	
Köf 6814	323 334-3	Deutz	57914	65	31.12.84	Trier	
Köf 6815	323 335-0	Deutz	57915	65	31.12.84	Saarbrücken 1	→ Wb → EF Bebra
Köf 6816	323 336-8	Deutz	57916	65	31.12.84	Gießen	→ Wb
Köf 6817	323 337-6	Deutz	57917	65	31.12.84	Ulm 1	→ Denkmal
Köf 6818	323 338-4	Deutz	57918	65	31.12.92	Bremen 1	
Köf 6819	323 339-2	Deutz	57919	65			
Köf 6820	323 340-0	Deutz	57920	65	28.06.85	Hamburg 4	
Köf 6821	323 341-8	Deutz	57921	65	30.11.95	Hmb.-Wilhelmsburg	→ vk
Köf 6822	323 342-6	Deutz	57922	65	15.09.96	Ingolstadt	
Köf 6823	323 343-4	Deutz	57923	65	31.10.88	Augsburg 1	→ Wb
Köf 6824	323 344-2	Deutz	57924	65	28.06.85	Lübeck	
Köf 6825	323 345-9	Deutz	57925	65	28.06.85	Lübeck	→ Wb (I)
Köf 6826	323 346-7	Deutz	57926	65	31.12.93	Bremen 1	Gerät
Köf 6827	323 347-5	Deutz	57927	65	28.06.85	Göttingen	→ Wb (I)
Köf 6828	323 348-3	Deutz	57928	65	31.12.93	Mönchengladbach	

Köf 6829		323 349-1	Deutz	57929	65	31.12.84	Ulm 1	→ Wb
Köf 6830		323 350-9	Deutz	57930	65	01.08.94	Kornwestheim	→ Wb
Köf 6831		323 351-7	Deutz	57931	65	31.12.84	Kornwestheim	→ Wb
Köf 6832		323 352-5	Deutz	57932	65			
Köf 6833		323 353-3	Deutz	57933	65	31.10.90	Hannover 1	→ EF Seesen
Köf 6834		323 354-1	Deutz	57934	65	30.04.84	Würzburg 1	→ MEP → Wb (I)
Köf 6835		323 355-8	Deutz	57935	65	30.04.86	Kornwestheim	

Baureihe V 15/101/311 (DR/DB AG)

| Betriebsnummer | | | Hersteller | Fab.-Nr. | Baujahr | Aus-musterung | letztes Bw | Anmerkung |
bis 1969	ab 1970	ab 1992						
V 15 1001			LKM	253002	59	05.61	Magdeburg Hbf	→ Hfb. Magdeburg
V 15 1002			LKM	253003	59	06.61	Magdeburg Hbf	→ Hfb. Magdeburg
V 15 1003			LKM	253004	59	16.05.61	Leipzig West	→ WI Raw Jena
V 15 1004	101 004-0	311 004-6	LKM	253005	59	20.05.95	Bln-Grunewald	→ Hei Na Ganzlin
V 15 1005	101 005-7		LKM	253006	59			UB in ASF 01
V 15 1006			LKM	253007	60	24.05.61	Magdeburg Hbf	→ Hfb. Magdeburg
	101 006-5	311 006-1	LKM	253007	85	04.01.94	Lpz.-Wahren	ex Hfb. Magdeburg
V 15 1007	101 007-3		LKM	253008	60	07.03.62	Leipzig West	→ Gleisb. Naumbg.
V 15 1008	101 008-1		LKM	253009	60	75	Leipzig West	
V 15 1009	101 009-9	311 009-5	LKM	253010	60	01.03.94	Wustermark	→ M. Basdorf
V 15 1010	101 010-7		LKM	253011	60	28.10.84	Schwerin	UB in ASF 04
V 15 1011	101 011-5	311 011-1	LKM	253012	60	05.03.93	Chemnitz	
V 15 1012	101 012-3	311 012-9	LKM	253013	60	14.08.92	Frankfurt (O)	→ Hei Na Ganzlin
V 15 1013	101 013-1		LKM	253014	60	28.02.85	Halle G	UB in ASF 05
V 15 1014	101 014-9	311 014-5	LKM	253015	60	14.08.92	Bln.-Pankow	
V 15 1015	101 015-6	311 015-2	LKM	253016	60	28.02.95	Hoyerswerda	
V 15 1016	101 016-4		LKM	253017	60	07.03.62	Leipzig West	→ OBEDR Leipzig
V 15 1017	101 017-2		LKM	253018	60	17.10.67	Kbw Erfurt	→ OBEDR Leipzig
V 15 1018			LKM	253019	60	01.09.65	Riesa	→ Hfb. Riesa
V 15 1019			LKM	253020	60	18.08.64	Dre.-Pieschen	→ Hfb. Dresden
V 15 1020			LKM	253021	60	07.05.65	Halle P	UB in ASF 03
	101 020-6	311 020-2	LKM	254020	81	04.01.94	Kamenz	UZ aus 101 120-4
	101 051-1		LKM	261051	80			UZ aus 101 151-9
								UB in 101 714-4
V 15 2001	101 101-4	311 101-0	LKM	254001	60	04.01.94	Halle G	
V 15 2002	101 102-2	311 102-8	LKM	254002	60	22.12.93	Neustrelitz	
V 15 2003	101 103-0	311 103-6	LKM	254003	60	11.01.93	Lpz.-Wahren	
V 15 2004	101 104-8	311 104-4	LKM	254004	60	31.03.93	Leipzig Süd	
V 15 2005	101 105-5	311 105-1	LKM	254005	60	04.01.94	Lpz.-Wahren	
V 15 2006	101 106-3	311 106-9	LKM	254006	61	11.01.93	Lpz.-Wahren	
V 15 2007	101 107-1	311 107-7	LKM	254007	61	26.10.93	Halle G	
V 15 2008	101 108-9	311 108-5	LKM	254008	61	14.12.93	Lu. Wittenberg	
V 15 2009	101 109-7	311 109-3	LKM	254009	61	20.12.95	Wustermark	→ WI Raw Halle
V 15 2010	101 110-5	311 110-1	LKM	254010	61	04.01.94	Altenburg	
V 15 2011	101 111-3	311 111-9	LKM	254011	61	04.01.94	Halle G	
V 15 2012	101 112-1		LKM	254012	61	05.81	SMAD	
V 15 2013	101 113-9	311 113-5	LKM	254013	61	04.01.94	Halle G	
V 15 2014	101 114-7	311 114-3	LKM	254014	61	20.12.95	Halle G	
V 15 2015	101 115-4	311 115-0	LKM	254015	61	20.12.95	Wustermark	
V 15 2016	101 116-2	311 116-8	LKM	254016	61	04.01.94	Leipzig Süd	

V 15 2017	101 117-0		LKM	254017	61	13.02.76	Bln.-Grunewald	
V 15 2018	101 118-8	311 118-4	LKM	254018	61	20.03.95	Cottbus	
V 15 2019	101 119-6	311 119-2	LKM	254019	61	04.01.94	Lu. Wittenberg	
V 15 2020	101 120-4		LKM	254020	61			UZ in 101 020-6
V 15 2021	101 121-2	311 121-8	LKM	254021	61	11.01.93	Halle G	
V 15 2022	101 122-0	311 122-6	LKM	254022	61	10.03.95	Leipzig Süd	→ Wb
V 15 2023	101 123-8	311 123-4	LKM	254023	61	30.06.95	Bln.-Pankow	
V 15 2024	101 124-6	311 124-2	LKM	254024	61	19.10.93	Lpz.-Wahren	
V 15 2025			LKM	254025	61	01.65	Aschersleben	→ Hfb. Aken
V 15 2026	101 126-1		LKM	261026	61			UB in 101 664-1
V 15 2027	101 127-9		LKM	261027	61			UB in 101 553-6
V 15 2028	101 128-7		LKM	261028	61			UB in 101 619-5
V 15 2029	101 129-5		LKM	261029	61			UB in 101 724-3
V 15 2030	101 130-3		LKM	261030	61			UB in 101 669-0
V 15 2031	101 131-1		LKM	261031	61			UB in 101 627-8
V 15 2032	101 132-9		LKM	261032	61			UB in 101 642-7
V 15 2033	101 133-7		LKM	261033	61			UB in 101 564-3
V 15 2034	101 134-5		LKM	261034	61			UB in 101 613-8
V 15 2035	101 135-2		LKM	261035	61			UB in 101 705-2
V 15 2036	101 136-0		LKM	261036	61			UB in 101 606-2
V 15 2037	101 137-8		LKM	261037	61			UB in 101 574-2
V 15 2038	101 138-6		LKM	261038	61			UB in 101 666-6
V 15 2039	101 139-4		LKM	261039	61			UB in 101 502-3
V 15 2040	101 140-2		LKM	261040	61			UB in 101 708-6
V 15 2041	101 141-0		LKM	261041	61			UB in 101 718-5
V 15 2042	101 142-8		LKM	261042	61			UB in 101 673-2
V 15 2043	101 143-6		LKM	261043	61			UB in 101 654-2
V 15 2044	101 144-4		LKM	261044	61			UB in 101 599-9
V 15 2045	101 145-1		LKM	261045	61			UB in 101 687-2
V 15 2046	101 146-9		LKM	261046	61			UB in 101 653-4
V 15 2047	101 147-7		LKM	261047	61			UB in 101 628-6
V 15 2048	101 148-5		LKM	261067	61			UB in 101 716-9
V 15 2049	101 149-3		LKM	261068	61			UB in 101 660-9
V 15 2050	101 150-1		LKM	261050	61			UB in 101 629-4
V 15 2051	101 051-1		LKM	261051	61			
V 15 2052	101 152-7		LKM	261052	61			UB in 101 668-2
V 15 2053	101 153-5		LKM	261053	61			UB in 101 640-1
V 15 2054	101 154-3		LKM	261054	61			UB in 101 616-1
V 15 2055	101 155-0		LKM	261055	61			UB in 101 671-6
V 15 2056	101 156-8		LKM	261056	61			UB in 101 692-2
V 15 2057	101 157-6		LKM	261057	61			UB in 101 643-5
V 15 2058			LKM	261058	61	18.08.64	Dre.-Pieschen	→ Hfb. Dresden
V 15 2059	101 159-2		LKM	261059	61			UB in 101 672-4
V 15 2060	101 160-0		LKM	261060	61			UB in 101 657-5
V 15 2061	101 161-8		LKM	261061	61			UB in 101 667-4
V 15 2062	101 162-6		LKM	261069	61			UB in 101 646-8
V 15 2063	101 163-4		LKM	261070	61			UB in 101 611-2
V 15 2064	101 164-2		LKM	261071	61			UB in 101 689-8
V 15 2065	101 165-9		LKM	261072	61			UB in 101 681-5
V 15 2066	101 166-7		LKM	261073	61			UB in 101 697-1
V 15 2067	101 167-5		LKM	261085	62			UB in 101 591-6
V 15 2068	101 168-3		LKM	261086	62			UB in 101 556-9
V 15 2069	101 169-1		LKM	261087	62			UB in 101 652-6

V 15 2070	101 170-9	LKM	261088	62	UB in 101 594-0
V 15 2071	101 171-7	LKM	261089	62	UB in 101 623-7
V 15 2072	101 172-5	LKM	261090	62	UB in 101 618-7
V 15 2073	101 173-3	LKM	261091	62	UB in 101 702-9
V 15 2074	101 174-1	LKM	261092	62	UB in 101 632-8
V 15 2075	101 175-8	LKM	261093	62	UB in 101 678-1
V 15 2076	101 176-6	LKM	261094	62	UB in 101 694-8
V 15 2077		LKM	261095	62	
V 15 2078	101 178-2	LKM	261131	62	UB in 101 620-3
V 15 2079	101 179-0	LKM	261132	62	UB in 101 651-8
V 15 2080	101 180-8	LKM	261133	62	UB in 101 659-1
V 15 2081	101 181-6	LKM	261134	62	UB in 101 610-4
V 15 2082	101 182-4	LKM	261135	62	UB in 101 559-3
V 15 2083	101 183-2	LKM	261136	62	UB in 101 696-3
V 15 2084	101 184-0	LKM	261137	62	UB in 101 592-4
V 15 2085	101 185-7	LKM	261138	62	UB in 101 571-8
V 15 2086	101 186-5	LKM	261139	62	UB in 101 635-1
V 15 2087	101 187-3	LKM	261140	62	UB in 101 715-1
V 15 2088	101 188-1	LKM	261141	62	UB in 101 614-6
V 15 2089	101 189-9	LKM	261142	62	UB in 101 608-8
V 15 2090	101 190-7	LKM	261143	62	UB in 101 603-9
V 15 2091	101 191-5	LKM	261144	62	UB in 101 631-0
V 15 2092	101 192-3	LKM	261145	62	UB in 101 604-7
V 15 2093	101 193-1	LKM	261146	62	UB in 101 639-3
V 15 2094	101 194-9	LKM	261147	62	UB in 101 637-7
V 15 2095	101 195-6	LKM	261148	62	UB in 101 649-2
V 15 2096	101 196-4	LKM	261149	62	UB in 101 719-3
V 15 2097	101 197-2	LKM	261150	62	UB in 101 710-2
V 15 2098	101 198-0	LKM	261151	62	UB in 101 695-5
V 15 2099	101 199-8	LKM	261152	62	UB in 101 634-4
V 15 2100	101 120-4	LKM	261153	62	UB in 101 721-9
V 15 2101	101 151-9	LKM	261154	62	UB in 101 712-8
V 15 2102	101 125-3	LKM	261196	67	UB in 101 722-7
V 15 2200	101 200-4	LKM	261265	64	UZ aus V 15 2292
					UB in 101 663-3
V 15 2201	101 201-2	LKM	261155	62	UB in 101 585-8
V 15 2202	101 202-0	LKM	261156	62	UB in 101 540-3
V 15 2203	101 203-8	LKM	261157	62	UB in 101 521-3
V 15 2204	101 204-6	LKM	261158	62	UB in 101 531-2
V 15 2205	101 205-3	LKM	261159	62	UB in 101 523-9
V 15 2206	101 206-1	LKM	261160	62	UB in 101 572-6
V 15 2207	101 207-9	LKM	261161	62	UB in 101 530-4
V 15 2208	101 208-7	LKM	261162	62	UB in 101 548-6
V 15 2209	101 209-5	LKM	261163	62	UB in 101 597-3
V 15 2210	101 210-3	LKM	261164	62	UB in 101 501-5
V 15 2211	101 211-1	LKM	261165	62	UB in 101 617-9
V 15 2212	101 212-9	LKM	261166	62	UB in 101 709-4
V 15 2213	101 213-7	LKM	261167	62	UB in 101 590-8
V 15 2214	101 214-5	LKM	261168	62	UB in 101 711-0
V 15 2215	101 215-2	LKM	261169	62	UB in 101 707-8
V 15 2216	101 216-0	LKM	261170	62	UB in 101 602-1
V 15 2217	101 217-8	LKM	261171	62	UB in 101 519-7
V 15 2218	101 218-6	LKM	261172	62	UB in 101 522-1

V 15 2219	101 219-4	LKM	261173	62	UB in 101 541-1
V 15 2220	101 220-2	LKM	261174	62	UB in 101 701-1
V 15 2221	101 221-0	LKM	261175	62	UB in 101 600-5
V 15 2222	101 222-8	LKM	261176	62	UB in 101 573-4
V 15 2223	101 223-6	LKM	261177	62	UB in 101 658-3
V 15 2224	101 224-4	LKM	261178	62	UB in 101 545-2
V 15 2225	101 225-1	LKM	261179	62	UB in 101 587-4
V 15 2226	101 226-9	LKM	261180	62	UB in 101 625-2
V 15 2227	101 227-7	LKM	261181	62	UB in 101 563-5
V 15 2228	101 228-5	LKM	261182	62	UB in 101 698-8
V 15 2229	101 229-3	LKM	261183	62	UB in 101 706-0
V 15 2230	101 230-1	LKM	261184	62	UB in 101 665-8
V 15 2231	101 231-9	LKM	261185	62	UB in 101 551-0
V 15 2232	101 232-7	LKM	261186	62	UB in 101 544-5
V 15 2233	101 233-5	LKM	261187	62	UB in 101 538-7
V 15 2234	101 234-3	LKM	261188	62	UB in 101 526-2
V 15 2235	101 235-0	LKM	261189	62	UB in 101 550-2
V 15 2236	101 236-8	LKM	261190	62	UB in 101 515-5
V 15 2237	101 237-6	LKM	261191	62	UB in 101 624-5
V 15 2238	101 238-4	LKM	261216	63	UB in 101 645-0
V 15 2239	101 239-2	LKM	261217	63	UB in 101 527-0
V 15 2240	101 240-0	LKM	261218	63	UB in 101 533-8
V 15 2241	101 241-8	LKM	261219	63	UB in 101 647-6
V 15 2242	101 242-6	LKM	261220	63	UB in 101 514-8
V 15 2243	101 243-4	LKM	261221	63	UB in 101 725-0
V 15 2244	101 244-2	LKM	261222	63	UB in 101 570-0
V 15 2245	101 245-9	LKM	261223	63	UB in 101 575-9
V 15 2246	101 246-7	LKM	261224	63	UB in 101 511-4
V 15 2247	101 247-5	LKM	261225	63	UB in 101 554-4
V 15 2248	101 248-3	LKM	261226	63	UB in 101 508-0
V 15 2249	101 249-1	LKM	261227	63	UB in 101 528-8
V 15 2250	101 250-9	LKM	261228	63	UB in 101 612-0
V 15 2251	101 251-7	LKM	261229	63	UB in 101 524-7
V 15 2252	101 252-5	LKM	261230	63	UB in 101 641-9
V 15 2253	101 253-3	LKM	261231	63	UB in 101 633-6
V 15 2254	101 254-1	LKM	261232	63	UB in 101 546-0
V 15 2255	101 255-8	LKM	261233	63	UB in 101 615-3
V 15 2256	101 256-6	LKM	261234	63	UB in 101 662-5
V 15 2257	101 257-4	LKM	261235	63	UB in 101 557-7
V 15 2258	101 258-2	LKM	261236	63	UB in 101 577-5
V 15 2259	101 259-0	LKM	261237	63	UB in 101 507-2
V 15 2260	101 260-8	LKM	261243	63	UB in 101 510-6
V 15 2261	101 261-6	LKM	261244	63	UB in 101 576-7
V 15 2262	101 262-4	LKM	261245	63	UB in 101 595-7
V 15 2263	101 263-2	LKM	261246	63	UB in 101 558-5
V 15 2264	101 264-0	LKM	261247	63	UB in 101 661-7
V 15 2265	101 265-7	LKM	261248	63	UB in 101 589-0
V 15 2266	101 266-5	LKM	261249	63	UB in 101 503-1
V 15 2267	101 267-3	LKM	261250	63	UB in 101 648-4
V 15 2268	101 268-1	LKM	261251	63	UB in 101 684-9
V 15 2269	101 269-9	LKM	261252	63	UB in 101 723-5
V 15 2270	101 270-7	LKM	261253	63	UB in 101 704-5
V 15 2271	101 271-5	LKM	261254	63	UB in 101 506-4

V 15 2272	101 272-3	LKM	261255	63	UB in 101 609-6
V 15 2273	101 273-1	LKM	261286	63	UB in 101 581-7
V 15 2274	101 274-9	LKM	261287	63	UB in 101 504-9
V 15 2275	101 275-6	LKM	261288	63	UB in 101 677-3
V 15 2276	101 276-4	LKM	261289	63	UB in 101 580-9
V 15 2277	101 277-2	LKM	261290	63	UB in 101 686-4
V 15 2278	101 278-0	LKM	261291	63	UB in 101 685-6
V 15 2279	101 279-8	LKM	261292	63	UB in 101 656-7
V 15 2280	101 280-6	LKM	261293	63	UB in 101 586-6
V 15 2281	101 281-4	LKM	261294	63	UB in 101 505-6
V 15 2282	101 282-2	LKM	261295	63	UB in 101 509-8
V 15 2283	101 283-0	LKM	261296	63	UB in 101 513-0
V 15 2284	101 284-8	LKM	261297	63	UB in 101 607-0
V 15 2285	101 285-5	LKM	261298	63	UB in 101 529-6
V 15 2286	101 286-3	LKM	261299	63	UB in 101 582-5
V 15 2287	101 287-1	LKM	261300	63	UB in 101 682-3
V 15 2288	101 288-9	LKM	261301	63	UB in 101 703-7
V 15 2289	101 289-7	LKM	261302	63	UB in 101 569-2
V 15 2290	101 290-5	LKM	261303	63	UB in 101 579-1
V 15 2291	101 291-3	LKM	261304	63	UB in 101 690-6
V 15 2292		LKM	261265	63	UZ in V 15 2200
V 15 2292	101 292-1	LKM	261305	63	UB in 101 621-1
V 15 2293	101 293-9	LKM	261306	63	UB in 101 516-3
V 15 2294	101 294-7	LKM	261307	63	UB in 101 693-0
V 15 2295	101 295-4	LKM	261308	63	UB in 101 700-3
V 15 2296	101 296-2	LKM	261309	63	UB in 101 539-5
V 15 2297	101 297-0	LKM	261310	63	UB in 101 622-9
V 15 2298	101 298-8	LKM	261311	63	UB in 101 644-3
V 15 2299	101 299-6	LKM	261312	63	UB in 101 535-3
V 15 2300	101 300-2	LKM	261313	63	UB in 101 676-5
V 15 2301	101 301-0	LKM	261314	63	UB in 101 512-2
V 15 2302	101 302-8	LKM	261315	63	UB in 101 584-1
V 15 2303	101 303-6	LKM	261356	64	UB in 101 711-0
V 15 2304	101 304-4	LKM	261357	64	UB in 101 675-7
V 15 2305	101 305-1	LKM	261358	64	UB in 101 717-7
V 15 2306	101 306-9	LKM	261359	64	UB in 101 578-3
V 15 2307	101 307-7	LKM	261360	64	UB in 101 650-0
V 15 2308	101 308-5	LKM	261361	64	UB in 101 593-2
V 15 2309	101 309-3	LKM	261362	64	UB in 101 655-9
V 15 2310	101 310-1	LKM	261363	64	UB in 101 517-1
V 15 2311	101 311-9	LKM	261364	64	UB in 101 561-9
V 15 2312	101 312-7	LKM	261365	64	UB in 101 720-1
V 15 2313	101 313-5	LKM	261366	64	UB in 101 555-1
V 15 2314	101 314-3	LKM	261367	64	UB in 101 565-0
V 15 2315	101 315-0	LKM	261368	64	UB in 101 598-1
V 15 2316	101 316-8	LKM	261369	64	UB in 101 674-0
V 15 2317	101 317-6	LKM	261370	64	UB in 101 547-8
V 15 2318	101 318-4	LKM	261371	64	UB in 101 670-8
V 15 2319	101 319-2	LKM	261372	64	UB in 101 583-3
V 15 2320	101 320-0	LKM	261373	64	UB in 101 525-4
V 15 2321	101 321-8	LKM	261374	64	UB in 101 680-7
V 15 2322	101 322-6	LKM	261375	64	UB in 101 536-1
V 15 2323	101 323-4	LKM	261376	64	UB in 101 636-9

V 15 2324	101 324-2	LKM	261377	64		UB in 101 605-4
V 15 2325	101 325-9	LKM	261378	64		UB in 101 566-8
V 15 2326	101 326-7	LKM	261379	64		UB in 101 567-6
V 15 2327	101 327-5	LKM	261380	64		UB in 101 520-5
V 15 2328	101 328-3	LKM	261381	64		UB in 101 626-0
V 15 2329	101 329-1	LKM	261382	64		UB in 101 601-3
V 15 2330	101 330-9	LKM	261383	64		UB in 101 518-9
V 15 2331	101 331-7	LKM	261384	64		UB in 101 568-4
V 15 2332	101 332-5	LKM	261385	64		UB in 101 542-9
V 15 2333	101 333-3	LKM	261389	64		UB in 101 560-1
V 15 2334	101 334-1	LKM	261390	64		UB in 101 588-2
V 15 2335	101 335-8	LKM	261391	64		UB in 101 537-9
V 15 2336	101 336-6	LKM	261392	64		UB in 101 688-0
V 15 2337	101 337-4	LKM	261393	64		UB in 101 552-8
V 15 2338	101 338-2	LKM	261394	64		UB in 101 543-7
V 15 2339	101 339-0	LKM	261395	64		UB in 101 679-9
V 15 2340	101 340-8	LKM	261396	64		UB in 101 532-0
V 15 2341	101 341-6	LKM	261397	64		UB in 101 699-7
V 15 2342	101 342-4	LKM	261398	64		UB in 101 691-4
V 15 2343	101 343-2	LKM	261406	64		UB in 101 534-6
V 15 2344	101 344-0	LKM	261407	64		UB in 101 630-2
V 15 2345	101 345-7	LKM	261408	64		UB in 101 562-7
V 15 2346	101 346-5	LKM	261409	64		UB in 101 638-5
V 15 2347	101 347-3	LKM	261410	64		UB in 101 683-1
V 15 2348	101 348-1	LKM	261516	67		UB in 101 596-5
V 15 2349	101 349-9	LKM	261115	69		UB in 101 549-4

Baureihe 101/311 (DR/DB AG)

Betriebsnummer			Hersteller	Fab.-Nr.	Abnahme	1. Bw	Aus-musterung	letztes Bw	Anmerkung
bis 1969	ab 1970	ab 1992							
	101 501-5	311 501-1	LKM	261164	25.08.72	Leipzig Süd	20.12.95	Leipzig Süd	UB aus 101 210-3
	101 502-3	311 502-9	LKM	261039	31.03.75	Wismar	26.10.93	Hagenow Land	UB aus 101 139-4
	101 503-1	311 503-7	LKM	261249	31.03.75	Riesa	28.02.95	Hoyerswerda	UB aus 101 266-5
	101 504-9	311 504-5	LKM	261287	17.04.75	Leipzig Süd			UB aus 101 274-9
	101 505-6	311 505-2	LKM	261294	15.05.75	Halberstadt			UB aus 101 281-4
	101 506-4	311 506-0	LKM	261254	11.06.75	Meiningen	04.01.94	Rostock	UB aus 101 271-5
	101 507-2	311 507-8	LKM	261237	11.07.75	Roßlau	30.06.95	Bln.-Pankow	UB aus 101 259-0
	101 508-0	311 508-6	LKM	261226	21.08.75	Seddin	10.05.95	Bln.-Grunewald	UB aus 101 248-3
	101 509-8	311 509-4	LKM	261295	09.75	Brandenburg	04.01.94	Schwerin	UB aus 101 282-2
	101 510-6	311 510-2	LKM	261243	30.09.75	Halberstadt	04.01.94	Magdeburg	UB aus 101 260-8
	101 511-4	311 511-0	LKM	261224	10.75	Eberswalde	31.01.95	Neustrelitz	UB aus 101 246-7
	101 512-2	311 512-8	LKM	261314	12.75	Riesa	20.12.93	Riesa	UB aus 101 301-0 → Döllnitztalbahn
	101 513-0	311 513-6	LKM	261296	31.01.76	Lpz.-Wahren			UB aus 101 283-0
	101 514-8	311 514-4	LKM	261220	01.76	Görlitz	20.03.95	Cottbus	UB aus 101 242-6
	101 515-5	311 515-1	LKM	261190	18.02.76	Leipzig West			UB aus 101 236-8
	101 516-3	311 516-9	LKM	261306	02.76	Halberstadt	14.12.93	Halberstadt	UB aus 101 293-9
	101 517-1	311 517-7	LKM	261363	17.03.76	Saalfeld			UB aus 101 310-1
	101 518-9	311 518-5	LKM	261383	30.03.76	Leipzig Süd			UB aus 101 330-9
	101 519-7	311 519-3	LKM	261171	15.04.76	Magdeburg			UB aus 101 217-8
	101 520-5	311 520-1	LKM	261380	27.04.76	Weißenfels			UB aus 101 327-5

101 521-3	311 521-9	LKM	261157	12.05.76	Dresden	30.06.95	Bln.-Pankow	UB aus 101 203-8	
101 522-1	311 522-7	LKM	261172	27.05.76	Magdeburg	20.06.95	Magdeburg Hbf	UB aus 101 218-6	
101 523-9	311 523-5	LKM	261159	17.06.76	Wustermark	20.12.95	Bln.-Pankow	UB aus 101 205-3	
101 524-7	311 524-3	LKM	261229	06.76	Bln.-Pankow	30.06.95	Bln.-Pankow	UB aus 101 251-7	
101 525-4	311 525-0	LKM	261373	12.07.76	Görlitz	28.02.95	Hoyerswerda	UB aus 101 320-0	
101 526-2	311 526-8	LKM	261188	07.76	Magdeburg	16.10.93	Magdeburg	UB aus 101 234-3	
101 527-0	311 527-6	LKM	261217	13.08.76	Zittau	06.12.93	Zittau	UB aus 101 239-2	
101 528-8	311 528-4	LKM	261227	15.09.76	Güstrow	29.03.94	Rostock	UB aus 101 249-1	
101 529-6	311 529-2	LKM	261298	21.09.76	Riesa	10.03.95	Riesa	UB aus 101 285-5	
								→ Wb	
101 530-4	311 530-0	LKM	261161	23.09.76	Wismar			UB aus 101 207-9	
101 531-2	311 531-8	LKM	261158	30.09.76	Bln.-Pankow	30.06.95	Bln.-Pankow	UB aus 101 204-6	
101 532-0	311 532-6	LKM	261396	01.10.76	Roßlau	30.11.96	Leipzig Süd	UB aus 101 340-8	
101 533-8	311 533-4	LKM	261218	27.10.76	Weißenfels			UB aus 101 240-0	
101 534-6	311 534-2	LKM	261406	29.10.76	Hagenow Land	29.03.94	Rostock	UB aus 101 343-2	
101 535-3	311 535-9	LKM	261312	15.11.76	Salzwedel	19.10.93	Salzwedel	UB aus 101 299-6	
								→ EF Salzwedel	
101 536-1	311 536-7	LKM	261375	11.76	Stendal	19.10.93	Stendal	UB aus 101 322-6	
101 537-9	311 537-5	LKM	261391	29.11.76	Wittenberge	31.01.95	Rostock	UB aus 101 335-8	
101 538-7	311 538-3	LKM	261187	30.12.76	Brandenburg	19.10.93	Magdeburg	UB aus 101 233-5	
101 539-5	311 539-1	LKM	261309	01.77	Riesa	06.12.93	Riesa	UB aus 101 296-2	
101 540-3	311 540-9	LKM	261156	11.01.77	Bln.-Pankow	30.06.95	Bln.-Pankow	UB aus 101 202-0	
101 541-1	311 541-7	LKM	261173	02.77	Leipzig Süd			UB aus 101 219-4	
101 542-9	311 542-5	LKM	261385	02.77	Leipzig Süd	30.11.96	Leipzig Süd	UB aus 101 332-5	
101 543-7	311 543-3	LKM	261394	11.02.77	Leipzig Süd	20.12.95	Leipzig Süd	UB aus 101 338-2	
101 544-5	311 544-1	LKM	261186	02.77	Salzwedel	14.12.93	Stendal	UB aus 101 232-7	
								→ EF Salzwedel	
101 545-2	311 545-8	LKM	261178	28.02.77	Dresden	06.12.93	Dresden	UB aus 101 224-4	
101 546-0	311 546-6	LKM	261232	10.03.77	Kamenz			UB aus 101 254-1	
101 547-8	311 547-4	LKM	261370	21.03.77	Karl-Marx-Stadt	06.12.93	Chemnitz	UB aus 101 317-6	
101 548-6	311 548-2	LKM	261162	24.03.77	Güstrow	04.01.94	Rostock	UB aus 101 208-7	
101 549-4	311 549-0	LKM	261115	30.03.77	Wittenberge	31.01.95	Stralsund	UB aus 101 349-9	
101 550-2	311 550-8	LKM	261189	18.04.77	Haldensleben	19.10.93	Brandenburg	UB aus 101 235-0	
101 551-0	311 551-6	LKM	261185	20.04.77	Karl-Marx-Stadt	31.03.95	Reichenbach	UB aus 101 231-8	
101 552-8	311 552-4	LKM	261393	29.04.77	Leipzig Süd	20.12.95	Leipzig Süd	UB aus 101 337-4	
101 553-6	311 553-2	LKM	261027	06.05.77	Kamenz	26.04.94	Kamenz	UB aus 101 127-9	
101 554-4	311 554-0	LKM	261225	27.05.77	Stendal	31.01.95	Neubrandenburg	UB aus 101 247-5	
101 555-1	311 555-7	LKM	261366	31.05.77	Dresden	09.11.94	Riesa	UB aus 101 313-5	
101 556-9	311 556-5	LKM	261086	09.06.77	Lpz.-Wahren	30.11.96	Leipzig Süd	UB aus 101 168-3	
101 557-7	311 557-3	LKM	261235	17.06.77	Reichenbach	22.08.92	Reichenbach	UB aus 101 257-4	
								→ Italien	
101 558-5	311 558-1	LKM	261246	06.77	Bln.-Schöneweide	30.06.95	Bln.-Pankow	UB aus 101 263-2	
101 559-3	311 559-9	LKM	261135	28.06.77	Bln.-Pankow	01.03.94	Jüterbog	UB aus 101 182-4	
								→ Eurovapor	
101 560-1	311 560-7	LKM	261389	20.07.77	Seddin	30.06.95	Bln.-Pankow	UB aus 101 333-3	
101 561-9	311 561-5	LKM	261364	20.07.77	Weißenfels	30.06.95	Bln.-Pankow	UB aus 101 311-9	
								→ Wb	
101 562-7	311 562-3	LKM	261408	28.07.77	Halle G			UB aus 101 345-7	
101 563-5	311 563-1	LKM	261181	27.07.77	Meiningen			UB aus 101 227-0	
101 564-3	311 564-9	LKM	261033	18.08.77	Lpz.-Wahren	20.12.95	Leipzig Süd	UB aus 101 133-7	
101 565-0	311 565-6	LKM	261367	18.08.77	Aue	06.12.93	Zittau	UB aus 101 314-3	
101 566-8		LKM	261378	20.08.77	Dresden	09.01.92	Dresden	UB aus 101 325-9	
101 567-6	311 567-2	LKM	261379	26.08.77	Weißenfels	20.12.95	Meiningen	UB aus 101 326-7	

101 568-4	311 568-0	LKM	261384	15.09.77	Seddin	30.06.95	Bln.-Pankow	UB aus 101 331-7		
101 569-2	311 569-8	LKM	261302	20.09.77	Dresden	09.11.94	Dresden	UB aus 101 289-7		
101 570-0	311 570-6	LKM	261222	30.09.77	Neustrelitz	29.06.94	Neustrelitz	UB aus 101 244-2		
101 571-8	311 571-4	LKM	261138	10.77	Magdeburg	14.12.93	Magdeburg	UB aus 101 185-7		
101 572-6	311 572-2	LKM	261160	27.10.77	Bln.-Pankow			UB aus 101 206-1		
101 573-4	311 573-0	LKM	261176	31.10.77	Magdeburg	26.10.93	Magdeburg	UB aus 101 222-8		
101 574-2	311 574-8	LKM	261037	16.11.77	Karl-Marx-Stadt	20.06.95	Chemnitz	UB aus 101 137-8		
101 575-9	311 575-5	LKM	261223	22.11.77	Bln.-Pankow	20.06.95	Bln.-Pankow	UB aus 101 245-9		
101 576-7	311 576-3	LKM	261244	30.11.77	Meiningen	20.12.95	Meiningen	UB aus 101 261-6		
101 577-5	311 577-1	LKM	261236	12.77	Magdeburg	30.06.95	Bln.-Pankow	UB aus 101 258-2		
101 578-3	311 578-9	LKM	261359	19.12.77	Hagenow Land	04.01.94	Schwerin	UB aus 101 306-9		
101 579-1	311 579-7	LKM	261303	27.12.77	Magdeburg			UB aus 101 290-5		
101 580-9	311 580-5	LKM	261289	30.12.77	Meiningen	20.12.95	Meiningen	UB aus 101 276-4		
101 581-7	311 581-3	LKM	261286	11.01.78	Halle G			UB aus 101 273-1		
101 582-5	311 582-1	LKM	261299	27.01.78	Haldensleben	10.03.95	Magdeburg Hbf	UB aus 101 286-3		
101 583-3	311 583-9	LKM	261372	31.01.78	Riesa	06.12.93	Kamenz	UB aus 101 319-2		
101 584-1	311 584-7	LKM	261315	10.02.78	Kamenz	20.03.95	Cottbus	UB aus 101 302-8		
101 585-8	311 585-4	LKM	261155	17.02.78	Leipzig West			UB aus 101 201-2		
101 586-6	311 586-2	LKM	261293	28.02.78	Magdeburg	14.12.93	Magdeburg	UB aus 101 280-6		
101 587-4	311 587-0	LKM	261179	09.03.78	Kamenz	20.03.95	Cottbus	UB aus 101 225-1		
101 588-2	311 588-8	LKM	261390	20.03.78	Seddin	30.06.95	Bln.-Pankow	UB aus 101 334-1		
101 589-0	311 589-6	LKM	261248	30.03.78	Karl-Marx-Stadt	20.06.95	Chemnitz	UB aus 101 265-7		
101 590-8	311 590-4	LKM	261167	31.03.78	Neustrelitz	31.01.95	Neustrelitz	UB aus 101 213-7		
101 591-6	311 591-2	LKM	261085	04.78	Bln.-Grunewald	20.12.95	Bln.-Pankow	UB aus 101 167-5		
101 592-4	311 592-0	LKM	261137	18.04.78	Stendal	14.12.93	Stendal	UB aus 101 184-0		
101 593-2	311 593-8	LKM	261361	24.04.78	Riesa	06.12.93	Riesa	UB aus 101 308-5		
101 594-0	311 594-6	LKM	261088	28.04.78	Leipzig Süd			UB aus 101 170-9		
101 595-7	311 595-3	LKM	261245	10.05.78	Weißenfels	20.05.95	Bln.-Pankow	UB aus 101 262-4		
101 596-5	311 596-1	LKM	261516	19.05.78	Frankfurt (O)	10.03.95	Frankfurt (O)	UB aus 101 348-1		
101 597-3	311 597-9	LKM	261163	26.05.78	Schwerin	04.01.94	Schwerin	UB aus 101 209-5		
101 598-1		LKM	261368	13.06.78	Karl-Marx-Stadt	10.01.92	Chemnitz	UB aus 101 315-0		
101 599-9	311 599-5	LKM	261044	06.78	Wittenberge			UB aus 101 144-4		
101 600-5	311 600-1	LKM	261175	20.06.78	Magdeburg	20.06.95	Magdeburg	UB aus 101 221-0		
101 601-3	311 601-9	LKM	261382	26.06.78	Halle P	30.11.96	Leipzig Süd	UB aus 101 329-1		
101 602-1	311 602-7	LKM	261170	13.07.78	Lpz.-Wahren	22.08.92	Reichenbach	UB aus 101 216-0 → Italien		
101 603-9	311 603-5	LKM	261143	26.07.78	Hagenow Land	31.01.95	Wittenberge	UB aus 101 190-7 → vk		
101 604-7	311 604-3	LKM	261145	30.06.78	Hagenow Land	30.10.95	Schwerin	UB aus 101 192-3		
101 605-4	311 605-0	LKM	261377	31.07.78	Magdeburg	10.03.95	Magdeburg	UB aus 101 324-2		
101 606-2	311 606-8	LKM	261036	08.78	Lpz.-Wahren	20.12.95	Leipzig Süd	UB aus 101 136-0		
101 607-0	311 607-6	LKM	261297	10.08.78	Reichenbach	06.12.93	Reichenbach	UB aus 101 284-8		
101 608-8	311 608-4	LKM	261142	18.08.78	Wittenberge	20.12.95	Pasewalk	UB aus 101 189-9		
101 609-6	311 609-2	LKM	261255	29.08.78	Saalfeld			UB aus 101 272-3		
101 610-4	311 610-0	LKM	261134	08.09.78	Wismar	22.12.93	Neubrandenburg	UB aus 101 181-6		
101 611-2	311 611-8	LKM	261070	18.09.78	Magdeburg	20.12.95	Bln.-Pankow	UB aus 101 163-4		
101 612-0	311 612-6	LKM	261228	26.09.78	Schwerin	31.01.95	Schwerin	UB aus 101 250-9		
101 613-8	311 613-4	LKM	261034	28.09.78	Bln.-Pankow	20.05.95	Bln.-Pankow	UB aus 101 134-5		
101 614-6	311 614-2	LKM	261141	10.78	Schwerin	20.09.96	Schwerin	UB aus 101 188-1		
101 615-3	311 615-9	LKM	261233	28.10.78	Reichenbach	06.12.93	Reichenbach	UB aus 101 255-8		
101 616-1	311 616-7	LKM	261054	26.10.78	Güsten			UB aus 101 154-3		
101 617-9	311 617-5	LKM	261165	31.10.78	Magdeburg	10.03.95	Magdeburg	UB aus 101 211-1		
101 618-7	311 618-3	LKM	261090	15.11.78	Röblingen	10.03.95	Halle G	UB aus 101 172-5		

101 619-5	311 619-1	LKM	261028	11.78	Bln.-Grunewald	20.12.95	Bln.-Pankow	UB aus 101 128-7
101 620-3	311 620-9	LKM	261131	27.11.78	Bln.-Pankow			UB aus 101 178-2
101 621-1	311 621-7	LKM	261305	30.11.78	Dresden	20.06.95	Chemnitz	UB aus 101 292-1
101 622-9	311 622-5	LKM	261310	15.12.78	Brandenburg	19.10.93	Magdeburg	UB aus 101 297-0
101 623-7		LKM	261089	28.12.78	Leipzig West	01.01.80		UB aus 101 171-7 WI Raw Meiningen
101 624-5	311 624-1	LKM	261191	12.28.12.78	Halle P	10.01.95	Halle G	UB aus 101 237-6 UZ in 756 624-3
101 625-2	311 625-8	LKM	261180	12.78	Zittau	26.04.94	Kamenz	UB aus 101 226-9
101 626-0	311 626-6	LKM	261381	18.01.79	Saalfeld			UB aus 101 328-3
101 627-8	311 627-4	LKM	261031	02.02.79	Saalfeld			UB aus 101 131-1
101 628-6	311 628-2	LKM	261047	14.02.79	Hagenow Land	31.07.95	Schwerin	UB aus 101 147-7
101 629-4	311 629-0	LKM	261050	01.79	Wittenberge	31.01.95	Neuruppin	UB aus 101 150-1
101 630-2	311 630-8	LKM	261407	28.02.79	Wittenberge	26.10.93	Magdeburg	UB aus 101 344-0
101 631-0	311 631-6	LKM	261144	02.79	Rostock			UB aus 101 191-5
101 632-8	311 632-4	LKM	261092	20.03.79	Saalfeld	29.03.94	Saalfeld	UB aus 101 174-1
101 633-6	311 633-2	LKM	261231	03.79	Zittau	30.06.95	Bln.-Pankow	UB aus 101 253-3
101 634-4	311 634-0	LKM	261152	30.03.79	Reichenbach	31.03.95	Reichenbach	UB aus 101 199-8
101 635-1	311 635-7	LKM	261139	11.04.79	Meiningen	10.05.95	Bln.-Pankow	UB aus 101 186-5 → vk
101 636-9	311 636-5	LKM	261376	19.04.79	Wustermark	10.06.94	Bln.-Grunewald	UB aus 101 323-4 → vk
101 637-7	311 637-3	LKM	261147	27.04.79	Stralsund	22.12.93	Stralsund	UB aus 101 194-9
101 638-5	311 638-1	LKM	261409	27.04.79	Seddin	30.06.95	Bln.-Pankow	UB aus 101 346-5
101 639-3	311 639-9	LKM	261146	10.05.79	Neubrandenburg	04.01.94	Neubrandenburg	UB aus 101 193-1
101 640-1	311 640-7	LKM	261053	18.05.79	Gera	20.03.95	Cottbus	UB aus 101 153-5
101 641-9	311 641-5	LKM	261230	05.79	Rostock	31.01.95	Schwerin	UB aus 101 252-5
101 642-7	311 642-3	LKM	261032	06.79	Salzwedel	19.10.93	Salzwedel	UB aus 101 132-9
101 643-5	311 643-1	LKM	261057	31.05.79	Karl-Marx-Stadt	06.12.93	Chemnitz	UB aus 101 157-6
101 644-3	311 644-9	LKM	261311	15.06.79	Roßlau			UB aus 101 298-8
101 645-0	311 645-6	LKM	261216	27.06.79	Dresden	09.11.94	Dresden	UB aus 101 238-4
101 646-8	311 646-4	LKM	261069	07.79	Magdeburg	28.02.95	Senftenberg	UB aus 101 162-6
101 647-6	311 647-2	LKM	261219	11.07.79	Saalfeld	06.12.93	Eisenach	UB aus 101 241-8
101 648-4	311 648-0	LKM	261250	19.07.79	Reichenbach	06.12.93	Reichenbach	UB aus 101 267-3
101 649-2	311 649-8	LKM	261148	07.79	Neustrelitz	29.06.94	Neustrelitz	UB aus 101 195-6
101 650-0	311 650-6	LKM	261360	31.07.79	Bln.-Pankow	30.06.95	Bln.-Pankow	UB aus 101 307-7
101 651-8	311 651-4	LKM	261132	08.79	Bln.-Grunewald	10.03.95	Bln.-Pankow	UB aus 101 179-0
101 652-6	311 652-2	LKM	261087	31.08.79	Güsten	19.10.93	Lu. Wittenberg	UB aus 101 169-1
101 653-4	311 653-0	LKM	261046	31.08.79	Schwerin	31.01.95	Rostock	UB aus 101 146-9
101 654-2	311 654-8	LKM	261043	31.08.79	Magdeburg	26.10.93	Magdeburg	UB aus 101 143-6
101 655-9	311 655-5	LKM	261362	09.79	Aue	10.03.95	Dresden	UB aus 101 309-3 → Wb
101 656-7	311 656-3	LKM	261292	19.09.79	Neubrandenburg	20.02.95	Neubrandenburg	UB aus 101 279-8
101 657-5	311 657-1	LKM	261060	24.09.79	Halberstadt	14.12.93	Oebisfelde	UB aus 101 160-0
101 658-3	311 658-9	LKM	261177	28.09.79	Bln.-Pankow			UB aus 101 223-6
101 659-1	311 659-7	LKM	261133	16.10.79	Bln.-Pankow	30.06.95	Bln.-Pankow	UB aus 101 180-8
101 660-9	311 660-5	LKM	261068	24.10.79	Pasewalk	30.06.95	Bln.-Pankow	UB aus 101 149-3
101 661-7	311 661-3	LKM	261247	10.79	Magdeburg			UB aus 101 264-0
101 662-5	311 662-1	LKM	261234	31.10.79	Riesa	06.12.93	Riesa	UB aus 101 256-6
101 663-3	311 663-9	LKM	261265	09.11.79	Saalfeld	30.06.95	Bln.-Pankow	UB aus 101 200-4 → Wb
101 664-1	311 664-7	LKM	261026	11.79	Halle G			UB aus 101 126-1
101 665-8	311 665-4	LKM	261184	23.11.79	Karl-Marx-Stadt	01.92	Chemnitz	UB aus 101 230-1

101 666-6		LKM	261038	05.12.79	Frankfurt (O)	11.12.91	Frankfurt (O)	UB aus 101 138-6
101 667-4	311 667-0	LKM	261061	08.12.79	Salzwedel	10.03.95	Lpz.-Wahren	UB aus 101 161-8
101 668-2	311 668-8	LKM	261052	13.12.79	Magdeburg			UB aus 101 152-7
101 669-0	311 669-6	LKM	261030	01.80	Schwerin	04.01.94	Schwerin	UB aus 101 130-3
101 670-8	311 670-4	LKM	261371	27.12.79	Kamenz	22.12.93	Pasewalk	UB aus 101 318-4
101 671-6	311 671-2	LKM	261055	25.01.80	Pasewalk	29.06.94	Pasewalk	UB aus 101 155-0
101 672-4	311 672-0	LKM	261059	31.01.80	Dresden	31.03.95	Dresden	UB aus 101 159-2
101 673-2	311 673-8	LKM	261042	15.02.80	Wittenberge	22.12.93	Wittenberge	UB aus 101 142-8
101 674-0	311 674-6	LKM	261369	21.02.80	Gera			UB aus 101 316-8
101 675-7	311 675-3	LKM	261357	05.03.80	Kamenz	26.04.94	Görlitz	UB aus 101 304-4
101 676-5	311 676-1	LKM	261313	14.03.80	Reichenbach	31.03.95	Reichenbach	UB aus 101 300-2
101 677-3	311 677-9	LKM	261288	27.03.80	Leipzig Süd			UB aus 101 275-6
101 678-1	311 678-7	LKM	261093	10.04.80	Gera			UB aus 101 175-8
101 679-9	311 679-5	LKM	261395	24.04.80	Magdeburg	14.12.93	Güsten	UB aus 101 339-0
101 680-7	311 680-3	LKM	261374	08.05.80	Gera			UB aus 101 321-8
101 681-5	311 681-1	LKM	261072	05.80	Wismar	29.06.94	Schwerin	UB aus 101 165-9
101 682-3	311 682-9	LKM	261300	31.05.80	Güsten			UB aus 101 287-1
101 683-1	311 683-7	LKM	261410	06.80	Bln.-Schöneweide			UB aus 101 347-3
101 684-9	311 684-5	LKM	261251	06.80	Görlitz	30.06.95	Bln.-Pankow	UB aus 101 268-1
101 685-6	311 685-2	LKM	261291	07.80	Neustrelitz	29.06.94	Neustrelitz	UB aus 101 278-0
101 686-4	311 686-0	LKM	261290	18.07.80	Saalfeld	20.12.95	Saalfeld	UB aus 101 277-2
101 687-2	311 687-8	LKM	261045	18.08.80	Güstrow	20.12.95	Pasewalk	UB aus 101 145-1
101 688-0	311 688-6	LKM	261392	27.08.80	Gera			UB aus 101 336-6
101 689-8	311 689-4	LKM	261071	10.09.80	Neubrandenburg	29.06.94	Neustrelitz	UB aus 101 164-2
101 690-6	311 690-2	LKM	261304	29.09.80	Güsten	20.12.95	Leipzig Süd	UB aus 101 291-3
101 691-4	311 691-0	LKM	261398	13.10.80	Saalfeld			UB aus 101 342-4
101 692-2	311 692-8	LKM	261056	10.80	Karl-Marx-Stadt	20.06.95	Chemnitz	UB aus 101 156-8 → Wl
101 693-0	311 693-6	LKM	261307	11.80	Karl-Marx-Stadt	30.11.95	Chemnitz	UB aus 101 294-7 → Wl Raw
101 694-8	311 694-4	LKM	261094	17.11.80	Reichenbach	06.12.93	Reichenbach	UB aus 101 176-6
101 695-5	311 695-1	LKM	261151	27.11.80	Zittau	06.12.93	Zittau	UB aus 101 198-0
101 696-3	311 696-9	LKM	261136	12.80	Karl-Marx-Stadt	20.06.95	Chemnitz	UB aus 101 183-2
101 697-1	311 697-7	LKM	261073	12.80	Neustrelitz	31.03.95	Reichenbach	UB aus 101 166-7
101 698-9	311 698-5	LKM	261182	20.01.81	Reichenbach	31.03.95	Reichenbach	UB aus 101 228-5
101 699-7	311 699-3	LKM	261397	12.02.81	Weißenfels	20.12.95	Meiningen	UB aus 101 341-6
101 700-3	311 700-9	LKM	261308	20.02.81	Karl-Marx-Stadt	20.05.95	Chemnitz	UB aus 101 295-4
101 701-1	311 701-7	LKM	261174	25.03.81	Halle G			UB aus 101 220-2
101 702-9	311 702-5	LKM	261091	31.03.81	Eisenach	20.12.95	Meiningen	UB aus 101 173-3
101 703-7	311 703-3	LKM	261301	13.04.81	Saalfeld	20.12.95	Gera	UB aus 101 288-9
101 704-5	311 704-1	LKM	261253	24.04.81	Zittau	31.03.95	Görlitz	UB aus 101 270-7
101 705-2	311 705-8	LKM	261035	12.05.81	Seddin	10.03.95	Seddin	UB aus 101 135-2 → M. Basdorf
101 706-0	311 706-6	LKM	261183	16.06.81	Neustrelitz	26.10.93	Neustrelitz	UB aus 101 229-3
101 707-8	311 707-4	LKM	261169	17.07.81	Dresden	09.11.94	Dresden	UB aus 101 215-2
101 708-6	311 708-2	LKM	261040	31.07.81	Bln.-Grunewald			UB aus 101 140-2
101 709-4	311 709-0	LKM	261166	24.08.81	Neustrelitz			UB aus 101 212-9
101 710-2		LKM	261150	07.09.81	Kamenz	10.01.92	Kamenz	UB aus 101 197-2
101 711-0	311 711-6	LKM	261356	09.10.81	Kamenz	01.03.94	Cottbus	UB aus 101 303-6 → M. Basdorf
101 712-8	311 712-4	LKM	261154	30.10.81	Lpz.-Wahren	20.12.95	Leipzig Süd	UB aus 101 151-9
101 713-6	311 713-2	LKM	261168	11.81	Neustrelitz	30.10.95	Neustrelitz	UB aus 101 214-5
101 714-4	311 714-0	LKM	261051	08.12.81	Karl-Marx-Stadt	30.11.95	Chemnitz	UB aus 101 051-1

101 715-1	311 715-7	LKM	261140	21.01.82	Saalfeld			UB aus 101 187-3
101 716-9	311 716-5	LKM	261067	15.02.82	Eisenach	31.01.95	Eisenach	UB aus 101 148-5
101 717-7	311 717-3	LKM	261358	26.03.82	Hoyerswerda	28.02.95	Hoyerswerda	UB aus 101 305-1
101 718-5	311 718-1	LKM	261041	14.04.82	Bln.-Schöneweide	30.06.95	Bln.-Pankow	UB aus 101 141-0
101 719-3	311 719-9	LKM	261149	14.05.82	Cottbus	20.03.95	Cottbus	UB aus 101 196-4
101 720-1	311 720-7	LKM	261365	10.06.82	Gera	30.06.95	Gera	UB aus 101 312-7
101 721-9	311 721-5	LKM	261153	30.06.82	Neubrandenburg	26.09.94	Neustrelitz	UB aus 101 120-4
101 722-7	311 722-3	LKM	261196	31.07.82	Kamenz	09.11.94	Dresden	UB aus 101 125-3 → Wb
101 723-5	311 723-1	LKM	261252	09.82	Hoyerswerda	28.02.95	Hoyerswerda	UB aus 101 269-9
101 724-3	311 724-9	LKM	261029	21.10.82	Wustermark			UB aus 101 129-5
101 725-0	311 725-6	LKM	261221	29.11.82	Wustermark	30.06.95	Bln.-Pankow	UB aus 101 243-4

Baureihe V 23/102/312 (DR/DB AG)

Betriebsnummer			Hersteller	Fab.-Nr.	Abnahme	1. Bw	Aus-	letztes Bw	Anmerkung
bis 1969	ab 1970	ab 1992					musterung		
V 23 001	102 001-5	312 001-1	LKM	262026	13.05.68	Stendal			
V 23 002	102 002-3	312 002-9	LKM	262036	13.05.68	Stendal	10.11.94	Güsten	
V 23 003	102 003-1		LKM	262037	11.04.68	Güsten	72	Stendal	→ vk
V 23 004	102 004-9	312 004-5	LKM	262038	16.04.68	Halle G			
V 23 005	102 005-6	312 005-2	LKM	262039	16.04.68	Halle G	10.11.94	Halle G	
V 23 006	102 006-4	312 006-0	LKM	262040	18.04.68	Halle G	08.11.94	Leipzig Süd	
V 23 007	102 007-2	312 007-8	LKM	262041	10.04.68	Hoyerswerda			
V 23 008	102 008-0	312 008-6	LKM	262042	11.04.68	Guben	15.09.96	Görlitz	
V 23 009	102 009-8	312 009-4	LKM	262043	11.04.68	Cottbus	21.01.94	Wustermark	→ M. Basdorf
V 23 010	102 010-6		LKM	262044	09.04.68	Dresden	18.08.80	Dresden	→ Wl Raw Dresden
V 23 011	102 011-4	312 011-0	LKM	262045	09.04.68	Dresden			
V 23 012	102 012-2	312 012-8	LKM	262046	09.04.68	Dresden	15.09.96	Dresden	
V 23 013	102 013-0	312 013-6	LKM	262047	13.05.68	Aschersleben			
V 23 014	102 014-8	312 014-4	LKM	262048	13.05.68	Aschersleben	10.11.94	Güsten	
V 23 015	102 015-5		LKM	262049	13.05.68	Aschersleben	30.11.89	Brandenburg	→ Wb
V 23 016	102 016-3	312 016-9	LKM	262050	13.05.68	Stendal	08.11.94	Stendal	
V 23 017	102 017-1	312 017-7	LKM	262051	22.04.68	Halle G			
V 23 018	102 018-9	312 018-5	LKM	262052	10.05.68	Hoyerswerda			
V 23 019	102 019-7	312 019-3	LKM	262053	22.04.68	Leipzig Süd			
V 23 020	102 020-5	312 020-1	LKM	262054	22.04.68	Leipzig West	30.11.96	Leipzig Süd	
V 23 021	102 021-3	312 021-9	LKM	262055	03.05.68	Cottbus	26.08.96	Cottbus	→ Wl Cottbus
V 23 022	102 022-1	312 022-7	LKM	262056	03.05.68	Cottbus	01.06.94	Rostock	
V 23 023	102 023-9	312 023-5	LKM	262057	30.04.68	Riesa			
V 23 024	102 024-7	312 024-3	LKM	262058	29.04.68	Karl-Marx-Stadt			
V 23 025	102 025-4	312 025-0	LKM	262059	08.05.68	Karl-Marx-Stadt			
V 23 026	102 026-2	312 026-8	LKM	262060	13.05.68	Jerichow	27.10.94	Lpz.-Wahren	
V 23 027	102 027-0	312 027-6	LKM	262061	13.05.68	Jerichow	10.11.94	Stendal	
V 23 028	102 028-8	312 028-4	LKM	262062	13.05.68	Engelsdorf	08.11.94	Lu. Wittenberg	
V 23 029	102 029-6	312 029-2	LKM	262063	13.05.68	Leipzig West			
V 23 030	102 030-4		LKM	262064	13.05.68	Leipzig Süd	73	Leipzig West	→ Wl
V 23 031	102 031-2	312 031-8	LKM	262065	11.06.68	Cottbus	20.03.95	Cottbus	
V 23 032	102 032-0	312 032-6	LKM	262066	10.06.68	Hoyerswerda	10.03.95	Riesa	
V 23 033	102 033-8	312 033-4	LKM	262067	24.07.68	Bautzen	10.03.95	Frankfurt (O)	
V 23 034	102 034-6	312 034-2	LKM	262068	13.06.68	Bautzen	31.03.95	Reichenbach	
V 23 035	102 035-3	312 035-9	LKM	262069	10.06.68	Riesa			

V 23 036	102 036-1	312 036-7	LKM	262070	10.06.68	Karl-Marx-Stadt	10.03.95	Frankfurt (O)	
V 23 037	102 037-9		LKM	262071	10.06.68	Karl-Marx-Stadt	12.78	Dresden	→ Wl Raw KMS
V 23 038	102 038-7	312 038-3	LKM	262072	08.06.68	Leipzig West			
V 23 039	102 039-5	312 039-1	LKM	262089	08.06.68	Leipzig Süd			
V 23 040	102 040-3	312 040-9	LKM	262076	03.07.68	Jüterbog	30.11.95	Bln.-Pankow	→ Wl Raw
V 23 041	102 041-1	312 041-7	LKM	262090	06.08.68	Jüterbog			
V 23 042	102 042-9	312 042-5	LKM	262091	02.08.68	Jüterbog	29.06.94	Rostock	
V 23 043	102 043-7	312 043-3	LKM	262092	13.09.68	Salzwedel			
V 23 044	102 044-5	312 044-1	LKM	262093	17.10.68	Stendal			
V 23 045	102 045-2	312 045-8	LKM	262094	13.09.68	Salzwedel			
V 23 046	102 046-0		LKM	262095	02.09.68	Gera	25.01.74	Reichenbach	→ Wl Raw KMS
V 23 047	102 047-8	312 047-4	LKM	262096	07.09.68	Gera	06.12.93	Dresden	
V 23 048	102 048-6	312 048-2	LKM	262097	06.09.68	Riesa	06.12.93	Aue	
V 23 049	102 049-4	312 049-0	LKM	262098	04.09.68	Gotha	28.02.95	Hoyerswerda	
V 23 050	102 050-2	312 050-8	LKM	262099	04.09.68	Gotha			
V 23 051	102 051-0	312 051-6	LKM	262100	04.09.68	Gotha	20.12.95	Erfurt	
V 23 052	102 052-8	312 052-4	LKM	262101	25.09.68	Dresden	31.01.95	Dresden	
V 23 053	102 053-6		LKM	262102	25.09.68	Dresden		UB in ASF 02	
V 23 054	102 054-4	312 054-0	LKM	262103	01.10.68	Wittenberg	29.06.94	Rostock	
V 23 055	102 055-1	312 055-7	LKM	262104	01.10.68	Wittenberg			
V 23 056	102 056-9	312 056-5	LKM	262105	01.10.68	Wittenberg	07.93	Wittenberge	→ Wb
V 23 057	102 057-7	312 057-3	LKM	262106	30.10.68	Jerichow			
V 23 058	102 058-5	312 058-1	LKM	262107	30.10.68	Jerichow	31.07.95	Frankfurt (O)	
V 23 059	102 059-3	312 059-9	LKM	262108	07.11.68	Oebisfelde	10.11.94	Leipzig Süd	
V 23 060	102 060-1	312 060-7	LKM	262109	02.10.68	Frankfurt (O)			
V 23 061	102 061-9		LKM	262110	02.10.68	Frankfurt (O)	08.01.80	Stralsund	→ Wl Raw Dresden
V 23 062	102 062-7	312 062-3	LKM	262111	09.10.68	Neustrelitz	30.06.95	Bln.-Pankow	
V 23 063	102 063-5	312 063-1	LKM	262112	10.10.68	Neubrandenburg	01.06.94	Angermünde	
V 23 064	102 064-3	312 064-9	LKM	262113	18.10.68	Seddin	20.05.95	Bln.-Pankow	
V 23 065	102 065-0	312 065-6	LKM	262114	17.10.68	Gotha	20.12.95	Erfurt	
V 23 066	102 066-8	312 066-4	LKM	262115	24.10.68	Gotha			
V 23 067	102 067-6	312 067-2	LKM	262116	22.10.68	Gotha			
V 23 068	102 068-4	312 068-0	LKM	262117	31.10.68	Gotha	10.03.95	Riesa	→ Wl
V 23 069	102 069-2	312 069-8	LKM	262118	22.11.68	Wittenberg	01.06.94	Schwerin	
V 23 070	102 070-0	312 070-6	LKM	262119	01.11.68	Stralsund	01.06.94	Stralsund	
V 23 071	102 071-8	312 071-4	LKM	262120	31.10.68	Pasewalk	01.06.94	Neubrandenburg	
V 23 072	102 072-6	312 072-2	LKM	262121	01.11.68	Neubrandenburg	21.01.94	Wustermark	→ M. Basdorf
V 23 073	102 073-4	312 073-0	LKM	262122	03.12.68	Wittenberge	01.06.94	Rostock	
V 23 074	102 074-2	312 074-8	LKM	262123	28.11.68	Wittenberge	08.11.94	Magdeburg Hbf	
V 23 075	102 075-9		LKM	262124	02.12.68	Hagenow Land	20.04.72	Hagenow Land	→ OBEDR Leipzig
V 23 076	102 076-7	312 076-3	LKM	262125	03.12.68	Rostock	01.06.94	Schwerin	
V 23 077	102 077-5	312 077-1	LKM	262126	13.12.68	Hagenow Land	20.03.95	Cottbus	
V 23 078	102 078-3	312 078-9	LKM	262127	13.12.68	Hagenow Land	01.06.94	Rostock	
V 23 079	102 079-1		LKM	262128	13.12.68	Rostock	20.04.72	Hagenow Land	→ OBEDR Leipzig
V 23 080	102 080-9	312 080-5	LKM	262129	13.12.68	Rostock-Seehafen	01.06.94	Rostock	
	102 081-7	312 081-3	LKM	262130	20.08.69	Nordhausen	20.12.95	Erfurt	
	102 101-3	312 101-9	LKM	265001	30.09.70	Nordhausen			
	102 102-1	312 102-7	LKM	265002	08.07.70	Jerichow			
	102 103-9	312 103-5	LKM	265003	08.07.70	Jerichow	20.12.95	Magdeburg Hbf	
	102 104-7	312 104-3	LKM	265004	09.07.70	Jerichow			
	102 105-4	312 105-0	LKM	265005	09.07.70	Güsten			
	102 106-2	312 106-8	LKM	265006	09.07.70	Güsten	30.11.95	Güsten	
	102 107-0	312 107-6	LKM	265007	09.07.70	Güsten			

102 108-8		LKM	265008	17.07.70	Neustrelitz	27.12.77	Görlitz	Wl Raw Görlitz
102 109-6	312 109-2	LKM	265009	17.07.70	Neustrelitz	20.12.95	Schwerin	
102 110-4	312 110-0	LKM	265010	17.07.70	Pasewalk			
102 111-2	312 111-8	LKM	265011	23.07.70	Pasewalk			
102 112-0	312 112-6	LKM	265012	23.07.70	Stralsund			
102 113-8	312 113-4	LKM	265013	03.08.70	Gotha			
102 114-6	312 114-2	LKM	265014	23.07.70	Halberstadt			
102 115-3	312 115-9	LKM	265015	31.07.70	Nordhausen			
102 116-1	312 116-7	LKM	265016	31.07.70	Gotha	30.11.95	Eisenach	
102 117-9	312 117-5	LKM	265017	31.07.70	Nordhausen	20.12.95	Nordhausen	
102 118-7	312 118-3	LKM	265018	31.07.70	Nordhausen	20.12.95	Nordhausen	
102 119-5	312 119-1	LKM	265019	31.07.70	Nordhausen	31.10.95	Nordhausen	
102 120-3	312 120-9	LKM	265020	31.07.70	Haldensleben			
102 121-1	312 121-7	LKM	265021	31.07.70	Jerichow	08.11.94	Halberstadt	
102 122-9	312 122-5	LKM	265022	31.07.70	Stendal			
102 123-7	312 123-3	LKM	265023	31.07.70	Gotha	20.12.95	Erfurt	→ SOB
102 124-5	312 124-1	LKM	265024	01.09.70	Neustrelitz			
102 125-2	312 125-8	LKM	265025	14.08.70	Gotha	01.01.96	Erfurt	
102 126-0	312 126-6	LKM	265026	01.09.70	Neustrelitz			
102 127-8	312 127-4	LKM	265027	14.08.70	Pasewalk			
102 128-6	312 128-2	LKM	265028	01.09.70	Stralsund	10.03.95	Neustrelitz	
102 129-4	312 129-0	LKM	265029	01.09.70	Neubrandenburg			
102 130-2	312 130-8	LKM	265030	01.09.70	Reichenbach			
102 131-0	312 131-6	LKM	265031	0109.70	Reichenbach			
102 132-8	312 132-4	LKM	265032	01.09.70	Reichenbach			
102 133-6	312 133-2	LKM	265033	27.09.70	Bln.-Pankow	30.06.95	Bln.-Pankow	→ Wb
102 134-4	312 134-0	LKM	265034	27.09.70	Bln.-Pankow			
102 135-1	312 135-7	LKM	265035	27.09.70	Seddin			
102 136-9	312 136-5	LKM	265036	01.09.70	Jüterbog	10.03.95	Frankfurt (O)	
102 137-7	312 137-3	LKM	265037	27.09.70	Seddin			
102 138-5	312 138-1	LKM	265038	27.09.70	Frankfurt (O)			
102 139-3	312 139-9	LKM	265039	27.09.70	Frankfurt (O)			
102 140-1	312 140-7	LKM	265040	27.09.70	Hoyerswerda			
102 141-9	312 141-5	LKM	265041	27.09.70	Stendal			
102 142-7	312 142-3	LKM	265042	27.09.70	Hoyerswerda			
102 143-5	312 143-1	LKM	265043	28.09.70	Leipzig West			
102 144-3	312 144-9	LKM	265044	28.09.70	Leipzig West			
102 145-0	312 145-6	LKM	265045	29.09.70	Jerichow			
102 146-8	312 146-4	LKM	265046	27.09.70	Leipzig West	08.11.94	Lpz.-Wahren	
102 147-6	312 147-2	LKM	265047	28.09.70	Cottbus			
102 148-4	312 148-0	LKM	265048	28.09.70	Aue	21.03.95	Zwickau	
102 149-2	312 149-8	LKM	265049	28.09.70	Reichenbach	06.12.93	Glauchau	
102 150-0	312 150-6	LKM	265050	28.09.70	Reichenbach	28.05.93	Gera	→ RBG D 07
102 151-8	312 151-4	LKM	265051	28.09.70	Stendal	08.11.94	Magdeburg Hbf	
102 152-6	312 152-2	LKM	265052	28.09.70	Stendal			
102 153-4	312 153-0	LKM	265053	28.09.70	Wittenberge			
102 154-2	312 154-8	LKM	265054	28.09.70	Wittenberge			
102 155-9	312 155-5	LKM	265055	29.09.70	Wittenberge	20.12.95	Neustrelitz	
102 156-7	312 156-3	LKM	265056	29.09.70	Gotha	30.06.95	Nordhausen	
102 157-5	312 157-1	LKM	265057	29.09.70	Gotha	20.12.95	Erfurt	
102 158-3		LKM	265058	29.09.70	Magdeburg	30.11.89	Halberstadt	
102 159-1	312 159-7	LKM	265059	29.09.70	Gotha	20.12.95	Erfurt	
102 160-9	312 160-5	LKM	265060	29.09.70	Magdeburg			

102 161-7	312 161-3	LKM	265061	29.09.70	Dresden			
102 162-5	312 162-1	LKM	265062	30.09.70	Nordhausen			
102 163-3	312 163-9	LKM	265063	30.09.70	Nordhausen			
102 164-1	312 164-7	LKM	265064	30.09.70	Nordhausen			
102 165-8	312 165-4	LKM	265065	30.09.70	Dresden	31.08.95	Dresden	
102 166-6	312 166-2	LKM	265066	12.10.70	Stendal	08.11.94	Stendal	
102 167-4	312 167-0	LKM	265067	12.10.70	Jerichow			
102 168-2	312 168-8	LKM	265068	31.10.70	Cottbus			
102 169-0	312 169-6	LKM	265069	31.10.70	Senftenberg			
102 170-8	312 170-4	LKM	265070	12.10.70	Jerichow	10.11.94	Magdeburg Hbf	
102 171-6	312 171-2	LKM	265071	31.10.70	Cottbus	26.08.96	Cottbus	→ WI Cottbus
102 172-4	312 172-0	LKM	265072	31.10.70	Reichenbach			
102 173-2	312 173-8	LKM	265073	31.10.70	Reichenbach			
102 174-0	312 174-6	LKM	265074	31.10.70	Bln.-Pankow			
102 175-7	312 175-3	LKM	265075	31.10.70	Bln.-Pankow			
102 176-5	312 176-1	LKM	265076	31.10.70	Reichenbach			
102 177-3	312 177-9	LKM	265077	31.10.70	Frankfurt (O)	10.03.95	Frankfurt (O)	
102 178-1	312 178-7	LKM	265078	31.10.70	Wittenberge			
102 179-9	312 179-5	LKM	265079	31.10.70	Wittenberge			
102 180-7	312 180-3	LKM	265080	31.10.70	Wittenberge	01.06.94	Pasewalk	
102 181-5	312 181-1	LKM	265081	31.10.70	Karl-Marx-Stadt	20.06.95	Chemnitz	
102 182-3	312 182-9	LKM	265082	31.10.70	Karl-Marx-Stadt	06.12.93	Glauchau	
102 183-1	312 183-7	LKM	265083	31.10.70	Karl-Marx-Stadt			
102 184-9	312 184-5	LKM	265084	31.10.70	Seddin			
102 185-6	312 185-2	LKM	265085	31.10.70	Seddin			
102 186-4	312 186-0	LKM	265086	31.10.70	Frankfurt (O)			
102 187-2	312 187-8	LKM	265087	31.10.70	Karl-Marx-Stadt			
102 188-0	312 188-6	LKM	265088	31.10.70	Karl-Marx-Stadt	30.11.95	Dresden	
102 189-8	312 189-4	LKM	265089	31.10.70	Karl-Marx-Stadt	31.03.95	Zwickau	
102 190-6	312 190-2	LKM	265090	31.10.70	Karl-Marx-Stadt			
102 191-4	312 191-0	LKM	265091	31.10.70	Karl-Marx-Stadt			
102 192-2	312 192-8	LKM	265092	31.10.70	Aue	06.12.93	Aue	
102 193-0	312 193-6	LKM	265093	30.11.70	Gotha	20.12.95	Nordhausen	
102 194-8	312 194-4	LKM	265094	30.11.70	Gotha			
102 195-5	312 195-1	LKM	265095	30.11.70	Nordhausen			
102 196-3	312 196-9	LKM	265096	30.11.70	Nordhausen	31.07.95	Nordhausen	
102 197-1	312 197-7	LKM	265097	30.11.70	Cottbus			
102 198-9	312 198-5	LKM	265098	30.11.70	Senftenberg			
102 199-7	312 199-3	LKM	265099	30.11.70	Görlitz			
102 200-3	312 200-9	LKM	265100	08.12.70	Leipzig West			
102 201-1	312 201-7	LKM	265101	08.12.70	Leipzig West			
102 202-9	312 202-5	LKM	265102	08.12.70	Görlitz			
102 203-7	312 203-3	LKM	265103	08.12.70	Görlitz			
102 204-5	312 204-1	LKM	265104	08.12.70	Zittau			
102 205-2	312 205-8	LKM	265105	08.12.70	Cottbus			
102 206-0	312 206-6	LKM	265106	08.12.70	Gera	28.05.93	Gera	→ RFG
102 207-8	312 207-4	LKM	265107	09.12.70	Gera			
102 208-6	312 208-2	LKM	265108	09.12.70	Gera	28.05.93	Gera	→ RFG
102 209-4	312 209-0	LKM	265109	11.12.70	Seddin			
102 210-2	312 210-8	LKM	265110	11.12.70	Gotha			
102 211-0	312 211-6	LKM	265111	11.12.70	Gotha			
102 212-8	312 212-4	LKM	265112	11.12.70	Magdeburg			
102 213-6	312 213-2	LKM	265113	11.12.70	Magdeburg			

102 214-4	312 214-0	LKM	265114	11.12.70	Magdeburg	10.03.95	Lu. Wittenberg	
102 215-1	312 215-7	LKM	265115	11.12.70	Rostock			
102 216-9	312 216-5	LKM	265116	12.12.70	Rostock	01.06.94	Rostock-Seehafen	
102 217-7	312 217-3	LKM	265117	12.12.70	Rostock			
102 218-5	312 218-1	LKM	265118	17.12.70	Dresden	31.08.95	Dresden	
102 219-3	312 219-9	LKM	265119	17.12.70	Dresden	06.12.93	Dresden	
102 220-1	312 220-7	LKM	265120	17.12.70	Rostock	01.06.94	Pasewalk	
102 221-9	312 221-5	LKM	265121	17.12.70	Rostock			
102 222-7	312 222-3	LKM	265122	17.12.70	Seddin			
102 223-5	312 223-1	LKM	265123	17.12.70	Seddin			
102 224-3	312 224-9	LKM	265124	17.12.70	Seddin			
102 225-0	312 225-6	LKM	265125	17.12.70	Rostock-Seehafen			
102 226-8	312 226-4	LKM	265126	17.12.70	Rostock-Seehafen			
102 227-6	312 227-2	LKM	265127	17.12.70	Rostock-Seehafen			
102 228-4	312 228-0	LKM	265128	22.12.70	Magdeburg			
102 229-2	312 229-8	LKM	265129	22.12.70	Magdeburg			
102 230-0	312 230-6	LKM	265130	22.12.70	Magdeburg			
102 231-8	312 231-4	LKM	265131	22.12.70	Jüterbog			
102 232-6	312 232-2	LKM	265132	22.12.70	Jüterbog			
102 233-4	312 233-0	LKM	265133	22.12.70	Jüterbog			
102 234-2	312 234-8	LKM	265134	22.12.70	Frankfurt (O)			
102 235-9	312 235-5	LKM	265135	22.12.70	Frankfurt (O)			
102 236-7	312 236-3	LKM	265136	23.12.70	Güsten			
102 237-5	312 237-1	LKM	265137	23.12.70	Blankenburg			
102 238-3	312 238-9	LKM	265138	30.12.70	Rostock			
102 239-1	312 239-7	LKM	265139	28.12.70	Bln.-Pankow			
102 240-9	312 240-5	LKM	265140	28.12.70	Bln.-Pankow			
102 241-7	312 241-3	LKM	265141	30.12.70	Bln.-Pankow			
102 242-5	312 242-1	LKM	265142	30.12.70	Falkenberg	08.11.94	Lu. Wittenberg	
102 243-3	312 243-9	LKM	265143	30.12.70	Lpz.-Wahren			
102 244-1	312 244-7	LKM	265144	30.12.70	Leipzig West			
102 245-8	312 245-4	LKM	265145	30.12.70	Leipzig Süd			
102 246-6	312 246-2	LKM	265146	30.12.70	Karl-Marx-Stadt			
102 247-4	312 247-0	LKM	265147	30.12.70	Karl-Marx-Stadt			
102 248-2	312 248-8	LKM	265148	30.12.70	Karl-Marx-Stadt	30.11.95	Chemnitz	
102 249-0	312 249-6	LKM	265149	30.12.70	Karl-Marx-Stadt			
102 250-8	312 250-4	LKM	265150	30.12.70	Karl-Marx-Stadt	10.03.95	Dresden	
102 251-6	312 251-2	LKM	265151	30.12.70	Aue	31.03.95	Zwickau	
102 252-4	312 252-0	LKM	265152	26.01.71	Gera			
102 253-2	312 253-8	LKM	265153	26.01.71	Dresden			
102 254-0	312 254-6	LKM	265154	26.01.71	Dresden	10.03.95	Dresden	
102 255-7	312 255-3	LKM	265155	26.01.71	Dresden			
102 256-5	312 256-1	LKM	265156	29.01.71	Güsten			
102 257-3	312 257-9	LKM	265157	29.01.71	Güsten			

Baureihe Köf 10/331 (DB)

Betriebsnummer			Hersteller	Fab.-Nr.	Abnahme	1. Bw	Aus-	letztes Bw	Anmerkung
bis 1967	ab 1968	ab 1992					musterung		
Köf 10 001	331 001-8		Gmeinder	5118	24.07.59	AW Opladen			UZ in 332 601-4
Köf 10 002	331 002-6		Gmeinder	5119	05.08.59	Ffm.-Griesheim			UZ in 332 602-2
Köf 10 003	331 003-4		Gmeinder	5123	01.12.59	Oberhausen Hbf	30.09.89	Oberhausen	→ Italien

Baureihe Köf 11/332 (DB/DB AG)

Betriebsnummer			Hersteller	Fab.-Nr.	Abnahme	1. Bw	Aus-musterung	letztes Bw	Anmerkung
bis 1967	ab 1968	ab 1992							
Köf 11 001	332 701-2	332 701-2	Gmeinder	5120	28.08.59	Augsburg	31.07.95	Mühldorf	
Köf 11 002	332 002-5	332 002-5	Gmeinder	5121	14.12.59	Mainz			
Köf 11 003	332 801-0	332 801-0	Gmeinder	5124	10.09.59	München Hbf			
Köf 11 004	332 702-0	332 702-0	Gmeinder	5125	30.12.59	Münster	20.09.96	Osnabrück	
Köf 11 005	332 005-8	332 005-8	Gmeinder	5122	10.02.60	München Hbf			
Köf 11 006	332 006-6	332 006-6	O & K	26301	03.12.62	Lübeck			
Köf 11 007	332 007-4	332 007-4	O & K	26302	15.12.62	Lübeck			
Köf 11 008	332 008-2	332 008-2	O & K	26303	18.12.62	Göttingen P			
Köf 11 009	332 009-0	332 009-0	O & K	26304	13.12.62	Göttingen P			
Köf 11 010	332 010-8	332 010-8	O & K	26305	27.12.62	Dieringhausen			
Köf 11 011	332 011-6	332 011-6	O & K	26306	09.01.63	Oberhausen Hbf			
Köf 11 012	332 012-4	332 012-4	O & K	26307	18.01.63	Gsk.-Bismarck			
Köf 11 013	332 013-2	332 013-2	O & K	26308	17.01.63	Düren			
Köf 11 014	332 014-0	332 014-0	O & K	26309	31.01.63	Münster			
Köf 11 015	332 015-7	332 015-7	O & K	26310	06.02.63	Osnabrück Rbf	20.06.95	Osnabrück	
Köf 11 016	332 016-5	332 016-5	O & K	26311	26.03.63	Krefeld	30.12.96	Aachen	
Köf 11 017	332 017-3	332 017-3	O & K	26312	19.03.63	Hagen-Eckesey	31.07.95	Darmstadt	
Köf 11 018	332 018-1	332 018-1	O & K	26313	20.03.63	Hagen-Eckesey			
Köf 11 019	332 019-9	332 019-9	O & K	26314	22.03.63	Hmb.-Harburg			
Köf 11 020	332 020-7	332 020-7	Gmeinder	5259	17.12.62	Kempten			
Köf 11 021	332 021-5	332 021-5	Gmeinder	5258	01.12.62	Pforzheim			
Köf 11 022	332 022-3	332 022-3	Gmeinder	5260	21.12.62	Pforzheim			
Köf 11 023	332 023-1	332 023-1	Gmeinder	5261	17.01.63	Mannheim			
Köf 11 024	332 024-9	332 024-9	Gmeinder	5262	29.01.63	Mannheim			
Köf 11 025	332 025-6	332 025-6	Gmeinder	5263	26.02.63	München Hbf			
Köf 11 026	332 026-4	332 026-4	Gmeinder	5264	28.03.63	Mühldorf			
Köf 11 027	332 027-2	332 027-2	Gmeinder	5265	27.05.63	Ansbach			
Köf 11 028	332 028-0	332 028-0	Gmeinder	5266	10.04.63	Schweinfurt			
Köf 11 029	332 029-8	332 029-8	Jung	13571	10.02.63	Fulda			
Köf 11 030	332 030-6	332 030-6	Jung	13572	05.02.63	Fulda			
Köf 11 031	332 031-4	332 031-4	Jung	13573	20.02.63	Fulda			
Köf 11 032	332 032-2	332 032-2	Jung	13574	22.02.63	Fulda			
Köf 11 033	332 033-0	332 033-0	Jung	13575	05.03.63	Fulda			
Köf 11 034	332 034-8	332 034-8	Jung	13576	08.03.63	Kaiserslautern			
Köf 11 035	332 035-5	332 035-5	Jung	13577	18.03.63	Kaiserslautern			
Köf 11 036	332 036-3	332 036-3	Jung	13578	19.03.63	Saarbrücken Hbf			
Köf 11 037	332 037-1	332 037-1	Jung	13621	22.03.63	Hanau			
Köf 11 038	332 038-9	332 038-9	Jung	13622	09.04.63	Hanau			
Köf 11 039	332 039-7	332 039-7	Jung	13623	26.03.63	Kaiserslautern			
Köf 11 040	332 040-5	332 040-5	Jung	13624	09.04.63	Mainz			
Köf 11 041	332 041-3	332 041-3	Jung	13625	09.04.63	Mainz			
Köf 11 042	332 042-1	332 042-1	Jung	13626	09.04.63	Mainz			
Köf 11 043	332 043-9	332 043-9	Jung	13627	25.04.63	St. Wendel			
Köf 11 044	332 044-7	332 044-7	Jung	13628	22.04.63	Ffm.-Griesheim			
Köf 11 045	332 045-4	332 045-4	Jung	13629	08.05.63	Ffm.-Griesheim			
Köf 11 046	332 046-2	332 046-2	Jung	13630	22.05.63	Saarbrücken Hbf			
Köf 11 047	332 047-0	332 047-0	Jung	13631	10.06.63	Freiburg			
Köf 11 048	332 048-8	332 048-8	Jung	13632	27.05.63	Karlsruhe			
Köf 11 049	332 049-6	332 049-6	Gmeinder	5267	03.05.63	Hof			

Köf 11 050	332 050-4	332 050-4	Gmeinder	5291	15.05.63	Hof			
Köf 11 051	332 051-2	332 051-2	Gmeinder	5292	31.05.63	Passau			
Köf 11 052	332 052-0	332 052-0	Gmeinder	5293	28.06.63	Passau	25.09.96	Regensburg	→ Wb
Köf 11 053	332 053-8	332 053-8	Gmeinder	5294	17.07.63	Kempten			
Köf 11 054	332 054-6	332 054-6	Gmeinder	5295	17.07.63	Kempten			
Köf 11 055	332 055-3	332 055-3	Gmeinder	5296	05.08.63	Kornwestheim	31.12.93	Mannheim 1	
Köf 11 056	332 056-1	332 056-1	Gmeinder	5297	10.09.63	Rottweil	31.12.93	Mannheim 1	
Köf 11 057	332 057-9	332 057-9	Gmeinder	5298	26.11.63	Kornwestheim			
Köf 11 058	332 058-7	332 058-7	Gmeinder	5299	03.12.63	Kornwestheim	30.11.95	Ulm	
Köf 11 059	332 059-5	332 059-5	Gmeinder	5300	12.12.63	Kornwestheim	31.01.95	Mannheim	→ Wb
Köf 11 060	332 060-3	332 060-3	Gmeinder	5301	20.12.63	Schwandorf			
Köf 11 061	332 061-1	332 061-1	Gmeinder	5302	09.01.64	Schwandorf			
Köf 11 062	332 062-9	332 062-9	Gmeinder	5303	10.01.64	Regensburg			
Köf 11 063	332 901-8	332 901-8	Gmeinder	5304	28.01.64	Regensburg			
Köf 11 064	332 064-5	332 064-5	Gmeinder	5305	31.01.64	Weiden			
Köf 11 065	332 065-2	332 065-2	Gmeinder	5306	12.02.64	Nürnberg Rbf			
Köf 11 066	332 066-0	332 066-0	Gmeinder	5307	12.02.64	Nürnberg Rbf			
Köf 11 067	332 067-8	332 067-8	Gmeinder	5308	14.02.64	Nürnberg Rbf			
Köf 11 068	332 068-6	332 068-6	Gmeinder	5309	21.02.64	Mühldorf	31.07.95	Ingolstadt	→ Wl
Köf 11 069	332 069-4	332 069-4	Gmeinder	5310	03.03.64	München Ost			
Köf 11 070	332 070-2	332 070-2	Gmeinder	5311	05.03.64	München Ost			
Köf 11 071	332 071-0	332 071-0	Gmeinder	5312	12.03.64	München Ost	31.12.93	Mühldorf	
Köf 11 072	332 072-8	332 072-8	Gmeinder	5313	19.03.64	Ingolstadt	20.05.95	Oberhausen	
Köf 11 073	332 073-6	332 073-6	Gmeinder	5314	09.04.64	München Hbf			
Köf 11 074	332 074-4	332 074-4	Gmeinder	5315	07.04.64	Mühldorf	31.07.95	Mühldorf	
Köf 11 075	332 075-1	332 075-1	Gmeinder	5316	17.04.64	Hof			
Köf 11 076	332 076-9	332 076-9	Gmeinder	5317	30.04.64	Plattling			
Köf 11 077	332 077-7	332 077-7	O & K	26315	13.05.63	Dsd.-Derendorf			
Köf 11 078	332 078-5	332 078-5	O & K	26316	08.05.63	Oberhausen Hbf	31.12.93	Oberhausen	
Köf 11 079	332 079-3	332 079-3	O & K	26317	24.06.63	Bo.-Langendreer	31.12.93	Flensburg	
Köf 11 080	332 080-1	332 080-1	O & K	26318	05.07.63	Bo.-Langendreer			
Köf 11 081	332 081-9	332 081-9	O & K	26319	12.06.63	Hmb.-Harburg			
Köf 11 082	332 082-7	332 082-7	O & K	26320	13.06.63	Hmb.-Altona	31.07.95	Göttingen	
Köf 11 083	332 083-5	332 083-5	O & K	26321	12.06.63	Göttingen Rbf			
Köf 11 084	332 084-3	332 084-3	O & K	26322	02.07.63	Hannover-Linden	20.09.96	Bremen	
Köf 11 085	332 085-0	332 085-0	O & K	26323	04.07.63	Krefeld	31.07.95	Gremberg	
Köf 11 086	332 086-8	332 086-8	O & K	26324	10.07.63	Düren	31.12.93	Mö.-gladbach	
Köf 11 087	332 087-6	332 087-6	O & K	26325	26.11.63	Oldenburg Hbf	31.07.95	Bremen	
Köf 11 088	332 088-4	332 088-4	O & K	26326	05.12.63	Oldenburg Hbf	20.12.95	Emden	
Köf 11 089	332 089-2	332 089-2	O & K	26327	02.12.63	Hagen-Eckesey	31.07.95	Göttingen	
Köf 11 090	332 090-0	332 090-0	O & K	26328	05.12.63	Dsd.-Derendorf			
Köf 11 091	332 091-8	332 091-8	O & K	26329	05.12.63	Dsd.-Derendorf			
Köf 11 092	332 092-6	332 092-6	O & K	26330	13.12.63	Hmb.-Altona	30.11.95	Mühldorf	→ Wl
Köf 11 093	332 093-4	332 093-4	O & K	26331	03.01.64	Hmb.-Altona	20.12.95	Freiburg	
Köf 11 094	332 094-2	332 094-2	O & K	26332	30.12.63	Hannover-Linden	20.06.95	Braunschweig	
Köf 11 095	332 095-9	332 095-9	O & K	26333	30.12.63	Hannover-Linden			
Köf 11 096	332 096-7	332 096-7	O & K	26334	10.01.64	Krefeld			
Köf 11 097	332 097-5	332 097-5	O & K	26335	06.01.64	Oldenburg Hbf	31.12.93	Göttingen	
Köf 11 098	332 098-3	332 098-3	O & K	26336	06.01.64	Wpt-Steinbeck			
Köf 11 099	332 099-1	332 099-1	O & K	26337	24.01.64	Neumünster	29.02.96	Braunschweig	
Köf 11 100	332 100-7	332 100-7	O & K	26338	28.01.64	Lübeck	20.06.95	Bremen	
Köf 11 101	332 101-5	332 101-5	O & K	26339	06.02.64	Hannover-Linden			
Köf 11 102	332 102-3	332 102-3	O & K	26340	06.02.64	Hannover-Linden	25.09.96	Haltingen	

Köf 11 103	332 103-1	332 103-1	O & K	26341	01.02.64	Osnabrück Rbf	30.11.95	Osnabrück		→ BE D 2
Köf 11 104	332 104-9	332 104-9	O & K	26342	11.02.64	Münster				
Köf 11 105	332 105-6	332 105-6	O & K	26343	12.02.64	Gsk.-Bismarck				
Köf 11 106	332 106-4	332 106-4	O & K	26344	13.03.64	Bo.-Dahlhausen	30.08.96	Dortmund Bbf		
Köf 11 107	332 107-2	332 107-2	O & K	26345	16.03.64	Hamm P	30.08.96	Dortmund Bbf		
Köf 11 108	332 108-0	332 108-0	O & K	26346	64	Düren				
Köf 11 109	332 109-8	332 109-8	O & K	26347	64	Düren				
Köf 11 110	332 110-6	332 110-6	O & K	26348	17.03.64	Dsd.-Derendorf	30.08.96	Oberhausen		
Köf 11 111	332 111-4	332 111-4	O & K	26349	02.03.64	Wpt.-Steinbeck				
Köf 11 112	332 112-2	332 112-2	O & K	26350	06.03.64	Wpt.-Steinbeck	30.12.96	Mö.-gladbach		
Köf 11 113	332 113-0	332 113-0	O & K	26351	11.03.64	Hagen-Eckesey				
Köf 11 114	332 114-8	332 114-8	O & K	26352	19.03.64	Villingen				
Köf 11 115	332 115-5	332 115-5	O & K	26353	24.03.64	Haltingen				
Köf 11 116	332 116-3	332 116-3	O & K	26354	02.04.64	Haltingen	20.05.95	Offenburg		
Köf 11 117	332 117-1	332 117-1	Gmeinder	5318	29.04.64	Mannheim	10.12.93	Offenburg		→ Wb
Köf 11 118	332 118-9	332 118-9	O & K	26355	20.08.64	Delmenhorst	31.12.93	Osnabrück 1		
Köf 11 119	332 119-7	332 119-7	O & K	26356	24.08.64	Delmenhorst				
Köf 11 120	332 120-5	332 120-5	O & K	26357	18.09.64	Kbw Braunschweig	20.09.96	Hannover		
Köf 11 121	332 121-3	332 121-3	O & K	26358	05.09.64	Neumünster				
Köf 11 122	332 122-1	332 122-1	O & K	26359	08.09.64	Hmb.-Harburg	30.11.95	Hmb.-Wilhelmsburg		
Köf 11 123	332 123-9	332 123-9	O & K	26360	17.09.64	Neumünster				
Köf 11 124	332 124-7	332 124-7	O & K	26361	23.09.64	Hmb.-Altona	30.11.94	Hmb.-Wilhelmsburg		
Köf 11 125	332 125-4	332 125-4	O & K	26362	20.10.64	Delmenhorst	30.08.96	Frankfurt/M 2		
Köf 11 126	332 126-2	332 126-2	O & K	26363	09.11.64	Hannover-Linden	20.06.95	Osnabrück		
Köf 11 127	332 127-0	332 127-0	O & K	26364	27.10.64	Wpt.-Steinbeck				
Köf 11 128	332 128-8	332 128-8	O & K	26365	11.11.64	Hagen-Eckesey				
Köf 11 129	332 129-6	332 129-6	O & K	26366	13.11.64	Wpt.-Steinbeck				
Köf 11 130	332 130-4	332 130-4	O & K	26367	17.11.64	Siegen	30.08.96	Hagen		
Köf 11 131	332 131-2	332 131-2	O & K	26368	01.12.64	Delmenhorst	20.09.96	Hannover		
Köf 11 132	332 132-0	332 132-0	O & K	26369	02.12.64	Delmenhorst	20.06.95	Bremen		
Köf 11 133	332 133-8	332 133-8	O & K	26370	01.12.64	Oberhausen Hbf	31.12.93	Mö.-gladbach		→ Wb
Köf 11 134	332 134-6	332 134-6	O & K	26371	01.12.64	Oberhausen Hbf	30.11.95	Flensburg		
Köf 11 135	332 135-3	332 135-3	O & K	26372	21.12.64	Kbw Braunschweig	20.06.95	Hannover		
Köf 11 136	332 136-1	332 136-1	O & K	26373	22.12.64	Kbw Gütersloh				
Köf 11 137	332 137-9	332 137-9	O & K	2637	05.01.654	Düren				
Köf 11 138	332 138-7	332 138-7	O & K	26375	30.12.64	Siegen				
Köf 11 139	332 139-5	332 139-5	O & K	26376	05.01.65	Dsd.-Derendorf				
Köf 11 140	332 140-3	332 140-3	O & K	26377	19.01.65	Wpt.-Steinbeck				
Köf 11 141	332 141-1	332 141-1	O & K	26378	18.01.65	Dieringhausen				
Köf 11 142	332 142-9	332 142-9	O & K	26379	27.10.65	Bestwig	20.09.96	Osnabrück		
Köf 11 143	332 143-7	332 143-7	O & K	26380	04.02.65	Hannover-Linden				
Köf 11 144	332 144-5	332 144-5	O & K	26381	17.02.65	Delmenhorst				
Köf 11 145	332 145-2	332 145-2	O & K	26382	10.02.65	Münster				
Köf 11 146	332 146-0	332 146-0	O & K	26383	12.02.65	Münster				
Köf 11 147	332 147-8	332 147-8	O & K	26384	19.02.65	Osnabrück Rbf				
Köf 11 148	332 148-6	332 148-6	O & K	26385	26.02.65	Oberhausen Hbf				
Köf 11 149	332 149-4	332 149-4	O & K	26386	26.02.65	Oberhausen Hbf				
Köf 11 150	332 150-2	332 150-2	O & K	26387	02.03.65	Oberhausen Hbf				
Köf 11 151	332 151-0	332 151-0	O & K	26388	11.03.65	Gsk.-Bismarck				
Köf 11 152	332 152-8	332 152-8	O & K	26389	22.03.65	Hamm P				
Köf 11 153	332 153-6	332 153-6	O & K	26390	18.03.65	Oberhausen Hbf				
Köf 11 154	332 154-4	332 154-4	O & K	26391	06.04.65	Lübeck				
Köf 11 155	332 155-1	332 155-1	O & K	26392	08.04.65	Delmenhorst	20.06.95	Bremen		

Köf 11 156	332 156-9	332 156-9	O & K	26393	07.04.65	Kbw Braunschweig			
Köf 11 157	332 157-7	332 157-7	O & K	26394	31.03.65	Oberhausen Hbf			
Köf 11 158	332 158-5	332 158-5	Jung	13771	26.05.64	Tübingen	20.12.95	Trier	
Köf 11 159	332 159-3	332 159-3	Jung	13772	21.05.64	Tübingen	30.11.95	Heilbronn	
Köf 11 160	332 160-1	332 160-1	Jung	13773	26.05.64	Tübingen	20.09.96	Ulm	
Köf 11 161	332 161-9	332 161-9	Jung	13774	03.06.64	Heilbronn	30.11.95	Osnabrück	→ BE D 3
Köf 11 162	332 162-7	332 162-7	Jung	13775	16.06.64	Haltingen	31.12.93	Mannheim 1	
Köf 11 163	332 163-5	332 163-5	Jung	13776	23.06.64	Konstanz	30.11.95	Haltingen	
Köf 11 164	332 164-3	332 164-3	Jung	13777	26.06.64	Karlsruhe	30.11.95	Karlsruhe	→ Wb
Köf 11 165	332 165-0	332 165-0	Jung	13778	02.07.64	Offenburg			
Köf 11 166	332 166-8	332 166-8	Jung	13779	23.06.64	Gießen			
Köf 11 167	332 167-6	332 167-6	Jung	13780	23.06.64	Gießen			
Köf 11 168	332 168-4	332 168-4	Jung	13781	01.07.64	Darmstadt			
Köf 11 169	332 169-2	332 169-2	Jung	13782	01.07.64	Hanau	31.07.95	Braunschweig	
Köf 11 170	332 170-0	332 170-0	Jung	13783	07.07.64	Kornwestheim	30.11.95	Saarbrücken Ost	
Köf 11 171	332 171-8	332 171-8	Jung	13784	07.07.64	Kornwestheim	20.12.95	Trier	
Köf 11 172	332 172-6	332 172-6	Jung	13785	28.05.64	Kornwestheim	30.11.95	Offenburg	
Köf 11 173	332 173-4	332 173-4	Jung	13786	07.08.64	Fulda			
Köf 11 174	332 174-2	332 174-2	Jung	13787	07.08.64	Fulda	30.08.96	Frankfurt/M 2	
Köf 11 175	332 175-9	332 175-9	Jung	13788	10.08.64	Eschwege West			
Köf 11 176	332 176-7	332 176-7	Jung	13789	25.08.64	Marburg	30.11.96	Gießen	
Köf 11 177	332 177-5	332 177-5	Jung	13790	02.09.64	Nürnberg Rbf	30.11.95	Darmstadt	
Köf 11 178	332 178-3	332 178-3	Jung	13791	02.09.64	Nürnberg Rbf	31.01.95	Nürnberg Rbf	
Köf 11 179	332 179-1	332 179-1	Jung	13792	01.09.64	Nürnberg Rbf	31.12.93	Nürnberg 2	
Köf 11 180	332 180-9	332 180-9	Jung	13793	03.09.64	Nürnberg Rbf	31.12.93	Nürnberg 2	
Köf 11 181	332 181-7	332 181-7	Jung	13794	03.09.64	Oberhausen Hbf	31.12.93	Oberhausen	→ SB
Köf 11 182	332 182-5	332 182-5	Jung	13795	16.09.64	Dortmund Bbf			
Köf 11 183	332 183-3	332 183-3	Jung	13796	23.09.64	Essen Hbf	30.08.96	Oberhausen	
Köf 11 184	332 184-1	332 184-1	Jung	13797	28.09.64	Gütersloh			
Köf 11 185	332 185-8	332 185-8	Jung	13798	07.10.64	Kbw Braunschweig	20.06.95	Osnabrück	
Köf 11 186	332 186-6	332 186-6	Jung	13799	15.10.64	Kbw Braunschweig			
Köf 11 187	332 187-4	332 187-4	Jung	13800	14.10.64	Krefeld	31.07.95	Aachen	→ M. (NL)
Köf 11 188	332 188-2	332 188-2	Jung	13801	14.10.64	Krefeld			
Köf 11 189	332 189-0	332 189-0	Jung	13802	27.10.64	Oldenburg Hbf	20.09.96	Braunschweig	
Köf 11 190	332 190-8	332 190-8	Jung	13803	04.11.64	Osnabrück Rbf			
Köf 11 191	332 191-6	332 191-6	Jung	13804	24.11.64	Osnabrück Rbf	31.12.93	Osnabrück 1	
Köf 11 192	332 192-4	332 192-4	Jung	13805	10.12.64	Oberhausen Hbf	31.12.93	Siegen	
Köf 11 193	332 193-2	332 193-2	Gmeinder	5333	29.09.64	Ludwigshafen	30.08.96	Trier	
Köf 11 194	332 194-0	332 194-0	Gmeinder	5334	09.10.64	Ludwigshafen	31.07.95	Mö.-gladbach	
Köf 11 195	332 195-7	332 195-7	Gmeinder	5335	14.10.64	Koblenz-Mosel			
Köf 11 196	332 196-5	332 196-5	Gmeinder	5336	22.10.64	Koblenz-Mosel			
Köf 11 197	332 197-3	332 197-3	Gmeinder	5337	04.11.64	Ingolstadt			
Köf 11 198	332 198-1	332 198-1	Gmeinder	5338	10.11.64	Ingolstadt			
Köf 11 199	332 199-9	332 199-9	Gmeinder	5339	18.11.64	Ingolstadt			
Köf 11 200	332 200-5	332 200-5	Gmeinder	5340	04.12.64	Freilassing			
Köf 11 201	332 201-3	332 201-3	Gmeinder	5341	17.12.64	Augsburg	30.11.95	Augsburg	
Köf 11 202	332 202-1	332 202-1	Gmeinder	5342	22.12.64	Augsburg			
Köf 11 203	332 203-9	332 203-9	Gmeinder	5343	28.12.64	Kempten	31.07.95	Kempten	
Köf 11 204	332 204-7	332 204-7	Gmeinder	5344	07.01.665	Nördlingen	30.08.96	Hagen	
Köf 11 205	332 205-4	332 205-4	Gmeinder	5345	15.01.65	Trier	30.11.96	Gießen	
Köf 11 206	332 206-2	332 206-2	Gmeinder	5346	28.01.65	Trier			
Köf 11 207	332 207-0	332 207-0	Gmeinder	5347	04.02.65	Simmern			
Köf 11 208	332 208-8	332 208-8	Gmeinder	5348	04.02.65	Simmern	20.06.95	Kaiserlautern	

Köf 11 209	332 209-6	332 209-6	Gmeinder	5349	25.02.65	Plattling			
Köf 11 210	332 210-4	332 210-4	Gmeinder	5350	04.03.65	Regensburg			
Köf 11 211	332 902-6	332 902-6	Gmeinder	5351	11.03.65	Landshut	31.07.95	München West	
Köf 11 212	332 212-0	332 212-0	Gmeinder	5352	26.03.65	Weiden	30.08.96	Regensburg	
Köf 11 213	332 213-8	332 213-8	Gmeinder	5353	13.04.65	Schweinfurt	30.11.95	Kaiserslautern	
Köf 11 214	332 214-6	332 214-6	Gmeinder	5354	01.04.65	AW Limburg	30.08.96	Trier	
Köf 11 215	332 215-3	332 215-3	Gmeinder	5355	17.04.65	AW Saarbrücken			
Köf 11 216	332 216-1	332 216-1	Gmeinder	5356	19.05.65	AW Neuaubing			
Köf 11 217	332 217-9	332 217-9	Gmeinder	5357	18.05.65	AW Weiden			
Köf 11 218	332 218-7	332 218-7	Gmeinder	5358	29.09.65	Ludwigshafen			
Köf 11 219	332 219-5	332 219-5	Gmeinder	5385	07.10.65	Kaiserslautern			
Köf 11 220	332 220-3	332 220-3	Gmeinder	5386	29.10.65	Ludwigshafen			
Köf 11 221	332 221-1	332 221-1	Gmeinder	5387	09.11.65	Lindau	31.07.95	Kempten	
Köf 11 222	332 222-9	332 222-9	Gmeinder	5388	24.03.66	Rosenheim			
Köf 11 223	332 223-7	332 223-7	Gmeinder	5389	15.12.65	Kempten			
Köf 11 224	332 224-5	332 224-5	Gmeinder	5390	23.12.65	Karlsruhe			
Köf 11 225	332 225-2	332 225-2	Gmeinder	5391	17.01.66	Haltingen	31.01.95	Haltingen	
Köf 11 226	332 226-0	332 226-0	Gmeinder	5392	01.02.66	Kassel	30.11.96	Kassel	
Köf 11 227	332 227-8	332 227-8	Gmeinder	5393	21.02.66	Marburg			
Köf 11 228	332 228-6	332 228-6	Gmeinder	5394	23.02.66	Kempten			
Köf 11 229	332 229-4	332 229-4	Gmeinder	5395	12.03.66	Kassel			
Köf 11 230	332 230-2	332 230-2	Gmeinder	5396	20.03.66	Aalen			
Köf 11 231	332 231-0	332 231-0	Gmeinder	5397	15.03.66	Heilbronn			
Köf 11 232	332 232-8	332 232-8	Gmeinder	5398	06.04.66	Ulm			
Köf 11 233	332 233-6	332 233-6	Gmeinder	5399	13.04.66	Marburg			
Köf 11 234	332 234-4	332 234-4	Gmeinder	5400	04.05.66	Kempten			
Köf 11 235	332 235-1	332 235-1	Gmeinder	5401	05.05.66	Augsburg			
Köf 11 236	332 236-9	332 236-9	Gmeinder	5402	17.05.66	Mannheim			
Köf 11 237	332 237-7	332 237-7	Gmeinder	5403	18.05.66	Mannheim	31.01.95	Singen	
Köf 11 238	332 238-5	332 238-5	Gmeinder	5404	23.05.66	Marburg			
Köf 11 239	332 239-3	332 239-3	Gmeinder	5405	24.06.66	Mühldorf			
Köf 11 240	332 240-1	332 240-1	Gmeinder	5406	01.07.66	Krefeld			
Köf 11 241	332 241-9	332 241-9	Gmeinder	5407	06.07.66	Osnabrück Rbf			
Köf 11 242	332 242-7	332 242-7	Gmeinder	5408	18.07.66	Dsd.-Derendorf			
Köf 11 243	332 243-5	332 243-5	Gmeinder	5409	26.07.66	Augsburg			
Köf 11 244	332 244-3	332 244-3	Gmeinder	5410	02.08.66	Weiden			
Köf 11 245	332 245-0	332 245-0	Gmeinder	5411	11.08.66	Schwandorf			
Köf 11 246	332 246-8	332 246-8	Jung	13891	02.08.65	Stuttgart			
Köf 11 247	332 247-6	332 247-6	Jung	13892	02.08.65	Stuttgart			
Köf 11 248	332 248-4	332 248-4	Jung	13893	11.08.65	Hmb.-Harburg			
Köf 11 249	332 249-2	332 249-2	Jung	13894	12.08.65	Husum			
Köf 11 250	332 250-0	332 250-0	Jung	13895	23.08.65	Ulm			
Köf 11 251	332 251-8	332 251-8	Jung	13896	24.08.65	Ulm			
Köf 11 252	332 252-6	332 252-6	Jung	13897	07.09.65	Delmenhorst			
Köf 11 253	332 253-4	332 253-4	Jung	13898	13.09.65	Münster			
Köf 11 254	332 254-2	332 254-2	Jung	13899	23.09.65	Kirchweyhe			
Köf 11 255	332 255-9	332 255-9	Jung	13900	27.09.65	Heilbronn			
Köf 11 256	332 256-7	332 256-7	Jung	13901	05.10.65	Stuttgart			
Köf 11 257	332 257-5	332 257-5	Jung	13902	12.10.65	Hagen-Eckesey			
Köf 11 258	332 258-3	332 258-3	Jung	13903	03.11.65	Lindau			
Köf 11 259	332 259-1	332 259-1	Jung	13904	10.11.65	Nördlingen	31.07.95	Ingolstadt	→ WI
Köf 11 260	332 260-9	332 260-9	Jung	13905	27.10.65	Krefeld			
Köf 11 261	332 261-7	332 261-7	Jung	13906	18.11.65	Delmenhorst	20.09.96	Osnabrück	

Köf 11 262	332 262-5	332 262-5	Jung	13907	01.12.65	Nürnberg Rbf				
Köf 11 263	332 263-3	332 263-3	Jung	13908	06.12.65	Bamberg				
Köf 11 264	332 264-1	332 264-1	Jung	13909	17.12.65	Oberhausen Hbf				
Köf 11 265	332 265-8	332 265-8	Jung	13910	28.12.65	Lübeck				
Köf 11 266	332 266-6	332 266-6	Jung	13911	23.12.65	Altenkirchen				
Köf 11 267	332 267-4	332 267-4	Jung	13912	23.12.65	Koblenz-Mosel				
Köf 11 268	332 268-2	332 268-2	Jung	13913	14.01.66	Hmb.-Harburg				
Köf 11 269	332 269-0	332 269-0	Jung	13914	28.01.66	Hmb.-Altona				
Köf 11 270	332 270-8	332 270-8	Jung	13915	03.02.66	Würzburg				
Köf 11 271	332 271-6	332 271-6	Jung	13916	03.02.66	Gemünden				
Köf 11 272	332 272-4	332 272-4	Jung	13917	18.02.66	Hmb.-Altona				
Köf 11 273	332 273-2	332 273-2	Jung	13918	03.03.66	Kempten				
Köf 11 274	332 274-0	332 274-0	Jung	13919	09.03.66	Augsburg				
Köf 11 275	332 275-7	332 275-7	Jung	13920	14.03.66	Haltingen				
Köf 11 276	332 276-5	332 276-5	Jung	13921	24.03.66	Karlsruhe				
Köf 11 277	332 277-3	332 277-3	Jung	13922	30.03.66	Ffm.-Griesheim				
Köf 11 278	332 278-1	332 278-1	Jung	13933	01.04.66	Limburg				
Köf 11 279	332 279-9	332 279-9	Jung	13934	04.05.66	Darmstadt				
Köf 11 280	332 280-7	332 280-7	O & K	26395	14.10.65	Wpt.-Steinbeck				
Köf 11 281	332 281-5	332 281-5	O & K	26396	24.09.65	Münster				
Köf 11 282	332 282-3	332 282-3	O & K	26397	06.10.65	Kbw Braunschweig				
Köf 11 283	332 283-1	332 283-1	O & K	26398	11.10.65	Hmb.-Harburg				
Köf 11 284	332 284-9	332 284-9	O & K	26399	22.10.65	Dortmund Bbf				
Köf 11 285	332 285-6	332 285-6	O & K	26400	19.10.65	Oberhausen Hbf				
Köf 11 286	332 286-4	332 286-4	O & K	26401	25.10.65	Hmb.-Harburg				
Köf 11 287	332 287-2	332 287-2	O & K	26402	09.11.65	Hmb.-Altona				
Köf 11 288	332 288-0	332 288-0	O & K	26403	16.11.65	Hannover Hbf				
Köf 11 289	332 289-8	332 289-8	O & K	26404	16.11.65	Hannover Hbf				
Köf 11 290	332 290-6	332 290-6	O & K	26405	01.12.65	Köln-Nippes				
Köf 11 291	332 291-4	332 291-4	O & K	26406	03.12.65	Köln-Nippes				
Köf 11 292	332 292-2	332 292-2	O & K	26407	09.12.65	Emden				
Köf 11 293	332 293-0	332 293-0	O & K	26408	09.12.65	Emden	20.09.96	Bremen		
Köf 11 294	332 294-8	332 294-8	O & K	26409	08.12.65	Bestwig				
Köf 11 295	332 295-5	332 295-5	O & K	26410	15.12.65	Hagen-Eckesey				
Köf 11 296	332 296-3	332 296-3	O & K	26411	30.12.65	Offenburg	31.01.95	Freiburg		
Köf 11 297	332 297-1	332 297-1	O & K	26412	10.01.66	Haltingen				
Köf 11 298	332 298-9	332 298-9	O & K	26413	17.01.66	Stuttgart				
Köf 11 299	332 299-7	332 299-7	O & K	26414	21.01.66	Friedrichshafen				
Köf 11 300	332 300-3	332 300-3	O & K	26415	21.01.66	Stuttgart				
Köf 11 301	332 301-1	332 301-1	O & K	26416	02.02.66	Saarbrücken Hbf				
Köf 11 302	332 302-9	332 302-9	O & K	26417	09.02.66	Trier				
Köf 11 303	332 303-7	332 303-7	O & K	26418	10.02.66	Jünkerath				
Köf 11 304	332 304-5	332 304-5	O & K	26419	08.03.66	Wiesbaden				
Köf 11 305	332 305-2	332 305-2	O & K	26420	17.02.66	Ffm.-Griesheim				
Köf 11 306	332 306-0	332 306-0	O & K	26421	23.02.66	Essen Hbf	31.12.92	Oberhausen	→ BFO → BE D 1	
Köf 11 307	332 307-8	332 307-8	O & K	26422	07.03.66	Gsk.-Bismarck				
Köf 11 308	332 308-6	332 308-6	O & K	26423	28.03.66	Neumünster				
Köf 11 309	332 309-4	332 309-4	O & K	26424	29.03.66	Minden	30.11.95	Hannover		
Köf 11 310	332 310-2	332 310-2	O & K	26425	31.03.66	Krefeld				
Köf 11 311	332 311-0	332 311-0	O & K	26426	06.04.66	Saarbrücken Hbf				
Köf 11 312	332 312-8	332 312-8	O & K	26427	07.04.66	Saarbrücken Hbf				
Köf 11 313	332 313-6	332 313-6	O & K	26428	13.04.66	Saarbrücken Hbf				
Köf 11 314	332 314-4	332 314-4	O & K	26429	02.06.66	Darmstadt				

Köf 11 315	332 315-1	332 315-1	O & K	26430	17.05.66	Dillenburg				
Köf 11 316	332 316-9	332 316-9	O & K	26431	18.05.66	Gießen				
Köf 11 317	332 317-7	332 317-7	O & K	26432	17.05.66	Darmstadt				
		332 601-4	Gmeinder	5118	01.01.92	München 1				UZ aus 331 001-8
		332 602-2	Gmeinder	5119	01.01.92	Gießen	31.07.95	Trier		UZ aus 331 002-6

Baureihe Köf 12/333 (DB/DB AG)

Betriebsnummer			Hersteller	Fab.-Nr.	Abnahme	1. Bw	Aus-musterung	letztes Bw	Anmerkung
bis 1967	ab 1968	ab 1992							
Köf 12 001	333 001-6	333 001-6	Gmeinder	5361	20.09.67	Nürnberg Rbf			vorl. Abn. 25.02.65
	333 002-4	333 002-4	Jung	14042	02.07.68	Koblenz-Mosel			
	333 003-2	333 003-2	Jung	14043	15.07.68	Köln-Nippes			
	333 004-0	333 004-0	Jung	14044	17.07.68	Offenburg			UB in 335 004-8
	333 005-7	333 005-7	Jung	14045	23.07.68	Dsd.-Derendorf			
	333 006-5	333 006-5	Jung	14046	24.07.68	Saarbrücken Hbf			UB in 335 006-3
	333 007-3	333 007-3	Jung	14047	09.08.68	Heilbronn			UB in 335 007-1
	333 008-1	333 008-1	Jung	14048	01.08.68	Kbw Gütersloh			
	333 009-9	333 009-9	Jung	14049	21.08.68	Ulm			UB in 335 009-7
	333 010-7	333 010-7	Jung	14050	06.09.68	Tübingen			UB in 335 010-5
	333 011-5	333 011-5	Jung	14051	11.09.68	Friedrichshafen			UB in 335 011-3
	333 012-3	333 012-3	Jung	14052	08.09.68	Minden			
	333 013-1	333 013-1	Jung	14053	18.09.68	Dillenburg			UB in 335 013-9
	333 014-9	333 014-9	Jung	14054	17.09.68	Friedberg			UB in 335 014-7
	333 015-6	333 015-6	Jung	14055	05.10.68	Braunschweig			UB in 335 015-4
	333 016-4	333 016-4	Jung	14056	05.10.68	Minden			
	333 017-2	333 017-2	Jung	14057	16.10.68	Darmstadt			UB in 335 017-0
	333 018-0	333 018-0	Jung	14058	20.10.68	Offenburg			UB in 335 018-8
	333 019-8	333 019-8	Jung	14059	03.11.68	Krefeld			UB in 335 019-6
	333 020-6	333 020-6	Jung	14060	03.11.68	Krefeld	15.03.93	Gremberg	→ DKB
	333 021-4	333 021-4	Jung	14061	18.11.68	Krefeld			
	333 022-2	333 022-2	Jung	14062	26.11.68	Karlsruhe			UB in 335 022-0
	333 023-0	333 023-0	Jung	14063	12.12.68	Kaiserslautern			UB in 335 023-8
	333 024-8	333 024-8	Jung	14064	02.12.68	Dsd.-Derendorf			UB in 335 024-6
	333 025-5	333 025-5	Jung	14065	20.12.68	Siegen			UB in 335 025-3
	333 026-3	333 026-3	Jung	14066	31.01.69	Hagen-Eckesey			UB in 335 026-1
	333 027-1	333 027-1	Gmeinder	5429	10.07.68	Ingolstadt			UB in 335 027-9
	333 028-9	333 028-9	Gmeinder	5430	23.07.68	Aschaffenburg			
	333 029-7	333 029-7	Gmeinder	5431	22.07.68	Ulm			UB in 335 029-5
	333 030-5	333 030-5	Gmeinder	5432	06.08.68	Schwandorf			UB in 335 030-3
	333 031-3	333 031-3	Gmeinder	5433	05.09.68	München Hbf			
	333 032-1	333 032-1	Gmeinder	5434	04.09.68	München Hbf			UB in 335 032-9
	333 033-9	333 033-9	Gmeinder	5435	25.09.68	Mühldorf			UB in 335 033-7
	333 034-7	333 034-7	Gmeinder	5436	09.10.68	Nördlingen			UB in 335 034-5
	333 035-4	333 035-4	Gmeinder	5437	18.10.68	Kornwestheim			UB in 335 035-2
	333 036-2	333 036-2	Gmeinder	5438	05.11.68	Weiden			UB in 335 036-0
	333 037-0	333 037-0	Gmeinder	5439	12.11.68	Hof			UB in 335 037-8
	333 038-8	333 038-8	Gmeinder	5440	06.12.68	Nürnberg Rbf			UB in 335 038-6
	333 039-6	333 039-6	Gmeinder	5441	05.02.69	Nürnberg Rbf			UB in 335 039-4
	333 040-4	333 040-4	O & K	26433	12.08.68	Lübeck			
	333 041-2	333 041-2	O & K	26434	01.08.68	Oberhausen			
	333 042-0	333 042-0	O & K	26435	19.08.68	Hannover			

333 043-8	333 043-8	O & K	26436	15.08.68	Münster			
333 044-6	333 044-6	O & K	26437	22.08.68	Oberhausen			
333 045-3	333 045-3	O & K	26438	01.09.68	Hamm			
333 046-1	333 046-1	O & K	26439	02.09.68	Gsk.-Bismarck			
333 047-9	333 047-9	O & K	26440	22.09.68	Hmb.-Harburg			UB in 335 047-7
333 048-7	333 048-7	O & K	26441	30.09.68	Hmb.-Altona			
333 049-5		O & K	26442	08.10.68	Flensburg	30.07.87	Hamburg 4	
333 050-3	333 050-3	O & K	26443	08.10.68	Münster			
333 051-1	333 051-1	O & K	26444	29.10.68	Osnabrück Rbf			
333 052-9	333 052-9	Gmeinder	5448	25.07.69	Ulm			UB in 335 052-7
333 053-7	333 053-7	Gmeinder	5449	20.07.69	Heilbronn			UB in 335 053-5
333 054-5	333 054-5	Gmeinder	5450	29.07.69	Kempten			UB in 335 054-3
333 055-2	333 055-2	Gmeinder	5451	30.07.69	Kempten			UB in 335 055-0
333 056-0	333 056-0	Gmeinder	5452	12.08.69	München Hbf			
333 057-8	333 057-8	Gmeinder	5453	26.08.69	München Ost			UB in 335 057-6
333 058-6	333 058-6	Gmeinder	5454	17.09.69	München Ost			UB in 335 058-4
333 059-4	333 059-4	Gmeinder	5455	03.10.69	München Ost			UB in 335 059-2
333 060-2	333 060-2	Gmeinder	5456	15.10.69	Friedrichshafen			UB in 335 060-0
333 061-0	333 061-0	Gmeinder	5457	15.10.69	Kornwestheim			UB in 335 061-8
333 062-8	333 062-8	Gmeinder	5458	21.10.69	Schweinfurt			UB in 335 062-6
333 063-6	333 063-6	Gmeinder	5459	31.10.69	Nürnberg Rbf			UB in 335 063-4
333 064-4	333 064-4	Gmeinder	5460	12.11.69	Plattling			UB in 335 064-2
333 065-1	333 065-1	Gmeinder	5461	05.12.69	Passau			
333 066-9	333 066-9	Gmeinder	5462	02.12.69	München Hbf			UB in 335 066-7
333 067-7	333 067-7	Gmeinder	5463	11.12.69	München Ost			UB in 335 067-5
333 068-5	333 068-5	Gmeinder	5464	23.12.69	Heilbronn			
333 069-3	333 069-3	Gmeinder	5465	09.01.70	Ulm			UB in 335 069-1
333 070-1	333 070-1	Jung	14079	26.08.69	Hagen-Eckesey			UB in 335 070-9
333 071-9	333 071-9	Jung	14080	10.09.69	Tübingen			UB in 335 071-7
333 072-7	333 072-7	Jung	14081	09.09.69	Kornwestheim			UB in 335 072-5
333 073-5	333 073-5	Jung	14082	04.09.69	Limburg			UB in 335 073-3
333 074-3	333 074-3	Jung	14083	16.09.69	Wiesbaden			UB in 335 074-1
333 075-0	333 075-0	Jung	14084	01.10.69	Hanau			UB in 335 075-8
333 076-8	333 076-8	Jung	14085	02.10.69	Friedberg			UB in 335 076-6
333 077-6	333 077-6	Jung	14086	14.10.69	Saarbrücken			
333 078-4	333 078-4	Jung	14087	31.10.69	Mainz			UB in 335 078-2
333 079-2	333 079-2	Jung	14088	31.10.69	Offenburg			UB in 335 079-0
333 080-0	333 080-0	Jung	14089	27.11.69	Karlsruhe			UB in 335 080-8
333 081-8	333 081-8	Jung	14090	20.11.69	Karlsruhe			UB in 335 081-6
333 082-6	333 082-6	Jung	14091	11.12.69	Oberhausen			UB in 335 082-4
333 083-4	333 083-4	Jung	14092	20.12.69	Paderborn			UB in 335 083-2
333 084-2	333 084-2	Jung	14093	06.01.70	Osnabrück Rbf			UB in 335 084-0
333 085-9	333 085-9	Jung	14094	19.01.70	Essen Hbf			UB in 335 085-7
333 086-7	333 086-7	O & K	26445	12.08.69	Köln-Nippes			UB in 335 086-5
333 087-5	333 087-5	O & K	26446	19.08.69	Hmb.-Harburg			UB in 335 087-3
333 088-3	333 088-3	O & K	26447	16.09.69	Lübeck			UB in 335 088-1
333 089-1	333 089-1	O & K	26448	24.09.69	Hmb.-Altona			UB in 335 089-9
333 090-9	333 090-9	O & K	26449	09.10.69	Hmb.-Harburg			UB in 335 090-7
333 091-7	333 091-7	O & K	26450	27.10.69	Hmb.-Harburg			UB in 335 091-5
333 092-5	333 092-5	O & K	26451	03.11.69	Delmenhorst			UB in 335 092-3
333 093-3	333 093-3	O & K	26452	03.11.69	Delmenhorst			UB in 335 093-1
333 094-1	333 094-1	O & K	26453	17.11.69	Delmenhorst			UB in 335 094-9
333 095-8	333 095-8	O & K	26454	02.12.69	Braunschweig			UB in 335 095-6

333 096-6	333 096-6	O & K	26455	02.12.69	Kbw Braunschweig			
333 097-4	333 097-4	O & K	26456	03.12.69	Bielefeld			UB in 335 097-2
333 098-2	333 098-2	O & K	26457	22.12.69	Delmenhorst			UB in 335 098-0
333 099-0	333 099-0	O & K	26458	29.12.69	Göttingen			UB in 335 099-8
333 100-6	333 100-6	O & K	26459	16.01.70	Braunschweig			UB in 335 100-4
333 101-4	333 101-4	O & K	26460	23.01.70	Göttingen			UB in 335 101-2
333 102-2	333 102-2	Gmeinder	5492	31.03.73	Friedrichshafen			UB in 335 102-0
333 103-0	333 103-0	Gmeinder	5493	30.04.73	St. Wendel			UB in 335 103-8
333 104-8	333 104-8	Gmeinder	5494	07.05.73	Trier			
333 105-5	333 105-5	Gmeinder	5495	31.05.73	Karlsruhe			UB in 335 105-3
333 106-3	333 106-3	Gmeinder	5496	14.08.73	Nürnberg Rbf			UB in 335 106-1
333 107-1	333 107-1	Gmeinder	5497	09.10.73	Nürnberg Rbf			UB in 335 107-9
333 108-9	333 108-9	Gmeinder	5498	11.10.73	Villingen			UB in 335 108-7
333 109-7	333 109-7	Gmeinder	5499	06.11.73	Friedrichshafen			UB in 335 109-5
333 110-5	333 110-5	Gmeinder	5500	27.11.73	Fulda			UB in 335 110-3
333 111-3	333 111-3	Gmeinder	5501	18.12.73	Kassel			UB in 335 111-1
333 112-1	333 112-1	Jung	14166	01.05.73	München Hbf			UB in 335 112-9
333 113-9	333 113-9	Jung	14167	30.04.73	München Ost			UB in 335 113-7
333 114-7	333 114-7	Jung	14168	30.04.73	München Ost			UB in 335 114-5
333 115-4	333 115-4	Jung	14169	01.05.73	München Hbf			UB in 335 115-2
333 116-2	333 116-2	Jung	14170	09.05.73	Mühldorf			UB in 335 116-0
333 117-0	333 117-0	Jung	14171	05.06.73	Hmb.-Harburg			UB in 335 117-8
333 118-8	333 118-8	Jung	14172	06.06.73	Husum			UB in 335 118-6
333 119-6	333 119-6	Jung	14173	11.06.73	Husum			UB in 335 119-4
333 120-4	333 120-4	Jung	14174	09.07.73	Hmb.-Harburg			UB in 335 120-2
333 121-2	333 121-2	Jung	14175	11.07.73	Husum			UB in 335 121-0
333 122-0	333 122-0	Jung	14176	15.07.73	Lübeck			UB in 335 122-8
333 123-8	333 123-8	Jung	14177	08.08.73	Uelzen			UB in 335 123-6
333 124-6	333 124-6	Jung	14178	13.08.73	Braunschweig			UB in 335 124-4
333 125-3	333 125-3	Jung	14179	21.08.73	Göttingen			UB in 335 125-1
333 126-1	333 126-1	Jung	14180	22.08.73	Holzminden			UB in 335 126-9
333 127-9	333 127-9	Jung	14181	05.09.73	Köln-Nippes			UB in 335 127-7
333 128-7	333 128-7	Jung	14182	24.09.73	Münster			UB in 335 128-5
333 129-5	333 129-5	Jung	14183	04.10.73	Frankfurt/M 1			UB in 335 129-3
333 130-3	333 130-3	Jung	14184	24.10.73	Hanau			UB in 335 130-1
333 131-1	333 131-1	Jung	14185	01.11.73	Hanau			UB in 335 131-9
333 132-9	333 132-9	Jung	14186	02.01.74	Husum			UB in 335 132-7
333 133-7	333 133-7	Jung	14187	13.01.74	Hmb.-Altona			UB in 335 133-5
333 134-5	333 134-5	Jung	14188	13.01.74	Hmb.-Altona			UB in 335 134-3
333 135-2	333 135-2	Jung	14189	21.01.74	Hmb.-Harburg			
333 136-0	333 136-0	Jung	14190	27.01.74	Lübeck			UB in 335 136-8
333 137-8	333 137-8	Jung	14191	20.02.74	Husum			UB in 335 137-6
333 138-6	333 138-6	Jung	14192	28.02.74	Hannover			UB in 335 138-4
333 139-4	333 139-4	Jung	14193	14.03.74	Oldenburg			UB in 335 139-2
333 140-2	333 140-2	Jung	14194	28.03.74	Krefeld			UB in 335 140-0
333 141-0	333 141-0	Jung	14195	04.04.74	München Hbf			Ub in 335 141-8
333 142-8	333 142-8	Gmeinder	5505	09.07.74	Saarbrücken			UB in 335 142-6
333 143-6	333 143-6	Gmeinder	5506	23.07.74	Trier			UB in 335 143-4
333 144-4	333 144-4	Gmeinder	5507	25.09.74	Karlsruhe			UB in 335 144-2
333 145-1	333 145-1	Gmeinder	5508	22.08.74	München Hbf	31.12.92	München 1	→ BFO
333 146-9	333 146-9	Gmeinder	5509	08.10.74	Karlsruhe			UB in 335 146-7
333 147-7	333 147-7	Gmeinder	5510	10.11.74	Mannheim			UB in 335 147-5
333 148-5	333 148-5	Gmeinder	5511	27.11.74	Stuttgart			UB in 335 148-3

333 149-3	333 149-3	Gmeinder	5512	19.12.74	Stuttgart	UB in 335 149-1
333 150-1	333 150-1	Gmeinder	5513	10.02.75	Offenburg	UB in 335 150-9
333 151-9	333 151-9	Gmeinder	5514	20.03.75	Karlsruhe	UB in 335 151-7
333 152-7	333 152-7	O & K	26461	31.07.74	Frankfurt/M 1	UB in 335 152-5
333 153-5	333 153-5	O & K	26462	20.08.74	Mainz	UB in 335 153-3
333 154-3	333 154-3	O & K	26463	08.08.74	Hanau	UB in 335 154-1
333 155-0	333 155-0	O & K	26464	25.08.74	Darmstadt	UB in 335 155-8
333 156-8	333 156-8	O & K	26465	10.10.74	Fulda	UB in 335 156-6
333 157-6	333 157-6	O & K	26466	30.10.74	Kassel	UB in 335 157-4
333 158-4	333 158-4	O & K	26467	30.10.74	Kassel	UB in 335 158-2
333 159-2	333 159-2	O & K	26468	30.10.74	Kassel	UB in 335 159-0
333 160-0	333 160-0	O & K	26469	20.10.74	Oberhausen	UB in 335 160-8
333 161-8	333 161-8	O & K	26470	15.10.74	Dieringhausen	UB in 335 161-6
333 162-6	333 162-6	O & K	26471	31.10.74	St. Wendel	UB in 335 162-4
333 163-4	333 163-4	O & K	26472	10.11.74	Braunschweig	UB in 335 163-2
333 164-2	333 164-2	O & K	26473	28.11.74	Holzminden	UB in 335 164-0
333 165-9	333 165-9	O & K	26474	18.11.74	Göttingen	UB in 335 165-7
333 166-7	333 166-7	O & K	26475	21.11.74	Dsd.-Derendorf	UB in 335 166-5
333 167-5	333 167-5	O & K	26476	14.11.74	Krefeld	UB in 335 167-3
333 168-3	333 168-3	O & K	26477	28.11.74	Altenkirchen	UB in 335 168-1
333 169-1	333 169-1	O & K	26478	06.12.74	München Hbf	UB in 335 169-9
333 170-9	333 170-9	O & K	26479	16.12.74	Ludwigshafen	UB in 335 170-7
333 171-7	333 171-7	O & K	26480	23.12.74	Braunschweig	UB in 335 171-5
333 172-5	333 172-5	O & K	26481	12.01.75	Oldenburg	
333 173-3	333 173-3	O & K	26482	07.01.73	Nürnberg Rbf	UB in 335 173-1
333 174-1	333 174-1	O & K	26483	15.01.75	Nürnberg Rbf	UB in 335 174-9
333 175-8	333 175-8	O & K	26484	21.01.75	Bayreuth	UB in 335 175-6
333 176-6	333 176-6	O & K	26485	11.02.75	Bamberg	UB in 335 176-4
333 177-4	333 177-4	O & K	26486	25.02.75	Schwandorf	UB in 335 177-2
333 178-2	333 178-2	O & K	26487	18.02.75	Landshut	UB in 335 178-0
333 179-0	333 179-0	O & K	26488	20.02.75	Dortmund Rbf	UB in 335 179-8
333 180-8	333 180-8	O & K	26489	04.03.75	Wiesbaden	UB in 335 180-6
333 181-6	333 181-6	O & K	26490	05.03.75	Frankfurt/M 1	UB in 335 181-4
333 182-4	333 182-4	O & K	26491	23.05.75	Frankfurt/M 1	UB in 335 182-2
333 183-2	333 183-2	O & K	26492	04.05.75	Bayreuth	UB in 335 183-0
333 184-0	333 184-0	O & K	26493	03.06.75	Hof	UB in 335 184-8
333 185-7	333 185-7	O & K	26494	20.05.75	Husum	UB in 335 185-5
333 186-5	333 186-5	O & K	26495	05.06.75	Husum	UB in 335 186-3
333 187-3	333 187-3	O & K	26496	22.06.75	Rosenheim	UB in 335 187-1
333 188-1	333 188-1	O & K	26497	20.08.75	Augsburg	UB in 335 188-9
333 189-9	333 189-9	O & K	26498	01.09.75	Rosenheim	UB in 335 189-7
333 190-7	333 190-7	O & K	26499	05.09.75	Braunschweig	UB in 335 190-5
333 191-5	333 191-5	O & K	26901	12.09.75	Braunschweig	UB in 335 191-3
333 192-3	333 192-3	O & K	26902	22.09.75	Bremen Rbf	UB in 335 192-1
333 193-1	333 193-1	O & K	26903	12.10.75	Rheine	Ub in 335 193-9
333 194-9	333 194-9	O & K	26904	11.12.75	Oldenburg	UB in 335 194-7
333 195-6	333 195-6	O & K	26905	03.12.75	Gsk.-Bismarck	UB in 335 195-4
333 196-4	333 196-4	O & K	26906	29.12.75	Gsk.-Bismarck	UB in 335 196-2
333 197-2	333 197-2	O & K	26907	15.01.76	Dortmund Rbf	UB in 335 197-0
333 198-0	333 198-0	O & K	26908	04.02.76	Fulda	UB in 335 198-8
333 199-8	333 199-8	O & K	26909	15.02.76	Kassel	UB in 335 199-6
333 200-4	333 200-4	O & K	26910	20.04.76	Kassel	UB in 335 200-2
333 201-2	333 201-2	O & K	26911	20.04.76	Kassel	UB in 335 201-0

333 202-0	333 202-0	O & K	26912	14.04.76	Gsk.-Bismarck			UB in 335 202-8
333 203-8	333 203-8	O & K	26913	23.05.76	Husum			UB in 335 203-6
333 204-6	333 204-6	O & K	26914	01.06.76	Husum			UB in 335 204-4
333 205-3	333 205-3	O & K	26915	16.06.76	Krefeld			UB in 335 205-1
333 206-1	333 206-1	O & K	26916	21.07.76	Düren			UB in 335 206-9
333 207-9	333 207-9	O & K	26917	05.08.76	Dsd.-Derendorf			UB in 335 207-7
333 208-7	333 208-7	O & K	26918	23.08.76	Oldenburg			UB in 335 208-5
333 209-5	333 209-5	O & K	26919	05.09.76	Osnabrück			UB in 335 209-3
333 210-3	333 210-3	O & K	26920	23.09.76	Hannover			UB in 335 210-1
333 211-1	333 211-1	O & K	26921	02.11.76	Krefeld			UB in 335 211-9
333 212-9	333 212-9	O & K	26922	07.12.76	Altenkirchen			UB in 335 212-7
333 213-7	333 213-7	O & K	26923	26.01.77	Husum			UB in 335 213-5
333 214-5	333 214-5	O & K	26924	08.02.77	Hmb.-Harburg			UB in 335 214-3
333 215-2	333 215-2	O & K	26925	22.02.77	Lübeck			UB in 335 215-0
333 216-0	333 216-0	O & K	26926	11.03.77	Oberhausen			UB in 335 216-8
333 217-8	333 217-8	O & K	26927	14.03.77	Oberhausen			UB in 335 217-6
333 218-6	333 218-6	O & K	26928	31.03.77	Oberhausen			UB in 335 218-4
333 219-4	333 219-4	O & K	26929	15.04.77	Oberhausen			UB in 335 219-2
333 220-2	333 220-2	O & K	26930	06.05.77	Oberhausen			UB in 335 220-0
333 221-0	333 221-0	O & K	26931	16.05.77	Fulda			UB in 335 221-8
333 222-8	333 222-8	O & K	26932	02.06.77	Lübeck			UB in 335 222-6
333 223-6	333 223-6	O & K	26933	10.06.77	Lübeck			UB in 335 223-4
333 224-4	333 224-4	O & K	26934	15.08.77	Husum			UB in 335 224-2
333 225-1	333 225-1	O & K	26935	05.08.77	Hmb.-Altona			UB in 335 225-9
333 226-9	333 226-9	O & K	26936	14.09.77	Hmb.-Altona			UB in 335 226-7
333 227-7	333 227-7	O & K	26937	30.09.77	Hmb.-Altona			UB in 335 227-5
333 228-5	333 228-5	O & K	26938	18.10.77	Hmb.-Altona			UB in 335 228-3
333 229-3	333 229-3	O & K	26939	24.10.77	Hmb.-Harburg			UB in 335 229-1
333 230-1	333 230-1	O & K	26940	01.12.77	Hmb.-Altona			UB in 335 230-9
333 231-9	333 231-9	O & K	26941	18.12.77	Hmb.-Altona			Ub in 335 231-7
333 232-7	333 232-7	O & K	26942	29.12.77	Hmb.-Altona			UB in 335 232-5
333 233-5	333 233-5	O & K	26943	09.01.78	Hmb.-Altona			UB in 335 233-3
333 234-3	333 234-3	Gmeinder	5521	19.06.75	Heilbronn			UB in 335 234-1
333 235-0	333 235-0	Gmeinder	5522	03.07.75	Heilbronn			UB in 335 235-8
333 236-8	333 236-8	Gmeinder	5523	23.10.75	Heilbronn			UB in 335 236-6
333 237-6	333 237-6	Gmeinder	5524	11.12.75	Oldenburg			UB in 335 237-4
333 238-4	333 238-4	Gmeinder	5525	18.02.76	Braunschweig			UB in 335 238-2
333 239-2	333 239-2	Gmeinder	5526	25.02.76	Dieringhausen			UB in 335 239-0
333 240-0	333 240-0	Gmeinder	5527	11.06.76	Hannover			UB in 335 240-8
333 241-8	333 241-8	Gmeinder	5528	07.07.76	Holzminden			UB in 335 241-6
333 242-6	333 242-6	Gmeinder	5529	15.10.76	Göttingen			UB in 335 242-4
333 243-4	333 243-4	Gmeinder	5530	04.11.76	Dsd.-Derendorf			UB in 335 243-2
333 244-2	333 244-2	Gmeinder	5531	24.02.77	Bremen Rbf			UB in 335 244-0
333 245-9	333 245-9	Gmeinder	5532	14.03.77	Holzminden			UB in 335 245-7
333 246-7	333 246-7	Gmeinder	5533	12.06.77	Braunschweig			UB in 335 246-5
333 247-5	333 247-5	Gmeinder	5534	09.07.77	Braunschweig			UB in 335 247-3
333 248-3	333 248-3	Gmeinder	5535	20.10.77	Bremen Rbf			UB in 335 248-1
333 249-1	333 249-1	Gmeinder	5536	19.12.77	Hannover			UB in 335 249-9
333 250-9	333 250-9	Gmeinder	5537	12.01.78	Kbw Braunschweig		UB in 335 250-7	
333 251-7	333 251-7	Gmeinder	5538	22.02.78	Bremerhaven			UB in 335 251-5
333 901-7		Ruhrthaler	3574	01.01.75	Limburg	27.05.79	AW Darmstadt	→ Wb → BVZ 74
333 902-5		Ruhrthaler	3575	01.01.75	Limburg	29.10.81	Limburg	→ FO 4973

Baureihe 335 (DB/DB AG)

Betriebsnummer			Hersteller	Fab.-Nr.	Abnahme	1. Bw	Aus-musterung	letztes Bw	Anmerkung
bis 1967	ab 1968	ab 1988							
		335 004-8	Jung	14044	05.04.89	Karlsruhe 1			UB aus 333 004-0
		335 006-3	Jung	14046	19.04.89	Saarbrücken 1			UB aus 333 006-5
		335 007-1	Jung	14047	07.02.89	Kornwestheim			UB aus 333 007-3
		335 009-7	Jung	14049	23.06.89	Kornwestheim			UB aus 333 009-9
		335 010-5	Jung	14050	08.06.89	Kornwestheim			UB aus 333 010-7
		335 011-3	Jung	14051	06.11.89	Tübingen			UB aus 333 011-5
		335 013-9	Jung	14053	27.05.87	Trier			UB aus 333 013-1
		335 014-7	Jung	14054	23.11.89	Frankfurt/M 2			UB aus 333 014-9
		335 015-4	Jung	14055	16.11.95	Hannover			UB aus 333 015-6
		335 017-0	Jung	14057	14.02.89	Mannheim 1			UB aus 333 017-2
		335 018-8	Jung	14058	21.02.89	Karlsruhe 1			UB aus 333 018-0
		335 019-6	Jung	14059	07.08.95	Osnabrück			UB aus 333 019-8
		335 022-0	Jung	14062	28.08.95	Frankfurt/M 2			UB aus 333 022-2
		335 023-8	Jung	14063	01.02.89	Kiaserslautern			UB aus 333 023-0
		335 024-6	Jung	14064	08.09.95	Görlitz			UB aus 333 024-8
		335 025-3	Jung	14065	26.10.95	Schwerin			UB aus 333 025-5
		335 026-1	Jung	14066	23.08.95	Hamm			UB aus 333 026-3
		335 027-9	Gmeinder	5429	27.07.89	Ingolstadt			UB aus 333 027-1
		335 029-5	Gmeinder	5431	21.09.89	Saarbrücken 1			UB aus 333 029-7
		335 030-3	Gmeinder	5432	30.10.89	Kornwestheim			UB aus 333 030-5
		335 032-9	Gmeinder	5434	12.06.89	Mühldorf			UB aus 333 032-1
		335 033-7	Gmeinder	5435	17.08.89	Mühldorf			UB aus 333 033-9
		335 034-5	Gmeinder	5436	05.07.89	Mühldorf			UB aus 333 034-7
		335 035-2	Gmeinder	5437	20.01.89	Frankfurt/M 2			UB aus 333 035-4
		335 036-0	Gmeinder	5438	13.03.89	Trier			UB aus 333 036-2
		335 037-8	Gmeinder	5439	28.07.89	Regensburg 1			UB aus 333 037-0
		335 038-6	Gmeinder	5440	18.10.89	Saarbrücken 1			UB aus 333 038-8
		335 039-4	Gmeinder	5441	08.06.89	Saarbrücken 1			UB aus 333 039-6
		335 047-7	O & K	26440	17.10.95	Schwerin			UB aus 333 047-9
		335 052-7	Gmeinder	5448	19.04.89	Ulm 1			UB aus 333 052-9
		335 053-5	Gmeinder	5449	28.08.95	Saarbrücken Ost			UB aus 333 053-7
		335 054-3	Gmeinder	5450	23.11.95	Hagen			UB aus 333 054-5
		335 055-0	Gmeinder	5451	28.08.95	Offenburg			UB aus 333 055-2
		335 057-6	Gmeinder	5453	21.12.95	Neustrelitz			UB aus 333 057-8
		335 058-4	Gmeinder	5454	31.08.95	Chemnitz			UB aus 333 058-6
		335 059-2	Gmeinder	5455	06.11.95	Saarbrücken Ost			UB aus 333 059-4
		335 060-0	Gmeinder	5456	21.07.89	Ulm 1			UB aus 333 060-2
		335 061-8	Gmeinder	5457	02.03.89	Kornwestheim			UB aus 333 061-0
		335 062-6	Gmeinder	5458	09.10.95	Chemnitz			UB aus 333 062-8
		335 063-4	Gmeinder	5459	19.12.95	Regensburg			UB aus 333 063-6
		335 064-2	Gmeinder	5460	27.09.95	Dresden			UB aus 333 064-4
		335 066-7	Gmeinder	5462	07.11.89	Ingolstadt			UB aus 333 066-9
		335 067-5	Gmeinder	5463	27.11.95	Flensburg			UB aus 333 067-7
		335 069-1	Gmeinder	5465	19.12.95	Mühldorf			UB aus 333 069-3
		335 070-9	Jung	14079	22.09.95	Dresden			UB aus 333 070-1
		335 071-7	Jung	14080	08.11.95	Saarbrücken Ost			UB aus 333 071-9
		335 072-5	Jung	14081	19.09.95	Görlitz			UB aus 333 072-7
		335 073-3	Jung	14082	19.10.95	Schwerin			UB aus 333 073-5
		335 074-1	Jung	14083	20.12.95	Ingolstadt			UB aus 333 074-3

335 075-8	Jung	14084	22.08.95	Osnabrück			UB aus 333 075-0
335 076-6	Jung	14085	12.09.95	Görlitz			UB aus 333 076-8
335 078-2	Jung	14087	07.04.95	Frankfurt/M 2			UB aus 333 078-4
335 079-0	Jung	14088	28.08.89	Kaiserslautern			UB aus 333 079-2
335 080-8	Jung	14089	21.12.95	Flensburg			UB aus 333 080-0
335 081-6	Jung	14090	27.10.95	Schwerin			UB aus 333 081-8
335 082-4	Jung	14091	04.12.89	Oberhausen			UB aus 333 082-6
335 083-2	Jung	14092	30.10.89	Hannover 1			UB aus 333 083-4
335 084-0	Jung	14093	07.07.89	Saarbrücken 1			UB aus 333 084-2
335 085-7	Jung	14094	24.04.89	Hamm 1			UB aus 333 085-9
335 086-5	O & K	26445	03.05.89	Köln 1			UB aus 333 086-7
335 087-3	O & K	26446	13.07.89	Limburg			UB aus 333 087-5
335 088-1	O & K	26447	18.12.89	Saarbrücken 1			UB aus 333 088-3
335 089-9	O & K	26448	13.09.89	Kempten			UB aus 333 089-1
335 090-7	O & K	26449	04.10.88	München 1			UB aus 333 090-9
335 091-5	O & K	26450	23.03.89	Kaiserslautern			UB aus 333 091-7
335 092-3	O & K	26451	15.09.89	Ulm 1			UB aus 333 092-5
335 093-1	O & K	26452	29.09.95	Chemnitz			UB aus 333 093-3
335 094-9	O & K	26453	16.08.95	Offenburg			UB aus 333 094-1
335 095-6	O & K	26454	14.03.89	Hannover 1			UB aus 333 095-8
335 097-2	O & K	26456	16.06.89	Hamm 1			UB aus 333 097-4
335 098-0	O & K	26457	04.08.89	Bremen 1			UB aus 333 098-2
335 099-8	O & K	26458	07.03.90	Osnabrück 1			UB aus 333 099-0
335 100-4	O & K	26459	11.07.89	Dortmund 1			UB aus 333 100-6
335 101-2	O & K	26460	28.09.89	Emden			UB aus 333 101-4
335 102-0	Gmeinder	5492	03.01.89	Ulm 1			UB aus 333 102-2
335 103-8	Gmeinder	5493	05.01.89	Kaiserslautern			UB aus 333 103-0
335 105-3	Gmeinder	5495	21.12.88	Karlsruhe 1			UB aus 333 105-5
335 106-1	Gmeinder	5496	08.09.89	Frankfurt/M 2			UB aus 333 106-3
335 107-9	Gmeinder	5497	17.11.89	Kempten			UB aus 333 107-1
335 108-7	Gmeinder	5498	84	Mannheim 1			UB aus 333 108-9
335 109-5	Gmeinder	5499	02.12.86	Ulm 1			UB aus 333 109-7
335 110-3	Gmeinder	5500	12.12.86	Ulm 1			UB aus 333 110-5
335 111-1	Gmeinder	5501	22.12.86	Ulm 1			UB aus 333 111-3
335 112-9	Jung	14166	22.11.88	Nürnberg 2			UB aus 333 112-1
335 113-7	Jung	14167	17.08.89	Kempten			UB aus 333 113-9
335 114-5	Jung	14168	84	Ingolstadt			UB aus 333 114-7
335 115-2	Jung	14169	10.07.89	Kempten			UB aus 333 115-4
335 116-0	Jung	14170	09.12.88	Kempten			UB aus 333 116-2
335 117-8	Jung	14171	28.10.88	Mühldorf	01.01.96	Ingolstadt	UB aus 333 117-0
							→ Gleisb. Augsburg
335 118-6	Jung	14172	08.06.89	München 1			UB aus 333 118-8
335 119-4	Jung	14173	31.10.89	Limburg			UB aus 333 119-6
335 120-2	Jung	14174	04.11.88	Ulm 1			UB aus 333 120-4
335 121-0	Jung	14175	13.01.89	Kornwestheim			UB aus 333 121-2
335 122-8	Jung	14176	27.10.88	Hof			UB aus 333 122-0
335 123-6	Jung	14177	17.07.89	Kornwestheim			UB aus 333 123-8
335 124-4	Jung	14178	04.12.86	Braunschweig 1			UB aus 333 124-6
335 125-1	Jung	14179	13.01.87	Kornwestheim			UB aus 333 125-3
335 126-9	Jung	14180	27.02.87	Bremen 1			UB aus 333 126-1
335 127-7	Jung	14181	01.12.86	Mannheim 1			UB aus 333 127-9
335 128-5	Jung	14182	19.12.86	Dortmund 1			UB aus 333 128-7
335 129-3	Jung	14183	22.11.86	Saarbrücken 1			UB aus 333 129-5

335 130-1	Jung	14184	27.11.86	Kaiserslautern	UB aus 333 130-3
335 131-9	Jung	14185	30.12.86	Kornwestheim	UB aus 333 131-1
335 132-7	Jung	14186	20.11.86	Mühldorf	UB aus 333 132-9
335 133-5	Jung	14187	26.02.87	Mühldorf	UB aus 333 133-7
335 134-3	Jung	14188	20.11.86	Ingolstadt	UB aus 333 134-5
335 136-8	Jung	14190	14.08.89	Trier	UB aus 333 136-0
335 137-6	Jung	14191	29.09.88	Lübeck	UB aus 333 137-8
335 138-4	Jung	14192	84	Braunschweig 1	UB aus 333 138-6
335 139-2	Jung	14193	16.11.88	Hannover 1	UB aus 333 139-4
335 140-0	Jung	14194	21.01.87	Karlsruhe 1	UB aus 333 140-2
335 141-8	Jung	14195	04.10.89	München 1	UB aus 333 141-0
335 142-6	Gmeinder	5505	30.09.88	Kaiserslautern	UB aus 333 142-8
335 143-4	Gmeinder	5506	25.10.88	Mühldorf	UB aus 333 143-6
335 144-2	Gmeinder	5507	21.06.89	Haltingen	UB aus 333 144-4
335 146-7	Gmeinder	5509	22.12.88	Karlsruhe 1	UB aus 333 146-9
335 147-5	Gmeinder	5510	23.12.88	Frankfurt/M 2	UB aus 333 147-7
335 148-3	Gmeinder	5511	13.12.88	Ulm 1	UB aus 333 148-5
335 149-1	Gmeinder	5512	09.06.89	Ulm 1	UB aus 333 149-3
335 150-9	Gmeinder	5513	28.03.91	Trier	UB aus 333 150-1
335 151-7	Gmeinder	5514	14.09.89	Offenburg	UB aus 333 151-9
335 152-5	O & K	26461	10.10.88	Kornwestheim	UB aus 333 152-7
335 153-3	O & K	26462	12.09.88	Frankfurt/M 2	UB aus 333 153-5
335 154-1	O & K	26463	17.10.88	München 1	UB aus 333 154-3
335 155-8	O & K	26464	28.11.88	Frankfurt/M 2	UB aus 333 155-0
335 156-6	O & K	26465	14.11.88	Mannheim 1	UB aus 333 156-8
335 157-4	O & K	26466	18.11.88	Frankfurt/M 2	UB aus 333 157-6
335 158-2	O & K	26467	17.01.89	Frankfurt/M 2	UB aus 333 158-4
335 159-0	O & K	26468	15.12.88	Saarbrücken 1	UB aus 333 159-2
335 160-8	O & K	26469	28.11.88	Frankfurt/M 2	UB aus 333 160-0
335 161-6	O & K	26470	20.12.88	Kassel 1	UB aus 333 161-8
335 162-4	O & K	26471	11.01.89	Saarbrücken 1	UB aus 333 162-6
335 163-2	O & K	26472	02.12.88	Trier	UB aus 333 163-4
335 164-0	O & K	26473	02.01.89	Hof	UB aus 333 164-2
335 165-7	O & K	26474	06.12.88	Nürnberg 2	UB aus 333 165-9
335 166-5	O & K	26475	07.03.89	Nürnberg 2	UB aus 333 166-7
335 167-3	O & K	26476	12.09.89	Kempten	UB aus 333 167-5
335 168-1	O & K	26477	28.02.89	Mühldorf	UB aus 333 168-3
335 169-9	O & K	26478	22.03.89	Mühldorf	UB aus 333 169-1
335 170-7	O & K	26479	07.04.89	Mannheim 1	UB aus 333 170-9
335 171-5	O & K	26480	22.03.89	Karlsruhe 1	UB aus 333 171-7
335 173-1	O & K	26482	28.02.89	Hof	UB aus 333 173-3
335 174-9	O & K	26483	10.10.89	Ingolstadt	UB aus 333 174-1
335 175-6	O & K	26484	04.04.89	Nürnberg 2	UB aus 333 175-8
335 176-4	O & K	26485	21.02.89	Nürnberg 2	UB aus 333 176-6
335 177-2	O & K	26486	17.11.88	Nürnberg 2	UB aus 333 177-4
335 178-0	O & K	26487	28.04.89	Mühldorf	UB aus 333 178-2
335 179-8	O & K	26488	11.05.89	Nürnberg 2	UB aus 333 179-0
335 180-6	O & K	26489	14.06.89	Frankfurt/M 2	UB aus 333 180-8
335 181-4	O & K	26490	13.04.89	Frankfurt/M 2	UB aus 333 181-6
335 182-2	O & K	26491	06.02.87	Osnabrück 1	UB aus 333 182-4
335 183-0	O & K	26492	25.10.88	Lübeck	UB aus 333 183-2
335 184-8	O & K	26493	30.12.88	Braunschweig 1	UB aus 333 184-0
335 185-5	O & K	26494	11.11.88	Hamburg 4	UB aus 333 185-7

335 186-3	O & K	26495	04.05.92	Hannover 1			UB aus 333 186-5
335 187-1	O & K	26496	25.04.89	Limburg			UB aus 333 187-3
335 188-9	O & K	26497	11.04.89	Lübeck			UB aus 333 188-1
335 189-7	O & K	26498	12.12.89	Kaiserslautern			UB aus 333 189-9
335 190-5	O & K	26499	07.12.88	Bremen 1			UB aus 333 190-7
335 191-3	O & K	26901	23.11.88	Braunschweig 1			UB aus 333 191-5
335 192-1	O & K	26902	09.06.89	Braunschweig 1			UB aus 333 192-3
335 193-9	O & K	26903	30.05.90	Hannover 1			UB aus 333 193-1
335 194-7	O & K	26904	10.06.91	Bremen 1			UB aus 333 194-9
335 195-4	O & K	26905	23.11.88	Dortmund 1			UB aus 333 195-6
335 196-2	O & K	26906	17.11.88	Dortmund 1			UB aus 333 196-4
335 197-0	O & K	26907	01.12.88	Oberhausen			UB aus 333 197-2
335 198-8	O & K	26908	27.02.89	Kassel 1			UB aus 333 198-0
335 199-6	O & K	26909	19.04.89	Trier			UB aus 333 199-8
335 200-2	O & K	26910	18.09.89	Kassel 1			UB aus 333 200-4
335 201-0	O & K	26911	10.05.89	Kassel 1			UB aus 333 201-2
335 202-8	O & K	26912	16.12.88	Hamm 1			UB aus 333 202-0
335 203-6	O & K	26913	04.01.89	Hamburg 4			UB aus 333 203-8
335 204-4	O & K	26914	23.01.90	Hagen 1			UB aus 333 204-6
335 205-1	O & K	26915	06.10.88	Köln 1			UB aus 333 205-3
335 206-9	O & K	26916	02.11.88	Köln 1			UB aus 333 206-1
335 207-7	O & K	26917	14.12.88	Köln 1			UB aus 333 207-9
335 208-5	O & K	26918	18.05.90	Hannover 1			UB aus 333 208-7
335 209-3	O & K	26919	10.08.90	Hannover 1			UB aus 333 209-5
335 210-1	O & K	26920	27.11.90	Braunschweig 1			UB aus 333 210-3
335 211-9	O & K	26921	17.01.89	Köln 1			UB aus 333 211-1
335 212-7	O & K	26922	23.03.89	Köln 1			UB aus 333 212-9
335 213-5	O & K	26923	02.12.88	Lübeck			UB aus 333 213-7
335 214-3	O & K	26924	03.02.89	Limburg			UB aus 333 214-5
335 215-0	O & K	26925	30.06.89	Lübeck			UB aus 333 215-2
335 216-8	O & K	26926	30.01.89	Oberhausen			UB aus 333 216-0
335 217-6	O & K	26927	20.01.89	Oberhausen			UB aus 333 217-8
335 218-4	O & K	26928	14.02.89	Oberhausen			UB aus 333 218-6
335 219-2	O & K	26929	10.05.89	Oberhausen			UB aus 333 219-4
335 220-0	O & K	26930	06.05.91	Hamm 1	01.01.96	Oberhausen	UB aus 333 220-2 → BFO
335 221-8	O & K	26931	24.05.89	Trier			UB aus 333 221-0
335 222-6	O & K	26932	11.10.89	Lübeck			UB aus 333 222-8
335 223-4	O & K	26933	09.10.89	Lübeck			UB aus 333 223-6
335 224-2	O & K	26934	04.07.89	Lübeck			UB aus 333 224-4
335 225-9	O & K	26935	08.02.89	Hamburg 4			UB aus 333 225-1
335 226-7	O & K	26936	05.06.89	Hamburg 4			UB aus 333 226-9
335 227-5	O & K	26937	10.04.89	Hamburg 4			UB aus 333 227-7
335 228-3	O & K	26938	08.08.89	Hamburg 4			UB aus 333 228-5
335 229-1	O & K	26939	20.12.89	Hamm 1			UB aus 333 229-3
335 230-9	O & K	26940	19.03.90	Hagen 1			UB aus 333 230-1
335 231-7	O & K	26941	29.01.91	Hannover 1			UB aus 333 231-9
335 232-5	O & K	26942	23.06.92	Dortmund 1			UB aus 333 232-7
335 233-3	O & K	26943	09.10.91	Oberhausen			UB aus 333 233-5
335 234-1	Gmeinder	5521	22.08.89	Lübeck			UB aus 333 234-3
335 235-8	Gmeinder	5522	22.08.89	Lübeck			UB aus 333 235-0
335 236-6	Gmeinder	5523	16.02.89	Lübeck			UB aus 333 236-8
335 237-4	Gmeinder	5524	06.09.90	Osnabrück 1			UB aus 333 237-6

335 238-2	Gmeinder	5525	02.02.90	Braunschweig 1	UB aus 333 238-4
335 239-0	Gmeinder	5526	10.11.88	Köln 1	UB aus 333 239-2
335 240-8	Gmeinder	5527	22.02.89	Hannover 1	UB aus 333 240-0
335 241-6	Gmeinder	5528	12.01.89	Hannover 1	UB aus 333 241-8
335 242-4	Gmeinder	5529	25.01.89	Dortmund 1	UB aus 333 242-6
335 243-2	Gmeinder	5530	28.06.89	Limburg	UB aus 333 243-4
335 244-0	Gmeinder	5531	07.11.89	Bremen 1	UB aus 333 244-2
335 245-7	Gmeinder	5532	21.06.90	Braunschweig 1	UB aus 333 245-9
335 246-5	Gmeinder	5533	30.07.89	Bremen 1	UB aus 333 246-7
335 247-3	Gmeinder	5534	14.04.89	Hannover 1	UB aus 333 247-5
335 248-1	Gmeinder	5535	18.10.89	Bremen 1	UB aus 333 248-3
335 249-9	Gmeinder	5536	20.06.89	Osnabrück 1	UB aus 333 249-1
335 250-7	Gmeinder	5537	01.12.89	Hannover 1	UB aus 333 250-9
335 251-5	Gmeinder	5538	03.05.90	Bremen1	UB aus 333 251-7

Baureihe 104/344 (DR/DB AG)

Betriebsnummer			Hersteller	Fab.-Nr.	Abnahme	1. Bw	Aus-musterung	letztes Bw	Anmerkung
bis 1969	ab 1970	ab 1992							
		344 005-4	LEW	14805	15.09.93	Riesa			UB aus 345 005-3
		344 006-2	LEW	14806	07.12.93	Wittenberge			UB aus 345 006-1
		344 007-0	LEW	14807	10.11.93	Arnstadt			UB aus 345 007-9
		344 009-6	LEW	14809	02.03.93	Zittau			UB aus 345 009-5
		344 011-2	LEW	14811	21.09.92	Neubrandenburg			UB aus 345 011-1
		344 014-6	LEW	14814	01.07.92	Riesa			UB aus 345 014-5
		344 015-3	LEW	14830	14.09.92	Bautzen			UB aus 345 015-2
		344 018-7	LEW	14833	25.06.93	Halberstadt			UB aus 345 018-6
		344 019-5	LEW	14834	13.05.92	Rostock-Seehafen			UB aus 345 019-4
		344 025-2	LEW	15148	04.09.93	Brandenburg			UB aus 345 025-1
		344 032-8	LEW	15155	02.92	Bautzen			UB aus 345 032-7
		344 034-4	LEW	15157	11.10.91	Saalfeld			UB aus 105 034-3
		344 045-0	LEW	14884	08.10.91	Leipzig Süd			UB aus 105 045-9
		344 054-2	LEW	15350	17.02.92	Leipzig Süd			UB aus 345 054-1
		344 059-1	LEW	15590	30.10.91	Magdeburg			UB aus 105 059-0
		344 060-9	LEW	15591	04.03.92	Güsten			UB aus 345 060-8
		344 062-5	LEW	15593	12.11.92	Bln.-Pankow			UB aus 345 062-4
		344 063-3	LEW	15594	03.02.93	Eisenach			UB aus 345 063-2
		344 066-6	LEW	15597	10.11.92	Rostock			UB aus 345 066-5
		344 071-6	LEW	15602	29.07.92	Frankfurt (O)			UB aus 345 071-5
		344 078-1	LEW	15658	24.11.91	Güsten			UB aus 105 078-0
		344 081-5	LEW	15661	21.10.91	Erfurt			UB aus 105 081-4
		344 084-9	LEW	15664	07.08.93	Halberstadt			UB aus 345 084-8
		344 087-2	LEW	16562	03.92	Riesa			UB aus 345 087-1
		344 090-6	LEW	16565	22.10.92	Schwerin			UB aus 345 090-5
		344 092-2	LEW	16567	14.12.92	Bln.-Pankow			UB aus 345 092-1
		344 093-0	LEW	16568	28.10.93	Schwerin			UB aus 345 093-9
		344 103-7	LEW	17410	24.09.92	Wittenberge			UB aus 345 103-6
		344 106-0	LEW	17418	18.10.93	Seddin			UB aus 345 106-9
		344 111-0	LEW	17792	08.03.93	Senftenberg			UB aus 345 111-9
		344 125-0	LEW	17570	24.06.93	Neustrelitz			UB aus 345 125-9
		344 134-2	LEW	17579	02.09.93	Magdeburg			UB aus 345 134-1
		344 146-6	LEW	17672	10.10.91	Halle G			UB aus 105 146-5

	344 160-7	LEW	17686	27.11.92	Halle G			UB aus 345 160-6
	344 163-1	LEW	17689	13.09.91	Halle G			UB aus 105 163-0
	344 669-7	LEW	12642	19.03.93	Frankfurt (O)			UB aus 346 669-5
	344 681-2	LEW	12656	01.10.93	Pasewalk			UB aus 346 681-0
	344 682-0	LEW	12657	03.06.92	Jüterbog			UB aus 346 682-8
	344 688-7	LEW	12663	20.02.93	Bln.-Pankow			UB aus 346 688-5
	344 710-9	LEW	12706	30.10.93	Hoyerswerda			UB aus 346 710-7
	344 720-8	LEW	12981	16.07.93	Rostock			UB aus 346 720-6
104 736-4	344 736-4	LEW	12997	19.12.88	Halle G			UB aus 106 736-2
	344 752-1	LEW	13018	07.12.92	Stendal			UB aus 346 752-9
	344 764-6	LEW	13032	15.04.93	Cottbus			UB aus 346 764-4
	344 767-9	LEW	13035	12.12.91	Stendal			UB aus 106 767-7
	344 768-7	LEW	13036	07.12.93	Dresden			UB aus 346 768-5
	344 773-7	LEW	13081	15.04.92	Schwerin			UB aus 346 773-5
	344 788-5	LEW	13301	11.08.93	Rostock			UB aus 346 788-3
	344 804-0	LEW	13321	01.07.93	Magdeburg			UB aus 346 804-8
	344 808-1	LEW	13325	06.04.93	Rostock			UB aus 346 808-9
	344 827-1	LEW	13740	18.05.93	Reichenbach			UB aus 346 827-9
	344 832-1	LEW	13818	17.03.93	Erfurt			UB aus 346 832-9
	344 835-4	LEW	13821	22.04.93	Chemnitz			UB aus 346 835-2
	344 836-2	LEW	13828	28.05.93	Cottbus			UB aus 346 836-0
	344 855-2	LEW	13850	20.08.92	Chemnitz			UB aus 346 855-0
	344 856-0	LEW	13851	30.10.92	Jüterbog			UB aus 346 856-8
	344 868-5	LEW	14053	22.07.93	Leipzig Süd			UB aus 346 868-3
	344 886-7	LEW	14136	26.10.93	Riesa			UB aus 346 886-5
	344 892-5	LEW	14142	11.11.91	Haldensleben	31.12.94	Magdeburg	UB aus 106 892-3 → Wb
	344 900-6	LEW	14150	15.10.84	Halle G			UB aus 106 900-4 UZ erst 09.10.91
	344 903-0	LEW	14153	26.08.92	Güsten			UB aus 346 903-8
	344 905-5	LEW	14155	25.01.93	Frankfurt (O)			UB aus 346 905-3
	344 910-5	LEW	14204	26.11.91	Halle G			UB aus 106 910-3
	344 913-9	LEW	14207	27.11.92	Aue			UB aus 346 913-7
	344 914-7	LEW	14208	24.07.92	Glauchau			UB aus 346 914-5
	344 915-4	LEW	14209	20.10.92	Chemnitz			UB aus 346 915-2
	344 923-8	LEW	14217	28.05.93	Bln.-Pankow			UB aus 346 923-6
	344 940-2	LEW	14542	17.12.91	Chemnitz			UB aus 106 940-0
	344 952-7	LEW	14554	25.11.92	Erfurt			UB aus 346 952-5
	344 955-0	LEW	14557	17.07.92	Pasewalk			UB aus 346 955-8
	344 958-4	LEW	14570	29.10.91	Eberswalde			UB aus 106 958-2
	344 961-8	LEW	14573	09.09.93	Probstzella			UB aus 346 961-6
	344 964-2	LEW	14576	22.09.93	Aue			UB aus 346 964-0
	344 966-7	LEW	14578	29.03.93	Aue			UB aus 346 966-5
	344 968-3	LEW	14580	20.12.91	Leipzig Süd			UB aus 106 968-1
	344 976-6	LEW	14588	18.06.92	Nordhausen			UB aus 346 976-4
	344 986-5	LEW	14598	09.11.92	Dresden			UB aus 346 986-3
	344 987-3	LEW	14599	19.11.93	Bln.-Pankow			UB aus 346 987-1
	344 990-7	LEW	14602	02.12.91	Riesa			UB aus 106 990-5
	344 996-4	LEW	14608	24.09.91	Dresden			UB aus 106 996-2
	344 999-8	LEW	14800	15.02.93	Dresden			UB aus 346 999-6

Baureihe 105/345 (DR/DB AG)

Betriebsnummer			Hersteller	Fab.-Nr.	Abnahme	1. Bw	Aus-musterung	letztes Bw	Anmerkung
bis 1969	ab 1970	ab 1992							
	105 001-2	345 001-2	LEW	14801	22.10.75	Jüterbog			
	105 002-0	345 002-0	LEW	14802	20.10.75	Haldensleben			
	105 003-8	345 003-8	LEW	14803	27.10.75	Elsterwerda			
	105 004-6	345 004-6	LEW	14804	23.10.75	Güstrow			
	105 005-3	345 005-3	LEW	14805	12.11.75	Riesa			UB in 344 005-4
	105 006-1	345 006-1	LEW	14806	04.11.75	Wittenberge			UB in 344 006-2
	105 007-9	345 007-9	LEW	14807	07.11.75	Arnstadt			UB in 344 007-0
	105 008-7	345 008-7	LEW	14808	31.10.75	Bln.-Ostbahnhof			
	105 009-5	345 009-5	LEW	14809	31.10.75	Görlitz			UB in 344 009-6
	105 010-3	345 010-3	LEW	14810	12.11.75	Riesa			
	105 011-1	345 011-1	LEW	14811	17.11.75	Neubrandenburg			UB in 344 011-2
	105 012-9	345 012-9	LEW	14812	12.11.75	Halberstadt			
	105 013-7	345 013-7	LEW	14813	23.11.75	Rostock-Seehafen			
	105 014-5	345 014-5	LEW	14814	25.11.75	Riesa			UB in 344 014-6
	105 015-2	345 015-2	LEW	14830	12.01.76	Bautzen			UB in 344 015-3
	105 016-0	345 016-0	LEW	14831	12.01.76	Senftenberg			
	105 017-8	345 017-8	LEW	14832	14.01.76	Frankfurt (O)			
	105 018-6	345 018-6	LEW	14833	14.01.76	Halberstadt			UB in 344 018-7
	105 019-4	345 019-4	LEW	14834	14.01.76	Rostock-Seehafen			UB in 344 019-5
	105 020-2	345 020-2	LEW	14835	09.01.76	Leipzig Süd			
	105 021-0	345 021-0	LEW	14836	14.01.76	Leipzig Süd			
	105 022-8	345 022-8	LEW	15124	20.01.76	Eisenach			
	105 023-6	345 023-6	LEW	15125	19.01.76	Riesa			
	105 024-4		LEW	15126	14.01.76	Neustrelitz			UZ in 347 024-2
	105 025-1	345 025-1	LEW	15148	27.07.76	Brandenburg			UB in 344 025-2
	105 026-9	345 026-9	LEW	15149	26.07.76	Görlitz			
	105 027-7		LEW	15150	19.06.76	Salzwedel			UZ in 347 027-5
	105 028-5	345 028-5	LEW	15151	25.06.75	Bln.-Schöneweide			
	105 029-3	345 029-3	LEW	15152	28.06.76	Frankfurt (O)			
	105 030-1	345 030-1	LEW	15153	29.06.76	Magdeburg			
	105 031-9	345 031-9	LEW	15154	01.07.76	Bln.-Ostbahnhof			
	105 032-7	345 032-7	LEW	15155	12.01.76	Bautzen			UB in 344 032-8
	105 033-5	345 033-5	LEW	15156	13.07.76	Leipzig Süd			
	105 034-3		LEW	15157	01.07.76	Saalfeld			UB in 344 034-4
	105 035-0	345 035-0	LEW	15158	12.07.76	Riesa			
	105 036-8		LEW	15159	30.06.76	Pasewalk			UZ in 347 036-6
	105 037-6	345 037-6	LEW	15160	15.07.76	Leipzig Süd			
	105 038-4	345 038-4	LEW	15161	13.07.76	Bln.-Schöneweide			
	105 039-2		LEW	15162	07.07.76	Neustrelitz			UZ in 347 039-0
	105 040-0	345 040-0	LEW	15163	27.07.76	Elsterwerda			
	105 041-8	345 041-8	LEW	14880	02.08.76	Weißenfels	20.12.95	Gera	
	105 042-6	345 042-6	LEW	14881	04.08.76	Erfurt			
	105 043-4		LEW	14882	08.76	Riesa			
	105 044-2	345 044-2	LEW	14883	13.08.76	Hoyerswerda			
	105 045-9		LEW	14884	09.08.76	Leipzig Süd			UB in 344 045-0
	105 046-7	345 046-7	LEW	14885	06.08.76	Wismar			
	105 047-5	345 047-5	LEW	14886	26.08.76	Riesa			
	105 048-3	345 048-3	LEW	14887	10.08.76	Güstrow			
	105 049-1	345 049-1	LEW	14888	26.08.76	Riesa			

105 050-9	345 050-9	LEW	14889	19.08.76	Meiningen	
105 051-7	345 051-7	LEW	15347	25.08.76	Bln.-Ostbahnhof	
105 052-5	345 052-5	LEW	15348	02.09.76	Riesa	
105 053-3	345 053-3	LEW	15349	01.11.76	Roßlau	
105 054-1	345 054-1	LEW	15350	08.09.76	Leipzig Süd	UB in 344 054-2
105 055-8	345 055-8	LEW	15586	17.09.77	Güsten	
105 056-6	345 056-6	LEW	15587	12.09.77	Eberswalde	
105 057-4	345 057-4	LEW	15588	27.09.77	Rostock-Seehafen	
105 058-2		LEW	15589	30.08.77	Neustrelitz	UZ in 347 058-0
105 059-0		LEW	15590	05.10.77	Brandenburg	UB in 344 059-1
105 060-8	345 060-8	LEW	15591	17.09.77	Güstrow	UB in 344 060-9
105 061-6	345 061-6	LEW	15592	04.10.77	Brandenburg	
105 062-4	345 062-4	LEW	15593	23.09.77	Bln.-Ostbahnhof	UB in 344 062-5
105 063-2	345 063-2	LEW	15594	06.10.77	Eisenach	UB in 344 063-3
105 064-0	345 064-0	LEW	15595	06.10.77	Eisenach	
105 065-7	345 065-7	LEW	15596	11.10.77	Brandenburg	
105 066-5	345 066-5	LEW	15597	03.11.77	Rostock	UB in 344 066-6
105 067-3	345 067-3	LEW	15598	14.10.77	Hoyerswerda	
105 068-1	345 068-1	LEW	15599	21.10.77	Bln.-Pankow	
105 069-9	345 069-9	LEW	15600	19.10.77	Elsterwerda	
105 070-7	345 070-7	LEW	15601	14.10.77	Hoyerswerda	
105 071-5	345 071-5	LEW	15602	25.10.77	Frankfurt (O)	UB in 344 071-6
105 072-3	345 072-3	LEW	15603	21.10.77	Nordhausen	
105 073-1	345 073-1	LEW	15604	25.10.77	Halle P	
105 074-9		LEW	15605	18.10.77	Neustrelitz	UZ in 347 074-7
105 075-6	345 075-6	LEW	15627	28.12.77	Frankfurt (O)	
105 076-4	345 076-4	LEW	15656	01.02.78	Saalfeld	
105 077-2	345 077-2	LEW	15657	02.02.78	Elsterwerda	
105 078-0		LEW	15658	10.02.78	Güstrow	UB in 344 078-1
105 079-8		LEW	15659	31.01.78	Angermünde	UZ in 347 079-6
105 080-6	345 080-6	LEW	15660	30.01.78	Leipzig Süd	
105 081-4		LEW	15661	12.02.78	Erfurt	UB in 344 081-5
105 082-2	345 082-2	LEW	15662	16.02.78	Riesa	
105 083-0	345 083-0	LEW	15663	01.03.78	Leipzig West	
105 084-8	345 084-8	LEW	15664	16.02.78	Halberstadt	UB in 344 084-9
105 085-5	345 085-5	LEW	15665	16.02.78	Güstrow	
105 086-3		LEW	15618	01.11.78	Falkenberg	
105 087-1	345 087-1	LEW	16562	04.05.79	Riesa	UB in 344 087-2
105 088-9	345 088-9	LEW	16563	04.05.79	Riesa	
105 089-7	345 089-7	LEW	16564	24.04.79	Halberstadt	
105 090-5	345 090-5	LEW	16565	05.05.79	Schwerin	UB in 344 090-6
105 091-3	345 091-3	LEW	16566	04.05.79	Riesa	
105 092-1	345 092-1	LEW	16567	08.05.79	Wustermark	UB in 344 092-2
105 093-9	345 093-9	LEW	16568	05.05.79	Schwerin	UB in 344 093-0
105 094-7	345 094-7	LEW	16569	04.05.79	Bautzen	
105 095-4	345 095-4	LEW	16570	04.05.79	Sangerhausen	
105 096-2		LEW	16571	08.05.79	Pasewalk	UZ in 347 096-0
105 097-0	345 097-0	LEW		02.01.80	Halle G	ex BKK Bitterfeld
105 098-8	345 098-8	LEW	16985	02.07.80	Seddin	
105 099-6	345 099-6	LEW	16986	01.07.80	Leipzig West	
105 100-2	345 100-2	LEW	16987	06.80	Brandenburg	
105 101-0	345 101-0	LEW	16988	30.06.80	Salzwedel	
105 102-8	345 102-8	LEW	16989	03.07.80	Bln.-Ostbahnhof	

105 103-6	345 103-6	LEW	17410	02.07.80	Wittenberge			UB in 344 103-7
105 104-4	345 104-4	LEW	17411	03.07.80	Arnstadt			
105 105-1	345 105-1	LEW	17412	03.07.80	Kamenz			
105 106-9	105 106-9	LEW	17418	29.07.80	Seddin			UB in 344 106-0
105 107-7	345 107-7	LEW	17419	22.07.80	Probstzella			
105 108-5	345 108-5	LEW	17789	01.08.80	Seddin			
105 109-3	345 109-3	LEW	17790	01.08.80	Dresden			
105 110-1	345 110-1	LEW	17791	30.07.80	Riesa			
105 111-9	345 111-9	LEW	17792	04.08.80	Görlitz			UB in 344 111-0
105 112-7	345 112-7	LEW	17793	04.08.80	Wittenberge			
105 113-5	345 113-5	LEW	17794	31.07.80	Cottbus			
105 114-3	345 114-3	LEW	17795	31.07.80	Pasewalk			
105 115-0	345 115-0	LEW	17796	09.08.80	Güsten			
105 116-8	345 116-8	LEW	17797	04.08.80	Magdeburg			
105 117-6	345 117-6	LEW	17799	19.08.80	Leipzig Süd			
105 118-4	345 118-4	LEW	17563	30.09.81	Bln.-Ostbahnhof			
105 119-2	345 119-2	LEW	17564	06.10.81	Görlitz			
105 120-0		LEW	17565	06.10.81	Neustrelitz			UZ in 347 120-8
105 121-8	345 121-8	LEW	17566	14.10.81	Bln.-Ostbahnhof			
105 122-6	345 122-6	LEW	17567	16.10.81	Leipzig Süd			
105 123-4	345 123-4	LEW	17568	21.10.81	Güsten			
105 124-2	345 124-2	LEW	17569	21.10.81	Güsten			
105 125-9	345 125-9	LEW	17570	23.10.81	Neustrelitz			UB in 344 125-0
105 126-7		LEW	17571	23.10.81	Neustrelitz			UZ in 347 126-5
105 127-5	345 127-5	LEW	17572	26.10.81	Halle G			
105 128-3	345 128-3	LEW	17573	30.11.81	Riesa			
105 129-1	345 129-1	LEW	17574	30.10.81	Sangerhausen			
105 130-9	345 130-9	LEW	17575	30.10.81	Eisenach			
105 131-7	345 131-7	LEW	17576	04.11.81	Elsterwerda			
105 132-5	345 132-5	LEW	17577	11.11.81	Falkenberg			
105 133-3	345 133-3	LEW	17578	04.11.81	Güsten			
105 134-1	345 134-1	LEW	17579	04.11.81	Magdeburg			UB in 344 134-2
105 135-8	345 135-8	LEW	17580	27.11.81	Cottbus			
105 136-6	345 136-6	LEW	17581	30.11.81	Riesa			
105 137-4	345 137-4	LEW	17582	26.11.81	Magdeburg			
105 138-2	345 138-2	LEW	17583	27.11.81	Güsten			
105 139-0	345 139-0	LEW	17584	02.12.81	Gera			
105 140-8		LEW	17585	03.12.81	Seddin			UZ in 347 140-6
105 141-6		LEW	17667	30.07.81	Neustrelitz			UZ in 347 141-4
105 142-4		LEW	17668	02.08.82	Neustrelitz			UZ in 347 142-2
105 143-2	345 143-2	LEW	17669	05.08.82	Wittenberge			
105 144-0	345 144-0	LEW	17670	06.08.82	Güstrow			
105 145-7	345 145-7	LEW	17671	25.08.82	Halle G			
105 146-5		LEW	17672	25.08.82	Halle G			UB in 344 146-6
105 147-3	345 147-3	LEW	17673	25.08.82	Halle G			
105 148-1	345 148-1	LEW	17674	30.08.82	Güsten			
105 149-9	345 149-9	LEW	17675	25.08.82	Halle G			
105 150-7	345 150-7	LEW	17676	30.08.82	Güsten			
105 151-5	345 151-5	LEW	17677	04.09.82	Halle G	30.11.96	Halle G	
105 152-3	345 152-3	LEW	17678	04.09.82	Halle G			
105 153-1	345 153-1	LEW	17679	03.09.82	Güstrow			
105 154-9	345 154-9	LEW	17680	03.09.82	Wismar			
105 155-6	345 155-6	LEW	17681	30.12.82	Güstrow			

105 156-4	345 156-4	LEW	17682	29.12.82	Güstrow		
105 157-2	345 157-2	LEW	17683	14.09.82	Halle G		
105 158-0	345 158-0	LEW	17684	01.10.82	Halle G		
105 159-8	345 159-8	LEW	17685	01.10.82	Halle G		
105 160-6	345 160-6	LEW	17686	01.10.82	Halle G		UB in 344 160-7
105 161-4	345 161-4	LEW	17687	04.10.82	Brandenburg		
105 162-2	345 162-2	LEW	17688	04.10.82	Brandenburg		
105 163-0		LEW	17689	16.12.82	Halle G		UB in 344 163-1
105 164-8	345 164-8	LEW	17690	16.12.82	Halle G		
105 165-5	345 165-5	LEW	17691	16.12.82	Halle G		
105 965-8	345 965-8	LEW	16462	01.09.88	Cottbus		ex BKW Cottbus
105 966-6	345 966-6	LEW	12639	31.08.91	Cottbus		ex NVA
105 970-8	345 970-8	LEW	16359	01.06.81	Reichenbach	00.00.90	ex Wb Zwickau
							→ Rückgabe
105 970-8	345 970-8	LEW	14194	31.10.89	Dresden		ex BKW Lübbenau
105 975-7	345 975-7	LEW	15619	20.02.91	Gera		ex Wb (DDR)
105 985-6		LEW	15133	18.01.80	Engelsdorf		ex BKK Bitterfeld
							UZ in 106 185-2

Baureihe 106/346 (DR/DB AG)

Betriebsnummer			Hersteller	Fab.-Nr.	Abnahme	1. Bw	Aus-musterung	letztes Bw	Anmerkung
bis 1969	ab 1970	ab 1992							
V 60 1001	106 001-1		LKM	656013I	05.03.59	Seddin	01.11.71	Halle G	→ D. Dresden
V 60 1002			LKM	656013II	09.09.59	Seddin	63	Seddin	→ Wb
V 60 1003	106 003-7	346 003-7	LKM	256003	01.12.61	Halle G	30.11.94	Halle G	
V 60 1004	106 004-5		LKM	256004	08.01.62	Halle G	21.06.83	Röblingen	
V 60 1005	106 005-2	346 005-2	LKM	256005	12.01.62	Halle G	19.03.92	Halle G	
V 60 1006	106 006-0	346 006-0	LKM	256006	12.02.62	Halle G	01.07.92	Reichenbach	
V 60 1007	106 007-8		LKM	256007	08.01.62	Halle G	07.08.94	Bln.-Pankow	
V 60 1008	106 008-6		LKM	270008	12.01.62	Halle G	12.02.91	Angermünde	
V 60 1009	106 009-4	346 009-4	LKM	270009	01.03.62	Halle G	10.11.94	Halle G	
V 60 1010	106 010-2		LKM	270010	12.01.63	Halle G	09.12.88	Berlin Hbf	
V 60 1011	106 011-0		LKM	270011	01.03.62	Rostock-Seehafen	17.08.84	Bln.-Pankow	
V 60 1012	106 012-8	346 012-8	LKM	270012	08.02.62	Rostock	31.07.95	Wustermark	
V 60 1013	106 013-6	346 013-6	LKM	270013	12.01.63	Halle G	04.01.94	Lpz.-Wahren	
V 60 1014	106 014-4	346 014-4	LKM	270014	08.03.62	Halle G	20.05.95	Bln.-Pankow	
V 60 1015	106 015-1	346 015-1	LKM	270015	08.03.62	Halle G	28.02.95	Berlin Hbf	
V 60 1016	106 016-9	346 016-9	LKM	270016	08.03.62	Halle G	07.04.93	Roßlau	→ M. Wörlitz
V 60 1017	106 017-7	346 017-7	LKM	270017	01.03.62	Rostock-Seehafen	10.03.95	Seddin	
V 60 1018	106 018-5		LKM	270018	01.03.62	Rostock	14.12.88	Berlin Hbf	
V 60 1019	106 019-3	346 019-3	LKM	270019	30.01.63	Rostock	31.05.95	Frankfurt (O)	
V 60 1020	106 020-1	346 020-1	LKM	270020	17.04.62	Zwickau	01.04.93	Reichenbach	
V 60 1021	106 021-9	346 021-9	LKM	270021	04.03.62	Rostock	14.12.93	Stralsund	
V 60 1022	106 022-7	346 022-7	LKM	270022	04.03.62	Rostock	19.03.92	Hagenow Land	
V 60 1023	106 023-5	346 023-5	LKM	270023	17.04.62	Halle G	14.12.93	Neubrandenburg	
V 60 1024	106 024-3	346 024-3	LKM	270024	17.04.62	Halle G	01.07.92	Rostock-Seehafen	
V 60 1025	106 025-0	346 025-0	LKM	270025	17.04.62	Halle G	25.11.93	Halle G	
V 60 1026	106 026-8	346 026-8	LKM	270026	24.03.62	Rostock	30.11.94	Brandenburg	
V 60 1027	106 027-6	346 027-6	LKM	270027	10.04.62	Rostock	30.11.94	Magdeburg	
V 60 1028	106 028-4	346 028-4	LKM	270028	03.05.62	Rostock	19.10.93	Angermünde	
V 60 1029	106 029-2	346 029-2	LKM	270029	03.05.62	Rostock	11.01.93	Hoyerswerda	

V 60 1030	106 030-0	346 030-0	LKM	270030	25.05.62	Rostock	30.11.94	Lu. Wittenberg		
V 60 1031	106 031-8		LKM	270031	01.06.62	Rostock	04.01.91	Mukran		
V 60 1032	106 032-6		LKM	270032	01.06.62	Schwerin	21.12.90	Reichenbach		
V 60 1033	106 033-4	346 033-4	LKM	270033	01.06.62	Rostock	19.10.93	Angermünde		
V 60 1034	106 034-2	346 034-2	LKM	270034	18.06.62	Halle G	30.11.94	Halle G		
V 60 1035			LKM	270035	62	Kbw Magdeburg	09.67	Kbw Magdeburg	→ Hfb. Mgd
V 60 1036			LKM	270036	62	Kbw Magdeburg	01.68	Kbw Magdeburg	→ Hfb. Mgd
V 60 1037	106 037-5	346 037-5	LKM	270037	30.06.62	Halle G	31.05.95	Bln.-Schöneweide		
V 60 1038	106 038-3	346 038-3	LKM	270038	29.06.62	Halle G	31.05.95	Bln.-Schöneweide		
V 60 1039	106 039-1	346 039-1	LKM	270039	30.06.62	Halle G	14.12.93	Lu. Wittenberg		
V 60 1040	106 040-9	346 040-9	LKM	270040	04.07.62	Rostock	20.05.95	Bln.-Pankow		
V 60 1041	106 041-7		LKM	270041	23.07.62	Halle G	02.10.91	Senftenberg		
V 60 1042	106 042-5	346 042-5	LKM	270042	17.07.62	Halle G	30.11.94	Bln.-Schöneweide		
V 60 1043	106 043-3		LKM	270043	25.07.62	Halle G	20.12.88	Hoyerswerda		
V 60 1044	106 044-1		LKM	270044	24.08.62	Dre.-Pieschen	29.08.84	Bln.-Ostbahnhof		
V 60 1045	106 045-8	346 045-8	LKM	270045	06.08.62	Zwickau	02.10.91	Cottbus		
V 60 1046	106 046-6		LKM	270046	07.08.62	Halle G	12.07.84	Altenburg		
V 60 1047	106 047-4	346 047-4	LKM	270047	22.08.62	Halle G	31.05.95	Bln.-Schöneweide		
V 60 1048	106 048-2	346 048-2	LKM	270048	06.09.62	Rostock	10.03.95	Jüterbog		
V 60 1049	106 049-0	346 049-0	LKM	270049	06.09.62	Halle G	10.02.92	Eberswalde		
V 60 1050			LKM	270050	62	Kbw Magdeburg	65	Kbw Magdeburg	→ WI Raw KMS
V 60 1051	106 051-6		LKM	270051	03.09.62	Kbw Magdeburg	29.08.84	Güsten		
V 60 1052	106 052-4		LKM	270052	21.09.62	Hagenow Land	14.12.88	Bln.-Ostbahnhof		
V 60 1053	106 053-2		LKM	270053	211.10.62	Rostock	14.10.81	Neuruppin		
V 60 1054	106 054-0	346 054-0	LKM	270054	04.10.62	Schwerin	25.11.93	Wittenberge		
V 60 1055	106 055-7	346 055-7	LKM	270055	03.10.62	Zwickau	01.04.93	Reichenbach		
V 60 1056	106 056-5		LKM	270056	03.10.62	Bln.-Karlshorst	18.10.83	Bln.-Schöneweide		
V 60 1057	106 057-3	346 057-3	LKM	270057	11.10.62	Zwickau	10.03.95	Seddin		
V 60 1058	106 058-1		LKM	270058	26.09.62	Rostock	16.01.87	Bln.-Ostbahnhof	→ Wb
V 60 1059	106 059-9		LKM	270059	11.10.62	Halle G	12.07.84	Lpz.-Wahren		
V 60 1060	106 060-7	346 060-7	LKM	270060	26.10.62	Halle G	01.04.93	Reichenbach		
V 60 1061	106 061-5		LKM	270061	12.11.62	Kbw Magdeburg	29.06.90	Güsten		
V 60 1062	106 062-3	346 062-3	LKM	270062	31.10.62	Güsten	10.02.92	Neustrelitz		
V 60 1063	106 063-1	346 063-1	LKM	270063	03.11.62	Reichenbach	31.05.95	Bln.-Schöneweide		
V 60 1064	106 064-9	346 064-9	LKM	270064	03.11.62	Dre.-Friedrichstadt	19.03.92	Wittenberge		
V 60 1065	106 065-6	346 065-6	LKM	270065	02.11.62	Rostock	01.01.95	Bln.-Schöneweide		
V 60 1066	106 066-4		LKM	270066	08.01.63	Rostock-Seehafen	02.09.88	Rostock-Seehafen		
V 60 1067	106 067-2	346 067-2	LKM	270067	27.11.62	Güsten	10.03.95	Seddin		
V 60 1068	106 068-0	346 068-0	LKM	270068	05.12.62	Neustrelitz	30.11.94	Güsten		
V 60 1069	106 069-8	346 069-8	LKM	270069	01.12.62	Halle G	01.07.92	Reichenbach		
V 60 1070	106 070-6	346 070-6	LKM	270070	08.12.62	Halle G	31.07.95	Wustermark		
V 60 1071	106 071-4	346 071-4	LKM	270071	01.12.62	Kbw Magdeburg	05.03.93	Bln.-Pankow		
V 60 1072	106 072-2	346 072-2	LKM	270072	01.12.62	Kbw Magdeburg	07.02.92	Magdeburg		
V 60 1073	106 073-0	346 073-0	LKM	270073	22.12.62	Neustrelitz	29.03.93	Stralsund		
V 60 1074	106 074-8		LKM	270074	20.12.62	Kbw Magdeburg	11.12.84	Bln.-Ostbahnhof		
V 60 1075	106 075-5	346 075-5	LKM	270075	27.12.62	Kbw Magdeburg	28.02.95	Hoyerswerda		
V 60 1076	106 076-3	346 076-3	LKM		03.01.63	Neustrelitz	10.03.95	Seddin		
V 60 1077	106 077-1	346 077-1	LKM	270077	28.12.62	Rostock	10.02.92	Görlitz		
V 60 1078	106 078-9	346 078-9	LKM	270078	08.01.63	Rostock-Seehafen	01.03.94	Wustermark	→ M. Basdorf
V 60 1079	106 079-7	346 079-7	LKM	270079	29.12.62	Neustrelitz	30.11.94	Magdeburg Hbf		
V 60 1080	106 080-5	346 080-5	LKM	270080	25.01.63	Seddin	10.03.95	Berlin Hbf		
V 60 1081	106 081-3		LKM	270081	24.08.63	Seddin	01.10.91	Senftenberg		
V 60 1082	106 082-1	346 082-1	LKM	270082	26.10.63	Halle G	31.07.95	Wustermark		

V 60 1083	106 083-9	346 083-9	LKM	270083	08.07.63	Halle G	30.11.94	Halle G	
V 60 1084	106 084-7		LKM	270084	04.03.63	Halle G	10.02.87	Bln.-Ostbahnhof	
V 60 1085	106 085-4		LKM	270085	07.03.63	Halle G	14.12.88	Bln.-Pankow	
V 60 1086	106 086-2	346 086-2	LKM	270086	30.03.63	Halle G	30.11.94	Stendal	
V 60 1087	106 087-0	346 087-0	LKM	270087	11.03.63	Halle G	14.12.93	Neubrandenburg	
V 60 1088	106 088-8	346 088-8	LKM	270088	12.03.63	Seddin	10.03.95	Berlin Hbf	
V 60 1089	106 089-6	346 089-6	LKM	270089	01.04.63	Seddin	20.05.95	Bln.-Pankow	
V 60 1090	106 090-4	346 090-4	LKM	270090	01.04.63	Seddin	09.08.94	Halle G	
V 60 1091	106 091-2	346 091-2	LKM	270091	24.08.63	Seddin	01.04.93	Bln.-Pankow	
V 60 1092	106 092-0		LKM	270092	23.04.63	Neustrelitz	02.10.91	Cottbus	
V 60 1093	106 093-8	346 093-8	LKM	270093	23.04.63	Neustrelitz	10.02.92	Pasewalk	
V 60 1094	106 094-6	346 094-6	LKM	270094	25.04.63	Neustrelitz	19.03.92	Schwerin	
V 60 1095	106 095-3	346 095-3	LKM	270097	04.06.63	Halle G	10.11.94	Halle G	
V 60 1096	106 096-1	346 096-1	LKM	270098	08.07.63	Halle G	10.11.94	Halle G	
V 60 1097	106 097-9		LKM	270099	05.06.63	Dre.-Pieschen	21.10.85	Reichenbach	
V 60 1098	106 098-7	346 098-7	LKM	270100	10.06.63	Dre.-Friedrichstadt	10.02.92	Pasewalk	
V 60 1099	106 099-5	346 099-5	LKM	270101	09.07.63	Dre.-Pieschen	30.11.94	Nordhausen	
V 60 1100	106 100-1	346 100-1	LKM	270102	13.06.63	Dre.-Friedrichstadt			
V 60 1101	106 101-9	346 101-9	LKM	270103	19.06.63	Zwickau	07.02.92	Reichenbach	
V 60 1102	106 102-7		LKM	270104	63	Kbw Magdeburg	12.74	Brandenburg	→ WI Raw
V 60 1103	106 103-5		LKM	270105	06.06.63	Kbw Magdeburg	17.11.88	Neustrelitz	
V 60 1104	106 104-3	346 104-3	LKM	270106	26.06.63	Bitterfeld	10.11.94	Magdeburg Hbf	
V 60 1105	106 105-0	346 105-0	LKM	270107	24.06.63	Kbw Magdeburg	07.02.92	Magdeburg	
V 60 1106	106 106-8	346 106-8	LKM	270108	27.06.63	Roßlau	10.11.94	Lu. Wittenberg	
V 60 1107	106 107-6	346 107-6	LKM	270109	25.06.63	Roßlau	31.05.95	Bln.-Schöneweide	
V 60 1108	106 108-4	346 108-4	LKM	270110	28.06.63	Kbw Magdeburg	07.02.92	Magdeburg	
V 60 1109	106 109-2		LKM	270111	03.07.63	Bitterfeld	17.07.89	Stralsund	
V 60 1110	106 110-0	346 110-0	LKM	270112	03.07.63	Halle G	10.11.94	Lpz.-Wahren	
V 60 1111	106 111-8	346 111-8	LKM	270113	03.07.63	Halle G	28.09.92	Eberswalde	
V 60 1112	106 112-6	346 112-6	LKM	270114	20.08.63	Kbw Magdeburg	29.10.93	Stendal	
V 60 1113	106 113-4	346 113-4	LKM	270115	29.07.63	Kbw Magdeburg	05.03.93	Stralsund	
V 60 1114	106 114-2	346 114-2	LKM	270116	30.07.63	Kbw Magdeburg	30.11.94	Magdeburg Hbf	
V 60 1115	106 115-9		LKM	270117	10.08.63	Bitterfeld	08.12.84	Bln.-Ostbahnhof	
V 60 1116	106 116-7	346 116-7	LKM	270118	10.08.63	Halle G	04.01.94	Halle G	
V 60 1117	106 117-5	346 117-5	LKM	270119	10.08.63	Lpz.-Wahren	19.10.93	Angermünde	
V 60 1118	106 118-3	346 118-3	LKM	270120	31.07.63	Halle G	10.03.95	Jüterbog	
V 60 1119	106 119-1	346 119-1	LKM	270121	21.08.63	Kbw Magdeburg	07.02.92	Magdeburg	
V 60 1120	106 120-9	346 120-9	LKM	270122	10.09.63	Halle G	14.12.93	Neustrelitz	
V 60 1121	106 121-7		LKM	270123	31.08.63	Kbw Magdeburg	02.10.91	Hoyerswerda	
V 60 1122	106 122-5		LKM	270124	31.08.63	Kbw Magdeburg	17.06.91	Magdeburg	
V 60 1123	106 123-3	346 123-3	LKM	270125	10.09.63	Halle G	29.10.93	Güsten	
V 60 1124	106 124-1	346 124-1	LKM	270126	10.09.63	Lu. Wittenberg	31.01.95	Lu. Wittenberg	
V 60 1125	106 125-8	346 125-8	LKM	270127	31.08.63	Kbw Magdeburg	30.11.94	Magdeburg	
V 60 1126	106 126-6	346 126-6	LKM	270128	25.09.63	Kbw Magdeburg	22.12.93	Magdeburg	
V 60 1127	106 127-4	346 127-4	LKM	270129	63	Kbw Magdeburg	22.12.93	Oebisfelde	
V 60 1128	106 128-2	346 128-2	LKM	270130	02.10.63	Halle G	31.01.92	Rostock	
V 60 1129	106 129-0	346 129-0	LKM	270134	10.10.63	Lu. Wittenberg	30.11.94	Halle G	
V 60 1130	106 130-8	346 130-8	LKM	270135	15.10.63	Lu. Wittenberg	10.11.94	Lpz.-Wahren	
V 60 1131	106 131-6	346 131-6	LKM	270136	31.10.63	Halle G	10.03.95	Seddin	
V 60 1132	106 132-4	346 132-4	LKM	270137	30.10.63	Halle G	03.11.92	Hagenow Land	
V 60 1133	106 133-2		LKM	270138	05.11.63	Werdau	16.05.91	Reichenbach	
V 60 1134	106 134-0	346 134-0	LKM	270139	06.11.63	Zwickau	01.04.93	Reichenbach	
V 60 1135	106 135-7	346 135-7	LKM	270140	06.11.63	Zwickau	01.04.93	Reichenbach	

V 60 1136	106 136-5	346 136-5	LKM	270141	11.63	Leipzig Bay. Bf	10.01.92	Reichenbach	
V 60 1137	106 137-3	346 137-3	LKM	270142	01.11.63	Leipzig Süd	10.11.94	Magdeburg Hbf	
V 60 1138	106 138-1	346 138-1	LKM	270144	09.11.63	Lu. Wittenberg	10.11.94	Halle G	
V 60 1139	106 139-9	346 139-9	LKM	270145	27.11.63	Seddin	31.05.95	Bln.-Schöneweide	
V 60 1140	106 140-7	346 140-7	LKM	270146	09.12.63	Halle G	10.11.94	Halle G	
V 60 1141	106 141-5	346 141-5	LKM	270147	14.12.63	Halle G	04.01.94	Roßlau	
V 60 1142	106 142-3	346 142-3	LKM	270148	05.12.63	Zwickau	01.04.92	Reichenbach	
V 60 1143	106 143-1	346 143-1	LKM	270149	05.12.63	Reichenbach	07.04.93	Wismar	
V 60 1144	106 144-9	346 144-9	LKM	270150	11.12.63	Halle G	31.05.95	Bln.-Schöneweide	
V 60 1145	106 145-6	346 145-6	LKM	270151	11.12.63	Halle G	30.11.94	Lpz.-Wahren	
V 60 1146	106 146-4	346 146-4	LKM	270163	29.02.64	Kbw Magdeburg	10.11.94	Halle G	
V 60 1147	106 147-2		LKM	270164	04.03.64	Kbw Magdeburg	03.09.91	Neubrandenburg	
V 60 1148	106 148-0		LKM	270165	18.03.64	Kbw Magdeburg	02.10.91	Elsterwerda	
V 60 1149	106 149-8		LKM	270166	09.03.64	Leipzig Süd	03.05.83	Halle G	
V 60 1150	106 150-6	346 150-6	LKM	270167	09.03.64	Halle G	10.11.94	Halle G	
V 60 1151	106 151-4	346 151-4	LKM	270168	29.02.64	Weißenfels	26.10.93	Meiningen	
V 60 1152	106 152-2		LKM	270169	05.03.64	Weißenfels	10.02.87	Stendal	
V 60 1153	106 153-0	346 153-0	LKM	270170	05.03.64	Weißenfels	20.12.95	Weißenfels	
V 60 1154	106 154-8	346 154-8	LKM	270171	10.03.64	Zwickau	10.01.92	Reichenbach	
V 60 1155	106 155-5	346 155-5	LKM	270172	07.03.64	Zwickau	31.03.93	Reichenbach	
V 60 1156	106 156-3	346 156-3	LKM	270173	07.03.64	Zwickau	01.07.92	Reichenbach	
V 60 1157	106 157-1		LKM	270174	04.03.64	Cottbus	01.07.87	Cottbus	
V 60 1158	106 158-9		LKM	270175	22.03.64	Cottbus	13.10.89	Bln.-Schöneweide	
V 60 1159	106 159-7	346 159-7	LKM	270176	06.04.64	Cottbus	20.03.95	Cottbus	
V 60 1160	106 160-5		LKM	270177	03.64	Prenzlau	01.09.65	Prenzlau	→ PCK Schwedt
V 60 1161	106 161-3		LKM	270178	03.64	Prenzlau	01.09.65	Prenzlau	→ PCK Schwedt
V 60 1162	106 162-1	346 162-1	LKM	270179	06.04.64	Halle G	01.07.92	Senftenberg	
V 60 1163	106 163-9	346 163-9	LKM	270180	03.04.64	Zwickau	31.03.93	Reichenbach	
V 60 1164	106 164-7	346 164-7	LKM	270181	03.04.64	Zwickau	31.03.93	Reichenbach	
V 60 1165	106 165-4	346 165-4	LKM	270182	06.04.64	Leipzig Süd	10.11.94	Magdeburg Hbf	
V 60 1166	106 166-2	346 166-2	LKM	270183	03.04.64	Halle G	04.01.94	Halle G	
V 60 1167	106 167-0	346 167-0	LKM	270184	06.05.64	Rbd Halle	10.11.94	Lu.-Wittenberg	
V 60 1168	106 168-8		LKM	270185	05.05.64	Rostock-Seehafen	05.06.90	Stralsund	
V 60 1169	106 169-6	346 169-6	LKM	270186	05.05.64	Lu. Wittenberg	10.11.04	Halle G	
V 60 1170	106 170-4	346 170-4	LKM	270187	26.05.64	Cottbus	10.03.95	Berlin Hbf	
	106 181-1	346 181-1	LEW	12263	06.10.81	Seddin	20.12.95	Wustermark	ex PCK Schwedt
	106 182-9	346 182-9	LEW	12264	06.10.81	Seddin	20.05.95	Wustermark	ex PCK Schwedt
	106 183-7	346 183-7	LEW	12265	21.10.81	Bln.-Ostbahnhof	31.03.96	Bln.-Pankow	ex PCK Schwedt
	106 184-5	346 184-5	LEW	12266	01.11.65	Roßlau	10.11.94	Lu. Wittenberg	
	106 185-2	346 185-2	LEW	18180	06.02.76	Roßlau	20.12.95	Erfurt	UZ aus 105 985-6
V 60 1201	106 201-7	346 201-7	LKM	270143	30.10.64	Seddin			
V 60 1202	106 202-5	346 202-5	LEW	10878	02.11.64	Cottbus			
V 60 1203	106 203-3		LEW	10879	02.11.64	Cottbus	22.05.90	Cottbus	→ Wb
V 60 1204	106 204-1	346 204-1	LEW	10880	11.09.64	Lpz.-Wahren			
V 60 1205	106 205-8	346 205-8	LEW	10881	11.09.64	Lpz.-Wahren			
V 60 1206	106 206-6	346 206-6	LEW	10882	30.08.64	Leipzig Süd			
V 60 1207	106 207-4	346 207-4	LEW	10883	11.09.64	Falkenberg	31.01.95	Lpz.-Wahren	
V 60 1208	106 208-2	346 208-2	LEW	10884	18.09.64	Falkenberg	31.01.95	Halle G	
V 60 1209	106 209-0	346 209-0	LEW	10885	01.10.64	Reichenbach	31.01.95	Dresden	
V 60 1210	106 210-8	346 210-8	LEW	10886	01.10.64	Reichenbach	30.11.95	Chemnitz	
V 60 1211	106 211-6	346 211-6	LEW	10887	02.10.64	Reichenbach	26.12.93	Reichenbach	
V 60 1212	106 212-4	346 212-4	LEW	10888	05.10.64	Dre.-Friedrichstadt	30.11.95	Neustrelitz	
V 60 1213	106 213-2	346 213-2	LEW	10889	05.10.64	Dre.-Friedrichstadt	20.12.95	Erfurt	

V 60 1214	106 214-0	346 214-0	LEW	10890	02.10.64	Cottbus	31.05.95	Frankfurt (O)		
V 60 1215	106 215-7	346 215-7	LEW	10891	02.10.64	Hoyerswerda				
V 60 1216	106 216-5	346 216-5	LEW	10892	02.11.64	Hoyerswerda				
V 60 1217	106 217-3	346 217-3	LEW	10893	06.11.64	Falkenberg	20.12.95	Lu. Wittenberg		
V 60 1218	106 218-1	346 218-1	LEW	10894	06.11.64	Falkenberg	20.12.95	Lu. Wittenberg		
V 60 1219	106 219-9	346 219-9	LEW	10895	05.11.64	Halle G				
V 60 1220	106 220-7	346 220-7	LEW	10896	04.11.64	Altenburg	20.12.95	Lu. Wittenberg		
V 60 1221	106 221-5	346 221-5	LEW	10897	24.11.64	Dre.-Friedrichstadt	30.11.95	Dresden		
V 60 1222	106 222-3	346 222-3	LEW	10898	20.12.64	Dre.-Friedrichstadt	31.05.95	Dresden		
V 60 1223	106 223-1	346 223-1	LEW	10899	16.12.64	Lpz.-Wahren	30.08.96	Leipzig Süd		
V 60 1224	106 224-9	346 224-9	LEW	10900	14.12.64	Falkenberg				
V 60 1225	106 225-6	346 225-6	LEW	10901	19.12.64	Altenburg	31.01.95	Leipzig Süd		
V 60 1226	106 226-4	346 226-4	LEW	10902	16.1264	Falkenberg	30.08.96	Leipzig Süd		
V 60 1227	106 227-2	346 227-2	LEW	10903	16.1264	Lpz.-Wahren				
V 60 1228	106 228-0	346 228-0	LEW	10904	16.12.64	Lpz.-Wahren	31.01.95	Lpz.-Wahren		
V 60 1229	106 229-8	346 229-8	LEW	10905	17.1264	Hoyerswerda				
V 60 1230	106 230-6	346 230-6	LEW	10906	05.01.65	Leipzig West	31.01.95	Lu. Wittenberg		
V 60 1231	106 231-4	346 231-4	LEW	10907	05.01.65	Falkenberg				
V 60 1232	106 232-2	346 232-2	LEW	10908	05.01.65	Leipzig West	20.12.95	Lu. Wittenberg		
V 60 1233	106 233-0	346 233-0	LEW	10909	11.01.65	Falkenberg				
V 60 1234	106 234-8	346 234-8	LEW	10910	15.01.65	Falkenberg				
V 60 1235	106 235-5	346 235-5	LEW	10911	14.01.65	Altenburg				
V 60 1236	106 236-3	346 236-3	LEW	10912	14.01.65	Rbd Halle				
V 60 1237	106 237-1	346 237-1	LEW	10913	15.01.65	Falkenberg				
V 60 1238	106 238-9	346 238-9	LEW	10914	11.01.65	Falkenberg	10.03.95	Berlin Hbf		
V 60 1239	106 239-7		LEW	10930	06.05.65	Bln.-Grunewald	09.11.81	Bln.-Grunewald		
V 60 1240	106 240-5	346 240-5	LEW	10931	06.05.65	Bln.-Grunewald	31.07.95	Wustermark		
V 60 1241	106 241-3	346 241-3	LEW	10932	06.05.65	Bln.-Grunewald				
V 60 1242	106 242-1	346 242-1	LEW	10933	27.03.65	Erfurt P	31.07.95	Weißenfels		
V 60 1243	106 243-9	346 243-9	LEW	10934	30.03.65	Erfurt P	20.12.95	Erfurt		
V 60 1244	106 244-7	346 244-7	LEW	10935	31.03.65	Erfurt P				
V 60 1245	106 245-4	346 245-4	LEW	10936	10.04.65	Dre.-Friedrichstadt	31.07.95	Wustermark		
V 60 1246	106 246-2	346 246-2	LEW	10937	11.04.65	Dre.-Friedrichstadt	10.03.95	Berlin Hbf		
V 60 1247	106 247-0	346 247-0	LEW	10938	10.04.65	Dre.-Friedrichstadt	10.03.95	Neustrelitz		
V 60 1248	106 248-8	346 248-8	LEW	10939	10.04.65	Rbd Dresden	28.12.93	Probstzella	→ vk	
V 60 1249	106 249-6	346 249-6	LEW	10940	29.05.65	Bln.-Grunewald	31.07.95	Wustermark		
V 60 1250	106 250-4	346 250-4	LEW	10941	25.06.65	Bln.-Grunewald	30.04.96	Seddin		
V 60 1251	106 251-2	346 251-2	LEW	10942	29.05.65	Bln.-Grunewald				
V 60 1252	106 252-0	346 252-0	LEW	10948	05.06.65	Bln.-Grunewald	07.07.94	Bln.-Pankow		
V 60 1253	106 253-8	346 253-8	LEW	10949	28.07.65	Dre.-Friedrichstadt	14.12.93	Görlitz		
V 60 1254	106 254-6	346 254-6	LEW	10950	05.06.65	Frankfurt (O) P	31.05.95	Wustermark		
V 60 1255	106 255-3	346 255-3	LEW	10951	01.06.65	Dre.-Friedrichstadt	30.11.95	Reichenbach		
V 60 1256	106 256-1	346 256-1	LEW	10952	01.06.65	Dre.-Friedrichstadt	31.03.95	Zwickau		
V 60 1257	106 257-9	346 257-9	LEW	10953	04.07.65	Dre.-Friedrichstadt	30.08.96	Dresden		
V 60 1258	106 258-7	346 258-7	LEW	10954	01.06.65	Karl-Marx-Stadt H	31.03.95	Zwickau		
V 60 1259	106 259-5	346 259-5	LEW	10955	18.06.65	Falkenberg	30.11.96	Magdeburg Hbf		
V 60 1260	106 260-3	346 260-3	LEW	10956	30.06.65	Dre.-Friedrichstadt	31.05.95	Dresden		
V 60 1261	106 261-1	346 261-1	LEW	10957	30.06.65	Dre.-Friedrichstadt	15.09.96	Dresden		
V 60 1262	106 262-9	346 262-9	LEW	10958	01.07.65	Weißenfels	27.10.94	Weißenfels		
V 60 1263	106 263-7	346 263-7	LEW	10959	01.07.65	Weißenfels				
V 60 1264	106 264-5	346 264-5	LEW	10960	10.07.65	Karl-Marx-Stadt H	10.11.94	Chemnitz		
V 60 1265	106 265-2	346 265-2	LEW	10961	10.07.65	Karl-Marx-Stadt H	10.03.95	Berlin Hbf		
V 60 1266	106 266-0	346 266-0	LEW	10968	04.07.65	Bln.-Grunewald	27.10.94	Bln.-Pankow		

V 60 1267	106 267-8	346 267-8	LEW	10969	16.07.65	Bln.-Grunewald		
V 60 1268	106 268-6	346 268-6	LEW	10970	16.07.65	Bln.-Grunewald		
V 60 1269	106 269-4	346 269-4	LEW	10971	15.07.65	Bln.-Grunewald		
V 60 1270	106 270-2	346 270-2	LEW	10972	17.07.65	Bln.-Grunewald	20.05.95	Wustermark
V 60 1271	106 271-0	346 271-0	LEW	10973	24.07.65	Bln.-Grunewald	03.11.94	Bln.-Pankow
V 60 1272	106 272-8	346 272-8	LEW	10974	27.07.65	Rostock	31.01.95	Halle G
V 60 1273	106 273-6	346 273-6	LEW	10975	04.08.65	Karl-Marx-Stadt H	15.09.96	Dresden
V 60 1274	106 274-4	346 274-4	LEW	10976	04.08.65	Schwerin	30.08.96	Leipzig Süd
V 60 1275	106 275-1	346 275-1	LEW	10977	30.07.65	Rostock	30.08.96	Neustrelitz
V 60 1276	106 276-9	346 276-9	LEW	10978	04.08.65	Karl-Marx-Stadt H	15.09.96	Dresden
V 60 1277	106 277-7	346 277-7	LEW	10979	11.08.65	Bln.-Grunewald		
V 60 1278	106 278-5	346 278-5	LEW	10980	11.08.65	Bln.-Grunewald		
V 60 1279	106 279-3	346 279-3	LEW	10981	12.08.65	Kbw Magdeburg	31.01.95	Magdeburg Hbf
V 60 1280	106 280-1	346 280-1	LEW	10990	30.08.65	Schwerin	25.11.93	Rostock
V 60 1281	106 281-9	346 281-9	LEW	10991	02.09.65	Engelsdorf	31.01.95	Lpz.-Wahren
V 60 1282	106 282-7	346 282-7	LEW	10992	25.09.65	Bln.-Grunewald	31.07.95	Wustermark
V 60 1283	106 283-5	346 283-5	LEW	10993	10.09.65	Leipzig West	10.11.94	Zwickau
V 60 1284	106 284-3	346 284-3	LEW	10994	18.09.65	Bln.-Grunewald		
V 60 1285	106 285-0	346 285-0	LEW	10995	18.09.65	Bln.-Grunewald		
V 60 1286	106 286-8	346 286-8	LEW	10996	30.09.65	Bln.-Karlshorst	20.12.95	Erfurt
V 60 1287	106 287-6	346 287-6	LEW	10997	19.09.65	Bln.-Grunewald	28.02.95	Wustermark
V 60 1288	106 288-4	346 288-4	LEW	10998	10.11.65	Seddin	30.06.95	Wustermark
V 60 1289	106 289-2		LEW	10999	10.10.65	Karl-Marx-Stadt	22.05.84	Bln.-Pankow
V 60 1290	106 290-0	346 290-0	LEW	11000	01.10.65	Dre.-Friedrichstadt	30.08.96	Dresden
V 60 1291	106 291-8	346 291-8	LEW	11001	09.65	Dre.-Friedrichstadt		
V 60 1292	106 292-6	346 292-6	LEW	11002	27.09.65	Kbw Magdeburg		
V 60 1293	106 293-4	346 293-4	LEW	11003	28.09.65	Kbw Magdeburg		
V 60 1294	106 294-2	346 294-2	LEW	11012	13.10.65	Rostock	31.03.95	Zwickau
V 60 1295	106 295-9	346 295-9	LEW	11013	06.11.65	Altenburg	30.08.96	Lu. Wittenberg
V 60 1296	106 296-7	346 296-7	LEW	11014	08.11.65	Altenburg		
V 60 1297	106 297-5	346 297-5	LEW	11015	01.11.65	Leipzig West		
V 60 1298	106 298-3	346 298-3	LEW	11016	05.11.65	Dre.-Friedrichstadt		
V 60 1299	106 299-1	346 299-1	LEW	11017	05.11.65	Karl-Marx-Stadt		
V 60 1300	106 300-7	346 300-7	LEW	11018	07.11.65	Erfurt P	20.05.95	Wustermark
V 60 1301	106 301-5	346 301-5	LEW	11019	12.11.65	Blankenburg	31.01.95	Stendal
V 60 1302	106 302-3	346 302-3	LEW	11020	11.65	Glauchau		
V 60 1303	106 303-1	346 303-1	LEW	11021	11.65	Glauchau	30.11.95	Chemnitz
V 60 1304	106 304-9	346 304-9	LEW	11022	30.11.65	Blankenburg	10.11.94	Lu. Wittenberg
V 60 1305	106 305-6	346 305-6	LEW	11023	24.11.65	Kbw Magdeburg		
V 60 1306	106 306-4	346 306-4	LEW	10965	28.07.65	Bln.-Karlshorst		
V 60 1307	106 307-2	346 307-2	LEW	10966	28.07.65	Bln.-Karlshorst		
V 60 1308	106 308-0	346 308-0	LEW	11037	28.12.65	Engelsdorf	31.01.95	Lpz.-Wahren
V 60 1309	106 309-8	346 309-8	LEW	11038	30.12.65	Rostock	29.06.94	Rostock
V 60 1310	106 310-6	346 310-6	LEW	11054	07.02.66	Erfurt P		
V 60 1311	106 311-4	346 311-4	LEW	11055	01.02.66	Stralsund		
V 60 1312	106 312-2	346 312-2	LEW	11056	07.02.66	Eisenach	20.12.95	Saalfeld
V 60 1313	106 313-0	346 313-0	LEW	11057	17.02.66	Blankenburg	31.01.95	Lu. Wittenberg
V 60 1314	106 314-8	346 314-8	LEW	11058	26.06.66	Bln.-Karlshorst		
V 60 1315	106 315-5	346 315-5	LEW	11059	05.04.66	Magdeburg Hbf		
V 60 1316	106 316-3	346 316-3	LEW	11060	24.02.66	Magdeburg Hbf		
V 60 1317	106 317-1	346 317-1	LEW	11061	28.02.66	Weißenfels	20.12.95	Erfurt
V 60 1318	106 318-9	346 318-9	LEW	11062	23.02.66	Erfurt P	20.12.95	Erfurt
V 60 1319	106 319-7	346 319-7	LEW	11063	05.03.66	Dre.-Friedrichstadt		

V 60 1320	106 320-5	346 320-5	LEW	11064	01.03.66	Görlitz	30.08.96	Leipzig Süd
V 60 1321	106 321-3	346 321-3	LEW	11065	01.03.66	Görlitz	28.02.95	Wustermark
V 60 1322	106 322-1	346 322-1	LEW	11066	02.03.66	Stralsund	30.08.96	Pasewalk
V 60 1323	106 323-9	346 323-9	LEW	11067	03.03.66	Engelsdorf		
V 60 1324	106 324-7	346 324-7	LEW	11068	12.03.66	Leipzig West	31.01.95	Lpz.-Wahren
V 60 1325	106 325-4	346 325-4	LEW	11069	30.03.66	Erfurt G		
V 60 1326	106 326-2	346 326-2	LEW	10754	26.03.66	Magdeburg Hbf		
V 60 1327	106 327-0	346 327-0	LEW	10755	01.04.66	Magdeburg Hbf	31.01.95	Leipzig Süd
V 60 1328	106 328-8	346 328-8	LEW	10756	07.04.66	Karl-Marx-Stadt	31.01.95	Stendal
V 60 1329	106 329-6	346 329-6	LEW	10757	05.04.66	Karl-Marx-Stadt	30.11.95	Dresden
V 60 1330	106 330-4	346 330-4	LEW	11264	17.05.66	Erfurt P	30.11.95	Zwickau
V 60 1331	106 331-2	346 331-2	LEW	11265	21.05.66	Karl-Marx-Stadt		
V 60 1332	106 332-0	346 332-0	LEW	11266	27.05.66	Leipzig Süd		
V 60 1333	106 333-8	346 333-8	LEW	11267	10.05.66	Engelsdorf		
V 60 1334	106 334-6	346 334-6	LEW	11268	27.05.66	Leipzig Süd		
V 60 1335	106 335-3	346 335-3	LEW	11269	24.05.66	Görlitz	31.03.95	Görlitz
V 60 1336	106 336-1	346 336-1	LEW	11270	24.05.66	Luckau	31.03.95	Görlitz
V 60 1337	106 337-9	346 337-9	LEW	11271	02.06.66	Karl-Marx-Stadt	20.05.95	Chemnitz
V 60 1338	106 338-7	346 338-7	LEW	11272	21.06.66	Dre.-Friedrichstadt	30.11.95	Dresden
V 60 1339	106 339-5	346 339-5	LEW	11273	03.06.66	Altenburg		
V 60 1340	106 340-3	346 340-3	LEW	11274	03.06.66	Altenburg		
V 60 1341	106 341-1	346 341-1	LEW	11275	01.07.66	Magdeburg Hbf	31.01.95	Lu.-Wittenberg
V 60 1342	106 342-9	346 342-9	LEW	11276	02.07.66	Leipzig Süd	30.08.96	Leipzig Süd
V 60 1343	106 343-7	346 343-7	LEW	11277	11.06.66	Karl-Marx-Stadt	20.05.95	Chemnitz
V 60 1344	106 344-5	346 344-5	LEW	11278	09.07.66	Dre.-Friedrichstadt	31.08.95	Dresden
V 60 1345	106 345-2	346 345-2	LEW	11279	25.06.66	Karl-Marx-Stadt	30.11.95	Chemnitz
V 60 1346	106 346-0	346 346-0	LEW	11280	01.07.66	Altenburg	31.01.95	Leipzig Süd
V 60 1347	106 347-8	346 347-8	LEW	11281	01.07.66	Altenburg		
V 60 1348	106 348-6	346 348-6	LEW	11282	01.07.66	Altenburg	31.01.95	Leipzig Süd
V 60 1349	106 349-4	346 349-4	LEW	11283	04.07.66	Altenburg	20.05.95	Leipzig Süd
V 60 1350	106 350-2	346 350-2	LEW	11284	06.07.66	Dre.-Friedrichstadt	15.09.96	Dresden
V 60 1351	106 351-0	346 351-0	LEW	11285	05.07.66	Reichenbach		
V 60 1352	106 352-8	346 352-8	LEW	11286	01.07.66	Karl-Marx-Stadt	30.11.95	Dresden
V 60 1353	106 353-6	346 353-6	LEW	11287	04.07.66	Altenburg	20.12.95	Leipzig Süd
V 60 1354	106 354-4	346 354-4	LEW	11288	12.07.66	Altenburg		
V 60 1355	106 355-1	346 355-1	LEW	11289	12.07.66	Altenburg	20.12.95	Leipzig Süd
V 60 1356	106 356-9	346 356-9	LEW	11326	27.09.67	Erfurt G	20.12.95	Erfurt
V 60 1357	106 357-7	346 357-7	LEW	11327	21.09.67	Erfurt G	31.07.95	Erfurt
V 60 1358	106 358-5	346 358-5	LEW	11328	13.09.67	Dre.-Altstadt	30.06.95	Dresden
V 60 1359	106 359-3	346 359-3	LEW	11329	22.09.67	Erfurt G		
V 60 1360	106 360-1	346 360-1	LEW	11330	02.10.67	Riesa		
V 60 1361	106 361-9	346 361-9	LEW	11331	02.10.67	Riesa		
V 60 1362	106 362-7	346 362-7	LEW	11332	05.10.67	Dre.-Altstadt	30.11.95	Dresden
V 60 1363	106 363-5	346 363-5	LEW	11297	01.07.66	Görlitz		
V 60 1364	106 364-3	346 364-3	LEW	11298	05.08.66	Dre.-Friedrichstadt	30.10.95	Dresden
V 60 1365	106 365-0	346 365-0	LEW	11299	24.08.66	Dre.-Friedrichstadt	31.05.95	Bln.-Pankow
V 60 1366	106 366-8	346 366-8	LEW	11300	08.66	Dre.-Friedrichstadt		
V 60 1367	106 367-6	346 367-6	LEW	11301	29.08.66	Karl-Marx-Stadt	30.11.96	Pasewalk
V 60 1368	106 368-4	346 368-4	LEW	11302	08.66	Karl-Marx-Stadt	10.11.94	Zwickau
V 60 1369	106 369-2	346 369-2	LEW	11303	02.09.66	Karl-Marx-Stadt	30.08.96	Chemnitz
V 60 1370	106 370-0	346 370-0	LEW	11304	02.09.66	Karl-Marx-Stadt		
V 60 1371	106 371-8	346 371-8	LEW	11305	07.09.66	Dre.-Friedrichstadt		
V 60 1372	106 372-6	346 372-6	LEW	11306	07.09.66	Karl-Marx-Stadt		

V 60 1373	106 373-4	346 373-4	LEW	11307	09.09.66	DreFriedrichstadt			
V 60 1374	106 374-2	346 374-2	LEW	11308	09.09.66	Leipzig Süd	31.03.95	Lu. Wittenberg	
V 60 1375	106 375-9	346 375-9	LEW	11309	08.09.66	DreFriedrichstadt	10.03.95	Dresden	
V 60 1376	106 376-7	346 376-7	LEW	11310	20.09.66	KMS-Hilbersdorf	30.11.95	Reichenbach	
V 60 1377	106 377-5	346 377-5	LEW	11311	27.09.66	Leipzig Süd	30.08.96	Leipzig Süd	
V 60 1378	106 378-3	346 378-3	LEW	11312	10.10.66	Leipzig Süd			
V 60 1379	106 379-1	346 379-1	LEW	11419	28.09.67	Engelsdorf	31.05.95	Leipzig Süd	
V 60 1380	106 380-9	346 380-9	LEW	11420	07.10.67	Engelsdorf			
V 60 1381	106 381-7	346 381-7	LEW	11421	11.10.67	Altenburg	31.05.95	Magdeburg Hbf	
V 60 1382	106 382-5	346 382-5	LEW	11422	29.09.67	Seddin	10.03.95	Seddin	
V 60 1383	106 383-3	346 383-3	LEW	11423	16.10.67	Erfurt G	20.12.95	Erfurt	
V 60 1384	106 384-1	346 384-1	LEW	11424	26.10.67	Leipzig West	31.05.95	Lu. Wittenberg	
V 60 1385	106 385-8	346 385-8	LEW	11425	27.10.67	Jüterbog			
V 60 1386	106 386-6	346 386-6	LEW	11426	24.10.67	Seddin	10.03.95	Seddin	
V 60 1387	106 387-4	346 387-4	LEW	11427	01.11.67	Jüterbog			
V 60 1388	106 388-2	346 388-2	LEW	11428	26.10.67	Leipzig West			
V 60 1389	106 389-0	346 389-0	LEW	11429	01.11.67	Leipzig West			
V 60 1390	106 390-8	346 390-8	LEW	11671	06.11.67	Bitterfeld	20.12.95	Stendal	
V 60 1391	106 391-6	346 391-6	LEW	11672	04.11.67	Weimar	28.12.93	Erfurt	→ RBG D 08
V 60 1392	106 392-4	346 392-4	LEW	11673	04.11.67	Seddin	10.03.95	Seddin	
V 60 1393	106 393-2	346 393-2	LEW	11674	04.11.67	Jüterbog	20.05.95	Bln.-Pankow	
V 60 1394	106 394-0	346 394-0	LEW	11675	08.11.67	Bitterfeld	30.08.96	Leipzig Süd	
V 60 1395	106 395-7	346 395-7	LEW	11676	06.11.67	Bitterfeld			
V 60 1396	106 396-5	346 396-5	LEW	11677	09.11.67	Erfurt G			
V 60 1397	106 397-3	346 397-3	LEW	11678	17.11.67	Seddin			
V 60 1398	106 398-1	346 398-1	LEW	11679	16.11.67	Jüterbog			
V 60 1399	106 399-9	346 399-9	LEW	11680	15.11.67	Stralsund	30.08.96	Neustrelitz	→ Wb
V 60 1400	106 400-5	346 400-5	LEW	11681	23.11.67	Schwerin			
V 60 1401	106 401-3	346 401-3	LEW	11682	20.11.67	Elsterwerda	31.03.95	Görlitz	
V 60 1402	106 402-1	346 402-1	LEW	11683	05.12.67	Stralsund	20.09.96	Rostock	
V 60 1403	106 403-9	346 403-9	LEW	11684	27.11.67	Leipzig Süd			
V 60 1404	106 404-7	346 404-7	LEW	11685	23.11.67	Eisenach			
V 60 1405	106 405-4	346 405-4	LEW	11686	08.12.67	Dessau			
V 60 1406	106 406-2	346 406-2	LEW	11687	30.11.67	Eisenach			
V 60 1407	106 407-0	346 407-0	LEW	11688	30.11.67	Eisenach			
V 60 1408	106 408-8	346 408-8	LEW	11689	04.12.67	Elsterwerda			
V 60 1409	106 409-6	346 409-6	LEW	11690	28.02.69	Cottbus	28.02.95	Wustermark	
V 60 1410	106 410-4	346 410-4	LEW	11691	08.12.67	DreFriedrichstadt	10.03.95	Chemnitz	
V 60 1411	106 411-2	346 411-2	LEW	11692	22.12.67	DreFriedrichstadt	30.06.95	Dresden	
V 60 1412	106 412-0	346 412-0	LEW	11693	16.12.67	Rostock			
V 60 1413	106 413-8	346 413-8	LEW	11694	12.12.67	Erfurt			
V 60 1414	106 414-6	346 414-6	LEW	11695	16.12.67	Erfurt	20.12.95	Nordhausen	
V 60 1415	106 415-3	346 415-3	LEW	11696	18.12.67	Magdeburg Hbf			
V 60 1416	106 416-1	346 416-1	LEW	11697	18.12.67	Magdeburg Hbf			
V 60 1417	106 417-9	346 417-9	LEW	11698	18.12.67	Erfurt			
V 60 1418	106 418-7	346 418-7	LEW	11699	18.12.67	Erfurt			
V 60 1419	106 419-5	346 419-5	LEW	11700	22.12.67	Schwerin			
V 60 1420	106 420-3	346 420-3	LEW	11701	22.12.67	Schwerin			
V 60 1421	106 421-1	346 421-1	LEW	11702	27.12.67	Gotha	20.12.95	Erfurt	
V 60 1422	106 422-9	346 422-9	LEW	11703	22.12.67	Schwerin	30.08.96	Leipzig Süd	
V 60 1423	106 423-7	346 423-7	LEW	11704	28.12.67	Cottbus	31.05.95	Frankfurt (O)	
V 60 1424	106 424-5	346 424-5	LEW	11705	29.12.67	Dresden	30.06.95	Dresden	
V 60 1425	106 425-2	346 425-2	LEW	11706	27.12.67	Magdeburg Hbf	31.05.95	Halberstadt	

V 60 1426	106 426-0	346 426-0	LEW	11707	27.12.67	Neustrelitz	29.06.94	Pasewalk
V 60 1427	106 427-8	346 427-8	LEW	11708	10.01.68	Stralsund	01.06.94	Neustrelitz
V 60 1428	106 428-6	346 428-6	LEW	11709	29.12.67	Erfurt	20.12.95	Meiningen
V 60 1429	106 429-4	346 429-4	LEW	11710	05.01.68	Dre.-Friedrichstadt	10.03.95	Dresden
V 60 1430	106 430-2	346 430-2	LEW	11711	05.01.68	Dre.-Friedrichstadt		
V 60 1431	106 431-0	346 431-0	LEW	11712	05.01.68	Schwerin		
V 60 1432	106 432-8	346 432-8	LEW	11713	16.02.68	Cottbus		
V 60 1433	106 433-6	346 433-6	LEW	11714	04.01.68	Wittenberge	29.06.94	Angermünde
V 60 1434	106 434-4	346 434-4	LEW	11715	10.01.68	Eisenach	20.06.95	Eisenach
V 60 1435	106 435-1	346 435-1	LEW	11716	18.01.68	Waren (M)	29.06.94	Stralsund
V 60 1436	106 436-9	346 436-9	LEW	11717	20.01.68	Dre.-Friedrichstadt		
V 60 1437	106 437-7	346 437-7	LEW	11718	19.01.68	Magdeburg Hbf		
V 60 1438	106 438-5	346 438-5	LEW	11719	29.01.68	Rostock		
V 60 1439	106 439-3	346 439-3	LEW	11720	05.02.68	Leipzig Süd		
V 60 1440	106 440-1	346 440-1	LEW	11721	05.02.68	Leipzig Süd		
V 60 1441	106 441-9	346 441-9	LEW	11980	08.06.68	Magdeburg Hbf	30.08.96	Leipzig Süd
V 60 1442	106 442-7	346 442-7	LEW	11981	31.05.68	Rostock	01.06.94	Schwerin
V 60 1443	106 443-5	346 443-5	LEW	11982	01.06.68	Karl-Marx-Stadt	30.11.95	Chemnitz
V 60 1444	106 444-3	346 444-3	LEW	11983	11.06.68	Leipzig Süd	20.02.95	Lpz.-Wahren
V 60 1445	106 445-0	346 445-0	LEW	11984	06.06.68	Bln.-Karlshorst		
V 60 1446	106 446-8	346 446-8	LEW	11985	31.05.68	Gera		
V 60 1447	106 447-6	346 447-6	LEW	11986	08.06.68	Dresden		
V 60 1448	106 448-4	346 448-4	LEW	11987	31.05.68	Eisenach		
V 60 1449	106 449-2	346 449-2	LEW	11988	18.06.68	Erfurt	20.12.95	Erfurt
V 60 1450	106 450-0	346 450-0	LEW	11989	18.06.68	Seddin		
V 60 1451	106 451-8	346 451-8	LEW	11990	27.06.68	Karl-Marx-Stadt	10.09.96	Chemnitz
V 60 1452	106 452-6	346 452-6	LEW	11991	21.06.68	Nordhausen	31.08.95	Nordhausen
V 60 1453	106 453-4	346 453-4	LEW	11992	27.06.68	Karl-Marx-Stadt	10.11.94	Chemnitz
V 60 1454	106 454-2	346 454-2	LEW	11993	04.07.68	Erfurt	20.12.95	Erfurt
V 60 1455	106 455-9	346 455-9	LEW	11994	04.07.68	Bln.-Pankow	28.12.95	Wustermark
V 60 1456	106 456-7	346 456-7	LEW	11995	03.07.68	Riesa	31.03.95	Görlitz
V 60 1457	106 457-5	346 457-5	LEW	11996	01.07.68	Eisenach		
V 60 1458	106 458-3	346 458-3	LEW	11997	29.06.68	Eisenach		
V 60 1459	106 459-1	346 459-1	LEW	11998	11.07.68	Nordhausen	20.12.95	Nordhausen
V 60 1460	106 460-9	346 460-9	LEW	11999	15.07.68	Jüterbog	10.03.95	Seddin
V 60 1461	106 461-7	346 461-7	LEW	12000	22.07.68	Reichenbach	31.03.95	Zwickau
V 60 1462	106 462-5	346 462-5	LEW	12001	23.07.68	Roßlau		
V 60 1463	106 463-3	346 463-3	LEW	12002	23.07.68	Aue	10.11.94	Dresden
V 60 1464	106 464-1	346 464-1	LEW	12003	25.07.68	Magdeburg Hbf		
V 60 1465	106 465-8	346 465-8	LEW	12004	25.07.68	Nordhausen		
V 60 1466	106 466-6	346 466-6	LEW	12005	05.08.68	Reichenbach		
V 60 1467	106 467-4	346 467-4	LEW	12006	02.08.68	Stralsund		
V 60 1468	106 468-2	346 468-2	LEW	12007	14.08.68	Aue		
V 60 1469	106 469-0	346 469-0	LEW	12008	02.08.68	Dresden	30.11.95	Dresden
V 60 1470	106 470-8	346 470-8	LEW	12009	01.08.68	Nordhausen	20.12.95	Nordhausen
V 60 1471	106 471-6	346 471-6	LEW	12010	12.08.68	Waren (M)	01.06.94	Neubrandenburg
V 60 1472	106 472-4	346 472-4	LEW	12011	16.12.68	Guben	20.03.95	Cottbus
V 60 1473	106 473-2	346 473-2	LEW	12012	16.12.68	Cottbus		
V 60 1474	106 474-0	346 474-0	LEW	12013	19.08.68	Erfurt	31.07.95	Erfurt
V 60 1475	106 475-7	346 475-7	LEW	12014	16.12.68	Cottbus	20.03.95	Cottbus
V 60 1476	106 476-5	346 476-5	LEW	12015	24.08.68	Nordhausen		
V 60 1477	106 477-3	346 477-3	LEW	12016	24.08.68	Weißenfels	30.11.95	Saalfeld
V 60 1478	106 478-1	346 478-1	LEW	12017	29.08.68	Aue		

V 60 1479	106 479-9	346 479-9	LEW	12018	30.08.68	Eisenach	20.12.95	Meiningen
V 60 1480	106 480-7	346 480-7	LEW	12019	29.08.68	Saalfeld		
V 60 1481	106 481-5	346 481-5	LEW	12020	30.08.68	Neubrandenburg	10.03.95	Pasewalk
V 60 1482	106 482-3	346 482-3	LEW	12021	09.09.68	Dresden		
V 60 1483	106 483-1	346 483-1	LEW	12022	13.09.68	Eisenach		
V 60 1484	106 484-9	346 484-9	LEW	12023	09.09.68	Reichenbach	10.03.95	Dresden
V 60 1485	106 485-6	346 485-6	LEW	12024	18.09.68	Meiningen		
V 60 1486	106 486-4	346 486-4	LEW	12025	19.09.68	Bln.-Pankow	10.03.95	Berlin Hbf
V 60 1487	106 487-2	346 487-2	LEW	12026	17.09.68	Erfurt		
V 60 1488	106 488-0	346 488-0	LEW	12027	21.09.68	Schwerin	03.03.93	Schwerin
V 60 1489	106 489-8	346 489-8	LEW	12349	16.07.69	Nordhausen	20.12.95	Nordhausen
V 60 1490	106 490-6	346 490-6	LEW	12029	01.10.68	Lu. Wittenberg	01.06.94	Neubrandenburg
V 60 1491	106 491-4	346 491-4	LEW	12030	17.10.68	Neustrelitz	01.06.94	Pasewalk
V 60 1492	106 492-2	346 492-2	LEW	12031	17.10.68	Eisenach		
V 60 1493	106 493-0	346 493-0	LEW	12032	21.10.68	Dresden	10.05.95	Chemnitz
V 60 1494	106 494-8	346 494-8	LEW	12033	21.10.68	Dresden		
V 60 1495	106 495-5	346 495-5	LEW	12034	18.10.68	Rostock	10.03.95	Rostock
V 60 1496	106 496-3	346 496-3	LEW	12035	17.10.68	Roßlau	30.08.96	Lu. Wittenberg
V 60 1497	106 497-1	346 497-1	LEW	12036	24.10.68	Karl-Marx-Stadt		
V 60 1498	106 498-9	346 498-9	LEW	12037	21.10.68	Neubrandenburg		
V 60 1499	106 499-7	346 499-7	LEW	12038	16.12.68	Cottbus	31.03.95	Görlitz
V 60 1500	106 500-2	346 500-2	LEW	12039	30.10.68	Magdeburg Hbf		
V 60 1501	106 501-0	346 501-0	LEW	12040	24.10.68	Karl-Marx-Stadt	10.03.95	Chemnitz
V 60 1502	106 502-8	346 502-8	LEW	12041	25.10.68	Rostock		
V 60 1503	106 503-6	346 503-6	LEW	12042	31.10.68	Güstrow		
V 60 1504	106 504-4	346 504-4	LEW	12043	16.12.68	Cottbus	20.12.95	Bln.-Pankow
V 60 1505	106 505-1	346 505-1	LEW	12044	01.11.68	Neustrelitz	31.07.95	Bln.-Schöneweide
V 60 1506	106 506-9	346 506-9	LEW	12045	31.10.68	Magdeburg Hbf	30.08.96	Leipzig Süd
V 60 1507	106 507-7	346 507-7	LEW	12046	01.11.68	Magdeburg Hbf	20.02.95	Leipzig Süd
V 60 1508	106 508-5	346 508-5	LEW	12047	08.11.68	Aue		
V 60 1509	106 509-3	346 509-3	LEW	12048	15.11.68	Dresden	30.06.95	Dresden
V 60 1510	106 510-1	346 510-1	LEW	12049	11.11.68	Wittenberge	10.03.95	Seddin
V 60 1511	106 511-9	346 511-9	LEW	12050	12.11.68	Elsterwerda		
V 60 1512	106 512-7	346 512-7	LEW	12051	22.11.68	Magdeburg Hbf		
V 60 1513	106 513-5	346 513-5	LEW	12283	29.11.68	Aue		
V 60 1514	106 514-3	346 514-3	LEW	12284	19.11.68	Gera	20.12.95	Saalfeld
V 60 1515	106 515-0	346 515-0	LEW	12285	02.12.68	Stralsund	29.06.94	Angermünde
V 60 1516	106 516-8	346 516-8	LEW	12286	02.12.68	Hagenow Land	30.08.96	Rostock
V 60 1517	106 517-6	346 517-6	LEW	12287	02.12.68	Cottbus		
V 60 1518	106 518-4	346 518-4	LEW	12288	02.12.68	Neustrelitz		
V 60 1519	106 519-2	346 519-2	LEW	12289	29.11.68	Magdeburg Hbf		
V 60 1520	106 520-0	346 520-0	LEW	12290	04.12.68	Aue		
V 60 1521	106 521-8	346 521-8	LEW	12291	05.12.68	Karl-Marx-Stadt	15.09.96	Erfurt
V 60 1522	106 522-6	346 522-6	LEW	12292	11.12.68	Wittenberge		
V 60 1523	106 523-4	346 523-4	LEW	12293	10.12.68	Cottbus		
V 60 1524	106 524-2	346 524-2	LEW	12294	06.01.69	Magdeburg Hbf		
V 60 1525	106 525-9	346 525-9	LEW	12295	20.12.68	Karl-Marx-Stadt	10.11.94	Zwickau
V 60 1526	106 526-7	346 526-7	LEW	12296	20.12.68	Karl-Marx-Stadt		
V 60 1527	106 527-5	346 527-5	LEW	12297	20.12.68	Waren (M)	31.05.94	Neustrelitz
V 60 1528	106 528-3	346 528-3	LEW	12298	21.12.68	Rostock	20.09.96	Schwerin
V 60 1529	106 529-1	346 529-1	LEW	12299	30.12.68	Cottbus		
V 60 1530	106 530-9	346 530-9	LEW	12300	20.12.68	Magdeburg Hbf		
V 60 1531	106 531-7	346 531-7	LEW	12301	10.01.69	Dresden		

V 60 1532	106 532-5	346 532-5	LEW	12302	23.12.68	Gera	20.12.95	Saalfeld
V 60 1533	106 533-3	346 533-3	LEW	12235	11.01.69	Güstrow	20.12.95	Erfurt
V 60 1534	106 534-1	346 534-1	LEW	12236	10.01.69	Bln.-Karlshorst	20.12.95	Wustermark
V 60 1535	106 535-8	346 535-8	LEW	12237	09.01.69	Karl-Marx-Stadt		
V 60 1536	106 536-6	346 536-6	LEW	12238	10.01.69	Bln.-Karlshorst	31.07.95	Bln.-Pankow
V 60 1537	106 537-4	346 537-4	LEW	12239	13.01.69	Neustrelitz	29.06.94	Pasewalk
V 60 1538	106 538-2	346 538-2	LEW	12240	20.02.69	Magdeburg Hbf	20.12.95	Stendal
V 60 1539	106 539-0	346 539-0	LEW	12241	31.01.69	Wustermark		
V 60 1540	106 540-8	346 540-8	LEW	12242	31.01.69	Wustermark		
V 60 1541	106 541-6	346 541-6	LEW	12251	07.02.69	Gera		
V 60 1542	106 542-4	346 542-4	LEW	12252	10.02.69	Waren (M)	01.06.94	Angermünde
V 60 1543	106 543-2	346 543-2	LEW	12253	20.02.69	Magdeburg Hbf		
V 60 1544	106 544-0	346 544-0	LEW	12254	14.02.69	Gera		
V 60 1545	106 545-7	346 545-7	LEW	12255	15.04.69	Magdeburg Hbf		
V 60 1546	106 546-5	346 546-5	LEW	12256	19.06.69	Saalfeld	20.12.95	Saalfeld
V 60 1547	106 547-3	346 547-3	LEW	12257	17.02.69	Bln.-Ostbahnhof		
V 60 1548	106 548-1	346 548-1	LEW	12258	17.02.69	Bln.-Ostbahnhof		
V 60 1549	106 549-9	346 549-9	LEW	12259	20.02.69	Neubrandenburg		
V 60 1550	106 550-7	346 550-7	LEW	12260	24.02.69	Wustermark	28.02.95	Wustermark
V 60 1551	106 551-5	346 551-5	LEW	12267	05.03.69	Bln.-Pankow		
V 60 1552	106 552-3	346 552-3	LEW	12268	05.03.69	Reichenbach		
V 60 1553	106 553-1	346 553-1	LEW	12269	11.03.69	Riesa		
V 60 1554	106 554-9	346 554-9	LEW	12270	28.03.69	Bln.-Pankow	31.07.95	Bln.-Pankow
V 60 1555	106 555-6	346 555-6	LEW	12271	12.03.69	Bautzen	30.11.95	Görlitz
V 60 1556	106 556-4	346 556-4	LEW	12272	20.05.69	Magdeburg Hbf		
V 60 1557	106 557-2	346 557-2	LEW	12273	13.03.69	Wustermark		
V 60 1558	106 558-0	346 558-0	LEW	12274	14.03.69	Eisenach		
V 60 1559	106 559-8	346 559-8	LEW	12275	22.03.69	Reichenbach		
V 60 1560	106 560-6	346 560-6	LEW	12276	28.03.69	Saalfeld	20.12.95	Saalfeld
V 60 1561	106 561-4	346 561-4	LEW	12303	02.04.69	Reichenbach	31.03.95	Zwickau
V 60 1562	106 562-2	346 562-2	LEW	12304	03.04.69	Stralsund	20.09.96	Neustrelitz
V 60 1563	106 563-0	346 563-0	LEW	12305	04.04.69	Bln.-Pankow	31.07.95	Bln.-Pankow
V 60 1564	106 564-8	346 564-8	LEW	12306	09.04.69	Nordhausen	20.12.95	Nordhausen
V 60 1565	106 565-5	346 565-5	LEW	12307	07.05.69	Reichenbach		
V 60 1566	106 566-3	346 566-3	LEW	12308	25.04.69	Neustrelitz		
V 60 1567	106 567-1	346 567-1	LEW	12309	01.05.69	Bln.-Pankow	31.07.95	Bln.-Pankow
V 60 1568	106 568-9	346 568-9	LEW	12310	30.04.69	Saalfeld	20.12.95	Saalfeld
V 60 1569	106 569-7	346 569-7	LEW	12311	20.05.69	Magdeburg		
V 60 1570	106 570-5	346 570-5	LEW	12312	24.04.69	Meiningen	20.12.95	Meiningen
V 60 1571	106 571-3	346 571-3	LEW	12313	25.04.69	Gera		
V 60 1572	106 572-1	346 572-1	LEW	12314	24.04.69	Magdeburg		
V 60 1573	106 573-9	346 573-9	LEW	12321	01.05.69	Bln.-Pankow	31.07.95	Bln.-Pankow
V 60 1574	106 574-7	346 574-7	LEW	12322	09.05.69	Bln.-Ostbahnhof		
V 60 1575	106 575-4	346 575-4	LEW	12332	30.05.69	Bln.-Ostbahnhof	20.05.95	Berlin Hbf
V 60 1576	106 576-2	346 576-2	LEW	12333	10.06.69	Senftenberg	30.04.96	Seddin
V 60 1577	106 577-0	346 577-0	LEW	12334	01.06.69	Senftenberg		
V 60 1578	106 578-8	346 578-8	LEW	12335	14.06.69	Wustermark		
V 60 1579	106 579-6	346 579-6	LEW	12336	17.06.69	Reichenbach		
V 60 1580	106 580-4	346 580-4	LEW	12337	27.06.69	Karl-Marx-Stadt	05.09.96	Chemnitz
V 60 1581	106 581-2	346 581-2	LEW	12338	19.06.69	Nordhausen	20.12.95	Erfurt
V 60 1582	106 582-0	346 582-0	LEW	12342	30.06.69	Bln.-Pankow	31.07.95	Bln.-Pankow
V 60 1583	106 583-8	346 583-8	LEW	12343	01.07.69	Schwerin	31.07.95	Bln.-Pankow
V 60 1584	106 584-6	346 584-6	LEW	12344	04.07.69	Reichenbach	31.03.95	Zwickau

V 60 1585	106 585-3	346 585-3	LEW	12345	30.06.69	Saalfeld	20.06.95	Saalfeld		
V 60 1586	106 586-1	346 586-1	LEW	12346	01.07.69	Senftenberg				
V 60 1587	106 587-9	346 587-9	LEW	12347	18.07.69	Senftenberg				
V 60 1588	106 588-7	346 588-7	LEW	12348	04.08.69	Nordhausen	29.06.94	Neustrelitz		
V 60 1589	106 589-5	346 589-5	LEW	12402	11.12.69	Cottbus				
V 60 1590	106 590-3	346 590-3	LEW	12354	31.07.69	Magdeburg				
V 60 1591	106 591-1	346 591-1	LEW	12355	01.08.69	Bln.-Ostbahnhof				
V 60 1592	106 592-9	346 592-9	LEW	12356	06.08.69	Reichenbach	30.08.96	Reichenbach		
V 60 1593	106 593-7	346 593-7	LEW	12357	20.08.69	Gera	29.06.94	Mukran		
V 60 1594	106 594-5		LEW	12358	15.08.69	Bln.-Pankow	15.12.70	Bln.-Pankow		
	106 594-5	346 594-5	LEW	12393	31.05.73	Arnstadt	20.12.95	Erfurt	ex Wb	
V 60 1595	106 595-2		LEW	12359	15.08.69	Bln.-Pankow	27.11.71	Bln.-Pankow		
V 60 1596	106 596-0	346 596-0	LEW	12386	03.11.69	Gera	20.12.95	Saalfeld		
V 60 1597	106 597-8	346 597-8	LEW	12364	30.08.69	Karl-Marx-Stadt				
V 60 1598	106 598-6	346 598-6	LEW	12365	03.09.69	Saalfeld	20.12.95	Saalfeld		
V 60 1599	106 599-4	346 599-4	LEW	12366	05.09.69	Bln.-Ostbahnhof				
V 60 1600	106 600-0	346 600-0	LEW	12367	14.09.69	Jüterbog				
V 60 1601	106 601-8	346 601-8	LEW	12368	19.09.69	Erfurt				
V 60 1602	106 602-6	346 602-6	LEW	12369	14.09.69	Jüterbog	20.05.95	Seddin		
V 60 1603	106 603-4	346 603-4	LEW	12370	19.08.69	Senftenberg				
V 60 1604	106 604-2	346 604-2	LEW	12371	30.09.69	Dresden				
V 60 1605	106 605-9	346 605-9	LEW	12375	13.10.69	Dresden				
V 60 1606	106 606-7	346 606-7	LEW	12376	09.10.69	Bln.-Ostbahnhof				
V 60 1607	106 607-5	346 607-5	LEW	12377	10.10.69	Bln.-Pankow				
V 60 1608	106 608-3	346 608-3	LEW	12378	10.10.69	Bautzen	31.03.95	Görlitz		
V 60 1609	106 609-1	346 609-1	LEW	12379	10.01.70	Bautzen				
V 60 1610	106 610-9	346 610-9	LEW	12396	03.12.69	Riesa				
V 60 1611	106 611-7	346 611-7	LEW	12573	22.12.69	Jüterbog				
V 60 1612	106 612-5	346 612-5	LEW	12574	07.01.70	Magdeburg				
(V 60 1613)	106 613-3	346 613-3	LEW	12575	07.01.70	Magdeburg				
V 60 1614	106 614-1	346 614-1	LEW	12576	09.01.70	Rostock				
V 60 1615	106 615-8	346 615-8	LEW	12577	12.01.70	Magdeburg	30.08.96	Stendal		
V 60 1616	106 616-6	346 616-6	LEW	12578	13.01.70	Bln.-Pankow				
V 60 1617	106 617-4	346 617-4	LEW	12579	16.01.70	Meiningen				
V 60 1618	106 618-2	346 618-2	LEW	12580	16.01.70	Neustrelitz				
	106 619-0	346 619-0	LEW	12581	24.01.70	Schwerin				
	106 620-8	346 620-8	LEW	12582	22.01.70	Cottbus				
	106 621-6	346 621-6	LEW	12585	02.02.70	Saalfeld				
	106 622-4	346 622-4	LEW	12586	03.02.70	Stralsund	01.06.94	Stralsund		
	106 623-2	346 623-2	LEW	12587	01.02.70	Kamenz	10.03.95	Dresden		
	106 624-0	346 624-0	LEW	12588	24.03.70	Magdeburg				
	106 625-7	346 625-7	LEW	12589	20.05.70	Wustermark				
	106 626-5	346 626-5	LEW	12590	11.02.70	Nordhausen				
	106 627-3		LEW	12591	10.03.70	Bautzen	25.03.88	Bautzen		
	106 628-1	346 628-1	LEW	12592	12.02.70	Seddin	20.05.95	Bln.-Schöneweide		
	106 629-9	346 629-9	LEW	12593	17.02.70	Pasewalk	29.06.94	Pasewalk		
	106 630-7	346 630-7	LEW	12594	02.06.70	Eisenach	20.12.95	Meiningen		
	106 631-5	346 631-5	LEW	12595	25.02.70	Eisenach				
	106 632-3	346 632-3	LEW	12598	28.02.70	Stralsund				
	106 633-1	346 633-1	LEW	12599	28.02.70	Rostock				
	106 634-9	346 634-9	LEW	12600	03.03.70	Bln.-Ostbahnhof	10.03.95	Berlin Hbf		
	106 635-6	346 635-6	LEW	12601	03.03.70	Frankfurt (O)	31.05.95	Frankfurt (O)		
	106 636-4	346 636-4	LEW	12602	12.03.70	Bautzen				

106 637-2	346 637-2	LEW	12603	14.03.70	Dresden			
106 638-0	346 638-0	LEW	12604	18.03.70	Leipzig Süd	20.12.95	Halle G	
106 639-8	346 639-8	LEW	12605	02.04.70	Schwerin	30.08.96	Stralsund	
106 640-6	346 640-6	LEW	12606	03.04.70	Bln.-Pankow			
106 641-4	346 641-4	LEW	12607	03.04.70	Bln.-Pankow			
106 642-2	346 642-2	LEW	12608	03.04.70	Zittau			
106 643-0	346 643-0	LEW	12611	04.04.70	Dresden			
106 644-8	346 644-8	LEW	12612	07.04.70	Leipzig Süd			
106 645-5	346 645-5	LEW	12613	07.04.70	Leipzig Süd			
106 646-3	346 646-3	LEW	12614	09.04.70	Wittenberge			
106 647-1	346 647-1	LEW	12615	18.04.70	Wittenberge			
106 648-9	346 648-9	LEW	12616	28.04.70	Erfurt	20.12.95	Saalfeld	
106 649-7	346 649-7	LEW	12617	28.04.70	Magdeburg Hbf	20.12.95	Stendal	
106 650-5	346 650-5	LEW	12618	28.04.70	Magdeburg Hbf	30.11.96	Magdeburg Hbf	
106 651-3	346 651-3	LEW	12619	30.04.70	Halberstadt	30.08.96	Magdeburg Hbf	
106 652-1	346 652-1	LEW	12620	29.04.70	Nordhausen			
106 653-9	346 653-9	LEW	12621	05.05.70	Magdeburg Hbf	20.12.95	Magdeburg Hbf	
106 654-7	346 654-7	LEW	12622	04.07.70	Halberstadt	30.11.96	Magdeburg Hbf	
106 655-4	346 655-4	LEW	12626	22.05.70	Eisenach			
106 656-2	346 656-2	LEW	12627	29.05.70	Bln.-Ostbahnhof			
106 657-0	346 657-0	LEW	12628	30.05.70	Bln.-Ostbahnhof	22.06.92	Berlin Hbf	→ Wb
106 658-8	346 658-8	LEW	12629	19.05.70	Zittau			
106 659-6	346 659-6	LEW	12630	17.06.70	Saalfeld			
106 660-4	346 660-4	LEW	12631	02.11.70	Senftenberg	20.05.95	Wustermark	→ M. Basdorf
106 661-2	346 661-2	LEW	12632	29.09.70	Güsten			
106 662-0	346 662-0	LEW	12633	02.11.70	Zittau			
106 663-8	346 663-8	LEW	12634	20.10.70	Wittenberge			
106 664-6	346 664-6	LEW	12635	14.10.70	Erfurt	20.12.95	Erfurt	
106 665-3	346 665-3	LEW	12638	23.09.70	Hoyerswerda			
106 666-1	346 666-1	LEW	12684	25.09.70	Leipzig Süd			
106 667-9	346 667-9	LEW	12640	07.07.70	Rostock	31.10.95	Rostock	
106 668-7	346 668-7	LEW	12641	30.06.70	Senftenberg			
106 669-5	346 669-5	LEW	12642	30.06.70	Frankfurt (O)			UB in 344 669-1
106 670-3	346 670-3	LEW	12643	30.06.70	Bautzen			
106 671-1	346 671-1	LEW	12644	01.07.70	Bln.-Pankow			
106 672-9	346 672-9	LEW	12645	15.07.70	Bln.-Ostbahnhof			
106 673-7	346 673-7	LEW	12646	30.06.70	Frankfurt (O)			
106 674-5	346 674-5	LEW	12647	13.07.70	Neustrelitz			
106 675-2	346 675-2	LEW	12648	07.07.70	Gera			
106 676-0	346 676-0	LEW	12649	15.07.70	Neustrelitz			
106 677-8	346 677-8	LEW	12652	20.07.70	Bln.-Pankow			
106 678-6	346 678-6	LEW	12653	23.07.70	Kamenz			
106 679-4	346 679-4	LEW	12654	20.08.70	Bln.-Ostbahnhof			
106 680-2	346 680-2	LEW	12655	07.09.70	Pasewalk			
106 681-0	346 681-0	LEW	12656	25.09.70	Pasewalk			UB in 344 681-2
106 682-8	346 682-8	LEW	12657	25.08.70	Bln.-Pankow			UB in 344 682-0
106 683-6	346 683-6	LEW	12658	25.07.70	Senftenberg			
106 684-4	346 684-4	LEW	12659	29.07.70	Magdeburg Hbf	30.08.96	Magdeburg Hbf	
106 685-1	346 685-1	LEW	12660	21.08.70	Magdeburg Hbf			
106 686-9	346 686-9	LEW	12661	30.07.70	Frankfurt (O)			
106 687-7	346 687-7	LEW	12662	05.08.70	Leipzig West			
106 688-5	346 688-5	LEW	12663	03.08.70	Frankfurt (O)			UB in 344 688-7
106 689-3	346 689-3	LEW	12664	07.08.70	Stralsund			

106 690-1	346 690-1	LEW	12665	05.08.70	Leipzig Süd	20.12.95	Mgd.-Rothensee	
106 691-9	346 691-9	LEW	12666	11.08.70	Frankfurt (O)			
106 692-7	346 692-7	LEW	12667	14.08.70	Pasewalk			
106 693-5	346 693-5	LEW	12668	20.08.70	Bln.-Schöneweide			
106 694-3	346 694-3	LEW	12672	08.09.70	Senftenberg			
106 695-0	346 695-0	LEW	12673	21.08.70	Magdeburg Hbf			
106 696-8	346 696-8	LEW	12674	01.09.70	Bautzen			
106 697-6	346 697-6	LEW	12675	01.09.70	Güstrow			
106 698-4	346 698-4	LEW	12676	02.09.70	Frankfurt (O)			
106 699-2	346 699-2	LEW	12677	01.09.70	Bln.-Schöneweide			
106 700-8	346 700-8	LEW	12678	27.08.70	Magdeburg Hbf			
106 701-6	346 701-6	LEW	12679	27.08.70	Stralsund			
106 702-4	346 702-4	LEW	12680	03.09.70	Wismar			
106 703-2	346 703-2	LEW	12681	23.09.70	Magdeburg Hbf			
106 704-0	346 704-0	LEW	12682	16.10.70	Neustrelitz			
106 705-7	346 705-7	LEW	12683	09.10.70	Magdeburg Hbf			
106 706-5	346 706-5	LEW	12702	07.01.71	Bln.-Ostbahnhof			
106 707-3	346 707-3	LEW	12703	26.01.71	Bln.-Schöneweide	20.12.95	Bln.-Pankow	
106 708-1	346 708-1	LEW	12704	09.12.70	Erfurt			
106 709-9	346 709-9	LEW	12705	21.12.70	Bln.-Schöneweide			
106 710-7	346 710-7	LEW	12706	09.12.70	Görlitz			UB in 344 710-9
106 711-5	346 711-5	LEW	12707	18.12.70	Bln.-Schöneweide	20.12.95	Bln.-Pankow	
106 712-3	346 712-3	LEW	12708	01.01.71	Bln.-Ostbahnhof			
106 713-1	346 713-1	LEW	12709	19.12.70	Rostock			
106 714-9	346 714-9	LEW	12710	18.12.70	Bln.-Pankow			
106 715-6	346 715-6	LEW	12711	19.12.70	Bln.-Ostbahnhof	30.11.96	Magdeburg Hbf	
106 716-4	346 716-4	LEW	12955	15.05.71	Wustermark	28.02.95	Wustermark	
106 717-2	346 717-2	LEW	12956	02.03.71	Saalfeld	30.11.96	Stendal	
106 718-0	346 718-0	LEW	12979	01.04.71	Rostock			
106 719-8	346 719-8	LEW	12980	30.03.71	Meiningen			
106 720-6	346 720-6	LEW	12981	02.04.71	Rostock			UB in 344 720-8
106 721-4	346 721-4	LEW	12982	06.04.71	Rostock			
106 722-2	346 722-2	LEW	12983	06.04.71	Rostock			
106 723-0	346 723-0	LEW	12984	05.04.71	Elsterwerda			
106 724-8	346 724-8	LEW	12985	19.04.71	Görlitz			
106 725-5	346 725-5	LEW	12986	17.04.71	Güstrow			
106 726-3	346 726-3	LEW	12987	06.05.71	Wittenberge			
106 727-1	346 727-1	LEW	12988	06.05.71	Wittenberge			
106 728-9	346 728-9	LEW	12989	03.05.71	Schwerin			
106 729-7	346 729-7	LEW	12990	14.05.71	Magdeburg			
106 730-5	346 730-5	LEW	12991	14.05.71	Magdeburg			
106 731-3	346 731-3	LEW	12992	01.05.71	Güsten			
106 732-1	346 732-1	LEW	12993	01.05.71	Güsten			
106 733-9	346 733-9	LEW	12994	29.04.71	Senftenberg			
106 734-7	346 734-7	LEW	12995	05.05.71	Görlitz			
106 735-4	346 735-4	LEW	12996	30.04.71	Eberswalde			
106 736-2		LEW	12997	05.05.71	Zittau			UB in 104 736-4
106 737-0	346 737-0	LEW	12998	07.05.71	Riesa			
106 738-8	346 738-8	LEW	12999	07.05.71	Riesa			
106 739-6	346 739-6	LEW	13000	01.06.71	Stralsund			
106 740-4	346 740-4	LEW	13022	01.07.71	Kamenz			
106 741-2	346 741-2	LEW	13023	03.07.71	Riesa			
106 742-0	346 742-0	LEW	13008	29.05.71	Güsten			

106 743-8	346 743-8	LEW	13099	04.06.71	Riesa			
106 744-6	346 744-6	LEW	13010	01.06.71	Angermünde			
106 745-3	346 745-3	LEW	13011	03.06.71	Stendal	30.08.95	Stendal	
106 746-1	346 746-1	LEW	13012	28.05.71	Eberswalde	31.10.95	Pasewalk	
106 747-9	346 747-9	LEW	13013	28.05.71	Stendal	20.12.95	Stendal	
106 748-7	346 748-7	LEW	13014	01.06.71	Angermünde			
106 749-5	346 749-5	LEW	13015	01.06.71	Brandenburg	30.01.92	Brandenburg	
106 750-3	346 750-3	LEW	13016	29.06.71	Görlitz			
106 751-1	346 751-1	LEW	13017	28.06.71	Eberswalde			
106 752-9	346 752-9	LEW	13018	30.06.71	Stendal			UB in 344 752-1
106 753-7	346 753-7	LEW	13019	12.07.71	Bln.-Ostbahnhof			
106 754-5	346 754-5	LEW	13020	23.06.71	Saalfeld			
106 755-2	346 755-2	LEW	13021	25.06.71	Cottbus			
106 756-0	346 756-0	LEW	13024	24.06.71	Riesa			
106 757-8	346 757-8	LEW	13025	30.06.71	Frankfurt (O)			
106 758-6	346 758-6	LEW	13026	30.06.71	Eisenach			
106 759-4	346 759-4	LEW	13027	02.07.71	Bln.-Ostbahnhof			
106 760-2	346 760-2	LEW	13028	02.07.71	Frankfurt (O)			
106 761-0	346 761-0	LEW	13029	04.08.71	Angermünde			
106 762-8	346 762-8	LEW	13030	12.07.71	Glauchau	30.08.96	Reichenbach	
106 763-6	346 763-6	LEW	13031	29.07.71	Halberstadt			
106 764-4	346 764-4	LEW	13032	31.07.71	Kamenz			UB in 344 764-6
106 765-1	346 765-1	LEW	13033	05.08.71	Frankfurt (O)			
106 766-9	346 766-9	LEW	13034	05.08.71	Frankfurt (O)			
106 767-7		LEW	13035	29.07.71	Stendal			UB in 344 767-9
106 768-5	346 768-5	LEW	13036	06.08.71	Riesa			UB in 344 768-7
106 769-3	346 769-3	LEW	13037	28.07.71	Pasewalk			
106 770-1	346 770-1	LEW	13038	31.07.71	Cottbus			
106 771-9	346 771-9	LEW	13039	31.07.71	Eisenach			
106 772-7	346 772-7	LEW	13040	06.08.71	Riesa			
106 773-5	346 773-5	LEW	13041	05.08.71	Eberswalde			UB in 344 773-7
106 774-3	346 774-3	LEW	13287	31.07.71	Neustrelitz			
106 775-0	346 775-0	LEW	13288	09.08.71	Riesa			
106 776-8	346 776-8	LEW	13289	01.08.71	Senftenberg			
106 777-6	346 777-6	LEW	13290	04.08.71	Eisenach			
106 778-4	346 778-4	LEW	13291	01.09.71	Bautzen			
106 779-2	346 779-2	LEW	13292	03.09.71	Riesa			
106 780-0	346 780-0	LEW	13293	02.09.71	Nordhausen			
106 781-8	346 781-8	LEW	13294	31.08.71	Neustrelitz			
106 782-6	346 782-6	LEW	13295	24.08.71	Brandenburg			
106 783-4	346 783-4	LEW	13296	30.08.71	Stendal			
106 784-2	346 784-2	LEW	13297	09.09.71	Halberstadt			
106 785-9	346 785-9	LEW	13298	30.08.71	Bln.-Ostbahnhof			
106 786-7	346 786-7	LEW	13299	02.09.71	Wittenberge			
106 787-5		LEW	13300	09.71	Güstrow	05.06.89	Schwerin	
106 788-3	346 788-3	LEW	13301	02.09.71	Wittenberge			UB in 344 788-5
106 789-1	346 789-1	LEW	13302	31.08.71	Erfurt			
106 790-9	346 790-9	LEW	13303	01.09.71	Görlitz			
106 791-7	346 791-7	LEW	13304	29.09.71	Güsten	20.12.95	Mgd.-Rothensee	
106 792-5	346 792-5	LEW	13305	02.09.71	Magdeburg			
106 793-3	346 793-3	LEW	13310	24.11.71	Magdeburg			
106 794-1	346 794-1	LEW	13311	24.11.71	Güsten			
106 795-8	346 795-8	LEW	13312	24.11.71	Elsterwerda			

106 796-6	346 796-6	LEW	13313	24.11.71	Kamenz	10.03.95	Dresden	
106 797-4	346 797-4	LEW	13314	26.11.71	Frankfurt (O)			
106 798-2	346 798-2	LEW	13315	11.12.71	Erfurt			
106 799-0	346 799-0	LEW	13316	08.12.71	Görlitz			
106 800-6	346 800-6	LEW	13317	07.12.71	Riesa	15.09.96	Reichenbach	
106 801-4	346 801-4	LEW	13318	09.12.71	Frankfurt (O)			
106 802-2	346 802-2	LEW	13319	07.12.71	Nossen	05.09.96	Chemnitz	
106 803-0	346 803-0	LEW	13320	02.12.71	Rostock-Seehafen			
106 804-8	346 804-8	LEW	13321	01.12.71	Magdeburg			UB in 344 804-0
106 805-5	346 805-5	LEW	13322	01.12.71	Neustrelitz			
106 806-3	346 806-3	LEW	13323	01.12.71	Magdeburg			
106 807-1	346 807-1	LEW	13324	08.12.71	Stralsund			
106 808-9	346 808-9	LEW	13325	02.12.71	Rostock-Seehafen			UB in 344 808-1
106 809-7	346 809-7	LEW	13326	17.12.71	Bln.-Schöneweide	20.12.95	Bln.-Pankow	
106 810-5	346 810-5	LEW	13327	23.12.71	Halberstadt			
106 811-3	346 811-3	LEW	13328	29.12.71	Eberswalde			
106 812-1	346 812-1	LEW	13329	30.12.71	Neuruppin			
106 813-9	346 813-9	LEW	13330	30.12.71	Kamenz			
106 814-7	346 814-7	LEW	13331	08.01.72	Nordhausen			
106 815-4	346 815-4	LEW	13332	07.01.72	Hagenow Land			
106 816-2	346 816-2	LEW	13333	14.01.72	Eberswalde			
106 817-0	346 817-0	LEW	13334	19.02.72	Güsten	20.12.95	Halberstadt	
106 818-8	346 818-8	LEW	13350	01.03.72	Leipzig Süd			
106 819-6	346 819-6	LEW	13351	02.03.72	Leipzig Süd			
106 820-4	346 820-4	LEW	13352	02.03.72	Leipzig Süd			
106 821-2	346 821-2	LEW	13353	29.02.72	Erfurt			
106 822-0	346 822-0	LEW	13354	03.03.72	Görlitz	30.04.96	Görlitz	
106 823-8	346 823-8	LEW	13362	03.03.72	Bln.-Ostbahnhof			
106 824-6	346 824-6	LEW	13737	30.01.73	Görlitz			
106 825-3	346 825-3	LEW	13738	16.01.73	Leipzig Süd			
106 826-1	346 826-1	LEW	13739	17.01.73	Leipzig Süd			
106 827-9	346 827-9	LEW	13740	19.01.73	Görlitz			UB in 344 827-1
106 828-7	346 828-7	LEW	13741	19.01.73	Görlitz			
106 829-5	346 829-5	LEW	13772	16.01.73	Halberstadt			
106 830-3	346 830-3	LEW	13816	01.09.73	Falkenberg			
106 831-1	346 831-1	LEW	13817	14.09.73	Angermünde			
106 832-9	346 832-9	LEW	13818	13.09.73	Erfurt			UB in 344 832-1
106 833-7	346 833-7	LEW	13819	15.09.73	Bln.-Ostbahnhof			
106 834-5	346 834-5	LEW	13820	15.09.73	Rostock			
106 835-2	346 835-2	LEW	13821	18.09.73	Karl-Marx-Stadt			UB in 344 835-4
106 836-0	346 836-0	LEW	13828	25.09.73	Cottbus			UB in 344 836-2
106 837-8	346 837-8	LEW	13829	10.10.73	Leipzig West			
106 838-6	346 838-6	LEW	13830	01.11.73	Schwerin			
106 839-4	346 839-4	LEW	13831	30.10.73	Neubrandenburg			
106 840-2	346 840-2	LEW	13832	30.10.73	Neubrandenburg			
106 841-0	346 841-0	LEW	13836	01.11.73	Saalfeld			
106 842-8		LEW	13837	01.11.73	Frankfurt (O)	20.12.88	Frankfurt (O)	
106 843-6	346 843-6	LEW	13838	01.11.73	Senftenberg			
106 844-4	346 844-4	LEW	13839	02.11.73	Erfurt			
106 845-1	346 845-1	LEW	13840	01.11.73	Eberswalde			
106 846-9	346 846-9	LEW	13841	02.11.73	Leipzig West			
106 847-7	346 847-7	LEW	13842	03.11.73	Neustrelitz			
106 848-5	346 848-5	LEW	13843	03.11.73	Rostock-Seehafen			

106 849-3	346 849-3	LEW	13844	13.11.73	Seddin			
106 850-1	346 850-1	LEW	13845	14.11.73	Nossen			
106 851-9	346 851-9	LEW	13846	15.11.73	Bln.-Ostbahnhof			
106 852-7	346 852-7	LEW	13847	19.11.73	Riesa			
106 853-5	346 853-5	LEW	13848	24.11.73	Wittenberge			
106 854-3	346 854-3	LEW	13849	15.11.73	Jerichow			
106 855-0	346 855-0	LEW	13850	26.11.73	Karl-Marx-Stadt			UB in 344 855-2
106 856-8	346 856-8	LEW	13851	24.11.73	Bln.-Grunewald			UB in 344 856-0
106 857-6	346 857-6	LEW	13852	01.12.73	Erfurt			
106 858-4	346 858-4	LEW	13853	11.73	Zittau			
106 859-2	346 859-2	LEW	13854	30.11.73	Pasewalk			
106 860-0	346 860-0	LEW	14045	04.12.73	Hagenow Land			
106 861-8	346 861-8	LEW	14046	10.12.73	Leipzig West			
106 862-6	346 862-6	LEW	14047	10.12.73	Riesa			
106 863-4	346 863-4	LEW	14048	14.12.73	Rbd Berlin			
106 864-2	346 864-2	LEW	14049	29.03.74	Stralsund			
106 865-9	346 865-9	LEW	14050	30.03.74	Rbd Berlin			
106 866-7	346 866-7	LEW	14051	02.04.74	Leipzig West			
106 867-5	346 867-5	LEW	14052	29.03.74	Senftenberg			
106 868-3	346 868-3	LEW	14053	02.04.74	Leipzig Süd			UB in 344 868-5
106 869-1	346 869-1	LEW	14054	03.04.74	Karl-Marx-Stadt	15.09.96	Chemnitz	
106 870-9	346 870-9	LEW	14120	29.03.74	Magdeburg			
106 871-7	346 871-7	LEW	14121	19.04.74	Cottbus	20.03.95	Cottbus	
106 872-5	346 872-5	LEW	14122	19.04.74	Hoyerswerda	30.04.96	Dresden	
106 873-3	346 873-3	LEW	14123	12.04.74	Rostock			
106 874-1	346 874-1	LEW	14124	23.04.74	Cottbus			
106 875-8	346 875-8	LEW	14125	26.04.74	Cottbus			
106 876-6	346 876-6	LEW	14126	26.04.74	Bautzen			
106 877-4	346 877-4	LEW	14127	24.04.74	Jerichow			
106 878-2	346 878-2	LEW	14128	30.04.74	Stralsund			
106 879-0	346 879-0	LEW	14129	16.05.74	Eisenach			
106 880-8	346 880-8	LEW	14130	02.05.74	Bln.-Schöneweide			
106 881-6	346 881-6	LEW	14131	17.05.74	Güsten			
106 882-4	346 882-4	LEW	14132	09.05.74	Magdeburg			
106 883-2	346 883-2	LEW	14133	22.07.74	Dresden			
106 884-0	346 884-0	LEW	14134	25.05.74	Bln.-Schöneweide			
106 885-7	346 885-7	LEW	14135	23.05.74	Bln.-Schöneweide			
106 886-5	346 886-5	LEW	14136	29.05.74	Riesa			UB in 344 886-7
106 887-3	346 887-3	LEW	14137	29.05.74	Stralsund			
106 888-1	346 888-1	LEW	14138	31.05.74	Halberstadt			
106 889-9	346 889-9	LEW	14139	19.05.74	Frankfurt (O)			
106 890-7	346 890-7	LEW	14140	29.05.74	Bln.-Pankow			
106 891-5	346 891-5	LEW	14141	05.06.74	Leipzig West			
106 892-3		LEW	14142	31.05.74	Haldensleben			UB in 344 892-5
106 893-1	346 893-1	LEW	14143	18.06.74	Karl-Marx-Stadt			
106 894-9	346 894-9	LEW	14144	13.06.74	Saalfeld			
106 895-6	346 895-6	LEW	14145	21.06.74	Saalfeld			
106 896-4	346 896-4	LEW	14146	22.06.74	Frankfurt (O)	30.11.95	Frankfurt (O)	
106 897-2	346 897-2	LEW	14147	25.06.74	Karl-Marx-Stadt	30.08.96	Chemnitz	
106 898-0	346 898-0	LEW	14148	01.07.74	Karl-Marx-Stadt	31.10.95	Chemnitz	
106 899-8	346 899-8	LEW	14149	27.06.74	Eisenach			
106 900-4	346 900-4	LEW	14150	01.07.74	Halle G			UB in 344 900-6
106 901-2	346 901-2	LEW	14151	10.07.74	Erfurt			

106 902-0	346 902-0	LEW	14152	09.07.74	Aue			
106 903-8	346 903-8	LEW	14153	27.04.74	Güsten			UB in 344 903-0
106 904-6	346 904-6	LEW	14154	30.07.74	Bln.-Ostbahnhof			
106 905-3	346 905-3	LEW	14155	30.07.74	Bln.-Ostbahnhof			UB in 344 905-5
106 906-1	346 906-1	LEW	14156	23.07.74	Aue			
106 907-9	346 907-9	LEW	14157	05.08.74	Halberstadt			
106 908-7	346 908-7	LEW	14158	26.07.74	Stendal			
106 909-5	346 909-5	LEW	14159	02.08.74	Brandenburg			
106 910-3		LEW	14204	13.08.74	Halle P			UB in 344 910-5
106 911-1	346 911-1	LEW	14205	06.08.74	Bln.-Ostbahnhof			
106 912-9	346 912-9	LEW	14206	06.08.74	Bln.-Ostbahnhof			
106 913-7	346 913-7	LEW	14207	05.08.74	Aue			UB in 344 913-9
106 914-5	346 914-5	LEW	14208	13.08.74	Karl-Marx-Stadt			UB in 344 914-7
106 915-2	346 915-2	LEW	14209	19.08.74	Karl-Marx-Stadt			UB in 344 915-4
106 916-0	346 916-0	LEW	14210	09.08.74	Seddin			
106 917-8	346 917-8	LEW	14211	09.08.74	Frankfurt (O)			
106 918-6	346 918-6	LEW	14212	23.08.74	Dresden			
106 919-4	346 919-4	LEW	14213	21.08.74	Nordhausen			
106 920-2	346 920-2	LEW	14214	23.08.74	Oebisfelde			
106 921-0	346 921-0	LEW	14215	04.09.74	Bln.-Ostbahnhof			
106 922-8	346 922-8	LEW	14216	03.09.74	Leipzig Süd	19.03.92	Halberstadt	
106 923-6	346 923-6	LEW	14217	17.09.74	Dresden			UB in 344 923-8
106 924-4	346 924-4	LEW	14218	19.09.74	Karl-Marx-Stadt			
106 925-1	346 925-1	LEW	14219	17.09.74	Bln.-Ostbahnhof			
106 926-9	346 926-9	LEW	14220	17.09.74	Bln-Grunewald			
106 927-7	346 927-7	LEW	14221	26.09.74	Lu. Wittenberg			
106 928-5	346 928-5	LEW	14222	23.09.74	Cottbus			
106 929-3	346 929-3	LEW	14223	22.09.74	Eisenach			
106 930-1	346 930-1	LEW	14224	01.02.74	Leipzig West			
106 931-9	346 931-9	LEW	14284	26.09.74	Leipzig West			
106 932-7	346 932-7	LEW	12285	25.09.74	Halberstadt			
106 933-5	346 933-5	LEW	14380	28.09.74	Roßlau			
106 934-3	346 934-3	LEW	14283	28.09.74	Jüterbog			
106 935-0	346 935-0	LEW	14537	15.01.75	Görlitz			
106 936-8	346 936-8	LEW	14538	22.01.75	Zittau			
106 937-6	346 937-6	LEW	14539	19.02.75	Reichenbach			
106 938-4	346 938-4	LEW	14540	19.02.75	Reichenbach			
106 939-2	346 939-2	LEW	14541	20.02.75	Karl-Marx-Stadt			
106 940-0		LEW	14542	25.02.75	Karl-Marx-Stadt			UB in 344 940-2
106 941-8	346 941-8	LEW	14543	22.02.75	Güsten			
106 942-6	346 942-6	LEW	14544	27.02.75	Seddin			
106 943-4	346 943-4	LEW	14545	28.02.75	Nordhausen			
106 944-2	346 944-2	LEW	14546	27.02.75	Roßlau			
106 945-9	346 945-9	LEW	14547	18.02.75	Senftenberg			
106 946-7	346 946-7	LEW	14548	18.02.75	Senftenberg			
106 947-5	346 947-5	LEW	14549	26.02.75	Stralsund			
106 948-3	346 948-3	LEW	14550	19.02.75	Stendal			
106 949-1	346 949-1	LEW	14551	24.02.75	Schwerin			
106 950-9	346 950-9	LEW	14552	27.02.75	Leipzig West			
106 951-7	346 951-7	LEW	14553	07.03.75	Rostock	20.09.96	Rostock	
106 952-5	346 952-5	LEW	14554	06.03.75	Erfurt			UB in 344 952-7
106 953-3	346 953-3	LEW	14555	07.03.75	Eisenach			
106 954-1	346 954-1	LEW	14556	06.03.75	Blankenburg			

106 955-8	346 955-8	LEW		14557	04.04.75	Pasewalk			UB in 344 955-0
106 956-6	346 956-6	LEW		14558	24.05.75	Salzwedel			
106 957-4	346 957-4	LEW		14569	14.05.74	Elsterwerda			
106 958-2		LEW		14570	01.05.75	Eberswalde			UB in 344 958-4
106 959-0	346 959-0	LEW		14571	30.04.75	Kamenz			
106 960-8	346 960-8	LEW		14572	16.05.75	Dresden	31.10.95	Dresden	
106 961-6	346 961-6	LEW		14573	15.05.75	Weißenfels			UB in 344 961-8
106 962-4	346 962-4	LEW		14574	15.05.75	Weißenfels			
106 963-2	346 963-2	LEW		14575	23.05.75	Aue			
106 964-0	346 964-0	LEW		14576	23.05.75	Aue			UB in 344 964-2
106 965-7		LEW		14577	05.75	Eisenach	29.04.77	Eisenach	
106 965-7	346 965-7	LEW		12952	07.04.77	Bln.-Ostbahnhof			ex Stasi Wandlitz
106 966-5	346 966-5	LEW		14578	28.05.75	Aue			UB in 344 966-7
106 967-3	346 967-3	LEW		14579	30.05.75	Stendal			
106 968-1		LEW		14580	11.06.75	Leipzig Süd			UB in 344 968-3
106 969-9	346 969-9	LEW		14581	04.06.75	Frankfurt (O)			
106 970-7	346 970-7	LEW		14582	03.06.75	Stralsund	30.08.96	Stralsund	
106 971-5	346 971-5	LEW		14583	21.06.75	Rostock			
106 972-3	346 972-3	LEW		14584	22.07.75	Meiningen			
106 973-1	346 973-1	LEW		14585	24.07.75	Güsten			
106 974-9	346 974-9	LEW		14586	25.07.75	Seddin			
106 975-6		LEW		14587	13.08.75	Pasewalk			UZ in 347 975-5
106 976-4	346 976-4	LEW		14588	15.08.75	Sangerhausen			UB in 344 976-6
106 977-2	346 977-2	LEW		14589	22.08.75	Leipzig Süd			
106 978-0	346 978-0	LEW		14590	20.08.75	Roßlau			
106 979-8	346 979-8	LEW		14591	28.08.75	Kamenz			
106 980-6	346 980-6	LEW		14592	28.08.75	Senftenberg			
106 981-4	346 981-4	LEW		14593	02.09.75	Reisa			
106 982-2	346 982-2	LEW		14594	02.09.75	Riesa			
106 983-0	346 983-0	LEW		14595	04.09.75	Hagenow Land			
106 984-8	346 984-8	LEW		14596	05.09.75	Wismar			
106 985-5	346 985-5	LEW		14597	09.09.75	Riesa			
106 986-3	346 986-3	LEW		14598	10.09.75	Reichenbach			UB in 344 986-5
106 987-1	346 987-1	LEW		14599	01.09.75	Bln.-Pankow			UB in 344 987-3
106 988-9	346 988-9	LEW		14600	11.09.75	Arnstadt			
106 989-7	346 989-7	LEW		14601	15.09.75	Hoyerswerda			
106 990-5		LEW		14602	22.09.75	Riesa			UB in 344 990-2
106 991-3	346 991-3	LEW		14603	03.10.75	Leipzig Süd			
106 992-1	346 992-1	LEW		14604	09.10.75	Aue	05.09.96	Reichenbach	
106 993-9	346 993-9	LEW		14605	02.10.75	Eberswalde			
106 994-7	346 994-7	LEW		14606	02.10.75	Haldensleben			
106 995-4	346 995-4	LEW		14607	16.10.75	Dresden			
106 996-2		LEW		14608	16.10.75	Dresden			UB in 344 996-4
106 997-0	346 997-0	LEW		14798	14.10.75	Dresden	31.10.95	Wittenberge	
106 998-8	346 998-8	LEW		14799	24.10.75	Dresden	31.10.95	Dresden	
106 999-6	346 999-6	LEW		14800	24.10.75	Dresden			UB in 344 999-8

Baureihe 347 (DB AG)

Betriebsnummer			Hersteller	Fab.-Nr.	Abnahme	1. Bw	Aus-musterung	letztes Bw	Anmerkung
bis 1969	ab 1970	ab 1992							
	105 024-4	347 024-2	LEW	15126	06.86	Mukran	14.12.94	Stralsund	UB aus 105 024-4
	105 027-7	347 027-5	LEW	15150	10.86	Mukran	14.12.94	Stralsund	UB aus 105 027-7
	105 036-8	347 036-6	LEW	15159	07.88	Mukran			UB aus 105 036-8
	105 039-2	347 039-0	LEW	15162	03.86	Mukran	14.12.94	Stralsund	UB aus 105 039-2
	105 058-3	347 058-0	LEW	15589	09.86	Mukran	14.12.94	Stralsund	UB aus 105 058-2
	105 074-9	347 074-7	LEW	15605	07.86	Mukran	14.12.94	Stralsund	UB aus 105 074-9
	105 079-8	347 079-6	LEW	15659	08.86	Mukran			UB aus 105 079-8
	105 096-2	347 096-0	LEW	16571	05.85	Mukran			UB aus 105 096-2
	105 120-0	347 120-8	LEW	17565	06.86	Mukran	14.12.94	Stralsund	UB aus 105 120-0
	105 126-7	347 126-5	LEW	17571	03.86	Mukran	14.12.94	Stralsund	UB aus 105 126-7
	105 140-8	347 140-6	LEW	17585	05.88	Mukran			UB aus 105 140-8
	105 141-6	347 141-4	LEW	17667	11.86	Mukran			UB aus 105 141-6
	105 142-4	347 142-2	LEW	17668	10.86	Mukran			UB aus 105 142-4
	106 975-6	347 975-5	LEW	14587	03.85	Mukran			UB aus 106 975-6

Baureihe V 60/260/360 (DB/DB AG)

Betriebsnummer			Hersteller	Fab.-Nr.	Abnahme	1. Bw	Aus-musterung	letztes Bw	Anmerkung
bis 1967	ab 1968	ab 1992							
V 60 011			Krupp	3577	04.11.57	Ffm.-Griesheim			UB in V 60 298
V 60 012			Krupp	3578	01.10.57	Ffm.-Griesheim			UB in V 60 299
V 60 013			Krupp	3579	02.12.57	Ffm.-Griesheim			UB in V 60 300
V 60 014			Deutz	56701	19.10.57	Braunschweig Hbf			UB in V 60 324
V 60 015			Deutz	56702	20.09.57	Braunschweig Hbf			UB in V 60 325
V 60 016			Deutz	56703	27.12.57	Braunschweig Hbf			UB in V 60 323
V 60 017			MaK	600019	07.06.57	Garmisch			UB in V 60 179
V 60 018			MaK	600020	07.06.57	Garmisch			UB in V 60 180
V 60 019			Esslingen	5187	12.07.57	Karlsruhe			UB in V 60 347
V 60 020			Esslingen	5186	08.07.57	Karlsruhe			UB in V 60 345
V 60 021			Esslingen	5188	25.07.57	Karlsruhe			UB in V 60 346
V 60 022	260 022-9	360 022-8	Gmeinder	5040	24.08.57	Regensburg			
V 60 023	260 023-7	360 023-6	Gmeinder	5041	09.10.57	Schwandorf			
V 60 024	260 024-5		Gmeinder	5042	27.11.57	Schwandorf	31.12.86	Regensburg 1	→ Italien
V 60 025			Deutz	56726	31.12.58	Braunschweig Hbf			UB in V 60 391
V 60 026			Deutz	56727	31.12.58	Braunschweig Hbf			UB in V 60 392
V 60 027	260 027-8	360 027-7	Krupp	4041	10.01.60	Ffm.-Griesheim			
V 60 028			Krupp	4042	14.01.60	Ffm.-Griesheim			UB in V 60 618
V 60 029	260 029-4		Krupp	4043	21.01.60	Ffm.-Griesheim	31.12.86	Frankfurt/M 2	→ Italien
V 60 030	260 030-2		MaK	600390	01.02.62	Ffm.-Griesheim	31.12.86	Frankfurt/M 2	→ Italien
V 60 031	260 031-0		MaK	600391	01.02.62	Ffm.-Griesheim			UB in 260 943-6
V 60 032	260 032-8	360 032-7	MaK	600392	12.02.62	Ffm.-Griesheim			
V 60 033	260 033-6	360 033-5	MaK	600393	12.02.62	Ffm.-Griesheim			
V 60 034	260 034-4	360 034-3	MaK	600394	01.03.62	Ffm.-Griesheim			
V 60 035	260 035-1	360 035-0	MaK	600395	12.03.62	Ffm.-Griesheim			
V 60 036	260 036-9		MaK	600396	12.07.62	Ffm.-Griesheim			UB in 261 036-8
V 60 046	260 046-8	360 046-7	Esslingen	5266	04.05.61	Kornwestheim			
V 60 047	260 047-6	360 047-5	Esslingen	5267	25.05.61	Kornwestheim			
V 60 048	260 048-4	360 048-3	Esslingen	5268	25.05.61	Mannheim Rbf			

V 60 049	260 049-2		Esslingen	5269	04.06.61	Mannheim Rbf	31.12.86	Frankfurt/M 2	→ TCDD DH6 518
V 60 101	260 101-1	360 101-0	MaK	600021	20.06.56	Mannheim Rbf	31.12.93	Hagen 1	
V 60 102	260 102-9	360 102-8	MaK	600022	06.08.56	Karlsruhe Hbf			
V 60 103	260 103-7		MaK	600023	31.07.56	Stuttgart	31.12.86	Ulm	→ Italien
V 60 104	260 104-5	360 104-4	MaK	600024	31.07.56	Stuttgart			
V 60 105	260 105-2	360 105-1	MaK	600025	07.08.56	Garmisch			
V 60 106	260 106-0		MaK	600026	07.08.56	Garmisch	31.12.86	Ulm	→ ETRA AG (CH)
V 60 107	260 107-8	360 107-7	MaK	600027	16.08.56	Garmisch			
V 60 108	260 108-6		MaK	600028	13.08.56	Würzburg	30.09.84	München 1	→ Algerien
V 60 109	260 109-4	360 109-3	MaK	600029	17.08.56	Würzburg			
V 60 110	260 110-2	360 110-1	MaK	600030	21.08.56	Würzburg			
V 60 111	260 111-0	360 111-9	MaK	600031	06.09.56	Würzburg			
V 60 112	260 112-8	360 112-7	MaK	600032	06.09.56	Würzburg			
V 60 113	260 113-6	360 113-5	MaK	600033	07.09.56	Würzburg			
V 60 114	260 114-4	360 114-3	MaK	600034	07.09.56	Freilassing			
V 60 115	260 115-1	360 115-0	MaK	600035	18.09.56	Freilassing			
V 60 116	260 116-9	360 116-8	MaK	600036	15.09.56	Freilassing			
V 60 117	260 117-7	360 117-6	MaK	600037	25.09.56	München Hbf			
V 60 118	260 118-5	360 118-4	MaK	600038	25.09.56	München Hbf			
V 60 119	260 119-3	360 119-2	MaK	600039	29.09.56	München Hbf			
V 60 120	260 120-1		MaK	600040	27.09.56	Bamberg	31.12.86	Würzburg 1	→ Italien
V 60 121	260 121-9		MaK	600041	04.10.56	Bamberg	31.12.86	Hof	→ NSB Di5.871
V 60 122	260 122-7		MaK	600042	12.10.56	Bamberg	31.12.86	Hof	→ Italien
V 60 123	260 123-5	360 123-4	MaK	600043	12.10.56	Bamberg			
V 60 124	260 124-3		MaK	600044	12.10.56	Bamberg	31.12.86	Hof	→ JZ 734 025
V 60 125	260 125-0	360 125-9	MaK	600045	17.10.56	Nürnberg Hbf			
V 60 126	260 126-8	360 126-7	MaK	600046	22.10.56	Nürnberg Hbf			
V 60 127	260 127-6	360 127-5	MaK	600047	25.10.56	Mannheim Rbf			
V 60 128	260 128-4		MaK	600048	01.11.56	Karlsruhe Hbf	31.08.84	München 1	→ JZ
V 60 129	260 129-2	360 129-1	MaK	600049	10.12.56	Mannheim Rbf	17.12.87	München 1	→ TCDD DH6 514
V 60 130	260 130-0	360 130-9	MaK	600050	16.03.57	Oberhausen Hbf			
V 60 131	260 131-8	360 131-7	MaK	600051	15.03.57	Haltingen			
V 60 132	260 132-6	360 132-5	MaK	600052	21.03.57	Rosenheim			
V 60 133	260 133-4	360 133-3	MaK	600053	21.03.57	München Hbf			
V 60 134	260 134-2	360 134-1	MaK	600054	05.04.57	München Hbf			
V 60 135	260 135-9	360 135-8	MaK	600055	05.04.57	München Hbf			
V 60 136	260 136-7	360 136-6	MaK	600056	18.05.57	München Hbf	31.12.93	Hamburg 4	
V 60 137	260 137-5	360 137-4	MaK	600065	26.06.57	München Ost			
V 60 138	260 138-3	360 138-2	MaK	600058	01.06.57	Hannover-Linden			
V 60 139	260 139-1	360 139-0	MaK	600059	03.06.57	Hannover-Linden	30.06.88	Kassel 1	→ TCDD DH6 532
V 60 140	260 140-9	360 140-8	MaK	600060	13.06.57	Haltingen			
V 60 141	260 141-7	360 141-6	MaK	600061	13.06.57	Offenburg			
V 60 142	260 142-5	360 142-4	MaK	600062	15.06.57	München Ost			
V 60 143	260 143-3	360 143-2	MaK	600063	15.06.57	Rosenheim			
V 60 144	260 144-1		MaK	600064	21.06.57	München Ost	01.03.84	München 1	→ Italien
V 60 145	260 145-8		MaK	600066	04.07.57	Gemünden	31.08.84	Würzburg 1	→ JZ 734 019
V 60 146	260 146-6	360 146-5	MaK	600067	04.07.57	Gemünden			
V 60 147	260 147-4	360 147-3	MaK	600068	16.07.57	Nürnberg Hbf			
V 60 148	260 148-2	360 148-1	MaK	600069	02.08.57	Nürnberg Hbf			
V 60 149	260 149-0	360 149-9	MaK	600070	02.08.57	Nürnberg Hbf			
V 60 150	260 150-8	360 150-7	MaK	600071	02.08.57	Nürnberg Hbf			
V 60 151	260 151-6	360 151-5	MaK	600072	08.08.57	Nürnberg Hbf			
V 60 152	260 152-4	360 152-3	MaK	600073	09.08.57	Karlsruhe Hbf			

V 60 153	260 153-2	360 153-1	MaK	600074	21.08.57	Haltingen			
V 60 154	260 154-0	360 154-9	MaK	600075	30.08.57	Karlsruhe Hbf			
V 60 155	260 155-7	360 155-6	MaK	600076	30.08.57	Karlsruhe Hbf			
V 60 156	260 156-5	360 156-4	MaK	600077	04.09.57	Karlsruhe Hbf			
V 60 157	260 157-3	360 157-2	MaK	600078	04.09.57	Offenburg			
V 60 158	260 158-1	360 158-0	MaK	600079	10.09.57	Nürnberg Hbf			
V 60 159	260 159-9	360 159-8	MaK	600080	10.09.57	Nürnberg Hbf			
V 60 160	260 160-7	360 160-6	MaK	600081	17.09.57	Würzburg			
V 60 161	260 161-5	360 161-4	MaK	600082	17.09.57	Würzburg			
V 60 162	260 162-3	360 162-2	MaK	600083	24.09.57	Würzburg			
V 60 163	260 163-1	360 163-0	MaK	600084	03.10.57	Nürnberg Hbf			
V 60 164	260 164-9		MaK	600085	04.10.57	Würzburg	31.12.86	Würzburg 1	→ JZ 734 016
V 60 165	260 165-6	360 165-5	MaK	600086	10.10.57	Würzburg			
V 60 166	260 166-4	360 166-3	MaK	600087	11.10.57	Haltingen			
V 60 167	260 167-2	360 167-1	MaK	600088	11.10.57	Haltingen			
V 60 168	260 168-0		MaK	600089	16.10.57	Mannheim Rbf	31.12.86	Mannheim 1	→ NSB Di5.872
V 60 169	260 169-8	360 169-7	MaK	600090	15.10.57	Mannheim Rbf			
V 60 170	260 170-6	360 170-5	MaK	600091	23.10.57	Mannheim Rbf	30.09.88	Singen	→ TCDD DH6 537
V 60 171	260 171-4	360 171-3	MaK	600092	22.10.57	Mannheim Rbf			
V 60 172	260 172-2	360 172-1	MaK	600093	29.10.57	Landshut			
V 60 173	260 173-0	360 173-9	MaK	600094	30.10.57	Landshut			
V 60 174	260 174-8	360 174-7	MaK	600095	07.11.57	Landshut			
V 60 175	260 175-5		MaK	600096	07.11.57	Landshut	31.07.84	Plattling	→ JZ
V 60 176	260 176-3	360 176-2	MaK	600097	12.11.57	Mannheim Rbf			
V 60 177	260 177-1	360 177-0	MaK	600098	13.11.57	Karlsruhe Hbf			
V 60 178	260 178-9	360 178-8	MaK	600099	10.12.57	Offenburg			
V 60 179	260 179-7		MaK	600019	07.06.57	Garmisch	31.08.84	Gießen	→ JZ 734 027
	260 180-5	360 180-4	MaK	600020	07.06.57	Garmisch			UB aus V 60 018
V 60 201	260 201-9	360 201-8	Henschel	29281	01.10.56	Kempten			
V 60 202	260 202-7	360 202-6	Henschel	29282	03.10.56	Augsburg			
V 60 203	260 203-5		Henschel	29283	05.10.56	Regensburg	31.12.86	Regensburg 1	→ TCDD DH6 516
V 60 204	260 204-3	360 204-2	Henschel	29284	18.10.56	Regensburg			
V 60 205	260 205-0	360 205-9	Henschel	29285	30.10.56	Augsburg			
V 60 206	260 206-8		Henschel	29286	06.11.56	Augsburg	30.09.84	Augsburg 1	→ Algerien
V 60 207	260 207-6	360 207-5	Henschel	29287	06.11.56	Augsburg			
V 60 208	260 208-4	360 208-3	Henschel	29288	13.11.56	Nördlingen			
V 60 209	260 209-2	360 209-1	Henschel	29289	23.11.56	Schwandorf			
V 60 210	260 210-0	360 210-9	Henschel	29290	27.11.56	Schwandorf			
V 60 211	260 211-8	360 211-7	Henschel	29291	01.12.56	Weiden			
V 60 212	260 212-6	360 212-5	Henschel	29292	11.12.56	Weiden	31.12.93	Nürnberg 1	
V 60 213	260 213-4	360 213-3	Henschel	29293	13.12.56	Nördlingen			
V 60 214	260 214-2	360 214-1	Henschel	29294	15.12.56	Kempten			
V 60 215	260 215-9	360 215-8	Henschel	29295	19.12.56	Kempten			
V 60 216	260 216-7	360 216-6	Henschel	29296	29.12.56	Schongau			
V 60 217	260 217-5	360 217-4	Henschel	29297	15.01.57	Kempten			
V 60 218	260 218-3		Henschel	29298	16.01.57	Lindau	30.09.84	Kempten	→ Italien
V 60 219	260 219-1	360 219-0	Henschel	29299	30.01.57	Hof			
V 60 220	260 220-9	360 220-8	Henschel	29300	31.01.57	Hof			
V 60 221	260 221-7	360 221-6	Henschel	29301	30.01.57	Kirchenlaibach			
V 60 222	260 222-5	360 222-4	Henschel	29302	06.02.57	Plattling			
V 60 223	260 223-3	360 223-2	Henschel	29303	06.02.57	Plattling			
V 60 224	260 224-1		Henschel	29304	08.02.57	Passau	31.12.86	Regensburg 1	→ Italien
V 60 225	260 225-8	360 225-7	Henschel	29305	13.02.57	Schongau			

V 60 226	260 226-6		Henschel	29306	16.02.57	Kempten	31.08.84	Ulm 1	→ JZ
V 60 227	260 227-4	360 227-3	Henschel	29307	20.02.57	Augsburg			
V 60 228	260 228-2		Henschel	29308	22.02.57	Passau	31.12.86	Hof	→ Italien
V 60 229	260 229-0	360 229-9	Henschel	29309	26.02.57	Passau			
V 60 230	260 230-8		Henschel	29310	04.03.57	Passau	31.12.86	Hof	→ NSB Di5.873
V 60 231	260 231-6	360 231-5	Henschel	29311	04.03.57	Hof			
V 60 232	260 232-4	360 232-3	Henschel	29312	08.03.57	Hof			
V 60 233	260 233-2	360 233-1	Henschel	29313	15.03.57	Weiden			
V 60 234	260 234-0	360 234-9	Henschel	29314	18.03.57	Weiden			
V 60 235	260 235-7	360 235-6	Henschel	29315	21.03.57	Schwandorf			
V 60 236	260 236-5	360 236-4	Henschel	29316	25.03.57	Schwandorf			
V 60 237	260 237-3	360 237-2	Henschel	29317	26.03.57	Hof			
V 60 238	260 238-1	360 238-0	Henschel	29318	01.04.57	Hof	31.12.93	Flensburg	
V 60 239	260 239-9	360 239-8	Henschel	29319	02.04.57	Schwandorf			
V 60 240	260 240-7	360 240-6	Henschel	29320	06.04.57	Schwandorf			
V 60 241	260 241-5	360 241-4	Henschel	29321	07.04.57	Hof			
V 60 242	260 242-3		Henschel	29322	13.04.57	Regensburg	30.07.87	Nürnberg 1	
V 60 243	260 243-1	360 243-0	Henschel	29323	17.04.57	Regensburg	31.12.93	Hof	
V 60 244	260 244-9	360 244-8	Henschel	29324	29.04.57	Weiden			
V 60 245	260 245-6	360 245-5	Henschel	29325	07.05.57	Schwandorf			
V 60 246	260 246-4	360 246-3	Henschel	29326	07.05.57	Hof			
V 60 247	260 247-2	360 247-1	Henschel	29327	13.05.57	Hof			
V 60 248	260 248-0	360 248-9	Henschel	29328	17.05.57	Hof			
V 60 249	260 249-8	360 249-7	Henschel	29329	28.05.57	Plattling			
V 60 250	260 250-6		Henschel	29330	21.06.57	Passau	31.12.86	Regensburg 1	→ TCDD DH6 519
V 60 251	260 251-4	360 251-3	Krupp	3530	07.01.57	Hmb.-Altona			
V 60 252	260 252-2	360 252-1	Krupp	3531	08.01.57	Hmb.-Altona			
V 60 253	260 253-0	360 253-9	Krupp	3532	17.01.57	Hmb.-Altona			
V 60 254	260 254-8		Krupp	3533	10.01.57	Hmb.-Altona	31.12.86	Hamburg 4	→ JZ 734 029
V 60 255	260 255-5	360 255-4	Krupp	3534	15.01.57	Hmb.-Altona			
V 60 256	260 256-3	360 256-2	Krupp	3535	16.01.57	Ffm.-Griesheim			
V 60 257	260 257-1	360 257-0	Krupp	3536	26.01.57	Ffm.-Griesheim			
V 60 258	260 258-9	360 258-8	Krupp	3537	26.01.57	Ffm.-Griesheim	31.12.93	Darmstadt	
V 60 259	260 259-7	360 259-6	Krupp	3538	09.02.57	Ffm.-Griesheim			
V 60 260	260 260-5	360 260-4	Krupp	3539	09.02.57	Ffm.-Griesheim			
V 60 261	260 261-3	360 261-2	Krupp	3540	14.02.57	Ffm.-Griesheim			
V 60 262	260 262-1	360 262-0	Krupp	3541	29.03.57	Ffm.-Griesheim			
V 60 263	260 263-9		Krupp	3542	16.03.57	Ffm.-Griesheim	31.07.84	Frankfurt/M 2	→ JZ
V 60 264	260 264-7	360 264-6	Krupp	3543	06.03.57	Ffm.-Griesheim			
V 60 265	260 265-4	360 265-3	Krupp	3544	19.03.57	Ffm.-Griesheim	30.06.88	Limburg	→ TCDD DH6 536
V 60 266	260 266-2	360 266-1	Krupp	3545	23.03.57	Ffm.-Griesheim			
V 60 267	260 267-0	360 267-9	Krupp	3546	01.04.57	Hmb.-Altona			
V 60 268	260 268-8	360 268-7	Krupp	3547	09.04.57	Hmb.-Altona			
V 60 269	260 269-6	360 269-5	Krupp	3548	27.04.57	Hmb.-Altona			
V 60 270	260 270-4	360 270-3	Krupp	3549	04.05.57	Hmb.-Altona			
V 60 271	260 271-2	360 271-1	Krupp	3550	09.05.57	Hmb.-Altona			
V 60 272	260 272-0	360 272-9	Krupp	3551	03.06.57	Hmb.-Altona			
V 60 273	260 273-8	360 273-7	Krupp	3552	13.05.57	Hmb.-Altona	30.06.88	Dortmund 1	→ TCDD DH6 528
V 60 274	260 274-6	360 274-5	Krupp	3553	25.06.57	Husum			
V 60 275	260 275-3	360 275-2	Krupp	3554	07.06.57	Husum	30.06.88	Dortmund 1	→ TCDD DH6 523
V 60 276	260 276-1		Krupp	3555	06.07.57	Husum	31.12.86	Hamburg 4	→ TCDD DH6 521
V 60 277	260 277-9	360 277-8	Krupp	3556	07.08.57	Husum			
V 60 278	260 278-7	360 278-6	Krupp	3557	20.07.57	Husum			

V 60 279	260 279-5	360 279-4	Krupp	3558	29.08.57	Husum	31.12.93	Flensburg	
V 60 280	260 280-3	360 280-2	Krupp	3559	29.08.57	Husum			
V 60 281	260 281-1	360 281-0	Krupp	3560	28.08.57	Ludwigshafen			
V 60 282	260 282-9	360 282-8	Krupp	3561	07.09.57	Koblenz-Mosel			
V 60 283	260 283-7	360 283-6	Krupp	3562	07.09.57	Husum			
V 60 284	260 284-5	360 284-4	Krupp	3563	09.10.57	Husum			
V 60 285	260 285-2	360 285-1	Krupp	3564	02.10.57	Husum			
V 60 286	260 286-0	360 286-9	Krupp	3565	10.10.57	Husum			
V 60 287	260 287-8	360 287-7	Krupp	3566	10.10.57	Lübeck	30.06.88	Flensburg	→ TCDD DH6 526
V 60 288	260 288-6	360 288-5	Krupp	3567	30.10.57	Lübeck			
V 60 289	260 289-4	360 289-3	Krupp	3568	31.10.57	Lübeck			
V 60 290	260 290-2	360 290-1	Krupp	3569	06.11.57	Ludwigshafen			
V 60 291	260 291-0	360 291-9	Krupp	3570	07.11.57	Ludwigshafen	30.06.88	Limburg	
V 60 292	260 292-8	360 292-7	Krupp	3571	08.11.57	Koblenz-Mosel			
V 60 293	260 293-6	360 293-5	Krupp	3572	03.12.57	Koblenz-Mosel			
V 60 294	260 294-4	360 294-3	Krupp	3573	04.12.57	Koblenz-Mosel			
V 60 295	260 295-1	360 295-0	Krupp	3574	17.01.57	Kaiserslautern	04.03.88	Koblenz	→ TCDD DH6 529
V 60 296	260 296-9	360 296-8	Krupp	3575	21.01.57	Kaiserslautern			
V 60 297	260 297-7	360 297-6	Krupp	3576	01.02.57	Kaiserslautern			
V 60 298	260 298-5	360 298-4	Krupp	3577	30.07.62	Mainz			UB aus V 60 011
V 60 299	260 299-3	360 299-2	Krupp	3578	11.10.62	Mainz	30.09.88	Frankfurt/M 2	UB aus V 60 012 → TCDD DH6 538
V 60 300	260 300-9	360 300-8	Krupp	3579	22.10.62	Mainz			UB aus V 60 013
V 60 301	260 301-7	360 301-6	Deutz	56704	25.01.57	Braunschweig Hbf	30.06.88	Hamm 1	→ TCDD DH6 533
V 60 302	260 302-5		Deutz	56705	25.01.57	Braunschweig Hbf	31.12.86	Kornwestheim	→ TCDD DH6 522
V 60 303	260 303-3	360 303-2	Deutz	56706	19.02.57	Braunschweig Hbf			
V 60 304	260 304-1	360 304-0	Deutz	56707	12.03.57	Braunschweig Hbf			
V 60 305	260 305-8		Deutz	56708	12.03.57	Braunschweig Hbf	31.12.86	Hamm 1	→ NSB Di5.874
V 60 306	260 306-6	360 306-5	Deutz	56709	03.04.57	Braunschweig Hbf	30.06.88	Hamm 1	→ TCDD DH6 524
V 60 307	260 307-4	360 307-3	Deutz	56710	03.04.57	Braunschweig Hbf			
V 60 308	260 308-2	360 308-1	Deutz	56711	14.05.57	Braunschweig Hbf			
V 60 309	260 309-0	360 309-9	Deutz	56712	14.05.57	Hannover-Linden			
V 60 310	260 310-8		Deutz	56713	24.05.57	Hannover-Linden	31.12.86	Kornwestheim	→ TCDD DH6 520
V 60 311	260 311-6	360 311-5	Deutz	56714	07.06.57	Hannover-Linden			
V 60 312	260 312-4	360 312-3	Deutz	56715	25.06.57	Hannover-Linden			
V 60 313			Deutz	56716	09.07.57	Hannover-Linden	07.09.64	Hannover-Linden	
V 60 314	260 314-0	360 314-9	Deutz	56717	09.07.57	Hannover-Linden			
V 60 315	260 315-7	360 315-6	Deutz	56718	20.07.57	Hannover-Linden			
V 60 316	260 316-5	360 316-4	Deutz	56719	01.08.57	Hannover-Linden			
V 60 317	260 317-3	360 317-2	Deutz	56720	01.08.57	Hannover-Linden			
V 60 318	260 318-1	360 318-0	Deutz	56721	13.08.57	Delmenhorst			
V 60 319	260 319-9	360 319-8	Deutz	56722	24.08.57	Lübeck			
V 60 320	260 320-7	360 320-6	Deutz	56723	06.09.57	Lübeck			
V 60 321	260 321-5	360 321-4	Deutz	56724	12.09.57	Lübeck			
V 60 322	260 322-3	360 322-2	Deutz	56725	07.10.57	Lübeck			
V 60 323	260 323-1	360 323-0	Deutz	56703	61	Delmenhorst			UB aus V 60 016
V 60 324	260 324-9	360 324-8	Deutz	56702	28.03.61	Delmenhorst			UB aus V 60 015
V 60 325	260 325-7	360 325-5	Deutz	56701	61	Delmenhorst			UB aus V 60 014
V 60 326	260 326-4	360 326-3	Esslingen	5167	29.12.56	München Ost			
V 60 327	260 327-2	360 327-1	Esslingen	5168	28.12.56	München Ost			
V 60 328	260 328-0	360 328-9	Esslingen	5169	18.01.57	München Ost			
V 60 329	260 329-0	360 329-7	Esslingen	5170	11.01.57	Stuttgart			
V 60 330	260 330-6	360 330-5	Esslingen	5171	29.01.57	Stuttgart			

V 60 331	260 331-4	360 331-3	Esslingen	5172	01.02.57	Stuttgart	31.12.93	Kornwestheim	
V 60 332	260 332-2	360 332-1	Esslingen	5173	13.02.57	Stuttgart			
V 60 333	260 333-0	360 333-9	Esslingen	5174	14.02.57	Stuttgart			
V 60 334	260 334-8	360 334-7	Esslingen	5175	26.02.57	Stuttgart			
V 60 335	260 335-5	360 335-4	Esslingen	5176	08.03.57	Kornwestheim			
V 60 336	260 336-3	360 336-2	Esslingen	5177	19.03.57	Kornwestheim			
V 60 337	260 337-1		Esslingen	5178	04.04.57	Kornwestheim	31.12.86	Kornwestheim	→ NSB Di5.875
V 60 338	260 338-9	360 338-8	Esslingen	5179	04.07.57	Kornwestheim			
V 60 339	260 339-7	360 339-6	Esslingen	5180	04.07.57	Kornwestheim			
V 60 340	260 340-5	360 340-4	Esslingen	5181	12.07.57	Kornwestheim			
V 60 341	260 341-3	360 341-2	Esslingen	5182	25.07.57	Kornwestheim			
V 60 342	260 342-1	360 342-0	Esslingen	5183	06.08.57	Kornwestheim			
V 60 343	260 343-9	360 343-8	Esslingen	5184	28.08.57	Kornwestheim			
V 60 344	260 344-7		Esslingen	5185	28.08.57	Kornwestheim	31.08.84	Ulm 1	→ JZ
V 60 345	260 345-4	360 345-3	Esslingen	5186	13.08.64	Karlsruhe Hbf			UB aus V 60 020
V 60 346	260 346-2	360 346-1	Esslingen	5188	12.11.64	Karlsruhe Hbf			UB aus V 60 021
V 60 347	260 347-0	360 347-9	Esslingen	5187	64	Karlsruhe Hbf			UB aus V 60 019
V 60 351	260 351-2	360 351-1	Jung	12481	19.12.56	Lübeck			
V 60 352	260 352-0	360 352-9	Jung	12482	18.01.57	Braunschweig Hbf			
V 60 353	260 353-8	360 353-7	Jung	12483	27.01.57	Braunschweig Hbf			
V 60 354	260 354-6	360 354-5	Jung	12484	13.02.57	Lübeck			
V 60 355	260 355-3		Jung	12485	18.02.57	Lübeck	31.12.86	Frankfurt/M 2	→ ETRA AG (CH)
V 60 356	260 356-1	360 356-0	Jung	12486	01.03.57	Lübeck			
V 60 357	260 357-9	360 357-8	Jung	12487	08.03.57	Lübeck			
V 60 358	260 358-7		Jung	12488	16.03.57	Lübeck	31.12.84	Hamburg 4	
V 60 359	260 359-5		Jung	12489	22.03.57	Lübeck	31.12.86	Hamburg 4	
V 60 360	260 360-3	360 360-2	Jung	12490	01.04.57	Hmb.-Harburg			
V 60 361	260 361-1	360 361-0	Jung	12491	06.04.57	Hmb.-Harburg			
V 60 362	260 362-9	360 362-8	Jung	12492	12.04.57	Hmb.-Harburg			UB in 364 362-4
V 60 363	260 363-7	360 363-6	Jung	12493	26.04.57	Hmb.-Harburg			
V 60 364	260 364-5	360 364-4	Jung	12494	30.04.57	Hmb.-Harburg			
V 60 365	260 365-2	360 365-1	Jung	12495	09.05.57	Hmb.-Harburg			
V 60 366	260 366-0	360 366-9	Jung	12496	16.05.57	Hmb.-Harburg			
V 60 367	260 367-8	360 367-7	Jung	12497	23.05.57	Hmb.-Harburg			
V 60 368	260 368-6	360 368-5	Jung	12498	25.05.57	Hmb.-Harburg			
V 60 369	260 369-4		Jung	12499	03.06.57	Hmb.-Harburg	31.12.86	Hamburg 4	→ JZ 734 028
V 60 370	260 370-2	360 370-1	Jung	12500	07.06.57	Haltingen			
V 60 371	260 371-0	360 371-9	Jung	12501	15.06.57	Haltingen			
V 60 372	260 372-8	360 372-7	Jung	12502	20.07.57	Offenburg			
V 60 373	260 373-6	360 373-5	Jung	12503	25.07.57	Hmb.-Harburg			
V 60 374	260 374-4	360 374-3	Jung	12504	11.07.57	Hmb.-Harburg			
V 60 375	260 375-1	360 375-0	Jung	12505	19.07.57	Hmb.-Harburg	30.06.88	Braunschweig 1	→ TCDD DH6 534
V 60 376	260 376-9	360 376-8	Jung	13031	24.10.58	Mainz			
V 60 377	260 377-7	360 377-6	Jung	13032	05.11.58	Kaiserslautern			UB in 364 377-2
V 60 378	260 378-5	360 378-4	Jung	13033	11.11.58	Mainz			UB in 364 378-0
V 60 379	260 379-3	360 379-2	Jung	13034	13.11.58	Mainz			UB in 364 379-8
V 60 380	260 380-1		Jung	13035	21.11.58	Mainz	30.04.84	Mannheim 1	→ JZ 734 018
V 60 381	260 381-9		Jung	13036	27.11.58	Mainz	30.04.84	Ludwigshafen	→ Italien
V 60 382	260 382-7	360 382-6	Jung	13037	06.12.58	Mainz			UB in 364 382-2
V 60 383	260 383-5	360 383-4	Jung	13038	11.12.58	Mainz			
V 60 384	260 384-3		Jung	13039	19.12.58	Mainz	30.12.82	Mainz	
V 60 385	260 385-0	360 385-9	Jung	13040	09.01.59	Mainz			UB in 364 385-5
V 60 386	260 386-8	360 386-7	Jung	13041	21.01.59	Saarbrücken Vbf			UB in 364 386-3

V 60 387	260 387-6	360 387-5	Jung	13042	28.01.59	Saarbrücken Vbf				
V 60 388	260 388-4	360 388-3	Jung	13043	04.02.59	Saarbrücken Vbf				UB in 364 388-9
V 60 389	260 389-2	360 389-1	Jung	13044	13.02.59	Saarbrücken Hbf				UB in 364 389-7
V 60 390	260 390-0	360 390-9	Jung	13045	27.02.59	Saarbrücken Hbf				UB in 364 390-5
V 60 391	260 391-8	360 391-7	Deutz	56726	31.12.58	Braunschweig Hbf				UB in 364 391-3
V 60 392	260 392-6	360 392-5	Deutz	56727	31.12.58	Braunschweig Hbf				UB in 364 392-1
V 60 400	260 400-7	360 400-6	MaK	600118	27.06.58	Karlsruhe Hbf				UB in 364 400-2
V 60 401	260 401-5	360 401-4	MaK	600159	02.10.58	Marburg				UB in 364 401-0
V 60 402	260 402-3	360 402-2	MaK	600160	06.10.58	Marburg				UB in 364 402-8
V 60 403	260 403-1	360 403-0	MaK	600161	10.10.58	Marburg				UB in 364 403-6
V 60 404	260 404-9	360 404-8	MaK	600162	16.10.58	Köln-Nippes				
V 60 405	260 405-6		MaK	600163	05.11.58	Köln-Nippes	31.08.84	Köln 1	→ JZ 734 012	
V 60 406	260 406-4	360 406-3	MaK	600164	05.11.58	Köln-Nippes				UB in 364 406-9
V 60 407	260 407-2	360 407-1	MaK	600165	05.11.58	Köln-Nippes				UB in 364 407-7
V 60 408	260 408-0	360 408-9	MaK	600166	07.11.58	Köln-Nippes				
V 60 409	260 409-8	360 409-7	MaK	600167	07.11.58	Köln-Nippes				UB in 364 409-3
V 60 410	260 410-6	360 410-5	MaK	600168	10.11.58	Köln-Nippes				UB in 364 410-1
V 60 411	260 411-4	360 411-3	MaK	600169	10.11.58	Köln-Nippes				
V 60 412	260 412-2	360 412-1	MaK	600170	11.11.58	Köln-Nippes				UB in 364 412-7
V 60 413	260 413-0	360 413-9	MaK	600171	24.11.58	Köln-Nippes				
V 60 414	260 414-8	360 414-7	MaK	600172	25.11.58	Köln-Nippes				UB in 364 414-3
V 60 415	260 415-5	360 415-4	MaK	600173	02.12.58	Köln-Nippes				UB in 364 415-0
V 60 416	260 416-3	360 416-2	MaK	600174	27.11.58	München Hbf				
V 60 417	260 417-1	360 417-0	MaK	600175	02.12.58	München Hbf				
V 60 418	260 418-9		MaK	600176	03.12.58	München Ost	31.08.84	München 1	→ JZ	
V 60 419	260 419-7	360 419-6	MaK	600177	04.12.58	Ffm.-Griesheim				UB in 364 419-2
V 60 420	260 420-5	360 420-4	MaK	600178	04.12.58	Ffm.-Griesheim				
V 60 421	260 421-3	360 421-2	MaK	600179	15.12.58	Ffm.-Griesheim				UB in 364 421-8
V 60 422	260 422-1	360 422-0	MaK	600180	22.12.58	Ffm.-Griesheim				UB in 364 422-6
V 60 423	260 423-9	360 423-8	MaK	600 181	19.12.58	Ffm.-Griesheim				UB in 364 423-4
V 60 427	260 427-0	360 427-9	MaK	600185	06.01.59	Heilbronn				UB in 364 427-5
V 60 428	260 428-8	360 428-7	MaK	600186	19.01.59	Heilbronn				UB in 364 428-3
V 60 429	260 429-6		MaK	600187	19.01.59	Konstanz	31.12.86	Singen	→ JZ 734 030	
V 60 430	260 430-4	360 430-3	MaK	600188	26.01.59	Konstanz				
V 60 431	260 431-2	360 431-1	MaK	600189	28.01.59	Trier				UB in 364 431-7
V 60 432	260 432-0		MaK	600190	30.01.59	Trier	31.07.84	Trier		
V 60 433	260 433-8		MaK	600191	13.02.59	Trier	31.08.84	Trier	→ Italien	
V 60 447	260 447-8	360 447-7	MaK	600205	16.03.59	Letmathe				UB in 364 447-3
V 60 448	260 448-6	360 448-5	MaK	600206	31.03.59	Letmathe				UB in 364 448-1
V 60 449	260 449-4	360 449-3	MaK	600207	31.03.59	Letmathe				UB in 364 449-9
V 60 450	260 450-2	360 450-1	MaK	600208	06.04.59	Letmathe				UB in 364 450-7
V 60 451	260 451-0		MaK	600209	07.04.59	Mannheim Rbf	31.12.86	Trier	→ NSB Di5.876	
V 60 501	260 501-2	360 501-1	Krupp	3924	24.08.59	Trier				
V 60 502	260 502-0	360 502-9	Krupp	3925	27.08.59	Trier				UB in 364 502-5
V 60 503	260 503-8		Krupp	3926	27.08.59	Trier	31.07.84	Saarbrücken 1	→ TCDI	
V 60 504	260 504-6	360 504-5	Krupp	3927	27.08.59	Trier				UB in 364 504-1
V 60 505	260 505-3	360 505-2	Krupp	3928	06.09.59	Mannheim Rbf				UB in 364 505-8
V 60 506	260 506-1	360 506-0	Krupp	3929	06.09.59	Mannheim Rbf				UB in 364 506-6
V 60 507	260 507-9	360 507-8	Krupp	3930	17.09.59	Kornwestheim				
V 60 508	260 508-7	360 508-6	Krupp	3931	17.09.59	Kornwestheim				
V 60 509	260 509-5	360 509-4	Krupp	3932	24.09.59	Kornwestheim				UB in 364 509-0
V 60 510	260 510-3	360 510-2	Krupp	3933	24.09.59	Kornwestheim				UB in 364 510-8
V 60 511	260 511-1	360 511-0	Krupp	3934	05.10.59	Kornwestheim				UB in 364 511-6

V 60 512	260 512-9		Krupp	3935	05.10.59	Kornwestheim	31.08.84	Tübingen	→ JZ 734 014
V 60 513	260 513-7		Krupp	3936	11.10.59	Offenburg	31.08.84	Radolfzell	→ JZ
V 60 514	260 514-5	360 514-4	Krupp	3937	15.10.59	Offenburg			UB in 364 514-0
V 60 515	260 515-2	360 515-1	Krupp	3938	15.10.59	Offenburg	30.12.87	Singen	
V 60 516	260 516-0		Krupp	3939	26.10.59	Offenburg	31.07.84	Offenburg	→ JZ 734 023
V 60 517	260 517-8	360 517-7	Krupp	3940	26.10.59	Offenburg			UB in 364 517-3
V 60 518	260 518-6	360 518-5	Krupp	3941	30.10.59	Offenburg			
V 60 519	260 519-4		Krupp	3942	30.10.59	Kornwestheim	31.12.86	Kornwestheim	→ TCDD DH6 515
V 60 520	260 520-2	360 520-1	Krupp	3943	06.11.59	Kornwestheim			UB in 364 520-7
V 60 521	260 521-0		Krupp	3944	12.11.59	Kornwestheim	31.12.86	Kornwestheim	→ JZ 734 021
V 60 522	260 522-8	360 522-7	Krupp	3945	12.11.59	Kornwestheim			
V 60 523	260 523-6	360 523-5	Krupp	3946	12.11.59	Kornwestheim			UB in 364 523-1
V 60 524	260 524-4	360 524-3	Krupp	3947	22.11.59	Kornwestheim			UB in 364 524-9
V 60 525	260 525-1	360 525-0	Krupp	3948	22.11.59	Offenburg			UB in 364 525-6
V 60 526	260 526-9	360 526-8	Krupp	3949	26.11.59	Offenburg			UB in 364 526-4
V 60 527	260 527-7		Krupp	3950	06.12.59	Offenburg	31.08.84	Offenburg	→ JZ 734 020
V 60 528	260 528-5		Krupp	3951	06.12.59	Offenburg	31.07.84	Offenburg	→ Italien
V 60 529	260 529-3		Krupp	3952	10.12.59	Karlsruhe Hbf	30.04.84	Karlsruhe	→ TCDI
V 60 530	260 530-1		Krupp	3953	10.12.59	Karlsruhe Hbf	31.07.84	Karlsruhe	JZ 734 024
V 60 531	260 531-9	360 531-8	Krupp	3954	17.12.59	Darmstadt			UB in 364 531-4
V 60 532	260 532-7		Krupp	3955	17.12.59	Darmstadt	31.08.84	Frankfurt/M 2	
V 60 533	260 533-5	360 533-4	Krupp	3956	27.12.59	Darmstadt			UB in 364 533-0
V 60 534	260 534-3	360 534-2	Krupp	3957	27.12.59	Darmstadt			
V 60 535	260 535-0	360 535-9	Krupp	3958	03.01.60	Darmstadt			UB in 364 535-5
V 60 536	260 536-8	360 536-7	Krupp	3959	14.01.60	Darmstadt			UB in 364 536-3
V 60 537	260 537-6	360 537-5	Krupp	3960	21.01.60	Offenburg			UB in 364 537-1
V 60 538	260 538-4	360 538-3	Krupp	3961	28.01.60	Offenburg			UB in 364 538-9
V 60 539	260 539-2		Krupp	3962	04.02.60	Offenburg	31.08.84	Offenburg	→ JZ
V 60 540	260 540-0	360 540-9	Krupp	3963	04.02.60	Offenburg			UB in 364 540-5
V 60 541	260 541-8	360 541-7	Krupp	3964	11.02.60	Mannheim Rbf			
V 60 542	260 542-6	360 542-5	Krupp	3965	11.02.60	Karlsruhe Hbf			
V 60 543	260 543-4	360 543-3	Krupp	3966	18.02.60	Kornwestheim			
V 60 544	260 544-2	360 544-1	Krupp	3967	18.02.60	Kornwestheim			UB in 364 544-7
V 60 545	260 545-9	360 545-8	Krupp	3968	25.02.60	Kornwestheim			UB in 364 545-4
V 60 546	260 546-7	360 546-6	Krupp	3969	25.02.60	Kornwestheim			
V 60 547	260 547-5	360 547-4	Krupp	3970	03.03.60	Hanau			UB in 364 547-0
V 60 548	260 548-3		Krupp	3971	10.03.60	Hanau	31.07.84	Frankfurt/M 2	→ JZ
V 60 549	260 549-1		Krupp	3972	10.03.60	Hanau	31.08.84	Frankfurt/ 2	
V 60 550	260 550-9	360 550-8	Krupp	3973	17.03.60	Hanau			UB in 364 550-4
V 60 551	260 551-7	360 551-6	Krupp	3974	17.03.60	Hanau			UB in 364 551-2
V 60 552	260 552-5		Krupp	3975	23.03.60	Hanau	31.07.84	Frankfurt/M 2	→ Italien
V 60 553	260 553-3		Krupp	3976	24.03.60	Mannheim Rbf	30.09.84	Karlsruhe	→ Italien
V 60 554	260 554-1		Krupp	3977	31.03.60	Karlsruhe Hbf	31.03.85	Karlsruhe	
V 60 555	260 555-8	360 555-7	Krupp	3978	31.03.60	Karlsruhe Hbf			
V 60 556	260 556-6	360 556-5	Krupp	3979	07.04.60	Karlsruhe Hbf			UB in 364 556-1
V 60 557	260 557-4	360 557-3	Krupp	3980	07.04.60	Karlsruhe Hbf			UB in 364 557-9
V 60 558	260 558-2	360 558-1	Krupp	3981	19.04.60	Mannheim Rbf			UB in 364 558-7
V 60 559	260 559-0	360 559-9	Krupp	3982	24.04.60	Mannheim Rbf			UB in 364 559-5
V 60 560	260 560-8	360 560-7	Krupp	3983	24.04.60	Mannheim Rbf			UB in 364 560-3
V 60 561	260 561-6	360 561-5	Krupp	3984	27.04.60	Ffm.-Griesheim	30.06.88	Darmstadt	→ TCDD DH6 517
V 60 562	260 562-4	360 562-3	Krupp	3985	27.04.60	Ffm.-Griesheim			UB in 364 562-9
V 60 563	260 563-2	360 563-1	Krupp	3986	05.05.60	Dsd.-Derendorf			UB in 364 563-7
V 60 564	260 564-0	360 564-9	Krupp	3987	05.05.60	Dsd.-Derendorf			UB in 364 564-5

V 60 565	260 565-7	360 565-6	Krupp	3988	12.05.60	Dsd.-Derendorf			UB in 364 565-2
V 60 566	260 566-5	360 566-4	Krupp	3989	19.05.60	Dsd.-Derendorf			UB in 364 566-0
V 60 567	260 567-3	360 567-2	Krupp	3990	19.05.60	Dsd.-Derendorf			UB in 364 567-8
V 60 568	260 568-1	360 568-0	Krupp	3991	30.05.60	Dsd.-Derendorf			UB in 364 568-6
V 60 569	260 569-9	360 569-8	Krupp	3992	30.05.60	Hagen-Eckesey			UB in 364 569-4
V 60 570	260 570-7	360 570-6	Krupp	3993	02.06.60	Hagen-Eckesey			UB in 364 570-2
V 60 571	260 571-5	360 571-4	Krupp	3994	02.06.60	Köln-Nippes			UB in 364 571-0
V 60 572	260 572-3	360 572-2	Krupp	3995	12.06.60	Köln-Nippes			
V 60 573	260 573-1	360 573-0	Krupp	3996	10.06.60	Münster			
V 60 574	260 574-9	360 574-8	Krupp	3997	20.06.60	Münster			UB in 364 574-4
V 60 575	260 575-6		Krupp	3998	20.06.60	Münster	31.12.86	Hamm 1	→ NSB Di5.877
V 60 576	260 576-4	360 576-3	Krupp	3999	23.06.60	Münster			
V 60 577	260 577-2	360 577-1	Krupp	4000	30.06.60	Münster			
V 60 578	260 578-0	360 578-9	Krupp	4001	30.06.60	Oldenburg Hbf			UZ in 364 578-5
V 60 579	260 579-8	360 579-7	Krupp	4002	07.07.60	Emden			
V 60 580	260 580-6	360 580-5	Krupp	4003	14.07.60	Oldenburg Hbf			
V 60 581	260 581-4		Krupp	4004	14.07.60	Hagen-Eckesey	31.08.84	Hagen 1	→ JZ 734 017
V 60 582	260 582-2	360 582-1	Krupp	4005	21.07.60	Hagen-Eckesey			UB in 364 582-7
V 60 583	260 583-0	360 583-9	Krupp	4006	28.07.60	Hagen-Eckesey			
V 60 584	260 584-8		Krupp	4007	09.08.60	Hagen-Eckesey	31.08.84	Hagen 1	→ TCDI
V 60 585	260 585-5		Krupp	4008	13.10.60	Hagen-Eckesey	31.08.84	Hagen 1	→ TCDI
V 60 586	260 586-3	360 586-2	Krupp	4009	01.09.60	Hagen-Eckesey			UB in 364 586-8
V 60 587	260 587-1	360 587-0	Krupp	4010	08.09.60	Hagen-Eckesey			UB in 364 587-6
V 60 588	260 588-9	360 588-8	Krupp	4011	15.09.60	Düren			
V 60 589	260 589-7	360 589-6	Krupp	4012	22.09.60	Düren			UB in 364 589-2
V 60 590	260 590-5		Krupp	4013	22.09.60	Düren	31.10.84	Aachen	
V 60 591	260 591-3	360 591-2	Krupp	4014	29.09.60	Dsd.-Derendorf			
V 60 592	260 592-1	360 592-0	Krupp	4015	29.09.60	Dsd.-Derendorf			UB in 364 592-6
V 60 593	260 593-9	360 593-8	Krupp	4016	06.10.60	Dsd.-Derendorf			
V 60 594	260 594-7	360 594-6	Krupp	4017	13.10.60	Dsd.-Derendorf			UB in 364 594-2
V 60 595	260 595-4	360 595-3	Krupp	4018	21.10.60	Hagen-Eckesey			
V 60 596	260 596-2	360 596-1	Krupp	4019	23.10.60	Wpt.-Steinbeck			UB in 364 596-7
V 60 597	260 697-0	360 597-9	Krupp	4020	23.10.60	Wpt.-Steinbeck			UB in 364 597-5
V 60 598	260 598-8	360 598-7	Krupp	4021	30.10.60	Rheine			UB in 364 598-3
V 60 599	260 599-6	360 599-5	Krupp	4022	30.10.60	Rheine			
V 60 600	260 600-2	360 600-0	Krupp	4023	07.11.60	Osnabrück Rbf			UB in 364 600-7
V 60 601	260 601-0	360 601-9	Krupp	4024	08.11.60	Oldenburg Hbf	30.06.88	Osnabrück 1	→ TCDD DH6 525
V 60 602	260 602-8	360 602-7	Krupp	4025	10.11.60	Rheine	30.06.88	Hannover 1	→ TCDD DH6 531
V 60 603	260 603-6	360 603-5	Krupp	4026	07.11.60	Oldenburg Hbf			
V 60 604	260 604-4	360 604-3	Krupp	4027	17.11.60	Osnabrück Rbf			UB in 364 604-9
V 60 605	260 605-1	360 605-0	Krupp	4028	24.11.60	Köln-Nippes			UB in 364 605-6
V 60 606	260 606-9	360 606-8	Krupp	4029	01.12.60	Köln-Nippes			
V 60 607	260 607-7	360 607-6	Krupp	4030	01.12.60	Düren			
V 60 608	260 608-5	360 608-4	Krupp	4031	11.12.60	Köln-Nippes			
V 60 609	260 609-3	360 609-2	Krupp	4032	11.12.60	Köln-Nippes	31.12.93	München 1	
V 60 610	260 610-1	360 610-0	Krupp	4033	15.12.60	Düren			
V 60 611	260 611-9	360 611-8	Krupp	4034	22.12.60	Düren			UB in 364 611-4
V 60 612	260 612-7	360 612-6	Krupp	4035	22.12.60	Wpt.-Steinbeck			UB in 364 612-2
V 60 613	260 613-5	360 613-4	Krupp	4036	03.01.61	Hagen-Eckesey			
V 60 614	260 614-3	360 614-2	Krupp	4037	03.01.61	Hagen-Eckesey			UB in 364 614-8
V 60 615	260 615-0	360 615-9	Krupp	4038	18.01.61	Hagen-Eckesey			
V 60 616	260 616-8	360 616-7	Krupp	4039	26.01.60	Oldenburg Hbf			
V 60 617	260 617-6	360 617-5	Krupp	4040	16.02.60	Oldenburg Hbf			UB in 364 617-1

V 60 618	260 618-4	360 618-3	Krupp	4042	14.01.60	Ffm.-Griesheim			
V 60 741	260 741-4	360 741-3	Henschel	30030	22.10.59	Regensburg			UB in 364 741-9
V 60 742	260 742-2	360 742-1	Henschel	30031	22.10.59	Regensburg			
V 60 743	260 743-0	360 743-9	Henschel	30032	01.11.59	Regensburg			
V 60 744	260 744-8	360 744-7	Henschel	30033	05.11.59	Regensburg			
V 60 745	260 745-5	360 745-4	Henschel	30034	02.11.59	Regensburg	30.06.88	Oberhausen	→ TCDD DH6 527
V 60 746	260 746-3	360 746-2	Henschel	30035	05.11.59	Fulda			UB in 364 746-8
V 60 747	260 747-1		Henschel	30036	09.11.59	Fulda	31.12.84	Frankfurt/M 2	
V 60 748	260 748-9	360 748-8	Henschel	30037	10.11.59	Fulda			UB in 364 748-4
V 60 749	260 749-7		Henschel	30038	16.11.59	Fulda	31.12.86	Fulda	→ ETRA AG (CH)
V 60 750	260 750-5	360 750-4	Henschel	30039	19.11.59	Fulda			
V 60 751	260 751-3	360 751-2	Henschel	30040	03.12.59	Fulda			UB in 364 751-8
V 60 752	260 752-1		Henschel	30041	01.12.59	Fulda	31.10.84	Fulda	→ JZ 734 015
V 60 753	260 753-9	360 753-8	Henschel	30042	01.12.59	Fulda			UB in 364 753-4
V 60 754	260 754-7	360 754-6	Henschel	30043	10.12.59	Saarbrücken Vbf			UB in 364 754-2
V 60 755	260 755-4	360 755-3	Henschel	30044	10.12.59	Saarbrücken Vbf			UB in 364 755-9
V 60 756	260 756-2	360 756-1	Henschel	30045	16.12.59	Saarbrücken Vbf			UB in 364 756-7
V 60 757	260 757-0	360 757-9	Henschel	30046	22.12.59	Saarbrücken Vbf			UB in 364 757-5
V 60 758	260 758-8	360 758-7	Henschel	30047	18.12.59	Fulda			
V 60 759	260 759-0	360 759-5	Henschel	30048	23.12.59	Fulda			UB in 364 759-1
V 60 760	260 760-4	360 760-3	Henschel	30049	04.01.60	Fulda			
V 60 761	260 761-2	360 761-1	Henschel	30050	10.01.60	Fulda			UB in 364 761-7
V 60 762	260 762-0	360 762-9	Henschel	30051	28.01.60	Fulda			UB in 364 762-5
V 60 763	260 763-8	360 763-7	Henschel	30052	13.01.60	Marburg			UB in 364 763-3
V 60 764	260 764-6		Henschel	30053	18.01.60	Marburg	31.08.84	Osnabrück	→ JZ 734 022
V 60 765	260 765-3	360 765-2	Henschel	30054	26.01.60	Fulda			UB in 364 765-8
V 60 766	260 766-1	360 766-0	Henschel	30055	02.02.60	Kornwestheim			UB in 364 766-6
V 60 767	260 767-9	360 767-8	Henschel	30056	02.02.60	Kornwestheim			UB in 364 767-4
V 60 768	260 768-7	360 768-6	Henschel	30057	08.02.60	Kornwestheim			UB in 364 768-2
V 60 769	260 769-5	360 769-4	Henschel	30058	09.02.60	Koblenz-Mosel			UB in 364 769-0
V 60 770	260 770-3	360 770-2	Henschel	30059	11.02.60	Koblenz-Mosel			
V 60 771	260 771-1	360 771-0	Henschel	30060	21.02.60	Koblenz-Mosel			UB in 364 771-6
V 60 772	260 772-9	360 772-8	Henschel	30061	24.02.60	Koblenz-Mosel			
V 60 773	260 773-7	360 773-6	Henschel	30062	02.03.60	Koblenz-Mosel			
V 60 774	260 774-5	360 774-4	Henschel	30063	06.03.60	Mainz			
V 60 775	260 775-2	360 775-1	Henschel	30064	09.03.60	Kornwestheim			
V 60 776	260 776-0	360 776-9	Henschel	30065	15.03.60	Kornwestheim			UB in 364 776-5
V 60 777	260 777-8	360 777-7	Henschel	30066	22.03.60	Kornwestheim			
V 60 778	260 778-6	360 778-5	Henschel	30067	22.03.60	Kornwestheim			UB in 364 778-1
V 60 779	260 779-4	360 779-3	Henschel	30068	31.03.60	Kornwestheim			UB in 364 779-9
V 60 780	260 780-2	360 780-1	Henschel	30069	04.04.60	Kornwestheim			UB in 364 780-7
V 60 781	260 781-0	360 781-9	Henschel	30070	12.04.60	Ludwigshafen			
V 60 782	260 782-8	360 782-7	Henschel	30071	19.04.60	Ludwigshafen			
V 60 783	260 783-6	360 783-5	Henschel	30072	19.04.60	Ludwigshafen			
V 60 784	260 784-4	360 784-3	Henschel	30073	26.04.60	Ludwigshafen			
V 60 785	260 785-5	360 785-0	Henschel	30074	02.05.60	Ludwigshafen			
V 60 786	260 786-9	360 786-8	Henschel	30075	02.05.60	Ludwigshafen			UB in 364 786-4
V 60 787	260 787-7	360 787-6	Henschel	30076	08.05.60	Heilbronn			UB in 364 787-2
V 60 788	260 788-5	360 788-4	Henschel	30077	12.05.60	Heilbronn			
V 60 789	260 789-3	360 789-2	Henschel	30078	17.05.60	Heilbronn			
V 60 790	260 790-1	360 790-0	Henschel	30079	19.05.60	Heilbronn			
V 60 791	260 791-9	360 791-8	Henschel	30080	30.05.60	Ludwigshafen			UB in 364 791-4
V 60 792	260 792-7	360 792-6	Henschel	30081	01.06.60	Ludwigshafen			

V 60 793	260 793-5	360 793-4	Henschel	30082	08.06.60	Ludwigshafen	
V 60 794	260 794-3	360 794-2	Henschel	30083	12.06.60	Ludwigshafen	UB in 364 794-8
V 60 795	260 795-0	360 795-9	Henschel	30084	20.06.60	Ludwigshafen	
V 60 796	260 796-8	360 796-7	Henschel	30085	28.06.60	Ludwigshafen	UB in 364 796-3
V 60 797	260 797-6	360 797-5	Henschel	30086	30.06.60	Heilbronn	UB in 364 797-1
V 60 798	260 798-4	360 798-3	Henschel	30087	04.07.60	Heilbronn	UB in 364 798-9
V 60 799	260 799-2	360 799-1	Henschel	30088	10.07.60	Heilbronn	UB in 364 799-7
V 60 800	260 800-8	360 800-7	Henschel	30089	14.07.60	Mainz	UB in 364 800-3
V 60 801	260 801-6	360 801-5	Henschel	30090	20.07.60	Mainz	UB in 364 801-1
V 60 802	260 802-4	360 802-3	Henschel	30091	28.07.60	Mainz	
V 60 803	260 803-2	360 803-1	Henschel	30092	01.08.60	Mainz	UB in 364 803-7
V 60 804	260 804-0	360 804-9	Henschel	30093	03.08.60	Mainz	
V 60 805	260 805-7	360 805-6	Henschel	30094	07.08.60	Mainz	UB in 364 805-2
V 60 806	260 806-5	360 806-4	Henschel	30095	10.08.60	Mainz	UB in 364 806-0
V 60 807	260 807-3	360 807-2	Henschel	30096	16.08.60	Mainz	UB in 364 807-8
V 60 842	260 842-0	360 842-9	Krauss-Maffei	18604	15.12.59	Rosenheim	
V 60 843	260 843-8	360 843-7	Krauss-Maffei	18605	18.12.59	Rosenheim	
V 60 844	260 844-6	360 844-5	Krauss-Maffei	18606	22.12.59	Rosenheim	UB in 364 844-1
V 60 845	260 845-3	360 845-2	Krauss-Maffei	18607	04.01.60	München Hbf	UB in 364 845-8
V 60 846	260 846-1	360 846-0	Krauss-Maffei	18608	07.01.60	München Hbf	
V 60 847	260 847-9	360 847-8	Krauss-Maffei	18609	07.01.60	München Ost	UB in 364 847-4
V 60 848	260 848-7	360 848-6	Krauss-Maffei	18610	19.01.60	München Ost	UB in 364 848-2
V 60 849	260 849-5	360 849-4	Krauss-Maffei	18611	26.01.60	Kempten	UB in 364 849-0
V 60 850	260 850-3	360 850-2	Krauss-Maffei	18612	02.02.60	Kempten	UB in 364 850-8
V 60 851	260 851-1	360 851-0	Krauss-Maffei	18613	02.02.60	Kempten	UB in 364 851-6
V 60 852	260 852-9	360 852-8	Krauss-Maffei	18614	10.02.60	Kempten	UB in 364 852-4
V 60 853	260 853-7	360 853-6	Krauss-Maffei	18615	10.02.60	Kempten	UB in 364 853-2
V 60 854	260 854-5	360 854-4	Krauss-Maffei	18616	10.02.60	Nördlingen	UB in 364 854-0
V 60 855	260 855-2	360 855-1	Krauss-Maffei	18617	11.02.60	Mühldorf	UB in 364 855-7
V 60 856	260 856-0	360 856-9	Krauss-Maffei	18618	18.02.60	Mühldorf	UB in 364 856-5
V 60 857	260 857-8	360 857-7	Krauss-Maffei	18619	25.02.60	Rosenheim	UB in 365 857-2
V 60 858	260 858-6	360 858-5	Krauss-Maffei	18620	06.03.60	Rosenheim	UB in 364 858-1
V 60 859	260 859-4	360 859-3	Krauss-Maffei	18621	06.03.60	München Hbf	
V 60 860	260 860-2	360 860-1	Krauss-Maffei	18622	10.03.60	München Hbf	
V 60 861	260 861-0	360 861-9	Krauss-Maffei	18623	10.03.60	München Hbf	
V 60 862	260 862-8	360 862-7	Krauss-Maffei	18624	23.03.60	Würzburg	UB in 364 862-3
V 60 863	260 863-6	360 863-5	Krauss-Maffei	18625	24.03.60	Würzburg	UB in 364 863-1
V 60 864	260 864-4	360 864-3	Krauss-Maffei	18626	30.03.60	Würzburg	UB in 364 864-9
V 60 865	260 865-1	360 865-0	Krauss-Maffei	18627	31.03.60	Nürnberg Hbf	
V 60 866	260 866-9	360 866-8	Krauss-Maffei	18628	06.04.60	Nürnberg Hbf	
V 60 867	260 867-7	360 867-6	Krauss-Maffei	18629	25.04.60	Nürnberg Hbf	UB in 364 867-2
V 60 868	260 868-5	360 868-4	Krauss-Maffei	18630	25.04.60	Nürnberg Hbf	
V 60 869	260 869-3	360 869-2	Krauss-Maffei	18631	03.05.60	Ingolstadt	UB in 364 869-8
V 60 870	260 870-1	360 870-0	Krauss-Maffei	18632	05.05.60	Ingolstadt	
V 60 871	260 871-9	360 871-8	Krauss-Maffei	18633	25.05.60	München Ost	
V 60 872	260 872-7	360 872-6	Krauss-Maffei	18634	19.05.60	München Ost	UB in 364 872-2
V 60 873	260 873-5	360 873-4	Krauss-Maffei	18635	25.05.60	München Ost	UB in 364 873-0
V 60 874	260 874-3	360 874-2	Krauss-Maffei	18636	09.06.60	München Ost	UB in 364 874-8
V 60 875	260 875-0	360 875-9	Krauss-Maffei	18637	14.06.60	Rosenheim	UB in 364 875-5
V 60 876	260 876-8	360 876-7	Krauss-Maffei	18638	29.06.60	München Hbf	UB in 364 876-3
V 60 877	260 877-6	360 877-5	Krauss-Maffei	18639	08.07.60	München Hbf	
V 60 878	260 878-4	360 878-3	Krauss-Maffei	18640	17.07.60	München Hbf	UB in 364 878-9
V 60 879	260 879-2	360 879-1	Krauss-Maffei	18641	18.07.60	München Ost	UB in 364 879-7

V 60 880	260 880-0	360 880-9	Krauss-Maffei	18642	28.07.60	München Ost	30.09.88	München 1	→ TCDD DH6 539
V 60 881	260 881-8	360 881-7	Krauss-Maffei	18643	04.08.60	München Ost			UB in 364 881-3
V 60 882	260 882-6	360 882-5	Krauss-Maffei	18644	10.08.60	München Ost			UB in 364 882-1
V 60 883	260 883-4	360 883-3	Krauss-Maffei	18645	22.08.60	München Ost			UB in 364 883-9
V 60 884	260 884-2		Krauss-Maffei	18646	22.08.60	Nürnberg Hbf	31.08.84	Nürnberg 1	→ Italien
V 60 885	260 885-9	360 885-8	Krauss-Maffei	18647	31.08.60	Nürnberg Hbf			UB in 364 885-4
V 60 886	260 886-7	360 886-6	Krauss-Maffei	18648	31.08.60	Nürnberg Hbf			
V 60 887	260 887-5	360 887-4	Krauss-Maffei	18649	07.09.60	Nürnberg Hbf			UB in 364 887-0
V 60 888	260 888-3	360 888-2	Krauss-Maffei	18650	07.09.60	Nürnberg Hbf			UB in 364 888-8
V 60 889	260 889-1	360 889-0	Krauss-Maffei	18651	20.09.60	Nürnberg Hbf			
V 60 890	260 890-9	360 890-8	Krauss-Maffei	18652	26.09.60	Nürnberg Hbf			UB in 364 890-4
V 60 891	260 891-7	360 891-6	Esslingen	5260	10.01.61	Regensburg			UB in 364 891-2
V 60 892	260 892-5	360 892-4	Esslingen	5261	18.01.61	Betzdorf			UB in 364 892-0
V 60 893	260 893-3	360 893-2	Esslingen	5262	02.02.61	Betzdorf			
V 60 894	260 894-1	360 894-0	Esslingen	5263	08.02.61	Betzdorf			
V 60 895	260 895-8	360 895-7	Esslingen	5264	01.03.61	Ludwigshafen			
V 60 896	260 896-6	360 896-5	Esslingen	5265	08.03.61	Ludwigshafen			UB in 364 896-1
V 60 900	260 900-6	360 900-5	MaK	600397	25.06.62	Delmenhorst			UB in 364 900-1
V 60 901	260 901-4	360 901-3	MaK	600398	25.06.62	Delmenhorst			UB in 364 901-9
V 60 902	260 902-2	360 902-1	MaK	600399	17.07.62	Delmenhorst			UB in 364 902-7
V 60 903	260 903-0	360 903-9	MaK	600400	01.08.62	Delmenhorst			UB in 364 903-5
V 60 904	260 904-8	360 904-7	MaK	600401	14.08.62	Delmenhorst			UB in 364 904-3
V 60 905	260 905-5	360 905-4	MaK	600352	19.04.61	Oldenburg Hbf	30.09.88	Oldenburg	→ TCDD DH6 540
V 60 906	260 906-3	360 906-2	MaK	600353	19.04.61	Oldenburg Hbf			UB in 364 906-8
V 60 907	260 907-1		MaK	600354	19.04.61	Münster	31.12.84	Emden	→ JZ 734 013
V 60 908	260 908-9	360 908-8	MaK	600355	01.05.61	Osnabrück Rbf			
V 60 909	260 909-7	360 909-6	MaK	600356	02.05.61	Osnabrück Rbf			UB in 364 909-2
V 60 910	260 910-5	360 910-4	MaK	600357	04.05.61	Osnabrück Rbf			UB in 364 910-0
V 60 911	260 911-3	360 911-2	MaK	600358	04.05.61	Osnabrück Rbf			UB in 364 911-8
V 60 912	260 912-1	360 912-0	MaK	600359	25.05.61	Münster			UB in 364 912-6
V 60 913	260 913-9	360 913-8	MaK	600360	25.05.61	Münster			
V 60 914	260 914-7	360 914-6	MaK	600361	11.06.61	Münster			
V 60 915	260 915-4	360 915-3	MaK	600362	11.06.61	Münster			UB in 364 915-9
V 60 916	260 916-2	360 916-1	MaK	600363	15.06.61	Oldenburg Hbf			UB in 364 916-7
V 60 917	260 917-0	360 917-9	MaK	600364	20.06.61	Würzburg			UB in 364 917-5
V 60 918	260 918-8	360 918-7	MaK	600365	02.07.61	Aschaffenburg			UB in 364 918-3
V 60 919	260 919-6	360 919-5	MaK	600366	02.07.61	Aschaffenburg			UB in 364 919-1
V 60 920	260 920-4	360 920-3	MaK	600367	16.07.61	Aschaffenburg			UB in 364 920-9
V 60 921	260 921-2	360 921-1	MaK	600368	24.07.61	Aschaffenburg			UB in 364 921-7
V 60 922	260 922-0	360 922-9	MaK	600369	24.07.61	Aschaffenburg			UB in 364 922-5
V 60 923	260 923-8	360 923-7	MaK	600370	06.09.61	Mainz			UB in 364 923-3
V 60 924	260 924-6	360 924-5	MaK	600371	06.09.61	Mainz			UB in 364 924-1
V 60 925	260 925-3	360 925-2	MaK	600372	11.09.61	Mainz			UB in 364 925-8
V 60 926	260 926-1	360 926-0	MaK	600373	11.09.61	Mainz			UB in 364 926-6
V 60 927	260 927-9	360 927-8	MaK	600374	18.09.61	Mainz			UB in 364 927-4
V 60 928	260 928-7	360 928-6	MaK	600375	18.09.61	Hagen-Eckesey			
V 60 929	260 929-5	360 929-4	MaK	600376	02.10.61	Hagen-Eckesey			
V 60 930	260 930-3	360 930-2	MaK	600377	02.10.61	Hagen-Eckesey			UB in 364 930-8
V 60 931	260 931-1	360 931-0	MaK	600378	08.10.61	Hagen-Eckesey	30.06.88	Hagen 1	→ TCDD DH6 530
V 60 932	260 932-9	360 932-8	MaK	600379	08.10.61	Hagen-Eckesey			
V 60 933	260 933-7	360 933-6	MaK	600380	31.10.61	Hagen-Eckesey			
V 60 934	260 934-5	360 934-4	MaK	600381	31.10.61	Hagen-Eckesey			UB in 364 934-0
V 60 935	260 935-2	360 935-1	MaK	600382	01.11.61	Gsk.-Bismarck			UB in 364 935-7

V 60 936	260 936-0	360 936-9	MaK	600383	01.11.61	Gsk.-Bismarck			UB in 364 936-5
V 60 937	260 937-8	360 937-7	MaK	600384	09.11.61	Mannheim Rbf			UB in 364 937-3
V 60 938	260 938-6	360 938-5	MaK	600385	09.11.61	Mannheim Rbf			UB in 364 938-1
V 60 939	260 939-4	360 939-3	MaK	600386	23.11.61	Mannheim Rbf			UB in 364 939-9
V 60 940	260 940-2	360 940-1	MaK	600387	23.11.61	Mannheim Rbf			UB in 364 940-7
V 60 941	260 941-0	360 941-9	MaK	600388	06.12.61	Kornwestheim			UB in 364 941-5
V 60 942	260 942-8	360 942-7	MaK	600389	06.12.61	Kornwestheim			UB in 364 942-3
	260 943-6	360 943-5	MaK	600391	25.07.73	Frankfurt/M 1			UB aus 260 031-0
									UB in 364 943-1
V 60 1001	260 001-3		MaK	600057	03.06.57	Haltingen	31.12.86	Haltingen	→ JZ 734 026
V 60 1002	260 002-1	360 002-0	MaK	600100	28.11.57	Offenburg			
V 60 1003	260 003-9		MaK	600101	29.11.57	Offenburg	31.12.86	Haltingen	→ Italien
V 60 1004	260 004-7	360 004-6	MaK	600102	07.12.57	Plochingen			
V 60 1005	260 005-4		MaK	600103	17.12.57	Plochingen	31.08.84	Kornwestheim	→ JZ 734 011
V 60 1006	260 006-2	360 006-1	MaK	600104	18.12.57	Plochingen			
V 60 1007	260 007-0	360 007-9	MaK	600105	28.12.57	Plochingen			
V 60 1008	260 008-8	360 008-7	MaK	600106	28.12.57	Plochingen			
V 60 1009	260 009-6	360 009-5	MaK	600107	20.01.58	Plochingen			
V 60 1010	260 010-4	360 010-3	MaK	600108	20.01.58	Plochingen			
V 60 1011	260 011-2		MaK	600109	25.01.58	Ulm	31.08.84	Ulm 1	→ JZ
V 60 1012	260 012-0	360 012-9	MaK	600110	25.01.58	Ulm			
V 60 1013	260 013-8	360 013-7	MaK	600111	06.02.58	Ulm			
V 60 1014	260 014-6	360 014-5	MaK	600112	06.02.58	Ulm			
V 60 1015	260 015-3	360 015-2	MaK	600113	12.02.58	Ulm			
V 60 1016	260 016-1	360 016-0	MaK	600114	12.02.58	Stuttgart	31.12.93	Hagen 1	
V 60 1017	260 017-9	360 017-8	MaK	600115	18.02.58	Mannheim Rbf			
V 60 1018	260 018-7	360 018-6	MaK	600116	01.04.58	Delmenhorst	30.06.88	Hannover 1	→ TCDD DH6 535
V 60 1019	260 019-5	360 019-4	MaK	600117	01.04.58	Hannover-Linden			

Baureihe V 60/261/361 (DB/DB AG)

Betriebsnummer			Hersteller	Fab.-Nr.	Abnahme	1. Bw	Aus-	letztes Bw	Anmerkung
bis 1967	ab 1968	ab 1992					musterung		
V 60 001	261 001-2		Krupp	3459	19.10.55	Hmb.-Harburg	30.09.84	Augsburg	→ Italien
V 60 002	261 002-0		Krauss-Maffei	18166	20.01.56	Nürnberg Hbf	31.12.86	Augsburg 1	→ NSB Di5.868
V 60 003	261 003-8		MaK	600003	09.06.55	Hmb.-Harburg	31.12.86	Augsburg 1	→ Italien
V 60 004	261 004-6		Henschel	25480	26.10.55	Nürnberg Hbf	31.12.86	Augsburg 1	→ NSB Di5.869
	261 036-8	361 036-7	MaK	600396	14.08.70	Frankfurt/M 1			UZ aus 260 036-9
									UB in 365 036-3
V 60 042	261 042-6	361 042-5	Esslingen	5270	21.06.61	Mannheim Rbf			UB in 365 042-1
V 60 043	261 043-4	361 043-3	Esslingen	5271	30.06.61	Mannheim Rbf			UB in 365 043-9
V 60 044	261 044-2	361 044-1	Esslingen	5272	11.07.61	Hannover-Linden			UB in 365 044-7
V 60 045	261 045-9	361 045-8	Esslingen	5273	04.08.61	Hannover-Linden			UB in 365 045-4
V 60 1101	261 101-0	361 101-9	MaK	600416	10.02.63	Karlsruhe Hbf			UB in 365 101-5
V 60 1102	261 102-8	361 102-7	MaK	600417	14.02.63	Karlsruhe Hbf			UZ in 365 102-3
V 60 1103	261 103-6	361 103-5	MaK	600418	10.02.63	Karlsruhe Hbf			UZ in 365 103-1
V 60 1104	261 104-4	361 104-3	MaK	600419	14.02.63	Karlsruhe Hbf			UB in 365 104-9
V 60 1105	261 105-1	361 105-0	MaK	600420	20.02.63	Hanau			UB in 365 105-6
V 60 1106	261 106-9	361 106-8	MaK	600421	20.02.63	Hanau			UB in 365 106-4
V 60 1107	261 107-7	361 107-6	MaK	600422	01.03.63	Nürnberg Hbf			UB in 365 107-2
V 60 1108	261 108-5	361 108-4	MaK	600423	06.03.63	Würzburg			UZ in 365 108-0
V 60 1109	261 109-3	361 109-2	MaK	600424	13.03.63	Würzburg			UZ in 365 109-8

V 60 1110	261 110-1	361 110-0	MaK	600425	13.03.63	Würzburg			UB in 365 110-6
V 60 1111	261 111-9	361 111-8	MaK	600426	20.03.63	Würzburg			UZ in 365 111-4
V 60 1112	261 112-7	361 112-6	MaK	600427	27.03.63	Würzburg			UB in 365 112-2
V 60 1113	261 113-5	361 113-4	MaK	600428	27.03.63	Würzburg			UB in 365 113-0
V 60 1114	261 114-3	361 114-2	MaK	600429	03.04.63	Würzburg			UB in 365 114-8
V 60 1115	261 115-0	361 115-9	MaK	600430	10.04.63	Regensburg			UZ in 365 115-5
V 60 1116	261 116-8	361 116-7	MaK	600431	15.05.63	Kornwestheim			UB in 365 116-3
V 60 1117	261 117-6	361 117-5	MaK	600432	15.05.63	Kornwestheim			UB in 365 117-1
V 60 1118	261 118-4	361 118-3	MaK	600433	15.05.63	Kornwestheim			UB in 365 118-9
V 60 1119	261 119-2	361 119-1	MaK	600434	30.05.63	Kornwestheim			UB in 365 119-7
V 60 1120	261 120-0	361 120-9	MaK	600435	11.06.63	Kornwestheim			UB in 365 120-5
V 60 1121	261 121-8	361 121-7	MaK	600436	19.06.63	Fulda			UB in 365 121-3
V 60 1122	261 122-6	361 122-5	MaK	600437	26.06.63	Fulda			UB in 365 122-1
V 60 1123	261 123-4	361 123-3	MaK	600438	09.07.63	Garmisch			UB in 365 123-9
V 60 1124	261 124-2	361 124-1	MaK	600439	09.07.63	Garmisch			UZ in 365 124-7
V 60 1125	261 125-9	361 125-8	MaK	600440	17.07.63	Regensburg			UB in 365 125-4
V 60 1126	261 126-7	361 126-6	MaK	600441	24.07.63	Regensburg			UB in 365 126-2
V 60 1127	261 127-5	361 127-4	MaK	600442	07.08.63	Regensburg			UZ in 365 127-0
V 60 1128	261 128-3	361 128-2	MaK	600443	07.08.63	Regensburg			UZ in 365 128-8
V 60 1129	261 129-1	361 129-0	MaK	600444	21.08.63	Regensburg			UB in 365 129-6
V 60 1130	261 130-9	361 130-8	MaK	600445	21.08.63	Regensburg			UZ in 365 130-4
V 60 1131	261 131-7	361 131-6	MaK	600446	28.08.63	Mühldorf			UZ in 365 131-2
V 60 1132	261 132-5	361 132-4	MaK	600447	04.09.63	Mühldorf			UZ in 365 132-0
V 60 1133	261 133-3	361 133-2	MaK	600448	11.09.63	Ingolstadt			UB in 365 133-8
V 60 1134	261 134-1	361 134-0	MaK	600449	18.09.63	München Hbf			UB in 365 134-6
V 60 1135	261 135-8	361 135-7	MaK	600450	25.09.63	München Hbf			UB in 365 135-3
V 60 1136	261 136-6	361 136-5	MaK	600451	02.10.63	München Hbf			UZ in 365 136-1
V 60 1137	261 137-4	361 137-3	MaK	600452	02.10.63	München Hbf			UB in 365 137-9
V 60 1138	261 138-2	361 138-1	MaK	600453	10.10.63	Koblenz-Mosel			UB in 365 138-7
V 60 1139	261 139-0	361 139-9	MaK	600454	10.10.63	Koblenz-Mosel			UZ in 365 139-5
V 60 1140	261 140-8	361 140-7	MaK	600455	17.10.63	Koblenz-Mosel			UZ in 365 140-3
V 60 1141	261 141-6	361 141-5	MaK	600456	27.10.63	Koblenz-Mosel			UZ in 365 141-1
V 60 1142	261 142-4	361 142-3	MaK	600457	27.10.63	Koblenz-Mosel			UB in 365 142-9
V 60 1143	261 143-2	361 143-1	MaK	600458	03.11.63	Koblenz-Mosel			UZ in 365 143-7
V 60 1144	261 144-0	361 144-9	MaK	600459	06.11.63	Mainz			UZ in 365 144-5
V 60 1145	261 145-7	361 145-6	MaK	600460	28.11.63	Mainz			UZ in 365 145-2
V 60 1146	261 146-5	361 146-4	MaK	600461	21.11.63	Mainz			UZ in 365 146-0
V 60 1147	261 147-3	361 147-2	MaK	600462	28.11.63	Mainz			UZ in 365 147-8
V 60 1148	261 148-1	361 148-0	MaK	600463	08.12.63	St. Wendel			UZ in 365 148-6
V 60 1149	261 149-9	361 149-8	MaK	600464	08.12.63	St. Wendel			UB in 365 149-4
V 60 1150	261 150-7	361 150-6	MaK	500465	12.12.63	St. Wendel			UB in 365 150-2
V 60 1151	261 151-5	361 151-4	Krupp	4471	14.12.62	Fulda			UB in 365 151-0
V 60 1152	261 152-3	361 152-2	Krupp	4472	14.12.62	Fulda			UB in 365 152-8
V 60 1153	261 153-1	361 153-0	Krupp	4473	14.12.62	Fulda			UB in 365 153-6
V 60 1154	261 154-9	361 154-8	Krupp	4474	17.12.62	Fulda			UB in 365 154-4
V 60 1155	261 155-6	361 155-5	Krupp	4475	17.12.62	Fulda			UB in 365 155-1
V 60 1156	261 156-4	361 156-3	Krupp	4476	20.12.62	Hmb.-Harburg			UB in 365 156-9
V 60 1157	261 157-2		Krupp	4477	20.12.62	Hmb.-Harburg	31.08.84	Hamburg 4	→ Dt. Bundespost
V 60 1158	261 158-0	361 158-9	Krupp	4478	03.01.63	Hmb.-Harburg			UB in 365 158-5
V 60 1159	261 159-8	361 159-7	Krupp	4479	09.01.63	Hmb.-Harburg			UB in 365 159-3
V 60 1160	261 160-6	361 160-5	Krupp	4480	09.01.63	Hmb.-Harburg			UB in 365 160-1
V 60 1161	261 161-4	361 161-3	Krupp	4481	10.01.63	Münster			UB in 365 161-9
V 60 1162	261 162-2	361 162-1	Krupp	4482	10.01.63	Münster			UB in 365 162-7

V 60 1163	261 163-0	361 163-9	Krupp	4483	17.01.63	Münster	UB in 365 163-5
V 60 1164	261 164-8	361 164-7	Krupp	4484	17.01.63	Münster	UB in 365 164-3
V 60 1165	261 165-5	361 165-4	Krupp	4485	24.01.63	Rheine	UB in 365 165-0
V 60 1166	261 166-3	361 166-2	Krupp	4486	24.01.63	Dsd.-Derendorf	UB in 365 166-8
V 60 1167	261 167-1	361 167-0	Krupp	4487	31.01.63	Dsd.-Derendorf	UB in 365 167-6
V 60 1168	261 168-9	361 168-8	Krupp	4488	31.01.63	Dsd.-Derendorf	UB in 365 168-4
V 60 1169	261 169-7	361 169-6	Krupp	4489	31.01.63	Dsd.-Derendorf	UB in 365 169-2
V 60 1170	261 170-5	361 170-4	Krupp	4490	07.02.63	Dsd.-Derendorf	UB in 365 170-0
V 60 1171	261 171-3	361 171-2	Krupp	4491	07.02.63	Hannover-Linden	UB in 365 171-8
V 60 1172	261 172-1	361 172-0	Krupp	4492	21.02.63	Hannover-Linden	UB in 365 172-6
V 60 1173	261 173-9	361 173-8	Krupp	4493	14.02.63	Hannover-Linden	UB in 365 173-4
V 60 1174	261 174-7	361 174-6	Krupp	4494	21.02.63	Hannover-Linden	UB in 365 174-2
V 60 1175	261 175-4	361 175-3	Krupp	4495	21.02.63	Hannover-Linden	UB in 365 175-9
V 60 1176	261 176-2	361 176-1	Krupp	4496	01.03.63	Köln-Nippes	UB in 365 176-7
V 60 1177	261 177-0	361 177-9	Krupp	4497	01.03.63	Köln-Nippes	UB in 365 177-5
V 60 1178	261 178-8	361 178-7	Krupp	4498	01.03.63	Köln-Nippes	UB in 365 178-3
V 60 1179	261 179-6	361 179-5	Krupp	4499	07.03.63	Krefeld	UB in 365 179-1
V 60 1180	261 180-4	361 180-3	Krupp	4500	07.03.63	Krefeld	UB in 365 180-9
V 60 1181	261 181-2	361 181-1	Krupp	4501	14.03.63	Hmb.-Harburg	UB in 365 181-7
V 60 1182	261 182-0	361 182-9	Krupp	4502	14.03.63	Hmb.-Harburg	UB in 365 182-5
V 60 1183	261 183-8	361 183-7	Krupp	4503	21.03.63	Hmb.-Harburg	UB in 365 183-3
V 60 1184	261 184-6	361 184-5	Krupp	4504	21.03.63	Hmb.-Harburg	UB in 365 184-1
V 60 1185	261 185-3	361 185-2	Krupp	4505	28.03.63	Göttingen P	UB in 365 185-8
V 60 1186	261 186-1	361 186-0	Krupp	4506	28.03.63	Hannover-Linden	UB in 365 186-6
V 60 1187	261 187-9	361 187-8	Krupp	4507	28.03.63	Hannover-Linden	UB in 365 187-4
V 60 1188	261 188-7	361 188-6	Krupp	4508	04.04.63	Göttingen P	UB in 365 188-2
V 60 1189	261 189-5	361 189-4	Krupp	4509	08.04.63	Rheine	UB in 365 189-0
V 60 1190	261 190-3	361 190-2	Krupp	4510	10.04.63	Rheine	UB in 365 190-8
V 60 1191	261 191-1	361 191-0	Krupp	4511	10.04.63	Osnabrück Rbf	UB in 365 191-6
V 60 1192	261 192-9	361 192-8	Krupp	4512	18.04.63	Osnabrück Rbf	UB in 365 192-4
V 60 1193	261 193-7	361 193-6	Krupp	4513	25.04.63	Osnabrück Rbf	UB in 365 193-2
V 60 1194	261 194-5	361 194-4	Krupp	4514	25.04.63	Dsd.-Derendorf	UB in 365 194-0
V 60 1195	261 195-2	361 195-1	Krupp	4515	05.05.63	Dsd.-Derendorf	UB in 365 195-7
V 60 1196	261 196-0	361 196-9	Krupp	4516	09.05.63	Dsd.-Derendorf	UB in 365 196-5
V 60 1197	261 197-8	361 197-7	Krupp	4517	09.05.63	Dsd.-Derendorf	
V 60 1198	261 198-6	361 198-5	Krupp	4518	16.05.63	Würzburg	UB in 365 198-1
V 60 1199	261 199-4	361 199-3	Krupp	4519	16.05.63	Nürnberg Hbf	UB in 365 199-9
V 60 1200	261 200-0	361 200-9	Krupp	4520	26.05.63	Nürnberg Hbf	UB in 365 200-5
V 60 1201	261 201-8	361 201-7	Krupp	4613	06.06.63	Karlsruhe Hbf	UB in 365 201-3
V 60 1202	261 202-6	361 202-5	Krupp	4614	06.06.63	Karlsruhe Hbf	UB in 365 202-1
V 60 1203	261 203-4	361 203-3	Krupp	4615	11.06.63	Kornwestheim	UB in 365 203-9
V 60 1204	261 204-2	361 204-1	Krupp	4616	23.06.63	Oldenburg Hbf	
V 60 1205	261 205-9	361 205-8	Krupp	4617	27.06.63	Emden	UB in 365 205-4
V 60 1206	261 206-7	361 206-6	Krupp	4618	04.07.63	Münster	UB in 365 206-2
V 60 1207	261 207-5	361 207-4	Krupp	4619	04.07.63	Saarbrücken Hbf	UB in 365 207-0
V 60 1208	261 208-3	361 208-2	Krupp	4620	04.07.63	Bamberg	UB in 365 208-8
V 60 1209	261 209-1	361 209-0	Krupp	4621	10.07.63	Bamberg	UB in 365 209-6
V 60 1210	261 210-9	361 210-8	Krupp	4622	09.07.63	Dsd.-Derendorf	UB in 365 210-4
V 60 1211	261 211-7	361 211-6	Krupp	4623	17.07.63	Dsd.-Derendorf	UB in 365 211-2
V 60 1212	261 212-5	361 212-4	Krupp	4624	17.07.63	Hanau	UB in 365 212-0
V 60 1213	261 213-3	361 213-2	Krupp	4625	17.07.63	Hanau	UB in 365 213-8
V 60 1214	261 214-1	361 214-0	Krupp	4626	23.07.63	Gießen	UB in 365 214-6
V 60 1215	261 215-8	361 215-7	Krupp	4627	23.07.63	Hmb.-Harburg	UZ in 365 215-3

V 60 1216	261 216-6	361 216-5	Krupp	4628	01.08.63	Hmb.-Harburg				UB in 365 216-1
V 60 1217	261 217-4	361 217-3	Krupp	4629	01.08.63	Hmb.-Harburg				UB in 365 217-9
V 60 1218	261 218-2	361 218-1	Krupp	4630	01.08.63	Kornwestheim				UB in 365 218-7
V 60 1219	261 219-0	361 219-9	Krupp	4631	05.09.63	Kornwestheim				UB in 365 219-5
V 60 1220	261 220-8	361 220-7	Krupp	4632	05.09.63	Kornwestheim				UB in 365 220-3
V 60 1221	261 221-6	361 221-5	Krupp	4633	05.09.63	Mainz				UB in 365 221-1
V 60 1222	261 222-4	361 222-3	Krupp	4634	12.09.63	Mainz				
V 60 1223	261 223-2	361 223-1	Krupp	4635	12.09.63	St. Wendel				UB in 365 223-7
V 60 1224	261 224-0	361 224-9	Krupp	4636	19.09.63	Düren				UB in 365 224-5
V 60 1225	261 225-7	361 225-6	Krupp	4637	19.09.63	Fulda				UZ in 365 225-2
V 60 1226	261 226-5	361 226-4	Krupp	4638	25.09.63	Fulda				UB in 365 226-0
V 60 1227	261 227-3	361 227-2	Krupp	4639	08.10.63	Fulda				UB in 365 227-8
V 60 1228	261 228-1	361 228-0	Krupp	4640	08.10.63	St. Wendel				UB in 365 228-6
V 60 1229	261 229-9	361 229-8	Krupp	4641	10.10.63	St. Wendel				UB in 365 229-4
V 60 1230	261 230-7	361 230-6	Krupp	4642	17.10.63	Regensburg				UB in 365 230-2
V 60 1231	261 231-5	361 231-4	Krupp	4643	24.10.63	Regensburg				UB in 365 231-0
V 60 1232	261 232-3	361 232-2	MaK	600468	18.12.63	Hannover-Linden				UB in 365 232-8
V 60 1233	261 233-1	361 233-0	MaK	600469	14.01.64	Hannover-Linden				
V 60 1234	261 234-9	361 234-8	MaK	600470	09.01.64	Hannover-Linden				
V 60 1235	261 235-6	361 235-5	MaK	600471	14.01.64	Hannover-Linden				UB in 365 235-1
V 60 1236	261 236-4	361 236-3	MaK	600472	09.01.64	Hannover-Linden				UZ in 365 236-9
V 60 1237	261 237-2	361 237-1	MaK	600473	29.01.64	Hmb.-Harburg				UZ in 365 237-7
V 60 1238	261 238-0	361 238-9	MaK	600474	06.02.64	Hmb.-Harburg				UB in 365 238-5
V 60 1239	261 239-8	361 239-7	MaK	600475	18.02.64	Hmb.-Harburg				UB in 365 239-3
V 60 1240	261 240-6	361 240-5	MaK	600476	04.03.64	Siegen				UZ in 365 240-1
V 60 1241	261 241-4	361 241-3	MaK	600477	02.04.64	Dsd.-Derendorf				UZ in 365 241-9
V 60 424	261 424-6	361 424-5	MaK	600182	19.12.58	Delmenhorst				UB in 365 424-1
V 60 425	261 425-3	361 425-2	MaK	600183	15.01.59	Delmenhorst				UB in 365 425-8
V 60 426	261 426-1	361 426-0	MaK	600184	03.01.59	Delmenhorst				UB in 365 426-6
V 60 434	261 434-5	361 434-4	MaK	600192	18.02.59	Oberhausen Hbf				UB in 365 434-0
V 60 435	261 435-2	361 435-1	MaK	600193	18.02.59	Oberhausen Hbf				UB in 365 435-7
V 60 436	261 436-0	361 436-9	MaK	600194	18.02.59	Oberhausen Hbf				UB in 365 436-5
V 60 437	261 437-8	361 437-7	MaK	600195	24.02.59	Oberhausen Hbf				UB in 365 437-3
V 60 438	261 438-6	361 438-5	MaK	600196	03.03.59	Oberhausen Hbf				UB in 365 438-1
V 60 439	261 439-4	361 439-3	MaK	600197	03.03.59	Oberhausen Hbf				UB in 365 439-9
V 60 440	261 440-2	361 440-1	MaK	600198	06.03.59	Oberhausen Hbf				UB in 365 440-7
V 60 441	261 441-0	361 441-9	MaK	600199	06.03.59	Oberhausen Hbf				UB in 365 441-5
V 60 442			MaK	600200	03.03.59	Oberhausen Hbf	27.12.60	Saarbrücken Hbf		
V 60 443	261 443-6	361 443-5	MaK	600201	03.03.59	Oberhausen Hbf	31.08.84	Saarbrücken 1	→ JZ	
V 60 444	261 444-4	361 444-3	MaK	600202	12.03.59	Oberhausen Hbf				UB in 365 444-9
V 60 445	261 445-1	361 445-0	MaK	600203	17.03.59	Bww Dortmund Bbf				UB in 365 445-6
V 60 446	261 446-9	361 446-8	MaK	600204	16.03.59	Bww Dortmund Bbf				UB in 365 446-4
V 60 621	261 621-7	361 621-6	MaK	600210	14.05.59	Kaiserslautern				UB in 365 621-2
V 60 622	261 622-5	361 622-4	MaK	600211	14.05.59	Kaiserslautern				UB in 365 622-0
V 60 623	261 623-3	361 623-2	MaK	600212	18.05.59	Nürnberg Hbf				UB in 365 623-8
V 60 624	261 624-1	361 624-0	MaK	600213	18.05.59	Würzburg				UB in 365 624-6
V 60 625	261 625-8	361 625-7	MaK	600214	21.05.59	Nürnberg Hbf				UB in 365 625-3
V 60 626	261 626-6	361 626-5	MaK	600215	05.06.59	Nürnberg Hbf				UB in 365 626-1
V 60 627	261 627-4	361 627-3	MaK	600216	06.06.59	Nürnberg Hbf				UB in 365 627-9
V 60 628	261 628-2	361 628-1	MaK	600217	08.06.59	Bamberg				UB in 365 628-7
V 60 629	261 629-0		MaK	600218	07.06.59	Ingolstadt	31.08.84	München 1	→ JZ 734 106	
V 60 630	261 630-8		MaK	600219	10.06.59	Ingolstadt	31.07.84	München 1	→ Italien	
V 60 631	261 631-6	361 631-5	MaK	600220	10.06.59	Nürnberg Hbf				UB in 365 631-1

V 60 632	261 632-4	361 632-3	MaK	600221	21.06.59	Nürnberg Hbf			UB in 365 632-9
V 60 633	261 633-2	361 633-1	MaK	600222	17.06.59	Nürnberg Hbf			UB in 365 633-7
V 60 634	261 634-0	361 634-9	MaK	600223	28.06.59	Nürnberg Hbf			UB in 365 634-5
V 60 635	261 635-7	361 635-6	MaK	600224	28.06.59	Nürnberg Hbf			UB in 365 635-2
V 60 636	261 636-5	361 636-4	MaK	600225	14.07.59	Nürnberg Hbf			UB in 365 636-0
V 60 637	261 637-3		MaK	600226	15.07.59	Braunschweig Hbf	31.08.84	Hannover 1	→ JZ
V 60 638	261 638-1	361 638-0	MaK	600227	15.07.59	Hannover-Linden			UB in 365 638-6
V 60 639	261 639-9		MaK	600228	19.07.59	Delmenhorst	31.08.84	Hannover 1	→ JZ 734 107
V 60 640	261 640-7		MaK	600229	19.07.59	Delmenhorst	31.08.84	Bremen 4	→ NSB Di 5.861
V 60 641	261 641-5	361 641-4	MaK	600230	21.07.59	Delmenhorst			UB in 365 641-0
V 60 642	261 642-3	361 642-2	MaK	600231	23.07.59	Delmenhorst			UB in 365 642-8
V 60 643	261 643-1		MaK	600232	23.07.59	Delmenhorst	31.08.84	Hannover 1	→ Italien
V 60 644	261 644-9		MaK	600233	02.08.59	Delmenhorst	31.08.84	Bremen 4	→ NSB Di 5.862
V 60 645	261 645-6		MaK	600234	02.08.59	Delmenhorst	31.08.84	Göttingen	→ JZ 734 108
V 60 646	261 646-4	361 646-3	MaK	600235	06.08.59	Delmenhorst			UB in 365 646-9
V 60 647	261 647-2	361 647-1	MaK	600236	06.08.59	Delmenhorst			UB in 365 647-7
V 60 648	261 648-0		MaK	600237	13.08.59	Delmenhorst	31.08.84	Göttingen	→ JZ
V 60 649	261 649-8	361 649-7	MaK	600238	13.08.59	Delmenhorst			UB in 365 649-3
V 60 650	260 650-6	361 650-5	MaK	600239	20.08.59	Braunschweig Hbf			UZ in 365 650-1
V 60 651	261 651-4	361 651-3	MaK	600240	28.08.59	Braunschweig Hbf			UB in 365 651-9
V 60 652	261 652-2	361 652-1	MaK	600241	27.08.59	Delmenhorst			UB in 365 652-7
V 60 653	261 653-0	361 653-9	MaK	600242	03.09.59	Braunschweig Hbf			UB in 365 653-5
V 60 654	261 654-8	361 654-7	MaK	600243	03.09.59	Delmenhorst			UB in 365 654-3
V 60 655	261 655-5	361 655-4	MaK	600244	10.09.59	Hannover-Linden			UB in 365 655-0
V 60 656	261 656-3	361 656-2	MaK	600245	15.09.59	Hannover-Linden			UB in 365 656-8
V 60 657	261 657-1		MaK	600246	20.09.59	Delmenhorst	28.06.85	Göttingen	→ NSB Di 5.863
V 60 658	261 658-9	361 658-8	MaK	600247	18.09.59	Braunschweig Hbf			UB in 365 658-4
V 60 659	261 659-7		MaK	600248	27.09.59	Braunschweig Hbf	31.08.84	Braunschweig 1	→ JZ
V 60 660	261 660-5	361 660-4	MaK	600249	27.09.59	Köln-Nippes			UB in 365 660-0
V 60 661	261 661-3	361 661-2	MaK	600250	05.10.59	Köln-Nippes			UB in 365 661-8
V 60 662	261 662-1	361 662-0	MaK	600251	05.10.59	Köln-Nippes			UB in 365 662-6
V 60 663	261 663-9	361 663-8	MaK	600252	05.10.59	Köln-Nippes			
V 60 664	261 664-7	361 664-6	MaK	600253	08.10.59	Köln-Nippes			UB in 365 664-2
V 60 665	261 665-4	361 665-3	MaK	600254	11.10.59	Köln-Nippes			UB in 365 665-9
V 60 666	261 666-2	361 666-1	MaK	600255	11.10.59	Köln-Nippes			UB in 365 666-7
V 60 667	261 667-0		MaK	600256	18.10.59	Köln-Nippes	31.07.84	Köln 1	→ NSB Di 5.864
V 60 668	261 668-8	361 668-7	MaK	600257	22.10.59	Köln-Nippes			UB in 365 668-3
V 60 669	261 669-6	361 669-5	MaK	600258	22.10.59	Köln-Nippes			UB in 365 669-1
V 60 670	261 670-4		MaK	600259	01.11.59	Köln-Nippes	31.08.84	Köln 1	→ JZ
V 60 671	261 671-2		MaK	600260	01.11.59	Köln-Nippes	31.10.84	Köln 1	→ Wb
V 60 672	261 672-0		MaK	600261	08.11.59	Köln-Nippes	31.07.84	Köln 1	→ JZ
V 60 673	261 673-8		MaK	600262	08.11.59	Hmb.-Harburg	31.08.84	Hamburg 4	→ NSB Di 5.865
V 60 674	261 674-6	361 674-5	MaK	600263	15.11.59	Hmb.-Harburg			UB in 365 674-1
V 60 675	261 675-3	361 675-2	MaK	600264	15.11.59	Hmb.-Harburg			UB in 365 675-8
V 60 676	261 676-1	361 676-0	MaK	600265	22.11.59	Hmb.-Harburg			UB in 365 676-6
V 60 677	261 677-9	361 677-8	MaK	600266	22.11.59	Hmb.-Harburg			UB in 365 677-4
V 60 678	261 678-7	361 678-6	MaK	600267	29.11.59	Hmb.-Harburg			UB in 365 678-2
V 60 679	261 679-5	361 679-4	MaK	600268	29.11.59	Hmb.-Harburg			UB in 365 679-0
V 60 680	261 680-3	361 680-2	MaK	600269	07.12.59	Hamm P			UB in 365 680-8
V 60 681	261 681-1	361 681-0	MaK	600270	07.12.59	Hamm P			UB in 365 681-6
V 60 682	261 682-9	361 682-8	MaK	600271	10.12.59	Hamm P			UB in 365 682-4
V 60 683	261 683-7	361 683-6	MaK	600272	10.12.59	Hamm P			UB in 365 683-2
V 60 684	261 684-5	361 684-4	MaK	600273	18.12.59	Hamm P			UB in 365 684-0

V 60 685	261 685-2	361 685-1	MaK	600274	18.12.59	Hamm P			UB in 365 685-7
V 60 686	261 686-0	361 686-9	MaK	600275	22.12.59	Hamm P			UB in 365 686-5
V 60 687	261 687-8		MaK	600276	22.12.59	Hamm P	31.10.84	Trier	→ Wb
V 60 688	261 688-6	361 688-5	MaK	600277	22.12.59	Hamm P			UB in 365 688-1
V 60 689	261 689-4	361 689-3	MaK	600278	03.01.60	Hamm P			UB in 365 689-9
V 60 690	261 690-2		MaK	600279	03.01.60	Hamm P	31.07.84	Hamm 1	→ JZ
V 60 691	261 691-0	361 691-9	MaK	600280	07.01.60	Hamm P			UB in 365 691-5
V 60 692	261 692-8	361 692-7	MaK	600281	14.01.60	Hamm P			UB in 365 692-3
V 60 693	261 693-6		MaK	600282	21.01.60	Hamm P	31.07.84	Hamm 1	
V 60 694	261 694-4		MaK	600283	21.01.60	Hamm P	31.07.84	Hamm 1	
V 60 695	261 695-1	361 695-0	MaK	600284	28.01.60	Wpt.-Steinbeck			UB in 365 695-6
V 60 696	261 696-9	361 696-8	MaK	600285	28.01.60	Wpt.-Steinbeck			UB in 365 696-4
V 60 697	261 697-7		MaK	600286	25.01.60	Wpt.-Steinbeck	31.08.84	Saarbrücken 1	→ NSB Di 5.866
V 60 698	261 698-5	361 698-4	MaK	600287	08.02.60	Hamm P			UB in 365 698-0
V 60 699	261 699-3	361 699-2	MaK	600288	08.02.60	Hamm P			UB in 365 699-8
V 60 700	261 700-9		MaK	600289	08.02.60	Hamm P	31.12.84	Hamm 1	→ NSB Di5.870
V 60 701	261 701-7	361 701-6	MaK	600290	18.02.60	Saarbrücken Rbf			UB in 365 701-2
V 60 702	261 702-5	361 702-4	MaK	600291	18.02.60	Hamm P			UB in 365 702-0
V 60 703	261 703-3	361 703-2	MaK	600292	25.02.60	Bww Dortmund Bbf			UB in 365 703-8
V 60 704	261 704-1	361 704-0	MaK	600293	25.02.60	Bww Dortmund Bbf			UB in 365 704-6
V 60 705	261 705-8		MaK	600294	07.03.60	Bww Dortmund Bbf	31.07.84	Lübeck	→ NSB Di 5.867
V 60 706	261 706-6	361 706-5	MaK	600295	07.03.60	Bww Dortmund Bbf			UB in 365 706-1
V 60 707	261 707-4	361 707-3	MaK	600296	17.03.60	Hmb.-Harburg			UB in 365 707-9
V 60 708	261 708-2	361 708-1	MaK	600297	17.03.60	Hmb.-Harburg			UB in 365 708-7
V 60 709	261 709-0	361 709-9	MaK	600298	17.03.60	Hmb.-Harburg			UB in 365 709-5
V 60 710	261 710-8	361 710-7	MaK	600299	27.03.60	Hmb.-Harburg			UB in 365 710-3
V 60 711	261 711-6	361 711-5	MaK	600300	27.03.60	Hmb.-Harburg			UB in 365 711-1
V 60 712	261 712-4	361 712-3	MaK	600301	03.04.60	Hmb.-Harburg			UB in 365 712-9
V 60 713	261 713-2	361 713-1	MaK	600302	03.04.60	Hmb.-Harburg			UB in 365 713-7
V 60 714	261 714-0	361 714-9	MaK	600303	10.04.60	Hmb.-Harburg			UB in 365 714-5
V 60 715	261 715-7	361 715-6	MaK	600304	10.04.60	Hmb.-Harburg			UB in 365 715-2
V 60 716	261 716-5	361 716-4	MaK	600305	24.04.60	Hmb.-Harburg			UB in 365 716-0
V 60 717	261 717-3	361 717-2	MaK	600306	24.04.60	Hmb.-Harburg			UB in 365 717-8
V 60 718	261 718-1	361 718-0	MaK	600307	28.04.60	Hmb.-Harburg			UB in 365 718-6
V 60 719	261 719-9	361 719-8	MaK	600308	28.04.60	Hmb.-Harburg			UB in 365 719-4
V 60 720	261 720-7	361 720-6	MaK	600309	28.04.60	Hmb.-Harburg			UB in 365 720-2
V 60 721	261 721-5	361 721-4	MaK	600310	05.05.60	Saarbrücken Vbf			UB in 365 721-0
V 60 722	261 722-3	361 722-2	MaK	600311	12.05.60	Delmenhorst			UB in 365 722-8
V 60 723	261 723-1	361 723-0	MaK	600312	24.05.60	Gsk.-Bismarck			UB in 365 723-6
V 60 724	261 724-9	361 724-8	MaK	600313	12.05.60	Gsk.-Bismarck			UB in 365 724-4
V 60 725	261 725-6		MaK	600314	19.05.60	Gsk.-Bismarck	29.08.85	Dortmund 1	
V 60 726	261 726-4	361 726-3	MaK	600315	24.05.60	Gsk.-Bismarck			UB in 365 726-9
V 60 727	261 727-2	361 727-1	MaK	600316	02.06.60	Hagen-Eckesey			UB in 365 727-7
V 60 728	261 728-0	361 728-9	MaK	600317	02.06.60	Gsk.-Bismarck			UB in 365 728-5
V 60 729	261 729-8	361 729-7	MaK	600318	02.06.60	Gsk.-Bismarck			UB in 365 729-3
V 60 730	261 730-6	361 730-5	MaK	600319	09.06.60	Gsk.-Bismarck			UB in 365 730-1
V 60 731	261 731-4	361 731-3	MaK	600320	23.06.60	Gsk.-Bismarck			UB in 365 731-9
V 60 732	261 732-2	361 732-1	MaK	600321	01.07.60	Gsk.-Bismarck			UB in 365 732-7
V 60 733	261 733-0	361 733-9	MaK	600322	01.07.60	Gsk.-Bismarck			UB in 365 733-5
V 60 734	261 734-8	361 734-7	MaK	600323	01.07.60	Gsk.-Bismarck			UB in 365 734-3
V 60 735	261 735-5	361 735-4	MaK	600324	07.07.60	Gsk.-Bismarck			UB in 365 735-0
V 60 736	261 736-3	361 736-2	MaK	600325	14.07.60	Gsk.-Bismarck			UB in 365 736-8
V 60 737	261 737-1	361 737-0	MaK	600326	24.07.60	Gsk.-Bismarck			UB in 365 737-6

V 60 738	261 738-9	361 738-8	MaK	600327	31.07.60	Gsk.-Bismarck			UB in 365 738-4
V 60 739	261 739-7	361 739-6	MaK	600328	07.08.60	Gsk.-Bismarck			UB in 365 739-2
V 60 740	261 740-5	361 740-4	MaK	600329	11.09.60	Gsk.-Bismarck			UB in 365 740-0
V 60 808	261 808-0	361 808-9	Henschel	30097	18.08.60	Delmenhorst			
V 60 809	261 809-8	361 809-7	Henschel	30098	18.08.60	Delmenhorst			UB in 365 809-3
V 60 810	261 810-6	361 810-5	Henschel	30099	24.08.60	Gsk.-Bismarck			UB in 365 810-1
V 60 811	261 811-4	361 811-3	Henschel	30100	29.08.60	Gsk.-Bismarck			UB in 365 811-9
V 60 812	261 812-2	361 812-1	Henschel	30101	31.08.60	Gsk.-Bismarck			UB in 365 812-7
V 60 813	261 813-0	361 813-9	Henschel	30102	06.09.60	Gsk.-Bismarck			UB in 365 813-5
V 60 814	261 814-8	361 814-7	Henschel	30103	11.09.60	Gsk.-Bismarck			UB in 365 814-3
V 60 815	261 815-5	361 815-4	Henschel	30104	14.09.60	Gsk.-Bismarck			UB in 365 815-0
V 60 816	261 816-3	361 816-2	Henschel	30105	20.09.60	Bww Dortmund Bbf			UB in 365 816-8
V 60 817	261 817-1	361 817-0	Henschel	30106	22.09.60	Bww Dortmund Bbf			UB in 365 817-6
V 60 818	261 818-9	361 818-8	Henschel	30107	27.09.60	Bww Dortmund Bbf			UB in 365 818-4
V 60 819	261 819-7	361 819-6	Henschel	30108	27.09.60	Gsk.-Bismarck			UB in 365 819-2
V 60 820	261 820-5	361 820-4	Henschel	30109	03.10.60	Bww Dortmund Bbf			UB in 365 820-0
V 60 821	261 821-3	361 821-2	Henschel	30110	06.10.60	Bww Dortmund Bbf			UB in 365 821-8
V 60 822	261 822-1	361 822-0	Henschel	30111	12.10.60	Gsk.-Bismarck			UB in 365 822-6
V 60 823	261 823-9	361 823-8	Henschel	30112	17.10.60	Oberhausen Hbf			UB in 365 823-4
V 60 824	261 824-7	361 824-6	Henschel	30113	24.10.60	Gsk.-Bismarck			UB in 365 824-2
V 60 825	261 825-4	361 825-3	Henschel	30114	30.10.60	Gsk.-Bismarck			UB in 365 825-9
V 60 826	261 826-2	361 826-1	Henschel	30115	01.11.60	Gsk.-Bismarck			UB in 365 826-7
V 60 827	261 827-0	361 827-9	Henschel	30116	02.11.60	Gsk.-Bismarck			UB in 365 827-5
V 60 828	261 828-8	361 828-7	Henschel	30117	10.11.60	Gsk.-Bismarck			UB in 365 828-3
V 60 829	261 829-6	361 829-5	Henschel	30118	22.11.60	Bww Dortmund Bbf			UB in 365 829-1
V 60 830	261 830-4	361 830-3	Henschel	30119	16.11.60	Bww Dortmund Bbf			UB in 365 830-9
V 60 831	261 831-2	361 831-1	Henschel	30120	24.11.60	Bww Dortmund Bbf			UB in 365 831-7
V 60 832	261 832-0	361 832-9	Henschel	30121	01.12.60	Gsk.-Bismarck			UB in 365 832-5
V 60 833	261 833-8	361 833-7	Henschel	30122	01.12.60	Gsk.-Bismarck			UB in 365 833-3
V 60 834	261 834-6	361 834-5	Henschel	30123	11.12.60	Gsk.-Bismarck			UB in 365 834-1
V 60 835	261 835-3	361 835-2	Henschel	30124	15.12.60	Gsk.-Bismarck			
V 60 836	261 836-1	361 836-0	Henschel	30125	15.12.60	Gsk.-Bismarck			UB in 365 836-6
V 60 837	261 837-9	361 837-8	Henschel	30126	21.12.60	Gsk.-Bismarck			UB in 365 837-4
V 60 838	261 838-7	361 838-6	Henschel	30127	27.12.60	Gsk.-Bismarck			UB in 365 838-2
V 60 839	261 839-5	361 839-4	Henschel	30128	27.12.60	Dortmund Rbf			UB in 365 839-0
V 60 840	261 840-3	361 840-2	Henschel	30129	29.12.60	Dortmund Rbf			UB in 365 840-8
	261 841-1	361 841-0	Krauss-Maffei	18603	10.12.59	Karlsruhe Hbf	31.12.86	Haltingen	UB aus 260 841-2 → Dt. Bundespost

Baureihe 364 (DB/DB AG)

Betriebsnummer			Hersteller	Fab.-Nr.	Abnahme	1. Bw	Aus-musterung	letztes Bw	Anmerkung
bis 1967	ab 1968	ab 1988							
		364 362-4	Jung	12492	08.12.95	Leipzig Süd			UB aus 360 362-8
		364 377-2	Jung	13032	28.09.95	Cottbus			UB aus 360 377-6
		364 378-0	Jung	13033	05.11.95	Dresden			UB aus 360 378-4
		364 379-8	Jung	13034	22.08.95	Hagen			UB aus 360 379-2
		364 382-2	Jung	13037	18.01.96	Pasewalk			UB aus 360 382-6
		364 385-5	Jung	13040	26.01.96	Leipzig Süd			UB aus 360 385-9
		364 386-3	Jung	13041	24.08.95	München West			UB aus 360 386-7
		364 388-9	Jung	13043	03.06.96	Reichenbach			UB aus 360 388-3
		364 389-7	Jung	13044	26.10.95	Pasewalk			UB aus 360 389-1

364 390-5	Jung	13045	28.07.95	Hmb.-Wilhelmsburg	UB aus 360 390-9
364 391-3	Deutz	56726	23.08.95	Erfurt	UB aus 360 391-7
364 392-1	Deutz	56727	19.09.95	Hmb.-Wilhelmsburg	UB aus 360 392-5
364 400-2	MaK	600118	14.08.92	Emden1	UB aus 360 400-6
364 401-0	MaK	600159	27.10.95	Erfurt	UB aus 360 401-4
364 402-8	MaK	600160	27.07.95	Dresden	UB aus 360 402-2
364 403-6	MaK	600161	23.08.91	Gießen	UB aus 360 403-0
364 406-9	MaK	600164	15.08.95	Leipzig Süd	UB aus 360 406-3
364 407-7	MaK	600165	08.02.96	Hmb.-Wilhelmsburg	UB aus 360 407-1
364 409-3	MaK	600167	23.11.95	Mannheim	UB aus 360 409-7
364 410-1	MaK	600168	29.03.96	Hagen	UB aus 360 410-5
364 412-7	MaK	600170	30.08.96	Dresden	UB aus 360 412-1
364 414-3	MaK	600172	15.08.95	Seddin	UB aus 360 414-7
364 415-0	MaK	600173	29.09.95	Cottbus	UB aus 360 415-4
364 419-2	MaK	600177	08.12.95	Rostock	UB aus 360 419-6
364 421-8	MaK	600179	09.05.96	Bremen	UB aus 360 421-2
364 422-6	MaK	600180	11.04.96	Würzburg	UB aus 360 422-0
364 423-4	MaK	600 181	27.11.95	Bln.-Pankow	UB aus 360 423-8
364 427-5	MaK	600185	28.07.95	Hmb.-Wilhelmsburg	UB aus 360 427-9
364 428-3	MaK	600186	11.04.96	Dortmund Bbf	UB aus 360 428-7
364 431-7	MaK	600189	05.11.95	Regensburg	UB aus 360 431-1
364 447-3	MaK	600205	15.01.92	Köln 2	UB aus 360 447-7
364 448-1	MaK	600206	17.06.92	Köln 2	UB aus 360 448-5
364 449-9	MaK	600207	13.10.95	Kornwestheim	UB aus 360 449-3
364 450-7	MaK	600208	22.04.91	Singen	UB aus 360 450-1
364 502-5	Krupp	3925	19.03.96	Hof	UB aus 360 502-9
364 504-1	Krupp	3927	12.10.95	Karlsruhe	UB aus 360 504-5
364 505-8	Krupp	3928	31.08.95	Hmb.-Wilhelmsburg	UB aus 360 505-2
364 506-6	Krupp	3929	17.10.95	Dresden	UB aus 360 506-0
364 509-0	Krupp	3932	31.01.96	Chemnitz	UB aus 360 509-4
364 510-8	Krupp	3933	25.04.96	Würzburg	UB aus 360 510-2
364 511-6	Krupp	3934	09.10.91	Hamm 1	UB aus 360 511-0
364 514-0	Krupp	3937	29.09.95	Kornwestheim	UB aus 360 514-4
364 517-3	Krupp	3940	30.11.95	Cottbus	UB aus 360 517-7
364 520-7	Krupp	3943	12.12.91	Köln 2	UB aus 360 520-1
364 523-1	Krupp	3946	16.04.92	Osnabrück 1	UB aus 360 523-5
364 524-9	Krupp	3947	05.12.91	Bremen 1	UB aus 360 524-3
364 525-6	Krupp	3948	07.12.95	Rostock	UB aus 360 525-0
364 526-4	Krupp	3949	29.02.96	Chemnitz	UB aus 360 526-8
364 531-4	Krupp	3954	06.10.92	Gießen	UB aus 360 531-8
364 533-0	Krupp	3956	06.06.96	Regensburg	UB aus 360 533-4
364 535-5	Krupp	3958	24.07.91	Frankfurt/M 2	UB aus 360 535-9
364 536-3	Krupp	3959	26.04.91	Offenburg	UB aus 360 536-7
364 537-1	Krupp	3960	05.01.96	Cottbus	UB aus 360 537-5
364 538-9	Krupp	3961	12.11.95	Chemnitz	UB aus 360 538-3
364 540-5	Krupp	3963	14.09.95	Oberhausen	UB aus 360 540-9
364 544-7	Krupp	3967	26.02.92	Frankfurt/M 2	UB aus 360 544-1
364 545-4	Krupp	3968	13.10.92	Emden	UB aus 360 545-8
364 547-0	Krupp	3970	21.07.95	Hamm	UB aus 360 547-4
364 550-4	Krupp	3973	22.12.95	Erfurt	UB aus 360 550-8
364 551-2	Krupp	3974	08.02.96	Dresden	UB aus 360 551-6
364 556-1	Krupp	3979	03.07.92	Hannover 1	UB aus 360 556-5
364 557-9	Krupp	3980	07.05.91	Haltingen	UB aus 360 557-3

364 558-7	Krupp	3981	24.03.92	Mühldorf			UB aus 360 558-1
364 559-5	Krupp	3982	18.05.92	Hannover 1			UB aus 360 559-9
364 560-3	Krupp	3983	04.03.92	Singen			UB aus 360 560-7
364 562-9	Krupp	3985	04.04.90	Siegen			UB aus 360 562-3
364 563-7	Krupp	3986	31.08.95	Frankfurt/M 2			UB aus 360 563-1
364 564-5	Krupp	3987	27.07.95	Nürnberg West			UB aus 360 564-9
364 565-2	Krupp	3988	19.03.96	Hagen			UB aus 360 565-6
364 566-0	Krupp	3989	05.04.91	Braunschweig 1			UB aus 360 566-4
364 567-8	Krupp	3990	11.12.95	Rostock			UB aus 360 567-2
364 568-6	Krupp	3991	11.08.95	Leipzig Süd			UB aus 360 568-0
364 569-4	Krupp	3992	24.05.91	Frankfurt/M 2			UB aus 360 569-8
364 570-2	Krupp	3993	04.07.96	Braunschweig			UB aus 360 570-6
364 571-0	Krupp	3994	16.01.96	Dresden			UB aus 360 571-4
364 574-4	Krupp	3997	24.04.92	Hannover 1			UB aus 360 574-8
364 578-5	Krupp	4001	28.01.87	Saarbrücken 1			UZ aus 360 578-9
					01.03.88	Osnabrück 1	UZ in 365 300-3
			01.01.90	Osnabrück 1			UZ aus 365 300-3
364 582-7	Krupp	4005	13.11.95	Cottbus			UB aus 360 582-1
364 586-8	Krupp	4009	28.06.91	Frankfurt/M 2			UB aus 360 586-2
364 587-6	Krupp	4010	30.11.95	Leipzig Süd			UB aus 360 587-0
364 589-2	Krupp	4012	17.07.96	Mannheim			UB aus 360 589-6
364 592-6	Krupp	4015	22.08.96	Cottbus			UB aus 360 592-0
364 594-2	Krupp	4017	12.06.96	Pasewalk			UB aus 360 594-6
364 596-7	Krupp	4019	14.05.96	Chemnitz			UB aus 360 596-1
364 597-5	Krupp	4020	11.06.96	Köln-D.-feld			UB aus 360 597-9
364 598-3	Krupp	4021	04.03.91	Hannover 1			UB aus 360 598-7
364 600-7	Krupp	4023	20.12.95	Erfurt			UB aus 360 600-1
364 604-9	Krupp	4027	04.08.95	Leipzig Süd			UB aus 360 604-3
364 605-6	Krupp	4028	03.06.92	Bremen 1			UB aus 360 605-0
364 611-4	Krupp	4034	27.09.91	Köln 2			UB aus 360 611-8
364 612-2	Krupp	4035	28.06.96	Dresden			UB aus 360 612-6
364 614-8	Krupp	4037	27.10.95	Leipzig Süd			UB aus 360 614-2
364 617-1	Krupp	4040	11.09.95	Dortmund Bbf			UB aus 360 617-5
364 741-9	Henschel	30030	15.02.96	Nürnberg West			UB aus 360 741-3
364 746-8	Henschel	30035	20.02.96	Köln-D.-feld			UB aus 360 746-2
364 748-4	Henschel	30037	17.02.92	Bremen 1			UB aus 360 748-8
364 751-8	Henschel	30040	25.10.91	Kassel 1			UB aus 360 751-2
364 753-4	Henschel	30042	23.02.96	Frankfurt/M 2			UB aus 360 753-8
364 754-2	Henschel	30043	07.09.95	Oberhausen			UB aus 360 754-6
364 755-9	Henschel	30044	19.08.96	Pasewalk			UB aus 360 755-3
364 756-7	Henschel	30045	30.11.95	Leipzig Süd			UB aus 360 756-1
364 757-5	Henschel	30046	09.10.95	Pasewalk			UB aus 360 757-9
364 759-1	Henschel	30048	03.06.96	Reichenbach			UB aus 360 759-5
364 761-7	Henschel	30050	23.07.96	Hmb.-Wilhelmsburg			UB aus 360 761-1
364 762-5	Henschel	30051	05.06.91	Kassel 1			UB aus 360 762-9
364 763-3	Henschel	30052	12.01.96	Chemnitz			UB aus 360 763-7
364 765-8	Henschel	30054	24.04.96	Hagen			UB aus 360 765-2
364 766-6	Henschel	30055	26.03.91	Emden			UB aus 360 766-0
364 767-4	Henschel	30056	19.04.91	Braunschweig 1			UB aus 360 767-8
364 768-2	Henschel	30057	30.04.96	Dresden			UB aus 360 768-6
364 769-0	Henschel	30058	01.04.92	Braunschweig 1			UB aus 360 769-4
364 771-6	Henschel	30060	25.02.91	Frankfurt/M 2			UB aus 360 771-0
364 776-5	Henschel	30065	01.11.91	Gießen			UB aus 360 776-9

364 778-1	Henschel	30067	19.10.95	Chemnitz	UB aus 360 778-5
364 779-9	Henschel	30068	14.08.91	Frankfurt/M 2	UB aus 360 779-3
364 780-7	Henschel	30069	27.01.92	Kornwestheim	UB aus 360 780-1
364 786-4	Henschel	30075	20.12.91	Kornwestheim	UB aus 360 786-8
364 787-2	Henschel	30076	31.01.96	Frankfurt/M 2	UB aus 360 787-6
364 791-4	Henschel	30080	18.08.95	Bln.-Pankow	UB aus 360 791-8
364 794-8	Henschel	30083	03.05.91	Singen	UB aus 360 794-2
364 796-3	Henschel	30085	05.04.91	Haltingen	UB aus 360 796-7
364 797-1	Henschel	30086	18.03.92	Kornwestheim	UB aus 360 797-5
364 798-9	Henschel	30087	26.04.96	Kornwestheim	UB aus 360 798-3
364 799-7	Henschel	30088	27.08.92	Hannover 1	UB aus 360 799-1
364 800-3	Henschel	30089	26.01.96	Erfurt	UB aus 360 800-7
364 801-1	Henschel	30090	20.03.90	Hagen 1	UB aus 360 801-5
364 803-7	Henschel	30092	27.02.96	Hof	UB aus 360 803-1
364 805-2	Henschel	30094	08.04.92	Nürnberg 1	UB aus 360 805-6
364 806-0	Henschel	30095	03.04.96	Mühldorf	UB aus 360 806-4
364 807-8	Henschel	30096	22.05.96	Köln-D.-feld	UB aus 360 807-2
364 844-1	Krauss-Maffei	18606	22.01.96	Dortmund Bbf	UB aus 360 844-5
364 845-8	Krauss-Maffei	18607	23.05.91	München 1	UB aus 360 845-2
364 847-4	Krauss-Maffei	18609	12.09.91	München 1	UB aus 360 847-8
364 848-2	Krauss-Maffei	18610	20.02.91	München 1	UB aus 360 848-6
364 849-0	Krauss-Maffei	18611	17.06.96	Neustrelitz	UB aus 360 849-4
364 850-8	Krauss-Maffei	18612	29.07.91	Kempten	UB aus 360 850-2
364 851-6	Krauss-Maffei	18613	15.11.91	Frankfurt/M 2	UB aus 360 851-0
364 852-4	Krauss-Maffei	18614	06.05.92	Hannover 1	UB aus 360 852-8
364 853-2	Krauss-Maffei	18615	31.05.96	Pasewalk	UB aus 360 853-6
364 854-0	Krauss-Maffei	18616	15.04.91	München 1	UB aus 360 854-4
364 855-7	Krauss-Maffei	18617	18.04.96	Erfurt	UB aus 360 855-1
364 856-5	Krauss-Maffei	18618	10.05.96	Chemnitz	UB aus 360 856-9
364 857-3	Krauss-Maffei	18619	01.01.90	Nürnberg 1	UZ aus 365 857-2
364 858-1	Krauss-Maffei	18620	05.08.96	Haltingen	UB aus 360 858-5
364 862-3	Krauss-Maffei	18624	05.03.91	Frankfurt/M 2	UB aus 360 862-7
364 863-1	Krauss-Maffei	18625	15.04.91	Ingolstadt	UB aus 360 863-5
364 864-9	Krauss-Maffei	18626	04.07.96	Regensburg	UB aus 360 864-3
364 867-2	Krauss-Maffei	18629	18.04.90	Nürnberg 1	UB aus 360 867-6
364 869-8	Krauss-Maffei	18631	25.10.91	Ingolstadt	UB aus 360 869-2
364 872-2	Krauss-Maffei	18634	22.07.92	Frankfurt/M 2	UB aus 360 872-6
364 873-0	Krauss-Maffei	18635	12.02.92	München 1	UB aus 360 873-4
364 874-8	Krauss-Maffei	18636	19.03.96	Würzburg	UB aus 360 874-2
364 875-5	Krauss-Maffei	18637	06.08.92	Mühldorf	UB aus 360 875-9
364 876-3	Krauss-Maffei	18638	03.02.92	München 1	UB aus 360 876-7
364 878-9	Krauss-Maffei	18640	27.09.95	Pasewalk	UB aus 360 878-3
364 879-7	Krauss-Maffei	18641	23.04.90	München 1	UB aus 360 879-1
364 881-3	Krauss-Maffei	18643	12.03.91	Würzburg 1	UB aus 360 881-7
364 882-1	Krauss-Maffei	18644	28.11.91	München 1	UB aus 360 882-5
364 883-9	Krauss-Maffei	18645	27.10.95	München West	UB aus 360 883-3
364 885-4	Krauss-Maffei	18647	22.04.96	Mannheim	UB aus 360 885-8
364 887-0	Krauss-Maffei	18649	14.03.91	Nürnberg 1	UB aus 360 887-4
364 888-8	Krauss-Maffei	18650	22.01.92	Nürnberg 1	UB aus 360 888-2
364 890-4	Krauss-Maffei	18652	14.05.91	Dortmund 1	UB aus 360 890-8
364 891-2	Esslingen	5260	28.09.95	Würzburg	UB aus 360 891-6
364 892-0	Esslingen	5261	09.09.92	Bremen 1	UB aus 360 892-4
364 896-1	Esslingen	5265	21.11.95	Bln.-Pankow	UB aus 360 896-5

364 900-1	MaK	600397	28.09.95	Pasewalk		UB aus 360 900-5
364 901-9	MaK	600398	20.11.95	Bln.-Pankow		UB aus 360 901-3
364 902-7	MaK	600399	21.02.91	Hannover 1		UB aus 360 902-1
364 903-5	MaK	600400	12.10.95	Hmb.-Wilhelmsburg		UB aus 360 903-9
364 904-3	MaK	600401	14.08.95	München West		UB aus 360 904-7
364 906-8	MaK	600353	28.02.91	Osnabrück 1		UB aus 360 906-2
364 909-2	MaK	600356	21.11.91	Bremen 1		UB aus 360 909-6
364 910-0	MaK	600357	03.04.91	Osnabrück 1		UB aus 360 910-4
364 911-8	MaK	600358	21.05.96	Dresden		UB aus 360 911-2
364 912-6	MaK	600359	20.09.91	Osnabrück 1		UB aus 360 912-0
364 915-9	MaK	600362	27.03.90	Osnabrück 1		UB aus 360 915-3
364 916-7	MaK	600363	30.04.96	Neustrelitz		UB aus 360 916-1
364 917-5	MaK	600364	12.11.95	Würzburg		UB aus 360 917-9
364 918-3	MaK	600365	04.09.95	Hmb.-Wilhelmsburg		UB aus 360 918-7
364 919-1	MaK	600366	08.08.95	Bln.-Pankow		UB aus 360 919-5
364 920-9	MaK	600367	11.11.95	Regensburg		UB aus 360 920-3
364 921-7	MaK	600368	21.12.95	Erfurt		UB aus 360 921-1
364 922-5	MaK	600369	31.07.95	München West		UB aus 360 922-9
364 923-3	MaK	600370	19.10.95	Chemnitz		UB aus 360 923-7
364 924-1	MaK	600371	19.04.96	Mannheim		UB aus 360 924-5
364 925-8	MaK	600372	11.10.95	Cottbus		UB aus 360 925-2
364 926-6	MaK	600373	23.10.95	Dresden		UB aus 360 926-0
364 927-4	MaK	600374	27.11.95	Chemnitz		UB aus 360 927-8
364 930-8	MaK	600377	18.03.91	Kornwestheim		UB aus 360 930-2
364 934-0	MaK	600381	19.09.95	Hmb.-Wilhelmsburg		UB aus 360 934-4
364 935-7	MaK	600382	28.06.95	Darmstadt		UB aus 360 935-1
364 936-5	MaK	600383	13.11.95	Mannheim		UB aus 360 936-9
364 937-3	MaK	600384	31.03.95	Mannheim		UB aus 360 937-7
364 938-1	MaK	600385	11.07.95	Leipzig West		UB aus 360 938-5
364 939-9	MaK	600386	21.11.95	Saarbrücken Ost		UB aus 360 939-3
364 940-7	MaK	600387	26.04.91	Mannheim 1		UB aus 360 940-1
364 941-5	MaK	600388	13.12.95	Pasewalk		UB aus 360 941-9
364 942-3	MaK	600389	19.02.96	Frankfurt/M 2		UB aus 360 942-7
364 943-1	MaK	600391	04.09.91	Frankfurt/M 2		UB aus 360 943-5

Baureihe 365 (DB/DB AG)

Betriebsnummer			Hersteller	Fab.-Nr.	Abnahme	1. Bw	Aus-musterung	letztes Bw	Anmerkung
bis 1967	ab 1968	ab 1988							
		365 036-3	MaK	600396	08.09.95	Frankfurt/M 2			UB aus 361 036-7
		365 042-1	Esslingen	5270	14.10.88	Mannheim 1			UB aus 361 042-5
		365 043-9	Esslingen	5271	08.05.89	Frankfurt/M 2			UB aus 361 043-3
		365 044-7	Esslingen	5272	02.03.89	Mannheim 1			UB aus 361 044-1
		365 045-4	Esslingen	5273	08.02.89	Mannheim 1			UB aus 361 045-8
		365 101-5	MaK	600416	27.09.88	Karlsruhe 1			UB aus 361 101-9
		365 102-3	MaK	600417	13.02.87	Karlsruhe 1			UB aus 361 102-7
		365 103-1	MaK	600418	04.03.87	Karlsruhe 1			UB aus 361 103-5
		365 104-9	MaK	600419	28.03.89	Karlsruhe 1			UB aus 361 104-3
		365 105-6	MaK	600420	25.01.89	Frankfurt/M 2			UB aus 361 105-0
		365 106-4	MaK	600421	19.08.88	Frankfurt/M 2			UB aus 361 106-8
		365 107-2	MaK	600422	12.09.89	Würzburg 1			UB aus 361 107-6
		365 108-0	MaK	600423	18.12.86	Kornwestheim			UB aus 361 108-4

365 109-8	MaK	600424	12.05.87	Göttingen	UB aus 361 109-2
365 110-6	MaK	600425	20.09.89	Würzburg 1	UB aus 361 110-0
365 111-4	MaK	600426	16.12.86	Göttingen	UB aus 361 111-8
365 112-2	MaK	600427	09.11.88	Würzburg 1	UB aus 361 112-6
365 113-0	MaK	600428	10.07.89	Würzburg 1	UB aus 361 113-4
365 114-8	MaK	600429	06.09.89	Regensburg 1	UB aus 361 114-2
365 115-5	MaK	600430	02.04.87	Kornwestheim	UB aus 361 115-9
365 116-3	MaK	600431	31.08.88	München 1	UB aus 361 116-7
365 117-1	MaK	600432	13.02.89	Köln 1	UB aus 361 117-5
365 118-9	MaK	600433	29.09.89	Würzburg 1	UB aus 361 118-3
365 119-7	MaK	600434	17.11.88	Regensburg 1	UB aus 361 119-1
365 120-5	MaK	600435	19.10.88	Mühldorf	UB aus 361 120-9
365 121-3	MaK	600436	07.11.88	Frankfurt/M 2	UB aus 361 121-7
365 122-1	MaK	600437	24.05.89	Frankfurt/M 2	UB aus 361 122-5
365 123-9	MaK	600438	16.05.89	München 1	UB aus 361 123-3
365 124-7	MaK	600439	15.11.86	Kornwestheim	UB aus 361 124-1
365 125-4	MaK	600440	13.11.89	Regensburg 1	UB aus 361 125-8
365 126-2	MaK	600441	28.06.96	Cottbus	UB aus 361 126-6
365 127-0	MaK	600442	08.04.87	Hagen 1	UB aus 361 127-4
365 128-8	MaK	600443	19.01.87	Oberhausen	UB aus 361 128-2
365 129-6	MaK	600444	19.01.89	Regensburg 1	UB aus 361 129-0
365 130-4	MaK	600445	10.06.87	Hamm 1	UB aus 361 130-8
365 131-2	MaK	600446	22.03.87	Hamm 1	UB aus 361 131-6
365 132-0	MaK	600447	03.12.86	Mühldorf	UB aus 361 132-4
365 133-8	MaK	600448	01.06.89	München 1	UB aus 361 133-2
365 134-6	MaK	600449	27.06.89	Hamburg 4	UB aus 361 134-0
365 135-3	MaK	600450	13.10.88	München 1	UB aus 361 135-7
365 136-1	MaK	600451	25.03.87	Kornwestheim	UB aus 361 136-5
365 137-9	MaK	600452	20.04.89	Köln 1	UB aus 361 137-3
365 138-7	MaK	600453	15.06.89	Frankfurt/M 2	UB aus 361 138-1
365 139-5	MaK	600454	14.04.87	Kornwestheim	UB aus 361 139-9
365 140-3	MaK	600455	20.02.87	Trier	UB aus 361 140-7
365 141-1	MaK	600456	26.04.87	Trier	UB aus 361 141-5
365 142-9	MaK	600457	11.07.89	Frankfurt/M 2	UB aus 361 142-3
365 143-7	MaK	600458	24.02.87	Ulm 1	UB aus 361 143-1
365 144-5	MaK	600459	12.03.87	Mannheim 1	UB aus 361 144-9
365 145-2	MaK	600460	02.02.87	Mannheim 1	UB aus 361 145-6
365 146-0	MaK	600461	19.01.87	Saarbrücken 1	UB aus 361 146-4
365 147-8	MaK	600462	03.12.86	Kaiserslautern	UB aus 361 147-2
365 148-6	MaK	600463	15.05.87	Saarbrücken 1	UB aus 361 148-0
365 149-4	MaK	600464	30.01.96	Rostock	UB aus 361 149-8
365 150-2	MaK	500465	01.11.88	Saarbrücken 1	UB aus 361 150-6
365 151-0	Krupp	4471	05.07.89	Frankfurt/M 2	UB aus 361 151-4
365 152-8	Krupp	4472	23.12.88	Frankfurt/M 2	UB aus 361 152-2
365 153-6	Krupp	4473	31.01.89	Frankfurt/M 2	UB aus 361 153-0
365 154-4	Krupp	4474	17.10.88	Kassel 1	UB aus 361 154-8
365 155-1	Krupp	4475	26.08.88	Frankfurt/M 2	UB aus 361 155-5
365 156-9	Krupp	4476	16.08.89	Hamburg 4	UB aus 361 156-3
365 158-5	Krupp	4478	22.01.90	Hamburg 4	UB aus 361 158-9
365 159-3	Krupp	4479	08.11.89	Hamburg 4	UB aus 361 159-7
365 160-1	Krupp	4480	28.04.89	Hamburg 4	UB aus 361 160-5
365 161-9	Krupp	4481	31.01.90	Kornwestheim	UB aus 361 161-3
365 162-7	Krupp	4482	13.12.88	Hamm 1	UB aus 361 162-1

365 163-5	Krupp	4483	15.11.89	Osnabrück 1	UB aus 361 163-9
365 164-3	Krupp	4484	30.03.89	Kornwestheim	UB aus 361 164-7
365 165-0	Krupp	4485	12.06.96	Chemnitz	UB aus 361 165-4
365 166-8	Krupp	4486	08.11.88	Köln 1	UB aus 361 166-2
365 167-6	Krupp	4487	02.11.88	Köln 1	UB aus 361 167-0
365 168-4	Krupp	4488	11.10.89	Nürnberg 1	UB aus 361 168-8
365 169-2	Krupp	4489	11.12.89	Kornwestheim	UB aus 361 169-6
365 170-0	Krupp	4490	05.10.88	Köln 1	UB aus 361 170-4
365 171-8	Krupp	4491	08.02.89	Würzburg 1	UB aus 361 171-2
365 172-6	Krupp	4492	12.04.90	Trier	UB aus 361 172-0
365 173-4	Krupp	4493	17.05.90	Saarbrücken 1	UB aus 361 173-8
365 174-2	Krupp	4494	20.10.89	Bremen 1	UB aus 361 174-6
365 175-9	Krupp	4495	19.02.90	Saarbrücken 1	UB aus 361 175-3
365 176-7	Krupp	4496	29.12.88	Köln 1	UB aus 361 176-1
365 177-5	Krupp	4497	09.06.89	Limburg	UB aus 361 177-9
365 178-3	Krupp	4498	26.09.89	Hamburg 4	UB aus 361 178-7
365 179-1	Krupp	4499	14.10.88	Kempten	UB aus 361 179-5
365 180-9	Krupp	4500	07.12.88	München 1	UB aus 361 180-3
365 181-7	Krupp	4501	17.01.89	Lübeck	UB aus 361 181-1
365 182-5	Krupp	4502	06.03.89	München 1	UB aus 361 182-9
365 183-3	Krupp	4503	11.10.88	Hamburg 4	UB aus 361 183-7
365 184-1	Krupp	4504	19.12.88	Lübeck	UB aus 361 184-5
365 185-8	Krupp	4505	05.12.88	Göttingen	UB aus 361 185-2
365 186-6	Krupp	4506	16.10.95	Dresden	UB aus 361 186-0
365 187-4	Krupp	4507	09.08.95	Leipzig Süd	UB aus 361 187-8
365 188-2	Krupp	4508	08.01.96	Erfurt	UB aus 361 188-6
365 189-0	Krupp	4509	27.04.88	Haltingen	UB aus 361 189-4
365 190-8	Krupp	4510	09.12.88	Hannover 1	UB aus 361 190-2
365 191-6	Krupp	4511	28.09.95	Dresden	UB aus 361 191-0
365 192-4	Krupp	4512	16.11.95	Hannover	UB aus 361 192-8
365 193-2	Krupp	4513	11.01.96	Cottbus	UB aus 361 193-6
365 194-0	Krupp	4514	28.09.89	Karlsruhe 1	UB aus 361 194-4
365 195-7	Krupp	4515	13.03.89	Singen	UB aus 361 195-1
365 196-5	Krupp	4516	21.08.89	Kornwestheim	UB aus 361 196-9
365 198-1	Krupp	4518	17.04.89	Hof	UB aus 361 198-5
365 199-9	Krupp	4519	18.10.89	Regensburg 1	UB aus 361 199-3
365 200-5	Krupp	4520	26.03.90	Frankfurt/M 2	UB aus 361 200-9
365 201-3	Krupp	4613	14.03.89	Karlsruhe 1	UB aus 361 201-7
365 202-1	Krupp	4614	07.12.88	Karlsruhe 1	UB aus 361 202-5
365 203-9	Krupp	4615	14.12.89	Kassel 1	UB aus 361 203-3
365 205-4	Krupp	4617	22.06.89	Nürnberg 1	UB aus 361 205-8
365 206-2	Krupp	4618	17.07.89	Hannover 1	UB aus 361 206-6
365 207-0	Krupp	4619	05.12.96	Darmstadt	UB aus 361 207-4
365 208-8	Krupp	4620	06.12.88	Hof	UB aus 361 208-2
365 209-6	Krupp	4621	08.06.89	Hof	UB aus 361 209-0
365 210-4	Krupp	4622	18.06.89	Köln 1	UB aus 361 210-8
365 211-2	Krupp	4623	16.06.89	Köln 1	UB aus 361 211-6
365 212-0	Krupp	4624	07.11.88	Frankfurt/M 2	UB aus 361 212-4
365 213-8	Krupp	4625	28.02.89	Kassel 1	UB aus 361 213-2
365 214-6	Krupp	4626	11.04.89	Kassel 1	UB aus 361 214-0
365 215-3	Krupp	4627	02.11.86	Hagen 1	UB aus 361 215-7
365 216-1	Krupp	4628	24.07.89	Hof	UB aus 361 216-5
365 217-9	Krupp	4629	16.02.90	Frankfurt/M 2	UB aus 361 217-3

365 218-7	Krupp	4630	06.10.88	Kornwestheim	UB aus 361 218-1
365 219-5	Krupp	4631	15.11.88	Kornwestheim	UB aus 361 219-9
365 220-3	Krupp	4632	31.10.88	Ulm 1	UB aus 361 220-7
365 221-1	Krupp	4633	07.06.96	Hannover	UB aus 361 221-5
365 223-7	Krupp	4635	25.10.88	Kaiserslautern	UB aus 361 223-1
365 224-5	Krupp	4636	13.09.88	Köln 1	UB aus 361 224-9
365 225-2	Krupp	4637	04.02.87	Dortmund 1	UB aus 361 225-6
365 226-0	Krupp	4638	19.05.92	Frankfurt/M 2	UB aus 361 226-4
365 227-8	Krupp	4639	15.03.89	Kassel 1	UB aus 361 227-2
365 228-6	Krupp	4640	28.12.88	Frankfurt/M 2	UB aus 361 228-0
365 229-4	Krupp	4641	06.11.89	Limburg	UB aus 361 229-8
365 230-2	Krupp	4642	28.09.88	Regensburg 1	UB aus 361 230-6
365 231-0	Krupp	4643	23.08.89	Regensburg 1	UB aus 361 231-4
365 232-8	MaK	600468	19.03.96	Hof	UB aus 361 232-2
365 235-1	MaK	600471	16.04.96	Erfurt	UB aus 361 235-5
365 236-9	MaK	600472	16.02.87	Hannover 1	UB aus 361 236-3
365 237-7	MaK	600473	07.01.87	Ingolstadt	UB aus 361 237-1
365 238-5	MaK	600474	14.09.88	Hamburg 4	UB aus 361 238-9
365 239-3	MaK	600475	22.03.89	Hamburg 4	UB aus 361 239-7
365 240-1	MaK	600476	84	Kaiserslautern	UB aus 361 240-5
365 241-9	MaK	600477	84	Mühldorf	UB aus 361 241-3
365 300-3	Krupp	4001	01.01.88	Saarbrücken 1	UZ aus 364 578-5
					UZ in 364 578-5
365 424-1	MaK	600182	03.05.89	Saarbrücken 1	UB aus 361 424-5
365 425-8	MaK	600183	02.03.89	Hannover 1	UB aus 361 425-2
365 426-6	MaK	600184	19.04.91	Osnabrück 1	UB aus 361 426-0
365 434-0	MaK	600192	04.04.89	Bremen 1	UB aus 361 434-4
365 435-7	MaK	600193	30.06.89	Oldenburg	UB aus 361 435-1
365 436-5	MaK	600194	23.06.89	Göttingen1	UB aus 361 436-9
365 437-3	MaK	600195	18.10.88	Kornwestheim	UB aus 361 437-7
365 438-1	MaK	600196	22.03.91	Hannover 1	UB aus 361 438-5
365 439-9	MaK	600197	28.02.90	Ingolstadt	UB aus 361 439-3
365 440-7	MaK	600198	09.03.89	Hamm 1	UB aus 361 440-1
365 441-5	MaK	600199	29.03.89	Hamburg 4	UB aus 361 441-9
365 444-9	MaK	600202	18.07.89	Frankfurt/M 2	UB aus 361 444-3
365 445-6	MaK	600203	26.10.88	Mannheim 1	UB aus 361 445-0
365 446-4	MaK	600204	14.06.89	Regensburg	UB aus 361 446-8
365 621-2	MaK	600210	28.06.89	Siegen	UB aus 361 621-6
365 622-0	MaK	600211	10.08.89	Siegen	UB aus 361 622-4
365 623-8	MaK	600212	23.11.89	Hof	UB aus 361 623-2
365 624-6	MaK	600213	01.03.90	Hof	UB aus 361 624-0
365 625-3	MaK	600214	20.09.88	Nürnberg 1	UB aus 361 625-7
365 626-1	MaK	600215	01.03.89	Nürnberg 1	UB aus 361 626-5
365 627-9	MaK	600216	11.05.89	Hof	UB aus 361 627-3
365 628-7	MaK	600217	16.08.89	Hof	UB aus 361 628-1
365 631-1	MaK	600220	04.01.89	Nürnberg 1	UB aus 361 631-5
365 632-9	MaK	600221	02.08.89	Würzburg 1	UB aus 361 632-3
365 633-7	MaK	600222	09.02.90	Nürnberg 1	UB aus 361 633-1
365 634-5	MaK	600223	05.09.91	Mühldorf	UB aus 361 634-9
365 635-2	MaK	600224	25.10.89	Nürnberg 1	UB aus 361 635-6
365 636-0	MaK	600225	22.12.89	Regensburg 1	UB aus 361 636-4
365 638-6	MaK	600227	25.10.88	Hannover 1	UB aus 361 638-0
365 641-0	MaK	600230	13.04.89	Singen	UB aus 361 641-4

365 642-8	MaK	600231	29.01.90	Hannover 1	UB aus 361 642-2
365 646-9	MaK	600235	11.12.89	Offenburg	UB aus 361 646-3
365 647-7	MaK	600236	24.10.89	Kornwestheim	UB aus 361 647-1
365 649-3	MaK	600238	04.10.88	Bremen 1	UB aus 361 649-7
365 650-1	MaK	600239	86	Göttingen	UB aus 361 650-5
365 651-9	MaK	600240	14.11.89	Ulm 1	UB aus 361 651-3
365 652-7	MaK	600241	06.12.88	Hannover 1	UB aus 361 652-1
365 653-5	MaK	600242	12.01.90	Ulm 1	UB aus 361 653-9
365 654-3	MaK	600243	11.01.90	Nürnberg 1	UB aus 361 654-7
365 655-0	MaK	600244	01.11.89	Bremen 1	UB aus 361 655-4
365 656-8	MaK	600245	12.01.90	Bremen 1	UB aus 361 656-2
365 658-4	MaK	600247	15.04.96	Hannover	UB aus 361 658-8
365 660-0	MaK	600249	19.05.89	Köln 1	UB aus 361 660-4
365 661-8	MaK	600250	23.11.95	München West	UB aus 361 661-2
365 662-6	MaK	600251	24.11.88	Köln 1	UB aus 361 662-0
365 664-2	MaK	600253	01.03.90	Mannheim 1	UB aus 361 664-6
365 665-9	MaK	600254	14.08.89	Singen	UB aus 361 665-3
365 666-7	MaK	600255	22.09.89	Karlsruhe 1	UB aus 361 666-1
365 668-3	MaK	600257	19.07.89	Köln 1	UB aus 361 668-7
365 669-1	MaK	600258	14.09.89	Mannheim 1	UB aus 361 669-5
365 674-1	MaK	600263	13.12.89	Frankfurt/M 2	UB aus 361 674-5
365 675-8	MaK	600264	23.12.88	Frankfurt/M 2	UB aus 361 675-2
365 676-6	MaK	600265	07.02.89	Lübeck	UB aus 361 676-0
365 677-4	MaK	600266	19.09.88	Lübeck	UB aus 361 677-8
365 678-2	MaK	600267	26.07.89	München 1	UB aus 361 678-6
365 679-0	MaK	600268	24.01.90	Frankfurt/M 2	UB aus 361 679-4
365 680-8	MaK	600269	17.08.89	Saarbrücken 1	UB aus 361 680-2
365 681-6	MaK	600270	30.01.89	Kornwestheim	UB aus 361 681-0
365 682-4	MaK	600271	25.09.89	Hamm 1	UB aus 361 682-8
365 683-2	MaK	600272	30.11.88	Ulm 1	UB aus 361 683-6
365 684-0	MaK	600273	06.02.89	Hamm 1	UB aus 361 684-4
365 685-7	MaK	600274	14.12.88	Saarbrücken 1	UB aus 361 685-1
365 686-5	MaK	600275	02.12.88	Kaiserslautern	UB aus 361 686-9
365 688-1	MaK	600277	15.02.89	Saarbrücken 1	UB aus 361 688-5
365 689-9	MaK	600278	03.08.89	Ulm 1	UB aus 361 689-3
365 691-5	MaK	600280	01.12.88	Hamm 1	UB aus 361 691-9
365 692-3	MaK	600281	28.06.96	Cottbus	UB aus 361 692-7
365 695-6	MaK	600284	20.12.89	Kornwestheim	UB aus 361 695-0
365 696-4	MaK	600285	19.05.89	Hamm 1	UB aus 361 696-8
365 698-0	MaK	600287	24.04.89	Dortmund 1	UB aus 361 698-4
365 699-8	MaK	600288	29.12.88	Mannheim 1	UB aus 361 699-2
365 701-2	MaK	600290	05.10.88	Saarbrücken 1	UB aus 361 701-6
365 702-0	MaK	600291	12.11.91	Lübeck	UB aus 361 702-4
365 703-8	MaK	600292	13.06.89	Saarbrücken 1	UB aus 361 703-2
365 704-6	MaK	600293	18.10.89	Kempten	UB aus 361 704-0
365 706-1	MaK	600295	21.06.89	Kempten	UB aus 361 706-5
365 707-9	MaK	600296	14.11.89	Kempten	UB aus 361 707-3
365 708-7	MaK	600297	19.12.89	Ingolstadt	UB aus 361 708-1
365 709-5	MaK	600298	09.11.88	Lübeck	UB aus 361 709-9
365 710-3	MaK	600299	24.11.89	Frankfurt/M 2	UB aus 361 710-7
365 711-1	MaK	600300	22.12.88	Mühldorf	UB aus 361 711-5
365 712-9	MaK	600301	30.01.89	Hannover 1	UB aus 361 712-3
365 713-7	MaK	600302	16.02.90	Mannheim 1	UB aus 361 713-1

365 714-5	MaK	600303	07.02.90	Hamburg 4	UB aus 361 714-9
365 715-2	MaK	600304	02.12.88	Hamburg 4	UB aus 361 715-6
365 716-0	MaK	600305	11.05.89	Ulm 1	UB aus 361 716-4
365 717-8	MaK	600306	19.03.90	Frankfurt/M 2	UB aus 361 717-2
365 718-6	MaK	600307	10.02.89	München 1	UB aus 361 718-0
365 719-4	MaK	600308	28.04.89	Hamburg 4	UB aus 361 719-8
365 720-2	MaK	600309	16.01.89	Frankfurt/M 2	UB aus 361 720-6
365 721-0	MaK	600310	12.01.89	Saarbrücken 1	UB aus 361 721-4
365 722-8	MaK	600311	04.12.89	Kaiserslautern	UB aus 361 722-2
365 723-6	MaK	600312	24.01.89	Kornwestheim	UB aus 361 723-0
365 724-4	MaK	600313	14.07.89	Regensburg 1	UB aus 361 724-8
365 726-9	MaK	600315	19.08.88	Dortmund 1	UB aus 361 726-3
365 727-7	MaK	600316	16.08.89	Trier	UB aus 361 727-1
365 728-5	MaK	600317	30.10.89	Kaiserslautern	UB aus 361 728-9
365 729-3	MaK	600318	05.09.88	Hamm 1	UB aus 361 729-7
365 730-1	MaK	600319	23.12.88	Karlsruhe 1	UB aus 361 730-5
365 731-9	MaK	600320	27.02.89	Kaiserslautern	UB aus 361 731-3
365 732-7	MaK	600321	24.01.89	Oberhausen	UB aus 361 732-1
365 733-5	MaK	600322	16.01.90	Oberhausen	UB aus 361 733-9
365 734-3	MaK	600323	12.02.90	Siegen	UB aus 361 734-7
365 735-0	MaK	600324	04.10.89	Siegen	UB aus 361 735-4
365 736-8	MaK	600325	28.11.88	Hagen 1	UB aus 361 736-2
365 737-6	MaK	600326	30.01.89	Kornwestheim	UB aus 361 737-0
365 738-4	MaK	600327	10.10.89	Kornwestheim	UB aus 361 738-8
365 739-2	MaK	600328	25.01.89	Hagen 1	UB aus 361 739-6
365 740-0	MaK	600329	26.09.88	Hamm 1	UB aus 361 740-4
365 809-3	Henschel	30098	13.04.89	Hagen 1	UB aus 361 809-7
365 810-1	Henschel	30099	09.06.89	Ulm 1	UB aus 361 810-5
365 811-9	Henschel	30100	31.05.89	Kornwestheim	UB aus 361 811-3
365 812-7	Henschel	30101	10.03.89	Oberhausen	UB aus 361 812-1
365 813-5	Henschel	30102	13.06.91	Lübeck	UB aus 361 813-9
365 814-3	Henschel	30103	23.02.90	München 1	UB aus 361 814-7
365 815-0	Henschel	30104	10.07.89	Dortmund 1	UB aus 361 815-4
365 816-8	Henschel	30105	29.09.88	Mannheim 1	UB aus 361 816-2
365 817-6	Henschel	30106	13.07.89	Kornwestheim	UB aus 361 817-0
365 818-4	Henschel	30107	20.03.91	Hamburg 4	UB aus 361 818-8
365 819-2	Henschel	30108	03.04.89	Ulm 1	UB aus 361 819-6
365 820-0	Henschel	30109	14.10.88	Dortmund 1	UB aus 361 820-4
365 821-8	Henschel	30110	31.05.89	Ulm 1	UB aus 361 821-2
365 822-6	Henschel	30111	14.06.91	Limburg	UB aus 361 822-0
365 823-4	Henschel	30112	27.03.91	Limburg	UB aus 361 823-8
365 824-2	Henschel	30113	13.03.89	Kornwestheim	UB aus 361 824-6
365 825-9	Henschel	30114	13.03.90	Trier	UB aus 361 825-3
365 826-7	Henschel	30115	29.08.89	Kassel 1	UB aus 361 826-1
365 827-5	Henschel	30116	20.12.88	Ulm 1	UB aus 361 827-9
365 828-3	Henschel	30117	10.07.91	Limburg	UB aus 361 828-7
365 829-1	Henschel	30118	28.07.89	Kornwestheim	UB aus 361 829-5
365 830-9	Henschel	30119	28.09.89	Dortmund 1	UB aus 361 830-3
365 831-7	Henschel	30120	21.09.88	Hamm 1	UB aus 361 831-1
365 832-5	Henschel	30121	11.01.89	Kornwestheim	UB aus 361 832-9
365 833-3	Henschel	30122	18.10.89	Dortmund 1	UB aus 361 833-7
365 834-1	Henschel	30123	27.10.89	Hagen 1	UB aus 361 834-5
365 836-6	Henschel	30125	19.05.89	Kornwestheim	UB aus 361 836-0

365 837-4	Henschel	30126	05.09.89	Kaiserslautern		UB aus 361 837-8
365 838-2	Henschel	30127	30.01.90	Bremen 1		UB aus 361 838-6
365 839-0	Henschel	30128	24.10.88	Göttingen		UB aus 361 839-4
365 840-8	Henschel	30129	22.03.89	Kornwestheim		UB aus 361 840-2
365 857-2	Krauss-Maffei	18619	07.12.89	Nürnberg 1		UB aus 360 857-7
						UZ in 364 857-3

Baureihe Köf 99/329/399 (DB/DB AG)

Betriebsnummer			Hersteller	Fab.-Nr.	Abnahme	1. Bw	Aus-musterung	letztes Bw	Anmerkung
bis 1967	ab 1968	ab 1987							
Köf 99 501	329 501-1	399 101-5	Gmeinder	4378	28.05.52	Wangerooge			
Köf 99 502	329 502-9	399 102-3	Gmeinder	5038	05.07.57	Wangerooge			
Köf 99 503	329 503-7	399 103-1	Gmeinder	5039	05.07.57	Wangerooge			
	329 504-5	399 104-9	Deutz	46841	06.09.72	Wangerooge			ex Inselbahn Juist
		399 105-6	LWB	25665	27.11.92	Wangerooge			ex Bebel-Hütte
		399 106-4	LWB	25666	27.11.92	Wangerooge			ex Bebel-Hütte

Baureihe 199/399 (DR/DB AG)

Betriebsnummer			Hersteller	Fab.-Nr.	Abnahme	1. Bw	Aus-musterung	letztes Bw	Anmerkung
bis 1969	ab 1973	ab 1992							
Köf 6001	199 001-9	399 703-8	Gmeinder	4205		Jüterbog	23.01.96	Stralsund	→ RüKB
Kö 6002			BMAG	10429		Jerichow	01.10.62	Wustermark	UB Kö 4018
Köf 6003	199 002-7		Deutz	36101		Jüterbog	25.08.75	Stralsund	
Kö 6004			Gmeinder			Jüterbog	16.09.66	Jüterbog	
Kö 6005			LKM		54	Putbus	02.10.68	Putbus	
Kö 6501	199 003-5		LKM	49048	54	Barth	13.02.84		
	199 003-5	399 110-6	Raw Dessau		15.04.83	Halle	29.09.92	Lpz.-Wahren	UB aus 100 128-8
Kö 6502	199 004-3		LKM	49049	54	Barth	24.10.83		
	199 004-3	399 111-4	O & K	20281	20.09.83	Halle	29.09.92	Lpz.-Wahren	UB aus 100 287-2
100 905	199 005-0	399 112-2	LKM	250352	70	Cottbus	24.10.91	Wernigerode	
100 906	199 006-8	399 113-0	LKM	250353	70	Cottbus	29.11.91	Wernigerode	
	199 007-6	399 701-2	LKM	250029	15.07.72	Aue	23.06.92	Aue	→ Preßnitztalbahn
	199 008-4	399 702-0	LKM	250027	07.07.87	Aue	20.12.93	Nossen	→ Döllnitztalbahn
	199 010-0	399 114-8	BMAG	10224	30.06.85	Wernigerode	01.02.93	Wernigerode	UB aus 100 325-0 → HSB
	199 011-8	399 115-5	Jung	5668	27.02.91	Wernigerode	01.02.93	Wernigerode	UB aus 100 639-4 → HSB
	199 012-6	399 116-3	BMAG	10164	18.04.91	Wernigerode	01.02.93	Wernigerode	UB aus 100 213-8 → HSB
	199 101-7	399 601-4	LKM	250407	80	Bln.-Pankow	12.01.95	Bln.-Pankow	→ PEB
	199 102-5	399 602-2	LKM	250517	80	Bln.-Pankow	12.01.95	Bln.-Pankow	→ PEB
	199 103-3	399 603-0	LKM	250026	80	Bln.-Pankow	12.01.95	Bln.-Pankow	→ PEB
V 30 001	199 301-3	399 130-4	LKM	263001	03.12.70	Wernigerode	01.02.93	Wernigerode	→ HSB

Abkürzungsverzeichnis

(A)	Österreich
ACT	Azienda Consortile Trasporti Reggio Emilia, Italien
AHE	Arbeitsgemeinschaft Historische Eisenbahn, Barienrode
ASF	Akkumulator-Schleppfahrzeug
AVG	Albtal-Verkehrsgesellschaft
AW	Ausbesserungswerk
BD	Bundesbahndirektion
BE	Bentheimer Eisenbahn
BEF	Berliner Eisenbahnfreunde
BEM	Bayerisches Eisenbahnmuseum, Nördlingen
BFO	Betrieb für Oberbauinstandhaltung (heute DB Gleisbau GmbH)
BKK	Braunkohlenkombinat
BKW	Braunkohlenkraftwerk
BLME	Braunschweigische Landesmuseum-Eisenbahn
BME	Bergisch-Märkische Eisenbahn
BOE	Bremervörde-Osterholzer Eisenbahn
BSW	Bundesbahn-Sozialwerk
BVZ	Brig-Visp-Zermatt-Bahn, Schweiz
Bww	Betriebswagenwerk
(CH)	Schweiz
CSD	Tschechoslowakische Staatsbahnen
CTTG	Channel Tunnel Track Group, Großbritannien
DB	Deutsche Bundesbahn
DB AG	Deutsche Bahn AG
DBG	Dampfzug-Betriebsgemeinschaft, Hildesheim
DBK	Dampfbahn Kochertal
DDM	Deutsches Dampflokomotivmuseum, Neuenmarkt-Wirsberg
DFS	Dampfbahn Fränkische Schweiz
DG 41 096	Dampflok-Gemeinschaft 41 096
DGEG	Deutsche Gesellschaft für Eisenbahngeschichte
(DK)	Dänemark
DKB	Dürener Kreisbahn
DR	Deutsche Reichsbahn
DRG	Deutsche Reichsbahn-Gesellschaft
Dt. Museum	Deutsches Museum München
DWU Espenhain	Deponiewirtschaft-Umweltschutztechnik GmbH, Espenhain
(E)	Spanien
Eb.	Eisenbahn
ECR	Eisenbahnclub Rosenheim
ED	Eisenbahndirektion
EDK	Eisenbahnmuseum Darmstadt-Kranichstein
EEB	Emsländische Eisenbahn
EF	Eisenbahnfreunde
EFK	Eisenbahnfreunde Kraichgau, Sinsheim
EFO	Eisenbahnfreunde Flügelrad Oberberg
EFV	Eisenbahnfreunde Vulkaneifel
EFW	Eisenbahnfreunde Wetterau
EFZ	Eisenbahnfreunde Zollernbahn
ET	Eurotunnel
EVB	Eisenbahn und Verkehrsbetriebe Elbe-Weser
EVG	Eisenbahn-Verkehrs-Gesellschaft, Aalen
(F)	Frankreich
Fa.	Firma
FET	Freunde der Eisenbahn Torgau
FME	Fränkische Museums-Eisenbahn
FO	Furka-Oberalp-Bahn, Schweiz
FP	Ferrovie Padane, Italien
FS	Italienische Staatsbahnen
FSF	Ferrovia Suzzara – Ferrara, Italien
FTM	Fränkisch-Thüringische Museumseisenbahn
GDW	Geschäftsführende Direktion für das Werkstättenwesen
GES	Gesellschaft zur Erhaltung von Schienenfahrzeugen, Stuttgart
GKB	Graz-Köflacherbahn, Österreich
(GR)	Griechenland
HaEF	Hammer Eisenbahnfreunde
Hc	Hessencourrier, Kassel
HEF	Historische Eisenbahn Frankfurt/M
Hfb.	Hafenbahn
HGK	Häfen und Güterverkehr Köln
HKB	Hersfelder Kreisbahn
Hkw KMS	Heizkraftwerk Karl-Marx-Stadt
HSB	Harzer Schmalspurbahnen GmbH
HSH	Albanische Staatsbahnen
HSW	Historischer Schienenverkehr Wesel
HTJ	Høng – Tølløse Jernbane, Dänemark
(I)	Italien
IVG	Industrie Verwaltungs-Gesellschaft
JZ	Jugoslawische Staatsbahnen
Kbw	Kraftwagenbetriebswerk
KMS	Karl-Marx-Stadt

(L)	Luxemburg
LBE	Lübeck-Büchener Eisenbahn
LDC	Lausitzer Dampflokomotivclub
LEW	VEB Lokomotivbau – Elektrotechnische Werke „Hans Beimler", Hennigsdorf
LJ	Lollandsbanen, Dänemark
LKM	Lokomotivbau „Karl Marx", Babelsberg
LTA	Landesmuseum für Technik und Arbeit, Mannheim
LTS	Diesellokomotivfabrik „Oktoberrevolution", Woroschilowgrad (bis 1972 Lugansk)
LWB	Lokomotivwerke „23. August", Bukarest
M.	Museum
MäKB	AG Märkische Kleinbahn
MBE	Mittelbadische Eisenbahn-Gesellschaft
Meckl. EF	Mecklenburgische Eisenbahnfreunde Schwerin
MECS	Modelleisenbahnclub Selb-Rehau
MEP	Museumseisenbahn Paderborn
MEM	Museums-Eisenbahn Minden
MFWE	Mecklenburgische Friedrich-Wilhelm-Eisenbahn-Gesellschaft
MHE	Meppen-Haselünner Eisenbahn
MKB	Mindener Kreisbahnen
MKO	Museumseisenbahn „Küstenbahn" Ostfriesland
MVT	Museum für Verkehr und Technik, Berlin
(NL)	Niederlande
NIAG	Niederrheinische Verkehrsbetriebe
NS	Nederlandse Spoorwegen
NSB	Norwegische Staatsbahnen
NVA	Nationale Volksarmee
NVAG	Nordfriesische Verkehrsbetriebe AG
ÖBB	Österreichische Bundesbahnen
Öchsle	Öchsle Museumseisenbahn
OHJ	Odsherreds Jernbane, Dänemark
OKH	Oberkommando des Heeres
OSE	Griechische Staatsbahnen
Paw	Privatausbesserungswerk
Pb	Privatbahn
PEB	Parkeisenbahn Berlin
PEC	Parkeisenbahn Cottbus
PKP	Polnische Staatsbahnen
Raw	Reichsbahnausbesserungswerk
Rbd	Reichsbahndirektion
RBG	Regental Bahnbetriebs GmbH
RE	Ruppiner Eisenbahn
RFG	Regental Fahrzeug Werkstätten, Reichenbach

Rowagg	Rowagg Eisenbahnbedarf
RStE	Rinteln-Stadthagener Eisenbahn-Gesellschaft
RüKB	Rügensche Kleinbahn GmbH
Sächs. Eb.-M.	Sächsisches Eisenbahnmuseum Chemnitz-Hilbersdorf
SB	Saltsjöbanan, Schweden
SBB	Schweizerische Bundesbahnen
SOB	Schweizerische Südostbahn
SSW	Siemens-Schuckert-Werke
Stahlw. Thüringen	Stahlwerke Thüringen, Unterwellenborn
StLB	Steiermärkische Landesbahnen, Österreich
SWEG	Südwestdeutsche Verkehrs AG
TCDD	Türkische Staatsbahnen
TCDI	Stahlwerke TCDI, Iskenderum (Türkei)
(TR)	Türkei
TSO	Travaux du Sud-Ouest, Farnkreich
TWE	Teutoburger Wald-Eisenbahn
UB	Umbau
UBB	Usedomer Bäderbahn GmbH
UZ	Umzeichnung
VEdH	Verein zur Erhaltung der Hespertalbahn
VEF	Verdener Eisenbahnfreunde
VEFS	Verein zur Erhaltung und Förderung des Schienenverkehrs, Bocholt
VEHE	Verein zur Erhaltung historischen Eisenbahnmaterials, Dollnstein
VEV	Vorwohle-Emmerthaler Verkehrsbetriebe
VGH	Verkehrsbetriebe Grafschaft Hoya
vk	verkauft
VLTJ	Vemb – Lemvig – Thyborøn Jernbane, Dänemark
VLV	Verein Lübecker Verkehrsfreunde
VM	Verkehrsmuseum
VMG	Verkehrsmuseum Gmünden
VNJ	Vestbanen, Dänemark
VPS	Verkehrsbetriebe Peine-Salzgitter
VSE	Verein Sächsischer Eisenbahnfreunde
VTG	Vereinigte Tanklager und Transportmittel GmbH
VVM	Verein Verkehrsamateure und Museumsbahn
VWE	Verden-Walsroder Eisenbahn
Wabt	Werkabteilung
Wb	Werkbahn
WEG	Württembergische Eisenbahn-Gesellschaft
Wiebe	Bauunternehmen Wiebe, Achim
WI	Werklokomotive
WLE	Westfälische Landes-Eisenbahn